U0947692

北京市社会科学理论著作出版基金重点资助项目

吴晗全集

第3卷
历史卷（3）

吴晗 著　　常君实 编

中国人民大学出版社
· 北京 ·

1934年吴晗在清华大学历史系毕业时的照片。

在清华大学读书时的吴晗。

吴晗在清华大学。

20世纪30年代末任云南大学教授的吴晗。

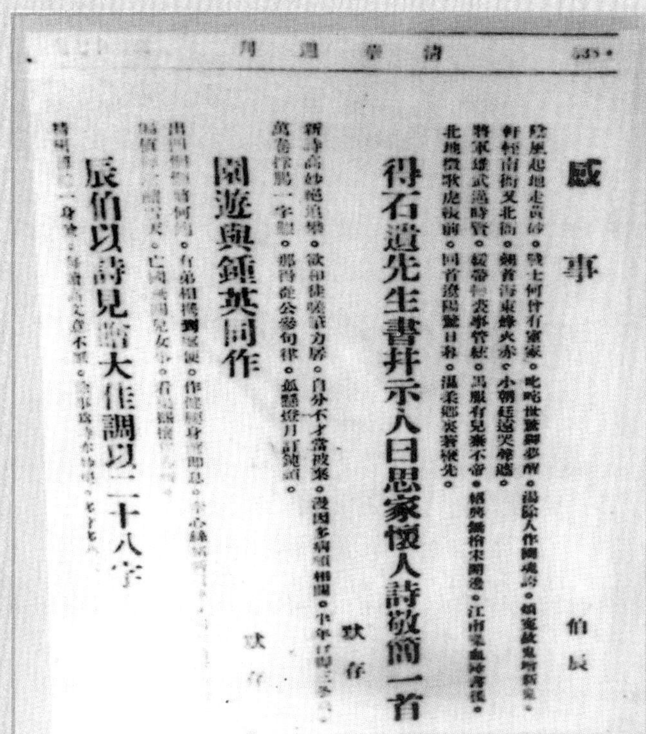

清華週刊 ·535·

感事

伯辰

陸沉起地走黃砂。戰士何曾有室家。叱咤世驚獅夢醒。湯除人作國魂詩。[illegible]

軒輕南街叉北街。銅首海東烽火赤。小朝廷遠哭聲遙。

將軍婦武邁時賢。綬帶何裘事管絃。馬服有兒兼不帝。偕興無裕宋朝遷。江南草血淚書箋。

北地燃歌虎敗前。回首遼陽驚日暮。溫柔鄉裏著鞭先。

得石遺先生書并示人日思家懷人詩敬簡一首

默存

新詩高妙絕追攀。欲和徒嗟筆力孱。自分不才當被棄。漫因多病頗相關。中年[illegible]

萬卷[illegible]一字慳。那得從公參句律。孤懸燈月訂[illegible]。

園遊與鍾英同作

默存

[illegible]

辰伯以詩見貽大作調以二十八字

[illegible]

1932年3月，“九一八”事变后吴晗在《清华周刊》上发表《感事》诗，以表达对国民党不抵抗政策的不满和矛盾的心情。

1941年，吴晗在昆明寓所。

1943 年 6 月 3 日，西南联大历史系一九四三级毕业师生合影。前排左起：孙毓棠、郑天挺、噶邦福、雷海宗、吴晗、王信忠、邵循正。

吴晗、袁震夫妇合影。

目　　录

读史劄记

两浙藏书家史略

二画

四画

五画

六画

七画

八画

九画

十画

十一画

十二画

十三画

十四画

十五画

十六画

十七画

十八画

十九画

江苏藏书家小史

五画

六画

七画

八画

九画

十画

十一画

十二画

十三画

十四画

十五画

十六画

十七画

十八画

十九画

二十画

二十一画

二十二画

《金瓶梅》的著作时代及其社会背景

要知道《金瓶梅》这部书的社会背景，我们不能不先考定它的产生时代。同时，要考定它的产生时代，我们不能不把一切关于《金瓶梅》的附会传说肃清，还它一个本来面目。

《金瓶梅》是一部现实主义作品，所集中描写的是作者所处时代的市井社会的侈靡淫荡的生活。它的细致生动的白描技术和汪洋恣肆的气势，在未有刻本以前，即已为当时的文人学士所叹赏惊诧。但因为作者敢对于性生活作无忌惮的大胆的叙述，便使社会上一般假道学先生感觉到逼胁而予以摈斥，甚至怕把它刻板行世会有堕落地狱的危险，但终之不能不佩服它的艺术的成就。另一方面一般神经过敏的人又自作聪明地替它解脱，以为这书是“别有寄托”，替它捏造成一串可歌可泣悲壮凄烈的故事。

无论批评者的观点怎样，《金瓶梅》的作者，三百年来却都一致公认为王世贞而无异辞。他们的根据是：

（1）沈德符的话：说这书是嘉靖中某大名士做的。这一位某先生，经过几度的附会，就被指实为王世贞。

（2）因为书中所写的蔡京父子，相当于当时的严嵩父子。王家和严家有仇，所以王世贞写这部书的目的是（甲）报仇，（乙）讽刺。

（3）是据本书的艺术和才气立论的。他们先有了一个“苦孝说”的主观之见，以为像这样的作品非王世贞不能写。

现在我们不管这些理由是否合理，且把他们所乐道的故事审查一下，看是王世贞作的不是。

一、《金瓶梅》的故事

《金瓶梅》的作者虽然已被一般道学家肯定为王世贞（他们以为这样一来，会使读者饶恕它的“猥亵”描写），但是他为什么要写这书？书中的对象是谁？却众说纷纭，把它归纳起来不外是：

甲、复仇说　对象(1) 严世蕃

　　　　　　　(2) 唐顺之

乙、讽刺说　对象——严氏父子

为什么《金瓶梅》会和唐顺之发生关系呢？这里面又包含着另外一个故事——《清明上河图》的故事。

(一)《清明上河图》和唐荆川

《寒花盦随笔》：

“世传《金瓶梅》一书为王弇州（世贞）先生手笔，用以讥严世蕃者。书中西门庆即世蕃之化身，世蕃亦名庆，西门亦名庆，世蕃号东楼，此书即以西门对之”。“或谓此书为一孝子所作，所以复其父仇者。盖孝子所识一巨公实杀孝子父，图报累累皆不济。后忽侦知巨公观书时必以指染沫，翻其书页。孝子乃以三年之力，经营此书。书成黏毒药于纸角，觊巨公外出时，使人持书叫卖于市，曰天下第一奇书，巨公于车中闻之，即索观，车行及其第，书已观讫，啧啧叹赏，呼卖者问其值，卖者竟不见，巨公顿悟为所算，急自营救已不及，毒发遂死。”今按二说皆是，孝子即凤洲（世贞号）也，巨公为唐荆川（顺之），凤洲之父忬死于严氏，实荆川赞之也。姚平仲《纲鉴絜要》载杀巡抚王忬事，注谓“忬有古画，严嵩索之，忬不与，易以摹本。有识画者为辨其赝。嵩怒，诬以失误军机杀之”。但未记识画人姓名，有知其事者谓识画人即荆川，古画者《清明上河图》也。

凤洲既抱终天之恨，誓有以报荆川，数遣人往刺之，荆川防护甚备。一夜，读书静室，有客自后握其发将加刃，荆川曰："余不逃死，然须留遗书嘱家人。"其人立以俟，荆川书数行，笔头脱落，以管就烛，佯为治笔，管即毒弩，火热机发，镞贯刺客喉而毙。凤洲大失望！

后遇于朝房，荆川曰："不见凤洲久，必有所著。"答以《金瓶梅》，实凤洲无所撰，姑以诳语应耳。荆川索之急，凤洲归，广召梓工，旋撰旋刊，以毒水濡墨刷印，奉之荆川。荆川阅书甚急，墨浓纸黏，卒不可揭，乃屡以纸润口津揭书，书尽毒发而死。

或传此书为毒死东楼者。不知东楼自正法，毒死者实荆川也。彼谓以三年之力成书，及巨公索观于车中云云，又传闻异词耳。

这是说王忬进赝画于严嵩，为唐顺之识破，致陷忬于法。世贞图报仇，进《金瓶梅》毒死顺之。刘廷玑的《在园杂志》也提到此事，不过把《清明上河图》换成《辋川真迹》，把识画人换成汤裱褙，并且说明顺之先和王忬有宿怨。他说：

明太仓王思质（忬）家藏右丞所写《辋川真迹》，严世蕃闻而索之。思质爱惜世宝，予以抚本。世蕃之裱工汤姓者，向在思质门下，曾识此图，因于世蕃前陈其真赝，世蕃衔之而未发也。会思质总督蓟辽军务，武进唐应德、顺之以兵部郎官奉命巡边，严嵩觞之内阁，微有不满思质之言，应德颔之。至思质军，欲行军中驰道，思质以己兼兵部堂衔难之，应德怫然，遂参思质军政废弛，虚縻国帑，累累数千言。先以稿呈世蕃，世蕃从中主持之，逮思质至京弃市。

到了清人的《缺名笔记》，又把这故事变动一下：

《金瓶梅》为旧说部中四大奇书之一，相传出王世贞手，为报复严氏之《督亢图》。或谓系唐荆川事。荆川任江右巡抚时有所周纳，狱成，罹大辟以死。其子百计求报，而不得间。会荆川解职归，遍阅奇书，渐叹观止。乃急草此书，渍砒于纸以进，盖审知荆川读书时必逐页用纸黏舌，以次披览也。荆川得书后，览一夜而毕，蓦觉舌木强涩，镜之黑矣。心知被毒，呼其子曰："人将谋我，我死，非至亲不得入吾室。"逾时遂卒。

旋有白衣冠者呼天抢地以至，蒲伏于其子之前，谓曾受大恩于荆川，愿及未盖棺前一亲其颜色。鉴其诚许之入，伏尸而哭，哭已再拜而出。及殓则一臂不知所往，始悟来者即著书之人，因其父受缳首之辱，进鸩不足，更残其支体以为报也。

（二）汤裱褙

识画人在另一传说中，又变成非大儒名臣的当时著名装潢家汤裱褙。这一说最早的要算沈德符的《野获编》，他和世贞同一时代，他的祖、父又都和王家世交，所以后人都偏重这一说。《野获编补遗》卷二《伪画致祸》：

严分宜（嵩）势炽时，以诸珍宝盈溢，遂及书画骨董雅事。时鄢懋卿以总鹾使江淮，胡宗宪、赵文华以督兵使吴越，各承奉意旨，搜取古玩，不遗余力。时传闻有《清明上河图》手卷，宋张择端画，在故相王文恪（鏊）胄君家，其家钜万，难以阿堵动。乃托苏人汤臣者往图之，汤以善装潢知名，客严门下，亦与娄江王思质中丞往还，乃说王购之。王时镇蓟门，即命汤善价求市，既不可得，遂嘱苏人黄彪摹真本应命，黄亦画家高手也。

严氏既得此卷，珍为异宝，用以为诸画压卷，置酒会诸贵人赏玩之。有妒王中丞者知其事，直发为赝本。严世蕃大惭怒，顿恨中丞，谓有意绐之，祸本自此成。或云即汤姓怨弇州伯仲自露始末，不知然否？

这一说是《清明上河图》本非王忬家物，由汤裱褙托王忬想法不成功，才用摹本代替，末了还是汤裱褙自发其覆。顾公燮《消夏闲记摘抄》作《金瓶梅缘起王凤洲报父仇》一则，即根据此说加详，不过又把王鏊家藏一节改成王忬家藏，把严氏致败之由，附会为世蕃病足，把《金瓶梅》的著作目的改为讥刺严氏了：

太仓王忬家藏《清明上河图》，化工之笔也。严世蕃强索之，忬不忍舍，乃觅名手摹赝者以献。先是忬巡抚两浙，遇裱工汤姓流落不偶，携之归，装潢书画，旋荐之世蕃。当献画时，汤在侧谓世蕃曰："此图某所目视，是卷非真者，试观麻雀小脚而踏二瓦角，即此便知其伪矣。"世蕃恚甚，而亦鄙汤之为人，不复重用。

会俺答入寇大同，忬方总督蓟、辽，鄢懋卿嗾御史方辂劾忬御边无术，遂见杀。后范长白公允临作《一捧雪》传奇，改名为《莫怀古》，盖戒人勿怀古董也。

忬子凤洲（世贞）痛父冤死，图报无由。一日偶谒世蕃，世蕃问坊间有好看小说否？答曰有，又问何名，仓卒之间，凤洲见金瓶中供梅，遂以《金瓶梅》答之，但字迹漫灭，容钞正送览。退而构思数日，借《水浒传》西门庆故事为蓝本，缘世蕃居西门，乳名庆，暗讥其闺门淫放，而世蕃不知，观之大悦。把玩不置。

相传世蕃最喜修脚，凤洲重赂修工，乘世蕃专心阅书，故意微伤脚迹，阴擦烂药，后渐溃腐，不能入直，独其父嵩在阁，年衰迟钝，票本批拟，不称上旨，宠日以衰。御史邹应龙等乘机劾奏，以至于败。

徐树丕的《识小录》又以为汤裱褙之证画为伪，系受贿不及之故，把张择端的时代由宋升至唐代，画的内容也改为汴人掷骰：

汤裱褙善鉴古，人以古玩赂严世蕃必先贿之，世蕃令辨其真伪，其得贿者必曰真也。吴中一都御史偶得唐张择端《清明上河图》临本馈世蕃而贿不及汤。汤直言其伪，世蕃大怒，后御史竟陷大辟。而汤则先以诓谝遣戍矣。

余闻之先人曰《清明上河图》皆寸马豆人，中有四人樗蒲，五子皆六而一犹旋转，其人张口呼六，汤裱褙曰："汴人呼六当撮口，而今张口是采闽音也。”以是识其伪。此与东坡所说略同，疑好事者伪为之。近有《一捧雪》传奇亦此类也，特甚世蕃之恶耳。

（三）况叔祺及其他

梁章钜《浪迹丛谈》记此事引王襄《广汇》之说，即本《识小录》所载，所异的是不把识画人的名字标出，他又以为王忬之致祸是由于一诗一画：

> 王襄《广汇》：“严世蕃常索古画于王忬，云值千金，忬有临幅绝类真者以献。乃有精于识画者往来忬家有所求，世贞斥之。其人知忬所献画非真迹也，密以语世蕃。会大同有虏警，巡按方辂劾忬失机，世蕃遂告嵩票本论死。”
>
> 又孙之騄《二申野录注》：“后世蕃受刑，弇州兄弟赎得其一体，熟而荐之父灵，大恸，两人对食，毕而后已。诗画贻祸，一至于此，又有小人交构其间，酿成尤烈也。”
>
> 按所云诗者谓杨椒山（继盛）死，弇州以诗吊之，刑部员外郎况叔祺录以示嵩，所云画者即《清明上河图》也。

综合以上诸说，归纳起来是：

（1）《金瓶梅》为王世贞作，用意：（甲）讥刺严氏；（乙）作对严氏复仇的《督亢图》；（丙）对荆川复仇。

（2）唐荆川谮杀王忬，忬子世贞作《金瓶梅》，荆川于车中阅之中毒卒。

（3）世贞先行刺荆川不遂，后荆川向其索书，遂撰《金瓶梅》以毒之。

（4）唐、王结怨之由是荆川识《清明上河图》为伪，以致王忬被刑。

（5）《金瓶梅》为某孝子报父仇作，荆川因以被毒。

（6）汤裱褙识王忬所献辋川真迹为伪，唐顺之行边与王忬忤，两事交攻，王忬以死。

（7）《清明上河图》为王鏊家物，世蕃门客汤臣求之不遂，托王忬想法也不成功，王忬只得拿摹本应命，汤裱褙又自发其覆，遂肇大祸。

(8) 严世蕃强索《清明上河图》于王忬，忬以赝本献，为旧所提携汤姓者识破。

(9) 世蕃向世贞索小说，世贞撰《金瓶梅》以讥其闺门淫放，而世蕃不知。

(10) 世贞赂修工烂世蕃脚，不能入直，严氏因败。

(11) 王忬献画于世蕃，而贿不及汤裱褙，因被指为伪，致陷大辟。

(12) 王忬致祸之由为《清明上河图》及世贞吊杨继盛诗触怒严氏。

以上一些五花八门的故事，看起来似乎很多，其实包含着两个有联系的故事——《清明上河图》和《金瓶梅》。

二、王忬的被杀与《清明上河图》

按《明史》卷二〇四《王忬传》："嘉靖三十六年（公元1557）部臣言蓟镇额兵多缺，宜察补。乃遣郎中唐顺之往核。还奏额兵九万有奇，今惟五万七千，又皆羸老，忬与……等俱宜按治。……三十八年二月把都儿辛爱数部屯会州挟朶颜为乡导……由潘家口入渡滦河，……京师大震。御史王渐、方辂遂劾忬及……罪，帝大怒……切责忬令停俸自效。至五月辂复劾忬失策者三，可罪者四，遂命逮忬及……下诏狱……明年冬竟死西市。忬才本通敏，其骤拜都御史及屡更督抚也，皆帝特简，所建请无不从。为总督，数以败闻，由是渐失宠。既有言不练主兵者，帝益大恚，谓忬怠事负我。嵩雅不悦忬，而忬子世贞复用口语积失欢于嵩子世蕃，严氏客又数以世贞家琐事构于嵩父子，杨继盛之死，世贞又经纪其丧，嵩父子大恨，滦河变闻，遂得行其计。"

当事急时，世贞"与弟世懋日蒲伏嵩门涕泣求贷，嵩阴持忬狱，

而时为谩语以宽之。两人又日囚服跽道旁遮诸贵人舆搏颡请救，诸贵人畏嵩，不敢言。”（《明史》卷二八七《王世贞传》）

王忬死后，一般人有说他“死非其罪”的，也有人说他是“于法应诛”的，他的功罪我们姑且不管，要之，他之死于严氏父子之手，却是一件不可否认的事实。

我们要判断以上所记述的故事是否可靠，第一我们先要研求王忬和严氏父子结仇的因素，关于这一点最好拿王世贞自己的话来说明。

《弇州山人四部稿》卷一二三《上太傅李公书》：

> ……至于严氏所以切齿于先人者有三：其一乙卯冬仲芳兄（杨继盛）且论报，世贞不自揣，托所知向严氏解救不遂，已见其嫂代死疏辞戆，少为笔削。就义之后，躬视含殓，经纪其丧。为奸人某某（按即指况叔祺）文饰以媚严氏。先人闻报，弹指唾骂，亦为所诇。其二杨某为严氏报仇曲杀沈鍊，奸罪万状，先人以比壤之故，心不能平，间有指斥。渠误谓青琐之抨，先人预力，必欲报之而后已。其三严氏与今元老相公（徐阶）方水火，时先人偶辱见收葭莩之末。渠复大疑有所弃就，奸人从中构牢不可解。以故练兵一事，于拟票内一则曰大不如前，一则曰一卒不练，所以阴夺先帝（嘉靖帝）之心而中伤先人者深矣。预报贼耗，则曰王某恐吓朝廷，多费军饷。虏贼既退，则曰将士欲战，王某不肯。兹谤既腾，虽使曾参为子，慈母有不投杼者哉！

以上三个原因：（1）关于杨继盛；（2）关于沈鍊；（3）关于徐阶。都看不出有什么书画肇祸之说。试再到旁的地方找去，《明史》卷二八七《王世贞传》说：

> 奸人阎姓者犯法，匿锦衣都督陆炳家，世贞搜得之。炳介严嵩以请，不许。杨继盛下吏，时进汤药。其妻讼夫冤，为代草。既死，复棺殓之。嵩大恨。吏部两拟提学，皆不用。用为青州兵备副使。父忬以滦河失事，嵩构之论死。

沈德符《野获编》卷八《严相处王弇州》：

> 王弇州为曹郎，故与分宜父子善。然第因乃翁思质（忬）方总督蓟、辽，姑示密以防其忮，而心甚薄之。每与严世蕃宴饮，辄出恶谑侮之，已不能堪。会王弟敬美继登第，分宜呼诸孙切责以“不克负荷”诃诮之，世蕃益恨望，日谮于父前，分宜遂欲以长史处之，赖徐华亭（阶）力救得免，弇州德之入骨。后分宜因唐荆川阅边之疏讥切思质，再入鄢剑泉（懋卿）之赞决，遂置思质重辟。

这是说王忬之得祸，是由于世贞之不肯趋奉严氏，和谑毒世蕃，可用以和《明史》相印证。所谓恶谑，丁元荐《西山日记》曾载有一则：

> 王元美先生善谑，一日与分宜胄子饮，客不任酒，胄子即举杯虐之，至淋漓巾帻。先生以巨觥代客报世蕃，世蕃辞以伤风不胜杯杓，先生杂以诙谐曰：“爹居相位，怎说出伤风？”旁观者快之。

也和《清明上河图》之说渺不相涉。

现在我们来推究《清明上河图》的内容和它的流传经过，考察它为什么会和王家发生关系，衍成如此一连串故事的由来。

《清明上河图》到底是一幅怎样的画呢？李东阳《怀麓堂集》卷九题《清明上河图》一诗描写得很清楚详细：

> 宋家汴都全盛时，四方玉帛梯航随，清明上河俗所尚，倾城士女携童儿。城中万屋翚甍起，百货千商集成蚁，花棚柳市围春风，雾阁云窗粲朝绮。芳原细草飞轻尘，驰者若飚行若云，红桥影落浪花里，捩舵撇篷俱有神。笙声在楼游在野，亦有驱牛种田者，眼中苦乐各有情，纵使丹青未堪写！翰林画史张择端，研朱吮墨镂心肝，细穷毫发夥千万，直与造化争雕镌。图成进入缉熙殿，御笔题签标卷面，天津一夜杜鹃啼，倏忽春光几回变。朔风卷地天雨沙，此图此景复谁家？家藏私印屡易主，赢得风流后代夸。姓名不入《宣和谱》，翰墨流传藉吾祖，独从

忧乐感兴衰，空吊环州一抔土！丰亨豫大纷彼徒，当时谁进流民图？乾坤頫仰意不极，世事荣枯无代无！

钱谦益《牧斋初学集》卷八五《记清明上河图卷》：

嘉禾谭梁生携《清明上河图》过长安邸中，云此张择端真本也。……此卷向在李长沙家，流传吴中，卒为袁州所钩致，袁州籍没后已归御府，今何自复流传人间？书之以求正于博雅君子。天启二年壬戌五月晦日。

按长沙即李东阳，袁州即严嵩。据此可知这图的收藏经过是：

（1）李东阳家藏；

（2）流传吴中；

（3）归严氏；

（4）籍没入御府。

一百年中流离南北，换了四个主人，可惜不知道在吴中的收藏家是谁。推测当分宜籍没时，官中必有簿录，因此翻出《胜朝遗事》所收的文嘉《钤山堂书画记》，果然有详细的记载，在《名画部》宋有：张择端《清明上河图》。

图藏宜兴徐文靖（徐溥）家，后归西涯李氏（东阳），李归陈湖陆氏，陆氏子负官缗，质于昆山顾氏，有人以一千二百金得之。然所画皆舟车城郭桥梁市廛之景，亦宋之寻常画耳，无高古气也。

按田艺蘅《留青日札》严嵩条记嘉靖四十四年（公元1565）八月抄没清单有：

石刻法帖三百五十八册轴，古今名画刻丝纳纱纸金绣手卷册共三千二百零一轴。内有……宋张择端《清明上河图》……乃苏州陆氏物，以千二百金购之，才得其赝本，卒破数十家。其祸皆成于王彪、汤九、张四辈，可谓尤物害民。

这一条记载极关重要，它所告诉我们的是：

（1）《清明上河图》乃苏州陆氏物。

（2）其人以千二百金间购，才得赝本，卒破数十家。

（3）诸家记载中之汤裱褙或汤生行九，其同恶为严氏鹰犬者有王彪、张四诸人。

考陈湖距吴县三十里，属苏州。田氏所记的苏州陆氏当即为文氏所记之陈湖陆氏无疑。第二点所指明的也和文氏所记吻合。由苏州陆氏的渊源，据《钤山堂书画记》："陆氏子负官缗，质于昆山顾氏。"两书所说相同，当属可信。所谓昆山顾氏，考《昆新两县合志》卷二〇《顾梦圭传》：

> 顾懋宏字靖甫，初名寿，一字茂俭，潜孙，梦圭子。十三补诸生，才高气豪，以口过被祸下狱，事白而家壁立。依从父梦羽蕲州官舍，用蕲籍再为诸生。寻东还，游太学，举万历戊子乡荐。授休宁教谕，迁南国子学录，终莒州知州。自劾免。筑室东郊外，植梅数十株吟啸以老。

按梦圭为嘉靖癸未（公元1523）进士，官至江西布政使。他家世代做官，为昆山大族。其子懋宏十三补诸生。嘉靖四十一年（公元1562）五月严嵩事败下狱，四十四年三月严世蕃伏诛，严氏当国时代恰和懋宏世代相当，由此可知传中所谓"以口过被祸下狱，事白而家壁立"一段隐约的记载，即指《清明上河图》事，和文田两家所记相合。

这样，这图的沿革可列成下表：

（一）宜兴徐氏；

（二）西涯李氏；

（三）陈湖陆氏；

（四）昆山顾氏；

（五）袁州严氏；

（六）内府。

在上引的史料中，最可注意的是《钤山堂书画记》。因为文嘉家和王世贞家是世交，他本人也是世贞好友之一。他在嘉靖四十四年（公元1565）应何宾涯之召检阅籍没入官的严氏书画，到隆庆二年（公元1568）整理所记录成功这一卷书。时世贞适新起用由河南按察副使擢浙江布政使司左参政分守湖州。假如王氏果和此图有关系，并有如此悲惨的故事包含在内，他决不应故没不言！

在以上所引证的《清明上河图》的经历过程中，很显明安插不下王忬或王世贞的一个位置。那么，这图到底是怎样才和王家在传说中发生关系的呢？按《弇州山人四部稿续稿》卷一六八《清明上河图》别本跋：

张择端《清明上河图》有真赝本，余均获寓目。真本人物舟车桥道宫室皆细于发，而绝老劲有力，初落墨相家，寻籍入天府为穆庙所爱，饰以丹青。

赝本乃吴人黄彪造，或云得择端稿本加删润，然与真本殊不相类，而亦自工致可念，所乏腕指间力耳，今在家弟（世懋）所。此卷以为择端稿本，似未见择端本者。其所云于禁烟光景亦不似，第笔势遒逸惊人，虽小麄率，要非近代人所能办，盖与择端同时画院祗候，各图汴河之胜，而有甲乙者也。吾乡好事人遂定为真稿本，而谒彭孔嘉小楷，李文正公记，文徵仲苏书，吴文定公跋，其张著、杨准二跋，则寿承、休承以小行代之，岂惟出蓝！而最后王禄之、陆子傅题字尤精楚。陆于逗漏处，毫发贬驳殆尽，然不能断其非择端笔也。使画家有黄长睿那得尔？

其第二跋云：

按择端在宣政间不甚著，陶九畴纂《图绘宝鉴》，搜括殆尽，而亦不载其人。昔人谓逊功帝以丹青自负，诸祗候有所画，皆取上旨裁定。画成进御，或少增损。上时时草创下诸祗候补景设色，皆称御笔，以故不得自显见。然是时马贲、周曾、郭思、郭信之流，亦不致泯然如择端也。而《清明上河》一图，历四百年而大显，至劳权相出死构，再损千金之值而后得，嘻！亦已甚矣。择端他图余见之殊不称，附笔于此。

可知此图确有真赝本，其赝本之一确曾为世贞爱弟世懋所藏，这图确曾有一段悲惨的故事；“至劳权相出死构，再损千金之值而后得”。

这两跋都成于万历三年（公元1575）以后，所记的是上文所举的昆山顾氏的事，和王家毫不相干。这一悲剧的主人公是顾懋宏，构祸的是汤九或汤裱褙，权相是严氏父子。

由以上的论证，我们知道一切关于王家和《清明上河图》的记载，都是任意捏造，牵强附会。无论他所说的是辋川真迹，是《清明上河图》，是黄彪的临本，是王鏊家藏本，或是王忬所藏的，都是无中生有。事实的根据一去，当然唐顺之或汤裱褙甚至第三人的行谮或指证的传说，都一起跟着不存在了。

但是，像沈德符、顾公燮、刘廷玑、梁章钜等人，在当时都是很有名望的学者，沈德符和王世贞是同一时代的人，为什么他们都会得捕风捉影，因讹承讹呢？

这原因据我的推测，以为是：

（1）是看不清《四部稿》两跋的原意，误会所谓"权相出死力构"是指他的家事，因此而附会成一串故事。

（2）是信任《野获编》作者的时代和他与王家的世交关系，以为他所说的话一定可靠，而靡然风从，群相应和。

（3）是故事本身的悲壮动人，同情被害人的遭遇，辗转传述，甚或替它装头补尾，虽悖"求真之谛"亦所不惜。

次之因为照例每个不幸的故事中，都有一位丑角在场，汤裱褙是当时的名装潢家，和王、严两家都有来往，所以顺手把他拉入作一点缀。

识画人的另一传说是唐顺之，因为他曾有疏参王忬的事迹，王忬之死多少他应负一点责任。到了范允临的时候，似乎又因为唐顺之到底是一代大儒，不好任意得罪，所以在他的剧本——《一捧雪》传奇中仍旧替回了汤裱褙。几百年来，这剧本到处上演，剧情的凄烈悲壮，深深地感动了千万的人，于是汤裱褙便永远留在这剧本中做一位挨骂的该死丑角。

三、《金瓶梅》非王世贞所作

最早提到《金瓶梅》的，是袁宏道的《觞政》：

> 凡《六经》、《语孟》所言饮式，皆酒经也。其下则汝阳王《甘露经酒谱》……为内典。……传奇则《水浒传》、《金瓶梅》为逸典。(《袁中郎全集》卷一四，十之《掌故》)

袁宏道写此文时《金瓶梅》尚未有刻本，已极见重于文人，拿它和《水浒》并列了。可惜袁宏道只给了我们一个艺术价值的暗示，而没提出它的著者和其他事情。稍后沈德符的《野获编》卷二五《金瓶梅》所说的就详细多了，沈德符说：

> 袁中郎《觞政》以《金瓶梅》配《水浒传》为外典，予恨未得见。丙午（公元1606）遇中郎京邸，问曾有全帙否？曰第睹数卷甚奇快，今惟麻城刘延白承禧家有全本，盖从其妻家徐文贞录得者。又三年小修（袁中道，宏道弟）上公车，已携有其书，因与借抄挈归。吴友冯犹龙见之惊喜，怂恿书坊以重价购刻。马仲良时榷吴关，亦劝予应梓人之求，可以疗饥。予曰："此等书必遂有人板行，但一刻则家传户到，坏人心术，他日阎罗究诘始祸，何辞置对？吾岂以刀锥博泥犁哉！"仲良大以为然，遂固箧之。未几时而吴中悬之国门矣。然原本实少五十三回至五十七回。遍觅不得。有陋儒补以入刻，无论肤浅鄙俚，时作吴语，即前后血脉，亦绝不贯串，一见知其赝作矣。
>
> 闻此为嘉靖间大名士手笔，指斥时事，如蔡京父子则指分宜，林灵素则指陶仲文，朱勔则指陆炳，其他各有所属云。

关于有刻本前后的情形，和书中所影射的人物，他都讲到了，单单我们所认为最重要的著者，他却只含糊地说了"嘉靖间大名士"了事，这六个字的含义是：

（1）作者是嘉靖时人；

（2）作者是大名士；

（3）《金瓶梅》是嘉靖时的作品。

几条嘉靖时代若干大名士都可适用的规限，更不妙的是他指这书是"指斥时事"的，平常无缘无故的人要指斥时事干什么呢？所以顾公燮等人便因这一线索推断是王世贞的作品，牵连滋蔓，造成上述一些故事。康熙乙亥（公元 1696）刻的《金瓶梅》谢颐作的序便说：

> 《金瓶梅》一书传为凤洲门人之作也。或云即出凤洲手。然洋洋洒洒一百回内，其细针密线，每令观者望洋而叹。

到了《寒花盦随笔》、《缺名笔记》一些人的时代，便索性把或字去掉。一直到近人蒋瑞藻《小说考证》还认定是弇州之作而不疑：

> 《金瓶梅》之出于王世贞手不疑也。景倩距弇州时代不远，当知其详。乃断名士二字了之，岂以其诲淫故为贤者讳欤！（《小说考证》二，96 页）

其实，一切关于《金瓶梅》的故事，都只是故事而已，都不可信。应该根据真实史料，把一切荒谬无理的传说，一起踢开，还给《金瓶梅》以一个原来的面目。

第一，我们要解决一个问题，要先抓住它的要害点，关于《清明上河图》，在上文已经证明和王家无关。次之就是这一切故事的焦点——作《金瓶梅》的缘起和《金瓶梅》的对象严世蕃或唐荆川之被毒或被刺。因为这书据说是作者来毒严氏或唐氏的，如两人并未被毒或无被毒之可能时，这一说当然不攻自破。

甲、严世蕃是正法死的，并未被毒，这一点《寒花盦随笔》的作者倒能辨别清楚。顾公燮便不高明了，他以为王忬死后世贞还去谒见世蕃，世蕃索阅小说，因作《金瓶梅》以讥刺之。其实，王忬被刑在嘉靖三十九年（公元 1560）十月初一日，殁后世贞兄弟即扶柩返里，十一月二十七日到家，自后世贞即屏居里门，到隆庆二年（公元 1568）始起为河南按察副使。另一方面严嵩于四十一年五月罢相，世蕃也随即被刑。王忬死后世贞方痛恨严氏父子之不暇，何能觍颜往谒贼父之仇？而且世贞于父死后即返里屏居，中间无一日停滞，南北相隔，又何能与世蕃相见？即使可能，世蕃已被放逐，不久即死，亦何能见？如说此书之目的专在讽刺，则严氏既倒，公论已明，亦何所用其讽刺？且《四部稿》中不乏抨责严氏之作，亦何庸写此洋洋百万言之大作以事此无谓之讽刺？

再次，顾氏说严氏之败是由世贞贿修工烂世蕃脚使不能入直致然的，此说亦属无稽，据《明史》卷三〇八《严嵩传》所言：

> 嵩虽警敏，能先意揣帝指，然帝所下手诏语多不可晓，惟世蕃一览了然。答语无不中。及嵩妻欧阳氏死，世蕃当护丧归，嵩请留侍京邸，帝许之，然自是不得入直所代嵩票拟，而日纵淫乐于家。嵩受诏多不能答，遣使持问世蕃，值其方耽女乐，不以时答，中使相继促嵩，嵩不得已自为之，往往失旨。所进青词又多假手他人不能工，以是积失帝欢。

则世蕃之不能入直是因母丧，嵩之败是因世蕃之不代票拟，也和王世贞根本无关。

乙、关于唐顺之，按《明史》："顺之出为淮扬巡抚，兵败力疾过焦山，三十九年春卒。"王忬死在是年十月，顺之比王忬早死半年。世贞何能预写《金瓶梅》报仇？世贞以先一年冬从山东弃官省父于京狱，时顺之已出官淮扬，二人何能相见于朝房？顺之比王忬早死半年，世贞又安能遣人行刺于顺之死后？

第二，"嘉靖中大名士"是一句空洞的话，假使可以把它迁就为王世贞，那么，又为什么不能把它归到曾著有杂剧四种的天都外臣汪道昆？为什么不是以杂剧和文采著名的屠赤水、王百谷或张凤翼？那时的名士很多，又为什么不是所谓前七子广五子后五子续五子以及其他的山人墨客？我们有什么反证说他们不是"嘉靖间的大名士"？

第三，再退一步承认王世贞有作《金瓶梅》的可能（自然，他不是不能做）。但是问题是他是江苏太仓人，并且是土著，有什么保证可以断定他不"时作吴语"？《金瓶梅》用的是山东的方言，王世贞虽曾在山东做过三年官（公元1557—1559），但是能有证据说他在这三年中，曾学会了甚至和土著一样地使用当地的方言吗？假使不能，又有什么根据使他变成《金瓶梅》的作者呢？

前人中也曾有人断定王世贞绝不是《金瓶梅》的作者，清礼亲王昭梿就是其中的一个，他说：

> 《金瓶梅》其淫亵不待言。至叙宋代事，除《水浒》所有外，俱不能得其要领。以宋、明二代官名羼杂其间，最属可笑。是人尚未见商辂《宋元通鉴》者，无论宋元正史！弇州山人何至谫陋若是，必为赝作无疑也。(《啸亭续录》卷二)

作小说虽不一定要事事根据史实，不过假如是一个史学名家作的小说，纵使下笔十分不经意，也不至于荒谬到如昭梿所讥。王世贞在当时学者中堪称博雅，时人多以有史识史才许之，他自身亦以此自负。且毕生从事著述，卷帙甚富，多为后来修史及研究明代掌故者所取材。假使是他作的，真的如昭梿所说："何至谫陋若是!"不过昭梿以为《金瓶梅》是赝作，这却错了。因为以《金瓶梅》为王世贞作的都是后来一般的传说，在《金瓶梅》的本文中除掉应用历史上的背景来描写当时的市井社会奢侈放纵的生活以外，也丝毫找不出有作者的什么本身的暗示存在着。作者既未冒王世贞的名字，来增高他著述的声价，说他是赝作，岂非无的放矢。

四、《金瓶梅》是万历中期的作品

小说在过去时代是不登大雅之堂的，尤其是"猥亵"的作品。因此小说的作者姓名往往因不敢署名，而致埋没不彰。更有若干小说家不但不敢署名，并且还故意淆乱书中史实，极力避免含有时代性的叙述，使人不能捉摸这一作品的著作时代。《金瓶梅》就是这样的一个作品。

但是，一个作家要故意避免含有时代性的记述，虽不是不可能，却也不是一件容易的事。因为他不能离开他的时代，不能离开他的现实生活，他是那时候的现代人，无论他如何避免，在对话中，在一件平凡事情的叙述中，多少总不能不带有那时代的意识。即使他所叙述的是假托古代的题材，无意中也不能不流露出那时代的现实生活。我们要从这些作者所不经意的疏略处，找出他原来所处的时代，把作品和时代关联起来。

常常又有原作者的疏忽为一个同情他的后代人所删削遮掩，这位同情者的用意自然是匡正作者，这举动同样不为我们所欢迎。这一事实可以拿《金瓶梅》来做一例证。

假如我们不能得到一个比改订本更早的本子的时候，也许我们要被作者和删节者瞒过，永远不能知道他们所不愿意告诉我们的事情。

幸而，最近我们得到一个较早的《金瓶梅词话》刻本，在这本子中我们知道许多从前人所不知道的事。这些事都明显地刻有时代的痕迹。因此，我们不但可以断定这部书的著作时代，并且可以明白这部书产生的时代背景，和为什么这样一部名著却包含有那样多的描写性生活部分的原因。

（一）太仆寺马价银

《金瓶梅词话》本第七回页九至十有这样一段对话：

> 张四道："我见此人有些行止欠端，在外眠花宿柳，又里虚外实，少人家债负，只怕坑陷了你！"
>
> 妇人道："四舅，你老人家，又差矣！他就外边胡行乱走，奴妇人家只管得三层门内，管不得那许多三层门外的事，莫不成日跟着他走不成！常言道：世上钱财倘来物，那是长贫久富家。紧着起来，朝廷爷一时没有钱使，还问太仆寺支马价银子来使。休说买卖人家，谁肯把钱放在家里！各人裙带上衣食，老人家倒不消这样费心。"

在崇祯本《金瓶梅》（第七回第十页）和康熙乙亥本第一奇书（第七回第九页）中，孟三儿的答话便删节成：

> 妇人道："四舅，你老人家又差矣！他少年人就外边做些风流勾当，也是常事。奴妇人家，那里管得许多。若说虚实，常言道，世上钱财倘来物，那是长贫久富家。况姻缘事皆前生分定，你老人家倒不消这样费心。"

天衣无缝，使人看不出有删节的痕迹。

朝廷向太仆寺借银子用，这是明代中叶以后的事，《明史》卷九二《兵志·马政》：

成化二年以南土不产马，改征银。四年始建太仆寺常盈库，贮备用马价。……隆庆二年，提督四夷馆太常少卿武金言，种马之设，专为孳生备用，备用马既别买，则种马可遂省。今备用马已足三万，宜令每马折银三十两解太仆，种马尽卖输兵部，一马十两，则直隶山东河南十二万匹，可得银百二十万，且收草豆银二十四万。御史谢廷杰谓："祖制所定，关军机，不可废"。兵部是廷杰言。而是时内帑乏，方分使括天下逋赋，穆宗可金奏，下部议。部请养、卖各半，从之。太仆之有银也自成化时始，然止三万余两。及种马卖，银日增。是时通贡互市，所贮亦无几。及张居正作辅，力主尽卖之议。……又国家有兴作赏赉，往往借支太仆银，太仆帑益耗。十五年，寺卿罗应鹤请禁支借。二十四年，诏太仆给陕西赏功银，寺臣言先年库积四百余万，自东西二役兴，仅余四之一。朝鲜用兵，百万之积俱空。今所存者止十余万。况本寺寄养马岁额二万匹，今岁取折色，则马之派征甚少，而东征调兑尤多，卒然有警，马与银俱竭，何以应之！章下部，未能有所厘革也。崇祯初，核户、兵、工三部借支太仆马价至一千三百余万。

由此可知太仆寺之贮马价银是从成化四年（公元1468）起，但为数极微。到隆庆二年（公元1568）百年后定例卖种马之半，藏银始多。到万历元年（公元1573）张居正作首相尽卖种马，藏银始达四百余万两。又据《明史》卷七九《食货志》三《仓库》：

太仆，则马价银归之。……隆庆中……数取光禄太仆银，工部尚书朱衡极谏不听。……至神宗万历六年……久之，太仓、光禄、太仆银括取几尽，边赏首功向发内库者亦取之太仆矣。

则隆庆时虽曾借支太仆银，尚以非例为朝臣所谏诤。到了张居正死后（公元1582），神宗始无忌惮地向太仆支借，其内库所蓄，则靳不肯出。《明史》卷二一三《张居正传》载居正当国时：

太仓粟充盈可支十年。互市饶马，乃减太仆种马，而令民以价纳，太仆金亦积四百余万。

在居正当国时，综核名实，令出法行，所以国富民安，号称小康，即内廷有需索，亦往往为言官所谏止，如《明史》卷二二九《王用汲传》说：

万历六年……上言……陛下……欲取太仓光禄，则台臣科臣又言之，陛下悉见嘉纳，或遂停止，或不为例。

其用途专充互市抚赏，《明史》卷二二二《方逢时传》说：

万历五年召理戎政。……言……财货之费，有市本有抚赏，计三镇岁费二十七万，较之乡时户部客饷七十余万，太仆马价十数万，十才二三耳。

到了居正死后，朝政大变，太仆马价内廷日夜借支，宫监佞幸，为所欲为，专以货利导帝，《明史》卷二三五《孟一脉传》说：

居正死，起故官。疏陈五事：言……数年以来，御用不给，今日取之光禄，明日取之太仆，浮梁之磁，南海之珠，玩好之奇，器用之巧，日新月异。……锱铢取之，泥沙用之。

不到十年工夫，太仆积银已空；《明史》卷二三三《何选传》：

光禄太仆之帑，括取几空。

但还搜括不已，恣意赏赐，如《明史》卷二三三《张贞观传》所记：

三王并封制下，……采办珠玉珍宝费至三十六万有奇，又取太仆银十万充赏。

中年内外库藏俱竭，力靳内库银不发，且视太仆为内廷正供，廷臣请发款充军费，反被谯责。万历三十年时：

国用不支，边储告匮，……乞发内库银百万及太仆马价五十万以济边储，复忤旨切责。（《明史》卷二二〇《赵世卿传》）

万历时代借支太仆寺马价银的情形，朱国桢《涌幢小品》卷二说得很具体：

> 太仆寺马价隆庆年间积一千余万，万历年间节次兵饷借去九百五十三万。又大礼大婚光禄寺借去三十八万两。零星宴赏之借不与焉。至四十二年老库仅存八万两。每年岁入九十八万余两，随收随放支，各边年例之用尚不足，且有边功不时之赏，其空虚乃尔，真可寒心。

明神宗贪财好货，至为御史所讥笑，如《明史》卷二三四《雒于仁传》所载四箴，其一即为戒贪财：

> 十七年……献四箴。……传索帑金，括取币帛，甚且掠问宦官，有献则已，无则谴怒，李沂之疮痍未平，而张鲸之赀贿复入，此其病在贪财也。

再就嘉靖、隆庆两朝内廷向外库借支情况作一比较，《明史》卷二〇六《郑一鹏传》：

> 嘉靖初……宫中用度日侈，数倍天顺时，一鹏言：今岁灾用诎，往往借支太仓。

《明史》卷二一四《刘体乾传》：

> 嘉靖二十三年……上奏曰：又闻光禄库金自嘉靖改元至十五年，积至八十万，自二十一年以后，供亿日增，余藏顿尽。……隆庆初进南京户部尚书，……召改北部，诏取太仓银三十万两，……是时内供已多，数下部取太仓银。

据此可知嘉、隆时代的借支处只是光禄和太仓，因为那时太仆寺尚未存有大宗马价银，所以无借支的可能。到隆庆中叶虽曾借支数次，却不如万历十年以后的频数。穆宗享国不到六年（公元1567—1572），朱衡以隆庆二年九月任工部尚书，刘体乾以隆庆三年二月任户部尚书，刘氏任北尚书后才疏谏取太仓银而不及太仆，则朱衡之谏借支太仆银自必更在三年二月以后。由此可知在短短的两三年内，即使借支太仆，其次数决不甚多，且新例行未久，其借支数目亦不能过大。到了张居正当国，厉行节俭，足国富民，在这十年中帑藏充盈，无借支之必要，且神宗慑于张氏之威棱，亦无借支之可能。由此可知《词话》中所指“朝廷爷还问太仆寺借马价银子来使”必为万历十年以后的事。

《金瓶梅词话》的本文包含有万历十年以后的史实，则其著作的最早时期必在万历十年以后。

（二）佛教的盛衰和小令

《金瓶梅》中关于佛教流行的叙述极多，全书充满因果报应的气味。如丧事则延僧作醮追荐（第八回，第六十二回），平时则许愿听经宣卷（第三十九回，第五十一回，第七十四回，第一百回），布施修寺（第五十七回，第八十八回），胡僧游方（第四十九回），而归结于地狱天堂，西门庆遗孤且入佛门清修。这不是一件偶然的事实，假如作者所处的时代佛教并不流行，或遭压迫，在他的著作中决不能无中生有捏造出这一个佛教流行的社会。

明代自开国以来，对佛道二教，初无歧视，后来因为政治关系，对喇嘛教僧稍予优待，天顺、成化间喇嘛教颇占优势，佛教徒假借余光，其地位在道教之上。到了嘉靖时代，陶仲文、邵元节、王金等得势，世宗天天在西苑玄修作醮，求延年永命，一般方士偶献一二秘方，便承宠遇。诸宫僚翰林九卿长贰入直者往往以青词称意，不次大拜。天下靡然风从，献灵芝、白鹿、白鹊、丹砂，无虚日。朝臣亦天天在讲符瑞，报祥异，甚至征伐大政，必以告玄。在皇帝修养或作法事时，非时上奏的且得殊罚。道士遍都下，其领袖贵者封侯伯，位上卿，次亦绾牙牌，跻朝列，再次亦凌视士人，作威福。一面则焚佛牙，毁佛骨，逐僧侣，没庙产，熔佛像，佛教在世宗朝算是销声匿迹，倒尽了霉。

到隆、万时，道教失势了，道士们或贬或逐，佛教徒又承渥宠，到处造庙塑佛，皇帝且有替身出家的和尚，其煊赫比拟王公（明列帝俱有替身僧，不过到万历时代替身僧的声势，则为前所未有）。《野获编》卷二七《释教盛衰》条：

> 武宗极喜佛教，自列西番僧，呗唱无异。至托名大庆法王，

> 铸印赐诰命。世宗留心斋醮，置竺乾氏不谈。初年用工部侍郎赵璜言，刮正德所铸佛镀金一千三百两。晚年用真人陶仲文等议，至焚佛骨万二千斤。逮至今上，与两宫圣母首建慈寿、万寿诸寺，俱在京师，穹丽冠海内。至度僧为替身出家，大开经厂，颁赐天下名刹殆遍。去焚佛骨时未二十年也。

由此可知武宗时为佛教得势时代，嘉靖时则完全为道教化的时代，到了万历时代佛教又得势了。《金瓶梅》书中虽然也有关于道教的记载，如六十二回的潘道士解禳，六十五回的吴道士迎殡，六十七回的黄真人荐亡，但以全书论，仍是以佛教因果轮回天堂地狱的思想作骨干。假如这书著成于嘉靖时代，决不会偏重佛教到这个地步！

再从时代的习尚去观察，《野获编》卷二五《时尚小令》：

> 元人小令行于燕、赵，后浸淫日盛。自宣、正至成、宏后，中原又行《锁南枝》、《傍妆台》、《山坡羊》之属，李崆峒先生初自庆阳徙居汴梁，闻之以为可继国风之后。何大复继至，亦酷爱之。今所传《泥捏人》及《鞋打卦》、《熬鬏髻》三阕为三牌名之冠，故不虚也。自兹以后，又有《耍孩儿》、《驻云飞》、《醉太平》诸曲，然不如三曲之盛。嘉、隆间乃兴《闹五更》、《寄生草》、《罗江怨》、《哭皇天》、《乾荷叶》、《粉红莲》、《桐城歌》、《银纽丝》之属，自两淮以至江南，渐与词曲相远，不过写淫媟情态，略具抑扬而已。比年以来又有《打枣竿》、《挂枝儿》二曲。其腔调约略相似，则不问南北，不问男女，不问老幼良贱，人人习之，亦人人喜听之，以至刊布成帙，举世传诵，沁人心腑。其谱不知从何来，真可骇叹！又《山坡羊》者，李、何二公所喜，今南北词俱有此名，但北方惟盛爱数落《山坡羊》，其曲自宣、大、辽东三镇传来。今京师妓女惯以此充弦索北调，其语秽亵鄙浅，并桑濮之音亦离去已远，而羁人游婿嗜之独深，丙夜开樽，争先招致。

《金瓶梅词话》中所载小令极多，约计不下六十种。内中最流行的是《山坡羊》，综计书中所载在二十次以上（见第一、八、三十三、四十五、五十、五十九、六十一、七十四、八十九、九十一诸回）；次为《寄生草》（见第八、八十二、八十三诸回）；《驻云飞》（见第十一、四十四诸回）；《锁南枝》（见第四十四、六十一诸回）；《耍孩儿》（见第三十九、四十四诸回）；《醉太平》（见第五十二回）；《傍妆台》（见第四十四回）；《闹五更》（见第七十三回）；《罗江怨》（见第六十一回），其他如《绵搭絮》、《落梅风》、《朝天子》、《折桂令》、《梁州序》、《画眉序》、《锦堂月》、《新水令》、《桂枝香》、《柳摇金》、《一江风》、《三台令》、《货郎儿》、《水仙子》、《荼蘼香》、《集贤宾》、《一见娇羞》、《端正好》、《宜春令》、《六娘子》……散列书中，和沈氏所记恰合。在另一方面，沈氏所记万历中年最流行的《打枣竿》、《挂枝儿》二曲，却又不见于《词话》。《野获编》书成于万历三十四年（丙午，公元1606），由此可见《词话》是万历三十四年以前的作品，《词话》作者比《野获编》的作者时代略早，所以他不能记载到沈德符时代所流行的小曲。

（三）太监、皇庄、皇木及其他

太监的得势用事，和明代相终始。其中只有一朝是例外，这一朝代便是嘉靖朝。从正德宠任刘瑾、谷大用等八虎，坏乱朝政以后，世宗即位，力惩其敝，严抑宦侍，不使干政作恶。嘉靖九年（公元1530）革镇守内臣。十七年（公元1538）从武定侯郭勋请复设，在云贵、两广、四川、福建、湖广、江西、浙江、大同等处各派内臣一人镇守，到十八年四月以彗星示变撤回。在内廷更防微极严，不使和朝士交通，内官因之奉法安分，不敢恣肆。根基不厚的大珰，有的为了轮值到请皇帝吃一顿饭而破家荡产，无法诉苦。在有明一代中嘉靖朝算是宦官最倒霉失意的时期。反之在万历朝则从初年冯保、张宏、张鲸等柄用起，一贯地柄国作威，政府所有设施，须先请命于大珰，初年高拱任首相，且因不附冯保而被逐。张居正在万历初期的新设施，新改革，所以能贯彻实行，是因为在内廷有冯保和他合作。到张居正死后，宦官无所顾惮，权势更盛，派镇守，采皇木，领皇庄，榷商税，采矿税。地方官吏降为为宦寺的属下，承其色笑，一拂其意，缇骑立至。内臣得参奏当地督抚，在事实上几成地方最高长官。在天启以前，万历朝可说是宦官最得势的时代。

《词话》中有许多关于宦官的记载，如清河一地就有看皇庄的薛太监，管砖厂的刘太监，花子虚的家庭出于内臣，王招宣家与太监缔姻。其中最可看出当时情形的是第三十一回西门庆宴客一段：

> 说话中间，忽报刘公公、薛公公来了。慌的西门庆穿上衣，仪门迎接。二位内相坐四人轿，穿过肩蟒，缨枪队喝道而至。西门庆先让至大厅上，拜见叙礼，接茶。落后周守备、荆都监、夏提刑等武官，都是锦绣服，藤棍大扇，军牢喝道，僚掾跟随，须臾都到了门口，黑压压的许多伺候，里面鼓乐喧天，笙箫迭奏。上坐递酒之时，刘、薛二内相相见。厅正面设十二张卓席，都是帏拴锦带，花插金瓶，卓上摆着簇盘定胜，地下铺着锦茵绣毯。
>
> 西门庆先把盏让坐次，刘、薛二内相再三让逊："还有列位大人!"周守备道："二位老太监齿德俱尊。常言三岁内宦，居于王公之上，这个自然首坐，何消泛讲。"彼此逊让了一回。薛内相道："刘哥，既是列位不首，难为东家，咱坐了罢。"
>
> 于是罗圈唱了个喏，打了恭，刘内相居左，薛内相居右，每人膝下放一条手巾，两个小厮在傍打扇，就坐下了。其次者才是周守备，荆都监众人。

一个管造砖和一个看皇庄的内使，声势便煊赫到如此，在宴会时座次在地方军政长官之上，这正是宦官极得势时代的情景，也正是万历时代的情景。

皇庄之设立，前在天顺、景泰时代已见其端，正德时代达极盛期。世宗即位，裁抑恩幸，以戚里佞幸得侯者著令不许继世。中惟景王就国，拨赐庄田极多。《明史》卷七七《食货志》一说：

> 世宗初命给事中夏言等清核皇庄田，言极言皇庄为厉于民。自是正德以来投献侵牟之地，颇有给还民者。而宦戚辈复中挠之。户部尚书孙交造皇庄新册，额减于旧，帝命核先年顷亩数以闻，改称**官地**，**不复名皇庄**。诏所司征银解部。

由此可知嘉靖时代无皇庄之名，只称官地。《食货志》一又记：

神宗赉予过侈，求无不获。潞王、寿阳公主恩最渥，而福王分封，括河南山东湖广田为王庄，至四万顷，群臣力争，乃减其半。王府官及诸阉丈地征税，旁午于道，扈养厮役，廪食以万计，渔敛惨毒不忍闻，驾帖捕民，格杀庄佃，所在骚然。

由此可知《词话》中的管皇庄太监，必然指的是万历时代的事情。因为假如把《词话》的时代放在嘉靖时的话，那就不应称为管皇庄，应该称为管官地的才对。

所谓皇木，也是明代一桩特别的恶政，《词话》第三十四回有刘百户盗皇木的记载：

西门庆告诉："刘太监的兄弟刘百户因在河下管芦苇场，撰了几两银子。新买了一所庄子。在五里店拿皇木盖房。……"

明代内廷兴大工，派官往各处采大木，这木就叫皇木。这事在嘉靖万历两朝特别多，为民害极酷。《明史》卷八二《食货志》六说：

嘉靖元年革神木千户所及卫卒。二十年宗庙灾，遣工部侍郎潘鉴、副都御史戴金于湖广四川采办大木。

二十六年复遣工部侍郎刘伯跃采于川、湖、贵州。湖广一省费至三百三十九万余两。又遣官核诸处遗留大木，郡县有司以迟误大工，逮治褫黜非一，并河州县尤苦之。

万历中三殿工兴，采楠杉诸木于湖广、四川、贵州，费银九百三十余万两，征诸民间，较嘉靖年费更倍。而采鹰平条桥诸木于南直浙江者，商人逋直至二十五万。科臣劾督运官迟延侵冒，不报。虚糜乾没，公私交困焉。

按万历十一年慈宁宫灾，二十四年乾清、坤宁二宫灾，《词话》中所记皇木，当即指此而言。

《词话》第二十八回有女番子这样一个特别名词。

经济道："你老人家是个女番子，且是倒会的放刀……"

所谓番子，《明史·刑法志》三说：

东厂之属无专官，掌刑千户一，理刑百户一，亦谓之贴刑，皆卫官。其隶役悉取给于卫。最轻黠狷巧者乃拨充之。役长曰档头，帽上锐，衣青素褵褶，系小绦，白皮靴，专主伺察。其下番子数人为干事，京师亡命诓财挟仇视干事者为窟穴，得一阴事，由之以密白于档头，档头视其事大小，先予之金。事曰起数，金曰买起数。既得事，帅番子至所犯家左右坐曰打桩，番子即突入执讯之，无有左证符牒，贿如数，径去。少不如意，榜治之名曰干榨酒，亦曰搬罾儿，痛楚十倍官刑。且授意使牵有力者，有力者予多金，即无事，或靳不予，予不足，立闻上，下镇抚司狱，立死矣。

番子之刺探官民阴事为非作恶如此，所以在当时口语中就称平常人的放刁挟诈者为番子，并以施之女性。据《明史》在万历初年冯保以司礼监兼厂事，建厂东上北门之北曰内厂，而以初建者为外厂，声势煊赫一时，至兴王大臣狱，欲族高拱。但在嘉靖时代，则以世宗驭中官严，不敢恣，厂权且不及锦衣卫，番子之不敢放肆自属必然。由这一个特别名词的被广义地应用的情况说，《词话》的著作时代亦不能在万历以前。

（四）古刻本的发现

两年以前《金瓶梅》的最早刻本，我们所能见到的是康熙三十四年（乙亥，公元1695）皋鹤草堂刻本张竹坡批点《第一奇书金瓶梅》，和崇祯本《新刻绣像金瓶梅》。在这两个本子中没有什么材料可以使我们知道这书最早刊行的年代。

最近北平图书馆得到了一部刊有万历丁巳序文的《金瓶梅词话》，这本子不但在内容方面和后来的本子有若干处不同，并且在东吴弄珠客的序上也明显地载明是万历四十五年（丁巳，公元1617）冬季所刻。在欣欣子的序中并具有作者的笔名兰陵笑笑生（也许便是作序的欣欣子罢）。这本子可以说是现存的《金瓶梅》最早的刊本。其内容最和原本相近，从它和后来的本子不相同处及被删改处比较的结果，使我们能得到这样的结论，断定它的最早开始写作的时代不能在万历十年以前，退一步说，也不能过隆庆二年。

但万历丁巳本并不是《金瓶梅》第一次的刻本，在这刻本以前，已经有过几个苏州或杭州的刻本行世，在刻本以前并且已有抄本行世。因为在袁宏道的《觞政》中，他已把《金瓶梅》列为逸典，在沈德符的《野获编》中他已告诉我们在万历三十四年（丙午，公元1606）袁宏道已见过几卷，麻城刘氏且藏有全本。到万历三十七年袁中道从北京得到一个抄本，沈德符又向他借抄一本。不久苏州就有刻本，这刻本才是《金瓶梅》的第一个本子。

袁宏道的《觞政》在万历三十四年以前已写成，由此可以断定《金瓶梅》最晚的著作时代当在万历三十年以前。退一步说，也决不能后于万历三十四年。

综结上文所说，《金瓶梅》的成书时代大约是在万历十年到三十年这二十年（公元1582—1602）中。退一步说，最早也不能过隆庆二年，最晚也不能后于万历三十四年（公元1568—1606）。

五、《金瓶梅》的社会背景

《金瓶梅》是一部现实主义小说，它所写的是万历中年的社会情形。它抓住社会的一角，以批判的笔法，暴露当时新兴的结合官僚势力的商人阶级的丑恶生活。透过西门庆的个人生活，由一个破落户而土豪、乡绅而官僚的逐步发展，通过西门庆的社会联系，告诉了我们当时封建统治阶级的丑恶面貌，和这个阶级的必然没落。在《金瓶梅》书中没有说到那时代的农民生活，但在它的描写市民生活时，却已充分地告诉我们那时农村经济的衰颓和崩溃的必然前景。当时土地集中的情形，万历初年有的大地主拥田到七万顷，粮至二万石。（张居正《张文忠公集书牍》六《答应天巡抚宋阳山论均粮足民》）据万历六年全国田数七百一万三千九百七十六顷计算，这一个大地主的田数就占全国田数的百分之一。又如皇庄，嘉靖初年达数十所，占地至三万七千多顷。夏言描写皇庄破坏农业生产的情形说：

皇庄既立，则有管理之太监，有奏带之旗校，有跟随之名目，每处动至三四十人。……擅作威福，肆行武断。……起盖房屋，架搭桥梁，擅立关隘，出给票帖，私刻关防。凡民间撑架舟车，牧放牛马，采捕鱼虾蚤蚌莞蒲之属，靡不括取。而邻近土地，则展转移筑封堆，包打界至，见亩征银。本土豪猾之民，投为庄头，拨置生事，帮助为恶，多方掊克，获利不赀。输之宫闱者曾无十之一二，而私入囊橐者盖不啻十八九矣。是以小民脂膏，吮剥无余，由是人民逃窜而户口消耗，里分减并而粮差愈难。卒致辇毂之上，生理寡遂，闾阎之间，贫苦到首，道路嗟怨，邑里萧条。

公私庄田，跨庄逾邑，小民恒产，岁朘月削，产业既失，税粮犹存，徭役苦于并充，粮草苦于重出，饥寒愁苦，日益无聊，展转流亡，靡所底止。以致强梁者起而为盗贼，柔善者转死于沟壑。其巧黠者或投存势家庄头家人名目，恣其势以转为善良之害，或匿入海户陵户勇士校尉等籍，脱免徭役，以重困敦本之人。凡所以蹙民命脉，竭民膏血者，百孔千疮，不能枚举。（《桂洲文集》卷十三《奉勅勘报皇庄及功臣国戚田土疏》）

虽然说的是嘉靖前期的情况，但是也完全适用于万历时代，而且应该肯定，万历时代的破坏情形只有比嘉靖时代更严重。据《明史》《景王潞王福王等传》：景恭王于“嘉靖四十年（公元 1562）之国，……多请庄田，……其他土田湖陂侵入者数万顷”。潞王“居京邸，王店王庄遍畿内，……居藩多请赡田食盐无不应，……田多至四万顷”。福王之国时，“诏赐庄田四万顷，……中州腴土不足，取山东、湖广田益之”，尺寸皆夺之民间，“伴读承奉诸官假履亩为名，乘传出入，河南北、齐、楚间所至骚动”。潞王是明穆宗第四子，万历十七年之藩；福王是明神宗爱子，万历四十二年就藩。三王的王庄多至十数万顷，加上宫廷直属的皇庄和外戚功臣的庄田，超经济的剥削，造成人民逃窜，户口消耗，道路嗟怨，邑里萧条，强梁者起而为“盗贼”，柔善者转死于沟壑的崩溃局面。

除皇庄以外，当时农民还得摊派商税，如毕自严所说山西情形：

> 榷税一节，病民滋甚。山右僻在西隅，行商廖廖。所有额派税银四万二千五百两，铺垫等银五千七百余两，皆分派于各州府。于是斗粟半菽有税，沽酒市脂有税，尺布寸丝有税，羸特骞卫有税，既非天降而地出，真是头会而箕敛。（《石隐园藏稿》卷五《嵩祝陛辞》疏）

明末侯朝宗描写明代后期农民的被剥削情况说：

> 明之百姓，税加之，兵加之，刑加之，役加之，水旱灾祲加之，官吏之渔食加之，豪强之吞并加之，是百姓一而所以加之者七也。于是百姓之富者争出金钱而入学校，百姓之黠者争营巢窟而充吏胥，是加者七而因而诡之者二也。即以赋役之一端言之，百姓方苦其穷极而无告而学校则除矣，吏胥则除矣，……天下之学校吏胥渐多而百姓渐少，……彼百姓之无可奈何者，不死于沟壑即相率而为盗贼耳，安得而不乱哉。（《壮悔堂文集·正百姓》）

农民的生活如此。另一面，由于倭寇的肃清，商业和手工业的发达，海外贸易的扩展，国内市场的扩大，计亩征银的一条鞭赋税制度的实行，货币地租逐渐发展，高利贷和商业资本更加活跃，农产品商品化的过程加快了。商人阶级兴起了。从亲王勋爵官僚士大夫都经营商业，如“楚王宗室错处市廛，经纪贸易与市民无异。通衢诸绸帛店俱系宗室。间有三吴人携负至彼开铺者，亦必借王府名色。”（包汝楫《南中纪闻》）如翊国公郭勋京师店舍多至千余区。（《明史》卷一三〇《郭英传》）如庆云伯、周瑛于河西务设肆邀商贾，虐市民，亏国课。周寿奉使多挟商艘。（《明史》卷三〇〇《周能传》）如吴中官僚集团的开设囤房债典百货之肆，黄省曾《吴风录》说：

> 自刘氏、毛氏创起利端，为鼓铸囤房，王氏债典，而大村名镇必张开百货之肆，以榷管其利，而村镇之负担者俱困。由是累金百万。至今吴中搢绅仕夫，多以货殖为急，若京师官店

六郭开行债典兴贩屠酤，其术倍克于齐民。

嘉靖初年夏言疏中所提到的“见亩征银”，和顾炎武所亲见的西北农民被高利贷剥削的情况：

日见凤翔之民，举债于权要，每银一两，偿米四石，此尚能支持岁月乎！（《亭林文集》卷三《病起与蓟门当事书》）

商人阶级因为海外和内地贸易的关系，他们手中存有巨额的银货，他们一方面利用农民要求银货纳税的需要，高价将其售出，一方面又和政府官吏勾结，把商品卖给政府，收回大宗的银货，如此循环剥削，资本积累的过程，商人阶级壮大了，他们日渐成为社会上的新兴力量，成为农民阶级新的吸血虫。

西门庆所处的就是这样一个时代，他代表他所属的那个新兴阶级，利用政治的和经济的势力，加紧地剥削着无告的农民。

在生活方面，因此就表现出两个绝对悬殊的阶级，一个是荒淫无耻的专务享乐的上层阶级，上自皇帝，下至市侩，莫不穷奢极欲，荒淫无度。就过去的历史事实说：“皇帝家天下”，天下的财富即是皇帝私人的财富，所以皇帝私人不应再有财富。可是在这个时代，连皇帝也殖私产了，金花银所入全充内帑，不足则更肆搜括。太仓太仆寺所藏本供国用，到这时也拚命借支，藏于内府，拥宝货作富翁。日夜希冀求长生，得以永保富贵。和他的大臣官吏上下一致地讲秘法，肆昏淫，明穆宗、谭纶、张居正这一些享乐主义者的死在醇酒妇人手中，和明神宗的几十年不接见朝臣，深居宫中的腐烂生活正足以象征这个时代。社会上的有闲阶级，更承风导流，夜以继日，妓女、小唱、优伶、赌博、酗酒，成为日常生活，笙歌软舞，穷极奢华。在这集团下面的农民，却在另一尖端，过着饥饿困穷的生活。他们受着十几重的剥削，不能不在水平线下生活着，流离转徙，一遭意外，便只能卖儿鬻女。在他们面前只有两条道路：一条是转死沟壑，一条是揭竿起义。

西门庆的时代，西门庆这一阶级人的生活，我们可以拿两种地方记载来说明。《博平县志》卷四《人道》六《民风解》：

……至正德、嘉靖间而古风渐渺，而犹存什一于千百焉。……乡社村保中无酒肆，亦无游民。……畏刑罚，怯官府，窃铁攘鸡之讼，不见于公庭。……由嘉靖中叶以抵于今，流风愈趋愈下，惯习骄吝，互尚荒佚，以欢宴放饮为豁达，以珍味艳色为盛礼。其流至于市井贩鬻厮隶走卒，亦多缨帽缃鞋，纱裙细袴，酒庐茶肆，异调新声，汩汩浸淫，靡焉勿振。甚至娇声充溢于乡曲，别号下延于乞丐。……逐末游食，相率成风。

截然地把嘉靖中叶前后分成两个时代。崇祯七年刻《郓城县志》卷七《风俗》：

郓地……称易治。迩来竞尚奢靡，齐民而士人之服，士人而大夫之官，饮食器用及婚丧游宴，尽改旧意。贫者亦槌牛击鲜，合飨群祀，与富者斗豪华，至倒囊不计焉。若赋役施济，则毫厘动心。里中无老少，辄习浮薄，见敦厚俭朴者窘且笑之。逐末营利，填衢溢巷，货杂水陆，淫巧恣异，而重侠少年复聚党招呼，动以百数，椎击健讼，武断雄行。胥隶之徒亦华侈相高，日用服食，拟于市宦。

所描写的"市井贩鬻""逐末营利"商业发展情形和社会风气的变化，及其生活，不恰就是《金瓶梅》时代的社会背景吗？

我们且看西门庆和税关官吏勾结的情形：

西门庆叫陈经济后边讨五十两银子来，令书童写了一封书，使了印色，差一名节级，明日早起身，一同去下与你钞关上钱老爹，叫他过税之时，青目一二。（第五十八回）

西门庆听见家中卸货，吃了几钟酒，约掌灯以后就来家。韩伙计等着见了，在厅上坐的，悉把前后往回事，说了一遍。西门庆因问钱老爹书下了，也见些分上不曾？韩道国道："全是钱老爹这封书，十车货少使了许多税钱，小人把缎箱两箱并一箱，三停只报两停，都当茶叶马牙香，柜上税过来了。通共十大车，只纳了三十两五钱钞银子，老爹接了报单，也没差巡捕拦下来查点，就把车喝过来了。"

西门庆听言，满口欢喜，因说："到明日少不得重重买一分礼，谢那钱老爹。"（第五十九回）

和地方官吏勾结，把持内廷进奉的情形：

应伯爵领了李三来见西门庆。……李三道："今有朝廷东京行下文书，天下十三省，每省要万两银子的古器，咱这东平府，坐派著二万两，批文在巡按处，还未下来。如今大街上张二官府破二百两银子，干这宗批要做，都看有一万两银子寻。……"西门庆听了说道："批文在那里？"李三道："还在巡按上边，没发下来呢。"西门庆道："不打紧，我这差人写封书，封些礼，问宋松原讨将来就是了。"李三道："老爹若讨去，不可迟滞，自古兵贵神速，先下米的先吃饭，诚恐迟了，行到府里，乞别人家干的去了。"西门庆笑道："不怕他，设使就行到府里，我也还教宋松原拿回去就是，胡府尹我也认的。"（第七十八回）

当时商人进纳内廷钱粮的内幕：

李三黄四商量向西门庆再借银子，应伯爵道："你如今还得多少才勾？"黄四道："李三哥他不知道，只要靠着问那内臣借一般，也是五分行利。不如这里借着，衙门中势力儿，就是上下使用也省些。如今找着，再得出五十个银子来，把一千两合用，就是每月也好认利钱。"

应伯爵听了，低了低头儿，说道："不打紧……管情就替你说成了。找出了五百两银子来，共捣一千两文书，一个月满破认他五十两银子，那里不去了，只当你包了一个月老婆了。常言道秀才取添无真，进钱粮之时，香里头多上些木头，蜡里头多搀些柏油，那里查账去！不图打点，只图混水，借着他这名声儿，才好行事。"（第四十五回）

西门庆不但勾结官吏，偷税漏税，营私舞弊，并且一般商人还借他作护符，赚内廷的钱！

在另一方面，另一阶级的人，却不能不卖儿鬻女。《词话》第三十七回：

> 冯妈妈道："爹既是许了，你拜谢拜谢儿。南首赵嫂儿家有个十三岁的孩子，我明日领来与你看，也是一个小人家的亲养孩儿来，他老子是个巡捕的军，因倒死了马，少桩头银子，怕守备那里打，把孩子卖了，只要四两银子，教爹替你买下吧！"

这样的一个时代，这样的一个社会，农民的忍耐终有不能抑止的一天。不到三十年，火山口便爆发了！张献忠、李自成的大起义，正是这个时代这个社会的必然发展。

这样的一个时代，这样的一个社会，才会产生《金瓶梅》这样的一部作品。

一九三三年十月十日，于北平

（原载《文学季刊》创刊号）

《朝鲜李朝实录》中之李满住

明陈继儒序、董复表编王世贞《弇州史料》文中开头一段说：

> 唐郑惟忠尝云："自古文人多，史才少"。予谓史非乏才也，史之难，难于料耳。史才无料，如良贾不操金，大匠不储材，虽郑卓、公输立窘矣。

史料和史的关系虽然已有若干人郑重地指出，但仍有若干可贵的史料被故意埋没，使后人困于钩稽，明清之际关于建州的史实就是一个好例。

过去研究建州史的学者所能得到的史料只是几部禁毁幸免的明人著作和朝鲜方面的记载，其中最主要的是《明实录》。最近北平图书馆得到一部影印本《朝鲜李朝实录》，记建州初期史实极详尽，从此我们可以拿中国、朝鲜两方实录来对勘会证，重新来写明清史中关于建州的一部分的记载了。过去我曾把这书中涉及中国、朝鲜和朝鲜与建州、建州与明的史料辑录为《朝鲜李朝实录中之中国史料》一书，体例一仍原书。今更从史料中录出李满住事迹为此文，中国方面材料大体上在稻叶君山《清朝全史》和孟心史先生的《清朝前纪》中均已引用，而此等材料所记载李满住之事迹，亦已大致见于《李朝实录》中。此不再引。

一、李满住之家世

李满住在建州史中是一个著名的领袖，假如把建州史分成两期，以努尔哈赤代表后期，无疑地李满住是前期的代表人物。

满住祖父阿哈出，明赐姓名李思诚，父释家奴，明赐姓名李显忠，在朝鲜李太祖朝服属于朝鲜。《李朝太祖实录》卷八四年（公元1395）十二月癸卯条纪事：

> 自上即位，野人酋长远至，移阑、豆漫，皆来服事，常佩弓剑入卫从征伐。如女真则斡朵里豆漫夹温猛哥帖木儿，火儿阿豆漫古论阿哈出……等是也。上即位量授万户千户之职，使李豆兰招安女真，纳赋服役，无异于编户。

但未久复生反测，故太宗壬午二年（公元1402）十二月复有遣使招安之举：

> 己巳遣判军资监事辛龙凤招安吾都里、兀良哈等以其不附也。（《太宗实录》卷四）

同时明廷亦遣使招抚：

> 三年五月辛未三府会议女真事，皇帝敕谕女真，吾都里、兀良哈、兀狄哈等招抚之使献贡。女真本属于我，故三府会议。其敕谕用女真书字不可解，使女真说其意译之而议。（同上书卷五）

太宗四年三月甲戌辽东千户王可仁（修）奉敕招谕女真至朝鲜，为设建州卫之计。时阿哈出入朝，为明帝言猛哥帖木儿，明廷即遣使王教化的经朝鲜赍敕招谕（同上书卷七）。

阿哈出一名於虚乙主，即於虚出。① 其女为明成祖妃：

---

① 於虚乙主和於虚山为同一名之异译。即阿哈出。据1462年满住上朝鲜书契“永乐二十年太宗皇帝谕父于虚乙主曰”语，似於虚乙主为满住之父，然阿哈出子释家驭，於虚出子亦名时家奴，释家奴即时家奴，阿哈出当即为於虚出，则书契所言当为祖父之略词，或为译文之误也。据《实录》满住原住奉吉古城，於虚出则住风州。考风州为元开元路。开元在元魏称勿吉，钛吉，即奉吉之转音。《世宗实录》二十一年九月节日使李思俭《闻见事目》记明廷斥满住等有“今尔等又要般回风州牧猪地面居住”之语，则风州亦即勿吉，即奉吉古城，亦即元开元路。原为阿哈出释家奴父子所住地，至满住始被逼徙地也。至於虚出、时家奴二名上冠以金之称号，则建州自称为金之遗民，冠以金者表其为金后裔或即以金为姓，用于部落中以明共其于贵族，其对明廷则固仍用赐姓也。《实录》记阿哈出事与李满住恰相衔接，无一事及于释家奴，似是释家奴早死，满住即相继祖领部，或释家奴无能，部人不附而以其子统部也。

太宗四年（公元1404）十二月庚午辽东总旗张孛罗小旗王罗哈时等至，上就见于太平馆。孛罗等奉帝敕谕授参政於虚出于建州卫者也。初帝为燕王时纳於虚出女，及即位后除建州卫参政，欲使招谕野人，赐书慰之。（《太宗实录》卷八）

同书六年（公元1406）二月己卯条记：

大明立建州卫，以於虚出为指挥，招谕野人。（同上书卷一一）

三月丙申条记：

通事曹显启曰："帝授於虚出参政子金时家奴为建州卫指挥使，阿古车为毛怜等处指挥使，阿难把儿逊为毛怜等处指挥佥事。"（同上）

金时家奴即释家奴。妻康氏，曾于明宣德六年正月入朝明廷贡马（《明宣宗实录》卷七五）。於虚出住凤州，同书十一年（公元1411）四月丙辰条：

凤州即开元，金於虚出所居，於虚出即帝三后之父也。（同上书卷二一）

显忠弟莽哥不花即阿古车，亦内附于明，官建州卫指挥。（《明宣宗实录》卷一三）妻金阿纳失里曾于明宣德九年四月入朝明廷贡马（同上书卷一一〇）。子撒满答失里继之领毛怜卫官都督（《世宗实录》卷六四、六六）。明正统十年三月奏愿居京自效，从之，赐名曰忠（《明英宗实录》卷一二七）。

满住之初露头角在明永乐末年，时已为中卫酋长，计其年当在二十以上（《世宗实录》卷二四）。至明成化三年被诛，大概这老酋长死时的年龄当在六十岁左右。满住有弟名阿古乙，《世祖实录》己卯四年（公元1459）五月辛丑条：

武忠等将率满住、古罗哈等四人赴中朝，满住病以其弟阿古乙代遣。（《世祖实录》卷二〇）

有三妻，一出斡朵里（吾都里），一出兀良哈，一出火剌温（扈伦）（《成宗实录》卷六四）。有八子：

十一年十月丙戌，礼曹条录野人卖土所言以启：李满住住平原无草木之地，子八人曰古纳哈、豆里、阿具、罗歹、毛屎那、多非那、刘时哈，一人名不记，凡子孙二十余人。（《世祖实录》卷四〇）

这是满住死前一年的事。其诸子可考者长子有李古纳哈，即果剌哈：

满住管下王田保，今年七月随同满住长子果剌哈及管下人八名前来婆猪江旧居地面打围。（《世宗实录》卷一二三）

官兀良哈（建州中卫）都督（《世宗实录》卷三〇）。据野人卖土的报告，在公元1429年时满住管下不过三百人，马四十余匹，归古纳哈管领（同上书卷四六）。

有季子甫乙加大（甫古大），满住妾所出，满住死后，屡谋兴兵报复：

睿宗元年五月乙巳召廷臣议野人事，上问曰：“满住之子，今存者有几?”韩明浍等对曰：“但有妾子甫古大。”上曰：“其能招来乎?”明浍对曰：“今必不肯来。然甫古大未能收集部落，安能为患。”（《睿宗实录》卷三）

以部落残破，不能为朝鲜患。后乃勾引火剌温诸部野人屡犯朝鲜边境。

成宗乙未六年（公元1475）六月丁未金硕启曰：“李满住季子因其母娶妻火剌温，欲报父仇积有年纪。”（《成宗实录》卷一二九）

自明成化十年十二月至十一年正月突至理山等镇昌洲等口子侵掠失利。《成宗实录》记：

建州贼寇边屡矣，而兵至二千未有如今日者。李满住子酋长甫加大者火剌温娶女所出也。建州卫虽卷地而来不可得二千余人，其请火剌温兵明矣。（同上书卷一三〇）

次序不明者有亦当哈，《世宗实录》卷一二三记己巳三十一年（公元1449）二月壬申正朝使李光齐赍回明延敕谕内有：“顷者建州卫都督李满住男亦当哈来朝”之文。

有打肥剌（多非那），明成化三年与其父同被朝鲜所杀。（《世祖实录》卷四四）

有古郎巨，《文宗实录》卷九：

元年（公元1451）八月甲戌下谕书于平安道都节制使曰：满住欲于九十月间遣其子古郎巨来献土物。

有伊澄巨，《世祖实录》卷一六：

四年（公元1458）五月庚戌平安道观察使元孝然驰启野人李满住子伊澄巨等十二人到满浦欲上来。

有阿具，《世祖实录》卷一七：

七月辛亥建州卫野人都督李满住子都万户阿具等来献土物。

有毛只乃（毛屎那），《世祖实录》卷四四：

丙戌十二年（公元1467）十一月辛巳平安道观察使吴伯昌驰启：“李满住子毛只乃来告曰：兀良哈阿邑可末乙彦率军四百名继多浪哈而去。”

有李豆里（李豆伊）即都兮（《端宗实录》卷二），《明实录》作都喜。李豆里与朝鲜关系最深，满住诸子中豆里与古纳哈常奉命向朝鲜报告寇变声息，颇得朝鲜信任。《明实录》记：“正统九年十二月癸酉授建州卫都督佥事李满住子都喜为副千户，从满住奏请也。”豆里为兀良哈童速鲁帖木儿婿，明景泰六年（公元1455）五月由童速鲁帖木儿之介求上京朝见修好，闰六月入见：

己酉世祖见豆里于议政府，豆里曰：“速鲁帖木儿使人言朝鲜异于昔日，故我父遣我朝见。”世祖曰：“汝父得罪先王，然今革面归顺，何不容受。”自后豆里及古纳哈、阿具、伊澄哥等连续来朝，皆满住子也。（《鲁山君日记》卷一四）

世祖十三年（公元1468）四月与其子雪胡赤追获逃奴斜住（汪仲武）于高沙里堡，返家中途为斜住所击杀（《世祖实录》卷四六）。豆里子弓之加茂于明成化五年（公元1469）六月入朝于明，受命继父为建州都督并赐印。道使朝鲜通好（《成宗实录》卷五）。其弟达罕都督继之①复遣使与朝鲜通好。达罕明人记载称完者秃，《成宗实录》卷一四二：

> 十三年（公元1482）六月癸亥平安道观察使驰启："建州卫都督李完者头即达罕遣指挥李买驴持印信呈文到满浦镇，请平安道入朝，且请边邑互市。"

同书卷一五八：

> 十四年九月戊戌礼曹启："本曹饷建州卫野人李达罕子李多之哈等。仍问曰：乃祖豆伊（里）向我国倾心效顺，特著诚款，汝知之乎？"答曰："何不知之，目今之来欲追祖父之迹耳。"又语曰："乃翁都督未尝通款，前送嗣子，克修前好，良用嘉悦。"答曰："我父岂不欲来朝纳款，今送我辈，其意可知。"

明成化三年之役满住子漏网者，据《成宗实录》除甫乙加大外有孛儿哈歹（卜儿阿歹），孛儿哈歹或即甫乙加大，甫乙加大为朝鲜所称之名，在奏报明廷文件中则称孛儿哈歹，或原为二人，亦未可定。《成宗实录》卷九：

> 二年三月丙申移咨辽东云："建州卫野人李满住子孛儿哈歹说称，曩在丁亥年朝廷征讨建州卫时分，朝廷将俺父亲与兄杀害，已于辽东总兵官根前告说欲要报复间，适因中朝敕招同类三百余人入去，待本人等回还，四五月间草长马肥，前去朝鲜江边口子抢掳设法等因。……"

---

① 弓之加茂，事迹但一见，达罕则《实录》记其事迹极多。弓之加茂于1469年左右袭职，正在明成化三年役后。达罕则至1482年始见于《实录》，同为李豆里子，李满住孙，名字无相同处，当未必是同一人。且弓之加茂曾遣使朝鲜修好，1483年达罕子入朝，朝鲜人谓"乃翁都督未尝通款"，则弓之加茂与达罕为兄弟相承甚明。

同书卷一七：

> 三年（公元 1472）四月乙酉建州卫野人左卫酋长卜哈秃右卫酋长李忘哈大语进贺使成任曰："李满住小子卜儿哈歹今离旧居西就卜哈秃所居近地，与旧居相距一日程。"

九年作贼辽东失利，自蒲州移住东良北无乙界等处（《成宗实录》卷九二）。后为家人所杀，同书卷一一〇：

> 十年（公元 1479）闰十月己未承文院参校郑孝终上疏请罢兵曰："夫建州酋长李满住等诚心投化，素无仇怨，今以丁亥之战，嗛衔至今，累次来犯，岂非为害之甚也。甲怒乙移而代人受敌，臣未知其可也。况今满住之子孛儿哥反为家人所杀，则是为百年之运而我民去一仇家矣。"

有柳时哈即刘时哈，成宗十六年（公元 1485）十一月曾充都督达罕使节到朝鲜交聘（同上书卷一八五）。满住诸子多受朝鲜官，如《鲁山君日记》一四：

> （明）景泰六年（公元 1455）闰六月甲寅以指挥佥事豆里为都万户。

《世祖实录》卷一七：

> 四年（公元 1459）八月壬戌以野人都督李古纳哈知中枢院事，李阿具同知中枢院事，依例给禄。

满住诸孙有：甫当可，古纳哈之子（《世宗实录》卷三〇）；时应巨（《世祖实录》卷四六）；甫罗充，豆里之子（同上书卷四四）；时波右，甫乙加大之子（《成宗实录》卷一一〇）诸人。侄行有歹因哈，当是阿古乙之子（同上书卷七五）。

满住之戚属有凡察，凡察为童猛哥帖木儿之弟，猛哥帖木儿及其子权豆并为七姓野人杨木答兀所杀，满住即娶权豆之寡妇。《世宗实录》卷八九：

> 二十二年（公元 1440）六月丁亥满住欲娶权豆之妻已定媒妁。

跋扈一时之建州左卫酋长童猛哥帖木儿之子童仓为满住婿，右卫酋长班车为满住妻弟。满住死后，其孙弓之加茂、达罕相继领中卫，左卫酋长为童仓之子吐老，右卫则班车之子甫花土、罗下二人分领之（《成宗实录》卷一五八）。

二、李满住的住地及建州左卫之西徙

建州介于三大国之间，西有新兴的明，北有蒙古，南有朝鲜。建州在势力强盛时，乘虚入寇，或助明攻蒙古，或联蒙古寇明边，或乘明之敝，抄掠边境，或南下向朝鲜攻击；在势衰时，便卑辞求内服，同时受三国的官职，乞取赏赐粮食。

满住部落原住奉吉古城，因迭被蒙古军队入侵，明永乐癸卯（公元1423）得明廷许可移住婆猪江，世宗六年（公元1424）满住率管下指挥沈时里哈、沈者罗老、威舍歹、童所老、盛者罗大等一千余户南徙定居（《世宗实录》卷二四）。婆猪江亦作拨猪江，蒲州江，亦作蒲州，这四个名称在李朝各朝《实录》中到处互用。

满住势力的壮大和建州左卫之移住婆猪江是有相当的关系的。明宣德八年（公元1433）原住斡木河之建州左卫童猛哥帖木儿父子为七姓野人所杀，部落残破，朝鲜乘机拓境，加以压迫。李满住就利用这机会招引左卫西徙，因为他屡被朝鲜征讨，兵力不能抵抗，想移居草河地面又不能得明廷允许，只能远徙浑河，流离失所，犹恐朝鲜相逼，窜居山谷，不能安业。婆猪江土地肥沃，如能吸引左卫来住，兵力一充，便可合而抵抗。所以他就极力拉拢左卫领袖，和童猛哥帖木儿遗族联姻：

> 世宗二十年九月庚午以童仓将求婚于满住，传旨令边将责问之。（同上书卷八二）

又娶权豆（阿谷）的寡妇：

二十二年六月丁亥马边者、卞孝文奉书承政院曰："千户马波罗来言：凡察、童仓等皆无叛离之心，但童权豆收养子指挥老古赤父母皆在李满住部落，满住欲娶权豆之妻，已定媒妁，指挥大也吾乃权豆妻之同产也，故此三人与前日资产被夺斡朵里三十余人同谋，数请凡察等徙居李满住部落。"（《世宗实录》卷八九）

凡察自其兄死后，即入明朝见，受继兄统部之命，惧忽剌温侵掠求徙朝鲜境内被拒，朝鲜又移宁北镇于斡木河，益反侧不安（同上书卷六五）。乘入朝时到婆猪江李满住家留连累日，密相计议，为移居之备（同上书卷六四）。一面奏请明廷求允移住，世宗十七年二月明廷许之，其敕书曰：

敕谕建州卫都指挥李满住等，今建州左卫都督凡察等欲率领部下大小官民人等及百户枣火等五十家俱来尔处居住，已敕其同毛怜卫都指挥郎不儿罕等一同前来居住，特谕尔等知之，故谕。（同上书卷六七）

又怕朝鲜阻留不放，奏请明廷敕谕朝鲜勿阻（同上书卷八〇）。朝鲜方面闻讯极惶急，即奏请明廷勿许移住，理由是：

比来童仓、凡察等所居地方切近本国后门，其被虏人口容易逃来，益生恨心，欲要搬移。见今李满住等仇嫌本国，往来作耗，两相结构，曾未解忿。倘若本人等与李满住一处聚居，同心作贼，本国边患益滋不绝。（同上书卷八〇）

同年五月明廷许朝鲜所请（同上书卷八一）。朝鲜大喜，极力招抚左卫，诱引来朝，授童仓等高爵。满住见事不成，立奏明廷揭破朝鲜用意，明廷得息降敕朝鲜仍令左卫西徙浑河：

敕曰："今得建州等卫都指挥李满住奏：都督凡察指挥童山自永乐年间归顺朝廷，开设衙门，降给印信，屡蒙恩赏，升授重职，听令管领部属在边自在居住，已有年矣。今凡察等不思出力报效，背国负恩，听朝鲜国王招引去见，受其鞍马衣服等物，就于本国邻近地方相参住坐。又令毛怜卫都指挥郎不儿罕及凡察男阿哈答等来诱引李满住等前去朝鲜国一同居住，并本国收留逃叛杨木答兀下人口。然此事未知虚实，俱置不问。已遣人赍敕往谕凡察等即将带原管人民及挟同都指挥李将家指挥佟火儞赤等家属并各人部下大小人口与收逃叛杨木答兀下人口，俱来辽东附近浑河头与李满住一处完聚。”（《世宗实录》卷八四）

朝鲜遣使陈奏，斥李满住所言为“虚捏”，并说童仓等已安生乐业，请勿搬移。明廷又听其请，但今朝鲜敕戒童仓等安分守法，勿作非为（同上书卷八五）。但是凡察已决心和满住合伙，再具奏请求移居，明廷先入朝鲜之诉，不许其请。朝鲜节日使李恩俭《闻见事目》记其经过说：

凡察遣指挥童答察儿奏云：“皇帝再敕朝鲜使我与李满住一处居住，今朝鲜尚不解送，且禁打围不得自由，请遣使于朝鲜，使我如敕解送与李满住一处居住。”皇帝不允其奏，敕凡察曰：“往者建州卫指挥李满住等屡奏搬取尔等移来辽东浑河头一同居住，已遣敕谕朝鲜国王禁约彼处军民不许阻当，仍差人护送出境，听尔等搬移前来。既而得朝鲜国王奏李满住等虚捏奏请，妄称尔等欲移来同住。朕惟四海一家，彼此皆朕人民，况朝鲜国王世守礼法，必不敢擅自拘占，已谕其若果凡察、童山等在镜城地面安生乐业，仍听尔等在彼居住，不必搬移。今尔等又奏要搬回凤州放猪地面居住，缘在此在彼均是朝廷官属，兹特遣敕往谕尔等遵奉朝命仍在彼居住，朝鲜国王必能抚恤尔等不致失所。今尔等须守本分以安生理，朝廷或有敕召尔等来朝，或有征伐调遣，尔等须即听命前来效力不违，庶见尔等敬天事大之诚。”（同上书卷八六）

明廷既不许移住，朝鲜又专事侵逼，童仓、凡察等只能举族逃去。次年（公元1440）四月咸吉道都节制使金宗瑞报告童仓、凡察等率麾下举家逃去，被朝鲜军队追截，弃其资产马畜，只着破衣逃脱，麾下四十余人被获（《世宗实录》卷八九）。六月间率管下三百余户逃至婆猪江，住白头山西南亏多干之地（同上书卷九〇）。

世宗二十三年（公元1441）正月明廷敕许同住。朝鲜自此多树一敌。李满住则自此一跃而综三卫，发纵指示，为明和朝鲜的大患。

公元1424年满住从回波江、方州（元开元路）一带避鞑靼和兀狄哈的侵耗移住婆猪江多回坪一带（同上书卷二五）。世宗十五年（公元1433）四月朝鲜分兵七道来伐（同上书卷六〇）满住被箭，妻小被杀（同上）。被掳六十四口（同上书卷三一）。部族流离四散，惧逼复移居开原辽东近地之虎狼卫（同上书卷六七）。十年后似又移住于秋子河城，《世宗实录》卷一一二，二十八年（公元1446）五月己丑条：

> 平安道监司启：百户张乙敬追茂昌入寇野人至罗里乃洞，得野人柏皮书，使人译之，其文曰："重治海子领兵将军卫斯何处重治上文书，前者随皇帝归顺效力，二家为一家，忽剌温亏知介毛同古等掳掠之，故吾百姓尽了，是以报复而来。"译者曰："重治李满住领兵中轴也，卫斯何处乃满住时居秋子河城也。海子未详。"

明景泰元年（公元1450）十二月蒙古脱脱不花王侵海西，海西建州等处逃避一空，《文宗实录》卷六：

> 脱脱兵三万于腊月二十三、四日间到海西，执不剌吹杀之，其部落降者不杀，不顺者皆杀之。指挥剌塔以下一二百人逃奔黑龙江松林等处。建州卫李满住闻脱脱王杀掠海西人，奔窜山林。脱脱不穷进，还于海西，海西、建州等处一空。

满住逃回婆猪江，童仓、凡察逃于东分水领八渡河极南（《文宗实录》卷七）。满住使人示意于朝鲜，谋入居白头山北南罗尔夫尼卫或庆源地训春（同上书卷八）。据被掳逃来唐人唐贵、张顺等之报告，满住所逃之地距婆猪江二日半程，距前居浑河十日程：

> 满住曾居浑河，今年三月畏达达及辽东军马，率部下移居

浑河迤南十日程枉天地面。自枉天以南二日程地名五未何吾，五未以南半日程地名婆猪江。自婆猪江至枉天道路不险，其间虽有川河，人马皆可通行。五未西边有兀剌山城，满住管下人等常言山城险阻，西不畏辽东，北不畏达达，唯南边朝鲜军马甚可畏，然避乱之地莫如此处，今年秋后当来居于此。（《文宗实录》卷九）

这是文宗元年（公元1451）八月辛未的报告，两天后朝鲜政府又得报告，确实知道满住的新住址：

甲戌下谕书于平安右道都节制使曰："今来左道都节制使启本节该：李满住管下金纳鲁等六名到江界地面满浦，问其来由，则曰脱脱兵马击海西卫杀虏人物，因此满住不得宁居，今年三月还居兀剌山城瓮村。"

凡察子甫下土则移居瓮村迤北十五里吾毛水之地。充尚则移居瓮村。上项满住管下一千七百余户，充尚、甫下土管下共六百余户。……（同上书卷九）

满住所居地据另一报告为凡儿弥河，其迁徙原因为惧明征伐：

满住及童卜化秃（凡察之第三子）等尝假称达子，屡寇辽东，俘虏边氓。畏其来讨，自原居苏子河移住凡儿弥河阿坡里等处。(同上书卷一二)

苏子河为浑河支流，凡儿弥河阿坡里当是兀剌山城附近地名。和朝鲜的江界渭原相距才二、三日程。瓮村亦名瓮村。十年后又移居距瓮村一日程地（《世祖实录》卷二九），距满浦百余里。北距火剌温地面三、四日程，南距兀剌山城二日程（同上书卷三九），距里山八日程，所住地名所老非罗多（同上书卷四〇）。

明成化三年（公元1467）明和朝鲜合兵攻建州，朝鲜大将康纯、鱼有沼、南怡于九月二十五日度鸭绿江分道进，二十九日攻建州东北婆猪江李满住等所居诸寨，三十日攻吾弥府诸寨，斩李满住及其子古纳哈、打肥剌等二百八十六级，生擒满住、古纳哈之妻等男妇共二十三名口（同上书卷四四）。

婆猪江即今佟佳江，兀剌山城在婆猪江左岸怀仁附近，吾弥府当即上述之五未何吾，与朝鲜之满浦相对。

三、明与朝鲜两属下之李满住

满住部族介于三大国之间，在四十年酋长生活中，管领着不满二千户的部落，朝鲜和辽东的边民不断地被他的部族所袭击，使两国政府不能不设法羁縻，减轻边患。他的办法是：寇明则亲蒙古，寇朝鲜则又亲明；在另一方面他又自居后台的策士，指使其他部族向明和朝鲜侵略，功成则坐地分赃，失败则脱身事外；又时时向被侵掠者献殷勤，博取赏赐，有时且举发他自身所指使的寇变，先期告密。他的失败是同时得罪了两个大国，又不能得第三者的障庇，在明和朝鲜双方夹击下，无地退避，终于束手被灭，建州为之骤衰。

满住招引左卫同住，这件事在朝鲜固是失策，极力挽回终于失败。在明廷一方面，从得到朝鲜恳切的请求后，在同样的情况下也认识到让三卫合住厚集敌力之非计，下敕禁止（《世宗实录》卷八六）。

> 二十一年（公元1439）九月壬申吾都里毛多赤来告曰："闻忽剌温野人赴京师者言，凡察等奏请移居婆猪江，帝览奏大怒，令考其前此开阳城等处虏掠事迹比之，遂不准所请。"

在这样的情形下，满住能勾结凡察和素来亲朝鲜的童仓举族逃来同住，这真是一件不容易的事情。

李满住在明人和朝鲜人的心目中都认为是一个可怕的邻居，公元1459年朝鲜王曾和明使陈嘉猷有过这样的谈话：

> （明责朝鲜交通野人，擅授官职）上令金何答曰："古纳哈、童仓曾受本国之职，李满住子四五人频频来往，其子一人前月来还。此辈人面兽心，若不许来，即生边衅，不得已而待之，

有自来矣。”嘉猷曰：“朝廷亦知此辈易生衅端，此辈与畜生一般，今年受职，明年又欲受职，欲心无穷，朝廷所知。”（《世祖实录》卷一六）

明之不敢痛绝，也是怕引起边衅。世宗二十三年（公元1441）四月明廷谕朝鲜敕书中有这样的话：

彼凡察、李满住辈朝廷不过异类畜之，饥穷来归则矜闵而刍豢之，所不绝之者亦意彼得所止，则或者不肆窜窃于王之境，非有厚彼之施也。（《世宗实录》卷九二）

这不过是一种外交辞令，口说是为朝鲜其实还是为自己边境的安全。

满住对明比较地肯低首下心，除例贡外有时会自告奋勇地卖力气，听指使。例如捕土豹：

世宗十四年（公元1432）十二月满住承圣旨入深远处，捕土豹。（同上书卷五八）

出兵扈从：

二十九年（公元1447）六月通事金辛回自辽东启：“达达也先太师屯兵黄河，冬月欲攻海西野人，辽东阅军隄备。建州李满住曾往北京，自请扈从，闰四月挈家赴京。”（同上书卷一一六）

擒送边寇：

文宗二年（公元1452）三月戊午明使金宝告都承旨姜孟卿曰：“皇帝招致李满住、童仓而不招卜哈秃，卜哈秃慊之，抢夺辽东牧马十七匹而去。皇帝敕满住等拿卜哈秃以来，否则当擒杀汝辈。满住督卜哈秃赴京，卜哈秃不去。满住曰见咎于尔犹可也。若得罪皇帝，则我辈无所逃矣。遂拿卜哈秃而归。”（《文宗实录》卷一二）

同时又出兵掠扰，有时听蒙古人指使，有时则假装蒙古军入寇。有明确记载可考的如下列几次：

（明）景泰元年（公元 1450）四月壬辰，时鞑靼脱脱王屯兵广宁、辽东近地，也先屯大同城外，李满住诸种野人皆投于彼，声言将击辽东以及朝鲜。（《文宗实录》卷一）

这次寇边当时即被明廷发觉，降敕朝鲜谨备：

八月甲戌敕曰："近得镇守辽东总兵等官奏报，四月二十六日以来开原、沈阳等处各报达贼入境抢掠人畜，及攻围抚顺千户所城池。审得各贼系是建州、海西、野人女真头目李满住、凡察、董山、剌塔为北虏迫胁，领一万五千余人马前来为寇，当被守备官军追击出境。又称再添人马前来攻击……云云。"（同上书卷二）

被利用的结果是脱脱攻海西，满住惧不敌奔窜山林（同上书卷六）。同书又记：

满住及童卜花秃等尝假称达子，屡寇辽东，俘虏边氓。（同上书卷一二）

明欲调兵征剿，始各畏惧，将其所抢人口送回赴京服罪（同上）。《世祖实录》卷二乙亥（公元 1455）八月辛亥条：

七月二十二日总兵官曹义与通事朴枝言曰："野人李满住要结三卫达子假称也先兵马，横行作贼。"

世祖七年（公元 1462）八月复联蒙古入寇，《实录》卷二九：

壬午谢恩使金系熙、姜希颜先遣通事张有诚启闻见事目："五月二十九日还到宁远卫，指挥盛光云：达贼与建州、毛怜等卫野人连结，今在沙河北长城外二十里之地。"

次年复入寇，报杀海西人之仇，《世祖实录》卷三一：

癸未（公元 1463）十月乙巳咸吉道都节制使康纯驰启："建州李满住、童山等送箭于毛怜卫，约合兵欲寇中国或寇朝鲜。"又千秋使宣炯等闻见事件云："去年马鉴奉敕将往海西到开原卫，海西人拒而不纳。适海西人猎开原长城外，开原人杀之，因是海西人连结建州卫横逆不入贡。今武忠奉敕往海西招抚，又往建州卫招抚。”

十一月戊午康纯驰启：“蒲州人与火剌温相应发兵，谋寇辽东及甲山、义州等处。”

世祖十二年（公元1467）十月蒙古军逼广宁，野人等围开原（《世祖实录》卷四四）。据唐人终信的报告满住部落曾被明兵攻杀：

十月二十五日野人入通远堡杀掳人畜，指挥刘英出战死之。贼分屯夫乙原里、深浦、双岭，往来剽掠，邓御史领千余兵战琥珀洞不胜而还。胡参将王指挥亦到开州追战。又宋参将、朱参将领兵直到李满住所居，执满住问其子等所在，仍攻杀所管三屯，缚致满住及家属于胡参将、王指挥在处。（同上）

自后入寇不绝，明廷下令禁止贸易：

十三年（公元1468）正月戊寅野人李豆里来信，建州卫居人等剽掠中原，故不得贸易于辽东地面。（同上书卷四五）

但建州部族仍出没辽阳，三月间海西卫千余兵屯于白塔，毛怜卫千余兵屯于连山，建州卫五百余兵屯于通远堡（同上）。明廷不堪其扰，遂定与朝鲜夹攻之计。

建州在明廷的眼光中是桀骜不驯的属夷，在朝鲜人看来也是如此。明廷用赏赐爵禄羁縻，朝鲜人也用同样的手段去对付。但是在事实上，朝鲜又是明的属国，在两属的情势下，不可避免地引起明廷的猜嫌。朝鲜世祖即位后极力招徕建州，建州野人相率来朝。明景泰七年（公元1456）二月李满住、充尚（童仓童山）均请由平安道入朝，当时朝鲜君臣曾有如下的讨论：

丁巳上谓大臣曰：“李满住请由平安道之路来朝，许之否？”韩确启曰：“中朝禁我国不与此辈交通，向者野人之来中朝必闻，况满住有名，不可招来。且开平安道之路使彼知夷险适直亦不可。”上曰：“中朝之与我国，虽敕之如此，野人入朝则馈遗甚厚，此中国之深谋也。古人云以蛮夷攻蛮夷，中国之势，此即今日中国之谋也。在我国固当待之以厚，岂可陷于中国之术乎?”（《世祖实录》卷三）

建州先处朝鲜东北，例由咸镜道入朝，后西徙婆猪江，朝鲜为国防的关系，仍要他们绕一个大圈子由咸镜道出入。韩确和明帝室缔姻，是一个亲明派，世祖则颇有野心，主极力招抚之说，形迹既露，建州部人遂向明告密：

己卯（公元1459）二月己巳奏闻使金有礼驰启：“广宁百户黄英密与臣言：建州都指挥李兀哈、童火儞赤（佟火尔赤）等诉于总兵官曰：都督童仓今秋到朝鲜，朝鲜国王每日赐宴，又赐鞍马衣服弓剑，度其势必有招抚之意。总兵官曰：汝等闻诸何处？李兀哈等曰：我辈眼所共见。仍告赏赐物件。总兵官即与太监奏达，秘不宣。遣经历童成前去童仓处所窥觇情伪。”（同上书卷一五）

满住和童仓同请入朝，而此告密不及满住，其为满住所指使无疑。至少告密的是满住部下，不能说满住和这次告密无关。同年四月明使陈嘉猷、王轨赍敕来责问，禁止交通。据明使口头之言：

朝廷意以为此二人（古纳哈、童仓）曾受朝廷都督职事，殿下又加授职，于理未安。（同上书卷一六）

则实为宗主权之争执。同年七月复降敕严责，敕云：

王以为钦遵敕谕事理，许其往来。但（明）宣德、正统年间以王国与彼互相侵扰所降敕谕，故欲令释怨息兵，各保境土，未尝许其往来交通，除授官职。且彼既受朝廷官职，王又加之，是与朝廷抗衡矣。（同上书卷一七）

朝鲜自此不敢公然招纳，敕边将不许交通：

八月乙卯谕平安道观察使都节制使曰：“若李满住、童仓等使送到满浦等处，当谕以上国诰敕交通之意，以杜频频往来。”（同上书卷一七）

满住对朝鲜的态度也和对明同样的狡诈，在遭天灾或歉收时则卑辞叩边乞粮：

世宗七年（公元1425）正月辛卯平安道监司驰报："野人李满住等百七十三名到江界，童修甫答等二百六名到闾延俱以请粮为辞，留连不还。"令小给回程粮，如不还归，则严兵设备，临机应变。（《世祖实录》卷二七）

朝鲜为之疲弊：

十七年（公元1435）十二月庚子兵曹启："婆猪江野人托以乞粮而来，若许留则相续不绝，供亿之弊不少。且谲计难测，阳为归附，阴縻粮饷。乞令给粮遣还，后有出来者并不许留。"从之。（同上书卷七〇）

有警则遣使预报，如：

十七年正月丁亥建州卫都指挥李满住遣使来报："忽剌温千余骑欲侵犯朝鲜，已启行矣。"（同上书卷六七）

果然两天后闾延即被围攻。如：

世祖庚辰（公元1460）十一月甲辰建州卫李满住遣人驰报：浪孛儿罕亲党火剌温可昌哈率千余兵欲犯边。（同上书卷二二）

不到几十天，闾延果然被寇。其子古纳哈、豆里尤为朝鲜所信任。世祖七年（公元1461）自八月十日至九月四日凡五次报变，至以贼虏发兵时日来告（同上书卷二六）。丙戌（公元1466）二月世祖谕边臣有"豆里告变，未尝不实"之语（同上书卷三八）。时时遣使朝贡输诚。壬午（公元1462）十二月满住以他部赵三波等屡犯朝鲜，惧并被攻剿，上书乞自效，其书契曰：

（明）永乐二十年太宗皇帝谕父於许乙主曰："达达侵扰，汝是皇亲，若被掳则名誉不美，汝可移居蒲州地，朕当谕朝鲜国王。"（明）永乐二十二年移住。（明）宣德七年火剌温兀狄哈毛都古入寇大国。宣德八年四月十九日大国发兵七道入攻，尽杀父子兄弟妻子，掳六十四口，后乃遣还。满住犹不敢报，移居开原、辽东近地。达达之兵侵中国，又侵我等，我还蒲州江。（明）天顺五年赵三波奏于皇帝曰叔父浪孛儿罕无罪被杀于朝鲜，欲要报复，帝为止之。又曰今上抚恤小人之子，特受高职，赐之鞍马，报恩无路，只欲直心效力。（《世祖实录》卷二九）

同时却又乘机不断入寇，世宗十五年（公元1433）四月朝鲜向明廷奏请讨伐，奏曰：

窃详婆猪江、斡木河等处地面散处野人等类与叛人杨木答兀结为群党，掳掠辽东、开元等处人民，买妇及本国边民为奴使唤。前头被掳人口等不胜艰苦，自永乐二十一年以后连续逃来本国，共计五百八十名口，审问根脚，委系上国军民，节次差官解送五百六十六名口，内有本国人口仍令安业。因此野人等积年含愤，侵扰本国边境，为害不少。今来婆猪江住野人等稔恶不悛，纠合同类野人四百余骑，于各人面上刺做忽刺温野人貌样，突入边郡江界、闾延等处杀害军民男妇，劫掠人口牛马财产，孤人主子，寡人之妻，其为酷害尤甚。不但轻蔑本国，乃敢为欺罔朝廷，诈称忽剌温地面野人等抢去人口头匹，夺下拘留在卫。臣窃谓忽剌温地面与本国相去夐远，本无仇嫌，乃缘婆猪江等处野人等诱引前来，托为贼首，本非忽剌温野人造意作耗。即日本人等又欲作耗窥伺边郡，事若仓卒，难以应变。著令边将部领军兵前去，从宜设策及机处置。（《世宗实录》卷六〇）

奏章未发时朝鲜已敕平安道都节制使崔闰德率军进攻，三月二十七日命三军节制使李顺蒙等分兵七道，四月十九日昧爽行师，射伤李满住，杀死其妻小，俘虏其部下一百七十五名而还（同上）。十七年（公元1435）正月七月九月建州复连续入寇（同上书卷六七）。十二月癸卯满住又遣使来献土宜，并辨寇盗为忽剌温野人所为，与本人无涉（同上书卷七〇）。十八年二月癸丑明敕备兵剿灭，敕曰：

> 所奏建州卫都指挥李满住稔恶不悛，屡请忽剌温野人前来本国边境劫杀等事具悉。盖此寇禽兽之性，非可以德化者，须震之以威。敕至王可严敕兵备。如其再犯，即剿灭之，庶几边民获安。(《世宗实录》卷七一)

十九年（公元1437）七月丙午条：

> 传旨平安道监司，俟机潜灭婆猪江李满住。（同上书卷七八）

以都节制使李蒇为大将，九月初七日分兵三道：上护军李桦领一千八百十八人向兀剌山南红拖里；大护军郑德成领一千二百三人向兀剌山南阿闲皆自理山越江；李蒇与闾延节制使洪师锡、江界节制使李震领四千七百七十二人向瓮村、吾自岾、吾弥府等处，自江界越江。三路军皆获捷，焚搜古音闲、兀剌山城及阿闲地面、吾弥府，凡杀获贼六十名（同上）。满住被剿，使部下扬言恐吓报复，将害朝鲜入朝使臣于东八站路（同上书卷七五）。一面远遁浑河，窜居山谷，不能安业，粮饷匮乏，其管下人或持土物往来开原买卖觅粮，或往辽东觅保寄住（同上书卷八二）。时左卫童仓、凡察等受朝鲜旨来招抚，满住即具奏明廷诘斥其背国负恩，请依前敕勒令移来同住(同上书卷八四)。

三卫合住后，满住势力复振，时邻时寇，二十三年（公元1441）闰十一月满住、凡察使人来朝（同上书卷九四）。又入贡明廷，自陈敬遵朝命，安分守法（同上书卷九六）。明景泰五年（公元1454）十一月遣使乞赐鞍马（《端宗实录》卷一二）。世祖二年（公元1457）二月遣使请由平安遣入朝（《世祖实录》卷六）。朝鲜亦曲意抚纳，令边将加意接待（同上书卷一六）。但令避明使耳目。己卯（公元1459）三月丁未：

> 谕平安道观察使元孝然都节制使具致宽曰：“野人来服，我国之上策，卿等独知，然上国所恶。故使臣回还间，建州卫野人来朝者勿许上送。给行粮盐酱送还。”(同上书卷一五)

此后三卫小酋时时入侵，满住一面使人告密，一面又阴为谋主。壬午（公元1462）三月癸丑条：

咸吉道都观察使康孝文据钟城节制使申兴智呈驰启："阿赤郎耳住兀良哈吾同古到钟城告曰：女真毛尼可到吾家言曰吾等及同里住火剌温兀狄哈都督尼应可大、汝罗豆等率兵五十将入寇平安道，去二月到李满住家议之。满住曰：江水解冰，且前年秋入寇，以此平安人皆入保城内，势难攻城。又汝等马瘦，待草长农民布野入寇为可。遂还养马练兵。"（《世祖实录》卷二八）

时野人赵三波阿乙豆等声言报仇，掠扰不已。朝鲜不能忍受，决心一网剿灭（同上书卷三三）。李满住等得息大惧，数遣使请入朝被拒，不得已将家财妻孥并移山幕，每日出后下本家，申时还山幕，远处土田不得耕获（同上）。满住子豆里得朝鲜许可移居皇城平，以朝鲜待遇甚薄，复归故居（同上书卷三四）。乙酉（公元1465）二月豆里入朝于明，请敕朝鲜勿攻。明为降敕令朝鲜勿妄兴兵。（同上书卷三五）

朝鲜政府早定征伐之计，边将积极备战，建州人来往边境者见满浦屯集大军船艘，知迟早不免被攻，欲先事图之，通部厉兵秣马，克日入寇（同上）。丙戌（公元1466）秋冬之间，建州毛怜诸部连寇明境，次年明使来约夹攻，遂一举而灭建州。

四、李满住之灭亡

世祖十二年（明成化三年，公元1467）五月兀良哈大举寇义州，朝鲜君臣大愤：

戊辰上召宗宰及诸将谓曰："野人千余兵杀掠我人畜以去，将坐受其辱乎？声罪致讨乎？"群臣相顾莫敢言。上曰："卿等难其事不言耶？"都总康纯对曰："固当大举讨之，但时方盛夏，弓力解弛，雨水涨溢，恐不得利而还。当俟秋高马肥，分道而入，火其委积，使其无所资，则虏可歼矣。”众议纷纭，御札示之曰：“今野人既凌中国，又侮我国，是非宏图远略，专以好乱无知，见利则贪耳。无体统故无纪纲，小败则逃散，小胜则分赃，此敌情也。近野人趋附于我，故中朝忌之，我国事事从敕，故信之。到今如此，故欲攻之。攻之利：则效力中国也；边警永息也；备御益固也；使不得农作也。害：则未知雨水也；虚备粮饷也；代人受敌也；疲于奔命也。”申叔舟、韩明浍曰：“虏今得利于我，颇有骄心，无所备戒，乘其不意击之为便。”上颇然之。（《世祖实录》卷四二）

遂定策以绫城君具致宽为都体察使，康纯、吴子庆、鱼有沼、崔适、李克均等为裨将，领精兵一万五千，分五道进攻。（同上）

八月庚戌得辽东左都御史李秉、总兵武靖伯赵辅移咨云：

建州三卫世蒙国恩，授与官职以荣其身，拨与土地以安其居。迩者悖逆天道，累犯辽东边境，致廑圣虑，特命当爵等统调大势官军，将以捣扫其巢穴，绝其种类，以谢天神之怒，以雪生灵之忿。但缘建州后路与朝鲜国地方相连，虑有残贼败走，遁入彼国边方逃命投生。已经议奏敕朝鲜国王随机设备，截其后路，倘遇建州穷寇，奔遁到彼，就便截杀。（同上书卷四三）

朝鲜即更命右参赞尹弼商为平安道宣慰使，令节制诸军进攻。

九月丙子明廷复敕朝鲜遣偏师相应剿灭建州。辽东遣百户白颙来告师期。世祖预敕诸将缓儿，勿与明将争功。康纯、南怡等所领军于二十四日渡江，二十五日与鱼有沼军会于皇城平，约勒兵二十七日行军，分二道入攻。（同上）

明军方面：总兵官韩赟参将周浚等领一万三千兵，九月二十日先发向通远堡草河口；总兵裴显都指挥夏霖等领一万三千兵，二十二日发向咸场；都御史李秉太监黄顺大总兵官赵辅为中营，倾二万六千兵，二十四日发向牙笏关；总兵官王英参将黄端等领一万三千兵发向抚顺所；参将孙璟副总兵武忠少监魏良等领一万三千兵发向铁岭卫（《世祖实录》卷四四）。

明和朝鲜用十万以上的兵力夹击建州，明军后期未至，朝鲜军则直抵窟穴，一举成功。十月壬寅朝鲜政府得到捷报：

主将康纯奉书于承政院以启曰："臣领兵九月二十六日与右厢大将南怡自满浦入攻婆猪江。斩李满住及古纳哈、豆里之子甫罗充等二十四名；擒满住、古纳哈等妻子及妇女二十四口；射杀未斩头一百七十五名；获汉人男一名女五口，并兵械器仗牛马；焚家舍积谷。退阵以待辽东兵，累日无声息，故本月初二日还师，初三日渡江。又左厢大将鱼有沼自高沙里入攻阿弥府。斩二十一级；射杀未斩头五十；获汉女一口，并兵仗器械牛马；焚家舍九十七区。亦与辽东兵不遇。"（同上）

满住被杀，建州余部逃散，世祖复谕诸将：

凯旋之后，伺贼复穴，即更整军士，须期殄灭建州，然后乃已。

终以饷刍不继，不能复举，罢兵而还。凯旋后世祖和康纯有过一次这样的谈话：

十一月辛巳上谓右议政康纯曰："即征建州，砍白木而书之，然乎?"纯对曰："然"。上曰："书云何?"对曰："朝鲜大将康纯领兵一万攻建州。"上曰："攻字未快，灭字最好。"（同上）

事实上满住被杀时部属不过五六十家。《成宗实录》卷八五：

八年（公元 1477）十月庚申武灵君柳子光上劄子曰："丁亥年臣亦从征建州，满住部落五、六十家，人丁稀少，生理可惜。"

被剿后遗民不过数百人：

六年（公元 1475）二月壬午谕鱼有沼曰："建州之贼于前年十二月二十二日寇理山，今正月二十三日寇昌州，二十五日寇碧团，退屯于距碧团十五里之地。或曰三千余骑，或曰四千余骑，或曰八千余骑，以此观之，虽不至八千，亦不下三、四千，实非小贼。李满住种落才数百耳，必是并左右卫、普花秃、童仓种落而又请兵于诸种也。”（《成宗实录》卷五二）

又七年二月乙未条：

建州贼寇边屡矣。而兵至二千未有如今日者。建州卫虽卷地而来不可得三千余人。（同上书卷六四）

由此可知，满住父子虽被朝鲜所杀，其本部实力仍然存在。事后遗部纷纷寇边，仍为明和朝鲜的威胁。明成化四年（公元1468）冬野人复犯辽东，边将集兵谋讨伐，使海西野人及蒙古人往谕降，建州三卫野人头目七人闻命即来投顺，明廷即命罢兵（《睿宗实录》）。五年四月筑长墙，自抚顺千户所至朝鲜碧潼江边，设堡置墩戍守（同上）。朝鲜方面亦惧野人遗种报复，事后即派重臣巡边（《世祖实录》卷四四）。成宗七年（公元1476）八月复立仇宁万户（《成宗实录》卷七〇），备建州入侵。建州自后数衰数盛，一百二十年后而有努尔哈赤崛起。

一九三四年九月二十日于清华大学

（原载《燕京学报》十七期，原名《关于东北史上一位怪杰的新史料》）

王茂荫与咸丰时代的币制改革

在五年前，有几个朋友用几种不同文字的底本译《资本论》。他们在译到第一篇第三章注八十三提及中国的史事这一段以后，写信问我书中 Wan-Mao-in 的原名是什么。他们因这一译名，有人还原为王猛殷，又有人还原为王孟尹，甚至有人译为万卯寅，要我想法查出他原来的名字，我答应了。因为《资本论》所说的 Wan-Mao-in 是中国财政大臣，猜想必是户部的堂官，1854 年是咸丰四年，就查《清史稿、部院大臣年表》，果然一翻就着。在表七上户部汉右侍郎格咸丰三年格说："何桂清，十一月癸卯迁，王茂荫户部右侍郎。"在咸丰四年格："王茂荫，三月辛亥迁，翁心存户部右侍郎。"时代恰好相合，Wan-Mao-in 和王茂荫音也全对，他的前任是何桂清，后任是翁心存。再查《清史稿·王茂荫传》，传中也说到他曾提议施行钞法，为皇帝所申斥。和《资本论》的脚注完全符合。

最近一两年，从头读《东华录》和《清史稿》两书，又不时地看到有关王茂荫的史料。同时也因为清华图书馆的便利，读到王茂荫的《王侍郎奏议》和其他有关的一些史料，对于王茂荫的事迹和思想，算是比几年前清楚多了。

几天前，在《光明》二卷二号中有一篇郭沫若先生的《资本论中的王茂荫》，读了很感兴趣。可惜郭先生因为手头用书的缺乏，也不能把王茂荫的事迹说清楚。郭先生希望国内能有人对这问题下一点工夫。王茂荫对我是熟人，在读了郭先生的文章以后，更觉得有必要把有关王茂荫的史料整理一下。同时也感觉到，一些对于自己很平常的史料，因为环境的关系，对于别人，却正是求之不得的东西。郭先生假如是在本国，也在北平的时候，他一定能看到我所见到的史料，王茂荫所酌议的"章程四条"，在《东华录》没有详载，在《清史稿》本传也没有详载，可是在他的奏议中却是录有全文的。郭先生说："王茂荫所酌议的'章程四条'可惜在《东华续录》中没有详载，这层是有到清史馆查的价值的。我希望读了我这篇短文的人，尤其是北平的朋友们，请顺便去查一下，并请趁早查，如不趁早，恐怕要先被不知道中国的罗马字拼音的日人搬到海外去了。"因为材料都在手头，写此短文，回答郭先生的建议。文中引用材料大部分都依本来面目，不加删节，为的是一般手头书籍缺乏的读者的方便。

一

《资本论》第一卷第三章注八十三前半的原文是：

"Der Finanz Mandarin Wan-mao-in liess sich beigeben, Dem Sohn des Himmels ein projekt zu unterbreiten, welches versteckt auf Verwandlung der Chinesischen Reichsassignaten in konvertible Banknoten hinzielte.

Im Bericht des Assignaten Komitees Vom April 1854 erhält er gehörig den Kopf gewashen. Ob er auch die obligate Tracht Bambushiebe erhielt, wird nicht Gemeldet. 'Das Komitee', lautet es am schluss des Berichts, 'hat sein projekt aufmerksam erwogen und findet, dass alles in ihm aufden vorteil der kaufleute ausgeht und nichts für die krone vorteilhaft ist.'"（Arbeiter der Kaiserlich Russischen Gesandtschaft zu Peking über China, Aus dem Russischen von Dr. K. Abel und F. A. Mecklenburg. Berlin 1858, Bd. I. S. 47 ff.）

郭沫若先生译作：

> 中国的财政大员王茂荫上一条陈于天子，请将官票宝钞暗渡为可兑现的钱庄钞票。在一八五四年三月钞法核议会的奏呈中，王茂荫为此大受申饬。然其曾受法定的笞刑与否，则无明文。该奏议之结尾有云："本核议员等曾将其条奏详加审核，觉

其中所言专利商贾，于朝廷毫无一利。”

原文中的 Reichsassignate 日本高畠素之译本第一卷页九六译作帝国纸币，陈启修译本作大清帝国纸币，郭译作官票宝钞，都是错的。前两个当时根本无此名词，郭译错了一半，对了一半。因为官票和宝钞是两种东西，Reichsassignate 指宝钞而言，并非官票。原文中的 Assignaten Komitee 高畠素之和陈启修都译作帝国纸币委员会，郭译作钞法核议会，也都是错的，因为在有清一代，并没有这样名称的机构。清制管理钱币的机关名钱法堂，钱法堂有两个，一由户部右侍郎兼管，一由工部右侍郎兼管。所属的造币厂有宝泉、宝源二局，宝泉属户部，宝源属工部。《光绪会典》卷二十四《户部·钱法堂》条记：

> 管理钱法侍郎，满洲一人，汉一人，掌宝泉局鼓铸之政令。凡铜铅进于局，验而收焉。缺者补之，铜不足色者抵以耗。凡铸钱月定其卯，验而解于部。附铸亦如之。考其式法，给其工料，越岁则奏销。

卷六十二《工部·钱法堂》条记：

> 管理钱法侍郎，满洲一人，汉一人（以本部右侍郎兼管），掌宝源局鼓铸之政令。凡铜铅之岁输于部者定其额，至则以时验收焉。凡鼓铸分其炉座，核其缗数，出卯则尽数报解户部，搭放兵饷。

职掌大体上相同。王茂荫在咸丰三年迁户部右侍郎兼管钱法堂事务，关于钱法和钞法的兴革是他的专责。他在咸丰四年三月初五日上《再议钞法折》，提出办法四条，当日即奉严旨申斥，并谕："此折着军机大臣详阅后，专交与恭亲王、载铨速行核议，以杜浮言。"初八日复有上谕："谕内阁：恭亲王奕䜣亲王衔定郡王载铨奏：遵议王茂荫条陈钞法窒碍难行一折，着即照所奏均无庸议。"是所谓帝国纸币委员会或钞法核议会都是指交王大臣议奏而言。清制国家大政和臣工条议照例由皇帝交王大臣议奏，审核其可行与否，将意见贡献与皇帝作最后决定。

在《资本论中的王茂荫》文中有下列一段：

> 再看王茂荫“自请严议”，可以知道这种不兑换纸币的发行，本是出于他的建议。王茂荫在咸丰三年三月还在御史职，但他对于国家财政很是关心。我疑心三年五月铸大钱的办法都是出于他。他是那年的十一月初二日升为户部右侍郎的。四年三月的第二谕中有“经朕洊擢侍郎”之语，这“洊擢”一定是对于他的某种建议的报酬。“官票宝钞”的施行在后，铸造大钱之事在前，从论功行赏的程序上说来，连大钱铸造的建议，恐怕也是出于这位理财家的吧？

也是一半对、一半错的。宝钞的建议者第一个是王茂荫，可是他的建议并未通过。后来所施行的钞法并不是根据他的建议来的，他以为那办法不对，所以提出四条意见，结果反被申斥。至于铸造大钱，恰好相反，王茂荫是当时最坚决的一个抗议者，反对者。他论当时的钞法应改良，不应铸造大钱，他的意见没有被采纳，结果是大钱果然行不通，钞法也失败了。

二

王茂荫字椿年，一字子怀，安徽歙县人。生于嘉庆三年三月，卒于同治四年六月，年六十八岁（公元1798—1865）。

在科第上说，王茂荫是早达的，他在三十四岁那年就中了举人，第二年联捷成进士。这两年清廷下令禁止鸦片输入。

相反地，在官阶方面说，他却是一个晚达的人。成进士后，即官户部主事。十五年中三次请假回家省视父母。鸦片战争起来时，他正在乡间闲居。一直到道光二十六年才回朝补授户部云南司主事。这时他已是快到五十岁的人了。第二年升任贵州司员外郎，第三年遭父忧，又回家守制，三年后服满回朝时，清宣宗死，文宗继位，太平天国起义。

从咸丰元年到八年这八年中，是太平天国的全盛时期。经过了二十年浮沉郎署生活的王茂荫，在这时期中才蹈上仕宦的坦途。咸丰元年补授户部江西司员外郎，八月官江西道监察御史，三年四月官太常寺少卿，六月擢太仆寺卿。因为他是户部出身的，在这三年中不断地对当时财政情况提出意见。同年十一月官户部右侍郎兼管钱法堂事务。在户部侍郎任时，他坚决地提出反对当时新币制的意见，和同僚不合。次年三月调补兵部右侍郎。不久转左。到咸丰八年七月以病请开缺。同治元年四月起署左副都御史，改授工部侍郎。二年调吏部。丁继母忧归，四年六月卒于家。(《清史稿》列传卷二〇九《王茂荫传》；方宗诚《柏堂集后编》卷一一《光禄大夫吏部右侍郎王公神道碑铭》)

王茂荫在咸丰元年初拜监察御史以后，一直到去官，十年中不断上书陈述意见。当时的言官方宗诚在《光禄大夫吏部右侍郎王公神道碑铭》中曾说：

> 时天下承平久，吏治习为粉饰因循，言官习为唯阿缄默，即有言多琐屑，无关事务之要。其非言官，则自以为吾循分尽职，苟可以寡过进秩而已，视天下事若无与于己，而不敢进一辞，酿为风气。军国大事，日即于颓坏而莫之省。①

王茂荫在这趋势下是例外。他对于“朝政之得失，人才之贤否，军事之利害，知无不言，言无不详”。清文宗也很看重他的意见：“往往虚衷以受，或即时谕行，或付之公议。或始虽留中，既而思其言然，卒皆听用。”(《神道碑铭》)

王茂荫虽然是科举出身的，却并不以为这制度是合理的，有用的。他指出这制度的弊端：

> 臣窃见今日之聪明才力，悉专致于摹墨卷，作小楷，而深惜其无用也。自来非常之才，有不必从学出者，然从学出者千百，不从学出者一二。即后汉臣诸葛亮亦有学须静、才须学之言。今一专功于墨卷，则群书遂束之不观；专功于作字，则读

---

① 这一篇《神道碑铭》是王家请李鸿章写的，李鸿章又请方宗诚代笔。所以文中述说用李鸿章的口气。除收入《柏堂集》外，此文又见缪荃孙编《续碑传集》卷一一。

书直至于无暇。二者之废学，以作字为尤甚。而士子之致力，则于作字为尤专。合天下之聪明才力尽日而握管濡毫，尚安得济实用！（《王侍郎奏议》卷一《振兴人才以济实用折》）

他以为科举人才是未来的官，官是要能作史论的，至少也要懂得历史。可是科举制度的积弊是使所有未来的官都用全力于摹墨卷，作小楷。结果是每人都写得一笔好字，可是内容却什么都没有，既不知过去，更不知现在。让这一批人来当国，“尚安得济实用”！他提出三点办法来补救：第一是改革科举的内容。策问五道分五门发题：一曰博通史鉴；二曰精熟韬钤；三曰制器通算；四曰洞知阴阳占候；五曰熟谙舆地情形。第一科是史学，一个未来官必需的学识；第二科是军事学；第三科是实用科学；第四科是天文学；第五科是地理学。应考的人可以自己选一专门的科目考试。这意见原来是道光二十二年（公元1842）两广总督祁埙提出的，这一年正是鸦片战争结束，订定南京条约，开五口通商的一年。祁埙所提出的意见显然是受了西方文化的影响，代表中国士大夫中的维新分子的意见。可是他的提议被当时的守旧派所反对，不能通过。王茂荫却完全接受了他的意见，在咸丰元年，第一次上折请求按祁埙的办法改革。后来又上折尖锐地对反对者加以驳问，他说：

当时部议之驳五门发策也，称士子淹博有素，不必专门名家。试问今日制器通算者为谁？精熟韬钤者为谁？（《王侍郎奏议》卷九《请刊发海国图志并论求人才折》）

第二是考试务重文义。他说：

近来殿试朝考之后，考列前十卷与一等者，但传其字体之工，曾不闻以学识传者。考列在后之卷，又但传闻某书极劣，某笔有误，曾不闻以文艺黜者。此士子所以专务作字也。作字必无间断而始工，读书遂以荒芜而不顾，士习空疏，实由于此。请嗣后令读卷阅卷大臣，勿论字体工拙，笔画偶疏，专取学识过人之卷。进呈钦定以后，即将前十卷与一等卷所以过人之处，批明刊发，使天下晓然于朝廷所重在文不在字，庶士子咸知所

向。(《王侍郎奏议》卷一《振兴人才以济实用折》)

他要求以后考试不重表面上形式上的书法，着重在实学——学识过人。

第三是广保举以求真才。他是反对现行的科举制度的。他以为在这样的制度下，决不能招致所有的人才：“若伏处在野，或不工制义，或力难应举，则虽有怀奇负异之士，恐终淹没。”他要求“令各省州县并教官留心察访，或博古通今、才识非常，或专门名家、精通一艺，或膂力过人，胆勇足备者”，保举。经考试后，送部引见，随材酌用，以济科举制度之穷。(《王侍郎奏议》卷一《振兴人才以济实用折》)并反驳部议说：

> 部议之驳广保举也，称文武各有乡会试，凡才学出众、武艺精通者，皆已甄拔无遗。试问年来杀贼攻城诸将，如罗泽南、王鑫、杨载福、李续宾等，均非得自科举，甄拔何以有遗？前议之未尽有明征。今议之当详，自可见此为长久得人之法。(《王侍郎奏议》卷九《请刊发海国图志并论求人才折》)

综合他的意见，一方面改革科举制度，除去专重小楷的弊端，注重真才实学。所谓实学，分历史、军事、科学、天文、地理五科。一方面求人才于科举之外，只要有专长的都可替朝廷做事。在八十年后的现代人看来，这样的意见是平淡无奇的。可是在八十年前，在科举制度下，尤其他本人也是从科举出身的，提出这样意见，是很值得注意的。

关于他的品性行谊，方宗诚在《神道碑铭》中说：

> 公识量沉宏，事无巨细，必研究原委，不敢苟且迁就。居官数十年，未尝挈妻子侍奉，家未尝增一瓦一陇。粗衣粝食，宴如也。故海内称大臣清直者必曰王公。

王茂荫是安徽歙县人。歙县人多出外经商，徽商在清代后期在全国商业界很有地位，很活跃，有徽帮之称。徽帮的经营业务，主要的是茶商、钱庄和典铺。王茂荫生长在徽商的社会里，又长期家居，他的生活和思想意识深受徽商的影响，在政治上自然而然成为商人阶级的代言人，特别是以开钱庄、典铺为主的徽商的代言人，卫护他们的利益。在讨论官票宝钞和大钱的时候，处处为商人特别是开钱庄、典铺的微商说话。正因为如此，咸丰四年三月上谕申斥他“专为商人指使，且有不便于国而利于商者，亦周纳而附于条款内”；“只知以专利商贾之词，率行渎奏，竟置国事于不顾，殊属不知大体。”被传旨严行申饬。

他的著作有《王侍郎奏议》十一卷。（御史任内为台稿三卷，太仆寺卿任内为寺稿二卷，侍郎任内为省稿四卷，起用后为续稿一卷。又补遗一卷。）前十卷其门人易佩绅刻于四川藩署，后一卷刻于苏州。

三

在王茂荫的一生政治经历中，最主要的一件事便是他和咸丰时代币制的关系。他主张施行钞法来救济当时的财政困难，他极力反对“大钱”制度。

关于钞法的施行，王茂荫是咸丰时代的第一个提议人。他在咸丰四年三月所上《再议钞法折》中说：“现行官票宝钞，虽非臣原拟之法，而言钞实由臣始。”其实在咸丰时代以前，钞法的施行不但曾经有人提议，并且在顺治时代曾经一度颁行。《清史稿・食货志》五记“顺治八年（公元1651）岁造钞十二万八千有奇，十年而罢。嘉庆间侍讲学士蔡之定请行钞。”道光二十三年（公元1843）御史李恩庆又奏请行纸钞：

> 时以两河连年漫溢，制用甚繁。御史李恩庆奏请制造纸钞，发工次招商民交给。……敬徵奏言：……楮币之法，见于唐之飞券，宋元以来始有交子会子宝钞之制。前明洪武时行钞法，数年即坏。今需用孔亟，若待部颁印钞，招募商民交钱应用，实缓不济急。且事涉创办，商民未必乐从，所奏应无庸议。（《清史列传》卷四一《敬徵传》）

以“缓不济急”和“商民未必乐从”两大理由被驳不议。

咸丰时代是一个对外屈辱，对内镇压的时代，在这时期以前，全国通用的货币是银和制钱。银因对外贸易入超的关系，尤其是鸦片的输入，逐年大量的流出，国内存银日渐减少，银价日高。钱是用铜铸的，铜的最大出产地是云南，太平军起后，云南和北京间的交通被阻断，铜运不达，铸钱的原料成为问题。同时因为内战的关系，一部分地方被太平军所占领，一部分地方截留税收作地方军费，一部分地方因受战事影响收入减少，中央财政越发不能支持。收入一天少一天，支出却一天多一天。在这情形下，政府中的财政家和史论家便引经据典地提出两种解决办法，一是行钞法，一是铸大钱。在政治上也分成两派，一是钞法派，一是钱法派。王茂荫是前一派中的主要人物。

在洪秀全起义后的第十五个月，王茂荫上《条议钞法折》。他以为“粤西之军务未息，河工之待用尤殷，国家经费有常，岂能供额外之用。从历史上观察，补救财政困难的办法有二，一曰铸大钱，一曰行钞币。二者之利同，而其难以经久，亦略相似。比较两者的得失，则计钞之利，不啻十倍于大钱。而其弊则亦不过造伪不行而止。”他在提出具体的新钞法之前，指出过去行钞的十种弊端：

> 一则禁用银而多设科条，未便民而先扰民；二则谋擅利而屡更法令，未信民而先疑民；三则有司喜出而恶入，适以示轻；四则百姓以旧而换新，不免多费；五则纸质太轻而易坏；六则真伪易淆而难识；七造钞太多则壅滞，而物力必贵；八造钞太细则琐屑，而诈伪滋繁；九则官吏出纳，民人疑畏而难亲；十则制作草率，工料偷减而不一。

这都是从研究过去行钞的历史所得的结论。接着他提出九条办法，都是针对着所举十种弊端加以救正的。第一是拟钞之值：因为当时银贵钱贱的关系，定钞以银为本位，以两计算，分十两、五十两二种，十两以下仍以钱行使。第二是酌钞之数：滥发钞币的结果必然会使钞值低落，物价抬高。要保持钞值的固定，必须限有定数。他主张仿顺治时代的成例，“每年先造钞十万两，计十两者五千张，五十两者一千张。试行一二年，计可流通，则每岁倍之，又得流通，则岁又倍之。极钞之数以一千万两为限。”这一千万两的定数是根据国家岁入酌定的，国家岁出岁入总数不过四千万两，发钞总数不过每年岁出入的四分之一，是不会不流通的。第三是精钞之制：为着防止十弊中的第四第五第六第八第十诸弊，他提议立一制钞局："选织造处工人，以上等熟丝织如部照之式，分为两等，方尺有五寸者为一等，方尺有二寸者为一等。四围篆织花纹，中横嵌大清通行宝钞六字满文于额，直嵌大清宝钞天下通行八字汉文于两旁。按每岁应制钞张数造办，以方尺五者为库平足色纹银五十两，尺二者为库平足色纹银十两。选能书吏于钞中满汉合璧作双行书，每年拟定数字，每字一千号，编为一簿。钞之前按簿上每张填某字某号，钞之后书某年月日户部奏准大清宝钞与银钱通行使用，伪造者斩，告捕者赏银若干两，仍给犯人财产。诬告者坐。皆汉书。再请饬另铸大清宝钞印一颗，于中间满汉文银数上钤以印。前某字某号上钞与簿钤骑缝印。钞质必厚实如上等江绸；篆文必细致；满汉书必工楷一律；印文必完整；印油必鲜明。监造各官有草率不如式者治以罪。禁民间不得私织如钞花样，有犯必惩。再请饬于制钞局特派一二有心计之员，另处密室，于每钞上暗设标识数处，所设标识，唯此一二人知之。仍立一标识簿载明每年之钞标识几处，如何辨认，封藏以便后来检对。其识按年更换，以杜窥测。一切均不得假手书吏，以防泄漏。”第四是行钞之法：丝钞织成后即交各银号官盐店典铺，给以微利，每库平五十两者止令缴市平五十两，库平十两者止令交市平十两。银号领钞缴银后，许加字号图记花字于钞之背面，听各处行用。许作捐项及办解钱粮，与银各半交纳。第五是筹钞之通：宝钞发出后，因为许作捐项和钱粮交纳，结果是仍旧回到部库和藩库。为求周转流通，所有中央地方发出款项都酌量以钞搭放。仍许持钞人向银号兑取现银。如银号故意勒措，不肯兑换，扣减不肯如数，许民人指控，治之以罪。第六是广钞之利：钞利轻赍和行远，又无成色与重轻，应鼓励民人行用，听向银号兑换，并随处上纳钱粮。天下州县均于城内立一收钞银号，持钞人或作交钱粮或兑换银钱，均即如数兑交。京外各行钞银号均饬于招牌上加钞字。为防止造伪起见，行使宝钞人许于钞背记明年月收自何人，或加图记花字，遇有伪钞，不罪用钞之人，惟究钞所由来，逐层追溯，得造伪之人而止。第七是换钞之法：部库设人专司钞之出入，各地行钞但钞之背面图记花字已满者即付送制钞局，将钞截角，另贮一库。遇有伪钞，便可对明。第八是严钞之防：法行之后，不得另有更张。造钞之制，不得渐减工料，致失本来制度以坏法。民人有伪造者，即照钞文治罪，不得轻纵以坏法。第九是行钞之人：商民交易力为设法，不经官吏之手，同时严防官吏舞弊，阻钞行用。尤贵经国大臣相时之轻重而收发操纵之。(《王侍郎奏议》卷一《条议钞法折》)

总合以上各点，他的主要意思是发行一种仿明洪武宝钞以银为本位的丝织宝钞，交银号流通，商人方面可得些少利益，持钞人可用以交纳国税。各地方均设收钞处，持钞人可以随时兑换银钱。钞本身用丝织，并设暗记，行使人并可在背面记钞之由来，以防伪造。虽然没有钞本，但因发行有定额，总数不过每年收入四分之一，且可兑现，流通自然不成问题。这条陈提出以后，朱批大学士会同户部议奏，便无下文。虽然没有结果，王茂荫却因这条陈而被政府注意，以为他的历史知识很够得上作一个理财家了。

一年后福建巡抚王懿德又奏请行钞法。他说：

> 自海防多事，销费渐增，粤西军务、河工，拨款不下千数百万，目前已艰，善后何术！捐输虽殷，仅同勺水，督催稍迫，且碍闾阎。与其筹画多银，不若改行钞引。历考畿辅山左，以及关东，多用钱票。即福建各属，银钱番票，参互行使。便于携取，视同见金。商民亦操纸币信用，况天下之主，国库之重。饬造宝钞，尤易流转。惟钞式宜简，一两为率，颁发藩库，通喻四民，准完丁粮关税，自无窒滞。或疑库银溢出，悉成钞引，银日以少，钞日以贱。岂知朝廷不蓄为宝，以天下之财，供天下之用，能收能发，自能左右逢源也。(《清史稿》列传卷二一四《王懿德传》)

主张发行一两的宝钞，与王茂荫所提的十两五十两两种票面价格不同。这一提议也同样地被驳不行。《东华录》记：

> 咸丰二年六月丁未，先是福建巡抚王懿德奏筹行钞法，以济军需。令军机大臣同户部议奏。至是奏称：民间行用铺户银钱各票，乃取银取钱之据。若用钞则钞即为银，钞即为钱，与铺户各票之持以取银钱者不同，必致民情不信，滞碍难行。该抚所请改行钞法之说，应无庸议。报闻。（潘颐福《咸丰朝东华录》卷一五）

同年九月署镶红旗蒙古都统花沙纳也上疏请行钞法。他说：

> 查前代行钞皆不能无弊：盖钞用纸质，易于作伪，弊一；朝令夕改，民不信从，弊二；官项不收，自相矛盾，弊三；禁银禁铜，抑勒滋扰，弊四；积年添造，壅滞难行，弊五；不议更换，昏烂辄废，弊六。谨拟造钞之法：一、钞质以绫为之，连用二印志书迹于其中，则真伪易辨。一、钞式织成，按千文编号，以免混淆。一、钞绫用正黄色，印花用上等朱砂，印板用精铜铸就。一、银钞数目，自一两五两十两至五十两分四等，每张计费银五钱。一、宝钞之费，一千七百张共需银八百五十两，即可当万金使用。一、钞分四等，钞式则一。一、钞皆准银，较准钱为简便。一、钞银拟造满一万万两为止。一、造钞除五六十年后奏请更换外，或大工大役，估计所需，必须添造，工竣停止。一、法律宜严治伪造者，宽待误收者。一、造钞伊始，先将行钞条例颁示天下。将来帑项极充，毋庸再用，准其抵交入库。其行钞之法：一、请银钱与钞并用。一、请设督理钞局官。一、外省用项由钞局会同户部酌给银半钞半，或搭放宝钞二成，以次递增，半钞而止。一、内自京城，外至各省督抚州县乡市各钱店一律畅行，不准阻挠。一、民间交易，银钞听其自便，惟交官银两，必须银钞各半。一、钞宜上下通行，凡完粮纳税捐项统用银钞各半。一、凡以钞完粮纳官者，概免倾熔火耗。一、宝钞既行，不必禁银禁铜，徒滋纷扰。（《清史列传》卷四一《花沙纳传》）

也主张用银钞。和王茂荫的主张不同的是：钞用绫制；钞额分一两五两十两五十两四种；钞只能作交官项用，不能兑现；发行额多至一万万两。

四

经过王茂荫、王懿德、花沙纳三人连接上疏请行钞法后，清廷正苦于无法解决财政困难，也就怦然动心，让原提议人妥商办法。王懿德这时在福建，不能预议。便特派左都御史花沙纳和陕西道监察御史王茂荫妥议钞法，奏明办理。两人虽都主张行钞，但是所提的办法不同，在政治地位上又高下悬绝，虽然表面上是两人会同户部堂官妥议，并拟定简明章程，绘具钞式具奏，实际上全是花沙纳和户部的主张。王茂荫的提议要点全被搁置。据《花沙纳传》：

> 三年二月会议行钞章程。略云：理财之道，固贵相时济用，尤宜慎始。请定简明章程，于京师先为行用，俟流通，各省一律遵办。不必袭用钞名，即称为票，使商民日用相安。如所议行。(《清史列传》卷四一《花沙纳传》)

《东华录》记：

> 咸丰三年二月辛丑谕内阁：兹据花沙纳等公同酌议（钞法）具奏，并绘具官票式样进呈。朕详加披览，所拟章程各条，尚属周密，着即照所请定为官票名目，先于京师行用。俟流通渐广，再行分颁各省，一律遵办。官票之行，与银钱并重，部库出入，收放相均。其民间银钱私票行用，仍听其便，商贾交易，亦无抑勒，洵为裕国便民良法。总期上下相信，历久无弊，即使国用充裕，官票照旧通行。(《东华录》卷一九)

官票票面额有一两、三两、五两、十两、五十两五种。“钞制以皮纸，额题户部官票，左满右汉，皆双行。中标二两平足色银若干两。下曰户部奏行官票，凡愿将官票兑换银钱者与银一律，并准按部定章程搭交官项，伪造者依律治罪。边文龙。（《清史稿》卷一〇五《食货志》五）花纹字画均蓝色，银数有用墨戳钤印，也有临时填写的，字都特大。写或印银数处印朱方印，文曰户部官票永远通行，左满右汉。骑缝处钤户部官票所关防长方朱印，亦左满右汉。用千字文编字，或印或写，号数年月均用墨笔写。边钤每两比库平少陆分小墨戳。左下端有黑花押。背面或钤私印或写前手行用人名铺号。经过几个月的筹备，于咸丰三年五月戊申正式颁行。①

王茂荫是极力反对户部的方案的，户部原方案经批准的主要的两点是第一提取各州县所存谷价银两，给以银票，为将来买补之用；第二于各省当杂各商生息帑本内，酌提十分之三，解交藩库报部候拨。户部核明银数，应造一百两八十两五十两之票若干张，汇发各省，按原提本银数目，分给各该商；准令该省捐纳封典职衔贡监之人，向各商买票报捐，归还原提银款。其各商应缴息银，仍如其旧。关于第一点他认为可行。第二点损害钱庄、典商原有利益，他大声疾呼，以为亏商病国，绝对难行。他说：

> 各省州县皆有典规，岁数千两至万两不等。即平居无事，而已视典商为鱼肉。今令州县以提帑本发部票，则必以火票脚价部费为藉口，而收银有费，发票有费，费之轻重，固视官之贪廉，然官即能廉，吏亦断无空过之事。此商之亏一也。商之缴银也，限以三月，由州县而藩司，而报部，不知几月。迨部中核明银数，造票有时，发票有时，由该省以行至州县，分给各商，又不知几时。窃计自商缴银之日，以至领票之日，至速亦须一年。此一年中该商等本银已缴其三，而息银仍如其旧，此息竟从何来。此商之亏又一也。商领银票，准令该省捐纳封典职衔贡监之人向各商买以报捐，归还原款。窃计捐生有银报捐，何为必欲买票。且买票入手，不知有无真伪，持票上兑，不知有无留难，何如持银上兑之可恃。苟非与该商素识，委曲

① 《清史稿》本纪卷二〇："咸丰三年五月戊申始制银钞"，按银钞即官票。亦即银票。

代计补亏，断不向买。设领票年余，而素识中竟无欲捐之人，其票必悬而无着，则商之亏又一也。由前二亏，亏固难免，由后一亏，亏更无期。于此而谓于商无亏，恐未可信。夫提取存本，固商之本分，亦商所乐从，今欲济急需，则竟提用，俟度支充裕，再行发给可耳。若如部议提本给票买票三层周折，而仍归于报捐，名避勒捐而实较捐之费为更甚矣。(《王侍郎奏议》卷三《条奏部议银票银号难行折》)

同日他又上奏请求把他前次所上钞法条陈再行详议：

再查部臣议行银票，意谓票与钞相关，欲以此试钞之行否。臣窃谓此意似未深思也。诚欲试钞法，当如其法而用之，方为试行。若变易其法，则行与不行，皆各自一事，安得因此而概彼。夫行钞首在收发流通，惟收之能宽，斯发之不滞。今银票之发，惟以抵存本，而收惟以报常捐，上下均隘其途，安得而流通乎？(《王侍郎奏议》卷三《请将钞法前奏再行详议片》)

由此可见所谓官票纯然是一种不兑换的债券，政府收回各地钱庄、典商生息本银十分之三后，发出同样价值的官票，这种官票又只能用于报捐，和王茂荫所提议的办法完全不同。政府的威权也不能强迫民间乐于行用。结果颁行新纸币的消息一经传出，京城内的市面立刻混乱，商铺纷纷歇业倒闭。据都察院左副都御史文瑞奏：

民间于钞法不知其利，而喧传其害，竟畏之如虎。十余日来钱铺已关闭三十余处。昨日内外城一昼夜间陡然关闭者又不下二百余处之多。即素日资本富厚，最著名之钱铺亦皆关闭，粮店亦间有关闭者。街市扰攘，人人惊危。(罗尔纲先生藏钞本《道咸奏稿》)

兵科给事中吴廷溥奏，钱铺之关闭，主要原因是挤兑：

新正以来，警报交至，富商挟资出京，不可胜计。都城关闭钱铺每日三五家或七八家不等。讵本月十五日一日之内，关闭钱铺七八十家，通计前后所关有百数十家。道路喧传，惶骇失措。推原其故，盖由户部张贴行钞告示，外间传闻各铺私票一律禁止。存票之家，争往钱铺取钱，络绎奔走，到处挤闹，逐队成群，嚣然不净。奸徒藉端滋扰，势所难免。（罗尔纲先生藏钞本《道咸奏稿》）

同时军营中也不愿行使新钞：

咸丰三年，时议行钞币。翁心存疏言："军营搭放票钞，诸多窒碍。钞币之法，施行当有次第，此时甫经颁发，并未试用，势难骤用之军营。"（《清史稿》列传卷一七二《翁心存传》）

官票颁行未久，接着又发行钱票，此议起于文瑞，《清史稿》记：

咸丰三年疏言："钞法之弊，放多收少，半为废纸。放少收多，民间钞无从得。若收放必均，是与之甲而取之乙，徒扰无益。非易银钞为钱票不可。拟就道光年间所设官号钱铺五处，分储户工两局卯钱，京师俸饷照公费发票之案，按数支给，以钱代银。"并具条目六事。疏入议行。（《清史稿》列传卷二〇九《文瑞传》）

《东华录》卷二十三记：

咸丰三年九月庚申，谕内阁："惠亲王等会奏请颁行银钱钞法一折，据称银票以便出纳，钱钞以利流通，请令京师及各直省，均由户部颁行银票钱钞，任听民间日用行使，并完纳地丁钱粮盐关税课及一切交官等项；俾文武官员军民人等咸知银票即是实银，钱钞即是制钱；核定成数，搭收搭放，以期上下一律流通等语。自来制用常经，银钱并重，用楮作币，历代通行。现在银价昂贵，需用浩繁，民间生计维艰，必须与时通变，使钞票与银钱兼权并用，以冀裒多益寡，日益充盈。……询谋佥同。着即照所议，由户部制造钱钞，颁发中外，与现行银票相辅通行。其应如何搭收搭放，酌定成数，以昭限制，总期官民两便，出纳均平。所有一切应办事宜，着户部详细酌核，妥议章程具奏。”

可见钱钞是与官票相辅而发行的。合钱钞与官票简称钞票，是现在钞票一字的语源。两个月后户部议定钞式和搭收搭放成数钞票比率，经批准颁行：

十一月乙丑谕内阁：“比年以来，银价日昂，民生愈困，小民输纳税课，每苦于银贵，而转运制钱，又多未便。朕……酌古准今，定为官票宝钞，以济银钱之不足，务使天下通行，以期便民裕国。着照部议，凡民间完纳地丁钱粮关税盐课及一切交官解部协拨等款，均准以官票宝钞五成为率。官票银一两抵制钱二千，宝钞二千抵银一两，与现行大钱制钱相辅而行。其余仍交纳实银，以资周转。京库应放之项，官票宝钞亦以五成为限。……并准五城殷实铺商具结承领宝钞，俾民间自行通用。即由五城御史随时支发验收。……如有伪造等弊，即行按例治罪。其有阻挠不肯行使者，以违制论。”（《咸丰朝东华录》卷二四）

“钞额题大清宝钞，汉字平列，中标准足制钱若干文。旁八字为天下通宝，平准出入。① 下曰此钞即代制钱行用，并准按成交纳地丁钱粮一切税课捐项，京外各库一概收解”（《清史稿·食货志》五）。“每钱钞二千文抵换官票银一两”边文如票。花文字画均蓝色。钱数有刻印的，也有临时填写的。中钤“大清宝钞之印”朱方印，骑缝处钤圆形印，年月下有黑色长方印。编号用千字文，与号数均用木戳印。钱钞行后从三年十二月到四年三月几个月中“已发百数十万。于是兵丁之领钞者难于易钱市物，商贾之用钞者难于易银置货，费力周折，为累颇多”（《王侍郎奏议》卷六《再议钞法折》）。

王懿德和王茂荫都是主张行钞法的，却都反对当时所行的办法。王懿德以为收钞不应限以成数，政府发钞目的是在流通民间，但是

① 按据罗尔纲先生所藏宝钞，旁八字为“天下通行，均平出入”。《清史稿》所记误。

一面要叫人家乐于行用，一面却只收一半，百姓交纳官项时，一定要一半银子，一半票钞，自己只肯收回一半，如何能叫人乐于行用。他说：

钞之能行，不在于发，而在于收。内自部库以及各关税务，外则丁耗钱粮盐典契纸各税，果能悉收钞票，不限成数，且示以非钞不用，则百姓争相买钞：有银之家以钞轻而易藏，纳课之氓以率定而无损，贸迁之商以利运而省费。部臣见未及此，惟恐解钞而不解银，故限以成数。夫以为无用，则钞银均非可食可衣；以为有用，则钞银不能畸轻畸重。今于领钞之时，区以一省，由部知照，方能行用，己不自信，人岂可强，徒开藉端渔利之门。请饬部臣及各省督抚，以此发即以此收，无论各项度支，示天下非钞不用。新收买钞银两积于部库藩库，以为母金。行钞不分畛域，则银日丰而本源厚。（《清史稿》列传卷二一四《王懿德传》）

户部的人主张发行钞票的目的是拿它当作银子给人，却绝不愿意商民当真把它完全作银子交回。王懿德的见解是他们所不能接受的，这条陈自然不能通过。王茂荫比他更进一步，主张票钞都应兑现。兑现的方法特别提出应给商人以相当利益。因为照规定的法制，票钞只能按成数交官项，在京师则放多而收少，在军营则简直有放无收，在直省州县则又有收而无放。这原因是政府和民间直接发生收放关系，缺少一个中间交互流通的枢纽。这枢纽应该是商人。要商人来作枢纽，必须给以相当的利益才行。他在这原则下提出四条办法：

一、拟令钱钞可取钱也。查市行钱票，与钞无异，而商民使用者以可取钱也。宝钞准交官项，本自贵重，而人总以无可取钱，用多不便。若于准交官项之外，又准取钱，自必更见宝贵。

二、拟令银票并可取银也。现行银票钱钞，均属天下通行，而行远要以银票为宜。欲求行远，必赖通商，欲求通商，必使有银可取。人疑无如此现银以待取，而不知各省之钱粮关税，皆现银也。今既准以银票交官矣，此抵交之银不归之商人乎？既可准其抵交，何妨准其兑取。自上计之，二者初无所殊，而自商视之，则二者大有所异。盖抵交迟而兑取速，抵交滞而兑取灵。凡州县征收钱粮，必有银号数家，将钱统易为银，将银统镕为锭，以便解省。今使商人持钞至倾镕钱粮之银号，准其兑取现银，则商人之用钞便；而得钞不待倾镕，即可解省，于银号亦便。在各州县收钞于商与收钞于民，初无所异，而零收之与整兑，亦有较见为便者。今若于准交之外，再加准兑取一层，则钞益贵重。处处可取银，即处处能行用，而不必取银。

三、拟令各项店铺用钞可以易银也。各店铺日卖货物，惯用市票，何独惮于用钞，以市票能易银以置货，宝钞不能易银，即不能置货。此虽强令行用，将来货物日尽，宝钞徒存，市肆必至成空，不独商人自虑，即国家亦不能不为代虑。查银钱周转，如环无端，而其人厥分三种：凡以银易钱者官民也；以钱易银者各项店铺也；而以银易钱，又以钱易银，则钱店实为之枢纽焉。各店铺日收市票，均赴钱市买银，而钱店则以银卖之。今请令钱市凡以票买银者必准搭钞，则各店铺用钞亦可易银，而不惮于用钞矣。各店铺不惮用钞，则以银易钱之人，无非用之于各店铺，凡令钱店开票者，亦可准令搭钞矣。各钱店开票亦可搭钞，则以银买各店铺之票而亦不惮于用钞矣。凡以三层关节为之疏通，使银钱处处扶钞而行，此各行互为周转之法。

四、拟令典铺出入均准搭钞也。查现在典铺取赎者用钞不敢不收，而当物者给钞率多不要。使典铺之钞有入无出，将来资本罄而钞仅存，不能周转，必至歇业。典铺歇业，贫人益无变动之方。应请令嗣后出入，均许按成搭钞，此一行自为周转之法。

在这四条办法中，后二条是专门替商人特别是银号、钱庄典铺说话的。第二条银票兑现即以州县钱粮各地关税所收之银为准备金，这是户部所万不肯答应的。第一条钱钞兑现，他也另筹了一个具体办法。这办法是让户部宝泉局把逐月所加铸的钱提出积存，作为兑现的准备，约计半年后可存三十余万串，即刻出示许民人于半年后兑现。如钱将尽而钞仍纷来，竟不能给，则不妨示期停止，令半年后再取。这半年一兑现的办法，虽然是不彻底，到底比完全不兑现强些，宝钞的信用也许经明令准许兑现而稍好。但是，这办法也是要政府拿出本钱的，政府自然又是不肯。在折尾王茂荫又说：

> 现行官票宝钞，虽非臣原拟之法，而言钞实由臣始。今兵丁之领钞而难行使者多怨臣，商民之因钞而致受累者多恨臣。凡论钞之弊而视为患害者莫不归咎于臣，凡谕钞之利而迫欲畅行者莫不责望于臣。

他是户部右侍郎专管钱法，但是所施行的办法，却并不是他的主张。他的意见也不为上官所采纳，他在折中明白地说：

> 臣既在户部，凡有所见，必取决于总理祁嶲藻尚书文庆，乃所商多未取决，而设想更已无方。……（《王侍郎奏议》卷六《再议钞法折》）

他明知现行币制的不合理，却又被朝野人士指为这新制度的负责者，怨恨集于一身。为着皇朝的前途，为着个人的责任，他不能不提出这补救的办法。结果因为折中第二条银票兑现的办法，和政府的政策抵触，政府的本意是要集中现银，他却反提出让商人可以随时兑现，在政府看来，这办法是会把所有现银都分散到商人手上去的。因此王茂荫大被申斥。咸丰四年三月甲辰上谕：

> 王茂荫身任卿贰，顾专为商人指使，且有不便于国而利于商者，亦周纳而附于条款内，何漠不关心国事，至如此乎？

并令交奕䜣载铨速行核议。三日后上谕：

> 恭亲王奕䜣亲王衔定郡王载铨奏：……遵议王茂荫条陈钞法，窒碍难行一折；着即照所奏，均无庸议。宝钞之设，原以裕国便民。王茂荫由户部司员，经朕洊擢侍郎，宜如何任劳任

怨，筹计万全。乃于钞法初行之时，先不能和衷共济，只知以专利商贾之词，率行渎奏，竟置国事于不顾，殊属不知大体。……王茂荫着传旨严行申饬。(《咸丰朝东华录》卷二六)

几天后就调他作兵部右侍郎。解除他对新币制的发言权。

钞法颁行后不到两年，票面价格日低，钱价愈高，票银一两宝钞一千只值制钱四五百文。主要原因除不能兑现以外，是官吏的舞弊，一方面不顾法令，不收民间票钞，一方面又向民间收现银现钱，却另买票钞缴解。《咸丰朝东华录》卷三十五记：

五年九月癸酉谕内阁：……兹据李钧奏称：河南省州县于征收钱粮时专收银钱，不收票钞。解司之时，则收买票钞，按五成搭解。以致商民于钞票不知宝贵。现在票银一两宝钞一千均止易制钱四五百文。河工领款，系八成票钞，二成现银，所领票钞，难于行使，每遇险工，无从抢护。山东省藩库，于各领款则照二成搭放，而于州县解款，并不搭收票钞，更形壅滞。

五年后京城市价银票一两，仅值钱二百余文，实银则值钱六千有余。银票二十余两始能抵银一两。钱票到咸丰十一年时也跌到每千仅值当十钱一百余文。《清史稿·食货志》五说：

钞法初行，始而军饷，继而河工，搭放皆称不便，民情疑阻。直省搭收五成，以款多抵拨，既艰搭放，遂复不肯搭收。民间得钞，积为无用。京师持钞入市，非故增直，即匿货。持向官号商铺，所得皆四项大钱，不便用。故钞行而中外兵民病之。其后京师以官号七折钱发，钞直益低落，至减发亦穷应付，钞遂不能行矣。

施行钞法的本意是在补救军饷和河工的费用，所得的结果却是军营不要，河工也不要，百姓不要，商人不要，连地方政府也不要了。

五

银票颁行后，钱法派提议鼓铸大钱。同年五月辛未铸当十大钱，八月庚子铸当五十大钱，四年二月甲午铸当百当五百当千大钱。三月铸铁制钱当十大钱。六月铸铅制钱（《咸丰朝东华录》卷二〇—二六）。铜“大钱当千至当十凡五等，重自二两递减至四钱四分。当千当五百净铜铸造，色紫。当百当五十当十铜铅配铸，色黄。百以上文曰咸丰元宝，以下曰重宝。幕满文局名。”（《清史稿·食货志》五）

在当十当五十大钱颁行以后，当国的王大臣又请铸当百当五百当千大钱，王茂荫上折极力反对。他说：

> 当五十之钱，市人已多私议，奸人已多私铸，第为时未久，尚未见大阻格耳。今王大臣奏请添铸当百当五百当千三种，而当千但以重二两为率，其余以次递减。为裕筹经费起见，诚为至计。此法果行，岂非大利。顾臣考历代钱法，种类过繁，市肆必扰，折当过重，废罢尤速。……若当千之钱重二两，非所谓折当太重，分量过悬殊耶？论者谓折当太重，谓其嫌于虚耳。大钱虽虚，视钞票则较实，岂钞可行而大钱转不行！不知钞法以实运虚，虽虚可实，大钱以虚作实，似实而虚。故自来行钞可数十年，而大钱无能数年者，此其明征也。论者又谓国家定制，当百则百，当千则千，谁敢有违！是诚然矣。然官能定钱之值，而不能限物之值，钱当千民不敢以为百，物值百民不难以为千。自来大钱之废，多由私铸繁兴，物价涌贵，斗米有至七千时，此又其明征也。……顾使当千当百虽不行，而当十当五十犹可行，似不妨于一试，而臣又虑其不能也。信为国之宝，现行大钱钞票，皆属权宜之计，全在持之以信，守而不改，庶几可冀数年之利。今大钱分两式样甫经奏定，颁行各省，大张晓谕，刊刻成书，未及数月，全行变更；当五十者较向所见而

> 忽大轻，当一百者较向之五十而犹见轻，且当五百当千纷见错出，民情必深惶惑，市肆必形纷扰，而一切皆不敢信行。钱为人人日用所必需，裕国便民，所关甚重。万一如臣所虑，诚恐贻悔。(《王侍郎奏议》卷六《论行大钱折》)

制钱一文重一钱二分，当十钱重四钱八分，算是以四制钱的重量当十钱之用。相差尚不甚远。当千钱只重二两，则以十六制钱的重量当一千钱之用，这折当未免太悬殊了。王茂荫指出通货膨胀和物价的关系："钱当千民不敢以为百，物值百民不难以为千"。因为"官能定钱之值，而不能限物之值"。这是很有道理的。奏入政府置之不理。接着他又第二次上书反对，指出大钱之病国病民的三难二弊。他说：

> 今行当百以上三种大钱，与原行当五十大钱分两式样，无甚可辨。若恃字为辨，则此何以贵？彼何以贱？愚民莫解，恐致瞀乱。此其一难。钱本以便零用，今一钱而当五百当千，窃恐以易市物，难以分析，以易制钱，莫与兑换。此其二难。大钱虽准交官项，然现在准以五成搭交者有官票，有宝钞，再加大钱，何能并搭。此其三难。
>
> 然此犹其小也。最大之患，莫如私铸。论者以为私铸正可增官铸之用，可以无患。不知官钱以当千发之，以当千收之，故可无亏。若奸人以四两之铜，铸两大钱，即抵交一两官银，其亏国将有不可胜计者。旧行制钱每千重百二十两，镕之可以得六十两，以铸当千，可抵三十千之用。设奸人日销以铸大钱，则民间将无制钱可用，其病民又有不可胜言者。即此二弊，已无法杜，无论其他。

最后，他明知政府决不肯取消认为有利可图的当五百和当千大钱，只好提出两种补救办法。第一是在当千和当五百当百三种大钱上加钳银点，"当千者十点，当五百者五点，当百者一点"，以示贵重，辨别较易，造伪较难；第二是请求把户工两局所铸当十当五十两种大钱划一重量。原来这两局是各自为政的，户局铸当五十钱重一两八钱；工局铸的却只一两五钱，户局铸当十钱重六钱，工局铸的却只重五钱。请一律照工局重量改铸，使“新钱旧钱式样无甚悬殊，市肆行用，不致瞀乱”（《王侍郎奏议》卷六《再论加铸大钱折》）。这奏折政府也还是置之不理。

王茂荫所指出的大钱制的流弊和必然的后果，不久即由事实证明了。咸丰四年七月户部奏：“当千当五百大钱，甫经行使，即形壅阏者，以折当过多，私铸益众，利之所在，法难尽除。……请将宝钞发钱行经纪，验明局铸大钱，如数收回。”并停铸当二百三百四百大钱。又以当百以下大钱，有奸商折筭等弊，严令照钱面数目行使，不准折减（《咸丰朝东华录》卷二八）。但仍壅滞不行（《清史稿》列传二〇九《文瑞传》）。咸丰五年八月扬州军营以大钱不便兵民交易，奏请停收停放（《咸丰朝东华录》卷三四）。至咸丰九年当十大钱仅值制钱一文，据袁希祖奏：

> 咸丰初以道梗铜少，改铸大钱。未几当百、五十皆不行，惟当十行之。始直制钱三五，近则以十当一。银直增贵，百物腾踊，民间重困。……向日制钱重一钱二分，大钱重四钱八分，以之当十，赢五钱四分。今以十当一，是反以四钱八分铜作一钱二分用也。民间私镕改铸，百弊丛生。今天下皆用制钱，独京师一隅用大钱，事不划一。请悉复旧规，俾小民易于得食，盗源亦以稍弭。（《清史稿》列传二〇九《袁希祖传》）

大钱制行不通，只好“悉复旧规”，不再讲币制改革了。

一九三七年三月于北平

（原载《中国社会经济史集刊》
第6卷第1期，1939年6月，原
题名《王茂荫与咸丰时代的新币制》）

明代的军兵

一、军与兵

明初创卫所制度，划出一部分人为军，分配在各卫所，专负保卫边疆和镇压地方的责任。军和民完全分开。中叶以后，卫军废弛，又募民为兵，军和兵成为平行的两种制度。

军是一种特殊的制度，自有军籍。在明代户口中，军籍和民籍、匠籍平行，军籍属于都督府；民籍属于户部，匠籍属于工部。军不受普通行政官吏的管辖，在身份、法律和经济上的地位都和民不同。军和民是截然地分开的。兵恰好相反，任何人都可应募，在户籍上也无特殊的区别。军是世袭的，家族的，固定的，一经为军，他的一家系便永远世代充军，住在被指定的卫所。直系壮丁死亡或老病，便须由次丁或余丁替补。如在卫所的一家系已全部死亡，还须到原籍勾族人顶充。兵则只是本身自愿充当，和家族及子孙无关，也无固定的驻地，投充和退伍都无法律的强制。军是国家经制的，永久的组织，有一定的额数，一定的戍地。兵则是临时召募的，非经制的，无一定的额数，也不永远屯驻在同一地点。

在明代初期，军费基本上是自给自足的，军饷的大部分由军的屯田收入支给。在国家财政的收支上，军费的补助数量不大。虽然全国的额设卫军总数达到二百七十余万的庞大数字①，国家财政收支还能保持平衡。遇有边方屯田的收入不敷支给时，由政府制定“开中”的办法，让商人到边塞去开垦，用垦出的谷物来换政府所专利的盐引，取得买盐和卖盐的权利。商人和边军双方都得到好处。

① 《明史》卷九一《兵志》，弘治十四年（公元 1501）兵部侍郎李孟旸《请实军伍疏》：“天下卫所官军原额二百七十余万。”

兵是因特殊情势，临时招募的。招募时的费用和入伍后的月饷都是额外的支出。这种种费用原来没有列在国家预算上，只好临时设法，或加赋，或加税，或捐纳，大部由农民负担。因之兵的额数愈多，农民的负担便愈重。兵费重到超过农民的负担能力时，政府的勒索和官吏的剥削引起农民的武装反抗。政府要镇压农民，又只好增兵，这一笔费用还是出在农民身上。

卫所军经过长期的废弛而日趋崩溃，军屯和商屯的制度也日渐破坏，渐渐地不能自给，需要由国家财政开支。愈到后来，各方面的情形愈加变坏，需要国家的财政供给也愈多。这费用也同样地需由农民负担。同时又因为军力的损耗，国防脆弱，更容易引起外来的侵略。卫军不能作战，需要募兵的数量愈多。这两层新负担，年复一年的递加，国家全部的收入不够军兵费的一半，只好竭泽而渔，任意地无止境地增加农民的负担，终于引起历史上空前的农民暴动。政府正在用全力去镇压，新兴的建州却又乘机而入，在内外交逼的情势下，颠覆了明室的统治权。

除中央的军和兵以外，在地方的有民兵，民壮（弓兵、机兵、快手），义勇种种地方警备兵。在边地的有土兵（土军）、达军（蒙古降卒）。在内地的有苗兵、狼兵（广西土司兵）、土兵等土司兵。将帅私人又有家丁、家兵、亲兵。各地职业团体又有由矿工所组织的矿兵，盐丁所组织的盐兵，僧徒所组织的少林兵、伏牛兵、五台兵。也有以特别技艺成兵的，如河南之毛葫芦兵、习短兵，长于走山；山东有长竿手，徐州有箭手，井陉有蚂螂手，善运石，远可及百步。福建闽漳泉之镖牌兵等等。①

从养军三百万基本上自给的卫兵制，到军兵费完全由农民负担，国库支出；从有定额的卫军，到无定额的募兵；从世袭的卫军，到雇用的募兵，这是明代历史上一件大事。

次之，军因历史的、地理的、经济的关系，集中地隶属于国家。在战时，才由政府派出统帅总兵，调各卫军出征。一到战事终了，

---

① 《明史》卷九一《兵志》，弘治十四年（公元1501）兵部侍郎李孟旸《请实军伍疏》。

统帅立刻被召回，所属军也各归原卫。军权不属于私人，将帅也无直属的部队。兵则由将帅私人所召募、训练，和国家的关系是间接的。兵费不在政府的岁出预算中，往往须由长官向政府力争，始能得到。同时兵是一种职业，在中央权重的时候，将帅虽有私兵，如嘉靖时戚继光之戚家军，俞大猷之俞家军，都还不能不听命于中央。到明朝末年，民穷财尽，内外交逼，在非常危逼的局面下，需要增加庞大的兵力，将帅到处募兵，兵饷都由将帅自行筹措，发生分地分饷的弊端，兵皆私兵，将皆藩镇，兵就成为扩充将帅个人权力和地位的工具了。

二、卫所制度

明太祖即皇帝位后，刘基奏立军卫法。(《明史》卷一二八《刘基传》)《明史》卷八九《兵志序》说：

> 明以武功定天下，革元旧制，自京师达于郡县，皆立卫所。外统之都司，内统于五军都督府。而上十二卫为天子亲军者不与焉。征伐则命将充总兵官，调卫所军领之。既旋则将上所佩印，官军各回卫所，盖得唐府兵遗意。

这制度的特点是平时把军力分驻在各地方，战时才命将出师，将不专军，军不私将，军力全属于国家。卫所的组织，《兵志》二《卫所门》记：

> 天下既定，度要害地系一郡者设所，连郡者设卫。大率五千六百人为卫，千一百二十人为千户所，百十有二人为百户所。所设总旗二，小旗十，大小联比以成军。

卫有指挥使，所有千户百户。总旗辖五十人，小旗辖十人。各卫又分统于都指挥使司（简称都司），司有都指挥使，为地方最高军政长官，和治民事的布政使司，治刑事的按察使司，并称三司，洪武二十六年（公元1393）时定天下都司卫所，共计都司十七（北平、陕西、山西、浙江、江西、山东、四川、福建、湖广、广东、广西、辽东、河南、贵州、云南、北平三护卫、山西三护卫）。行都司三（北平、江西、福建）。留守司一（中都）。内外卫三百二十九，守御千户所六十五。成祖以后，多所增改，都司增为二十一（浙江、辽东、山东、陕西、四川、广西、云南、贵州、河南、湖广、福建、江西、广东、大宁、万全、山西、四川行都司、陕西行都司、湖广行都司、福建行都司、山西行都司）。留守司二（中都、兴都）。内外卫增至四百九十三，守御屯田群牧千户所三百五十九。①

全国卫军都属于中央的大都督府。大都督府掌军籍，是全国的最高军事机关。洪武十三年（公元1380）分大都督府为中、左，右、前、后五军都督府。洪武二十六年定分领在京各卫所及在外各都司卫所。其组织如下：

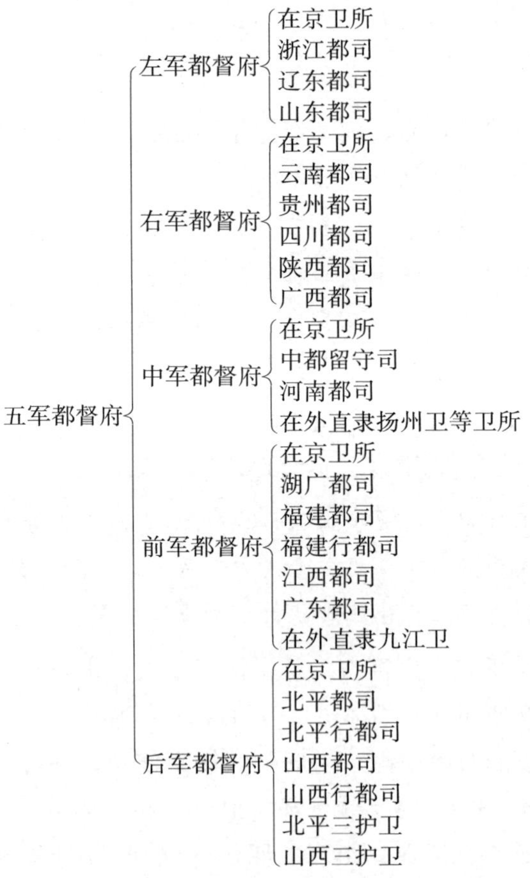

① 按《明史·职官志》五："计天下内外卫，凡五百四十有七，所凡二千五百九十有三。"

每府设左右都督各一，掌治府事。成祖以后，又改组如下：

- 五军都督府
  - 左军都督府
    - 在京卫所
    - 浙江都司
    - 辽东都司
    - 山东都司
  - 右军都督府
    - 在京卫所
    - 陕西都司
    - 陕西行都司
    - 四川都司及土官（天全六番招讨司、陇本头长官司等土司）
    - 四川行都司及土官（昌州长官司等土司）
    - 广西都司
    - 云南都司及土官（茶山长官司等土司）
    - 贵州都司及土官（新添长官司等土司）
    - 在外直隶宣州卫
  - 中军都督府
    - 在京卫所
    - 中都留守司
    - 河南都司
    - 在外直隶扬州卫等卫所
  - 前军都督府
    - 在京卫所
    - 湖广都司及土官（永顺军民宣慰司等土司）
    - 湖广行都司
    - 兴都留守司
    - 福建都司
    - 福建行都司
    - 江西都司
    - 广东都司
    - 在外直隶九江卫
  - 后军都督府
    - 在京卫所
    - 大宁都司
    - 万全都司
    - 山西都司
    - 山西行都司
    - 在外直隶蓟州卫等卫所

各地都司分隶于各都督府，其组织如下：

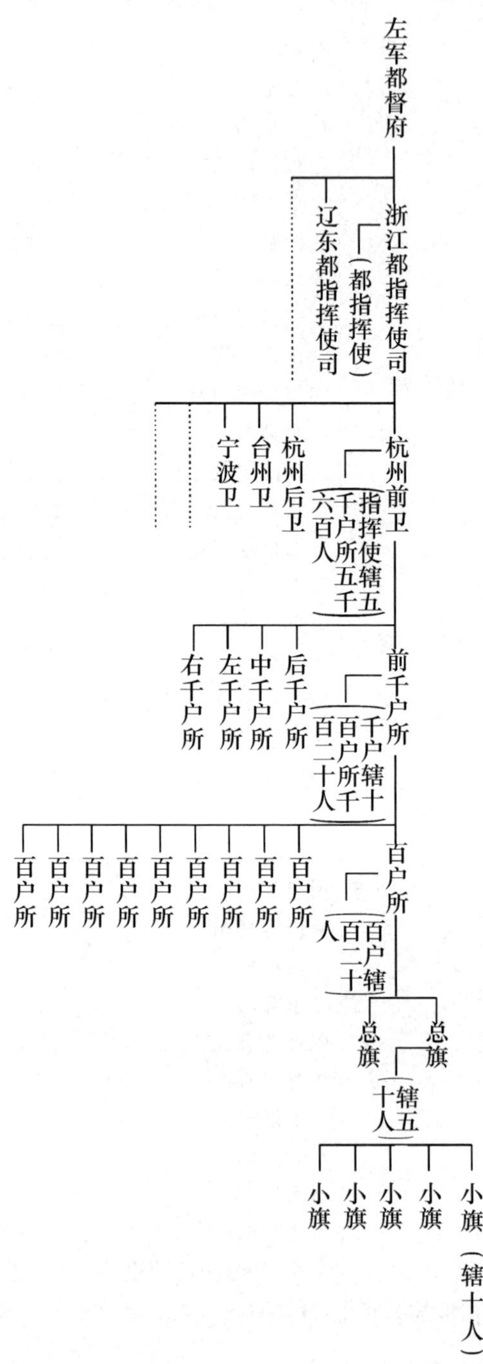

左军都督府
浙江都指挥使司
（都指挥使）
辽东都指挥使司
杭州前卫
（指挥使辖五千户所五千六百人）
杭州后卫
台州卫
宁波卫
前千户所
（千户辖十百户所千百二十人）
后千户所
中千户所
左千户所
右千户所
百户所
（百户辖百二十人）
百户所
百户所
百户所
百户所
百户所
百户所
百户所
百户所
百户所
总旗
（辖五十人）
总旗
小旗
（辖十人）
小旗
小旗
小旗
小旗

和都督府相配合的机关是兵部，长官为兵部尚书，“掌天下武卫官军选授简练之政令”，其下设四清吏司，各设郎中一人，员外郎一人，主事二人：

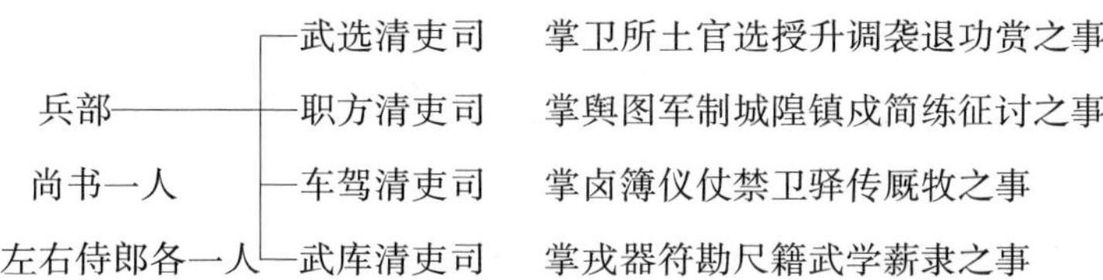

都督府是统军机关，各省各镇镇守总兵官副总兵都以三等①真署都督及公侯伯充任。有大征讨，则由政府指派挂诸号将军②或大将军前将军副将军印总兵出，事定缴印回任。明初开国时，武臣最重③，英国公张辅兄信，至以侍郎换授指挥同知。武臣出兵，多用文臣参赞，如永乐六年（公元 1408）黔国公沐晟讨交阯简定，以尚书刘俊参军事。宣德元年（公元 1426）成山侯王通讨交阯黎利，以尚书陈洽参赞军务。正统以后，文臣的地位渐高，出征时由文臣任总督或提督军务，经画一切，武臣只负领军作战的任务。如正统六年（公元 1441）麓川之役，定西伯蒋贵充总兵官，以兵部尚书王骥总督军务，正统十四年讨福建邓茂七，宁阳侯陈懋为总兵官，以刑部尚书金濂提督军务。成化元年（公元 1465）讨大藤峡傜，都督同知赵辅为征夷将军，以左佥都御史韩雍赞理军务。同年出兵镇压荆、襄农民暴动，抚宁伯朱永充靖虏将军，以工部尚书白圭提督军务。三年讨建州，武靖伯赵辅充总兵官，以左都御史李秉提督军务。从此文

---

① 左右都督，都督同知，都督佥事。

② 《明史》卷六八《舆服志》四：“武臣受重寄者，征西、镇朔、平蛮诸将军银印虎纽，方三寸三分，厚九分，柳叶篆文。洪武中尝用上公佩将军印，后以公侯伯及都督充总兵官，名曰挂印将军。有事征伐，则命总兵佩印以往，旋师则上所佩印于朝。”卷七六《职官志》五：“其总兵挂印称将军者，云南曰征南将军，大同曰征西前将军，湖广曰平蛮将军，两广曰征蛮将军，辽东曰征虏前将军，宣府曰镇朔将军，甘肃曰平羌将军，宁夏曰征西将军，交阯曰副将军，延绥曰镇西将军（诸印洪熙元年制颁）。其在蓟镇、贵州、湖广、四川及傦运淮安者，不得称将军挂印。”

③ 《明史》卷一四五《张玉传》：“帝尝谓英国公辅有兄弟可加恩者乎？辅顿首言輗軏蒙上恩，借近侍，然皆奢侈。独从兄侍郎信贤可使也。帝召见信曰：是英国公兄耶？趣武冠冠之，改锦衣卫指挥同知世袭。时去开国未远，武阶重故也。”

臣统帅，武臣领兵，便成定制。在政府的用意是以文臣制武臣，防其跋扈。结果是武臣的地位愈来愈低。正德以后幸臣戚里多用恩幸得武职，愈为世所轻。在内有部、科，在外有监军、总督、巡抚，重重弹压，五军都督府职权日轻，将弁大帅如走卒，总兵官到兵部领敕，必须长跪，“间为长揖，即谓非体”。到了末年，卫所军士，虽一诸生，都可任意役使了。

各省都指挥使是地方的最高军政长官，统辖省内各卫所军丁，威权最重。在对外或对内的战事中，政府照例派都督府官或公侯伯出为总兵官，事后还任。明初外患最频的是北边的蒙古，派出边地防御的总兵官渐渐地变成固定，冠以镇守的名义，接着在内地军事要害地区也派总兵官镇守，独任一方的军务。又于其下设分守，镇守一路；设守备，镇守一城或一堡。至和主将同城的则称为协守。总兵之下有副总兵、参将、游击将军、守备、把总等名号。总兵是由中央派出的，官爵较高，职权较专，都指挥使是地方长官，渐渐地就成为总兵官的下属了。后来居上，于是临时派遣的总兵官驻守在固定的地点，就代替了都指挥使原来的地位了。

总兵官变成镇守地方的军事统帅以后，在有战事时，政府又派中央大员到地方巡抚，事毕复命，后来巡抚也成固定的官名，驻在各地方。因为这官的职务是在抚安军民，弹压地方，所以以都御史或副佥都御史派充。因为涉及军务，所以又加提督军务或赞理军务，参赞军务名义。巡抚兼治一方的民事和军务，不但原来的都、布、按三司成为巡抚的下属，即总兵官也须听其指挥。景泰以后因军事关系，在涉及数镇或数省的用兵地区，添设总督军务或总制、总理，派重臣大员出任。有的兵事终了后即废不设，有的却就成为长设的官。因为辖地涉及较广，地位和职权也就在巡抚之上。末年“流寇”和建州内外夹攻，情势危急，政府又特派枢臣（兵部尚书）外出经略，后来又派阁臣（大学士）出来督师，权力又在总督之上。这样层层叠叠地加上统辖的上官，原来的都指挥使和总兵官自然而然地每况愈下，权力日小，地位日低了。综合上述的情形，从下表（1）中我们可以看出明代地方军政长官地位的衍变。

（1）

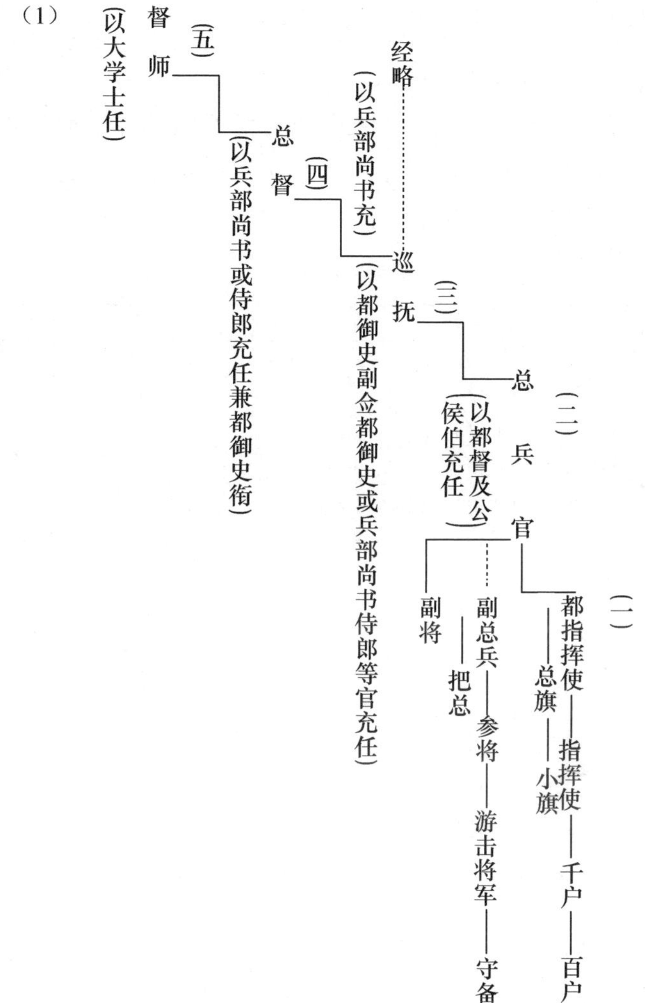

卫所军丁的总数，在政府是军事秘密，绝对不许人知道。① 甚至掌治军政的兵部尚书，和专司纠察的给事御史也不许预闻。② 我们现在就《明太祖实录》卷二二三记载看，洪武二十五年的军数如下表（2）。

---

① 敖英《东谷赘言》下："我国初都督府军数，太仆寺马数，有禁不许人知。"

② 陈衍《槎上老舌》："祖制五府军外人不得预闻，惟掌印都督司其籍。前兵部尚书邝埜向恭顺侯吴某索名册稽考，吴按例上闻，邝惶惧疏谢。"《明史》卷六九《兵志》一："先是京师立神机营，南京亦增设，与大小二教场同练军士，常操不息，风雨方免，有逃籍者。宪宗命南给事御史时至二场点阅。成国公朱仪及太监安宁不便，诡言军机密务，御史诘问名数非宜。帝为罪御史，仍令守备参赞官阅视，著为令。"

（2）　在京武官 ……… 2 747 员　　在外武官 ……………… 13 742 员
　　　军　　士 …… 206 280 人　　军　　士 …………… 992 154 人
　　　马 ……………… 4 751 匹　　马 ………………………… 40 329 匹

总数超过一百二十万。洪武二十六年以后的军数，按卫所添设的数量估计，应该在一百八十万以上。明成祖以后的军数，约在二百八十万左右。① 万历时代的军数如下表②：

各镇军马额数表

各　镇	军　数		马　数	
	原　额*	现　额*	原　额*	现　额*
蓟镇：蓟　州	39 339	31 658	10 700	6 399
密　云	9 065	33 569	2 032	13 120▲
永　平	22 307	39 940	6 083	15 080▲
昌　平	14 295	19 039	3 015	5 625▲
辽　东	94 693	83 340	77 001	41 830▲
保　定	29 308	34 697	1 199	4 791▲
宣　府	151 452	79 258	55 274	33 147▲
大　同	135 778	85 311	51 654▲	35 870▲
山　西	25 287	55 295	6 551▲	24 764▲
延　绥	80 196	53 254	45 940	32 133▲
宁　夏	71 693	27 934	22 182	14 657▲
固　原	126 919	90 412	32 250▲	33 842▲
甘　肃	91 571	46 901	29 318	21 660▲
四　川	14 822	10 897		
云　南	63 923	62 593		
贵　州		28 355		
广　西	121 289	13 097		
		25 854		
湖　广		68 829		
广　东		29 947		
		35 268		
南直隶	102 167			
		7 149		
浙　江	130 188	78 062		

① 《明史》卷九一《兵志》，弘治十四年（公元1501）兵部侍郎李孟旸《请实军伍疏》："天下卫所官军原额二百七十余万。"

② 《大明会典》卷一二九至一三〇各镇分例。

续前表

各　镇	军　数		马　数	
	原　额*	现　额*	原　额*	现　额*
江　西	39 893	20 848		
南　赣		9 148		
		8 171		
		829		
		1 928		
福　建	125 381	38 475		
山　东	43 631			
	2 217			
河　南	3 177			
	20 020			
总　共	1 586 611	1 120 058	343 199	282 918

*原额：永乐以后　现额：万历初年

▲包括马驼牛骡在内

明初卫所军士的来源，大概可分四类，《明史》卷九〇《兵志》二记：

> 其取兵有从征，有归附，有谪发。从征者诸将所部兵，既定其地，因以留戍。归附则胜国及僭伪诸降卒。谪发以罪迁隶为兵者。其军皆世籍。

从征和归附两项军士都是建国前后的旧军。谪发一项则纯以罪人充军。名为恩军①，亦称长生军②。如永乐初屠杀建文诸臣，一人得罪，蔓连九族外亲姻连都充军役。③ 成化四年（公元1468）项忠平荆、襄农民暴动，俘获三万余人，户选一丁戍湖广边卫（《明史》卷一八七《项忠传》）。都是著例。

除以上三项外，第四类是垛集军，是卫军最大的来源。《明史》卷九二《兵志》四说：

> 明初垛集令行，民出一丁为军，卫所无缺伍，且有羡丁。……成祖即位，遣给事等官分阅天下军，重定垛集军更代

---

① 《明太祖实录》卷二三二："洪武二十七年（公元1394）四月癸酉，诏兵部凡以罪谪充军者，名为恩军。"

② 陆容《菽园杂记》八："本朝军伍皆谪发罪人充之，使子孙世世执役，谓之长生军。"

③ 黄佐《双槐岁钞》四："齐（泰）黄（子澄）奸恶九族外亲姻连亦皆编伍，有遍一县连蔓尽而及他邦者，人最苦之。"

> 法。初三丁已上垛正军一，别有贴户，正军死，贴户丁补。至是令正军贴户更代，贴户单丁者免，当军家蠲其一丁徭。

平民一被佥发充军，便世世子孙都入军籍，不许变易。民籍和军籍的区分极为严格。① 民户有一丁被垛为军，政府优免他的原籍老家的一丁差徭，以为弥补。军士赴戍所时，宗族为其治装，名为封桩钱。② 在卫军士除本身为正军外，其子弟称为余丁或军余，将校的子弟则称为舍人。宣德四年（公元1429）定例免在营余丁一丁差役，令其供给军士盘缠（《大明会典》卷一五五）。边军似乎较受优待，如辽东旧制，每一军佐以三余丁。③ 内地的余丁亦称帮丁，专供操守卒往来费用。④ 日常生活则概由政府就屯粮支给，按月发米，称为月粮。其多少以地位高下分等差。洪武时令在京在外各卫马军月支米二石，步军总旗一石五斗，小旗一石二斗，军一石。守城者如数给，屯田者半之。⑤ 恩军家四口以上一石，三口以下六斗，无家口者四斗。月盐有家口者二斤，无者一斤（《明史》卷八二《食货志》六《俸饷》）。衣服则岁给冬衣棉布棉花夏衣夏布，在出征时则例给胖袄鞋裤（同上书卷一七七《王复传》）。

三、京军

明初定都南京，集全国卫军精锐于京师。有事以京军为主力，抽调各地卫军为辅。又因蒙古人时图恢复，侵犯北边，命将于沿边

---

① 《明太祖实录》卷一三一："洪武十三年（公元1380）五月乙未，诏曰：军民已有定籍。敢有以民为军，乱籍以扰吾民者禁止之。"

② 宋濂《宋学士文集》补遗三《棣州高氏先茔石表辞》："北兵戍南土者宗族给其衣费，谓之封桩钱。"这名称到明代也仍沿用。

③ 《明史》卷二三《潘埙传》："故事每海军一，佐以余丁三。"

④ 《明史》卷二〇五《李遂传》："嘉靖三十九年（公元1560）江北河池营卒以千户吴钦革其帮丁，驱而缚之竿。帮丁者操守卒给一丁资往来费也。"

⑤ 《明史》卷一七七《李秉传》："景泰二年（公元1451）言：军以有妻者为有家，月饷一石。无妻者减其四。即有父母兄弟而无妻，概以无家论，非义，当一体增给。从之。"同书卷二〇五《李遂传》："旧制南军有妻者月粮米一石，无者减其四。春秋二仲月米石折银五钱。"

安置重兵防守，分封诸子出王边境，大开屯田，且耕且守。靖难役后，明成祖迁都北京，以首都置于国防前线，成为全国的军事中心。定制立三大营，一曰五军，一曰三千，一曰神机，合称为京军。

五军营的组织，太祖时设大都督府，节制中外诸军，京城内外置大小二场，分教四十八卫卒。洪武四年（公元1371）士卒之数二十万七千八百有奇。洪武十三年分大都督府为前、后、中、左、右五军都督府。成祖北迁后，增为七十二卫。永乐八年（公元1410）亲征本雅失里，分步骑军为中军，左、右掖，左、右哨，称为五军。除在京卫所外，每年又分调中都、山东、河南、大宁各都司兵十六万人，轮番到京师操练，称为班军。

三千营以边外降丁三千人组成。

神机营专用火器，永乐时平交阯得到火器，立营肄习。后来又得到都督谭广进马五千，置营名“五千”，掌操演火器。

三大营在平时，五军肄营阵，三千肄巡哨，神机肄火器。在皇帝亲征时，大营居中，五军分驻，步内骑外，骑外为神机，神机外为长围，周二十里，樵采其中。

皇帝侍卫亲军有锦衣卫和十二卫亲军。御马监又有武骧，腾骧，左、右卫，称四卫军。

明初京军总数在八十万以上。① 永乐时征安南，用兵至八十万（《明史》卷一五四《张辅传》）。正统中征麓川，用兵亦十五万（同上书卷一七一《王骥传》）。永乐宣德二朝六次对蒙古用兵，都以京军为主力。到正统十四年（公元1449）土木之变，丧没几尽。《明史》卷一七〇《于谦传》说：

> 时京师劲甲精骑皆陷没。所余疲卒不及十万。人心恐慌，上下无固志。

事后一面补充，一面着手改革。当时主持兵政的兵部尚书于谦

---

① 《明史》卷一八五《吴世忠传》：“弘治十一年（公元1498）言：国初设七十二卫，军士不下百万。”同书卷八九《兵志》一：“嘉靖二十九年（公元1550）吏部侍郎王邦瑞摄兵部，因言：‘国初京营劲旅不减七、八十万。’”

以为三大营的缺点，是在分作三个独立组织，各为教令。临时调发，军士和将弁都不相习。乘机改革，在诸营中选出精兵十万，分作十营集中团练，名为团营。其余军归本营，称为老家。京军之制为之一变。到成化时又选出十四万军分十二营团练，称为选锋，余军仍称老家，专任役作。团营之法又稍变。到正德时因“流寇”之乱，调边军入卫，设东西官厅练兵，于是边军成为选锋，十二团营又成为老家了。嘉靖时经过几次严重的外患，几次改革，又恢复三大营旧制，改三千为神枢营，募兵四万充伍。形式上虽然似乎还原，可是以募兵代世军，实质上却已大不相同了。

京军内一部分由外卫番上京师者称为班军。在名义上是集中训练，巩卫京师。实际上却被政府和权贵役作苦工，《明史》卷九〇《兵志》二说：

> 成化间海内燕安，外卫卒在京只供营缮诸役，势家私占复半之，卒多畏苦，往往愆期。

修建宫殿陵墓，浚理城池，一切大工程都以班军充役，使供役军士，财力交殚，每遇班操，宁死不赴。① 甚至调发出征的也被扣留役使，《明史》卷一九九《郑晓传》记：

> 俺答围大同右卫急。……晓言：今兵事方棘，而所简听征京军三万五千人，乃令执役赴工，何以备战守，乞归之营伍。

结果使各地卫军以番上为畏途。有的私下纳银于所属将弁，求免入京。有事则召募充数，名为“折乾”。嘉靖二十九年（公元1550）职方主事沈朝焕在点发班军月饷时，发现有大部分是雇乞丐代替的。后来索性专以班军作工，也不营操了。班军不做工和不在工作期间的便改行作商贩工艺，按时给他们所属的班将一点钱。到末年边事日急，又把班军调到边方，作筑垣负米的劳役。从班军一变而为班

---

① 《明史》卷一八一《李东阳传》，同书卷一九三《费宏传》：“太仓无三年之积，而冗食日增，京营无十万之兵，而赴工不已。”卷一九四《梁材传》：“嘉靖六年（公元1527）时修建两宫七陵，役京军七万，大役频兴，役外卫班军四万六千人，郭勋籍其不至者，责输银雇役，廪食视班军。”

工，从应役番上到折乾雇募，虽然名义上还仍旧贯，可是实质上却已经变质了。

在京卫军的情形，也和班军一样地困于役作。成化时以太监汪直总督团营，此后京军便专掌于内臣。其他管军将弁也照例由勋戚充任。在这一群贪婪的太监和纨绔的将弁统率之下，发生了种种弊端：第一是占役，军士名虽在籍，实际上却被权贵大官所隐占，替私人做工服役，却向政府领饷。第二是虚冒，军籍本来无名，却被权贵大官硬把家人苍头假冒选锋壮丁名色，月支厚饷。有人领饷，却无人应役（《明史》卷二六五《李邦华传》）。第三是军吏的舞弊，军士在交替时，军吏需索重贿，贫军不能应付，虽然老羸，也只好勉强干下去。精壮子弟反而不得收练。以此军多老弱。第四是富军的贿免，有钱的怕营操征调，往往贿托将弁，把他搁在老家数中。贫军虽极疲老，也只能勉强挨命。积此四弊，再加上在营军士的终年劳作，没有受训练的机会，名虽军士，实则工徒。结果自然营伍日亏，军力衰耗，走上崩溃的途径（同上书卷八九《兵志》一）。成化末年京军缺伍至七万五千有奇。到武宗即位时；十二团营锐卒仅六万五百余人，稍弱者二万五千。武宗末年给事中王良佐奉敕选军，按军籍应当有三十八万余人，较明初时已经只剩十分之五，实存者不及十四万，较原额缺伍至六分之五，较现额也缺伍到五分之三强。可是中选者又只二万余人。世宗立，额兵止有十万七千余人，实存者仅半。嘉靖二十九年（公元1550）俺答围都城，兵部尚书丁汝夔核营伍不及五六万人，驱出都门，皆流涕不敢前。吏部侍郎王邦瑞摄兵部，疏言：

> 国初京营劲旅，不减七、八十万，元戎宿将，常不乏人。自三大营变为十二团营，又变为两官厅，虽浸不如初，然额军尚三十八万有奇。今武备积弛，见籍止十四万余，而操练者不过五、六万。支粮则有，调遣则无。比敌骑深入，战守俱称无军。即见在军率老弱疲惫市井游贩之徒，衣甲器械，取给临时。此其弊不在逃亡而在占役，不在军士而在将领。盖提督坐营号头把总诸官，多世胄纨绔，平时占役营军，以空名支饷，临操

则肆集市人，呼舞博笑而已。（《明史》卷八九《兵志》一）

到崇祯末年简直无军可用。《明史》卷二六六《王章传》记：

> 十七年（公元1644）王章巡视京营，按籍额军十一万有奇。喜曰："兵至十万，犹可为也。"及阅视，半死者，余冒伍，惫甚，闻炮声掩耳，马未驰而堕，而司农缺饷，半岁未发。

即勉强调发出征，也是雇充游民，名为京军，实则召募。如崇祯十四年兵部侍郎吴甡所言：

> 京营承平日久，发兵剿贼，辄沿途雇充。将领利月饷，游民利剽敚，归营则本军复充伍。（同上书卷二五二《吴甡传》）

积弊之极，京军仅存空名。可是，相反地，军官却与日俱增，越后越多。洪武二十五年京军军官的总数是二千七百四十七员，六十几年后，到景泰七年（公元1456）突增三万余员，较原额加了十一倍。① 再过十几年，到成化五年（公元1469）又增加到八万余员，较原额增加了三十倍（同上书卷二十《刘体乾传》）。正德时嬖佞以传奉得官，琐滥最甚。世宗即位，裁汰锦衣诸卫内监局旗校工役至十四万八千七百人。岁减漕粮百五十三万二千余石（同上书卷一九〇《杨廷和传》）。不久又汰去京卫及亲军冗员三千二百人（同上书卷一九六《夏言传》）。虽然经过这两次大刀阔斧的裁汰，可是不久又继续增加："边功升授，勋贵传请，曹局添设，大臣恩荫，加以厂卫监局勇士匠人之属，岁增月益，不可胜数"。（同上书卷二十《刘体乾传》）到万历时，神宗倦于政事，大小臣僚多缺而不补，可是武职仍达八万二千余员。到天启时魏忠贤乱政，武职之滥，打破了历朝的纪录，连当时人也说："不知又增几倍？"② 军日减而官日

---

① 《明史》卷一八〇《张宁传》："景泰七年言：京卫带俸武职，一卫至二千余人，通计三万余员，岁需银四十八万，米三十六万，他折俸物动经百万。耗损国储，莫甚于此。而其间多老弱不娴骑射之人。"

② 《明史》卷二七五《解学龙传》："天启二年（公元1622）疏言：国初文职五千四百有奇，武职二万八千有奇。神祖时文增至一万六千余，武增至八万二千余。今不知又增几倍？"

增，军减而粮仍旧额，国家负担并不减轻，官增则冗费愈多，国库愈匮。并且养的是不能战的军，添的也是不能战的官。到崇祯末年，内外交逼，虽想整顿，也来不及了。

从京军军伍的减削情形看，明初到正统可说是京军的全盛时期。土木变后，经过于谦一番整顿，军力稍强，可是额数已大减于旧，可说是京军的衰落时期。从成化到明末，则如江河日下，一年不如一年，是京军的崩溃时期。在全盛时期，明成祖和宣宗六次打蒙古，三次打安南，京军是全军中最精锐的一部分。在衰落时期，军数虽少，还能打仗。到成化以后，京军虽仍四出征讨，却已没有作战能力了。《明史》卷一八〇《曹璘传》说：

> 弘治元年（公元1488）言：诸边有警，辄命京军北征。此辈骄惰久，不足用。乞自今勿遣，而以出师之费赏边军。

《刘健传》也说：

> 弘治十七年夏，小王子谋犯大同。健言京军怯不任战，乞自今罢其役作，以养锐气。(《明史》卷一八一)

同时的倪岳则说京军之出，反使边军丧气，他说：

> 京军素号冗怯，留镇京师，犹恐未壮根本。顾乃轻于出御，用亵天威。临阵辄奔，反隳边军之功。为敌人所侮。(同上书卷一八三《倪岳传》)

这时离开国不过一百四十年，京军已以冗怯著称，政府中人异口同声地以为不可用了。

四、卫军的废弛

京外卫所军的废弛情形也和京军一样。

明代军士的生活，我们可用明太祖的话来说明，他说：

> 那小军每一个月只关得一担儿仓米。若是丈夫每不在家里，他妇人家自去关呵，除了几升做脚钱，那害人的仓官又斛面上打减了几升。待到家里峗（音伐）过来呵，止有七、八斗儿米，他全家儿大大小小要饭吃，要衣裳穿，他那里再得闲钱与人。（《大诰》武臣科敛害军第九）

正军衣着虽由官库支给，家属的却须自己制备。一石米在人口多的家庭，连吃饭也还不够，如何还能顾到衣服！《明史》卷一八五《黄绂传》：

> 成化二十二年巡抚延绥，出见士卒妻衣不蔽体。叹曰：健儿家贫至是，何面目临其上。亟预给三月饷，亲为抚循。

黄绂所见的是卫军的普遍情形，延绥士卒的遭遇却是一个难得的例外。甚至病无医药，死无棺敛，《明史》卷一六〇《张鹏传》：

> 鹏景泰二年进士。……出按大同宣府，奏两镇军士敝衣菲食，病无药，死无棺。乞官给医药棺槥，设义冢，俾飨厉祭。死者蒙恩，则生者劝。帝立报可，且命诸边概行之。

经过张鹏的提议，才由官给医药棺槥，却仍只限于诸边，内地的不能享受这权利。卫军生活如此，再加以上官的剥削和虐待，假如有办法，他们是会不顾一切，秘密逃亡的。

除从征和归附的军士以外，谪发和垛集军是强逼从军的。他们被威令所逼，离开所习惯的土地和家族，到一个辽远的陌生的环境中去，替统治阶级服务。一代一代地下去，子子孙孙永远继承这同一的命运和生活。大部分的军士发生逃亡的现象，特别是谪发的逃亡最多。万历时章潢说：

> 国初卫军藉充垛集，大县至数千名，分发天下卫所，多至百余卫，数千里之远者。近来东南充军亦发西北，西北充军亦多发东南。然四方风土不同，南人病北方之苦寒，北人病南方之暑湿。逃亡故绝，莫不由斯。道里既远，勾解遂难。（章潢

《图书编》卷一一七）

据正德时王琼的观察，逃亡者的比例竟占十之八九。他以为初期经大乱之后，民多流离失恒产，乐于从军。同时法令严密，卫军不敢逃亡。后来政府不能约束官吏，卫军苦于被虐待、剥削，和逼于乡土之思，遂逃亡相继（王琼《清军议》）。卫所的腐败情形，试举数例：

宣德九年（公元1434）二月壬申，行在兵部右侍郎王骥言：中外都司卫所官，惟知肥己，征差则卖富差贫，征办则以一科十，或占纳月钱，或私役买卖，或以科需扣其月粮，或指操备减其布絮。衣食既窘，遂致逃亡。（《明宣宗实录》卷一〇八）

弘治时刘大夏《条列军伍利弊疏》也说：

在卫官军苦于出钱，其事不止一端：如包办秋青草价；给与勇士养马；比较逃亡军匠；责令包工雇役；或帮贴锦衣卫夷人马匹；或加贴司苑局种菜军人；内外官人造坟，皆用夫价；接应公差车辆，俱费租钱，其他使用，尚不止此。又管营内外官员，率于军伴额数之外，摘发在营操军役使，上下相袭，视为当然。又江南军士漕运，有修船盘削之费，有监收斛面之加，其他掊克，难以枚举。以致逃亡日多，则拨及全户，使富者贫，贫者终至于绝。江南官军每遇营操，虽给行粮，而往返之费，皆自营办。况至京即拨做工雇车运料，而杂拨纳办，有难以尽言者。（《刘忠宣公集》卷一）

卫军一方面被卫官私家役使①，甚至被逼为朝中权要种田②。月粮既

① 《明成祖实录》卷六八："永乐五年（公元1407）六月辛卯，御史蒋彦禄言：国家养军士以备攻战。暇则教之，急则用之。今各卫所官夤缘为奸，私家役使，倍蓰常数。假借名义以避正差，贿赂潜行，互相蔽隐。"

② 《明史》卷一七七《年富传》："英国公张懋及郑宏各置庄田于边境，岁役军耕种。"

被克扣①，又须交纳月钱，供上官挥霍。② 隆庆三年（公元1569）萧廪出核陕西四镇兵食，发现被隐占的卒伍至数万人（《明史》卷二二七《萧廪传》）。军士无法生活，一部分改业为工人商贩，以所得缴纳上官。景帝即位时，刘定之上言十事，论当时情形：

> 天下农出粟，女出布，以养兵也。兵受粟于仓，受布于库，以卫国也。向者兵士受粟布于公门，纳月钱于私室，于是手不习击刺之法，足不习进退之宜，第转货为商，执技为工，而以工商所得，补纳月钱。民之膏血，兵之气力，皆变为金银，以惠奸宄。一旦率以临敌，如驱羊拒狼，几何其不败也。（《明史》卷一七六）

大部分不能忍受的，相率逃亡，有的秘密逃回原籍，如正统时李纯所言：

> 三年（公元1438）十月辛未，巡按山东监察御史李纯言：辽东军士往往携家属潜从登州府运船，越海道逃还原籍。而守把官军，受私故纵。（《明英宗实录》卷四七）

有的公开请假离伍：

> 正统十一年（公元1446）五月己卯，福建汀州府知府陆征言：天下卫所军往往假称欲往原籍取讨衣鞋，分析家赀，置备军装。其官旗人等贪图贿赂，从而给与文引遣之。及至本乡，

---

① 王鏊《王文恪公文集》卷一九《上边议八事》："今沿边之民，终年守障，辛苦万状。而上之人又百方诛求，虽有屯田而子粒不得入其口，虽有月粮而升斗不得入其家，虽有赏赐而或不得给，虽有首级而不得为己功。"《明史》卷一八二《刘大夏传》："弘治十七年召见大夏于便殿……问军，对曰：穷与民等。帝曰：居有月粮，出有行粮，何故穷？对曰：其帅侵克过半，安得不穷！"《明英宗实录》卷一二六："正统二年十月辛亥，直隶巡按御史李奎奏：沿海诸卫所官旗，多克减军粮入己，以致军士艰难，或相聚为盗贼，或兴贩私盐。"

② 《明史》卷一六四《曹凯传》："景泰中擢浙江右参政。时诸卫武职役军办纳月钱，至四千五百余人。"同书卷一八〇《汪奎传》："成化二十一年言：内外座营监枪内官增置过多，皆私役军士，办月钱。多者至二三百人。武将亦多私役健丁，行伍惟存老弱。"甚至余军亦被私役，《明英宗实录》卷一八六："正统十四年十二月壬申，兵科给事中刘斌奏：近数十年典兵官员既私役正军，又私役余丁。甚至计取月钱，粮不全支。是致军士救饥寒之不暇，尚何操习训练之务哉！"

私通官吏乡里，推称老病不行，转将户丁解补。到役未久，托故又去。以致军伍连年空缺。(《明英宗实录》卷一四一)

其因罪谪戍的，则预先布置，改换籍贯，到卫即逃，无从勾捕：

宣德八年（公元1433）十二月庚午，巡按山东监察御史张聪言：辽东军士多以罪谪戍，往往有亡匿者。皆因编发之初，奸顽之徒，改易籍贯，至卫即逃。比及勾追，有司谓无其人，军伍遂缺。(《明宣宗实录》卷一百七)

沈德符记隆万时戍军之亡匿情形，直如儿戏。他说：

吴江一叟号丁大伯者，家温而喜谈饮，久往来予家。一日忽至邸舍，问之，则解军来。其人乃捕役妄指平民为盗，发遣辽东三万卫充军，亦随在门外。先人语之曰：慎勿再来，倘此犯逸去，奈何！丁不顾，令之入叩头，自言姓王，受丁恩不逸也。去甫一月，则王姓者独至邸求见。先人骇问之，云已讫事，丁大伯亦旦夕至矣。先人细诘其故，第笑而不言。又匝月而丁来，则批回在手。其人到伍，先从间道逸归，不由山海关，故反早还。因与丁作伴南旋。近闻中途亦有逃者，则长解自充军犯，雇一二男女，一为军妻，一为解人，投批到卫收管，领批报命时竟还桑梓。彼处戍长，以入伍脱逃，罪当及己，不敢声言。且利其遗下口粮，潜入囊橐。而荷戈之人，优游闾里，更无谁何之者。(《野获编补遗》)

卫所官旗对于卫军之逃亡缺额，非但毫不过问，并且引为利源。因为一方面他们可以干没逃亡者的月粮，一方面又可以向逃亡者需索贿赂。永乐十二年（公元1414）明成祖曾申说此弊：

十月辛巳上谕行在兵部臣曰：今天下军伍不整肃，多因官吏受赇，有纵壮丁而以罢弱充数者；有累岁缺伍不追补者；有伪作户绝及以幼小纪录者；有假公为名而私役于家者。遇有调遣，十无三四。又多是幼弱老疾，骑士或不能引弓，步卒或不能荷戈，缓急何以济事！(《明成祖实录》卷一五七)

五年后监察御史邓真上疏说军卫之弊，也说：

> 内外各卫所军士，皆有定数，如伍有缺，即当勾补。今各卫所官吏惟耽酒色货贿，军伍任其空虚。及至差人勾补，纵容卖放，百无一二到卫，或全无者；又有在外娶妻生子不回者。官吏徇私蒙蔽，不行举发。又有勾解到卫而官吏受赃放免；及以差使为由，纵其在外，不令服役。此军卫之弊也。（《明成祖实录》卷二一九）

在这情形下，《明史·兵志》记从吴元年十月到洪武三年十一月，三年中军士逃亡者四万七千九百余。到正统三年（公元1438）离开国才七十年，这数目就突增到一百二十万有奇，占全国军伍总数二分之一弱。① 据同年巡按山东监察御史李纯的报告，他所视察的某一百户所，照理应有旗军一百十二人，可是逃亡所剩的结果，只留一人（《明英宗实录》卷四七）。

边防和海防情况：辽东的兵备在正德时已非常废弛，开原尤甚，士马才十二，墙堡墩台圮殆尽，将士依城堑自守，城外数百里，悉为诸部射猎地（《明史》卷一九九《李承勋传》）。蓟镇兵额到嘉靖时也十去其五，唐顺之《覆勘蓟镇边务首疏》：

> 从石塘岭起，东至古北口墙子岭马兰谷，又东过滦河，至于太平寨燕河营，尽石门寨而止，凡为区者七。查得原额兵共七万六百零四名，见在四万六千零三十七名。逃亡二万四千五百六十七名。又从黄花镇起，西至于居庸关，尽镇边城而止，凡为区者三，查得原额兵共二万三千二十五名，逃亡一万零一百九十五名。总两关十区之兵，原额共九万三千八百二十四名，见在五万九千六十二名，逃亡三万四千七百六十二名。……蓟兵称雄，由来久矣。比臣等至镇，则见其人物琐软，筋骨绵缓，靡靡然有暮气之惰，而无朝气之锐。就而阅之，力士健马，什才二三，钝戈弱弓，往往而是。其于方圆牝牡九阵分合之变，

① 《明英宗实录》卷四六：“正统三年九月丙戌，行在兵部奏：天下都司卫所发册坐勾逃故军士一百二十万有奇。今所清出，十无二三。未几又有逃故，难以遽皆停止。”

既所不讲，剑盾枪箭五兵之长，亦不能习。老羸未汰，纪律又疏，守尚不及，战则岂堪。（《荆川外集》卷二）

沿海海防，经积弛后，尤不可问。《明史》卷二〇五《朱纨传》记嘉靖二十六年时闽浙情形说：

漳、泉巡检司弓兵旧额二千五百余，仅存千人。……浙中卫所四十一，战船四百三十九，尺藉尽耗。

海道副使谭纶述浙中沿海卫所积弊：

卫所官军既不能以杀贼，又不足以自守，往往归罪于行伍空虚，徒存尺籍，似矣。然浙中如宁、绍、温、台诸沿海卫所，环城之内，并无一民相杂，庐舍鳞集，岂非卫所之人乎？顾家道殷实者，往往纳充吏承，其次赂官出外为商，其次业艺，其次投兵，其次役占，其次搬演杂剧，其次识字，通同该伍放回附近原籍，岁收常例，其次舍人，皆不操守。即此八项，居十之半，且皆精锐。至于补伍食粮，则反为疲癃残疾，老弱不堪之辈，军伍不振，战守无资，弊皆坐此。至于逃亡故绝，此特其一节耳。（胡宗宪《筹海图编》卷一一《经略一·实军伍》）

以至一卫军士不满千余，一千户所不满百余（同上兵部尚书张时彻语）。一遇事变，便手足无措。倭寇起后，登陆屠杀，如入无人之境。充分证明了卫军的完全崩溃，于是有募兵之举，另外召募壮丁，加以训练，抵抗外来的侵略。

五、勾军与清军

卫所军士之不断地逃亡，使统治阶级感觉恐慌，努力想法挽救。把追捕逃军的法令订而又订，规定得非常严密。《明史》卷九二《兵志》四记：

大都督府言：起吴元年十月至洪武三年十一月，军士逃亡者四万七千九百余。于是下追捕之令，立法惩戒。小旗逃所隶三人降为军，上至总旗百户千户皆视逃军多寡，夺俸降革。其从征在外者罚尤严。

把逃军的责任交给卫所官旗，让他们为自己的利益约束军士，这办法显然毫无效果，因为在十年后又颁发了同样性质的法令：

洪武十三年五月庚戌，上谕都督府臣曰：近各卫士卒率多逋逃者，皆由统之者不能抚恤。宜量定千百户罚格。凡一千户所逃至百人者千户月减俸一石，逃至二百人减二石。一百户所逃及十人者月减俸一石，二十人者减二石，若所管军户不如数，及有病亡事故残疾事，不在此限。（《明太祖实录》卷一三一）

洪武十六年又命五军都督府檄外卫所，速逮缺伍士卒，名为勾军。特派给事中潘庸等分行清理，名为清军。洪武二十一年以勾军发生流弊，命卫所及郡县编造军籍：

九月庚戌，上以内外卫所军伍有缺，遣人追取户丁，往往鬻法，且又骚动于民。乃诏自今卫所以亡故军士姓名乡贯编成图籍送兵部，然后照籍移文取之，毋擅遣人，违者坐罪。寻又诏天下郡县，以军户类造为册，具载其丁口之数，如遇取丁补伍，有司按籍遣之，无丁者止。（同上书卷一九三）

军籍有三份，一份是清勾册（卫所的军士逃亡及死亡册），一份是郡县的军户原籍家属户口册。一份是收军册。卫所的军额是一定的，卫军规定必须有妻，不许独身不婚。① 父死子继。如有逃亡缺伍或死绝，必须设法补足。补额的方法是到原籍追捕本身或其亲属。同年又置军籍勘合：

是岁命兵部置军籍勘合，遣人分给内外卫所军士，谓之勘

① 《筹海图编》卷一一《实军伍》，兵部尚书张时彻云：“（卫军）无妻者辄罢革。”《明史》卷九二《兵志》四：“军士应起解者皆佥妻。”

合户由。其中间写从军来历，调补卫所年月，及在营丁口之数。遇点阅则以此为验。其底簿则藏于内府。(《明太祖实录》卷一九五)

这两种制度都为兵部侍郎沈溍所创。《明史》曾对这新设施的成效加以批评：

明初卫所世籍及军卒勾补之法，皆沈溍所定。然名目琐细，簿籍繁多，吏易为奸。终明之世，颇为民患，而军卫亦日益耗。(《明史》卷一三八《唐铎传》)

实际上不到四十年，这两种制度都已丧失效用了。不但不能足军，反而扰害农民。第一是官吏藉此舞弊：

宣德八年二月庚戌，行在兵部请定稽考勾军之令。盖故事都司卫所军旗伍缺者，兵部预给勘合，从其自填，遣人取补。及所遣之人，事已还卫，亦从自销，兵部更无稽考。以故官吏夤缘为弊，或移易本军籍贯，或妄取平民为军，勘合或给而不销，限期或过而不罪。致所遣官旗，迁延在外，娶妻生子，或取便还乡，二三十年不回原卫所者，虽令所在官司执而罪之，然积弊已久，猝不能革。(《明宣宗实录》卷九九)

使奉命勾军的官旗，自身也成逃军。第二是军籍散失，无法勾补：

宣德八年八月壬午，河南南阳府知府陈正伦言：天下卫所军士，或从征，或屯守，或为事调发边卫。其乡贯姓名诈冒更改者多。洪武中二次勘实造册，经历年久，簿籍鲜存，致多埋没。有诈名冒勾者，官府无可考验虚实。(同上书卷一〇四)

政府虽然时派大臣出外清理军伍，宣德三年且特命给事中御史按期清军。清军条例也一增再增，规定得非常严密，军籍也愈来愈复杂。嘉靖三十一年(公元1551)又增编兜底、类卫、类姓三册，合原有之军黄总册（即户口册）为四册。① 但是这一切的条例和繁复的手续，只是多给予官吏以舞弊的机会，卫军的缺伍情形，仍不因之稍减。

在明代前期，最为民害的是勾军。军士缺伍，勾捉正身者谓之跟捕，勾捕家丁者谓之勾捕。勾军的弊害，洪熙元年（公元1425）兴州左屯卫军士范济曾上书说：

> 臣在行伍四十余年，谨陈勾军之弊：凡卫所勾军有差官六七员者，百户所差军旗二人或三人者，俱是有力少壮，及平日结交官长，畏避征差之徒，重贿贪饕官吏，得往勾军。及至州县，专以威势虐害里甲，既丰其馈馔，又需其财物，以合取之人及有丁者释之。乃诈为死亡，无丁可取，是以留宿不回。有违限二三年者，有在彼典雇妇女成家者。及还，则以所得财物，贿其枉法官吏，原奉勘合，矇眬呈缴。较其所取之丁，不及差遣之官，欲求军不缺伍，难矣。（《明宣宗实录》卷五）

官校四出，扰乱得闾里不宁，却对军伍之缺，一无裨补。正统元年（公元1436）九月分遣监察御史轩輗等十七人清理军政，在赐敕中也指出当时的弊害，促令注意。敕书说：

> 武备立国之重事。历岁既久，弊日滋甚。军或脱籍以为民，民或枉指以为军。户本存而谓其为绝，籍本异而强以为同。变易姓名，改易乡贯，夤缘作弊，非止一端。推厥所由，皆以军卫有司及里甲人等贪赂挟私，共为欺蔽，遂致妄冒者无所控诉，埋没者无从追究，军缺其伍，民受其殃。（《明英宗实录》卷二二）

---

① 《大明会典》卷一五五《兵部三八·军政二·册单》："凡大造之年，除军黄总册照旧攒造外，又造兜底一册，细开各军名贯，充调来历，接补户丁，务将历年军册底查对明白，毋得脱漏差错。又别造类姓一册；不拘都图卫所，但系同姓者摘出类编。又别造类卫一册，以各卫隶各省，以各都隶各卫，务在编类详明，不许混乱。其节年问发永远新军亦要附入各册，前叶先查概县军户总数以递合图，以图合都，以都合县。不许户存户绝，有无勾单，务寻节年故牍，补足前数。每于造册之年，另造一次，有增无减，有收无除。每县每册各造一样四本，三本存各司府州县，一本送兵部备照。册高阔各止一尺二寸，不许宽大，以致吏书作弊。"按军黄《明史》及《明史稿·兵志》均作军贯，今从《会典》。

在实际上，不但法外的弊害，使农民受尽苦痛，即本军本户的勾补，对农民也是极大灾难。试举数例说明。第一例要七十老翁和八岁孩子补伍：

洪武二十五年四月壬子，怀远县人王出家儿年七十余，二子俱为卒从征以死。一孙甫八岁，有司复追逮补伍。出家儿诉其事于朝，令除其役。（《明太祖实录》卷二七）

第二例单丁补役，田地无人耕种：

永乐八年四月戊戌，湖广郴州桂阳县知县梁善言：本县人民充军数多，户有一丁者发遣补役，则田地抛荒，税粮无征，累及里甲。（《明成祖实录》卷一〇二）

第三例地方邻里因勾军所受的损失。万历三年徐贞明疏言：

东南民素柔脆，莫任远戍。今数千里勾军，离其骨肉。军壮出于户丁，帮解出于里甲，每军不下百金。而军非土著，志不久安，辄赂卫官求归。卫官利其赂且可以冒饷也，因而纵之。是困东南之民，而实无补于军政也。（《明史》卷二二三）

解除军籍的唯一途径，明初规定，必须做到兵部尚书才能脱籍为民。①《明史》卷一三八《唐铎传》记陈质许除军籍，称为特恩：

潮州陈质父在戍籍。父殁，质被勾补，请归卒业，帝命除其籍。（兵部尚书）沈溍以缺军伍持不可。帝曰：国家得一卒易，得一士难。遂除之。然此皆特恩云。②

---

① 《明史》卷九二《兵志》清理军伍。同书卷一三八《陈修传》："翟善迁吏部尚书，帝欲除其家戍籍。善曰：戍卒宜增，岂可以臣破例。帝益以为贤。"

② 《明史》卷一四二《陈彦回传》："彦回莆田人。父立诚为归安丞，被诬论死，彦回谪戍云南，家人从者多道死，惟彦回与祖母郭在。会赦又弗原，监送者怜而纵之，贫不能归，依乡人知县黄积良。……彦回后擢徽州知府。……当彦回之戍云南也，其弟彦囦亦戍辽东。至是诏除彦回籍。"按以罪谪戍者，如罪不至全家，经请求得由子弟代役，《明史》卷一四三《高巍传》："由太学生试前军都督府左断事，……寻以决事不称旨当罪，减死戍贵州关索岭。特许弟侄代役，曰旌孝子也。"《周缙传》："遣戍兴州，有司遂捕缙械送戍所。居数岁，子代还。"

后定制生员特许免勾，但要经考试合格：

> 凡开伍免勾，洪武二十三年令生员应补军役者，除豁遣归卒业。二十九年令生员应起解者，送翰林院考试，成效者开伍，发回读书。不成者照旧补役。(《大明会典》卷一五四)

永乐时又定例现任官吏免勾：

> 二年令生勾军有见任文武官及生员吏典等，户止三丁者免勾，四丁以上者勾一丁补伍。(同上)

从此官僚阶级得豁去当军的义务，军伍的勾取只限于无钱无势的平民了。

勾军之害，已如上述。一到大举清军时，其害更甚。清军官吏是以清出军伍的多少定考成的，因此肆意诛求，滥及民户，惟恐所勾太少。《明史》记宣德时清军情形：

> (赵豫）官松江知府。清军御史李立至，专务益军，勾及亲戚同姓，稍辩则酷刑榜掠，人情大扰。诉枉者至一千一百余人。①

正德时武定清军，一州至万余人：

> (郭侃）官武定知州。会清军籍，应发遣者至万二千人。侃曰：武定户口三万，是空半州也。力争之得寝。(《明史》卷二八一《郭侃传》)

王道论清军之弊有三：第一是清勾不明；第二是解补太拘；第三是军民并役。他说：

> 清勾之始，执事不得其人，上官不屑而委之有司，有司不屑而付之吏胥，贿赂公行，奸弊百出。正军以富而幸免，贫民

---

① 《明史》卷二八一《赵豫传》，同上《张宗琏传》："朝遣李立理江南军籍，檄宗琏自随。立受黠军词，多逮平民实伍。"吴宽《匏翁家藏集》卷三三《崔巡抚辩诬记》："宣德初所谓军政条例始行于天下。御史李立往理苏、常等府。立既刻薄，济以苏倅张徽之凶暴，专欲括民为军。民有与辩者，徽辄怒曰：汝欲为鬼耶？抑为军耶？一时被诬与死杖下者，多不可胜数。苏人恨入骨髓。然畏其威，莫敢与抗也。"

无罪而干连，有一军缺而致数人之命，一户绝而破荡数家之产者矣，此清勾不明之弊一也。国初之制，垛集者不无远近之异，谪戍者多罹边卫之科，承平日久，四海一家，或因迁发，填实空旷，或因商宦，流寓他方，占籍既久，桑梓是怀。今也勾考一明，必欲还之原伍，远或万里，近亦数千，身膺桎梏，心恋庭闱，长号即路，永诀终天，人非木石，谁能堪此，此解补太拘之弊二也。迩年以来，地方多事，民间赋役，十倍曩时，鬻卖至于妻子，算计尽乎鸡豚，苦不聊生，日甚一日，而又忽加之以军伍之役，重之以馈送之繁，行赍居送，无地方可以息肩，死别生离，何时为之聚首？民差军需，交发互至，财殚力竭，非死即亡，此军民并役之弊三也。(《顺渠先生文集》卷四)

至嘉靖时，军伍更缺，法令愈严，有株累数十家，勾摄经数十年者，丁口已尽，犹移覆纷纭不已。万历中南直隶应勾之军至六万六千余，株连至二三十万人（《明史》卷九二《兵志四》）。卫军已逃亡的，“勾军无虚岁，而什伍日亏。”未逃亡或不能逃亡的，却“平居以壮仪卫，备国容犹不足”①。卫所制度到这时候，已经到了完全崩溃的阶段了。

六、募兵

从永乐迁都北京以后，每年须用船运东南米数百万石北来，漕运遂为明代要政。运粮多由各地卫军负责。宣宗即位后，始定南北卫军分工之制，南军转运，北军备边。② 特设漕运总兵，用卫军十

① 顾起元：《客座赘语》二《勾军可罢》：“南都各卫军在卫者，余尝于送表日见之。尪羸饥疲，色可怜，与老稚不胜衣甲者居大半。平居以壮仪卫，备国容犹不足，脱有事而责其效一臂力，何可得哉！其原繇尺籍，皆系祖军，死则其子孙或其族人充之，非盲瞽废疾，未有不编于伍者。又户绝必清勾，勾军多不乐轻去其乡，中道辄逃匿，比至又往往不习水土，而病且死。以故勾军无虚岁而什伍日亏。且勾军之害最大，一户而株累数十户不止。比勾者至卫所，官卫又以需索困苦之，故不病且死，亦多以苦需索而窜。”

② 《明史》卷一四五《朱能传》：“朱勇以南北诸卫所军，备边转运，错互非便。请专令南军转运，北军备边。”

二万人（《明史》卷一五三《陈暄传》)。东南军力由之大困。弘治元年（公元1488）都御史马文升疏论运军之苦说：

各直省运船，皆工部给价，令有司监造。近者漕运总兵以价不时给，请领价自造，而部臣以军士不加爱护，议令本部出料四分，军卫任三分，旧船抵三分。军卫无从措办，皆军士卖资产，鬻男女以供之，此造船之苦也。正军逃亡数多，而额数不减，俱以余丁充之，一户有三四人应役者，春兑秋归，艰辛万状，船至张家湾，又雇车盘拨，多称贷以济用，此往来之苦也。其所称贷，运官因以侵渔，责偿倍息，而军士或自载土产以易薪米，又格于禁例，多被掠夺。（《明史》卷七九《食货志三·漕运》)

江南军士"多因漕运破家"，江北军士则"多以京操失业"[①]。南北卫军因之都废弛不可用。

明代用全力防守北边，备蒙古入侵。腹地军力极弱，且经积弛之后，一有事故，便手足无措。隆庆时靳学颜疏言：

夫陷阵摧坚，旗鼓相当，兵之实也。今边兵有战时，若腹兵则终世不一当敌，每盗贼窃发，非阴阳医药杂职，则丞贰判簿为之将，非乡民里保，则义勇快壮为之兵，在北则借盐丁矿徒，在南则借狼土，此皆腹兵不足用之明验也。（《明史》卷二一四《靳学颜传》)

所说的虽然是后期情形，其实在前期即已如此。正统时邓茂七起义，将帅尪怯退避，反由文吏指挥民兵作战。[②] 天顺初年两广"盗"起，将吏率缩朒观望，怯不敢战。[③] 至正德时刘宠、刘辰起义，腹地卫军已全不能用：

---

① 《刘忠宣公集》卷一《乞休疏》中语。

② 《明史》卷一六五《丁瑄传》："当是时浙闽盗所在剽掠为民患，将帅率玩寇，而文吏励民兵拒贼往往多斩获。闽则有张英王得仁之属，浙江则金华知府石瑁擒遂昌贼苏才。处州知府张佑击贼众，擒斩千余人。"

③ 《明史》卷一六五《叶祯传》。卷一七七《叶盛传》："天顺二年巡抚两广，时两广盗贼蜂起，所至破城杀将，诸将怯不敢战，杀平民冒功，民相率从贼。"

正德六年刘宠刘辰等自畿辅犯山东河南，下湖广，抵江西。复自南而北，直窥霸州。杨虎等自河北入山西，复东抵文安，与宠等合。破邑百数，纵横数千里，所过若无人。（《明史》卷一八七《马中锡传》）

只好调边兵来作战。西南和东南则调用素称慓悍嗜杀的狼土兵。① 可是狼土兵毫无军纪，贪淫残杀，当时有“贼如梳，军如篦，士兵如鬀”② 和“土贼尤可，土兵杀我”之谣。③ 甚或调用土达④，如毛胜（原名福寿）之捕苗云南：

正统六年，靖远伯王骥请选在京番将舍人捕苗云南，乃命胜与都督冉保统六百人往。……（正统十四年）以左副总兵统河间东昌降夷赴贵州（平贼）。（同上书卷一五六《毛胜传》）

和勇（原名脱脱孛罗）之平两广“盗”：

天顺间以两广多寇，命充游击将军，统降夷千人往讨。……成化初赵辅、韩雍征大藤峡，诏勇以所部从征。（同上书卷一五六《和勇传》）

又行佥民壮法，增加地方兵力。正统二年始募所在军余民壮愿自效者。十四年令各处召募民壮，就令本地官司率领操练，遇警调用，事定仍复为民。弘治二年又令：

州县选取年二十以上五十以下精壮之人，州县七八百里，每里佥二名。五百里者每里三名。三百里者每里四名。一百里以上者每里五名。春夏秋每月操二次，至冬操三歇三，遇警调

---

① 狼兵和土兵是湖南、广西一带土司的军队，参看《明史》卷三一〇《土司传》和毛奇龄《蛮司合志》。

② 《明史》卷一八七《洪钟传》：“正德五年，保宁贼起。官兵不敢击，潜蹑贼后，馘良民为功，土兵虐民尤甚。时有谣曰：贼如梳，军如篦，土兵如鬀。”

③ 《明史》卷一八七《陈金传》：“正德六年，江西盗起。金以所属郡兵不足用，奏调广西狼土兵，累破剧贼。然所用目兵，贪残嗜杀，剽掠甚于贼。有巨族数百口阖门罹害者。所获妇女率指为贼属，载数十艘去。民间谣曰：土贼尤可，土兵杀我。金亦知民患之，方倚其力不为禁。”

④ 蒙古降人和内地的土著蒙古人。

集，官给行粮。(《明史》卷九一《兵志》)

富民不愿服务，可纳钱免佥，由官代募。此种地方兵又称机兵，在巡检司者称为弓兵。到此人民又加上一层新负担，军外加兵，疲于奔命。

调用边兵土兵达兵和佥点民壮，虽然解决了一时的困难，可是边兵有守边之责，土兵不易制裁，达兵数目不多，民壮稍后也积弊不可用，而且是地方兵，只供守卫乡里，不能远调。王守仁在正德时曾申说当时兵备情形：

> 赣州财用耗竭，兵力脆弱，卫所军丁，只存故籍，府县机(兵)快(手)，半充虚文，御寇之方，百无一恃，以此例彼，余亦可知。是以每遇盗贼猖獗，辄覆奏请兵，非调土军，即倩狼达，往返之际，辄已经年，靡费所需，动逾数万。逮至集兵举事，即已魍魉潜形，曾无可剿之贼，稍俟班师旋旅，则又鼠狐聚党，复当不轨之群。机宜屡失，备御益弛。征发无救于疮痍，供饩适增其荼毒。群盗习知其然，愈肆无惮，百姓谓莫可恃，竞亦从非。(《阳明集要・经济集一・选拣民兵》)

在这种情况下，不能不另想办法。于是有募兵出现。在卫军民壮以外，又加上第三种军队。募兵出而卫军民壮自以为无用，愈加废弛。①

募兵之制，大约开端于正统末年。募兵和民壮不同，民壮是由地方按里数多少或每户壮丁多少佥发的，平时定期训练，余时归农，调发则官给行粮，事定还家。完全为警卫地方之用。募兵则由中央派人召募，入伍后按月发饷，东西征戍，一惟政府之命。战时和平时一样，除退役外不能离开行伍。正统土木之变，京军溃丧几尽，

---

① 顾炎武《亭林文集》卷六《兵制论》："正德末始令郡县选民壮。弘治中制里佥二名若四五名。有调发官给行粮。正德中计丁粮编机兵银，人岁食至七两有奇，悉赋之民。此之谓机(兵)快(手)民壮，而兵一增，制一变。又久备益弛，盗发雍豫，蔓延数省，民兵不足用，募新兵，倍其糈，以为长征之军，而兵再增，制再变。屯卫者曰：我乌知兵，转漕耳。守御非吾任也。故有机壮而屯卫为无用之人。民壮曰：我乌知兵，给役耳。调发非吾任也。故有新募而民壮为无用之人。"

各省勤王兵又不能即刻到达，于是派朝官四出募兵①，以为战守之计。嘉靖时倭寇猖獗，沿海糜烂，当时人对于卫军之毫无抵抗能力，不能保卫地方，极为不满。主张在卫军和募兵两者中择较精锐的精练御敌，即以所淘汰的军的粮饷归之能战的兵，郎瑛所记“近日军”即代表此种意见。他说：

古之置军也防患，今之置军也为患。何也？太平无事，民出谷以养军，官有产以助军，是欲藉其有警以守，盗发以讨，所以卫民也。卫民，卫国也。今海贼为害有年矣，未闻军有一方之守，一阵之敌焉。守敌者非召募之土著，则选调别省兵勇。故见戮于贼也，非地方男妇良民，即远近召募之众。是徒有养军之害，而无卫军之实，国非亦为其所损哉！为今之计，大阅军兵，使较射扑，军胜于募，则以募银之半加于军，募胜于军，则扣军粮之半以益募。如此则军兵各为利而精矣。以练精者上阵以杀贼，余当减之也。庶民不费于召募之费，国不至于倍常之费，虽为民而实为国矣。（《七修类稿续稿》卷三）

要求用精练的兵作战。当时将帅都在这要求下纷纷募兵训练，内中最著名的如戚继光：

继光至浙，见卫所兵不习战，而金华义乌俗称慓悍，请召募三千人教以击刺法，长短兵迭用，由是继光一军特精。又以南方多薮泽，不利驰逐。乃因地形，制阵法，审步伐便利，一

---

① 《明史》卷一五七《杨鼎传》：“也先将寇京师，诏以监察御史募兵兖州。”同书卷一六《石玮传》：“景帝即位，出募天下义勇。”卷一七五《白圭传》：“陷土木脱还，景帝命往泽州募兵。”按同书卷一六四《左鼎传》：“初京师戒严，募四方民壮分营训练，岁久多逃，或赴操不如期。建议编之尺籍。（练）纲等言：召募之初，激以忠义，许事定罢遣。今展转轮操，已孤所望。况其逃亡，实迫寒馁。岂可遽著军籍！边方多故，倘更召募，谁复应之。诏即除前令。”此为景泰四年事，距召募入伍时已五年。似乎这次所募的大部分是各地民壮，虽未著录于中央军籍，却已入伍四五年，编营训练，其性质和后来的兵相同了。至于《杨鼎传》和《白圭传》所记的募兵，当即为和军对称并行的兵，并非地方的民壮。又募兵须由中央，地方长官不得擅募。《明史》卷一六四记李信以擅募被劾可证：“景泰中曹凯擢浙江右参政。镇守都督李信擅募民为军，糜饷万余石。凯劾奏之。信虽获宥，诸助信募军者皆获罪。”传中军当作兵。

切战舰火器兵械，精求而更制之，戚家军名闻天下。(《明史》卷二一二《戚继光传》)

谭纶：

东南倭患已四年，朝议练乡兵御贼。参将戚继光请期三年而后用之。纶亦练千人，立束伍法，自裨将以下节节相制，分数既明，进止齐一，未久即成精锐，益募浙东良家子教之。而继光练兵已及期，因收之为己用，客兵罢不复调。(同上书卷二一二《谭纶传》)

同时张鏊募兵名振武营①，郑晓②、朱先募盐徒为兵。③ 名将俞大猷所练兵名俞家军。④ 都卓有成效，在几年中完全肃清了倭寇。

在另一方面，北边的边军也渐渐地用募兵来代替和补充世军。《明史》卷二〇四《陈九畴传》：

世宗即位，巡抚甘肃。抵镇言：额军七万余，存者不及半，且多老弱，请令召募。报可。⑤

嘉靖二十九年又令蓟镇自于密云、昌平、永平、遵化募兵一万五千(《大明会典》卷一二九)。隆庆二年以戚继光为总兵官练蓟镇兵，募浙兵三千作边军模范（《明史》卷二一二《戚继光传》)。后又续募浙兵九千余守边，边备大饬。(同上书《谭纶传》）甚至京军也用募兵充伍：

嘉靖二十九年，遣四御史募兵畿辅、山东、山西、河南得四万人，分隶神枢神机。(同上书卷八九《兵志》一)

---

① 《明史》卷二〇五《李遂传》："振武营者（南京）兵部尚书张鏊募健儿以御倭，素骄悍。(以给饷逾期哗变）遂奏调振武军护陵寝，一日散千人。"

② 《明史》卷一九九《郑晓传》："募盐徒骁悍者为兵。"

③ 《明史》卷二一二《戚继光传》："朱先募海滨盐徒自为一军。"

④ 《明史》卷二一二《俞大猷传》："嘉靖四十二年，惠州府参将谢敕与伍端温七战失利，以俞家军至恐之。"

⑤ 《明史》卷二〇四《翟鹏传》："嘉靖二十一年，起鹏宣大总督。……修边墙……得地万四千九百余顷。募军千五百人，人给五十亩，省仓储无算。"

从此以后，以募兵为主力，卫军只留空名，置而不用。① 时人以为募兵较世军有十便：

> 年力强壮者入选，老弱疲癃，毋得滥竽其中，便一。一遇有缺伍，朝募而夕补，不若清勾之旷日持久，便二。地与人相习，无怀故土逃亡之患，便三。人必能一技与善一事者方得挂名什伍，无无用而苟食者，便四。汰减之法，自上为政，老病不任役者弃之，不若祖军顶替，有贿官职而瞒年岁者，便五。部科遴拣，一朝而得数什百人，贪弁不得缘以勒掯需索，便六。有事而强壮者人可荷戈，不烦更为挑选，便七。家有有力者数人，人皆得为县官出力，不愿者勿强也，便八。壮而不能治生产者，得受糈于官，无饥寒之患，便九。猛健豪鸷之材，笼而驭之，毋使流为奸宄盗贼，便十。(《客座赘语》卷二)

万历末年建州勃兴，辽沈相继失守，募兵愈多，国库日绌。募来的兵多未经严格训练，又不能按时发饷，结果也和卫军一样，逃亡相继。熊廷弼《辽左大势久去疏》：

> 辽东见在兵有四种：一曰募兵，佣徒厮役，游食无赖之徒，几能弓马惯熟？几能膂力过人？朝投此营，领出安家月粮而暮逃彼营；暮投河东，领出安家银两而朝投河西。点册有名，及派工役而忽去其半；领饷有名，及闻告警而又去其半。此募兵之形也。(《熊襄愍公集》卷三)

甚至内地兵尚未出关，即已逃亡。② 在辽就地所募兵，得饷后即逃亡过半。③ 天启时以四方所募兵日逃亡，定法摄其亲属补伍（《明史》卷二五六《毕自严传》)。也只是一个空头法令，实际上并不能

---

① 《明史》卷二五一《蒋德璟传》："文皇帝设京卫七十二，计军四十万。畿内八府军二十八万，又有中都、大宁、山东、河南人卫班军十六万，春秋人京操演。深得居重驭轻之势。且自来征讨，皆用卫所官军，嘉靖末始募兵，遂置军不用，至加派日增，军民两困。"

② 《明史》卷二三七《冯应京传》："辽阳陷，时议募兵。何栋如自请行。遂赍帑金赴浙江，得六千七百人。……所募兵畏出关，多逃亡。"

③ 《明史》卷二五九《熊廷弼传》："刘国缙募辽人为兵，所募万七千人，逃亡过半。"并参阅《熊襄愍公集》卷四《新兵全伍脱逃疏》。

实行。稍一缺饷，则立刻哗变，崇祯元年川、湖兵戍宁远时，以缺饷四月大噪，余十三营起应之，至缚系巡抚毕自严（《明史》卷二五九《袁崇焕传》）。“流寇”起后，内外交逼，将帅拥兵的都只顾身家，畏葸不敢作战。政府也曲意宽容，极意笼络，稍有功效，加官封爵，惟恐不及。丧师失地的却不敢少加罪责，惟恐其拥兵叛乱，又树一敌。由此兵骄将悍，国力日蹙。① 诸将中左良玉兵最强，拥兵自重，跋扈不肯听调遣，《明史》说他：

> 多收降寇以自重，督抚檄调，不时应命。……壁樊城，驱襄阳一郡人以实军，降贼附之，有众二十万。……福王立……南都倚为屏蔽。良玉兵八十万，号百万，前五营为亲军，后五营为降军，每春秋肄兵武昌诸山，一山帜一色，山谷为满。军法用两人夹马驰曰过对，马足动地，殷如雷声。诸镇兵惟高杰最强，不及良玉远甚。（《明史》卷二七三《左良玉传》）

一人拥兵八十万，当时号为左兵。在崇祯时代他为要保全私人实力，不听政府调遣。福王立，他又发动内战，以致清兵乘虚直捣南京。其他镇将如高杰、黄得功、刘泽清、刘良佐在北都亡后，拥兵江北，分地分饷，俨然成为藩镇。他们不但以武力干涉中央政事，还忙于抢夺地盘，互相残杀。高杰、黄得功治兵相攻，刘泽清、刘良佐、许定国则按兵不动。后来许定国诱杀高杰，以所部献地降清，刘泽清、刘良佐也不战降附，黄得功兵败自杀，南都遂亡。

七、军饷与国家财政

明初卫军粮饷，基本上由屯田所入支给。明太祖在初起兵时，

① 《明史》卷二六四《李梦辰传》：“崇祯六年冬……累迁本科给事中。复言：将骄军悍，邓玘、张外嘉之兵弑主而叛，曹文诏、艾万年之兵望贼而奔，尤世威、徐来朝之兵离汛而遁。今者张全昌、赵光远之兵且倒戈为乱矣。荥泽劫库杀人，偃师列营对垒，且全昌等会剿豫贼，随处逗留，及中途兵变，全昌竟东行，光远始西向。骄抗如此，安可不重治。帝颇采其言。”

即立民兵万户府，寓兵于农：

> 戊戌（公元1358）十一月辛丑，立管理民兵万户府。令所定郡县民武勇者，精加简拔，编辑为伍，立民兵万户府领之。俾农时则耕，闲则练习，有事则用之。事平有功者一体升擢，无功令还为民。（《明太祖实录》卷六）

又令诸将屯田各处。建国后宋讷又疏劝采用汉赵充国屯田备边的办法，以御蒙古。他说：

> 今海内乂安，蛮夷奉贡。惟沙漠未遵声教。若置之不理，则恐岁久丑类为患，边圉就荒。若欲穷追远击，六师往还万里，馈运艰难，士马疲劳。陛下为圣子神孙万世计，不过谨备边之策耳。备边固在乎兵实，兵实又在乎屯田。屯田之制，必当以法汉（赵充国）。……陛下宜于诸将中选其智勇谋略者数人，每将以东西五百里为制，随其高下，立法分屯。所领卫兵以充国兵数斟酌损益，率五百里一将，布列缘边之地，远近相望，首尾相应，耕作以时，训练有法，遇敌则战，寇去则耕，此长久安边之法也。（《西隐文稿》卷一〇《守边策略》）

同时由海道运粮到辽东，又时遭风覆溺。因之决意兴屯，不但边塞，即内地卫所也纷纷开屯耕种。定制边地卫所军以三分守城，七分屯种，内地二分守城，八分屯种。每军受田五十亩为一分，给耕牛农具，教树植，复租赋。初税亩一斗。建文四年（公元1402）定科则，军田一分正粮十二石，贮屯仓，听本军自支。余粮为本卫所官军俸粮。永乐时东自辽左，北抵宣大，西至甘肃，南至滇、蜀，极于交阯，中原则大河南北，在在兴屯（《明史》卷七七《食货志一·田制》）。养兵（数）百万，基本上由屯田收入支给（同上书卷二五七《王洽传》）。

除军屯外，边上又有商屯。洪武时户部尚书郁新创开中法：

> 新以边饷不继，定召商开中法。令商输粟塞下，按引支盐，边储以足。（同上书卷一五〇《郁新传》）。

商人以远道输粟，费用过大，就自己募人耕种边上闲田，即以所获给军，换取盐引，到盐场取盐贩卖营利，边储以足。

政府经费则户部银专给军旅，不作他用（《明史》卷二二〇《王遴传》）。户部贮银于太仓库，是为国库。内廷则有内承运库，贮银供宫廷费用，收入以由漕粮改折之金花银百万两为大宗。除给武臣禄十余万两外，尽供御用。边赏首功不属经常预算，亦由内库颁发。国家财政和宫廷费用分开（同上书卷七九《食货志三·仓储》）。军饷又概由屯田和开中支给。所以明初几次大规模的对外战争，如永乐、宣德时代之六次打蒙古，三次打安南，七次下西洋，虽然费用浩繁，国库还能应付。

可是军屯和商屯两种制度，不久便日趋废弛，国库也不能维持其独立性，为内廷所侵用。卫军坏而募兵增，政府既须补助卫军饷糈，又加上兵的饷银，国家经费，入不敷出，只好采取饮鸩止渴的办法，以出为入，发生加派增税捐纳种种弊政，农民于缴纳额定的赋税以外，又加上一层军兵费的新负担。

军屯之坏，在宣德初年范济即已上书指出。他说：

> 洪武中令军士七分屯田，三分守城，最为善策。比者调度日繁，兴造日广，虚有屯种之名，田多荒芜。兼养马采草伐薪烧炭，杂役旁午，兵力焉得不疲，农业焉得不废。（同上书卷一六四《范济传》）

屯军因杂役而废耕，屯的田又日渐为势豪所占。① 正统以后，边患日亟，所屯田多弃不能耕。再加上官吏的需索，军士的逃亡，屯军愈困，卫所收入愈少。② 政府没有办法，只好减轻屯粮，免军田正粮归仓，止征余粮六石。弘治时又继续减削，屯粮愈轻，军饷愈绌。

---

① 《明史》卷一五七《柴车传》："宣德六年，山西巡按御史张勖言：大同屯田多为豪右占据。命车往按得田几二千顷，还之军。"卷一七六《商辂传》："塞上腴田率为势豪占据，辂请核还之军。"卷一五五《蒋贵传》："成化十年，蒋琬上言：大同、宣府诸塞腴田，无虑数十万，悉为豪右所占。"卷一八〇《张泰传》："弘治五年泰言：甘州膏腴地，悉为中官武臣所据，仍责军税。城北草湖，资戍卒牧马，今亦被占。"卷二六二《孙传庭传》："崇祯九年……西安四卫旧有屯田二万四千余顷，其后田归豪右，军尽虚籍。"

② 侯朝宗《壮悔堂文集》卷四《代司徒公屯田奏议》："（诸阃帅荫职以）肥区归己，而以其瘠硗者移之军士，久则窜易厥籍，而粮弥不均。于是不得不寄甲于势要，而欺隐遂多。欺隐多于是不得不摊税于佃军，而包赔愈苦。流病相仍，非朝伊夕，人鲜乐耕，野多旷土，职此之繇。"

《明史》记：

> 初永乐时屯田米常溢三之一。常操军十九万，以屯军四万供之。而受供者又得自耕边外，军无月粮，是以边饷恒足。(《明史》卷七七《食货志一·田制》)

正统以后政府便须按年补助边费，称为年例。

军屯以势豪侵占，卫军逃亡而破坏，商屯则以改变制度而废弛。《明史·叶淇传》：

> 弘治四年为户部尚书。变开中之制，令淮商以银代粟，盐课骤增百余万，悉输之运司，边储由此萧然矣。(同上书卷一八五)

盐商从此可以用银买盐，不必再在边境屯田。盐课收入虽然骤增，可是银归运司，利归商人，边军所需是月粮，边地所缺的是米麦，商屯一空，边饷立绌。《明史·食货志》说：

> 弘治中叶淇变法而开中始坏，诸淮商悉撤业归，西北商亦多徙家于淮。边地为墟，米石直银五两，而边储枵然矣。

后来虽然有若干人提议恢复旧制，但因种种阻碍，都失败了。

明代国家财政每年出入之数，在初期岁收田赋本色米，除地方存留千二百万石外（同上书卷二二五《王国光传》），河、淮以南以四百万石供京师，河、淮以北，以八百万石供边，一岁之入，足供一岁之用（同上书卷二一四《马森传》）。到正统时边用不敷，由中央补助岁费，名为年例。正统十二年（公元1447）给辽东银十万两，宣大银十二万两（毕自严《石隐园藏稿》卷六《议复屯田疏》）。到弘治时内府供应繁多，“光禄岁供增数十倍，诸方织作，务为新巧，斋醮日费巨万，太仓所储不足饷战士，而内府收入，动四五十万。而宗藩贵戚之求土田，夺盐利者，亦数千万计。土木日兴，科敛不已。传奉冗官之俸薪，内府工匠之饩廪，岁增月积，无有穷期。”(《明史》卷一八一《刘健传》)财用日匮。国库被内廷所提用，军饷又日渐不敷，弘治八年尚书马文升以大同边警，至议加南方两税折银（《明史》卷一八一《谢迁传》）。正德时诸边年例增至四十三万两（同上书卷二三五《王德完传》），军需杂输，十倍前制（同上书卷一九二《张原传》）。京粮岁入三百五万，而食者乃四百三万（同上书卷二〇一《周金传》）。嘉靖朝北有蒙古之入寇，南有倭寇之侵轶，军兵之费较前骤增十倍。田赋收入经过一百五十年的休养生息，反比国初为少。[①] 嘉靖五年银的岁入止百三十万两，岁出至二百四十万（同上书卷一九四《梁材传》）。光禄库金自嘉靖改元至十五年积至八十万，自二十一年以后，供亿日增，余藏顿尽（同上书卷二一四《刘体乾传》）。嘉靖二十九年俺答入寇，兵饷无出，只好增加田赋，名为加派，征银一百十五万。这时银的岁入是二百万两，岁出诸边费即六百余万，一切取财法行之已尽。[②] 接着是东南的倭寇，又于南畿浙闽的田赋加额外提编，江南加至四十万。提编是加派的别名，为倭寇增兵而设，可是倭寇平后这加派就成为正赋（同上书卷七八《食货志二·赋役》）。广东也以军兴加税，到万历初年才恢复常额（同上书卷二五五《李戴传》）。诸边年例增至二百八十万两（同上书卷二〇二《孙应奎传》，同书卷二三五《王德完传》）。隆庆初年马森上书说：

> 屯田十亏七八，盐法十折四五，民运十逋二三，悉以年例补之。在边则士马不多于昔，在太仓则输入不多于前，而所费数倍。（同上书卷二一四《马森传》）

派御史出去搜括地方库藏，得银三百七十万也只能敷衍一年。内廷在这情形下，还下诏取进三十万两，经户部力争，乃命止进十万两（同上书卷二一四《刘体乾传》）。万历初年经过张居正的一番整顿，综核名实，裁节冗费，政治上了轨道，国库渐渐充实，浸浸成小康的局面。张居正死后，神宗惑于货利，一面浪费无度，一面肆力搜

---

① 《明史》卷二〇八《黎贯传》："嘉靖二年疏言：国初夏秋二税，麦四百七十万，而今损九万，米二千四百七十三万，而今损二百五十万。以岁入则日减，以岁出则日增。"

② 《明史》卷二〇〇《孙应奎传》："俺答犯京师后，羽书旁午征兵饷。应奎乃建议加派，自北方诸府暨广西、贵州外，其他量地贫富，骤增银一百十五万有奇，而苏州一府乃八万五千。"

括，外则用兵朝鲜，内则农民暴动四起，国家财政又到了破产的地步。

万历前期的国家收入约四百万两，岁出四百五十余万两。岁出中九边年例一项即占三百六十一万两①，后来又加到三百八十余万两②。每年支出本来已经不够，内廷还是一味向国库索银，皇帝成婚，皇子出阁成婚，皇女出嫁，营建宫殿种种费用都强逼由国库负担。③ 又从万历六年起，于内库岁供金花银外，又增买办银二十万两为定制（《明史》卷七九《食货志三·仓库》）。结果是外廷的太仓库光禄寺库太仆寺库的储蓄都被括取得干干净净，内廷内库帑藏山积，国库则萧然一空。④ 万历二十年哱拜反于宁夏；又接连用兵播州；朝鲜战役历时至七年。支出军费至一千余万两。⑤ 大半出于加派和搜括所得。《明史·孙玮传》记：

> 朝鲜用兵，置军天津，月饷六万，悉派之民间。（同上书卷二四一）

所增赋额较二十年前十增其四，民户殷足者什减其五。东征西讨，

---

① 《明史》卷二二四《宋纁传》：“万历十四年迁户部尚书。言：边储大计，最重屯田、盐策。近诸边年例银增至三百六十一万，视弘治初八倍。”

② 《明史》卷二三五《王德完传》：“万历十四年进士……累迁户科都给事中，上筹划边饷议言：诸边岁例，弘正间止四十三万，至嘉靖则二百七十余万，而今则三百八十余万。”

③ 《明史》卷二二〇《王遴传》：“故事户部银专供军团，不给他用。帝大婚，暂取济边银九万两为织造费。至是复欲行之，遴执争。未几诏取金四千两为慈宁宫用，遴又力持，皆不纳。”卷二三七《万象春传》：“皇女生，诏户部光禄寺各进银十万两，象春力谏不听。”卷二二〇《赵世卿传》：“福王将婚，进部帑二十七万，犹以为少。……至三十六年七公主下嫁，宣索至数十万。世卿引故事力争，诏减三之一。世卿复言：陛下大婚止七万，长公主下嫁止十二万，乞陛下再裁损，一仿长公主例。帝不得已从之。”卷二四〇《朱国祚传》：“万历二十六年诏旨采办珠宝二千四百万，而天下赋税之额乃止四百万。”《王德完传》：“今皇长子及诸王册封冠婚至九百三十四万，而袍服之费复二百七十余万。”卷二四〇《张问达传》：“帝方营三殿，采木楚中，计费二百二十万有奇。”

④ 《明史》卷二三〇《汪若霖传》：“万历三十六年巡视库藏，见老库止银八万，而外库萧然。诸边军饷积逋至百余万。”

⑤ 《明史》卷二三五《王德完传》：“万历二十八年起任工科，极陈国计匮乏，言：近岁宁夏用兵费百八十余万，朝鲜之役七百八十余万，播州之役二百余万。”按毕自严所记与此不同，《石隐园藏稿》卷六《清查九边军饷疏》：“征哱拜之费用过一百余万，两次征倭之费用过五百九十五万四千余两，征播之费用过一百二十二万七千余两。”

萧然苦兵（《明史》卷二一六《冯琦传》）。到万历四十六年（公元1618）辽东兵起，接连加派到五百二十万两：

> 时内帑充积，帝靳不肯发。户部尚书李汝华乃援征倭征播例，亩加三厘五毫，天下之赋增二百万有奇。明年复加三厘五毫。又明年以兵工二部请，复加二厘。通前后九厘，增赋五百二十万，遂为定额。（同上书卷七八《食货志二·赋役》；卷二二〇《李汝华传》）

接着四川、贵州又发生战事，截留本地赋税作兵饷，边饷愈加不够。从万历三十八年到天启七年（公元1610至1627）负欠各边年例至九百六十八万五千五百七十一两七钱三分（《石隐园藏稿》卷六《详陈节欠疏》）。兵部和户部想尽了法子，罗掘俱穷，实在到了无办法的地步，只好请发内库存银，权救边难，可是任凭呼吁，皇帝坚决不理，杨嗣昌在万历四十七年所上的《请帑稿》颇可看出当时情形：

> 今日见钱，户部无有，工部无有，太仆寺无有，各处直省地方无有。自有辽事以来，户部一议挪借，而挪借尽矣。一议加派，而加派尽矣。一议搜括，而搜括尽矣。有法不寻，有路不寻，则是户部之罪也。至于法已尽，路已寻，再无银两，则是户部无可奈何，千难万苦。臣等只得相率恳请皇上将内帑多年蓄积银两，即日发出亿万，存贮太仓，听户部差官星夜赍发辽东，急救辽阳。如辽阳已失，急救广宁，广宁有失，急救山海等处，除此见钱急着，再无别法处法。（《杨文弱集》卷二）

疏上留中，辽阳、广宁也相继失陷。

天启时诸边年例又较万历时代增加六十万，京支银项增加二十余万（《石隐园藏稿》卷六《清查九边军饷疏》）。辽东兵额九万四千余，岁饷四十余万，到天启二年关上兵止十余万，月饷至二十二万（《明史》卷二七五《解学龙传》），军费较前增加六倍。新兵较旧军饷多，在召募时，旧军多窜入新营为兵，一面仍保留原额，政府付出加倍的费用募兵，结果募的大部仍是旧军，卫所方面仍须发饷。①从泰昌元年十月到天启元年十二月十四个月用去辽饷至九百二十五万一千余两，较太仓岁入总数超过三倍。（《杨文弱集》卷四《述辽饷支用全数疏》）

崇祯初年，一方面用全力防遏建州的入侵，一方面“流寇”四起，内外交逼，兵愈增，饷愈绌。崇祯二年三月户部尚书毕自严疏言：

> 诸边年例自辽饷外，为银三百二十七万八千有奇。今蓟、密诸镇节省三十三万，尚应二百九十四万八千。统计京边岁入之数，田赋百九十六万二千，盐课百十一万三千，关税十六万一千，杂税十万三千，事例约二十万，凡三百二十六万五千有奇。而逋负相沿，所入不满二百万，即尽充边饷尚无赢余。乃京支杂项八十四万，辽东提塘三十余万，蓟、辽抚赏十四万，辽东旧饷改新饷二十万，出浮于入已一百十三万六千。况内供召买，宣大抚赏，及一切不时之需，又有出常额外者。（《明史》卷二五六《毕自严传》）

除辽饷不算，把全国收入，全部用作兵费还差三分之一。崇祯三年又于加派九厘外，再加三厘，共增赋一百六十五万四千有奇。② 同年度新旧兵饷支出总数达八百七十余万，收入则仅七百十余万，不敷至百六十万（《石隐园藏稿》七《兵饷日增疏》）。崇祯十年增兵十二万，增饷二百八十万，名为剿饷：

> 其筹饷之策有四：曰因粮，曰溢地，曰事例，曰驿递。因

---

① 《明史》卷二七五《杨文弱集》卷一，万历四十七年九月，《请立兵册清查辽饷确数稿》：“新兵原食一两二钱，今递加至一两八钱。旧兵原食四钱，今递加至一两二钱。新兵递加，往开元等一两八钱，往铁岭等一两六钱。旧兵递加，其上等一两二钱，中等者八钱。”天启元年六月《三覆议山东河北增兵用饷稿》：“定辽西新旧兵例分为五等，一等月给银二两，二等月给银一两八钱，三等月给银一两五钱，四等月给银一两二钱，五等月给银八钱。”

② 《明史》卷二五六《毕自严传》：“兵部尚书梁廷栋请增天下田赋，自严不能止。于是旧增五百二十万之外，更增百六十五万有奇，天下益耗矣。”卷二五七《梁廷栋传》：“亩加九厘之外，再增三厘，于是增赋百六十五万有奇，海内益怨咨。”按卷二五二《杨嗣昌传》：“神宗末年增赋五百二十万，崇祯初再增百四十万。统名辽饷。”作百四十万，误。

粮者，因旧额之粮，量为加派，亩输粮六合，石折银八钱，伤地不与，岁得银百九十二万有奇。溢地者，民间土地溢原额者，核实输赋，岁得银四十万六千有奇。事例者，富民输赀为监生，一岁而止。驿递者，前此邮驿裁省之银，以二十万充饷。……初嗣昌增剿饷，议一年而止，后饷尽而贼未平，诏征其半。至是督饷侍郎张伯鲸请全征。(《明史》卷二五二《杨嗣昌传》)

崇祯十二年又议练兵七十三万，于地方练民兵，又于剿饷外，增练饷七百三十万。时论以为：

九边自有额饷，概予新饷，则旧者安归。边兵多虚额，今指为实数，饷尽虚糜而练数仍不足。且兵以分防不能常聚，故有抽练之议。抽练而其余遂不问。且抽练仍虚文，边防愈益弱。至州县民兵益无实，徒糜厚饷。以嗣昌主之，事钜，莫敢难也。(同上)

从万历末年到这时，辽饷的四次递加，加上剿饷、练饷，一共增赋一千六百九十五万两。这是明末农民在正赋以外的新增负担！崇祯十六年索性把三饷合为一事，省得农民弄不清楚和吏胥的作弊。(同上书卷二六五《倪元璐传》)

因外族侵略和农民起义而增兵，因增兵而筹饷，因筹饷而加赋。赋是加到农民头上的，官吏的严刑催比和舞弊，迫使农民非参加起义不可，《明史》卷二五五《黄道周传》说：

催科一事，正供外有杂派，新增外有暗加，额办外有贴助。小民破产倾家，安得不为盗贼！

结果是朱明统治的被推翻。"流寇"领袖攻陷北京的李自成起事的口号是：

从闯王，不纳粮！

一九三七年六月于北平

(原载《中国社会经济史集刊》第五卷第二期)

投下考

一、辽之投下

投下或头下，盖辽制。辽人以征伐所得俘户及私奴，建投下。《辽史》卷三七《地理志》一：

> 又以征伐俘户，建州襟要之地，多因旧居名之，加以私奴，置投下州。分为州、军、县、城、堡，唯节度使由朝廷所命。

《辽史》卷一七《百官志》三《南面》：

> 其间宗室外戚大臣之家，筑城赐额，谓之头下州军。唯节度使朝廷命之，后往往皆归王府。不能州者谓之军，不能县者谓之城，不能城者谓之堡。其设官则未详云。

刺史以下，皆以本主部曲充任。然惟横帐诸王国舅公主许创立州城，州县额由朝廷敕赐，《辽史》卷三七《地理志》一：

> 头下军州皆诸王外戚大臣及诸部从征俘掠，或置生口，各团集建州县以居之。横帐诸王国舅公主许创立州城，自余不得建城郭。朝廷赐州县额，其节度使朝廷命之，刺史以下，皆以本主部曲充焉。

如耶律阿没里建丰州，以家奴阎贵为刺史，《辽史·列传》九：

> 阿没里性好聚敛，每从征所掠人口，聚而建城，请为丰州，就以家奴阎贵为刺史，时论鄙之。

投下军州赋税分二等，商税纳本主，惟酒税则归朝廷。《辽史》卷五九《食货志上》：

> 各部大臣从上征伐，俘掠人户，自置郛郭为头下军州。凡市井之赋，各归头下，唯酒税赴纳上京。此分头下军州赋为二等也。

投下私民官位在九品之下者，其征税亦归各主，《辽史》卷三七《地理志》一：

> 官位九品之下，及井邑商贾之家，征税各归头下，唯酒税课纳上京盐铁司。

《辽史》简略不能详，今更取《元史》及元人所记投下说明之。

二、元初之五投下、十投下

蒙古崛起漠北，入主中国。承辽旧亦置投下。《元史》卷一二〇《术赤台传》：

> 术赤台兀鲁兀台氏。其先剌八真都以材武雄诸部。生子曰兀鲁兀台，曰忙兀，与札剌儿、弘吉剌、亦乞列思等五人，当开创之先，协赞大业。厥后太祖即位，命其子孙各因其名为氏，号五投下。

此五投下后征取为探马赤军（按《元史·兵志序》："探马赤军则诸部族也。"），平金平宋，均为主力。《元史》卷九九《兵志》宿卫条：

> 国初木华黎奉太祖命，收札剌儿、兀鲁、忙兀、纳海四投下，以按察儿、孛罗、笑乃解（肖乃台）、不里海拔都儿、阔阔不花五人领探马赤军。既平金，随处镇守。中统三年（公元1262）世祖以五投下探马赤立蒙古探马赤总管府。至元十六年（公元1279）罢其军各于本投下应役。十九年仍令充军。二十一

年枢密院奏以五投下探马赤军俱属东宫，复置官属如旧。二十二年改蒙古侍卫亲军指挥使司。三十一年改隆福宫右都威卫使司。

成宗元贞四年（按成宗元贞终二年，无四年，四当作二。公元 1296）诏蒙古侍卫所管探马赤军人子弟投充诸王位下身役者，悉遵世祖成宪，发还元役充军。

《元史》卷一一九《木华黎传》：

丁丑（公元 1217）分弘吉剌、亦乞列思、兀鲁兀、忙兀等十军……属麾下。

卷一二八《相威传》：

至元十一年（公元 1274）世祖命相威（速浑察子，孛鲁孙，木华黎曾孙）总速浑察元统弘吉剌等五投下兵从伐宋。

按木华黎札剌儿氏，是此军历木华黎、孛鲁、速浑察、相威祖孙四世均为札剌儿一家所统。五探马赤投下主及分户之可考者有阔阔不花，《元史》卷一二三《阔阔不花传》：

岁庚寅（公元 1230，蒙古太宗二年），太祖（按当作太宗）命太师木华黎伐金，分探马赤为五部，各置将一人。阔阔不花为五部前锋都元帅，所向莫能支。……岁丙申（公元 1236）太宗命五部将分镇中原，阔阔不花镇益都、济南，按察儿镇平阳、太原，孛罗镇真定，肖乃台镇大名，怯烈台镇东平。括其民匠得七十二万户，以三千户赐五部将。阔阔不花得分户六百，立官治其赋，得荐置长吏，岁从官给其所得五户丝。

按《元史》卷九五《食货志三・岁赐门》与传互异，《食货志》云：

阔阔不花先锋，五户丝，壬子年（公元 1252）元查益都等处畸零二百七十五户，延祐六年（公元 1319）实有一百二十七户，计丝一十五斤。

按察儿即按札儿，《元史》卷一二二本传：

> 岁癸未，（公元1223）时平阳重地，令按札儿居守。……岁甲午（公元1234）诏封功臣，赐平阳户六百一十有四，驱户三十，猎户四。

按《食货志三·岁赐门》：

> 按察儿官人，五户丝，壬子年分拨太原等处五百五十户，延祐六年实有九十八户，计丝二十九斤。

肖乃台《元史》卷一二〇有传："金亡，赐东平户三百，俾食其赋。"按《食货志三·岁赐门》："笑乃带先锋，五户丝，丙申年分拨东平一百户。延祐六年实有七十八户，计丝三十一斤。""木华黎国王，五户丝，丙申年分拨东平三万九千一十九户，延祐六年实有八千三百五十四户，计丝三千三百四十三斤。""孛罗先锋，五户丝，丙申年分拨广平等处种田一百户，延祐六年实有七十户，计丝二十八斤。"元初之五投下始末如此。

除上述弘吉剌等五投下以外，又有十投下之名，亦太祖时所立。《元史》卷一一九《木华黎传》：

> 太祖丙戌（公元1226）夏，诏分功臣户口为食邑曰十投下。孛鲁居其首。

十投下当即木华黎于丁丑年始统之弘吉剌等十军。除弘吉剌五投下外，其他之五投下，《通制条格》卷二：

> 上都、北京、西京、隆兴、平凉五路户计为有争差。至元二年（公元1265）中书省钦奉圣旨：据纳陈驸马、帖里干驸马、头辇哥国王、锻真、忽都虎五投下户计，……

弘吉剌五投下为探马赤军，纳陈五投下则均为蒙古。蒙古太宗十年（戊戌，公元1238）十投下议分东平地，东平路总管府参议齐荣显及严氏（实）故吏王玉汝力争乃止。《元史》卷一五二《齐荣显传》：

> 时十投下议各分所属，不隶东平，荣显力辩于朝，遂止。

卷一五三《王玉汝传》：

> 戊戌，以东平地分封诸勋贵，裂而为十，各私其入，与有司无相关。玉汝曰："若是，则严公（实）事业存者无几矣。"夜静，哭于（耶律）楚材帐后。明日召问其故，曰："玉汝为严公之使，今严公之地分裂而不能救止，无面目还报，将死此荒寒之野，是以哭耳。"楚材恻然良久，使诣帝前陈愬。玉汝进言曰："严实以东平三十万户归朝廷，崎岖兵间，三弃其家室，卒无异志，岂与他降者同。今裂其土地，析其人民，非所以旌有功也。"帝嘉玉汝忠款，且以其言为直，由是得不分。……辛丑（公元1241）实子忠济袭职……分封之家，以严氏总握其事，颇不自便。定宗即位（公元1246）皆聚阙下，复欲剖分东平地，是时众心危疑，将俛首听命。玉汝力排群言，事遂已。

三、元投下之五户丝制及户钞制

蒙古太祖十年（公元1215）入燕后，即以所得城邑分赐诸侯王。《元史》卷一五三《王檝传》：

> 乙亥……帝命阇里毕与皇太弟国王分拨诸侯王城邑。

按蒙古军制，行军攻夺，诸将所俘掠子女玉帛，均得掩为己有。宋彭大雅、徐霆《黑鞑事略》记：

> 其国平时无赏，惟用兵战胜则赏以马，或金银牌或纻丝段。陷城则纵其掳掠子女玉帛。掳掠之前后，视其功之等差，前者插箭于门，则后者不敢入。

所降之户，因以与诸将，自一社之民，各有所主，不相统摄。朝廷征战疲敝无所得。廷议至主尽杀汉人，空其地以为牧地。《元史》卷一四六《耶律楚材传》：

帝（太祖）自经营西土，未暇定制，州郡长吏，生杀任情，至孥人妻女，取货财，兼田土。……太祖之世，岁有事西域，未暇经理中原，官吏多聚敛自私，资至巨万，而官无储偫。近臣别迭等言："汉人无补于国，可悉空其人，以为牧地。"楚材曰："陛下将南伐，军需宜有所资。诚均定中原地税商税盐酒铁冶山泽之利，岁可得银五十万两，帛八万匹，粟四十余万石，足以供给，何谓无补哉！"帝（太宗）曰："卿试为朕行之。"

由此知太宗以前，所略金地署置之长吏，其实皆投下也。赋税不入于朝廷，刑杀操之于己手，虽不能肯定其确承辽制，实则游牧民族军事统治机构故如此也。至是始从楚材言，于蒙古太宗二年（宋理宗绍定三年，公元1230）二月始立十路课税所，征收征服地之赋税，收财权于朝廷。六年（宋理宗端平元年，公元1234）灭金后，始议籍中原民，以户为定。至八年（公元1236）民籍定后，又从楚材言，定二户丝及五户丝制。《元史》卷一四六《耶律楚材传》：

丙申七月忽都虎以民籍至。

按忽都虎甲午至丙申籍汉民事，见《元史》卷一二二《槊直腯鲁华传》："金亡，命大臣忽都虎料民，分封功臣。"卷一二一《畏答儿传》："（太宗）丙申，忽都虎大料汉民，分城邑以封功臣。"卷一三五《铁哥术传》："甲午副忽都虎籍汉户口，筹其赋役，分诸功臣以地。"《太宗本纪》："六年秋七月以胡土虎那颜为中州断事官。"胡土虎即忽都虎也。又"八年夏六月，复括中州户口，得续户一百一十余万。"即指忽都虎籍民事。由此可知甲午原议分诸功臣以地，太宗且曾面许。至丙申经楚材谏始改为分户也。《元史·太宗本纪》：

秋七月诏以真定民户奉太后汤沐。中原诸州民户分赐诸王贵戚斡鲁朵：拨都平阳府，茶合带太原府，古与大名府，孛鲁带邢州，果鲁干河间府，孛鲁古带广宁府，野苦益都、济南二府户内拨赐。按赤带滨、棣州，斡陈那颜平、滦州。皇子阔端、驸马赤苦、公主阿剌海、公主果真、国王茶剌温、茶合带、锻真、蒙古寒札、按赤那颜、圻那颜、火斜、术思，并与东平府户内拨赐有差。耶律楚材言非便，遂命各位止设达鲁花赤，朝廷置官吏，收其租颁之，非奉诏不得征兵赋。

此记载极不明晰，参以《耶律楚材传》所云：

帝议裂州县赐亲王功臣。楚材曰："裂土分民，易生嫌隙，不如多以金帛与之"。帝曰："已许，奈何？"楚材曰："若朝廷置吏，收其贡赋，岁终颁之，使毋擅科敛可也。"帝然其计，遂定天下赋税：每二户出丝一斤以给国用；五户出丝一斤，以给诸王功臣汤沐之资。

盖《太宗纪》分赐诸王功臣土地诏，本意为"裂土分民"。楚材所进策则为给以五户丝，以为汤沐之资。地方正官均由朝廷署置。各位下止设达鲁花赤，由地方官吏代收租赋转交投下，使投下主与五户丝户仅有间接之经济关系。治权归朝廷，投下主则坐享金帛之富，此强干弱枝之策，固取法于前代。其不纳谷物而纳丝者，则以当时欧、亚交通发达，丝为输出之主要商品。至世祖时行钞法，且以丝为钞本，其意义固等于今日之金银也。太宗用楚材策而分地则仍旧诏，名目虽同而意义则全变，不特大异于辽之投下，即与定制前所已有之投下亦迥不同矣。

投下户纳丝之法，《元史》卷九三《食货志一·科差门》记：

丝料之法，太宗丙申年始行之。每二户出丝一斤，并随路丝线颜色输于官。五户出丝一斤，并随路丝线颜色输于本位。

《食货志三·岁赐门》记：

凡诸王及后妃公主，皆有食采分地。……其赋则五户出丝一斤，不得私征之，皆输诸有司之府，视其所当得之数而给与之。

此为太宗丙申定制以后之情形。至世祖中统元年（公元1260），立十路宣抚司，定户籍科差条例，户计不同，其所纳丝数多寡亦因之不同。大致五户丝全纳户止输本位丝六两四钱，减半科户止纳三两二钱。然以志所言减纳数与志所记投下之实得数，以户计之均不合，今列举《食货志三·岁赐门》所载丙申分拨户数与延祐六年（公元1319）之实数及实得丝数表列如下：

太祖叔答里真官人位　五户丝丙申年分拨宁海州一万户，延祐六年实有四千五百三十二户，计丝一千八百一十二斤。

太祖弟斡真那颜位　五户丝丙申年分拨益都路等处六万二千一百五十六户，延祐六年实有二万八千三百一户，计丝一万一千四百二十五斤。

右手万户三投下孛罗台万户　五户丝丙申年分拨广平路洺水州一万七千三百三十三户，延祐六年实有四千七百三十三户，计丝一千七百三十八斤。

据上例则前后八十四年中，诸投下户计消损至巨，亏失额有达三分之二以上者。然按其所得丝数，则仍为原额。由是知所谓减纳，当时徒有此法令，并未实行，投下户因不堪负担而逃亡，其应纳额却并未因其逃亡而蠲免，扫数由现在户口缴纳，故户计大减而丝数仍如原额也。

五户丝制行于旧金人境内，至世祖平宋后（公元1279），又以江南民户分赐臣下，计户征钞，《元史·食货志三·岁赐门》：

世祖平江南，又各益以民户，时科差未定，每户折支中统钞五钱，至成宗复加至二贯。

《元史》卷一八《成宗纪》：

至元三十一年（公元1294）四月，中书省言："江南分土之赋，初止验其版籍，令户出钞五百文，今亦当有所加，然不宜增赋于民，请因五百文加二贯，从今岁官给之。"（成宗）从之。

从《食货志·岁赐门》举一例如下：

忽都虎官人　江南户钞，至元十八年（公元1281）分拨韶州曲江县五千三百九户，计钞二百十二锭。

四、元投下之官吏及其他

投下官有达鲁花赤，有总管府总管，有州县长官。《元史》卷八二《选举志二·铨法上》：

> 凡诸王分地与所受汤沐邑，得自举其人，以名闻朝廷，而后授其职。至元二年（公元 1265）诏以各投下总管府长官不迁外，其所属州县长官，于本投下分到城邑内迁转。

有札鲁忽赤，《元史》卷八七《百官志三》：

> 国初未有官制，首置断事官曰札鲁忽赤，令决庶务。凡诸王驸马投下蒙古、色目人等应犯一切公事……悉掌之。

有千户，《选举志二·铨法上》：

> 至元二十年议诸王各投下千户于江南分地，已于长官内委用。

元帝多由亲王入继，即位后仍保有原来之分地，此项分地有特设之总管府管理之。如世祖之京兆分地，以王倚为工部尚书，行本位下随路民匠都总管（《元史》卷一七六《王倚传》）。至元二十四年（公元 1287）设都总管府，以总皇子北安王民匠斡端大小财赋（同上书卷一四《世祖纪》）。皇太子之隆兴分地，则以马绍为总管（同上书卷一三七《马绍传》）。仁宗为皇太子，其所分安西王地所置之总管府，以詹事察罕领之（同上书《察罕传》）。又如孛儿帖可敦所分军民匠户之在燕京中山者，以孟速思、布鲁海牙统之（同上书卷一二四《孟速思传》；卷一二五《布鲁海牙传》）。忙哥撒儿之治宪宗分地（同上书卷一二四《忙哥撒儿传》），李惟忠之治淄川王分地（同上书卷一二九《李恒传》）。勋臣食邑之官吏亦得自行选用，如宪宗赐史天泽以卫城，天泽以王昌龄治之（同上书卷一五五《史天泽传》）。顺帝赐脱脱淮安路为其食邑，郡邑长吏听其自用（同上书卷一三八

《脱脱传》)。投下保充之路府州县官，其俸与王官等（《元史·食货志四·俸秩门》)。世祖至元五年（公元1268）以前投下官蒙、汉、色目并用，至至元五年始定制投下官必须用蒙古人员。其总管府长官不入常选，各投下有缺用人员，自于其投下内选用，不许冒用常选内人。皇庆二年（公元1313）诏各投下分地城邑长官，其常选所用者居众人之上，投下所委者为添设，其常选内路府州及各县减一员。(《元史》卷八二《选举志二·铨法上》)

投下词讼有断事官司之。姚燧《牧庵集》一四《平章政事忙兀公神道碑》：

诸侯王与十功臣既有土地人民，凡事干其城者，各遣断事官自司，听直于朝。

或即由王傅处理。《元史》卷一六《世祖纪》：

至元二十七年敕诸王分地之民有讼，王傅与所置郡同治。无监郡者王傅听之。

但所处只限民事，至刑事则仍归地方有司。《元史》卷一〇二《刑法志一·职制上》：

诸管军官奥鲁官及盐运司打捕鹰坊军匠各投下管领诸色人等，但犯强窃盗贼、伪造宝钞、略卖人口、发冢、放火、犯奸及诸死罪，并从有司归问。其斗讼、婚田、良贱、钱债、财产、宗从、继绝及科差不公自相告，诸从本管理问。若事关民户者，从有司约会归问，并从有司追逮。三约不至者，有司就便归断。

投下民有军役者须听调从征。如前述之弘吉剌等五投下从征伐宋。如济宁投下蒙古军之东征，《元史》卷一五《世祖纪》：

至元二十五年（公元1288）八月癸丑，诸王也真言：近将济宁投下蒙古军东征，其家皆乏食，愿赐济南路岁赋银，使易米而食，诏辽阳省给米万石赈之。

如至正十四年（公元1354），脱脱之统诸王各爱马军人之出征。

（见《元史》卷四三《顺帝纪》）

五、元投下户口

所谓投下据上文所述已有数义：第一如弘吉剌五投下，其组成分子为各部族降人；第二为诸王分地，如拨都之平阳路，世祖之京兆；第三为勋臣食邑，如史天泽之卫城，脱脱之淮安路。三者中惟第一种为原义，后二种则均为第一种之引申。元制惟战争所获之驱户（俘虏）乃属投下，平民则属朝廷。五户丝户不必即为驱户，分地与食邑中固有大量驱户，当时已引申称为投下，但其他五户丝户在政治上固属于朝廷也。前者为战时俘虏，身家性命完全属于主人，后者元人称为投拜户，身份为良民，应为朝廷服役。试举一例说明之，《元典章》卷一七《户部三》：

> 上都、西京、北京、隆兴、平滦五路户计为有争差，至元二年中书省钦奉圣旨：据纳陈驸马、帖里干驸马、头辇哥国王、锻真、忽都虎五投下户计，仰差官与各投下头目各州县管民官，勾唤元主并驱户，一同对证得，委系各人出军时马后稍将来的人口，达达数目里有呵，吩咐本投下者，于当差额内除豁。如对证得委系好投拜民户及在后投属或本投下招收到底人户，作民当差。钦此！

是则投下固以驱户为主，亦有投拜户及在后投属户与投下招收户也。《元史》卷一六四《刑法志二》户婚条：

> 诸系官当差人户，非奉朝省文字辄投充诸王及各投下给使者论罪。

据此及上引《元典章》知投下户原不系官当差也。又：

> 诸投下官员招占已籍系官民匠户计者，没其家财，所占户归本籍。

由此可知投下户与民匠户不同户籍。至元十八年令甘州凡诸投下户依民例应站役（《元史》卷二《世祖纪》），大德九年（公元1305）诏诸王驸马部属及各投下，凡市佣徭役与民均输（同上书卷二一《成宗纪》），延祐五年（公元1318）又敕诸王位下民在大都者与民均役（同上书卷二五《仁宗纪》）。则在此三诏前投下民并无为朝廷服役之义务也。以此军民站户之应役者均以投附投下为避役之计，投下官吏亦乘机诱纳，朝廷与投下因之时起争执，屡屡申禁投下擅招民户，《元史》一七三《崔彧传》：

至元二十三年（公元1286）彧奏忽都忽那颜籍户之后，各投下毋擅招集，太宗既行之。江南民为籍已定，乞依太宗所行为是。从之。

成宗元贞元年（公元1295）诏诸王驸马部民既隶军籍者，毋夺回本部。又禁诸王公主驸马招户。大德二年（公元1298）禁诸王公主驸马受诸人呈献公私田地及擅招户者（同上书卷一九《成宗纪》）。禁令虽严，而诸投下之招户仍如故，《元典章》卷二五《户部一一》影避条记：

有力富强之家，往往投充诸王位下……等诸项户计，影占不当杂泛差役，止令贫难下户承充里正主首，钱粮不办，偏负重受，各处行省俱有似此户计。

《通制条格三》记：

孛罗欢为头河南行省官题说：俺管辖的地面里，将系官并民田每有一等歹人，诸王驸马每根底呈献的，多有不系诸王驸马各投下分拨到的户计地土有。

反之，凡属投下人户，不能转移别部。试举二例明之，第一例为投下主不许转移，《元史》一六七《张础传》：

张础，真定人，业儒。丙辰岁（公元1256）平章廉希宪荐于世祖潜邸。时真定为诸王阿里不哥分地。阿里不哥以础不附己，衔之。遣使者言于世祖曰：张础我分地中人，当以归我。

世祖遣使者复曰：兄弟至亲，宁有彼此之间。且我方有事于宋，如础者实所倚任。俟天下平定，当遣还也。

第二例则为投下户不愿转移，李庭《寓庵集》七《大元故宣差万户奥屯公神道碑铭》：

皇伯合罕皇帝在凤翔也，许公（名世英，字伯豪，小字大哥）以河中府尹之职。命未及下，会以他事不果。其后公入觐，上喜曰："曩之所许，今当相付。"命有司草制。公奏曰："臣名在四大王府有年，今改属别部，何面目见唐妃子母乎！"上始怒，徐复喜曰："尔言是也。"唐妃闻其言喜甚。四大王尝谓妻子曰："大哥吾所爱，尔辈勿以降虏视之。"

一九三九年九月二十三日

（原载 1939 年天津《益世报·史学》副刊第二十期）

记《明实录》

余于明代史事有笃好，七年前于北平图书馆读《明实录》，札记盈数尺，于实录之掌故原委，尤所究心。三年前流徙南下，旧所手录，委弃无存。今年夏，乡居苦寂，复理旧学，丹黄之余，又事抄劄，系《明实录》者又得数十百则。因发奋理董，辑为长编，作《记〈明实录〉》。不标考者，以求书不易，志阙疑也。实录价值，言人人殊，记评骘第一。采录纂修，史官之职，记史官第二。椒园焚稿，生戾尊藏，记仪制第三。高光诸录，数经改修，记掌故第四。内廷录副，士夫争传，记传布第五。

一、评骘

明清两代诸史家中，万季野最推崇《明实录》，钱大昕《潜研堂文集》二八《万先生斯同传》记其尝语方苞曰：

> 吾少馆某氏，其家有列朝实录，吾默识暗诵，未敢有一言一事之遗也。长游四方，从故家求遗书，旁及郡志邑乘杂家志传之文，莫不网罗参互，而要以实录为指归。盖实录者直载其事与言而无所增饰者也。因其世以考其事，核其言，而平心察之，则其人之本末，十得八九矣。然言之发或有所由，事之端或有所起，而其流或有所激，则非他书不能具也。凡实录之难详者，吾以他书证之，他书之诬且滥者，吾以所得于实录者裁之。

季野所主修之《明史稿》，即以实录为指归。然前于季野之明代史家，则对实录多所指摘，其著者如王鏊则病其取材但凭吏牍，立传但记迁擢，《震泽长语》记：

前代修史，左史纪言，右史纪动，宫中有起居注，如晋董狐、齐南史皆以死守职，司马迁、班固皆世史官，故通知典故，亲见在廷君臣言动而书之，后世读之，如亲见当时之事。我朝翰林皆史官，立班虽近螭头，亦远在殿下。成化以来，人君不复与臣下接，朝事亦无可纪。凡修史则取诸司前后奏牍，分为吏、户、礼、兵、刑、工为十馆，事繁者为二馆，分派诸人，以年月编次，杂合成之，副总裁削之，内阁大臣总裁润色。其三品以上乃得立传，亦多纪出身官阶迁擢而已，间有褒贬，亦未必尽公，后世将何所取信乎？

郑晓则病其支离琐碎，轻重失伦。《今言》一〇三：

我朝虽设修撰编修检讨为史官，特有其名耳。实录进呈，焚草液池，一字不传。况中间类多细事，重大政体，进退人材多不录。每科京师乡试考官赐宴皆书。冢宰内阁大臣其先后相继，竟不可考，他可知矣。

郎瑛则直斥为虚应名目，为无史，《七修类稿》卷一三：

古人左史记言，右史记事，宫中又有起居注，善恶直书，故后世读之，如亲见者也。今史官虽设而不使日录，一朝宴驾，则取诸司奏牍，而以年月编次，且不全也。复收拾于四方，名目而已。且爱恶窜改于二、三大臣，三品以上方得立传，但纪历官而已，是可以得其实乎？今日是无史矣。

李建泰则斥其书法，以为文献不足征，其所撰何乔远《名山藏》序中有云：

实录所纪，止书美而不书刺，书利而不书弊，书朝而不书野，书显而不书微。且也序爵而不复序贤，迟功而巧为避罪。文献不足征久矣！

李清为刑科给事中时，见书手纂史书，叹其以去取托命于小吏，《三垣笔记》上记：

予署篆后，见一书手把册而前请用印。予问何册，旁一书手答曰："此名史书，盖汇刑部诸招疏送翰林院为他日修实录地也。"予取阅见中有去取，因问把册书手此谁为政，其人瞪目张口，不知所答。旁一书手曰："若聋耳"。予不得已，以口逼耳再三呼，方点额曰："小人为政"。予叹曰："彼何知，误收犹可，误遗奈何！"因命此后抄送皆听余手酌，未几，予以言谪，恐又书手为政矣。

其总论明一代实录者，则有沈德符，以为实录难据，《野获编》卷二：

本朝无国史，以历帝实录为史，已属纰漏。乃《太祖录》凡三修，当时开国功臣壮猷伟略，稍不为靖难归伏诸公所喜者，俱被铲削。建文帝一朝四年，荡灭无遗，后人搜括捃拾，千百之一二耳。景帝事虽具《英宗录》中，其政令尚可考见，但曲笔为多。至于兴献帝从藩邸进崇，亦修实录，何为者哉！其时总裁费文宪公（宏）等苦无措手，至假借承奉长史等所撰实录为张本，书成俱被酴赏，至太监张佐辈滥受世锦衣，可哂亦可叹矣。今学士大夫有肯于秘阁中借录其册，一展其书者乎！止与无只字同。

张岱《石匮书自序》极斥明代史籍之不足征，其言曰：

有明一代，国史失诬，家史失谀，野史失臆，故以二百八十年，总成一诬妄之世界。(《琅嬛文集》卷一)

又于所著《征修明史檄》中泛论明历朝实录之弊：

宋景濂撰《洪武实录》，事皆改窜，罪在重修（晗按：景濂所修为《元史》，此宗子误笔），姚广孝著《永乐全书》，语欲隐微，恨多曲笔。后焦芳以佥壬秉轴，丘濬以奸险操觚，《正德编年》，杨廷和以掩非饰过，《明伦大典》，张孚敬以矫枉持偏。后至党附多人，以清流而共操月旦，因使力翻三案，以阉竖而自擅纂修。黑白既淆，虎观石渠，尚难取信。玄黄方起，麟经夏五，不肯阙疑。(《琅嬛文集》卷三)

清徐乾学于修《明史》时上《修史条议》论《明实录》云：

明之实录，洪武两朝，最为率略。莫详于弘治，而焦芳之笔，褒贬殊多颠倒。莫疏于万历，而顾秉谦之修纂，叙述一无足采。其叙事精明而详略适中者，嘉靖一朝而已。仁、宣、英、宪胜于文皇，正德、隆庆劣于世庙，此历朝实录之大概也。(王颂蔚《明史考证捃逸·引》)

夏燮《明通鉴义例》：

野史易辨，而野史之原于正史，正史之本于实录，明人恩怨纠缠，往往籍代言以修怼笔：如《宪宗实录》，丘濬修郄于吴、陈（吴与弼、陈献章），《孝宗实录》，焦芳修郄于刘、谢（刘健、谢迁），《武宗实录》，董玘修郄于二王（王琼、王守仁），而正史之受其欺者遂不少。弇州（王世贞）所辨，十之一二也。至于《洪武实录》再改，而其失也诬，《光宗实录》重修，而其失也秽。

俱对《明实录》无恕辞。其较能持平，灼见实录在史料上之价值者仅王世贞一人。世贞于《明实录》亦一意抨击，《史乘考误》卷一：

国史之失职，未有甚于我朝者也。故事有不讳，始命内阁翰林出纂修实录，六科取故奏，部院咨陈牍而已。其于左右史记言动阙如也。是故无所考则不得书，国忸衮阙，则有所避而不敢书。而其甚者，当笔之士或有私好恶焉，则有所考无所避而不欲书，即书，故无当也。

然又曰：

国史人恣而善蔽真，其叙章典，述文献，不可废也。野史人臆而善失真，其征是非，削讳忌，不可废也。家史人谀而善溢真，其赞宗阀，表官绩，不可废也。

取国史之章典文献，参之以野史之是非，征之以家史之宗阀官绩，制度足凭，是非可信，人物足征，年月可考，四者具核而史乃可传，此凤洲之卓识，亦《明实录》在史料上价值之定评也。至百年后万季野出，其言乃若合符契。

明清易代之际，典章散佚，文献无征，钱谦益深致叹于作史之难。《有学集》卷一四《启祯野乘序》：

> 史家之取征者有三：国史也；家史也；野史也。于斯三者，考核真伪，凿凿如金石然，然后可以据事迹，定褒贬。而今则何如也！自丝纶之簿，左右史之记，起居召对之籍，化为煨烬，学士大夫各以己意为记注，凭几之言，可以增损，造膝之语，可以窜易，死君亡父，瞒天谰人而国史伪。自史馆之实录，太常之谥议，琬琰献征之记载，委诸草莽，世臣子弟，各以私家为掌故，执简之辞不必登汗青，裂麻之奏不必闻朝著，飞头借面，欺生诬死而家史伪。自贞元之朝士，天宝之父老，桑海之遗民，一一皆沉沦窜伏，委巷道路，各以胸臆为信史，于是国故乱于朱紫，俗语流为丹青，循蟪蛄以寻声，佣水母以寄目，党枯仇朽，杂出于市朝，求金索米，公行其剽劫，才华之士，不自贵重，高文大篇，可以数缣邀取，鸿名伟伐，可以一醉博易，而野史伪。

此三百年前之情况也。近五十年来野史间出，明人文集之已见著录者且汗牛充栋，有明十三朝实录近复经中央研究院历史语言研究所以旧抄本数种互勘，行且付之梨枣，绩学之士，人得而畜之。以野史征实录，以文集碑志征实录，以实录订野史文集碑志，然后以所得折衷于《明史》，勒为长编，传信一代，此其时矣。

二、史官上

宋人最重史事，历朝均凭起居注修日历或时政记，以为修实录张本。更以日历时政记实录为主，具纪志表传而成国史。《宋史·艺文志》所著录有王旦《国史》一二〇卷，吕夷简《宋三朝国史》一五五卷，邓洵武《神宗正史》一二〇卷，王珪《宋两朝国史》一二〇卷，王孝迪《哲宗正史》二一〇卷，李焘、洪迈《宋四朝国史》三五〇卷是也。日历如《宋高宗日历》达一〇〇〇卷，时政记如《度宗时政记》七八册是也。他如记载典章，则每朝各有会要，法制则有历朝所修之敕令格式，如《建隆编敕》、《嘉祐驿令》、《开宝长定格》、《三司式》之类是也。故宋代史料最为详备，而所重尤在日历。明初修《元史》时，天台徐一夔会以史事遗书总裁王祎云：

> 近世论史者莫过于日历，日历者史之根柢也。自唐长寿中，史官姚璹奏请撰时政记，元和中韦执谊又奏撰日历，日历以事系日，以日系月，以月系时，以时系年，犹有《春秋》遗意。至于起居注之说，亦专以甲子起例，盖纪事之法，无逾此也。往宋极重史事，日历之修，诸司必关白，如诏诰则三省必书，兵机边务则枢司必报，百官之进退，刑赏之予夺，台谏之论列，给舍之缴驳，经筵之论答，臣僚之转对，侍从之直前启事，中外之囊封匦奏，下至钱谷甲兵，狱讼造作，凡有关政体者，无不随日以录。犹患其出于吏牍，或有讹失，故欧阳修奏请宰相监修者，于岁终点检修撰官日所录事，有失职者罚之。如此则日历不至讹失，他时会要之修取于此，实录之修取于此，百年之后，纪志列传取于此。此宋氏之史所以为精确也。
>
> 元朝则不然，不置日历，不置起居注，独中书置时政科，遣一文学掾掌之，以事付史馆。及一帝崩，则国史院据所付修实录而已，其于史事，固甚疏略。（《明史》卷二八五《徐一夔传》）

明承元后，典章亦多承元旧，洪武十三年革中书省，亦并元人所置之时政科而革之。国史翰林，唐宋以来，划然为二，国史掌记注修史，翰林则备文学顾问，至明合而为一，以翰林院之编修修撰检讨为史官。陆容《菽园杂记》：

> 国初循元之旧，翰林有国史院，有编修官，阶九品而无定员，多或至五六十人。若翰林学士待制等官兼修史事，则带兼修国史衔。其后更定官制，罢国史院不复设编修官，而以修撰编修检讨专为史官，隶翰林。翰林自侍读侍讲以下为属官。官名虽异，然皆不分职，史官皆领讲读，讲读官亦领史事，所兼预职事，不以书衔。近年官翰林者尚循国初之制，书兼修国史。甚者编修已升为七品正员而仍书国史院编修官，亦有书经筵检讨官者，盖仍袭旧制故也。

《明史》卷七三《职官志·翰林院》：

> 史官修撰（从六品）、编修（正七品）、检讨（从七品）无定员。学士掌制诰史册文翰之事，凡经筵日讲纂修实录玉牒史志诸书，编纂六曹章奏，皆奉敕而统承之。史官掌修国史，凡天文地理宗潢礼乐兵刑诸大政，及诏敕书檄，批答王言，皆藉而记之，以备实录。国家有纂修著作之书，则分掌考辑撰述之事。凡记注起居编纂六曹章奏誊黄册封等咸充之。

按宋制起居郎起居舍人掌起居注，以所记注付著作郎修日历。明自洪武后不设起居注（详后），翰林史官虽有宋著作郎之职而无所承，凡遇修史，只凭诸司奏牍，杂合编次（王鏊《震泽长语》），而诸司奏牍之编次，则又不设专司，但凭书手去取，名为史书（李清《三垣笔记》，按映碧虽明末人，其所言当可推及一代。见前）。以是郑晓讥史官为虚设，《今言》一〇三：

> 我朝虽设修撰编修检讨为史官，特有其名耳。

张居正亦致叹于史文之阙略，《张太岳先生文集》卷三九《议处史职疏》：

> 国初设起居注官，日侍左右，纪录言动，实古者左史纪事，右史纪言之制。迨后详定官制，乃设翰林院修撰编修检讨等官，盖以纪载事重，故设官加详，原非有所罢废。但是职名更定之后，遂失朝夕记注之规，以致累朝以来，史文阙略。……即如

迩者纂修世宗皇考实录，臣等只事总裁，凡所编辑不过总集诸司章奏，稍加删润，隐括成编。至于仗前柱下之语，章疏所不及者，即有见闻，无凭增入。与夫稗官野史之书，海内所流传者，欲事采录，又恐失真。是以两朝（世、穆）之大经大法，虽罔敢或遗，而二圣之嘉谟嘉猷，实多所未备。凡此皆由史臣之职，废而不讲之所致也。

据《宋史·职官志》，门下省有起居郎，中书省有起居舍人，均掌侍立修注。凡朝廷命令赦宥，礼乐法度，损益因革，赏罚劝惩，群臣进对，文武臣除授，及祭祀宴享，临幸引见之事，四方气候，四方符瑞，户口增损，州县废置，皆书以授著作官。是则起居郎在名义上虽专记皇帝个人之起居，而实则内外一切政治动态之记录，均其职责，以目睹之事实笔之于书，且日侍仗前，其闻见较任何人为亲切，其所记录，自为第一等史料。明初亦曾设此官，但不久即废，《明史》卷七三《职官志》记：

起居注，甲辰年（元至正二十四年，公元1364）置，吴元年定秩正五品，洪武四年改正七品，六年升从六品，九年定起居注二人，后革。十四年复置，秩从七品，寻罢。

据《明史》及孙承泽《春明梦余录》，明初宋濂、魏观（《明史》卷一三六《詹同传》）、王直均曾居此官：

明初犹设起居注，如洪武中宋濂为起居注，刘基答天象之问，命付史馆。永乐中王直以右春坊右庶子兼记起居，后不知废于何时。（《梦余录》卷一三《皇史宬》）

洪武中且曾修日历一〇〇卷，《明太祖实录》记：

洪武六年九月壬寅，翰林学士承旨詹同等言于太祖曰："自上起兵渡江以来，征讨平定之迹，礼乐治道之详，虽有纪载而未成书，乞编日历，藏之金匮，传于后世。"太祖从之。因命太子赞善宋濂为总裁官，侍讲学士乐韶凤为催纂官，礼部员外郎吴伯宗，儒士朱右、赵埙、朱廉、徐一夔、孙祚、徐尊生等为纂修官，乡贡进士黄昶、国子生陈孟旸等誊写。至七年五月丙寅书成，总裁官宋濂为表以进。命藏于金匮，留其副于秘书监。

据《明史》卷一三六《詹同传》，同与濂同为总裁官，书起起兵临濠至洪武六年。按实录所言在未修日历前，洪武六年以前之事迹已有记载，此记载自必为起居注所记，日历即据此而修，盖明初史职犹循宋制也。起居注之废虽不能的为何年，据《明史·职官志》翰林史官之设在洪武十四年，则疑起居注之废或即在是年（《梦余录》记王直兼修注，《明史·王直传》不载）。自后即不再设此官，直至万历元年（公元1573）张位始请复设修注官，《明史》卷二一九《张位传》：

> 位以前代皆有起居注而本朝独无。疏言："臣备员纂修，窃见先朝政事，自非出于诏令，形诸章疏，悉湮没无考，鸿猷茂烈，郁而未彰，往使野史流传，用伪乱真。今史官充位，无以自效，宜日分数人入直，凡诏旨起居，朝端政务，皆据见闻书之，待内阁裁定，为他年实录之助。"

时张居正当国，力主其议，具疏请以日讲官兼记注，史官侍直注，《张太岳先生文集》三九《议处史职疏》：

> 一、议分管责成：看得日讲官密迩天颜，见闻真的，又每从阁臣之后，出入便殿，即有密勿谋议，非禁秘不可宣露者，阁臣皆得告语之。合令日讲官日轮一员专记注起居，兼录圣谕诏敕册文等项，及内阁题稿。其朝廷政事见于诸司章奏者，另选年深文学素优史官六员专管编纂事，分六曹，以吏、户、礼、兵、刑、工为次，每人专管一曹，俱常川在馆供事，不许别求差遣，及托故告假等项，致妨职务。
>
> 一、议史臣侍直注：按礼仪定式，凡遇常朝，纪事官居文武第一班之后，近上便于观听，即古螭头载笔之意。洪武二十四年定召见臣下仪，以修撰编修充侍班官，即古随使入直纪事之意。今宜遵照祖制，除升殿例用史官侍班外，凡常朝御皇极门，即轮该日记注起居并史官共四员列于东班各科给事中之上。

午朝御会极门，列于御座西稍南，专一记注言动，凡郊祀耕藉幸学大阅诸典礼，亦令侍班随从纪录。至于不时宣召及大臣秘殿独对者，恐有机密，不必用史官侍班，但令入对大臣自纪圣谕及奏对始末，封送史馆诠次。其经筵日讲，则讲官即记注起居，亦不必另用侍班。

一、议纂辑章奏：照得时政所寄，全在各衙门章奏。今除内阁题稿并所藏圣谕诏敕等项，该阁臣令两房官录送史馆外，其各衙门章奏，该科奉有旨意发抄到部，即全抄一通，送阁转发史馆。至于钦天监天文祥异，太常寺祭祀日期，各令按月开报，其抄本不必如题奏揭帖格式，但用常行白纸，密行楷书，不论本数多寡，并作一封送入。

一、议纪录体例：照得今次纪录，只以备异日考求，俟后人之删述，所贵详核，不尚文词，宜定著体式。凡有宣谕直书天语，圣谕诏敕等项备录本文。若诸司奏报一应事体，除琐屑无用，文义难通者，稍加删削润色外，其余事有关系，不妨尽载原本，语涉文移，不必改易他字。至于事由颠末日月先后，务使明白，无致混淆。其间事迹可垂劝戒者，但据事直书，美恶自见，不得别以己意，及轻信传闻，妄为褒贬。

一、议收藏处所：照得国史古称为金匮石室之书，盖欲收藏谨严，流传永久。今宜稍仿此意，月置一小柜，岁置一大柜，俱安放东阁左右房内。每月史官编完草稿，装为七册，一册为起居，六册为六曹事迹，仍于册面各记年月史官姓名，送内阁验讫，即投入小柜，用文渊阁印封锁，岁终内阁会同各史官间取各月草稿收入大柜，用印封锁如前，永不开视。

万历三年二月二十日奉圣旨："都依拟行，礼部知道。"（陈继儒《眉公见闻录》卷四，《万历会典》卷二二一《翰林院》，《春明梦余录》卷一三《皇史宬》，所记并同，不具引）江陵综核为治，令出法行，起居之官自此得修其职。《春明梦余录》卷一三记一事可见新制行后之情形：

一日神宗顾见史官，还宫偶有戏言，虑外闻，自失曰："莫使起居闻知，闻则书矣。”起居之有益于主德如此。

然至神宗中年以后，深居倦勤，不与臣下接，记注侍直又成冗职，天启元年三月周宗建上《请修实录疏》云：

今当皇上御极之初，首允辅臣之请，纂修皇祖实录。计辅臣留心掌故，必有规画授之史官。而臣乃侧闻朝家故事，湮废者多，史局条章，因循且久。阁中之私记，仅托笔于执事之人，圣明之举动，半销灭于禁庭之秘，起居之职徒悬，风鼎之传失实，凡如此类，阙略为多。(《周忠毅公奏议》卷一)

《明史》卷七三《职官志》亦云：

起居注，万历间命翰林院兼摄之，已复罢。

是则起居注虽暂设于明初，复置于万历，然为时均甚暂。明一代史官仅翰林院之修撰编修检讨十数人而已。

太祖时曾修日历，已见上记。万历中且曾修国史，惜未成而辍。《明史》卷二一七《陈于陛传》：

于陛少从父以勤习国家故实，为史官，益究经世学。以前代皆修国史，疏言：“臣考史家之法，纪表志传谓之正史，宋去我朝近，制尤可考。真宗祥符间王旦等撰进太祖、太宗两朝正史，仁宗天圣间，吕夷简等增入真宗朝，名三朝国史，此则本朝君臣自修本朝正史之明证也。我朝史籍止有列圣实录，正史阙焉未讲。伏睹朝野所撰次可备采择者，无虑数百种，倘不及时网罗，岁月漫邈，卷帙散脱，耆旧渐凋，事迹罕据，欲成信史，将不可得。惟陛下立下明诏，设局编辑，使一代经制典章，犁然可考，鸿谟伟烈，光炳天壤，岂非万世不朽盛事哉。”诏从之。二十二年（公元1594）三月遂命词臣分曹类纂，以于陛及尚书沈一贯、少詹事冯琦为副总裁，而阁臣总裁之。其年夏于陛兼东阁大学士入参机务。二十四年病卒于位，史亦竟罢。

于陛所规画务于详备，朱国桢《涌幢小品》卷二：

陈文端（于陛）请修正史，分各志二十八，务于详备，一志多至四五十万余言。未几文端薨，各志草草了事。丁酉（万历二十五年，公元1597）拟修列传，会三殿灾奏停，盖六月十九日也。时余入史馆方三日，又十日病发，凡三月仅得不死，而馆中无复有谈及者。

谈迁《枣林杂俎·艺篑门》记修史事：

南充陈文端相国修正史，列圣本纪，皇后本纪，建文景泰以实录附载，专纪有待。郊祀、庙祀、典礼、乐律、天文、历法、宗藩、学校、选举、职官、经籍、赋役、货币、漕运、河渠、盐法、军政、兵制、马政、刑法、郡国、九边凡二十二志。杨、徐、滁阳三王传，高祖之十七藩，成祖之二藩，仁宗、英宗各四藩，宪宗之三藩，外戚，洪武之功臣诸臣，建文诸臣，永乐之功臣诸臣，洪、宣诸臣，正统、天顺诸臣，景泰诸臣，成化诸臣，弘治诸臣，正德诸臣，嘉靖诸臣，隆庆诸臣。又理学、文苑、循吏、高逸、孝节、乱逆、权幸、方伎、四夷列传，类四十六。志初毕，丁酉拟列传，六月三殿灾辍业。又南充前卒，四明沈一贯殊不以为意，非其始议也。

当时拟征王穉登等参史事，未上而史局罢，《明史》卷二八八《王穉登传》：

万历中诏修国史，大学士赵志皋辈荐穉登及其同邑魏学礼，江都陆弼，黄冈黄一鸣，有诏征用，未上而史局罢。

仅焦竑成《国史经籍志》一种，《明史》卷二八八《焦竑传》：

万历二十二年，大学士陈于陛建议修国史，欲竑专领其事，竑逊谢，乃先撰《经籍志》。其他率无可撰，馆亦竟罢。

至设馆所集之史料，则以三殿一炬，化为劫灰，孙承泽《春明梦余录》卷一三：

万历年间，阁臣陈于陛请修正史，诏从之。于是开馆分局，集累世之实录，采朝野之见闻，纪传书志，颇有成绪，忽遇天灾，化为煨烬，史事益属茫然矣。

三、史官下

明制，帝崩即设馆修实录，视为大典。以勋臣充监修，王世贞《凤洲杂编》四：

《太祖实录》永乐初命曹国公李景隆监修。再命夏原吉及太子少师姚广孝监修。《太宗、仁宗实录》，英国公张辅、少师蹇义、少保夏原吉监修。《宣宗实录》英国公张辅监修。《英宗实录》会昌侯孙继宗监修。《宪宗实录》英国公张懋监修。《孝宗实录》仍懋监修，《武宗实录》则定国公徐光祚监修。

然宣德以前犹文武臣并用，或一武二文，或文武各二，至修《宣宗实录》，始用勋臣一人，后为定制。沈德符《野获编》一：

实录监修官累朝俱以勋臣充之。洪武三十五年七月，实建文四年也，文皇新即位，重修《太祖录》，其时监修者为曹国公李景隆、忠诚伯茹瑺，虽文武各一人，皆勋臣也。永乐九年，又以景隆、瑺等心术不正，编辑不精，改命姚广孝、夏原吉为监修，此国初未定例也。洪熙元年五月修《太宗实录》，以英国公张辅、吏部尚书蹇义、户部尚书夏原吉为监修，则武臣一人，文臣二人矣。闰七月又修《仁宗实录》，仍以英国公张辅，成山侯王通及蹇、夏共四人为监修，盖文武各二人。至宣德十年修《宣宗实录》，始命以英国公张辅一人充监修官，自此累朝以来，遂为定例，无复文臣监修事矣。唯嘉靖间修《兴献录》，以定国公徐光祚、吏部尚书廖纪、礼部尚书席书为监修官，盖用祖宗初年故事，以重其典。

以阁臣任总裁，《今言》三四三：

直文渊阁入内阁……凡修实录史志诸书充总裁官。

《明史》卷七二：

殿阁大学士……修实录史志诸书，则充总裁官。

以翰林院学士等官充副总裁，《大明会典》二二一《翰林院》：

凡修实录史志诸书，内阁官充总裁，本院学士等官充副总裁，皆出钦命。

纂修诸官则由内阁于翰林院、詹事府、春坊、司经局诸官内具名题请，誊录催纂，制敕诰敕房皆预（同上）。其纂修程序，据王鏊言：

凡修史则取诸司前后奏牍，分为吏、户、礼、兵、刑、工为十馆，事繁者为二馆，分派诸人，以年月编次，杂合成之，副总裁削之，内阁大臣总裁润色。(《震泽长语》)

谈迁《枣林杂俎·逸典》亦记：

纂修实录，各分詹、翰、坊、局，稿具送阁臣总裁，又分岁月删定，汇而上之。

笔削之职，则以副总裁为尤重。张居正《纂修事宜疏》：

盖编撰之事，必草创修饰，讨论润色，工夫接续不断，乃能成书。而其职任紧要，又在于副总裁官。

至实录之取材，在内则取于诸司部院呈缴之史书（见前），在外则历朝均特遣官分赴各省采辑先朝事迹。宣宗即位后，修《仁宗实录》，即通令中外，采辑事迹，《明宣宗实录》卷五：

洪熙元年（公元 1425）闰七月乙巳，以纂修《仁宗昭皇帝实录》敕礼部曰："……自皇考仁宗昭皇帝留守南京，至嗣天位，二十余年圣德圣政，尔礼部悉恭依修皇祖《太宗文皇帝实录》事例，通行中外采辑，送翰林院编纂实录。"

又命进士陆俨等分往各地采辑，同书又记：

壬子，行在礼部以纂修《仁宗昭皇帝实录》，移文南北二京衙门，及遣进士陆俨等分往各布政司暨郡县采求史迹，类编文册，悉送史馆以凭登载。

至次年又命礼部移文催促，《明宣宗实录》卷一六：

宣德元年四月庚辰，上御奉天门，谓行在礼部尚书胡濙曰："纂修实录，国家重事。自古帝王功德，传之万世，只凭史书。祖宗以来，多有德政在天下，皆须纪载。今内外诸司尚有未奏来者，是不体朕心，尔礼部移文趣之。"

修《英宗实录》时，何乔新纂刑部史书，《何文肃公集外集》蔡清《椒丘先生传》：

修英庙实录，令各部采摭事当纪载者为书上之。司寇以属先生。及书上史馆，少保南阳李文达公阅之曰："纪实而饬以文，视诸司惟誊吏牍者大不侔矣。"

修《孝宗实录》时除差进士外，并命地方长官领其事，田艺蘅《留青日札》：

弘治十八年十二月初七日，钦奉敕谕，纂修《孝宗敬皇帝实录》，差进士顾可学、张文麟，浙江纂修官右布政使李瓒、杭州府知府李孟瑛。

修《武宗实录》时，苏州府聘杨循吉主其事。其所纂《吴郡纂修实录志》，极为士林所称。何良俊《四友斋丛说》：

昔年纂修《武宗实录》时，苏州府聘杨仪部循吉主之。杨长于修书，其立例皆有法。其修有《吴郡纂修实录志》一册。

《梦余录》一三亦云：

嘉靖初纂修《武宗实录》，差进士访求事实，苏州府聘杨循吉主之，其所修有《吴郡纂修实录册》，凡例可观。

此地方自任之采摭也。礼部仍分遣进士莅其事，《四友斋丛说》：

尝记得余小时，余年十六岁为正德辛巳（公元1521），武宗升遐。至次年世宗皇帝改元嘉靖。武宗好巡游，其政迹本少。又世宗以藩王入继统，犹差进士二员来南直隶纂修，二进士皆徐姓，余犹能记之。

至隆庆初修《世宗实录》时，政府惜费，停差进士职官采访，即行提学官负责纂修。浙江提学委杭学廪生田艺蘅协同整理，艺蘅曾记当时文移条例于其所著《留青日札》中，录之以见原委：

纂修实录事宜：浙江等处提刑按察司提督学校佥事林大椿为纂修实录事，案准本司关准，浙江布政使司照会，呈准礼部照会前事，该本部题，祠祭清吏司案呈，案照先奉本部送该，本部奏节该，钦奏敕谕：纂修《世宗肃皇帝实录》一应合行事宜，悉照例举行，钦此云云。为照先朝纂修实录，例差办事进士往各处采取事迹。近因进士俱已选授，是以拟差职官，今职官又无应差人员役，当另行议处。臣查得各处提学官，职专文学之司，兼有地方之职，委之采取，事尤易集。合无本部将合行取勘事件，一面移咨都察院转行南北直隶提学御史，一面照会十三布政司，转行按察司各提学官，将所属地方各项事迹，查照开去款目，俱自正德十六年四月起，至嘉靖四十五年十二月止，挨序年月，分别事类，务要考核精明，收录公当，编类造册，俱限本年十二月以里纂完，迳自差官具奏，册送史馆，以备采择。如有稽迟及草率者，听本部查出参究，庶几责任有归，事体简便，而纂修不致有误云。隆庆元年（公元1567）五月十三日奉旨。

一、郡县境内之人，曾授内外文武官职，有功迹显著，及丘园之士，曾遇优奖者，今虽亡殁，应有行状神道碑墓志圹志等文。及曾有所上章奏之类，抄录类进，以凭去取。不许将庸常之人，徇情虚饰妄报。

一、凡境内孝子顺孙，忠臣烈士，义夫节妇，曾经旌表及奉旨褒谕者，详悉开报。

一、各处递年行过事件，有干系纂修，可为劝惩者。今开去条件，虽不尽载，皆须逐一点检见报。

提学道札付本学廪生田艺蘅，学有家传，文长纪事。其谕本学合令前来协同整理，庶几有裨于大典，当无负厥初心也。右札付杭州府儒学。

艺蘅对当时所颁采辑条例，甚为不满，《留青日札》云：

因考（弘治十八年十二月所颁实录条例）一　文武官员不问职之大小云云，谨案今无大小二字，以致卑职下僚，虽有功绩，不得入录，深可惜也。况文非进士，武非开府，皆不得与，与《史》、《汉》之例不合。

一、山林德行之士曾经奖谕。按今奉旨奖谕者，能几何哉！抱道丘园，遗名竹素者多矣。

一、旧无圹志，盖有墓志，不须重出也。大率子孙不才，遗失志传，伪作诡名，假托显贵，甚可嗤鄙。又或摭入些微功绩，附会影响，以求合式，尤欺罔也。而纂者或节其繁文，且因无铭字之语，乃弃而不录，又可笑矣。殊不知古人奇事，多于铭中见之。

一、章奏有伤见在权贵者，亦不敢录。子孙贫弱，不能自致者，多不得录。所著文集皆不进呈，亦不足以备史官采录，当详之。

何良俊亦病其率略，《四友斋丛说》云：

隆庆初政，独纂修实录一节，殊为率略，恐后日不能无遗憾也。世宗皇帝在位最久，又好讲求典礼，故四十五年之中，大建置，大兴革，何所不有。况昔年海上如秦播、王艮作耗，近年倭奴犯境，用兵两次，其有功与死事之人，以及冒破钱粮，临阵败北者，何可枚举。倘一时军门奏报不实，或史局传闻失真，专赖纂修官博采舆论，奏闻改正，庶为实录。又如松江府分建青浦县，其分建之由，必有所为，初建议者何人？后废格不行者又何人？当建与否？博访民间舆论，一一修入，庶朝廷有所考据持循，何至建而废，废而复建，议论纷纭，漫无画一哉！是皆纂修率略之故也。杨循吉《吴郡纂修实录志》一册，旧是刻本，后毁于回禄，版不存矣。予闻世宗宾天，即多方购之，后得一本，甚喜，以为倘修实录，其凡例据此为式可也。后闻不差纂修官，亦不聘问郡中文学掌故，但发提学御史，御史行郡县，郡县行学，学官令做礼生秀才扭捻进呈。此是朝廷大典章，便差一纂修官，所费几何，乃靳惜小费，而使世宗四十五年大政令，与夫郡县官师人物，地方大事，不知写作甚么模样也。

孙承泽则以为此举使史无所取材，《春明梦余录》一三：

隆庆以后，改行提学行邑行学，学官令礼生秀才，抄录一二大臣墓志塞责，于是史无所取材。

至天启时修《神宗实录》，始再命董其昌往南方采访，又辑《神庙留中奏疏》，收获最大。《明史》卷二八八《董其昌传》：

天启二年（公元1622）修《神宗实录》，命其昌往南方采辑先朝章疏及遗事。其昌广修博征，录成三百本。又采留中之疏，切于国本藩封、人才、风俗、河渠、食货、吏治、边防者，别为四十卷，仿史赞之例，每篇系以笔断。书成表进，有诏褒美，宣付史馆。

崇祯初钱龙锡在内阁，以为遣使采访，徒滋烦扰，奏停之，而明亦寻亡矣。《明史》卷二五一《钱龙锡传》：

故事纂修实录，分遣国学生采事迹于四方。龙锡言："实录所需在邸报及诸司奏牍。遣使无益，徒滋扰，宜停罢。"从之。

龙锡所谓邸报，在明代史料中最为重要。凡发抄之红本塘报，官吏之进退，以及刑赏大政，均见于邸报，崇祯以前仅有写本，至崇祯十一年（公元1638）始有活板印本。盖当时无报纸，无论外官远人，即都中人亦仅恃邸报以知国家政事之措施，边防之缓急也。顾亭林最为推重，《亭林文集》四《与次耕书》：

自庚申（明光宗泰昌元年，公元1620）至戊辰（明思宗崇祯元年，公元1628）邸报皆曾寓目，与后来刻本纪载之书殊不相同。今之修史，大段当以邸报为主，两造异同之论，一切存之，无轻删抹，而微其论断之辞，以待后之谕定，斯得之矣。

割补《两朝从信录》，不过邸报之二三耳。

又《与公肃甥书》云：

> 昔时邸报至崇祯十一年方有活版。自此以前，并是写本。

实录取材于在内各部、院、司、寺之史书，在外各纂修官之采辑，益以留中之奏疏，抄传之邸报。至于对武臣边将之敕谕则用白话，修入实录时却改为文言，杨士奇《三朝圣谕录》云：

> 永乐二年，一日进呈敕边将稿，上曰："武臣边将，不谙文理，只用直言俗说，使之通晓，庶不误事。他日编入实录却用文。"

今所传张统《云南机务钞黄》、王世贞《弇山堂别集》中所录之国初对武臣诏谕，均质朴一如口语，犹可考也。

实录修纂之凡例，见《明宣宗实录》卷首，并录之以存掌故：

一、宣宗皇帝即位后，礼仪及赏赉之类皆书。

二、宣宗皇帝永乐八年留守北京事书，十二年侍从北征事书，十八年冬侍从北京事书，二十二年受册升储事书，洪熙元年南京谒陵事书。

三、上皇太后尊号，册立皇后皇妃皇太子，及册封郡王王妃公主皆书，其仪注有新定者书，改诸王封国亦书。

四、皇子生书，亲王之子生已赐名者书，诸王嫡长孙亦书。

五、祀天地、宗庙、社稷、山川等神，郊祀、跻配及遣官祭岳镇、海渎、帝王陵寝、先师孔子皆书。有新增祀典亦书。

六、凡诏书悉录全文，若敕书及御制文录其关事体之重者。有特敕褒勉臣下，抚谕远人及恤刑宽贷之类悉录。

七、凡宝玺、图书及诸王、郡王宝，诸将军印，并印符、印信皆书。

八、大驾、卤簿及皇太后、皇妃、东宫、亲王、郡王、公主、仪仗，有新制及增损者书。

九、诸王、公主冠婚皆书，其礼仪有新定者书。

十、谒陵、巡边、亲征、留守事宜皆书，所命官亦书。

十一、凡亲王之国及郡王受命往某地皆书。

十二、文武大臣以事来朝者书，天下官三年一朝皆书。

十三、文武官制衙门及土官衙门有新设、改建、革罢及复旧者皆书。

十四、封公侯伯及命其子孙袭爵皆书，并书所受封号勋阶。

十五、命驸马仪宾悉书。

十六、除授三公、三少，南北二京五府六部、都察院、太常寺、通政司、大理寺、詹事府、光禄寺、应天府、顺天府、亲军指挥使司、太仆寺、鸿胪寺、国子监、翰林院、钦天监、太医院堂上官，及近侍七品以上官，监察御史，宗人府经历，并在外中都留守司、都指挥使司、布政司、按察司堂上官，行太仆寺、苑马寺卿监、盐运使皆书。内有承袭者，守令或佐贰以下保留升禄秩者亦书。若中外文武官有功绩显著，及以事特升迁者，不限职之大小皆书。官大臣之子亦书。

十七、选法及荐举有新令书。

十八、考课有新例及损益旧制书。

十九、公侯伯并文武大臣老疾致仕，及特恩优闲皆书。后复起用亦书。

二十、文官诰敕常例外有特赐者，或有损益事例亦书。

二十一、每岁户口总数，每岁所收田土税粮屯田子粒总数，及漕运总数，采纳金银等件税课茶课等项，并减免税粮麦米等项总数，并于岁终书之。

二十二、转输漕运之法有新令者书。田赋徭役及农桑劝课有新令亦书。停罢岁办诸物皆书。

二十三、屯种有新定之例及考较之法书。

二十四、凡亲王、公主、郡王、郡主、镇国等将军、驸马仪宾、公、侯、伯岁禄，官吏俸给，军士月粮，有新定折支全支条例并书。

二十五、遇岁凶扎赈恤悉书。

二十六、仓库坑冶有新建革及新令者书。

二十七、凡新开盐场，新定中纳盐粮及定户口食盐则例皆书。钞法有新令亦书。

二十八、凡礼仪有新制或损益书，新制乐器皆书。

二十九、每岁圣节、正旦、令至、郊祀、庆成大宴皆书。遇节赐宴如新春上元之类亦书。有特旨赐节假亦书。

三十、中外文武官有特恩皆书，命妇遇庆节有赐亦书。

三十一、各处学校增设或罢革，并内外学生徒简退，及在外四十以上取至京考试皆书。公侯伯有年少特旨送监读书，及四夷遣子入学皆书。

三十二、每科京府乡试礼部会试廷试皆书，所定各处科举额数亦书。廷试制策题悉录全文，进士选读书及暂放归，并下第举人除授官及选读书皆书。

三十三、丧葬之礼及上尊谥之册备书，亲王、郡王、王妃、公主、郡主之丧葬皆书，其礼仪有新定或损益旧仪亦书。凡公、侯、驸马、伯在京文武官三品以上，及侍臣五品以上，在外都司、布政司、按察司正官殁皆书卒，及概其行实善恶，务合公论。其有赠谥及赐祭、赙赐、命有司治葬皆书。若文武官有治行，功迹显著，不限职之大小皆书。

三十四、文武臣僚有没于王事者皆书，有得褒赠亦书。

三十五、凡旌表孝子、顺孙、义妇、节妇，悉著其乡里姓名行实。

三十六、钦天监奏天象、气候、日月薄蚀、五星凌犯皆书，中外奏祥异及军民之家一产三子以上蒙恩赏者亦书。

三十七、建言有关涉国体者皆录，详略随宜，有所奉圣旨亦载。

三十八、武官子孙优给有新例亦书。

三十九、遣使抚谕四裔及封拜赐赉皆书，四裔来朝贡亦书，及有宴赍亦书。

四十、凡纂修先朝实录及编辑书籍皆书。

四十一、凡兵政有新令书，命将各处镇守防边及有备御规画皆书。

四十二、车驾巡边讨叛皆书，命将征讨边夷亦书。征抚安南，备书始末。

四十三、凡军民衙门官马孳生马边境茶马买马之政悉书，其牧养之地有改迁者亦书，每岁有敕免所欠各项马匹，悉书总数。

四十四、凡关津、巡徼、驿传、递运、烽堠有新设及改革者书。

四十五、公、侯、驸马、伯、仪宾有罪削夺，及五府、北京行后府、六部、北京行部、都察院、太常寺、通政司、大理寺、詹事府、光禄寺、太仆寺、应天府、顺天府、鸿胪寺、国子监、翰林院、钦天监、太医院堂上官，近侍七品以上官，监察御史，宗人府经历，及在外中都留守司、都司、布政司、按察司堂上官，行太仆寺、苑马寺卿、盐运司，有罪系下狱黜谪诛戮皆书。有特旨罢黜，干系惩劝者，不限职之大小并书。其蒙特恩宽宥亦书。如犯奸恶叛逆之罪，不限官吏军民悉书。常律之外，别有断罪条例亦书。

四十六、刑官有平反冤狱，详书本末。

四十七、风宪官及文武臣僚弹劾大臣之罪皆书，并书所得旨意。其职非大臣而所犯重者亦书。

四十八、修理宫殿并天地、宗庙、社稷及一切神祇坛场皆书。

四十九、营建山陵备书，建各王、王妃、公主坟皆书，其制度有损益亦书，郡主以下奉敕建者书。

五十、修缮各处城池屯堡及新建革者皆书。

五十一、差官各处提督圩田水利及新开修治河渠、圩岸、桥道皆书，有奏请修筑坡塘等事亦书。

五十二、工匠起取放免皆书。

四、仪制

明制，新帝登极后，即诏修实录，敕命监修总裁副总裁纂修诸官，礼部咨中外官署采辑史迹，遣进士或国学生分赴各布政司郡县搜访先朝遗事，劄送史馆，并以布政使司正官及知府为纂修官。开馆前一日于礼部赐宴，张居正《太岳文集》三七《辞免筵宴疏》：

先该礼部题本，本月二十六日开馆纂修《穆宗庄皇帝实录》，查得累朝旧例，先于本部钦赐筵宴，次日入馆。

入馆后，从皇史宬取前一朝实录，以为对勘之用。（顾炎武《亭林文集》五《书吴潘二子事》）

实录纂修完成后，誊录正副二本，其底稿则于择日进呈前，史官会同司礼监官于太液池旁椒园焚毁，以示禁密。郑晓《今言》三四三：

实录成，焚其草禁中。

又一〇三：

实录进呈，焚草液池，一字不传。

《万历会典》二二一《翰林院》：

其实录草稿，会同司礼监官，于内府烧毁。

沈德符《野获编补遗》一今上史学条：

实录成时，史臣俱会同焚稿于芭蕉园，人间并无底稿。

朱国桢《涌幢小品》二：

实录成，择日进呈，焚稿于芭蕉园。园在太液池东，崇台复殿，古木珍石，参错其间。又有小山曲水，则焚之处也。

刘若愚《酌中志》一七：

玉河桥东岸，再南曰五雷殿，即椒园也。凡修实录成，于此焚草。

孙承泽《春明梦余录》六：

有坊二，一曰金鳌，一曰玉蛛，再南曰五雷殿，即椒园也。凡实录成，焚草于此。

卷一三：

凡一帝山陵，则开局纂修，告成焚稿椒园。

卷三二：

史成焚草，中贵传旨，犹传大学士为翰林学士。

总裁官则呈进实录表，照例铺张先帝之功业，今帝之缵述，末则叙纂修经过。兹举丘濬《琼台会稿》所载《进宪宗实录表》为例：

《进呈宪宗纯皇帝实录表》弘治辛亥八月二十四日上　　丘　濬

伏以皇图有永，天开六叶之君；文化聿成，世享二纪之治。功德之敷遗者既大，典册之纪述者宜详，上广先猷，下垂后训，成 一人继述之孝，慰万姓爱戴之心。恭维宪宗继天凝道诚明仁敬崇文肃武宏德圣孝纯皇帝，以上圣之资，居大宝之位，圣心仁孝，天表清明。广运而文武圣神，刚健而中正纯粹，承千年之大统，缵五圣之洪图。帝享四十一龄，虽寸阴而必竞；君临二十四载，无一日而不朝。遵治命而殉葬不以生人，承先志而任用惟其旧辅。晓朝慈极，无间于暑雨祁寒；日御经筵，不辍于隆冬盛夏。祭神而神如在，极仁孝诚敬之心；奉天而天不违，有感召交孚之妙。介福于圣母，徽号荐加；锡类逮臣民，隆恩均布。顺而委曲以合礼，俪慈懿于山陵；孝以推广其因心，复康定之位号。崇儒重道，稽古好文，辑《文华大训》示元良而万邦以贞，成《纲目续编》明正统而百王不易。恢张治具，寤寐英贤。治分理于六卿，不恃己长而自用；法一循于三尺，靡因私怨以滥加。虽一嚬一笑而必慎所施，恐匹妇匹夫之不获其所。民或干纪，寻即革心；虏敢犯边，俄闻捷报。民安吏职，时和岁丰，允为一代极盛之时，兼有列圣诸福之物。仁声广播，有血气者莫不尊亲；哀诏远颁，具衰绖者如丧考妣。不有信史，曷彰圣功？纪载必有成书，显扬是为大孝。恭惟皇帝陛下道协重华，孝思罔极。严羹墙之如见，著存不忘；躬历数之攸归，负荷是惧。亟鉴观于成宪，思遹骏于先声。爰诏礼官，俾修实录。乃于弘治元年闰正月初三日敕臣懋监修，臣吉等总裁，臣濬等副总裁，臣敏政等纂修。别开史局，群集儒臣，发内府精

> 微之秘藏，采银台出纳之章奏。内而六曹百司之所掌，外而三司列郡之所陈，柄臣建请之事宜，谏辅论思之忠益，言无微而不录，事非要则弗书。凡治体之所关，或风化之攸系，著为令甲，播告司存。与夫礼法章程，功勋节义，人才进退，纲纪弛张，内自宫闱，外极边鄙，政必究其沿革，事必备其始终，贤否决于众论之同，是非公于天定之后，总国计于每岁之杪，述宝训为后世之谟。传其信不传其疑，过于文宁过于质，一存实事，尽削浮辞。立德立功立言，三者备矣；系年系月系日，一以贯之。永为不朽之传，大著无前之绩。臣某等寅奉纶音，愧无史学，方切抱弓之戚，遽叨载笔之荣，仰体宸衷，俯殚管见。立典五志，稽众志以备书；作史三长，念一长之何有。况夫今制时政无编，不比前规起居有注，惧有孤于委任，幸得见其纂成。计日程功，阅岁深有惭于尸素；载言纪事，异时不无补于汗青。

惟解缙《进太祖实录表》特异，以高皇帝高皇后并列，先述高皇帝功业，继述高皇后内助之功，此盖别有用意，说详本文掌故篇甲。

进实录时，典仪极为隆重，明代进实录仪记载之存留者，有《明宣宗实录》卷六一，及《正德会典》、《明史礼志》诸书。兹举《明史》卷五六《礼志》一〇所载永乐元年进《太祖实录》仪及万历五年进《世宗实录》仪为例：

> 进书仪惟实录最重。皇帝具衮冕，百官朝服，进表称贺。建文时《太祖实录》成，其进仪无考。永乐元年重修《太祖实录》成，设香案于奉天殿丹陛正中，表案于丹陛之东，设宝舆于奉天门，设卤簿大乐如仪。史官捧实录置舆中，帝御殿如大朝仪，百官诣丹墀左右立，鸿胪官引宝舆至丹陛上，史官举实录置于案，遂入班。鸿胪官奏进实录，序班举实录案，以次由殿中门入，班首由左门入，帝兴，序班以实录案置于殿中，班首跪于案前，赞史官皆跪，序班并内侍官举实录案入谨身殿，置于中。帝复座，赞俯伏，班首俯伏兴复班，赞四拜，赞进表，

序班举表案由左门入，置于殿中，赞宣表，赞从官皆跪，宣讫，俯伏兴四拜，进实录，退于东班。百官入班，鸿胪官奏庆贺，各官四拜兴。赞有制，史官入班，赞跪，宣制云："太祖高皇帝高皇后功德光华，纂述详实，朕心欢庆，与卿等同之。"宣讫，俯伏兴三舞蹈又四拜，礼毕。万历五年《世祖实录》成，续定进仪。设宝舆香亭表亭于史馆前，帝衮冕御中极殿，百官朝服侍班。监修总裁纂修等官朝服至馆前，监修官捧表至表亭中，纂修官捧实录置宝舆中，鸿胪官导迎，用鼓乐伞盖，由会极门下阶至桥南，由中道行，监修总裁等官随表亭后由二桥行，至皇极门，实录舆由中门入，表亭由左门入，至丹墀案前，监修官捧表置于案，纂修官捧实录置于案，俱侍立于石墀东内殿，百官行礼讫，帝出御皇极殿，监修总裁等官入，进实录进表俱如永乐仪。次日司礼监官自内殿送实录下殿，仍置宝舆中，用伞盖与监修总裁官同送皇史宬尊藏。

礼成，赐宴于礼部，监修以下官各赐白金彩币表里，转官各有差。

实录有正副二本，副本初藏古今通集库，《明成祖实录》卷一一〇：

永乐十六年五月庚戌，监修实录官行在户部尚书夏原吉，总裁官行在翰林院学士兼右春坊右庶子杨荣等上表进《太祖高皇帝实录》。上具皮弁服，御奉天殿受之，披阅良久，嘉奖再四曰："庶几小副朕心！"又顾原吉等曰："此本朝文，以资览阅，仍别录一本，藏古今通集库。"

刘若愚《酌中志》一六：

印绶监掌印太监一员，职掌古今通集库。

卷一七：

香库稍北，有库一连，坐东向西，有石牌曰古今通集库，系印绶监所掌，古今君臣画像符券典簿贮此。

后改贮内阁。彭时《彭文宪公笔记》：

文渊阁在午门内之东，文华殿南面砖城，凡十间，皆覆以黄瓦。西五间中揭文渊阁三大字牌扁，扁下置红柜，藏三朝实录副本。

丘濬《琼台会稿》一弘治壬子五月十二《请访求遗书奏》：

今内阁所藏者，《太祖高皇帝实录》一部二〇五册，《宝训》一五册。《太宗文皇帝实录》一部一二四册，《宝训》一五册。《仁宗昭皇帝实录》一部二一册，《宝训》六册。《宣宗章皇帝实录》一部一一六册，《宝训》一〇册。《英宗睿皇帝实录》一部三六一册，《宝训》一二册。《宪宗纯皇帝实录》一部二九三册，《宝训》一〇册。与藏在内府，每帝又各有一部而已，此外别无他本。

郑晓《今言》三四三：

直文渊阁……凡累朝御文实录宝训玉牒之副，古今书，皆藉而藏之。

陈继儒《眉公见闻录》三：

累朝纂修宝录事例，凡纂修实录宝训已完，正本于皇极殿恭进，次日送皇史宬恭藏，副本留贮内阁。

至庋藏之责则有典籍司之。《会典》二二一《翰林院》：

凡内阁收贮御制文字实录玉牒副本，古今书籍，及纸劄笔墨等项，典籍等官收掌。

正本则嘉靖以前藏于内府。嘉靖十三年（公元1534）建皇史宬，金匮石室，最为严密。刘若愚《酌中志》一七：

永泰门再南街则皇史宬，珍藏太祖以来御笔实录要紧典籍，石室金匮之书，此其处也。

孙承泽《春明梦余录》一三：

皇史宬在重华殿西。建于嘉靖十三年。门额以史为叓，以成为宬。左右小门曰䕯历，以龙为䕯，皆上自制字而手书也。中贮列朝实录及宝训。每一帝山陵，则开局纂修，告成焚稿椒圆，正本贮此。实录中诸可传诵宣布者曰宝训。宬中四周上下俱用石甃，中具二十台，永陵定陵各占二台。

又敕命重录祖宗实录宝训，送皇史宬尊藏，《明世宗实录》记：

嘉靖十三年七月甲戌，上谕内阁：祖宗御像实录宝训，宜有尊崇之所。训录宜加以坚楮书一编，作石匮藏之；内阁因议于南内建阁尊藏。其重写训录，书帙大小，依《通鉴纲目》例规，不拘每月一册，异日收藏，每朝自为一柜，议定如纂修例，诏从之。因命武定侯郭勋为监录官，大学士李时、礼部尚书夏言、詹事顾鼎臣等为总视经理官。太常寺卿谢丕，侍读学士张璧，侍讲学士蔡昂等为副管录官。侍读张衮，侍讲江汝璧、杨维杰、唐顺之、欧阳衢，赞善张治，谕德姚涞，修撰王用宾，编修杨瀹、陈节之、胡经等为校录官，率誊录官生等同录。至嘉靖十五年八月乙酉书成。

以司礼监官一员提督之。(《酌中志》一六）以每年六月六日晒曝实录，《野获编》二四《风俗》：

六月六日本非令节，但内府皇史宬晒曝列圣实录御制文集诸大函，则每岁故事也。

《酌中志》一七：

每年六月初六日奏知晒晾，司礼监第一员监官董其事而稽核之，看守则监工也。

世宗中年好道，日事斋醮，取宫中旧本安置于西城万寿宫，后被火灾。万历十六年神宗欲取读实录，阁臣因请另誊一小型本，以便观览。总明代实录正本贮皇史宬，自洪武至正德，均嘉靖重录本。副本藏内阁，宫中又别有洪武至隆庆小型本，书型较小，卷数亦有并省。详具本文传布篇。

五、掌故甲

(一) 太　祖

《太祖实录》凡三修，《明史·艺文志》二记：

> 《明太祖实录》二五七卷，建文元年（公元1399）董伦等修。永乐元年（公元1403）解缙等重修。九年（公元1411）胡广等复修。起元至正辛卯（公元一三五一）讫洪武三十一年戊寅（公元1398），首尾四十八年。万历时允科臣杨天民请，附建文帝元、二、三、四年事迹于后。

沈德符《野获编》卷一：

> 洪武三十一年（公元1398）八月，建文君新即位，征江西处士杨士奇充实录纂修官。至建文元年正月，始大开局修《太祖实录》。时总裁为礼部侍郎董伦、王景彰，副总裁为太常卿廖升，学士高逊志，纂修官为国子博士王绅及汉中府教授胡子昭，齐府审理副杨士奇，崇仁县训导罗恢，马龙他郎甸长官司吏目程本立。文皇帝新即位，以前任知府叶仲惠等修《太祖录》，指斥靖难君臣为逆党，论死籍没。本年十二月始命重修，其时监修者为曹国公李景隆，忠诚伯茹瑺。永乐九年又以景隆、瑺等心术不正，编辑不精，改命姚广孝、夏原吉为监修，其纂修则属之胡广等，又命杨士奇、金幼孜佐之，而总裁则属祭酒胡俨，学士黄淮、杨荣。

此以初修本指斥靖难为叛逆，故命再修，又以再修之监修官李景隆、茹瑺心术不正，编辑不精，故命三修。二修时焚初修本，至三修时又毁二修本，前二本俱不可得见，《野获编》一又记：

> 本朝《太祖实录》修于建文中，王景等为总裁。后文皇帝靖难，再命曹国公李景隆监修，而总裁则解缙，尽焚旧草。其后永乐九年复以为未善，更命姚广孝监修，总裁则杨士奇，今

所传本是也。然前两书所修，则不及见矣。

顾亭林亦指出二修三修本之不同，要点在靖难一事，并揭出实录之特殊书法，《亭林文集》三《答汤荆岘书》：

> 《太祖实录》凡三修，一修于建文之时，则其书已焚，不存于世矣。再修于永乐之初，则昔时大梁宗正西亭曾有其书，而洪水滔天之后，遂不可问。今史宬及士大夫之家讳实录之名而改为《圣政记》者，皆三修之本也。然而再修三修所不同者，大抵为靖难一事，如弃大宁而并建立之制，及一切边事书之甚略是也。至于颣、宋二公若果不以令终，则初修必已讳之矣。闻之先人曰：实录中附传于卒之下者正也，不系卒而别见者变也。当日史臣之微意也。今观卒后恩典之有无隆杀，则举一隅而三可反矣。

徐健庵则以为成祖为亲讳过举，故三修本极失实，其所上《修史条议》云：

> 《太祖实录》凡三修，一在建文之世，一在永乐之初，今所传者，永乐十五年重修者也。前二书不可得见，大要据实直书，中多过举，成祖为亲隐讳，故于重修时尽去之。其实太祖御制文集诰命，未尝讳也。今观此书疏漏舛误，不可枚举，当一一据他书驳正，不得执为定论。

夏燮最后出，其持论乃最精。燮以为再修三修之用意，只在证明成祖确为高皇后所出，故懿文、秦、晋三兄死后，伦序当立。《明通鉴》卷首义例：

> 明成祖于建文所修之太祖实录，一改再改，其用意在适出一事。盖懿文太子薨，则其伦序犹在秦、晋，若洪武之末，则秦、晋二王已薨，自谓伦序当立，藉以文其篡逆之名也。并引周王为五人同母者，盖燕、周本同母也。《明史·黄子澄传》曰："周王，燕王之母弟，削周是翦燕手足也。"此初修本之仅存者。解缙奉诏再修，尽焚原作，而独存此数语者，盖缙等欲

取媚成祖，遂谓懿文太子秦、晋二王皆诸妃出，惟燕、周二王同为高后生，以证立嫡立长礼之所宜。是则缙之所谓同母，乃母高后，与子澄传中同母之语，词同而意异矣。缙之得罪在永乐九年，时必有谮之于成祖者，谓懿文庶出主语，骇人听闻，修实录者留此罅漏，以滋天下后世口实。于是成祖并疑李景隆、茹瑺心术不正（语见沈氏《野获编》），乃于九年复命姚广孝、夏原吉等为三修之役，而杨士奇等主之，因自懿文太子以下五人悉系之高后所出，遂为定本。而忘却子澄同母一语，自相矛盾，未及追改，又入之《永乐实录》中，而燕、周二王之为庶出反成铁证，是目论不自见其睫者也。

燮又据《永乐实录》，证明《太祖实录》三修本，凡于成祖后来帝业有关处，都为二修三修时所伪撰窜入，以为成祖之纂夺，乃出高祖之遗意之张本。其言曰：

　　家藏《永乐实录》，系京师所购之钞本全帙。撰《通鉴》时详加校阅。成祖自受封燕王以及防边之命，靖难之由，无不与所改之《太祖实录》，先后同符。《永乐实录》中有皇考本欲立朕语，则预改《太祖实录》东阁门召谕群臣，增入“国有长君，吾欲立燕王”，又增入刘三吾对“置秦、晋二王于何地”语。以肃清沙漠为一人之功，则预于《太祖实录》中窜入晋王无功及欲构陷成祖之语。三十一年防边与辽王并命，成祖欲以节制之师，为易储之券，则于《太祖实录》中增入“五月帝命杨文、郭英从辽王备御开平，俱听燕王节制”之语（原文杨文听燕王节制，郭英听辽王节制。不谓辽王亦同在燕王节制中也）。太祖不豫，遣中使召王，至淮而返，语具《永乐实录》。复又于《太祖实录》中窜入“敕符召燕王还京师，至淮安，用事者矫诏却还”，及“帝临崩，犹问燕王来未?”之语。种种伪撰，无非欲以《太祖实录》为之张本，此再修三修之由来也。

综上所述，自沈景倩以下，对于《太祖实录》再修三修之用意，各为一面之阐究。合而论之，盖重修之故，固一以建文遗臣之指斥，一以欲隐太祖生前之过举，一以歌颂靖难之举之为应天顺人。而其最重最要者，实为“适出”及伪撰太祖本欲立燕王之故事，以自解于天下后世也。二修实录之着重“适出”一事，解缙于《进实录表》中明明道出，详具后文。

《太祖实录》之第一次纂修，姜清《姜氏秘史》卷二记：

己卯建文元年春正月，敕修《太祖高皇帝实录》。以礼部左侍郎兼翰林院学士董伦，右侍郎兼翰林院学士王景彰为总裁官。太常寺少卿廖昇、翰林院侍读学士高逊志为副总裁官。翰林院修撰国子监博士王绅、陕西汉中府学教授胡子昭、齐府审理副杨士奇、江西崇仁县训导罗恢、云南马龙他郎甸长官司吏目程本立等为纂修官。给大官馔，宠眷有加。

据《秘史·程本立传》，时同纂修者又有礼部郎中夏正善，史官钱塘高让、庐陵吴勤、赵友士、端孝思、张秉彝、唐耕，修撰李贯，编修吴溥、杨溥、杨子荣、刘莪，侍书刘彦铭等。据《明史》一四三《程通传》，又有叶仲惠，以直书靖难事为成祖所族诛，传言：

叶仲惠临海人。有文名。以知县征修《太祖实录》，迁知南昌府。永乐元年坐直书靖难事族诛。

沈景倩记“文皇帝新即位，以前任知府叶仲惠等修《太祖实录》，指斥靖难君臣为逆党，论死籍没。”知永乐元年以初修案被诛籍没者除叶仲惠外，尚有多人，然以史文缺乏，其姓名已不可考矣。

成祖即位后，即诏重修《太祖实录》，《明成祖实录》一三：

洪武三十五年（公元 1402）十月己未，修《太祖实录》。敕太子太师曹国公李景隆、太子太保兼兵部尚书忠诚伯茹瑺曰：“比者建文所修实录，遗逸既多，兼有失实，朕鉴之诚有歉焉。今命儒臣，重加纂修，务在详备，庶几圣德昭明，垂裕万世。尔景隆国之懿戚，自少暨壮，服事皇考，庙谟睿略，多所闻知，今特命尔监修。瑺祇事先帝，多历年载，信任弥笃，当时圣政，亦所悉焉。其为之副。当端乃心，悉乃力，用著成一代之盛典，岂不惟仰答先朝宠遇之厚，亦以副予惓惓之孝。

钦哉！”

次日又敕谕修实录官，同书记：

三十五年十月庚申，谕修实录官曰：“自古帝王功德之隆者，必有史官纪载。……比建文中信用方孝孺等纂述实录，任其私见，或乖详略之宜，或昧是非之正，致甚美勿彰，神人共愤，蹈予显戮，咸厥自贻。今已命太子太师曹国公李景隆为监修，太子少保兼兵部尚书忠诚伯茹瑺为副监修。尔等皆茂简才识，俾职纂述，其端乃心，悉乃力，以古良史自期，恪勤纂述，必详必公，用光昭我皇考创业垂统，武功文治之盛，与乾坤相为无穷，斯汝为无忝厥职矣。钦哉！”

两日内谆谆指斥初录，而勉纂修诸臣以端心悉力，必详必公，此其意自有在也。至实录将成时，又贿以重利，縻以好官，《明成祖实录》二〇下：

永乐元年（公元1403）五月丙申，上以《太祖皇帝实录》将成，命礼部预定赏格。赐监修官总裁官纂修官催纂兼誊写官等白金彩币有差。

卷二一：

六月辛酉，监修国史太子太师曹国公李景隆等，总裁官翰林侍读学士解缙等上表进《太祖高皇帝实录》。是日照所定赏格赐景隆等八十六人。

复升擢诸纂修官中外职任：

六月丙寅，以实录成，升纂修官吏部郎中徐旭为国子祭酒。太常博士钱仲益，知县梁覾、梁谦、王褒为翰林修撰。国子助教王达，给事中朱弦为编修。行人蒋骥为检讨。国子博士金玉铉为翰林五经博士。晋府伴读苏伯厚为翰林侍书。教谕解荣、刘宗平为待诏。教授张显为国子学正。训导傅贵清、罗师程为国子学录。知府刘辰为江西布政使司左参政。礼部郎中胡远为左参议。广东按察司佥事李烨为福建布政使司左参议。知县赵季通例应升而以疾乞教职，授国子博士。佥事叶砥改吏部考功郎中，知县唐广云改监察御史，楚府教授吴勤改开封府学教授。升誊写官主事陆颙为礼部员外郎，端孝思为兵部员外郎。擢监生钟子成、陈彝训、刘谦、沈文为中书舍人。梁逢吉、叶蕃、沈绍先、华嵩、乔岳、卫浩、郑中、余从善、陈俊良为监察御史。生员金寔为翰林典藉。汪锜等十人为知县。

《实录重修表》，解缙撰：

《进实录表》　　　　解　缙

伏以圣人受命，启万世之鸿基；史氏纂书，示百王之大法。是故尧舜之事，载于典谟；文武之政，布在方策。昭明日月，炳耀丹青，俾文献之足征，实古今之通义。矧创业垂统，皆在于贻谋；而继志述事，敢忘于纪载。鼎彝有勒，圣哲相承，铺张极盛之宏休，扬厉无穷之伟绩，历述前闻之作，允为达孝之规。钦惟太祖圣神文武钦明启运俊德成功统天大孝高皇帝应千年之景运，集群圣之大成。天命眷顾之隆，起徒步不阶于尺土；人心悦服之固，未三年已定于京都。龙飞云从而华夏蛮貊罔不率服，日临月照而山川鬼神莫不攸宁。有过化存神之妙，有绥来动和之应。英杰不期而会，遐迩不令而从，尽收当世之贤才，大拯生民于水火。群臣归命，不戮一夫；元主遁荒，礼遣其嗣。四方幅员之广，亘古所无；中国先王之典，悉复其旧。传圣贤道学之统，守帝王心法之言，罢黜百氏，弥纶六经，范围化工，曲成万物。天休滋至而兢业贯乎始终，诸福毕臻而谦抑统乎表里。在位之久，三十余年，升遐之日，万方哀悼，此于近古，邈焉罕俦。汉高年不登于中寿，光武运仅绍于中兴，唐高祖因隋之资，宋太祖乘周之业，元世祖席累代之威，皆未有若此之盛者也。钦惟孝慈昭宪至仁文德承天顺圣高皇后天生圣善，克相肇基，侧微德迈于嫔虞，开创功超于胥宇，永协坤元之吉，夙开文定之祥。鸣鸠均众子之恩，螽斯衍百男之应，保合承天之庆，简能造化之仁。历考古之后妃，盖莫盛乎周室，然挚任诞圣，而无辅运之绩；邑姜辅运，而无诞圣之祥。矧皆起于邦君，或克承其世绪，降及近世，皆非等伦。若夫同起布衣，化家为国，调元翊运，参机赞谋，正位中宫，十有五年，慈训昭明，文德通理，邦家承式，天下归仁，诞育圣躬，万世永赖，自古以来，未之有也。钦惟皇帝陛下，体合乾坤，重华日月，上天申命，卓然中兴，焕帝尧之文章，缵武王之继述，孝事太祖，有见而知。发兰台记注之书，而征以藩邸之副；抽金縢石室之秘，又考于世家之藏。爰当嗣位之初，首颁修史之诏。臣缙总裁臣某等纂修，慎选多士，宴锡便蕃，即开馆于禁中，屡翻阅于几暇，以百人之众，历期年之久，惟务校雠之事，实无黼黻之能。巍巍道冠于百王，荡荡功超于千古，是知礼乐征伐所自，必有训诰之文；云霞华卉之生，何劳绘画之力？仰青天而瞻象纬，尚奚罄于名臣；开玉府而见璠玙，惟自庆其希遇。因文序次，莫抽一辞之赞扬；据事直书，永示万年之大训。谨撰述《太祖实录》一百八十三卷，缮写成一百六十五册，谨伏阙上进。臣缙等无任瞻天仰圣，惭惧屏营之至，谨奉表以闻。(《解文毅公集》卷一)

此表以高祖高后并列并颂，“诞育圣躬，万世永赖”云云，特著成祖为高后所生，二修之微意在此，解缙之得罪亦以此。明人何孟春于此表亦特加注意，《余冬序录外篇》：

国朝《太祖高皇帝实录》，永乐初命曹国公李景隆暨翰林学士解缙等，后命户部尚书夏原吉等，凡经修进二次。解缙表内开一百八十三卷，计一百六十五册，以元年六月十五日进。夏元吉表内开二百五十七卷，计二百五十册，又宝训十五卷，计十五册，以十六年五月一日进。解表今载《皇明文衡》，夏表刻其家集可考也（按夏元吉有《夏忠靖公遗集》，表见集卷一）。夏表乃是约解表语为之者，其云“颁修史之诏，在嗣位之初，爰纂成书，实由圣断，谓事贵直而文贵简，理必明而义必彰，乃敕命乎儒臣，重编劘于岁月”。所以见再修者此数语耳。实录既出再修，而编《明文衡》之人，乃载其初进之表，殆有深意。

二修实录之纂修官中刘辰特可注意，辰为太祖初起时之幕僚，多知国初事，所著《国初事迹》今有传本。再修时李景隆即荐其入史馆，史成被殊擢，晚年又赐文币，盖辰于三朝事多亲历，再修多曲笔，非罗致之不足以灭其口也。《明成祖实录》卷一三〇有辰小传：

> 永乐十年七月丙午，刑部致仕左侍郎刘辰卒。辰字伯静，金华人。慷慨负气，好辨论。初李文忠镇浙东，辟辰掌簿书。后以亲老辞归。建文初用湖广道监察御史升镇江府知府。上初即位，修《太祖高皇帝实录》。李景隆言辰涉知国初事，召至数被顾问。升江西布政司左参政，辰居官勤，未几坐累免。逾年复起为北京刑部右侍郎，而留南京者三年。至是念其老，赐敕及钞文绮，俾致仕。时已疾作，遣医送归，出京数日卒，年七十有八。辰志于有为，然疏略少实云。

至永乐九年十月，又敕命重修《太祖实录》。《成祖实录》卷一二〇：

> 九年十月乙巳，命重修《太祖高皇帝实录》。上即位之初，命曹国公李景隆等监修，而景隆等心术不正，又成于急促，未及精详。上巡幸至北京之初，命翰林学士胡广等重修。至是命太子少师姚广孝、户部尚书夏原吉为监修官，翰林院学士兼左春坊大学士胡广、国子祭酒兼翰林院侍讲胡俨、右春坊大学士兼翰林院侍读黄淮、右春坊右庶子兼翰林院侍讲杨荣为总裁官，左春坊左谕德兼翰林院侍讲学士杨士奇、金幼孜等为纂修官，皆赐敕勉励。

至十六年五月始成书，以修录要指皆出成祖授意，夏原吉进实录表所谓“爰纂成书，实由圣断”，故书成后，成祖极为得意。《成祖实录》卷一一〇：

> 十六年五月庚戌朔，监修实录官行在户部尚书夏原吉、总裁官行在翰林院学士兼右春坊右庶子杨荣等上表进《太祖高皇

> 帝实录》。上具皮弁服，御奉天殿受之，披阅良久，嘉奖再四曰："庶几小副朕心！"

时姚广孝已先卒于本年三月戊寅，故进实录时不及之。同书又记：

> 五月辛亥，赐重修实录监修官户部尚书夏原吉钞二百锭，彩币三表里，纱衣一袭。总裁官文渊阁大学士兼左春坊大学士胡广、翰林院学士兼右春坊右庶子杨荣、国子监祭酒兼翰林院侍讲胡俨钞百六十锭，彩币二表里，纱衣一袭。纂修官金幼孜、胡广、曾棨、邹缉、王英、余鼎、罗汝敬、李时勉、陈敬宗等有差。壬子赐修实录监修总裁纂修等官户部尚书夏原吉等三十八人宴于礼部。

此《明太祖实录》三次纂修之本末也。二修时即已革除建文年号，仍以洪武纪年，于靖难时记载尤多不实。尤以记方孝孺死难事，为明人所抨击最烈，郑晓《今言》六五：

> 彭惠安公（韶）《哀江南词》，叙述建文死义之臣，至方逊志乃云："后来奸佞孺，巧言自粉饰，叩头乞余生，无乃非直笔？"盖指西杨（士奇）辈修实录，书方再三叩头乞生者非实事也。

又二一三：

> 方逊志在翰林宠任时，荐西杨。西杨修实录，乃谤方叩头乞余生。

士奇于《太祖实录》之三次纂修，皆预执笔，故后来史家多攻其无史德，《明史》卷一四八《杨士奇传》：

> 建文初集诸儒修《太祖实录》，士奇已用荐征授教授当行，王叔英复以史才荐，遂召入翰林，充编纂官。

郑晓《今言》九：

> 《太祖实录》三修：建文君即位初修，王景充总裁；靖难后

再修总裁解缙；缙得罪后三修总裁杨士奇。初修再修时士奇亦秉笔。

沈德符《野获编》一：

初修再修时杨文贞俱为纂修官，则前后三史，皆曾握管，是非何所取裁，真是厚颜！

孙承泽《春明梦余录》一三：

《洪武实录》三修总裁杨士奇。初修再修时士奇皆秉笔，以一人而前后依违者甚多。

清全祖望《鲒埼亭集·移明史馆帖子》二：

《太祖实录》已为杨士奇芟改失实。至纂修《书传会选》诸臣姓名，因其中有殉让帝难者，尽削去之。则后籍之不足凭如此！

至太祖朝事迹，如明初沉韩林儿于水，洪武十三年以后之胡惟庸、蓝玉、李善长诸党案，杀数万人，破十数万家，开国功臣，芟夷略尽，文臣如宋濂亦不免谪死，当时曾刊有《大诰》、《二诰》、《大诰三编》、《昭示奸党录》诸书颁示天下，实录几全隐而不书。钱谦益曾发其覆，著《太祖实录辨证》一书，收入其所著《初学集》中。潘柽章则著《国史考异》，有《功顺堂丛书》本，二书均为治明初史事者所必读之书，文烦不备录。

六、掌故乙

（二）建文帝

成祖登极后，不为建文帝修实录，且削其年号，仅附其事迹于太祖录中。至明末始有请修《建文实录》者，孙承泽《春明梦余录》一三：

明史可议者，如建文嗣位，颇称贤明，乃以靖难之故，去其年号不存，实录之未辑。杨文懿守陈曰："国可灭，史不可灭。靖难后不记建文君事，遂使当时政典，方、黄死事诸臣，皆阙落无传。及今搜采，犹可补葺也。"此伟议也。崇祯壬午（公元1642）都尉巩永固、给事沈胤培俱疏请未行。

《明史》卷二七八《万元吉传》：

福王立，元吉请修建文实录，复其尊称，从之。

然明不旋踵亡，此议亦徒成空谈而已。

（三）成祖，仁宗

《明史·艺文志》：

《成祖实录》一百三十卷，《宝训》十五卷，杨士奇等修。《仁宗实录》十卷，《宝训》六卷，蹇义等修。

《仁宗实录》：

洪熙元年（公元1425）五月癸酉，敕行在礼部及翰林院修《太宗实录》。命太师英国公张辅，少师兼吏部尚书蹇义，少傅兼户部尚书夏原吉等为监修官。少傅兼华盖殿大学士杨士奇，少保兼武英殿大学士黄淮，少傅兼谨身殿大学士杨荣，少保兼武英殿大学士金幼孜，翰林学士杨溥等为总裁官。与纂修官曾棨、王英、王直、周述、陈循、李时勉、蒋骥、钱习礼、蔺从善、刘永清、邢宽、胡穜、蒋礼、周叙、孙曰恭、杨敬、王雄、杨翥、许彬、周贵，陈继、张理、沈寅、陈叔刚、邹循、朱诠、萧湘、王璜、翁选、余学夔等同纂修。

《宣宗实录》五：

洪熙元年闰七月乙巳，以纂修《仁宗昭皇帝实录》敕礼部曰："……自皇考仁宗昭皇帝留守南京，至嗣天位，二十余年圣德圣政，尔礼部悉恭依皇祖《太宗文皇帝实录》事例，通行中外采辑，送翰林院编纂实录。其以太师英国公张辅，太保成山侯王通，少师吏部尚书蹇义及夏原吉为监修官，杨士奇、黄淮、杨荣、金幼孜、杨溥为总裁。”

卷一七：

宣德元年（公元 1426）五月己酉，以纂修实录，敕召武英殿大学士金幼孜、翰林院学士杨溥、侍读钱习礼、侍讲陈敬宗、陈循、检讨刘永清等。时幼孜、敬宗、永清以忧去，溥、习礼、循请告省亲故也。

卷六一：

宣德五年正月壬戌进两朝实录，太宗百三十卷，仁宗十卷。

杨士奇《东里文集》卷二三《两朝实录成史馆上表》：

伏闻上有尧舜禹汤文武之君，斯有典谟训诰誓命之纪，当时所录，万世攸师。自汉以来，暨于唐宋，皆建史官，专职纪述。我国家奉天启运，圣圣相承，大经大法明于上，善政善教被于下，万方一统，海宇清宁。洪武以前，神功圣德，史氏所纪，具有成书。钦惟太宗体天弘道高明广运圣武神功纯仁至孝文皇帝，刚健中正，广大钦明，体天之心，行天之道，励精为理，躬俭爱人，再奠邦家，中兴鸿业。文治光昭于日月，武烈弘靖于华夷，大略雄材，茂功伟绩，规模弘远，卓冠百王。钦惟仁宗敬天体道纯诚至德弘文钦武章圣达孝昭皇帝，孝友英明，宽仁恭俭，敬天法祖，制治保邦，明目达聪，周询民隐，时使薄敛，博施济人。抚盈之上运，广文明之化，丕新政纪，覃敷德泽，期月之内，天下归仁。二圣升遐，云车益远，万姓哀慕，海宇同情。恭惟皇帝陛下，文武圣神，聪明睿知，缵登大宝，母育子民，益广至仁，继志述事。歌九功之惟叙，得万国之欢心，上念祖宗功德之隆，同符天地覆载之火，宜宣昭于简册，垂仪范于帝王。宣德元年五月敕修两朝实录，命臣辅等监修，臣士奇等总裁，臣桀等纂修，发左右史臣之所纪，阅中外官府之所上，兼考章疏，参之见闻。编载事功，必备著其本末；纂述谟训，必致意于精微。关制度者虽细不遗，切机务者虽明必审，于纪述圣神之道德，如绘画造化之功能，儗诸形容，诚难仿佛。乃若附录臣下，必在究明是非。迄五年正月恭成《太宗文皇帝实录》百三十卷，《仁宗昭皇帝实录》十卷，合百五十四册，谨缮写上进。伏念臣辅等智识浅陋，学术空疏，旷岁月而久稽，亦讨论之惟谨。方诸良史，深愧乏三长之称；监于先朝，庶少资万机之暇。

《宣宗实录》卷六六：

宣德五年五月乙卯，以两朝实录成，升纂修等官。

(四) 宣　宗

《明史》卷九七《艺文志》：

《宣宗实录》一百十五卷，杨士奇等修。

《英宗实录》卷四一：

宣德十年（公元1435）七月丙子，敕礼部修实录，命太师英国公张辅为监修官。少傅兼华盖殿大学士杨士奇，少傅兼谨身殿大学士杨荣，翰林学士杨溥为总裁，侍讲学士王英、侍读学士王直为副总裁。与纂修官李时勉、钱习礼、蔺从善，苗衷、曾鹤龄、马愉、高穀、胡穜、邢宽、周叙、尹凤岐、孙曰恭、习嘉言、陈叔刚、陈循、曹鼐、仪铭、王一宁、杜宁、储懋、杨翥、林文、钟复、董璘、杨寿夫、刘球、刘铉、洪玙、张益等同纂修。正统三年（公元1438）四月乙丑进《宣宗皇帝实录》，丙寅赐监修官张辅等彩币表里有差，庚午赐张辅等八十五人宴于行在礼部。辛未以《宣庙实录》成，升纂修官李时勉等官有差。

(五) 英　宗

《明史》卷九七《艺文志》：

《英宗实录》三百六十一卷，成化元年（公元1465）陈文等修。起宣德十年正月，讫天顺八年正月，首尾三十年，附景泰帝事迹于中，凡八十七卷。

《明宪宗实录》：

天顺八年（公元 1464）八月丁酉，敕修《英宗实录》。命会昌侯孙继宗为监修官。支部尚书李贤，翰林学士陈文、彭时为总裁官。吏部侍郎李绍春、侍讲学士刘定之、南京国子监祭酒吴节为副总裁官。与纂修官柯潜、万安，侍讲学士李泰、江朝宗、杨守陈，侍读学士周洪谟、孙贤、刘珝、丘濬，修撰刘濬、陈鉴、刘吉、谢一夔、彭教，编修徐琼、陈秉中、彭华、刘健、尹直、李永通、郑环、张元祯、汪谐、吴钺、罗景，检讨邢让、张颐、耿裕、周经，谕德黎淳、童缘、刘宣等同纂修。至成化三年八月丁巳书成，监修官孙继宗率纂修官等奉表进呈，赐宴于礼部，并赐钞帛有差。

英宗朝土木之变，于谦功最大，复辟后以非罪死，至修录时是非犹未定，丘濬力主谦之有功社稷，众论遂定。易储之奏人以为出江渊，亦以濬言辨正。何乔新《何文肃公集》三〇《文庄丘公墓志铭》：

修《英庙实录》，或谓少保于谦之死，当著其不轨之迹。公曰："乙巳之变，微于公天下不知何如！武臣挟私怨，诬其不轨，是岂可信哉！"众以为然，功过皆从实书之。执笔者谓王竑易储之奏，出前工部尚书江渊，史馆多以为然。公独曰："闻当时竑教其兄为此，觊免死耳。且广西书奏用土产纸，易辨也。"索其奏验之，果广西纸，众乃服。

录中记土木败耗至京师，廷臣聚议时，太监李永昌有内主决策功，王世贞则以为此乃永昌嗣子泰在史馆所杜撰，不可信也。《史乘考误》五：

史言："京师戒严，羸马疲卒，不满十万，人心汹汹。群臣众哭于朝，议战守。有欲南迁者，尚书胡濙曰：'文皇定陵寝于此，示子孙以不拔之计。’侍郎于谦曰：‘欲迁者斩！为今之计，速召天下勤王兵，以死守之。’学士陈循曰：‘于侍郎言是。’众皆曰‘是！’而禁中尚疑惧，皇太后以问太监李永昌，对曰：‘陵寝宫阙在兹，府库百官万姓在兹，一或播迁，大事去矣。独不监南宋乎？’因指陈靖康事，辞甚切。太后悟，由是中外始有固志。”按所谓胡濙、于谦、陈循之说有之。第考一时刘文安、叶文庄诸公所记，俱言侍讲徐珵召入，倡南迁之计，而太监金英斥之使出，学士江渊乃更为固守之说以对，遂得大用。当是时内微金英，外微谦，几摇动矣。而史皆不载。所载李永昌对太后语，稗官数十家俱不及也。按修史在成化初，李永昌柄司礼，方贵重用事，而嗣子泰以学士在史馆，溢美之谈，大抵未足信也。

(六) 景　帝

英宗南宫复辟后，杀景泰帝。成化时修《英宗实录》，仅附其事迹于《英录》中，凡八七卷。时有主革景泰帝号者，纂修官尹直执不可。《明史》卷一六八《尹直传》：

成化初充经筵讲官，与修《英宗实录》。总裁欲革去景泰帝号，引汉昌邑更始为比。直辩曰：“实录中有初为大臣，后为军民者，方居官时则称某官，既罢去而后改称。如汉府以谋逆降庶人，其未反时书王书叔如故也。岂有逆计其反而即降后庶人之号者哉！且昌邑旋立旋废，景泰帝则为宗庙社稷主七年。更始无所受命，景泰帝则策命于母后，当时定倾危难之中，微帝则京师非国家有，虽易储失德，然能不惑于卢忠、徐振之言，卒全两宫，以至今日，其功过相准，不宜去帝号。”时不能难。

《梦余录》一三：

景帝已正位号，《英宗实录》犹称郕戾王附。夫景帝与于忠肃再造乾坤，有功宗社，当时戾字之谥，已违公议。后宪宗追称景帝，乃不为之称宗改谥，而实录仍称郕戾王附。

(七) 宪　宗

《明史》卷九七《艺文志》：

> 《宪宗实录》二百九十三卷，刘吉等修。

《明孝宗实录》：

> 弘治元年（公元 1488）闰正月戊辰，诏修《宪宗实录》。命英国公张懋为监修官。吏部尚书刘吉、礼部尚书徐溥、翰林院学士刘健为总裁官。礼部尚书丘濬、翰林院侍讲汪谐、吏部侍郎杨守陈为副总裁官。与纂修官翰林院侍讲程敏政，侍读傅瀚、费訚、谢迁、陆简、曾彦、杨守阯、刘戬、王鏊、杨杰、梁储，修撰刘机、张芮、武卫，编修刘忠、邓焲，及儒臣李东阳、吴宽、董越、黄㫬、张天瑞、刘春、余瑞、杨士畅、李杰、杨廷和、张澜、李通、胡清等同纂修。至弘治四年八月丁卯书成，监修官张懋率纂修等官同奉表进呈，赐宴于礼部，并赐钞帛有差。

总裁刘吉与刘珝、尹旻不睦，故记成化时事多曲笔。王世贞《史乘考误》六：

> 史谓："尚书项忠具奏草论汪直，令武选郎中姚璧持赴吏部尹旻请署名，旻固辞不得已乃署，即遣人报韦英曰：'本兵部所为，旻但以次居首耳。'又数日都御史王越遇刘珝、刘吉于朝，极言直贤，语侵内阁，珝默然，吉折之，越遂与吉疏。"按内阁危言攻汪直者，独商文毅（辂）刘文和（珝）耳，文和特疏言西厂非宜，至诘责之际，侃侃不屈。今言文和默然，又谓尹恭简（旻）密报韦英。盖实录为刘文穆（吉）所修，故引以归己，而恭简、文和又素与文穆不睦，似不无饰笔。

于珝致仕时，在录中力攻其短，丑言肆詈。珝卒于弘治时，《孝宗录》为焦芳所修，珝于芳有恩，则又于《孝录》中力赞其美。同是一人，出于仇笔则为盗跖，出于故旧则又成夷、惠矣。《史乘考误》六：

史又谓："二十一年（公元1487）大学士刘珝致仕。先是一日召大学士万安、刘吉赴西角门，命中人出御笔，有刘珝嗜酒贪财好色，与太监某认亲，继子奸宿乐府，纳王越银，谋与复爵。朝廷若不去珝，必坏大事。安与吉力解不从，乃请令珝以亲老辞，斡旋加恩放归。"按此则力救珝者万、刘也，然万、刘实合策逐珝者也。夫一刘珝也，《宪录》称其附中人得罪，以至疏辞不肯终养。《孝录》称其进讲以定国本，庐亲墓，乡党化之，号曰仁孝里。盖《宪》多刘吉所裁，《孝》则焦芳改笔，珝于人乃中人耳，吉有隙，芳有恩，故异辞也。

纂修官张元祯则以与陈献章有学术门户之见，亦于录中力诋之。《史乘考误》六又记：

《琐缀录》（按尹直著，今有传本）谓丘濬修《宪庙实录》，以陈献章作十绝句媚梁芳，自是为世所鄙，而《宪章录》（按薛应旂著，今有传本）因之，谓出张元祯笔。按实录谓"献章貌谨原，诗文亦有可取者。然于理学未究也。务自矜持以沽名。会试不偶，家居海南，不复仕进，一时好事，妄加推尊，目为道学，自是从而和之，极其赞颂，形诸荐奏，不知其几。虽其乡里前辈，以德行文章自负者亦疑之，以为不过如是耳，何标榜者之多也？及授官，称病不辞朝，而沿途拥驺从，列仗槊，扬扬得志而去。"其诋陈公亦甚矣。第不曾载十绝句媚梁芳事。而所谓乡里前辈以德行文章自负者，正丘文庄（濬）也。文庄广人。实录既举之，则非文庄笔矣。元祯庶几为近。

（八）孝　宗

《明史》卷九七《艺文志》：

《孝宗实录》二百二十四卷，正德元年（公元1506）刘健、谢迁等修，未几，健、迁皆去位，焦芳等续修。

《明武宗实录》：

正德元年十二月敕修《孝宗实录》，命英国公张懋为监修官。大学士刘健、李东阳、谢迁等为总裁官。吏部侍郎张元祯、詹事杨廷和、翰林院学士刘忠为副总裁官。未几，健、迁去位，再命大学士李东阳、焦芳、杨廷和、王鏊等为总裁，吏部尚书梁储副之。翰林院侍讲毛纪、傅珪、丰熙、沈焘、吴一鹏，侍读朱希周，编修汪俊、李廷相、李时、温仁和、滕霄、何堂、董玘、崔铣，修撰顾鼎臣、吕楠，检讨汪伟、王九思、湛若水、穆孔晖、翟銮、徐缙、景阳、殷昊、易舒浩、张邦奇、焦黄中、胡缵宗等为纂修官同纂修。至正德四年四月二十一日书成表进。

《孝宗实录》出于焦芳之手，芳佞臣，谄事刘瑾，好恶任情，是非倒置，《明史》三〇六《焦芳传》：

其总裁《孝宗实录》，若何乔新、彭韶、谢迁皆肆诬诋，自喜曰："今朝廷之上，谁如我直者"。

《春明梦余录》一三：

朱阁学国祯云：正德四年，《孝宗敬皇帝实录》成，时焦芳操笔，褒贬任意，叶盛、何乔新、彭韶、谢迁天下所称正人，皆肆诋诬。嘉靖元年御史卢琼奏，《孝宗实录》多焦芳曲笔，乞改正。上曰："焦芳任情，天下自有公论，不必改修。"

《野获编补遗》一重修国史条：

《太宗实录》建文一修，永乐两修，盖以初本及续纂俱有未允也。然而真是非愈不可问矣。嗣后直至嘉靖元年御史卢琼建议：《孝宗实录》成于焦芳之手，贤否混淆，是非颠倒，乞乘今纂修《武宗实录》，并令儒臣改撰。上曰："《孝宗录》虽焦芳笔削任情，但当时大政大议及人才忠邪，天下自有公论，不必改修。其系一人一事者，令纂修官因事别白之。"盖大典既定，恐改述者仍踵前迹，复任私意，上虑远矣。

后王世贞于所著《史乘考误》中，纠其曲笔，世宗所谓“天下自有公论”也。如录谓何乔新逼父自裁，世贞纠之云：

史于何文肃公乔新卒条下，谓：“景泰初易皇储草诏，大学士陈循起句云，天降下民作之君，时吏部尚书何文渊适在侧，即应声曰父有天下传之子。迨天顺改易，与谋者多斥罢，乔新时为刑部主事，因见黄竑、徐正处以极刑，恐祸及己，乃贻书劝其父引决，文渊果自尽，士论耻之。”此亦焦泌阳（芳）怼笔也。正德中柄史者力为辩其诬。然考之《天顺录》云：“致仕后，上复位，革官保。文渊自以与议易太子，首发父有天下之言，虑有奇祸。时副都御史陈泰左迁广东按察副使，道经广昌，人有传来抄提文渊者，惧即自缢。后为人所奏，差官启椁验之果然。”则劝文渊引决之说诬，而自尽之说实也。野生以为出江渊，大概以文势考之，恐先有父有天下传之子，而借天降下民作之君以对之耳。又文渊以四月卒，而黄竑、徐正以五月诛，大抵未可信。

又诋彭华为阴险无将，世贞以为芳与华有私怨，故丑诋之。《史乘考误》七：

史谓：“彭文思华为人险谄用数，深机莫测。阿李贤，嗾御史劾李秉，排邢华、陈鉴，构尹龙之狱，附李孜省以进，人至今犹讲‘三千馆阁荐彭华’，大为耻笑。自成化丙午至弘治丁巳风瘫十二年而卒，人以为阴险无将之报。”盖出焦芳笔也。焦以尹龙事坐谪桂阳，云出华意，故怨之刻骨，而谤詈甚苦若此。华虽由李孜省荐，生平之与尹直，俱在是非间，不应至此。

又以与同官谢迁不相得，遂与录中力攻之。《史乘考误》六：

弘治元年太监郭镛请预选女子于宫中，或诸生馆读书习礼，以待服阕之日，册封二妃，广衍储嗣。左春坊左庶子兼翰林侍读谢迁言：“六宫之制，固所当备，而三年之爱，岂容顿忘。今山陵之工未毕，谅闇之痛犹新，奈何遽有此事？”下礼部议止之。焦泌阳执史笔，以为谢公进此谀词献谄，以误孝庙，继嗣之不广，皆此邪谋启之。又云："古者诸侯尚一娶三姓而备九女以广继嗣，孝庙以万乘天子，独不得立三宫可乎？小人图势利而不为国谋如此！"泌阳之忿笔，盖阴刺中宫之擅夕，而讥谢公之从谀也。殊不知上春秋甫十九，中宫仅逾年，何以有擅夕之声于外？而谢已逆知权之在中宫而从谀之？且谢以山陵未毕，谅闇尚新为词，其义甚正，胡可非也。小人哉泌阳！其无忌惮一至此！

程敏政为李贤婿，芳则李门客，敏政坐累废，芳遂于录中力为敏政掩覆，而诋刘健、谢迁、傅瀚。《史乘考误》七：

史谓："傅瀚欲攘取内阁位，嗾监生江溶奏大学士刘健、李东阳，既而恐事泄，乃嫁祸于程敏政，谓敏政实代瑢草疏，以触当道之怒，而敏政之祸自此始矣。后瀚果代敏政位，白昼见鬼入室，又数见怪异，因忧悸成疾，逾年死。时刘健当国，既偏溺于恚怒，莫之能辨。适大学士谢迁，谕德王华俱有憾于敏政，尝发其事，而都御史闵珪与迁、华皆同乡，乃嘱珪及科道数辈内外并力交攻，罗织成狱，而华昶之甘心鹰犬者，不足道也。顾当时刘健、谢迁徒欲杀人灭口以避祸，曾不思亏损国体，沦丧元气云云。"按傅文穆（瀚）有倾程之意，人亦知之。至于家僮鬻题事已彰著，且与刘、谢不相关。盖焦芳、李南阳门客，程其婿也，故颇为掩覆。而刘与傅皆与芳有隙，故肆其丑诋如此。

七、掌故丙

（九）武　宗

《明史》卷九七《艺文志》：

《武宗实录》一百九十七卷，费宏等修。

《明世宗实录》：

正德十六年（公元1521）六月，敕修《武宗实录》。命大学士杨廷和、蒋冕、毛纪、费宏等为总裁官。未几廷和、冕、纪三人去位。再命定国公徐光祚为监修官，大学士费宏、石瑶、贾咏等为总裁，翰林院学士吴一鹏，侍读学士董玘等为副总裁。侍讲学士徐缙、翟銮、许成名，侍读学士穆孔晖、张碧、刘朴、张潮、尹襄，修撰唐皋、杨维聪、边宪，编修谢丕、刘栋、费寀、林文俊、孙绍、蔡昂、伦以训、崔桐、汪田、叶式、王三锡、陈沂、邝灏、余永勋、陆钎、刘世盛、费懋中、马汝骥、江晖、孙元，检讨金皋、张星、萧汝成、汤惟学、刘夔、林时、季芳、席春等为纂修官同纂修。至嘉靖四年（公元1525）六月庚子书成表进。

《武录》中最舛者为王守仁平宸濠一事，执笔者前为杨廷和，后为费宏、董玘，廷和与王琼有隙，而守仁之平叛，则一归功于兵部，而不及内阁。宏以忤濠得罪，守仁不一申救。同时魏校以讲学负重名，忌守仁出其上。守仁又与时相桂萼相失。玘褊狭小人，受当道指，因于《武录》中曲诋之。王世贞《史乘考误》八：

史于王文成洪都之功，所以翦抑之者，不遗余力。谓文成"勘事福建，以宸濠生日将届，趋道南昌贺之。至丰城，遇知县顾汝以变告，守仁大骇，弃舟取小艇遁还赣。（伍）文定以卒三百迓于峡江，至吉安留讨贼，守仁初不许，既而深然其言，乃下令各郡邑，谕以大义。宸濠既出南昌，守仁乃与文定等顺流而下，文定为前锋趋广润门，夜已三鼓，炮击，守门者骇散，遂入城。城中民闻守仁将至，皆喜，共登高望之，而守仁等不知，以为守备坚固，方惧勿克，兵既环城，阒无人声，相顾莫敢先登，无何，闻城中介马呼噪声，知文定已入，乃竞梯缒而上，诸兵皆乌合，素无纪律，而大帽华林诸寨降贼号新民者亦在行，贪功纵杀，居民往往死于床箦，有阖门无噍类者。天晓，诸门洞开，守仁始按辔整队而入，死者已数万人，数日间积尸横路，鸡犬不鸣。栱樤等千余人已就缚，守仁复搜捕逆党，日僇数百人，军人因纵掠，郡王将军仪宾邸第以及富室，无不被害，濠府中畜积甚富，亦多已失。宫人闻兵入，惶惧纵火自焚，或相率盛服而缢，一室中至有数人者，臭达于外，所存惟羸病数十人而已。始南昌苦于宸濠之暴，至是复遭荼毒，皆归怨于守仁之不能禁戢云”。及叙樵舍之功，第言“郑献脱归告文定言状，文定径前薄其营不利，还至黄家渡，新民刘文永殪其骁将，乘胜邀之，遂捷。次日文定以火攻，复大破之”。而一字不及文成。至其传刘养正，则云“少有词藻，诡谈性理，以要名誉，士大夫多为所欺，王守仁尤重之曰此吾道学友也。十年养正赴濠聘，一见许以可为汤武，又语及陈桥之变，意甚相得。然后自掩饰，有庠生康昭者语中其机，养正密致书于濠左右计杀之。守仁在南赣，尤为濠所慕，馈遗相及于道。尝贻书陆完，谓可任江西巡抚者惟守仁与梁宸耳。又尝遣其门生湖广举人季元亨者游说濠，时人莫知其故。是岁濠生日，守仁假公便先期约养正往贺，会于吉安舟次，剧谈至夜半，养正先去，遂从逆。濠自出南浦驿迎入府，拜为军师。日夜望守仁至，遣人于生来观候之，而守仁至丰城闻变即返，濠实不虞守仁之见图也。养正既擒后，犹冀守仁活之，守仁畏其口，逼令引决，传首至京，妻子没为奴。比守仁自南昌还，其母丧暴露，使人葬之，且祭以文曰：君臣之义，不得私于其身，朋友之情，尚可申于其母。有儒生上书辨论君臣朋友，本无二理，守仁为之愧屈。元亨寻为太监张永捕获，械至京亦死狱中”。据史所记言之，则王文成不特不当封，而且有大罪三。所谓不当封者，其战功皆出伍文定。所谓三大罪者，预通逆濠一也，纵杀平人二也，事后犹庇逆党刘养正三也。然逆濠与养正居平以文成在上流，拥精兵，建大勋，有才术，以甘言结纳或有之，而文成亦据抚臣往还之常礼为报耳，使预其谋，何以迳归吉安？伍公虽进言，起义兵杀身灭族之事，亦须文成有以自决。前后进兵区画调度，顷刻百发，岂披坚执锐者比，而一字不及文成，岂理也夫！进兵攻南昌，不能无小杀掠，而军令下则已定矣。其后如徐少师（阶）、郑端简（晓）、薛应旂诸公皆履其地，得其详，故为之暴白，而未有摘抉一时握管之心事者。盖实录之始为总裁者杨文忠（廷和），继之者费文宪（宏），而以副总裁专任者董文简（玘）也。杨公与王恭襄（琼）郄甚著不解，恭襄虽阴谲，然能识王文成而独任之，以故于前后平贼及擒濠之疏，皆归德于兵部，以为发踪指示之力，而一字不及内阁，其为杨公辈切齿，非旦夕矣。江彬、许泰、张忠辈耻大功为文成所先，必肆加罗织之语，而忌功之辈从而附和之。文宪在文成抚绥之地，与逆濠忤被祸，中外之臣皆屡荐而起之，而文成亦未有一疏相及，费当亦不释然也。董公最名忮毒，于乡里如王鉴之辈巧诋不遗余力，既又内忌文成之功，而外欲以媚杨费，作此诬史，将谁欺乎？冀元亨非季元亨，其人长者，嘉靖初从昭雪。

沈德符《野获编》七桂见山霍渭厓条亦云：

议礼初起，桂萼为首，而张璁次之。既而张以敏练得上眷，先入相。桂迟二年始继入，其信用俱不如张，意不能无望。时魏庄渠（校）以讲学负重名，久滞外僚，桂引入为祭酒，每奏对俱托之属草，上每称善。张自觉弗如，侦知其故，乃徙魏太常，罢其经筵入直，而桂始绌矣。始王文成再起两广，实张、桂荐之，至是魏与王争名相轧，王位业已高，誉亦远出其上，魏深恨忌之。桂因移怒于王，直至夺其世爵，且令董中峰（玘）于武庙实录中讥刺文成纵兵劫掠，南昌为之一空，皆怼笔也。

陈继儒则对林时移书记迎立诛彬二事，赞为得体。《眉公见闻录》卷一：

汝阳林立山公讳时，在馆时阅《武庙实录》且成，惟迎立肃庙等二事未决，众议纷然。公奏记副总裁中峰董公曰：“昨闻迎立一事，或云由中，或云内阁。诛贼彬，或云由张永，或云由杨廷和，疑信之间，漫然无据。史万世是非之权衡，固不可以偏重。时窃意廷和以忤旨罢归，永坐罪废。今上方综核名实，书进，二事必首登乙览，恐将以永真有功，廷和真有罪，不待左右汲引排摈，而君子小人进退之机决矣。矧夫信以传信，疑以传疑，史臣体也。二者既未尝亲与其事，可信可疑，宜严其有关于治忽者，庸讵私一廷和哉！幸执事裁择轻重之间，是非之权衡也。”董公以白总裁官鹅湖费公（宏），可之。书进，天子由是乃倾心任宰辅，而宦寺之权轻矣。前辈犹重史如此。今信耳信口信手信胸臆，尚安复有信史哉！

(十) 睿　宗

《明史》卷九七《艺文志》：

《睿宗实录》五十卷，嘉靖四年大学士费宏言：“献皇帝嘉言懿行，旧邸必有成书，宜取付史馆纂修。”从之。

《明世宗实录》：

嘉靖四年二月丙申，大学士费宏、贾咏、石瑶等以修《武宗毅皇帝实录》将成，上疏言献皇帝生平嘉言善行，亦当备载，乞命当时藩府内外臣僚，备述献皇帝之国以来，一言一事，可为谟训者，以类开写，以便纂录。诏从之。三月甲戌敕修《献皇帝实录》，命定国公徐光祚，吏部尚书廖纪，礼部尚书席书等为监修官。谨身殿大学士费宏，文渊阁大学士石瑶、贾咏等为总裁官。吏部侍郎温仁和，礼部侍郎李时等为副总裁官。侍讲学士董玘、翟銮等七人为纂修官同编纂。至嘉靖五年六月丙子书成表进。

兴王始终为藩王，其事迹均与国家无关。大礼诸臣迎合世宗意，请修无事可记之实录，书成后无重视之者。沈德符《野获编》二：

兴献帝以藩邸进崇，亦修实录，何为者哉？其时总裁费文宪（宏）等苦无措手，至假借承奉长史等所撰实录为张本。今学士大夫，有肯于秘阁中借录其册，一展其书者乎！止与无只字同。

(十一) 世　宗

《明史》卷九七《艺文志》：

《世宗实录》五百六十六卷，隆庆中徐阶等修未竣，万历五年张居正等续修成之。

《明穆宗实录》：

隆庆元年（公元1567）四月甲申，敕修《世宗实录》。命成国公朱希忠为监修官。吏部尚书建极殿大学士徐阶，吏部尚书武英殿大学士李春芳、郭朴，礼部尚书武英殿大学士高拱，礼部尚书文华殿大学士陈以勤，吏部侍郎东阁大学士张居正等为总裁官。礼部侍郎翰林院学士高仪，吏部侍郎翰林院学士赵贞吉、林树声，翰林院学士潘晟、殷士儋等为副总裁官。侍读学士姜金和、吕旻，修撰诸大绶、马自强、丁士美，编修孙铤、张四维、林士章、陈栋、陶大临，祭酒林燫，谕德吕调阳等为纂修官。

书未成，穆宗崩，神宗立，命官续修，《明神宗实录》记：

命英国公张溶为监修官。大学士张居正、吕调阳、张四维等为总裁官。吏部侍郎汪镗，詹事王锡爵，礼部尚书马自强，礼部侍郎申时行等为副总裁官。赞善陈思育、沈鲤，中允戴洵，谕德陈经邦、何雒文，修撰赵志皋、田一俊、徐显卿、韩世能、张一桂、朱赓、李长春、王家屏、陈于陛、沈懋学，编修高启愚、范谦、黄凤翔、沈一贯，检讨王弘诲，洗马许国，侍读学士张位、罗万化，侍讲学士于慎行等为纂修官同编纂。至万历五年（公元1577）八月甲戌书成表进。

时《穆宗实录》亦开馆，二录同修，总裁官张居正因疏请分任责成，严立程限。《太岳文集》卷三七《纂修事宜疏》：

隆庆元年六月初一日开馆纂修《世宗肃皇帝实录》，经今六载，尚未脱稿，虽屡廑先帝圣问，迄无成功，任总裁者恐催督之致怨，一向因循，司纂修者，以人众而相捱，竟成废阁。……揆厥所由，皆以未尝专任而责成之故也。盖编撰之事，必草创修饰，讨论润色，工夫接续不断，乃能成书。而其职任紧要，又在于副总裁官，顾掌部事，则有簿书综理之繁，直经帏，则有侍从讲读之责，精神不专，职业靡定，未免顾此失彼，倏作忽辍，是以岁月徒悠，而绩效鲜著也。今两朝并纂，二馆齐开，若不分定专任，严立限程，则因循推挻，其弊愈甚。臣等看得吏部右侍郎兼翰林院侍读学士诸大绶，礼部左侍郎兼翰林院侍读学士王希烈原系《世宗肃皇帝实录》副总裁官，今查各馆草稿，俱已纂完，但未经修饰，二臣虽任部堂，止是佐理，尚有余功。及左春坊左谕德兼翰林院侍读申时行，右春坊右谕德掌南京翰林院事今行取王锡爵，职任宫坊，事务尤简，皆可以专心著作之事。合无责令诸大绶、王希烈专管纂修《世宗肃皇帝实录》，申时行、王锡爵专管纂修《穆宗庄皇帝实录》每日俱在史馆供事，仍立为限程，每月各馆纂修官，务要编成一年之事，送副总裁看详，月终副总裁务要改完一年之事，送臣等删润。每年五月间臣等即将纂完稿本，进呈一次，十月间又进呈一次，大约一月之终，可完一年之事，一季之终，可完三年之事，从此渐次累积，然后成功可期。其余副总裁官陆树声等或理部休暇，相与讨论，或侍讲优闲，令其补凑，不必责以程限，不致两妨。……再照皇祖历世四纪，事迹浩繁，编纂之功，卒难就绪。皇考临御六年，其功德之实，昭然如日中天，皆诸臣耳目之所睹记，无烦搜索，不假阙疑，但能依限加功，自可刻日竣事。合无不拘朝代次序，俟《穆宗庄皇帝实录》纂成之日，容臣等先次进呈，却令两馆各官，并力俱纂《世宗肃皇帝实录》，则两朝大典可以次第告成矣。

奉旨："这纂修事理，都依拟行。"江陵综核为治，故所纂实录，亦最称严核。沈德符《野获编》二实录纪事条：

世穆两朝实录，皆江陵故相笔也，于诸史中最称严核。其纪新郑（高拱）将去，为南北科道及大小臣工所聚劾，以为皆迎合时情，而参高保徐（阶），尤属谄媚，况上未尝有意弃徐，纷纷保之何为？其言可谓至公。

即纂修诸官亦多能持正不阿，直笔无所忌，王家屏之记高捷，即其一例。《明史》卷二一七《王家屏传》：

> 隆庆二年进士，授编修，预修《世宗实录》。高拱兄捷前为操江都御史，以官帑遗赵文华家，家屏直书之。时拱方柄国，嘱稍讳，家屏执不可。

惟记谢迁事，王世贞讥其舛于予夺，《史乘考误》八：

> 致仕少傅大学士谢迁卒。史称其学术淳正，有大臣风节。而谓正德初年权奸擅政，迁以顾命大臣，不能艰贞济难，捐躯殉国。按谢公虽受顾命，其时第三相也。力岂能独捂八虎之首而击之。且正以与刘文靖公（健）同心持议，乞身之后，削官籍赐，祸机不测。而责其不能济难捐躯何也？唯八十再相，属时移事改，不克有所建白而归，略为蛇足耳。而史却讳之。何以予夺之舛若此！

记陆炳事颇得实而未尽，而辨其扈从南幸之误。《史乘考误》八：

> 史于陆武惠（炳）传称，己亥（公元1539，嘉靖十八年）上南幸承天，至卫辉行宫夜火，侍卫仓卒无在者，独炳身负上出于火，上识其姓名，即拜都指挥使，累升至今职。及考华亭公（徐阶）所撰墓志，于炳事甚详，却一字不之及，岂公于其时有所讳耶？纵讳之，何不略言从南狩时效勤劳与迁转，乃并扈从以俱略之也。《志》称炳以戊戌管卫事，冬转实授指挥使，加俸及服色一级。甲辰冬署卫印，获子杀母者升都指挥同知。则己亥之扈从与归而拜都指挥使，皆误也。史言“炳任豪恶吏为爪牙，多任耳目，铢两之奸悉知之。富民有过者，即榜掠文致成狱，没其资产，所夷灭不可胜道。累赀至巨万，豪侈自奉，营别宅十余所皆崇丽，分置姬妾，纨绮宝玩，所在充牣，供张不移而具，时游处其间，东西惟意。又置良田宅于四方，若扬州、嘉兴、南昌、承天等处，皆有庄店，声势震天下。”可谓实录。惟其阴操吏兵二部权，每文武大选，岳牧进退，时时与之。

而给事御史翰林吏部，多有出其门下者。始与严氏石交，晚而移向，间隙已成，彼此各俟间而发，此皆未之及也。

(十二) 穆　宗

《明史》卷九七《艺文志》：

> 《穆宗实录》七十卷，张居正等修。

《明神宗实录》：

> 隆庆六年（公元1572）十月，敕修《穆宗实录》。命成国公朱希忠为监修官。大学士张居正、吕调阳为总裁官。侍读学士王希烈、丁士美，吏部侍郎汪镗，礼部侍郎申时行，詹事王锡爵等为副总裁官。谕德陈经邦、何雒文，修撰赵志皋、田一俊、徐显卿、韩志能、张一桂、朱赓、李长春、王家屏、陈于陛，编修高启愚、范谦、沈一贯，侍读学士罗万化、范应期，侍讲学士于慎行等为纂修官。寻改命英国公张溶为监修官。总裁官仍为张居正、吕调阳、申时行、王锡爵、王希烈等，与纂修官罗万化、范应期等七十六人同纂修。至万历二年七月丙戌书成表进。

《穆宗实录》出王锡爵手，锡爵与王世贞同里至好，世贞于《史乘考误》中曾记高拱入相事，据所亲见之邸报，驳锡爵所记实误，文曰：

> 穆庙录载："三年十二月庚申，起少傅兼太子太傅吏部尚书武英殿大学士高拱以原官不妨阁务，兼掌吏部事。"余是时亲睹邸报，高拱以原官管吏部事，并无所谓不妨阁务与掌字面，以故不遣行人，不赍敕，而吏部仅以咨移，兵部遣一指挥往，高拱颇不乐。至次年二月到任，朦胧与阁务，而与掌都察院大学士赵贞吉俱免奏事承旨，始真为阁臣矣。录殊不实。盖王元驭所撰，尝与余争以为实兼，不自知其误也。

至记李福达案，则沈德符斥其不载洗雪之词，讥张居正为恣横。

《野获编》卷一八权臣党恶条：

（李福达案）……至万历二年穆庙实录进呈时，张居正柄国，实录皆其评定，竟将穆宗洗雪大狱及庞尚鹏疏（为颜颐寿等洗刷）削去不书，反将高拱疏（主《钦明大狱录》狱词者）全载。盖张永嘉（孚敬）、桂安仁（萼）、高新郑（拱）之专愎，皆其所师法，每于世庙录中褒誉张桂，甚至若新郑虽其所逐，而在先朝时二人同心，翦除前辈同列，又加协力，交如弟兄，以故去取若此。大狱一案，千古奇冤，乃欲削灭以泯其迹，恣横如此！

八、掌故丁

（十三）神　宗

《明史》卷九七《艺文志》：

《神宗实录》五百九十四卷，温体仁等修。

《明熹宗实录》：

天启元年（公元1621）三月丁卯，敕修《神宗实录》。命英国公张惟贤为监修官。吏部尚书叶向高，户部尚书刘一燝、韩爌，礼部尚书史继阶、何宗彦、沈潅、朱国祚等为总裁官。礼部尚书孙慎行，侍读学士顾秉谦、盛以弘、周道登、郑以伟、李腾芳、钱象坤、孟时芳、周如磐、孙承宗，祭酒吴宗达等为副总裁官。侍读学士骆从宇等为纂修官。天启三年叶向高、史继阶等相继去位，改命中极殿大学士顾秉谦，文渊阁大学士丁绍轼、黄立极、冯铨等为总裁，翰林院学土孟时芳，侍读学士黄儒炳、李思诚、骆从宇、施凤来、丘士毅、李康先、钱龙锡、韩日缵等为副总裁。仍命英国公张惟贤为监修官。天启五年正月，谕史官限按月送稿，务早修成。

但至熹宗崩时犹未成书，崇祯初始续成。万历一朝最为多事，如三王并封，税珰矿使，朝鲜御倭，建州兴起，以及东林党议，门户之争，三案纠纷，清流白马，神光二帝相继崩逝，主少国疑，是非莫定。天启元年（公元1621）周宗建上《请修实录疏》，极言应博采周咨，期于至当，严立程限，期于速成。《周忠毅公奏议》卷一：

> 臣考世庙实录成于万历初年，其时参核颇详，所载事宜，斑斑具在。今当皇上御极之初，首允辅臣之请，纂修皇祖实录，计辅臣留心掌故，必有规画，授之史官。而臣乃侧闻朝家故事，湮废者多，史局条章，因循且久，阁中之私记，仅托笔于执事之人，圣明之举动，半销灭于禁庭之秘，起居之职徒悬，风影之传失实，凡如此类，阙略为多。而况四十八年之内，时移局换，议杂群分，若初政之励精，中年之独揽，晚年之幽深，政不一也。若册立妃封之缓急，妖书楚狱之阴阳，四明（沈一贯）淮上（李三才）之争执，论不一也。若大相巨阉之威福，税珰矿使之诛求，罪帅囚臣之祸国，变不一也。若东朝之数有震惊，众谏之频干严谴，藩封外戚之屡有烦言，疑不一也。至于大警大灾大兵大费，若两宫三殿之灾灰，地北江南之水旱，两芟虏落，一救东藩，北受鞑王之臣，中更建夷之叛，败衄铙声，勋书罪状，凡此数案，更仆难详。加以二十余年之静摄，公车之言，率归高阁，其所下六垣者不啻十中之一，今欲总集诸奏，隳括成书，而廖廖若此，又何所据？矧所下之章，诸吏积偷，苟且抄塞，而西台之草，六尚书之牍，南北诸曹之陈列，往往寂寞无闻，积习若此，又安望其大璧小玑，左言右事，上为掞天揭日之文，而下有金版玉书之颂哉！今闻论者求其备而不得，则有为采访之说者，臣谓采访之役，必先择人，文学少年，一经使命，优游自喜，过家上冢，强半闲销，求其咨讨，正复不易。臣请于中行仪部中择其博雅端详者分地而往，务令幽遐之壤，孝子贞女，逸士高流，悉讨其实，纳之囊中，而又间询故老，核之名家，悉录其书，以备闻见，使五纪之内，凄岩欲暖，潜德为光，亦一快也。则又有为专官之说者，方今承明著作之

> 庭，虽称济济多才，而学有专门，事难兼习，如星历、乐律、河渠三项，非藉讲求，终难虚课，则有臣所知若邢云路之究心天文，李宗延之精研律吕，于仕廉、陶朗先之熟习河经，或就其人访其故实，或收其书以佐参核，使星躔再整，宫徵重谐，而水脉河源，按图可谱，又一快也。则又有言求野之宜公者，臣谓皇祖历年既久，中间事变传闻不一，岂无稗官小乘，自托名山，迁客畸人，私称不朽，及今不为考定，后将滋惑无穷，则请悉收其书，明为订辩，务令野之所信，合于朝之所征，墓谀无灵，齐谐息响，又一快也。则又有言邸牍之宜查者，嘉靖初修《武宗实录》，曾取正德中留中章奏，尽付纂修，臣以为皇祖末年所留诸疏，藏在禁中，定无散逸，与其求之腐牍，时有鲁鱼亥豕之讹，何如请诸封事，宣付史馆，使感时慨论者既得尽见，而任情附会者毋得轻淆，以今日之公是公非，达皇祖之不闻不见，又一快也。则又有言立传之有体者，考国制大臣三品以上乃得立传，臣谓史以褒贬人伦，岂论显晦，若令一遵官级，将高门跖、蹻亦书，寒退者夷、鳍并屈，以此垂后，何益劝惩！则请大僚而下，倘有奇节特行，不妨并为序次，间有大谗大秽，亦复著其情形，蕙莼并列，衮钺平悬，又一快也。则又有言编次之有期者，间闻史馆诸臣，隐心于督催之取怨，习成于人众之相推，每致迁延，动经岁月，白首汗青，几何不为刘知幾所叹乎！臣考万历初年纂修二庙实录，辅臣请立程限，……一时诸臣，含毫吮笔，无敢乞私差而图自便者，今应仍持此格，即四年之内，神庙实录，刻限可成，又一快也。则又有言总裁之宜专者，……今请略仿万历初年责令总裁分年专任，示以画一，其兼直诸臣，志在分藜，不妨稍减其帙，使有余闲，总统一专，程期易了，又一快也。

疏上，次年朝廷因命董其昌往南方采辑先朝章疏及遗事，其昌广修博征，录成三百本。又采留中之疏，切于国本藩封、人才，风俗、河渠、食货、吏治、边防者别为四十卷。书成表进，宣付史馆。时议论犹纷纭，李希孔因上《折邪议以定两朝实录疏》，《明史》卷二四六《王允成传》附《李希孔传》：

天启三年上疏言："昔郑氏（国泰）谋危国本，而左袒之莫彰著于三王并封之事，今秉笔者不谓非也，且推其功，至与陈平狄仁杰并，此其说不可解也。当时并封未有旨，辅臣王锡爵盖先有密疏请也，迨旨下礼部，而王如坚、朱维京、涂一臻、王学曾、岳元声、顾允成、于孔兼等苦口力争，又共责让锡爵于朝房，于是锡爵始知大义之不可违，而天下之不我予，随上疏检举而封事停也。假令如坚等不死争，不责让，将并封之事遂以定，而子以母贵之说，且徐邀定策国老之勋，而乃饰之曰'旋命旋引咎，事遂以止'。嗟乎！此可为锡爵讳乎哉！且闻锡爵语人曰：'王给事遗悔否？'以故事关国本诸臣稿项黄馘，终锡爵世不复起，不知前代之安刘复唐者，谁扼王陵使之不见天日乎？曾翦除张柬之、桓彦范等五人而令赍志以没乎？臣所以折邪议者一也。其次莫彰于张差闯宫之事，而秉笔者犹谓无罪也，且轻其事而列王大臣、贯高事为辞，此其说又不可解也。王大臣之徒手而闯至乾清宫门也，冯保怨旧辅高拱，置刀其袖，挟使供之，非实事也。张差之梃谁授之而谁使之乎？贯高身无完肤而词不及张敖，故汉高得释敖不问，可与张差之事，造谋主使，口招历历者比乎？昔宽处之以全伦，今直笔之以存实，以戒后，两不相妨，而奈之何欲讳之！且讳之以为君父隐可也，为乱臣贼辈隐则何为？臣之所以折邪议者二也。至封后遗诏，自古未有帝崩立后者，此不过贵妃私人谋假母后之尊，以弭罪状，故称遗诏以要必行，奈何犹称先志，重诬神祖，而阴为阿附传封者开一面也？臣所以折邪议者三也。先帝之令德考终，自不宜谓因药致崩，被不美之名，而当时在内视病者，乌可于积劳积虚之后，投攻克之剂，群议汹汹，方蓄疑虑变之深，而遽值先帝升遐，又适有下药之事，安得不痛之恨之，疾首顿足而深望之，乃讨奸者愤激而甚其词，庇奸者借题以佚其罚，君父何人，臣子可以侥幸而尝试乎？臣所以折邪议者四也。先帝之继神庙弃群臣也，两月之内，鼎湖再号，陛下孑然一身，怙恃无托，宫禁深闷，狐鼠实繁，其于杜渐防微，自不得不倍加严慎，即不然，而以新天子俨然避正殿，让一先朝宫嫔，万世而下谓如何国体，此杨涟等诸臣所以权衡轻重，亟以移宫请也。宫已移矣，涟等之心事毕矣，本未尝居以为功，何至反以为罪，而禁锢之，摈逐之，是诚何心！即选侍久侍先帝，生育公主，诸臣未必不力请于陛下加之恩礼，今陛下既安，选侍又未尝不安，有何冤抑而汲汲皇皇为无病之沉吟，臣所以折邪议者五也。抑尤有未尽者，神祖与先帝所以处父子骨肉之际，仁美孝慈，本无可以置喙，即当年母爱子抱，外议喧哗，然虽有城社媒孽之奸，卒不以易祖训立长之序，则愈足见神祖之明圣与先帝之大孝，何足讳？何必讳！又何可讳！若谓言及郑妃之过，便伤神祖之明，则我朝仁庙监国危疑，何尝为成祖之累！而当时史臣直勒之汗青，未闻有嫌疑之避也！何独至今而立此一说，巧为奸人脱卸，使昔日不能寘之罪，今日不容著之书，何可训也？今史局开，公道明，而坐视奸辈阴谋，辨言乱义，将令三纲紊，九法灭，天下止知有私交而不知有君父。乞特敕纂修诸臣，据事直书，无疑无隐，则继述大孝过于武周，而世道人心，攸赖之矣。”诏付史馆参酌，然其后卒不能改也。

（十四）光　宗

《明史》卷九七《艺文志》：

《光宗实录》八卷，天启三年（公元1623）叶向高等修成，有熹宗御制序。既而霍维华等改修，未及上而熹宗崩，至崇祯元年（公元1628）始进呈，向高原本并贮皇史宬。

《明熹宗实录》：

与《神宗显皇帝实录》同修，仍命英国公张惟贤为监修官。吏部尚书叶向高，户部尚书韩炉，礼部尚书史继偕、何宗彦、朱国祚，侍读学士顾秉谦、朱延禧等为总裁官。侍读学士林尧俞、郑以伟、周如磐、钱象坤等为副总裁官。与纂修官张鼐、周炳谟、董其昌、来宗道等同纂修，至天启三年六月乙亥书成表进。

天启末，魏忠贤柄国，给事中黄承昊题请改修《光宗实录》，于是命霍维华等领其事，大肆涂抹，未及上而熹宗崩。至崇祯元年二月始将新本进呈，阁臣施凤来请焚叶向高所修本，司礼监太监王体乾以前所修本亦系奉旨事理，国朝无焚实录例，请并贮皇史宬中。其后词臣文震孟、许士柔等疏请修改，奉旨不必烦议，原本卒以不焚，得并行于后。再修本纂修官：

英国公张维贤为监修官。礼部尚书文渊阁大学士黄立极，礼部尚书东阁大学士施凤来、张瑞图、李国櫓等为总裁官。侍读学士李康先、孟绍虞、曾楚卿，礼部侍郎杨景辰等为副总裁官。修撰余煌，编修朱继祚、陈仁锡、吴孔嘉，检讨陈盟、张士范等为纂修官，崇祯元年二月书成表进。

《光录》初修本出于周炳谟、张鼐手，而由叶向高裁定。《明史》卷二五一《文震孟传》：

初天启时诏修《光宗实录》，礼部侍郎周炳谟载神宗时储位𣰰㢘，及妖书梃击诸事直笔无所阿。其后忠贤盗柄，御史石三畏劾削炳谟职。

《春明梦余录》一三：

明《光庙实录》成于初者大约出侍郎张鼐之手，而叶少师向高取裁焉。

叶向高曾自述编纂时之苦心，《春明梦余录》一三：

叶文忠向高曰："光宗在位仅一月，实录所裁多潜邸时事，然其间亦有干碍而难直书，牵连而难尽书，脱稿日余与同官互阅，皆以为允。而自余归后，言者哄然，以张差、进药、移宫三事为非是，得旨改正。余思移宫事原未叙及，其叙进药亦甚平。惟张差事则因王之寀疏侵张太宰（问达），余偕同官往问张曰：'此事之发，生辈皆里居，不及知其详，公亲谳此狱，虚实云何？’张曰：‘谋逆事千真万真，之寀所发觉事情，无一不实。某当时谳奏皆与之寀同，何以罪我！’余又问：‘当时疯癫之说云何？’张曰：‘此饰辞也。安有持梃入宫门而可称疯癫者。’此余与同官共闻，朝绅议论亦皆如是，故实录中稍采其说而词亦委婉。乃当时之言疯癫者遂耿耿矣。问官如岳骏声遂上疏力驳，时局已变，无敢出片辞，言官从风而靡，皆附会骏声，而之寀被重谴矣。余念事关宫闱，似属暧昧，但罪疑惟轻，施于他事则可，东宫重地而持梃突入，当时赖有中官格之耳，万一进而不止，则跬步间便成大难，而宗社有不测之忧矣。在礼齿君之路马有诛，而《春秋》于许世子、赵盾皆书弑君，凡以绝干纪之萌，为万世立此大防也。今无论疯癫之真假，即使真癫，而持梃入宫几危储贰，可但以疯癫蔽罪而遂已乎？况禁中千门万户，他处不入而独闯于东宫乎？当王日乾告变已云刘成、庞保二奄有谋，今张差所供复与之同，似又不出于癫者之口，而神祖毙二奄于禁中，不遗之就理，亦圣意渊微可以默谕者。惟是事体重大，难以深穷，当日圣断处分，原自妥当，至欲并此一段情形而尽没之，窃恐千秋万世而下，终无以厌人心也。”

天启四年六月杨涟劾魏忠贤二十四大罪，七月杀万燝，叶向高罢，时局大变，清流去位，阉党弹冠，东林党人率被禁锢。阉党因请重修实录，并作《三朝要典》，朱国桢《大政纪》云：

光宗在位止一月，实录先上，以三案改修，盖群奸仗魏逆之势恣行如此。首先建议者黄承昊也，把持涂改者霍维华、谢启光、徐绍吉也。

《明史》卷三〇六《霍维华传》：

天启四年冬，维华得刑科，益锐意攻东林，请改《光宗实录》，宣其疏史馆，忠贤立传旨，实录改撰。

《春明梦余录》一三：

以黄承昊之言，魏广微辈复嗾魏忠贤令改修。及告成之日，则崇祯改元之岁矣。众正未登，书仍进呈颁赉，送至皇史宬。阁臣有欲焚旧本者，赖大珰王体乾不可而止。而存宬中。

崇祯六年（公元1633）少詹事文震孟疏请再修《光录》，《明史》卷二一六《许士柔传》：

先是魏忠贤既辑《三朝要典》，以《光宗实录》所载与《要典》左，乃言叶向高等所修非实，宜重修，遂恣意改削牴牾《要典》者。崇祯改元毁《要典》，而所改《光宗实录》如故。六年少詹事文震孟言"皇考实录为魏党曲笔，当改正从原录"。时温体仁当国，与王应熊等阴沮之，事遂寝。

《明史》卷二五一《文震孟传》：

忠贤使其党重修《光宗实录》，是非倒置。震孟摘其尤谬者数条，疏请改正。帝特御平台，召廷臣面议，卒为温体仁、王应熊所沮。

震孟《孝思无穷疏》，《春明梦余录》曾引全文。疏云：

臣猥以菲材，备员史局，顷因纂修《熹宗皇帝实录》，从阁中恭请《光宗皇帝实录》副本较对，见其间舛误甚多，而悖谬之大者，如先帝之册立，与梃击红丸大事，皆祖《三朝要典》之邪说而应和之。盖天启三年七月十六日实录进呈，则礼臣周炳谟等，史官庄际昌等所纂修，而阁臣叶向高、韩爌等所总裁者也。至天启六年逆党崔呈秀等谓实录非实，请旨重修，则崇祯元年二月二十七日所进，今皇史宬之所藏者也。是时皇上初登大宝，《要典》未毁，逆案未成，阁臣黄立极等不行奏明，含糊从事，后来诸臣亦无复发金匮之秘，洗石渠之秽者，《要典》虽焚，邪说未殄，先帝二十年青宫之忧患，与夫一月天子，万年圣人等事，俱隐而不彰，斯固臣子之所痛心者也。臣念皇上追念先帝，册封敬妃慎嫔以寄永思，皇衷纯孝，孺慕弥殷，薄海臣民，咸为感动，乃先帝纪载尚未清明，使今日编修将何所据，流传后世，又安取衷，国是所关，良非细故。若谓已入史窕，不可复出，则逆珰之矫旨，且能行于当年，圣明之独断，岂不易于反手，视为缓图，置不上闻，亦非臣子之所安也。臣谨摘其甚者，上渎睿览。一云："当命哲之日，诏诰恩赉，俨然负震器之重，储宫既定，典制大明，而浮议外滋，无端蔓引，皆好事者之过云云。"臣谨按先帝册立一事，自万历十四年以至二十八年，廷臣羽翼国本，有贬谪者，有削籍者，有遣戍者，有廷杖者，忘身殉国，九死不移，诸臣亦何利于己而为之，纵皇心有主，未忍言夹日之功，而精忠自盟，岂可没回天之力。乃谓浮议外滋，无端蔓引，一语抹杀，谓皆好事者之过，此以《三朝要典》所称奸党构衅，希图定策，与三案诸奸一脉相贯者，同一邪说也，宜改正者一。一云："四十三年五月有男子张差持梃入东宫殿檐下，击伤门者，中官共执之，巡视皇城御史刘廷元回奏张差话不情实，语无伦次，按其迹若涉风魔，稽其貌的是黠猾，而刑部提牢主事王之寀捏谋危东宫之说，词连二珰，科臣何士晋行人陆天受主事张廷等附和其说，愈加激聒"云云。臣按此即《要典》中梃击一案也，即据刘廷元疏，亦明言稽其貌的是黠猾，而必欲以疯癫二字草草结局，不容王之寀奏张差口词，指为捏谋何也？且张差有口，举朝岂应默然，而一有言者，辄曰附和，曰激聒，则必使东宫无一护卫之人而后快乎！正与《要典》同一邪说，宜改正者二。一云工科给事中惠世扬疏论刘廷元，遂谓初张差狂闯蓟道，阑入宫门，廷元巡视皇城，按状风魔，皇祖是其奏，谳决平允，自王之寀突揭构衅，徒党因以为利，借他事诬蔑廷元，未几果显攻疯癫之案，一时邪说世扬实为之倡云云。臣按王之寀摘发张差之逆，至于察处，至于削夺，后逮死诏狱，莫敢议恤，即惠世扬身被五毒，体无完肤，所以不即死者，逆珰欲借为戎首，遍杀天下名流，非宥之也，幸圣明御宇，仅免一死，尚稽启事，乃云徒党因以为利，斯亦何利之有焉！况疯癫之案，忠臣义士所共明目张胆而攻者，何俟世扬为倡始显攻之？《要典》邪说宜改者三。一云："张差闯入东宫，言者纷纷，御史刘光复言致辟行刑，一狱吏任，似不必言官诧为奇货，居为元功，以此二语为异议者刺骨”云云。臣按刘光复之得罪也，实以奏对越次，然据其语，但言皇上极慈爱太子极仁孝两言，亦未见其有功于神祖及先帝，而奇货元功之语，不可谓非抹杀忠义矣。大抵闯宫一事，梃及殿檐，近侍俱踣，亦天下奇变也。必欲视为平常，不当根究，以为仅一狱吏之任，此何心哉！《要典》邪说宜改正者四。一云：“方上疾大渐，召李可灼，并趣和药，悉出圣意，一时臣工所共闻共见，其后有造为许世子不尝药之论，群小附和，嚣然鼎沸，污蔑君父，几成晦冥之世。亡何正论大明，邪说渐灭。且云李可灼往来思善门，中使以闻，其敷奏姓名，莫可得而问”云云。臣按此即《要典》中红丸一案也，昔唐宪宗殁，杖杀方士柳泌，泌盖为宪宗制长生药者，彼岂不愿其主之长生，而饵药不效，则杀之而不为过，后世亦不以为冤。今可灼进药而先帝宾天，纵谓之误，庸医杀人，律有明罪，况误伤天子乎！此即肆诸市朝，亦人情所惬，而乃与顾命大臣同赐金帛，比屡经论劾，仅准致仕回籍，此何以解于天下后世！且宫闱之中传奏姓名，岂遂不可穷诘，稍欲穷诘，即曰群小，曰污蔑，曰晦瞑，此皆《要典》邪说也，宜改正者五。以上五条，仅摘其尤特谬者，伏乞圣裁，即敕史馆逐一改正，或取天启三年所进稿，再加勘定入皇史宬，庶几千古之是非不悖，一代之衮钺可凭，而于皇上之达孝亦有光矣。

震孟议被沮，谕德许士柔又上《帝王世系二疏》，力言二修录之宜改，钱谦益《牧斋有学集》二八《石门许公墓志铭》：

甲戌（崇祯七年，公元 1634）官宫谕，上《帝王世系二疏》。先是群奸嗾逆贤定三案，刊布《要典》，改修光庙实录，铲削其与《要典》牴牾者。会稽（倪元璐）请焚《要典》，天下韪之。久之改录如故，《要典》犹勿焚也。于是茂苑（文震孟）及公相继论改录之谬，茂苑请刊定改录所笔者，而公则摘抉改录所削者。公初疏曰：“臣备员纂修，恭阅皇考实录总记，于世系独略，皇上娠教之年，圣诞之日不书，命名之典，潜邸之号不书，圣母出何氏族，受何封号不书，凡此皆原录备载而改录故削者也。原录之成在皇上潜邸之日，而详慎如此，改录之进在皇上御极之初，而草略如彼。此大经大法所在，不可不亟正也。”疏上奉旨谓累朝旧例，不必滋烦。乌程（温体仁）复令中书官捧穆庙总记以诋公，公具揭争曰：“皇考实录与列圣条例不同，列圣在位多历年所，登极后事皆用编年排纂，则总记可以不书。皇考在位一月，登选三后，诞育圣嗣，皆在未登极之先，不书之总记而谁书也。穆庙大婚之礼，皇子之生在嘉靖中，故总记不载。母后之姓氏封号，皇子之出震承乾，宝册金书，辉映天地，编年未尝不具载也。皇考一月易代，载册熹庙仪注，而皇上之册立阙焉可乎?”乌程怒，攘臂揭参，同官梶之而止。公复抗疏言：“累朝实录无以不书世系为成例者，臣所以擿抉改录，政谓与累朝成例不合也。孝端显皇后皇考之嫡母也，原录具书保护之功，而改录削之者何也？分莫尊于正嫡，功莫大于保圣，国本几危于震虩，天心幸托诸坤宁，当日调护之苦心，真千古孝慈之极则，宗庙赖燕翼之庆，诞发于本支，而史臣抑顾复之劳，抹杀于寸管，此尤天理人心不容终泯者也。”疏上，仍用前旨报闻。

《春明梦余录》引《西垣笔记》引叶向高原录四事，一国本，二妖书，三梃击，四红丸。文长不具录。

（十五）熹　宗

《明史》卷九七《艺文志》：

《熹宗实录》八十四卷，温体仁等修。

崇祯元年敕修：

命成国公朱纯臣为监修官。吏部尚书中极殿大学士温体仁，礼部尚书文渊阁大学士张至发、孔贞运、贺逢圣、黄士俊等为总裁官。礼部尚书翰林院学士姜逢元，侍读学士刘宇亮、傅冠等为总副裁官，与纂修官等同编纂。

时纲纪废弛，史官旷职，至崇祯末始成书。谈迁《枣林杂俎·逸典》：

> 纂修实录，各分翰詹坊局，稿具送阁臣总裁，又分岁月删定，汇而上之。熹宗御历七年，论实录终岁事耳。史官虽分任，乞假奉使，淹期不至，或竟置之罔闻，阁臣亦不以为意。嘉定钱相国（士升）尝总裁二十年有奇，云同官互秘，不肯往覆也。至崇祯十□年始竣。

按《明史·宰辅年表》，士升以崇祯六年九月入阁，至九年四月免，孺木所云总裁二十年误，然据所记，则当时淹滞之情形可知也。总裁宫中有朱继祚，以尝与修《三朝要典》，被论求罢去。《明史》卷二七六《朱继祚传》：

> 崇祯初复官，累迁礼部右侍郎，充实录总裁。给事中葛枢言："继祚尝纂修《要典》，得罪清议，不可总裁国史。"不听。继祚旋谢病去。

清军入北京后，实录仍在皇史宬（夏燮《明通鉴义例》）。清顺治二年（公元1645）诏修《明史》，明降臣冯铨任总裁，以其事奄丑行备载于天启四年实录，遂私窃去毁灭。朱彝尊《曝书亭集·书两朝从信录后》：

> 《熹宗实录》成，藏皇史宬。相传顺治初大学士涿州冯铨复入阁，见天启四年纪事毁己尤甚，遂去其籍无完书。

全祖望《鲒埼亭集·移明史馆帖子二》：

> 冯涿州再相，奋笔改熹庙实录。而刘若愚《酌中志》，或云其黑头爰立伎俩一卷，以为之讳。

杨椿《松邻堂集·再上明鉴纲目馆总裁书》亦云：

> 《明史》之初修也，在顺治二年。时大学士冯铨为总裁，仿通鉴体仅成数帙，而天启四年实录遂为窃去，后下诏求之，终不可得。

又天启七年实录亦缺，《东华录》：

> 顺治五年（公元1648年）九月谕内三院："今纂修《明史》，关天启四年七年实录及崇祯元年以后事迹，着在内六部都察院衙门，在外督抚镇按及都布按三司等衙门将所阙年分内一应上下文移，有关政事者开送礼部，汇送内院，以备纂修。"

至顺治八年又下诏搜访，《东华录》：

> 闰二月大学士刚林等奏："臣等纂修《明史》，查天启四年及七年六月实录并崇祯一朝事迹俱缺。宜敕内外各官广示晓谕，重悬赏格，凡钞有天启崇祯实录，或有汇集邸报者，多方购求，期于必得。或有野史外传集记等书，皆可备纂辑。务须博访，汇送礼部，庶事实有据，信史可成。"下所司知之。

终无所得，《天启实录》至今遂无完本。

（十六）思　宗

明北都覆没后，福王建国南京。辅臣高弘图请修《思宗实录》，礼部右侍郎管绍宁因上《修国史实录玉牒疏》，《赐诚堂集》卷三：

> 题为中兴有象，文献无征，请修正史以存本朝完书事：仪制清吏司案呈该臣部据礼科抄出太子太师吏部尚书文渊阁大学士高弘图题前事等因。奉圣旨："北畿史宬沦没，今日开馆修史，国之大务，阁中即议纂史官等毕备，务搜罗群籍，犁然成一代典册，该衙门知道，钦此！"又一本为请修先帝实录，以集遗徽事：奉圣旨："先帝十七年苦心仁政，臣民素有见闻，邸报章奏，海内必多流布，实录自当及时纂修，其间开局设馆搜罗等事宜，卿等酌议来行。"罗万象等即令询访故实，事竣各付史馆，以资采择，该衙门知道！

绍宁因具上纂修事理，崇祯十七年九月二十六日奉圣旨："国史玉牒皆系大典，这所奏俱依拟行。"时绍宁并举陈子龙、余飏、夏允彝、张采、吴国龙、陈震生、宋徵璧、杨廷枢、徐孚远、张以谦等任史官。谈迁《枣林杂俎·逸典》亦记：

> 高相国请修国史实录，许之，遽去位，未开局。钱尚书谦益多藏书，意任史，竟变作。礼部署部事右侍郎管绍宁覆修史疏，请门下士某任史馆，报可准贡。前相国疏荐予中书，予力辞至泣下，乃荐宣城唐祖命、歙县方世鸣等。至是又欲荐予史馆，如管例，辞之。或问其故，曰："国初布衣预史馆时，略势分，广采集。今进贤冠载笔，尚论崇卑，一措大厕间仰望鼻息，不过呈翰吮墨，等于门下牛马走，宁藏身瓮牖，同腐草木耳。"

南都逾年倾覆，国史《崇祯实录》俱未成。至清初修《明史》，四明万言始搜辑遗史，辑为《崇祯长编》，当时颇有传本。王源《居业堂集与吴商志书》：

> 实录止于天启，并未有《崇祯实录》。近修《明史》，始将十七年朝报搜出，摘辑长编，以备纪传，唯一二总裁家有副本。

长编今存者有《痛史》本二卷及中央研究院历史语言研究所所藏抄本六六卷，俱残阙不完。

南明诸帝实录今存者有《痛史》本《福王登极实录》、《弘光实录抄》、《思文大纪》及王夫之《船山遗书》本《永历实录》，俱出私撰，不具录。

九、传布

实录正本嘉靖十三年（公元 1534）以前藏内府，十三年始建皇史宬贮之，金匮石室，外人不可得见。惟副本藏内阁，掌于翰林院典籍，每一帝山陵，修实录时，必取前朝实录副本为参校。以故阁臣史官均得私抄，流布于外。如郑晓、王世贞等均家有实录，即其著例也。嘉靖十三年至十五年重录实录玉牒置皇史宬，前后历时二年，计抄传者当难仆数。至万历十六年又重录实录为小型本，沈德符《野获编补遗》一今上史学条：

> 万历十六年阁臣进太祖御札在内阁者凡七十余通，上命留内恭藏，因索累朝实录进览，阁臣对以实录成时，史臣俱会同焚稿于芭蕉园，人间并无底稿。惟皇祖世宗特建皇史宬以藏列圣实录宝训，但册样稍广，宜减为书册，庶便展览，容令中书官誊进，陆续上呈。上允之。由是金匮石室之藏，俱登乙览矣。

陈继儒记此役经过更详尽，《眉公见闻录》三：

> 万历十六年二月十五日，阁臣申时行等恭进圣祖御笔。奉圣旨："圣祖御笔留览，还着查取累朝实录宝训稿来进，钦此。"又该文书官宋坤口传圣谕："装潢宝训实录尚冠恭看一遍，请去皇史宬安，如再请来，不尚冠不敢恭看。查有累朝宝训实录稿，着进来以便观览。"时行等题云："查得累朝纂修事例，凡纂修宝训实录已完，正本于皇极殿恭进，次日送皇史宬恭藏，副本留贮内阁，其原稿则阁臣会同司礼监及纂修各官，于西城隙地内焚毁，盖崇重秘书，恐防泄漏故也。今奉旨查取原稿，臣等无凭查进。臣等查得嘉靖年间曾将累朝实录宝训重录一遍，见今藏奉皇史宬。其原先旧本，则隆庆年间曾闻先任阁臣云皇考尝一取视，收藏道心阁，后又送入皇史宬。如皇上留心继述，时欲览观，乞命该管人员查取恭进。至于阁中副本，节年以来，屡因开馆纂修，各官考究缮阅，时有污损，一时未能整顿。如皇上欲朝夕披阅，除武宗以前，见有皇史宬原先旧本可以取进外，其世宗穆宗两朝训录，或容臣等查取誊录各官，督令誊写便览书册，陆续进呈，以备御览。臣等未敢擅便，伏乞圣裁，令臣等遵命施行。"三月初一日文书官宋坤又口传圣谕："前日说累朝宝训实录，皇史宬打点不曾有。恐世宗请去西城万寿宫被灾。今自太祖起及累朝训录，都誊写装潢进览，有几部就进几部来。"时行等又题云："查得嘉靖十三年重书宝训实录，降

敕开馆，及用校对誊录等官生数多，盖皇祖世宗欲以祖宗谟烈，閟之金柜玉函，以傅万世之信，所重在于尊藏。今皇上特命誊写，是欲以累朝典故，置之法宫秘殿，以备乙夜之观，所重在于便览。故臣等窃谓训录旧本式样宽阔，今宜稍敛，改从书册。旧本简帙繁多，今宜并省，不拘卷数。其誊录官员，除两房并玉牒馆见在供事外，不敷之数，相应查取先次会典馆誊录后回原衙门各官，前来供事。合用纸劄，于司礼监陆续关取。笔墨桌凳等项，例于各该衙门支用。校对官于翰林院差委，圈书监生于国子监收管，吏役于吏部各取拨。一应事宜，容臣等查照节年事例题请施行。”夫皇上因御笔欲看宝训实录，因宝训实录，又云尚冠恭看，不尚冠不看。其法祖式训之意，诚有不敢愆忘，不敢怠荒者，谨书之以备史缺。

因实录之重抄，诸校对誊录官遂乘机传抄，传布至广。朱国桢《涌幢小品》二：

实录之名起于唐，国朝平元都，即辇十三朝实录至京，修之至再。《太祖实录》修于建文，又再修于永乐，并历朝所修者藏之金柜石室，最为秘密。申文定（时行）当国，命诸学士校雠，始于馆中誊出，携归私第，转相钞录，遍及台省，若部属之有力，盖不啻家藏户守矣。

顾炎武《亭林文集》五《书潘吴二子事》：

先朝之史，皆天子之大臣与侍从之官，承命为之，而世莫得见。其藏书之所曰皇史宬。每一帝崩修实录，则请前一朝之书出之，以相对勘，非是莫得见者。人间所传止有《太祖实录》。国初人朴厚，不敢言朝廷事，史学因以废失。正德以后，始有纂为一书，附于野史者。大抵草泽之所闻，与事实绝远，而反行于世。世之不见实录者，从而信之。万历中天子荡然无讳，于是实录稍稍传写流布，以至于光宗，而十六朝之事具全。然其卷帙重大，非士大夫累数千金之家不能购，是以野史日盛，而悠谬之谈，遍于海内。

康熙中又诏《明史》修成之日，应将《明实录》并存。《东华录》：

> 康熙二十六年（公元1687）上谕大学士等曰："史事所关甚重，若不参看实录，虚实何由悉知，他书或以文笔见长，独修史宜直书实事，岂可空言文饰乎！如明代纂修《元史》，限期过逼，以致要务多漏，且议论偏诐，殊乖公正。俟《明史》修成之日，应将实录并存，令后世有所考据。"

然至今日，数经变乱，皇史宬正本与内阁副本均荡然不可问。历史语言研究所藏有实录残帙数十纸，坚楮朱丝，纸色洁白，缮写工整，行格宽大，断句用朱圈，系内阁大库旧物，或即《明实录》副本之仅存者。至海内外公私藏家所庋实录，现存者约十数部，大抵多为传抄本，鲁鱼亥豕，脱文断简，触目皆是。历史语言研究所汇校本正在整理中，倘校本能早日传世，使绩学之士，能人手一编，据以研究明代史事，亦一快也。

一九四〇年九月二十六日脱稿于昆明西郊落索坡

（原载中央研究院《历史语言研究所集刊》第18期，1948年）

明教与大明帝国

一、吴元年与明之国号

我国历史上之朝代称号，或从初起之地名，或因所封之爵邑，或追溯其所自始，要皆各有其独特之意义，清赵翼曾畅论之：

> 三代以下建国号者，多以国邑旧名：王莽建号曰新，亦以初封新都侯故也。公孙述建号成家，亦以据成都起事也。赍人李雄建号大成，盖亦袭述旧称也。金太祖始取义于金之坚固，遂不以国邑而以金为号（按《金志》太祖以国产金，且有金水源，故称大金）。然犹未用文义也。金末宣抚蒲鲜万奴据辽东，僭称天王，国号大真，始有以文义而为号者。元太祖本无国号，但称蒙古，如辽之称契丹也。世祖至元八年（公元 1271）因刘秉忠奏，姑建国号曰大元，取“大哉乾元”之意，国号取文义自此始。其诏有曰：“诞膺景命，必有美名，唐之为言荡也，虞之为言乐也，……世降以还，事殊非古；称秦称汉者，著从初起之地名，曰隋曰唐者，即因所封之爵邑，是皆徇百姓见闻之狃习，要一时经制之权宜。今特建国号曰大元，取《易经》乾元之义”云。命世之君，创制显庸，必有以新一代之耳目，而不肯因袭前代，此其一端也。（《廿二史札记》卷二九《元建国始用文义》）

惟明太祖以至正二十七年（公元 1367）称吴元年，次年即帝位，始定国号曰大明，纪元洪武。吴非国号，亦非年号。至大明则既非初起之地名，亦非所封之爵邑，亦非如后唐后汉之追溯其所自始，如以其文义“光明”言，亦无所归属。《明实录》、《明史》诸书记太祖即位诏书，仅著“定有天下之号曰大明”一语，明清两代学人著述，亦从未涉及“吴元年”及“大明”一名词之意义者。[①]

按太祖起自红军，奉宋帝小明王韩林儿正朔。宋龙凤七年（公元1361，元至正二十一年）封吴国公[②]，十年进爵为吴王（《国初群雄事略》引《龙凤事迹》）。军中文移布告均称“皇帝圣旨吴王令旨”（《国初群雄事略》）。十二年弑宋帝，宋亡。是所谓吴元年者，如以为吴王受封之吴，则当为吴四年，如以为国号，则先此张士诚已据吴称吴王，且太祖时方遣将伐吴，不应踵袭敌国之称号。如以为纪元之称，则有史以来，从未有一字之年号！又其时天完吴夏汉诸国，国号纪元，皆粲然备具。太祖后起，且承宋后，为红军正统，不应既无国号，又无纪元，仅称无所指属之吴元年也。太祖幕中多儒生，不应瞢忽至此！颇疑太祖于杀韩林儿后，仍称宋国，仍奉龙凤十三年正朔。其称吴元年者，开国后讳其起于红军，更讳言臣于小明王，曾奉其正朔。遂于宋明之际，追改龙凤十三年为吴元年，以示其非承宋而起也。推度当时情事，应是如此。然明初史迹经《太祖实录》之三修，已湮没不可详，姑系臆说于此。

至“大明”之国号，则私见以为出于韩氏父子之“明王”，明王出于《大小明王出世经》。《大小明王出世经》为明教经典，明之国号实出于明教。明教自唐代输入，至南宋而益盛，穷流溯源，因并及之。明教又与出自佛教之弥勒佛传说及白莲社合，文中牵连述及，仅凭史书。至二教经典则以滇中无从得书，参合比较，请俟异日。所述明教唐宋二代史迹，大部分多从沙畹（E. Chavannes）《摩尼教流行中国考》（冯承钧译，商务印书馆版）、王国维先生《摩尼教流行中国考》（《海宁王静安先生遗书》册一一）、陈垣先生《摩尼教入中国考》（北京大学《国学季刊》一卷二号）、牟润孙先生《宋代摩尼教》（辅仁大学《辅仁学志》七卷一、二期）诸文引用，他山之助，谨申谢意。

---

① 日人和田清君曾撰《关于明之国号》一文，刊《东洋学报》，滇中无从得此书，未能论列。

② 钱谦益《国初群雄事略》引俞本《皇明纪事录》，《明史·太祖纪》系称吴国公事于至正十六年。

二、明教

明教即摩尼教（Manichaeism），波斯人摩尼（Mani 公元 216—277）所创。我国史籍中有称之为牟尼者，摩尼之异译也。有称之为末摩尼者，古波斯文（Pehlavi）mar mani 之译文，华言摩尼主也。有称之为末尼者，末摩尼之省文也（沙畹《摩尼教流行中国考》，8～9 页）。其教杂糅祆教基督教佛教而成，主要经典有《二宗三际经》，二宗者明与暗也，明暗斗争，时有轩轾，明终克暗，至安乐处。法国巴黎图书馆藏《摩尼教残经出家仪》第六《初辩二宗》：

> 求出家者，须知明暗各宗，性情悬隔，若不辩识，何以修为？

三际者，过去未来现在也。同上《次明三际》：

> 一、初际；二、中际；三、后际。
>
> 初际者未有天地，但殊明暗，明性智慧，暗性愚痴，诸所动静，无不相背。
>
> 中际者，暗既侵明，恣情驰逐，明来入暗，委质推移，大患厌离于形体，火宅愿求于出离，劳身救性，圣教固然，即妄为真，孰闻听命？事须辩识，求解脱缘。
>
> 后际者，教化事毕，真妄归根，明既归于大明，暗亦归于积暗，二宗各复，两者交归。

初际明暗相背，中际明暗混糅，后际明暗划分。明为善，为理；暗则为恶，为欲。其神为明使，亦称明尊，即摩尼也。有净风善母二光明使。又以净气、妙风、妙明、妙水、妙火为五明使。北平图书馆藏《摩尼教残经》：

> 若有明使，出兴于世，教化众生，令脱诸苦。

又云：

其惠明使亦复如是，既入故城，坏惠敌已，当即分判明暗二力，不令杂乱。

又云：

《应轮经》云：若电那勿（Denavari，玄奘《西域记》译作提那跋）等身具善法，光明父子及净法风，皆于身中每常游止。其明父者即是明界无上明尊，其明子者即是日月光明，净法风者即是惠明。

经述“明”以种种方法困“暗”，“暗”后以种种方法囚“明”。“明”“暗”交争，一起一伏，最后明使为植十二明王宝树：

惠明相者，第一大王，二者智惠，三者常胜，四者欢喜，五者勤修，六者平等，七者信心，八者忍辱，九者直意，十者功德，十一者齐心一等，十二者内外俱明。如是十二光明大时，若入“相”“心”“念”“思”“意”等五种国土，一一孽遂，无量光明，各各现果，亦复无量，其菓即于清静徒众而具显现。

此明教徒之十二美德也。每一树又有五记验，如第一大王树有五记验，一者不乐久住一处，二者不悭，三者贞洁，四者近智惠，五者常乐清静徒众。每一记验又各有定义，如不悭：“所至之处，若得衬施，不私隐用，皆纳大众。”合十二树六十记验，教徒具备六十种美德，乃入光明极乐世界。明使讲经已，结云：

如是等名为十二明王宝树，我从常乐光明世界，为汝等故，持至于此。欲以此树栽于汝等清静众中，汝等上相善慧男女，当须各自于清净心中栽植此树，令更增长，犹如上好无砂卤地，种一收万，如是展转，至无量数。汝等今者欲成就无上大明清净果者，皆当庄严如宝树，令得具足。何以故？汝等善子，依此树果，得离四难，及诸有身，出离生死，究竟常胜，至安乐处。

又有《大小明王出世经》等经，释志磐《佛祖统纪》引《释门正统》：

> 准国朝（宋）法令，诸以《二宗经》及非《藏经》所载不根经文传习惑众者，以左道论罪。二宗者谓男女不嫁娶，互持不语，病不服药，死则裸葬等。不根经文者，谓《佛佛吐恋师》、《佛说啼哭》、《大小明王出世经》、《开元括地变文》、《齐天论五来子曲》之类。

《日光偈》、《月光偈》等偈，《宋会要·刑法门二上》：

> 明教之人所念经文，及绘画佛像，号曰《讫思经》、《证明经》、《太子下生经》、《父母经》、《图经》、《文缘经》，《七时偈》、《日光偈》、《月光偈》、《平文》、《策汉赞》、《策证明赞》，《广大忏》、《妙水佛帧》、《先意佛帧》、《夷数佛帧》、《善恶帧》、《太子帧》、《四天王帧》。已上等经佛号，即于道释经藏并无明文该载，皆是妄诞妖怪之言，多引尔时明尊之事，与道释经文不同。至于字音又难辨认，委是狂妄之人，伪造言辞，诳愚惑众，上僭天王太子之号。

其教仪节为经典所规定者为斋食。巴黎藏《摩尼教残经·寺宇仪》第五：

> 私室厨库，每日斋食，俨然待施。若无施者，乞丐以充。唯使听人，勿蓄奴婢及六畜等非法之具。

且日食一餐，日晚乃食（李肇《唐国史补》，《新唐书》卷二一七上）。北平图书馆藏《摩尼教残经》：

> 日一受食，不以为难。

不饮乳酪（李肇《唐国史补》，《新唐书》卷二一七上）。死则裸葬。巴黎藏《残经》：

> □宿死尸，若有覆藏，还同破戒。

其僧侣有拂多诞，古波斯语 Fur-sta-dan 之译音也，华言“知教义者”。有慕阇，亦古波斯语 Mozak 之译音，华言“师”也。（沙畹

《摩尼教流行中国考》）

三、明教与回鹘

明教经典之输入我国，始于唐武后延载元年（公元694）。志磐《佛祖统纪》卷三十九：

> 延载元年，“波斯国人拂多诞（西海大秦国人）持《二宗》为经来朝。未四十年而遭禁断。”

杜佑《通典》卷四十：

> 开元二十年（公元732）七月敕：“末摩尼法本是邪见，妄称佛教，诳惑黎元，宜严加禁断。以其西胡等既是乡法，当身自行，不须科断者。”

至肃宗宝应元年（公元762）回鹘入唐，击史朝义于洛阳，次年携居留洛阳之摩尼师归国，明教遂入回鹘，为其朝野所信奉。据《九姓回鹘爱登里啰汨没密施合毗伽可汗圣神文武碑》（李文田《和林金石录》，《灵鹣阁丛书》本）：

> 师将睿思等四僧入国，阐指二祀，洞澈三际。况法师妙达明门，精研七部，才高海岳，辩若悬河，故能开政教于回鹘。（第八行）
>
> 今悔前非，愿归正教。奉旨宣示，此法微妙，难可受持，再三恳□，往者无识，谓鬼为佛，今已误真，不可复事。特望□□，□□□□，既有志诚，任即持受。应有刻画魔形，悉令焚爇，祈神拜鬼，并□□（第九行）
>
> □受明教，薰血异俗，化为茹饭之乡，宰杀邦家，变为劝善之国。故□□之在人，上行下效，法王闻受正教，深赞处□□□□□德领诸僧尼入国阐扬，□后慕阇徒众，东西循环，往来教化。（第十行）

碑立于宪宗元和九年（公元 814），已有明教明门之称。尤可注意者为明教徒不奉像设，不事鬼神，斋食禁杀三事。

明教入回鹘后，其徒清修苦行，回鹘可汗或与议国事（李肇《唐国史补》下，《唐书·回鹘传》，《资治通鉴》卷二三七）。以回鹘可汗之护持，遂要求唐室为其建寺：

> 回鹘可汗王令明教僧进法入唐。大历三年（公元 768）六月二十九日敕赐回鹘摩尼为之置寺，赐额为大云光明。六年正月敕赐荆洪越等州，各置大云光明寺一所。（胡三省《通鉴》注引《唐会要》卷一九）

北则两都太原，南则荆扬洪越等州，当时重镇，无不有明教徒之祠宇（《佛祖统纪》卷四一，赞宁《僧史略》下，《旧唐书》卷一四，《册府元龟》卷九九九）。其徒白衣白冠（《佛祖统纪》卷四一），日晚乃食，饮水而不茹荤，不饮乳酪（李肇《唐国史补》下）。其徒有解天文者（《册府元龟》卷九九七），有擅求雨之术者（《唐会要》卷四九），有善作法劾鬼者。（徐铉《稽神录》）

明教在唐之得势，以有回鹘护法故，唐室羁縻回鹘，遂不得不优待明教。至开成会昌间（公元 840 至 843）回鹘为黠戛斯（Kirghiz）所残破。会昌二年（公元 842）遂敕权停江淮诸摩尼寺，只令于两都及太原信向处行教（李德裕《会昌一品集》卷五《赐回鹘可汗书》）。时回鹘复屡入寇掠，三年遂诏讨回鹘，大破之。李德裕《讨回鹘制》：

> 其回鹘既已破灭，义在剪除，宜令诸道兵马，并同进讨。……其回鹘及摩尼等庄宅钱物，并委功德使与御史台京兆府各差精强干事官点检收录。……摩尼等僧委中书门下即时条疏闻奏。

明教至此，遂全遭禁断。《新唐书》卷二一七下：

> 诏回鹘营功德使（摩尼），在二京者悉冠带之。有司收摩尼书若象，烧于道，产赀入之官。

明教徒则被屠杀，日本僧圆仁记：

会昌三年四月中旬敕，下令杀天下摩尼师，剃发令著袈裟作沙门形而杀之。（《入唐求法巡礼行记》卷三）

宋僧赞宁亦记：

会昌三年，敕天下摩尼寺并废入官。京城女摩尼十二人皆死。及在此国回纥诸摩尼等配流诸道，死者大半。（赞宁《僧史略》卷下）

四、明教之传播上

自唐会昌禁黜后，明教遂成为秘密结社，攀附佛道，以图幸存。教旨既晦，名谓亦更。至梁末帝贞明时遂有上乘宗之起事。其教不食荤茹，宵聚昼散：

贞明六年（公元920）“冬十月陈州妖贼母乙董乙伏诛。陈州里俗之人喜习左道，依浮屠氏之教，自立一宗，号曰上乘。不食荤茹，诱化庸民，揉杂淫秽，宵聚昼散。州县因循，遂致滋蔓。……群贼乃立母乙为天子，其余豪首，各有署置。至是发禁军及数郡兵合势追击。贼溃，生擒母乙等首领八十余人，械送阙下，并斩于都市。”（《旧五代史·梁书·末帝纪》）

据《佛祖统纪》，上乘宗盖即明教。志磐记：

梁贞明六年，陈州末尼聚众反，立母乙为天子。朝廷发兵擒母乙斩之。其徒以不茹荤饮酒，夜聚淫秽，画魔王踞坐，佛为洗足，方佛是大乘，我法乃上之乘。

按南北朝隋唐间三阶教流播颇广，其教有上上乘上乘之说，开元二十年与明教同时遭禁。母乙之反自称上乘宗，而志磐则以为是明教，则当唐末五代时，明教已与三阶教混合矣。① 此所记陈州末

① 此承向觉明先生教。三阶教日人矢吹庆辉著有《三阶教之研究》。

尼所奉为魔王，又素食。魔王盖即摩尼，以明教有明王出世之说，而摩尼又称明使也。明教不事神鬼，其所供奉摩尼夷数（耶稣）诸画像，均为波斯或犹太族，深目高鼻。其教又为历来政府及佛徒所深嫉，佛徒每斥异己者为魔，易摩为魔，斥为魔王，为魔教，合其斋食而呼之，则为吃菜事魔。

陈州起事失败后不久，至后唐石晋时明教又潜兴布教，赞宁《僧史略》下：

> 梁贞明六年，陈州末尼党类立母乙为天子，累讨未平，及贞明中诛斩方尽。后唐石晋时复潜兴，推一人为主，百事禀从。或画一魔王踞坐，佛为其洗足，盖影佛教所谓相似道也。

复南播而至闽，徐铉《稽神录》曾记明教徒在闽活动之情形：

> 清源都将杨某为本郡防遏营副将。有人见一鹅负纸钱入其第，俄化为双髻白发老翁，变怪遂作。二女惊病，召巫立坛治之；鬼亦立坛作法，愈甚于巫；巫惧而去。后有善作魔法者，名曰明教，请为持经一宿，鬼乃唾骂而去。

清源即泉州。据明人何乔远所记，以明教入闽者为呼禄法师：

> 会昌中汰僧，明教在汰中。有呼禄法师者，来入福唐，授侣三山，游方泉郡，卒葬郡北山下。(《闽书》卷七《方域志》)

至宋真宗大中祥符间（公元1008至1016）敕编《道藏》，明教徒闽富人林世长遂赂主者，以《二宗三际经》编入（《佛祖统纪》引洪迈《夷坚志》）。张君房《云笈七签》序：

> 臣于时尽得所降《道书》。……及朝廷续降到福建等州道书明使《摩尼经》等，与道士商校异同，铨次成藏，都四千五百六十五卷，题曰《大宋天宫宝藏》。天禧三年（公元1019）春写进之。

自此闽南遂成明教最重要之教区，洪迈《夷坚志》：

> 吃菜事魔，三山尤炽。为首者紫帽宽衫。妇人黑冠、白服，称为明教会。所事佛衣白，引经中所谓白佛，言世尊，取《金刚经》一佛二佛三四五佛，以为第五佛。又名末摩尼，采《化

胡经》乘自然光明道气，飞入西那玉界苏邻国中，降诞王宫为太子，出家称末摩尼，以自表证。其经名《二宗三际》，二宗者明与暗也，三际者过去未来现在也。大中祥符兴《道藏》，富人林世长赂主者，使编入藏，安于亳州明道宫。……其修持者，正午一食，裸尸以葬，以七时作礼，盖黄巾之遗习也。（《佛祖统纪》引）

陆游记其习尚，谓烧必乳香，食必红蕈，士人宗子，亦从之游云：

闽中有习左道者，谓之明教。亦有《明教经》甚多，刻板摹印，妄取《道藏》中校定官衔赘其后。烧必乳香，食必红蕈，故二物皆翔贵。至有士人宗子辈众中自言，今日赴明教会。予尝诘之："此魔也，奈何与之游?"则对曰："不然。男女无别者为魔，男女不亲授者为明教。明教遇妇人所作食则不食。"然尝得所谓明教经观之，诞谩无可取，直俚俗习妖妄者所为耳。又或指名族士大夫家曰，此亦明教也。不知信否?（《老学庵笔记》）

复由闽入浙，据《宋会要》所记，北宋末年，温州一地，即有明教斋堂四十余处：

政和四年（公元1114）十一月四日，"臣僚言：'温州等处狂悖之人，自称明教，号为行者。今来明教行者各于所居乡村，建立屋宇，号为斋堂。如温州共有四十余处，并是私建无名额堂。每年正月内取历中密日，聚集侍者、听者、姑婆、斋姊等人建设道场，鼓扇愚民男女，夜聚晓散。'奉御笔，仰所在官司根究指实，将斋堂等一切拆毁。所犯为首之人依条施行外，严立赏格，许人陈告。今后更有似此去处，州县官并行停废，以违御笔论。廉访使者失觉察，监司失按劾与同罪。"（《宋会要稿·刑法二上》79页）

其长老名行者，徒众则有侍者、听者、姑婆、斋姊等。恪遵明教规律，于密日（日曜日，康居语［Sogdian］Mir之译音）持斋（沙畹《摩尼教流行中国考》16页）。至南宋初期，已遍播于淮南两浙江东江西福建东南一带，因地异名。孝宗乾道二年（公元1166）陆游《条对状》云：

> 自古盗贼之兴，若止因水旱饥馑，迫于寒饿，啸聚攻劫，则措置有方，便可抚定，必不能大为朝廷之忧。惟是妖幻邪人，平时诳惑良民，结连素定，待时而发，则其为害，未易可测。伏缘此色人处处皆有，淮南谓之二桧子，两浙谓之牟尼教，江东谓之四果，江西谓之金刚禅，福建谓之明教、揭谛斋之类。名号不一，明教尤甚。至有秀才吏人军兵亦相传习，其神号曰明使，又有肉佛、骨佛、血佛等号，白衣乌帽，所在成社。伪经妖像，至于刻板流布。假借政和中道官程若清等为校勘，福州知州黄裳为监雕，以祭祖考为引鬼，永绝血食。以溺为法水，用以沐浴。其他妖滥，未易概举。烧乳香则乳香为之贵，食菌蕈则菌蕈为之贵。更相结习，有同胶漆。万一窃发，可为寒心。汉之张角，晋之孙恩，近岁之方腊，皆是类也。伏乞朝廷戒敕监司守臣，常切觉察，有犯于有司者，必正典刑，毋得以习不根经教之文，例行阔略。仍多张晓示，见今传习者，限一月听斋经像衣帽，赴官自首，与原其罪。限满重立赏，许人告捕。其经文印版令州县根寻，日下焚毁。仍立法，凡为人图画妖像，及传写刊印明教等妖妄经文者，并从徒一年论罪。庶可除消异时窃发之患。（《渭南文集》卷五）

二桧子即二祀或二宗也。金刚禅则以明教徒亦诵持《金刚经》名，揭谛斋则以明教徒斋食之故。惟四果为佛教之白云宗，非明教。白云宗、白莲社与明教至宋后期及元代，已混杂不清，据陆游所言，则在南宋初期，已开始合流矣。

五、明教之传播中

明教传播既遍东南，为避免政府之禁令，每与其他秘密会社合，而因地异名，不可究诘。政府则统谓之为左道、妖贼、妖教，或举其特点为吃菜事魔，为吃菜。当时明教之组织、习尚、教规、仪式，屡见于反对明教之政府人士记载中。如结党，火葬，廖刚《乞禁妖教劄子》：

> 今之吃菜事魔，传习妖教，……臣访闻两浙江东西此风方炽，创自一人，其从至于千百为群，阴结死党。犯罪则人出千钱或五百行赇。死则入执柴烧变，不用棺椁衣衾，无复丧葬祭祀之事，一切务灭人道。（《高峰先生文集》卷二）

斋食、清修，方勺记：

> 凡魔拜必北向。……原其平时不饮酒食肉，甘枯槁，趋静默，若有志于为善者。然男女无别，不事耕织，衣食无所得，则务攘夺以挺乱。（《泊宅编》卷五）

不事神佛祖先，不会宾客，裸葬，诵《金刚经》，拜日月，旦望烧香，庄季裕记：

> 事魔食菜，法禁甚严。有犯者家人虽不知情，亦流于远方，以财产半给于告人，余皆没官。而近时事者益众。云自福建流至温州，遂及二浙。……闻其法断荤酒，不事神佛祖先，不会宾客。死则裸葬。方敛尽饰衣冠，其徒使二人坐于尸旁，其一问来时有冠否？则答曰无，遂去其冠。逐一去之，以至于尽。乃云来时何有？曰有胞衣，则以布囊盛尸焉。云事之后致富。小人无识，不知绝酒肉燕祭厚葬，自能积财焉。又始投其党有甚贫者，众率财以助，积微以至于小康矣。凡出入经过虽不识，党人皆馆谷焉。人物用之无间，谓为一家，故有无碍被之说，以是诱惑其众。其魁谓之魔王，佐者谓之魔翁魔母，各诱化人。旦望人出四十九钱于魔翁处烧香，翁母则聚所得缗钱，以时纳于魔王，岁获不赀云。亦诵《金刚经》，取以色见我为邪道，故不事神佛，但拜日月，以为真佛。其说经如是法平等无有高下，则以无字连上句，大抵多如此解释。……而又谓人生为苦，若杀之是救其苦也，谓之度人，度多者则可以成佛。故结集既众，乘乱而起，甘嗜杀人，最为大患。尤憎忌释氏，盖以戒杀与之

为戾耳。(《鸡肋编》中)

由此知明教徒信奉其教规律至严，历唐宋二代数百年仍无改其教旨也。所记馆谷党人，用恤贫难，与明教戒悭之旨合。朔望出钱烧香，有类于今日党社之社费。魔王为摩尼化身，魔翁魔母则又明教之明父善母也。至所云度人之说，则显与明教戒杀之旨忤。前所引《九姓回鹘可汗碑》："薰血异俗，化为茹饭之乡，宰杀邦家，变为劝善之国。"可证也。按北魏时有大乘教，主杀人，杀一人者为一住菩萨，杀十人者为十住菩萨，《资治通鉴》卷一百四十八：

> 延昌四年（公元515）六月，"魏冀州沙门法庆惑众以妖幻，与渤海人李归伯作乱，推法庆为主。法庆以归伯为十住菩萨平魔军司定汉王。自号大乘。(《魏书》法庆以杀一人者为一住菩萨，杀十人者为十住菩萨。) 又合狂药，令人服之，父子兄弟不复相识，唯以杀害为事。……所在毁寺舍，斩僧尼，烧经像，云新佛出世，除去众魔。"

则秘密宗教中原有度人一派邪教，庄季裕为宋绍兴时人，身经方腊、余五婆之起事，或者尔时教禁方严，教外人不明底蕴，误信官方指摘之文告，遂笔之于书也。至明教徒之组织及背景，则绍兴四年（公元1134）五月，起居舍人王居正曾备述之，居正奏：

> 伏见两浙州县有吃菜事魔之俗。方腊以前，法禁尚宽，而事魔之俗犹未至于甚炽。方腊之后，法禁愈严，而事魔之俗愈不可胜禁。……臣闻事魔者，每乡每村有一二桀黠，谓之魔头，尽录其乡村姓氏名字，相与诅盟为魔之党。凡事魔者不肉食。而一家有事，同党之人皆出力以相赈恤。盖不肉食则费省，费省故易足。同党则相亲，相亲故亲恤而事易济。臣以为此先王导其民使相亲相友相助之意。而甘淡薄，务节俭，有古淳朴之风。今民之师帅，既不能以是为政，乃为魔头者窃取以瞽惑其党，使皆归德于其魔，于是从而附益之以邪僻害教之说。民愚无知，谓吾从魔之言，事魔之道而食易足，事易济也，故以魔头之说为皆可信而争趋归之。此所以法禁愈严而愈不可胜禁。

（李心传《建炎以来系年要录》卷七六）

明教互助合作之精神，淳朴节俭之生活，虽其抨击者亦赞叹言之。然在朝廷行之则为王道，在民间倡之则为叛逆。究之法禁愈严而明教之传播愈广，朝廷既不能以是为政，而又深嫉仁政之出于民间，惧移鼎社。于是从而压制之，强民之就苛政。不听则以兵力剿平之，血流漂杵而明教之传播如故。此读史论今者之不能不深致慨也。佛徒嫉明教最甚，然于其戒律之恪守，则亦叹美无贬辞。《释门正统斥伪志》序：

> 原其滥觞，亦别无他法，但以不茹荤酒为尚。其渠魁者鼓动流俗，以香为信，规其利养，昼寝夜兴，无所不至。阴相交结，称善友。一旦郡邑少隙，则狠者凭愚以作乱，自取诛戮，方腊、吕昂之辈啸聚者是也。其说亦称不立文字，尝曰：天下禅人但传卢行者十二部假禅，若吾徒者即是真禅耳。乃云菩提子，达摩，心地种，透灵台，即其语也。人或质之，则曰不容声也。果容声则吾父母妻子兄弟先得矣。或有问焉，终何所归？则曰不升天，不入地，不成佛，不涉余途，直过之也。以此自陷，亦以陷人。此所谓事魔妖教也。如此魔教愚民皆乐为之。其徒以不杀不饮不荤辛为至严，沙门有行为不谨，反遭其讥，出家守法，可不自勉。（《佛祖统纪》卷三九引）

则在南宋后期，明教且合于禅宗，自以为真禅矣。上文引《摩尼教残经》有明使种十二明王宝树之说，与菩提子达摩栽之禅宗传说极近似，宋儒多引禅宗以讲学，明教则遂与之合矣。

六、明教之传播下

明教在北宋末南宋前期，流行于淮南两浙江东江西福建诸地，深入农村。农民入其教者，一因素食节用而食足；一因结党互助而事济，向之受官吏地主压迫剥削者，均得借入教而得荫庇。信仰既深，蟠结愈固，在平时安居乐业，固皆良民，一旦政府诛求过甚，揭竿而起，立成劲旅，成为农民暴动农民革命之核心力量。

宋代明教徒所领导之暴动，恰与其传教地域合，前仆后起，历久勿衰。其著者如北宋徽宋宣和二年（公元1120）方腊吕师囊起于睦州台州（方勺《泊宅编》，《宋史·童贯传》附《方腊传》）。南宋高宗建炎四年（公元1130）王念经（宗石）起于信州（《建炎以来系年要录》卷三二—三六）。绍兴三年（公元1133）余五婆起事于衢州（同上书卷六三，庄季裕《鸡肋编》中）。十年东阳县“魔贼”起事（《建炎以来系年要录》卷一三八）。十四年俞一起事于泾县（同上书卷一五一），二十年信州贵溪“魔贼”起事（同上书卷一七六）。理宗绍定六年（公元1233）陈三枪张魔王据松梓山，出没江西广东，跨三路数州六十寨。（《宋史》卷四一九《陈韡传》）

方腊之起事，以红巾为识，《泊宅编》记：

腊自号圣公，改元永乐。置偏裨将，以巾色饰为别，自红巾而上凡六等。无甲胄，惟以鬼神诡秘事相扇试。

余五婆之起事，其徒亦衣赭服，《鸡肋编》中：

（绍兴）三年，偶邑人以私怨告众事魔，有白马洞缪罗者杀保正，怒其乞取。其弟四六辄衣赭服，传宣喧动，乃遣官兵往捕，一方被害。

明教徒以明使为白佛，故其徒白衣白冠。至宋南渡前后，又有尚红色紫色之新风气。洪迈所记三山明教徒为首者紫帽宽衫，及方腊余五婆之红巾赭服是也。此种变化，或与祆教佛教有关，以明教原系杂糅祆教佛教而成，祆教之火神色尚红，而佛教净土宗之阿弥陀佛又属红色之故也。白莲社奉阿弥陀佛，明教与白莲社之混合或早在北宋已开其端，故明教徒党又以红色为其举事之标识也（沙畹《摩尼教流行中国考》73页）。方腊之起事，其徒又佩明镜，楼钥《跋先大父（异）徽猷阁直学士诰》，记其祖楼异守处州日，方腊徒党以舟师进犯情形：

少随侍处州。闻其来处也，止以数舟载百余人，绛帛帕首，

带镜于上，日光照耀，自龙泉山间，乱鸣钲鼓，顺流而下。（《攻媿集》卷七三）

各地起义行动虽均被政府军所镇压，然明教之流行固自若也。且其势力更进而渗入军伍。李心传记：

绍兴十五年（公元1145）二月庚辰，上曰："闻军士亦有吃菜者，此曹多素食，则俸给有余，恐骄怠之心易生，可谕诸统兵官严行禁饬。"（《建炎以来系年要录》卷一五三）

军士吃菜，事至寻常，何至劳皇帝注意？因素食而俸给有余，正应奖励之不暇，何至严行禁饬？盖此吃菜实加入明教之别名，而又不欲显言其为明教，惧失军心，故隐约言之耳。越十一年而有朝绅吃菜之狱，则朝野士大夫亦有皈依明教者矣。李心传又记：

绍兴二十三年（公元1153）十月庚申，太府寺丞兼权刑部员外郎史祺孙令吏部差监临江军新淦县酒税。时武臣孙士道等习幻怪之术，而朝士或与之游。祺孙至执弟子礼。大理正石邦哲、谢邦彦皆从之。侍御史魏师逊奏祺孙伤俗败教。上曰："士大夫学先王之道，乃从妄人习妖怪之术，以欺愚惑众，若不罢斥，无以戒后人。"乃有是命。时士道已系狱，于是邦哲、邦彦皆坐免官。（同上书卷一六五）

此记朝官史祺孙、石邦哲、谢邦彦从孙士道执弟子礼，习妖怪之术，伤俗败教。曰妄人，曰妖术，究不知其何教何术，记录不明。越三年邦哲、邦彦再被论罢，始知前后二贬，皆与明教有关，案中诸人皆明教徒也：

绍兴二十六年四月己卯，左朝请郎两浙西路提点刑狱公事谢邦彦、大理寺丞石邦哲、右通直郎提举两浙西路常平茶盐公事司马倬，并罢。先是平江士居右朝散郎曹云召邦彦、倬于其家，与之蔬食。侍御史汤鹏举论云平江大侩，以卖卜为业，交结士大夫，遂得一官。邦彦邦哲顷与妖人交游，论列放罢，因钟世明荐于魏良臣，复得起用，尚不知自新。倬与王会、曹云为死党。今又赴云吃菜之会，闻坐间设出山佛相，邦彦为师，云为弟子，事实怪诞，臣安得不论。乃并罢之，仍移云郴州居住。(《建炎以来系年要录》卷一七三)

至宁宗时，沈继祖弹朱熹，亦加以吃菜事魔之罪，叶绍翁记：

庆元三年（公元 1197）春二月癸丑，省劄："臣窃见朝奉大夫秘阁修撰提举鸿庆宫朱熹，……剽张载程颐之余论，寓以吃菜事魔之妖术，以簧鼓后进，收召四方无行义之徒，以益其党伍，相与飨粗食淡，衣褒带博，……潜形匿影，如鬼如魅。"(《四朝见闻》丁集)

朱熹居山中，食惟脱粟饭。(《宋史》卷三九四《胡纮传》)其刻苦节约类明教徒。其所言理欲二元论又与明教之二宗说，明与暗，善与恶之斗争近。故当时抨击道学者，持以为中伤之柄。道学遭禁，朝廷欲驱斥儒者，则指为道学。明教久已遭禁，时人欲中伤异己，亦指为吃菜或事魔。林栗论熹，太常博士叶适独上《对事》辩之曰：

近忽创为道学之目，郑丙唱之，陈贾和之，居要路者密相付授，见士大夫有稍务洁修，粗能操守，辄以道学之名归之，殆如吃菜事魔影迹犯败之类。(《宋史》卷三九四《林栗传》)

由此可知庆元党禁正密时，明教所处之地位，以及明教与道学之关系。当时政府对明教之禁令极严，《宋会要稿・刑法门》记绍兴敕：

吃菜事魔，或夜聚晓散，传习妖教者绞；从者配三千里；妇人千里编管。托幻变术者减一等，皆配千里；妇人五百里编管。情涉不顺者绞。以上不以赦降原减。情重者奏裁。非传习妖教，流三千里。许人捕至死。财产备赏，有余没官。其本非徒侣而被诳诱，不曾传授他人者减二等。

明教徒因再改名称，或与他教合，以逃避法律制裁。温台等处或名白衣礼佛会及假天兵号迎神会，千百成群，夜聚晓散（《宋会要稿・刑法》二上 111 页）。宁宗开禧三年（公元 1207）李谦任台州守，著戒事魔诗十首，刻石传布，以劝郡人（《嘉定赤城志》卷三七《风土门》）。至嘉定二年（公元1209）江浙闽等地有所谓“道民”，“白衣道者”，“女道”，看经念佛，烧香燃灯，私置庵寮，混杂男女，亦明教也（《宋会要稿·刑法》二下120、132、136页）。降至元代，亦被禁斥，《元史·刑法志》：

诸以白衣善友为名，聚众结社者，禁之。

然福建泉州府晋江县有祀摩尼佛之草庵，元代所建也，至万历时犹存。（何乔远《闽书》七《方域志》）

七、弥勒佛白莲社与明教

秘密宗教之传播，因受统治阶级压迫故，最易与其他秘密会社结合，如江河之赴海，汇为一体。明教在会昌禁断后，已合于佛，已混于道，又与出自佛教之大乘教、三阶教合。至北宋末又与出自佛教净土宗之白莲社合，与出自佛教净土宗之弥勒佛教合。（或更前，今未能定。）至元末遂有红军之全面起义。

弥勒教与白莲社，其源均出于佛教净土宗。我国净土之教大别有二：一弥勒净土，奉弥勒佛；二阿弥陀净土，奉阿弥陀佛。弥勒（Maitna-ya）受记于释迦，留住为世间决疑。佛教徒又相传“弥勒菩萨应三十劫当成无上正真等觉”（《增一阿含》第四十二品八难品八大人念经）。佛薄伽梵（Buddha Bhagavat）灭度后八百年、胜军王都有阿罗汉名难提蜜多罗（Nandimitra）在涅槃前预言：人寿七万岁时，十六阿罗汉既护法藏毕，造窣堵波（Stupa）赞叹已，至窣堵波金地之中，入般涅槃，释迦牟尼正法遂灭：

次后弥勒如来应正等觉出现世间时，瞻部洲（Jambudirpa）广博严净，无诸荆棘，溪谷堆阜，平正润泽，金沙覆地，处处皆有清池茂林，名华瑞草，及众宝聚，更相辉映，甚可爱乐。人皆慈心，修行十善，以修善故，寿命长远，丰乐安稳。士女

殷稠，城邑邻次，鸡飞相及。所营农稼，一营七获，自然成实，不须耘耨。(《大阿罗汉难提蜜多罗所说法注记》)

瞻部洲佛教徒以之指中国。南北朝初叶时已流传佛教已入末法时代之说，三阶教徒尤持此说甚力（汤用彤《汉魏两晋南北朝佛教史》817页《三阶教之发生》)。佛涅槃后，世界立入苦境，一切恶趣，次第显现。至弥勒现世后，则立成极乐世界，广博严净，丰乐安稳。此与明教之二宗说，明暗斗争，善恶斗争之说比，恰相吻合，则二教之混合，实非偶然也。弥勒经典之迻译盛于两晋，礼拜信仰，无间僧俗。南北朝时佛教造像最多者为弥勒及阿弥陀佛。晋释道安（公元112至185）与其徒八人于弥勒前立誓，往生兜率（慧皎《高僧传・道安传》)。至梁傅大士自称为弥勒降生，济度群生。梁武帝迎之入都，上殿讲论，待以殊礼（道宣《续高僧传・感通门》)。至隋炀帝时遂有自称弥勒佛，入宫为乱者，《隋书・炀帝纪》：

> 大业六年（公元610）春正月癸亥朔旦，有盗数十人，皆素冠练衣，焚香持华，自称弥勒佛，入自建国门，监门者皆稽首。既而夺卫士仗，将为乱，齐王暕遇而斩之。于是都下大索，与相连坐者千余家。

《隋书・五行志》：

> 大业“九年，帝在高阳。唐县人宋子贤善为幻术，每夜楼上有光明，能变作佛形，自称弥勒出世。又悬大镜于堂上，纸素上画为蛇为兽及人形。有人来礼谒者，辄侧其镜，遣观来生形象。或映见纸上蛇形，子贤辄告云：‘此罪业也，当更礼念。’又令礼谒，乃转人形示之。远近惑信，日数百千人。遂潜谋作乱，将为无遮佛会，因举兵，欲袭击乘舆。事泄，鹰扬郎将以兵捕之，夜至其所，达其所居，但见火坑，兵不敢进。郎将曰：‘此地素无坑，此妖妄耳。及进，无复火矣。’遂擒斩之，并坐其党与千余家。其后复有桑门向海明于扶风自称弥勒佛出世，潜谋逆乱，人有归心者辄获吉梦。由是人皆惑之，三辅之士翕然称为大圣，因举兵反，众至数万，官军击破之。”(《隋书》卷二三)

奉弥勒佛者皆素冠练衣，知弥勒佛亦当衣白。先是隋初已有白衣天子之谣，温大雅《大唐创业起居注》一：

> 开皇（公元581至600）初，太原童谣云："法律存，道德在，白旗天子出东海。"亦云白衣天子。故隋主恒服白衣，每向江都，拟于东海。

或即奉弥勒佛者所造作宣传，为后来举事地步，故越二十余年而有建国门之事也。至唐玄宗开元三年（公元715）十一月十七日遂下敕禁断，敕云：

> 比有白衣长发，假托弥勒下生，因为妖讹，广集徒侣，释解禅观，妄说灾祥。或别作小经，诈云佛说。或辄畜弟子，号为和尚。多不婚娶，眩惑闾阎，触类实繁，蠹政为甚。（《唐大诏令集》卷一一三）

事在明教遭禁之前十七年。由上引数事知弥勒和尚白冠练衣，与明教徒之白衣白冠同，亦焚香，亦说灾祥，亦有小经，亦集徒侣，与后起之明教盖无不相类。至唐末河西一带"白衣为主"之谣又甚盛，敦煌本《手决》备记其事。后来张承奉自号为金山白衣天子，即欲应此谶也。① 至北宋仁宗庆历七年（公元1047）贝州（今河北清河）宣毅军小校王则又倡弥勒出世，杀官吏据城起事，《宋史》记：

> 恩（贝州）冀俗妖幻，相与习《五龙》、《滴泪》等经，及图谶诸书，言释迦佛衰，弥勒佛当持世。初则去涿，母与之诀别，刺福字于其背以为记。妖人因妄传字隐起，争信事之。……亟以七年冬至叛。……僭号东平郡王。……建国曰安阳，榜所居门曰中京，居室厩库，皆立名号。改年曰得圣，以十二月为正月。……旗帜号令，率以佛为称。（《宋史》卷二九二《明镐传》，李攸《宋朝事实》卷一六）

---

① 《北平图书馆刊》九卷六号王重民《金山国坠事零拾》，此亦承向觉明先生教。

《五龙经》、《滴泪经》即唐开元敕所云小经。小经者对佛教弥勒净土经典言，或即明教之《五耒子曲佛说啼哭经》，或宋法令所指不根经文。《五耒子曲佛说啼哭经》原属弥勒小经，以二教合流，故遂指为明教经典也。

白莲社源出于佛教之阿弥陀净土宗，其历史可远溯至东晋庐山慧远之莲社，其所崇礼者为阿弥陀佛，主念佛修行，其最后之归宿为西方净土。慧远尊信弥陀，于晋安帝元兴元年（公元 402）与同志百二十三人于阿弥陀像前，建斋立誓，期生净土（《高僧传·慧远传》）。云生无量寿国，宝幢为之前导，金莲为之受质（《宋戒珠净土往生传序》）。或云弥陀佛国以莲花九品次第接人（宋道诚《释民要览》卷一）。阿弥陀佛色红，明教初起已含有祆教教义，祆教大神色尚红。弥陀净土宗为隋唐以来之显教，则明教遭禁后，混入显教以托庇，亦意中事也。宋宁宗开禧时李谦所著《戒事魔诗》十首，其一云：

> 金针引透白莲池，此语欺人亦自欺，何似田桑家五亩，鸡豚犬豕勿违时。（《嘉定赤城志》卷三七）

西方净土白莲池为白莲教徒所憧憬之往生地，诗劝民勿信明教而涉及白莲池，则明教之久已合于白莲社可知。《佛祖统纪》于卷末述事魔邪党摩尼、白莲、白云三派下，注引《释门正统》：

> 良渚曰："此三者皆假名佛教以诳愚俗，犹五行之有冷气也。今摩尼尚扇于三山，而白莲、白云处处有习之者。大抵不事荤酒故易于裕足，而不杀物命，故近于为善。愚民无知，皆乐趋之，故其党不劝而自盛。甚至第宅姬女，为魔女所诱，入其众中，以修忏念弥佛为名，而实通奸秽，有识士夫，宜加禁止。"

由此知三派佛教徒并斥为事魔邪党。不事荤酒，不杀物命，修忏念佛，均托于佛教，则三派之混合已久可知。至元代对宗教采放任政策，白莲社亦得公开传教。元成宗时（公元 1295 至 1307）并曾特降旨许其受政府保护。其教徒并建有寺院，有报恩堂、清应堂、复一堂诸祠宇，以都掌教为首领（《元典章》卷三三《礼部六·白莲教》）。武宗至大元年（公元1308年）五月丙子，下诏禁白莲社，毁其祠宇，以其人还隶民籍（《元史》卷二二《武宗纪》）。英宗至治二年（公元1322）又下诏禁白莲佛事（同上书卷二八《英宗纪》）。自此白莲社遂成秘密团体，不能公开活动。

八、弥勒降生，明王出世

白莲社遭禁后十七年，民间又流行“弥勒降生”之传说，《元史》记：

> 泰定二年（公元1325）六月，“息州民赵丑厮、郭菩萨妖言弥勒佛当有天下，有司以闻。命宗正府刑部枢密院御史台及河南行省官杂鞫之。”（同上书卷二九《泰定帝纪》）

后赵丑厮、郭菩萨均被杀（《新元史》卷一九《泰定帝纪》）。息州今河南息县。十二年后棒胡又以弥勒为号召，起事于信阳。《元史》记：

> 至元三年（公元1337）二月，“棒胡反于汝宁信阳州。棒胡本陈州人，名闰儿，以烧香惑众，妄造妖言，作乱，破归德府鹿邑，焚陈州，屯营于杏冈。命河南行省左丞庆童领兵讨之。……己丑汝宁献所获棒胡弥勒佛小旗、伪宣敕并紫金印、量天尺。”（《元史》卷三九《顺帝纪》）

信阳今河南信阳。棒胡为陈州人，盖即后梁贞明时明教徒母乙董乙之乡里。二次起事前后相距四百余年，在同一地区，此中亦不无线索可寻也。同年朱光卿等起事于广东，自拜其徒为定光佛：

> 正月癸卯，广州增城县民朱光卿反，其党石昆山、钟大明率众从之，伪称大金国，改元赤符。命指挥狗札里江西行省左丞沙的讨之。……四月……己亥惠州归善县民聂秀卿、谭景山等造军器，拜戴甲为定光佛，与朱光卿相结为乱。命江西行省

左丞沙的捕之。(《元史》卷三九《顺帝纪》)

次年四月袁州（今江西宜春）民周子旺起义。据《明太祖实录》卷八：

> 庚子（至正二十年，公元1360）闰五月“戊午……初袁州慈化寺僧彭莹玉以妖术惑众，其徒周子旺因聚众欲作乱。事觉，元江西行省发兵捕诛子旺等。莹玉走至淮西匿民家，捕不获。既而麻城人邹普胜复以其术鼓妖言，谓弥勒佛下生，当为世主，遂起兵为乱。以（徐）寿辉相貌异众，乃推以为主，举红巾为号。”

彭莹玉为袁州僧，赣、饶、信一带盖南宋初明教徒屡次发难之根据地也。莹玉为西系红军之组织者及领导者，初命周子旺举事失败，亡命十数年，卒得邹普胜、徐寿辉等为徒侣，拥之起事。时人记蕲、黄红军，多属之彭和尚，如叶子奇云：

> 至正壬辰癸巳（公元1352—1353）间，浙江潮不波，其时彭和尚以妖术为乱，陷饶信杭徽等州。未几克复，又为张九四（士诚）所据。浙西不复再为元有。(《草木子》卷三《克谨篇》)

明陆深《平胡录》亦云：

> 先是浏阳人彭和尚名翼，号妖彭，能为偈颂，劝人念弥勒佛号，遇夜燃火炬名香，念偈礼拜。愚民信之，其徒遂众。

彭翼即彭莹玉。莹玉所推举领袖徐寿辉以至正十一年（公元1351）称帝于蕲水，建天完国。至正二十年（公元1360）为其下陈友谅所杀。友谅因寿辉之基业建汉国。寿辉之别将明玉珍先率兵入蜀，闻天完亡，不肯臣友谅，遂于至正二十三年称帝于成都，建国号夏，下令尽去释老二教，止奉弥勒（黄标《平夏录》）。汉夏后均为东系红军朱元璋所灭。

与彭莹玉同时活动于河南北一带者为白莲教首领韩山童。山童败死，其子林儿称小明王，建国号宋，建元龙凤。林儿立十二年为其下朱元璋所杀。元璋因小明王之基业，削平群雄，建大明帝国。《元史》卷四十二《顺帝纪》：

> 初栾城人韩山童祖父以白莲会烧香惑众，谪徙广平永平县。至山童倡言天下大乱，弥勒佛下生，河南及江淮愚民皆翕然信之。（刘）福通与杜遵道、罗文素、盛文郁、王显忠、韩咬儿复鼓妖言，谓山童实宋徽宗八世孙，当为中国主。福通等杀白马黑牛誓告天地，欲同起兵为乱。事觉，县官捕之急，福通遂反，山童就擒。其妻杨氏其子韩林儿逃之武安。

"时天下承平已久，法度宽纵，贫富不均，多乐从乱，不旬日众殆数万人"（《草木子》卷三《克谨篇》）。时顺帝至正十一年（公元1351）五月也。起事时以红巾为号，故号红军。以烧香礼弥勒佛，又号香军（权衡《庚申外史》）。林儿父子又倡"明王出世"之说，明代官书如《元史》及《明实录》多讳言之，清人修《明史》亦不之及。惟明代私家著述有涉及者，如高岱《鸿猷录》：

> 山童自其祖父以白莲会烧香惑众，至山童倡言：天下当大乱，弥勒佛下生，明王出世。河南江淮之人翕然信之。（《鸿猷录》卷七《宋事始末》）

何乔远《名山藏》：

> 小明王韩林儿者，徐人群盗韩山童子。自其祖父为白莲会惑众，众多从之。元末山童倡言：天下乱，弥勒佛下生，明王出。江淮之人骚然皆动。黄河南徙，元用贾鲁凿求禹故道。山童阴作石人一眼，当道埋之，镌其背曰石人一眼，天下四反。河下掘得相惊诧。于是颍人刘福通与其党杜遵道、盛文郁、罗文素等告众曰：山童，宋徽宗八世孙也，当帝天下。我刘光世后，合辅之。聚众三千人于白鹿庄，杀黑牛白马，誓告天地，约起兵，兵用红巾为志。（《名山藏》卷四三《天因记》）

以"弥勒降生"与"明王出世"并举，明其即以弥勒当明王。山童唱明王出世之说，事败死，其子继称小明王，则山童生时之必以明王或大明王自称可决也。此为韩氏父子及其徒众胥属明教徒，或至少羼入明教成分之确证。韩氏父子自号大小明王出世，另一系统据蜀之明玉珍初不姓明，亦改姓为明以实之。朱元璋承大小明王之后，因亦建国曰大明。至明人修《元史》以韩氏父子为白莲教世家，而不及其"明王出世"之说。试证以元末明初人之记载，如徐勉《保越录》、权衡《庚申外史》、叶士奇《草木子》、刘辰《国初事迹》诸书，记韩氏父子及其教徒事（包括明太祖在内）均称为红军，为红巾，为红寇，为香军。言其特征，则烧香；诵偈；奉弥勒。无一言其为白莲教者。则知《元史》所记，盖明初史官之饰辞，欲为明太祖讳，为明之国号讳，盖彰彰明甚矣。

韩山童起事后。同年（至正十一年）八月萧县李二及老彭赵君用亦起义，陷徐州。李二号芝麻李，亦以烧香聚众起事。（《元史》卷四二《顺帝纪》）时彭莹王一系已起事于蕲、黄，亦以红巾为号。与韩林儿一系成东西呼应之局面，皆称红军。除此二大系之红军外，时又有南锁红军，北锁红军，权衡《庚申外史》云：

> 至正十一年五月，颍川红军起，号为香军，盖以烧香礼弥勒佛得名也。其始出赵州栾城韩学究家。已而河东襄陕之民翕然从之。故荆汉许汝山东丰沛，以及两淮红军皆起应之。起颍上者推杜遵道为首，陷朱皋，据仓粟，从者数十万，陷汝宁光息信阳；起蕲、黄者，宗彭莹玉和尚，推徐真逸（寿辉）为首，陷德安沔阳武昌江陵江西诸郡；起湘汉者，推布三王孟海马号南锁红军，奄有均房襄阳荆门归峡；起丰沛者，推芝麻李为首，亦奄有徐州近县，及宿州五河虹县丰沛灵璧，西并安丰濠泗。

九、明太祖与红军

明太祖曾为僧，为明教徒，为红军小卒，超擢以至为大将，封公封王，终至于杀其所尝臣事之宋主，代之而建新朝。中间其诸将且曾一度欲奉小明王，以诸将皆濠泗丰沛子弟，夙受彭莹玉之教化，且多为宋主部曲，天完汉降将，其人又皆明教徒也。终为新进之浙东儒生地主刘基、宋濂、叶琛、章溢等所阻。儒生斥佛为异端，且基辈均与小明王父子无渊源，又皆浙东巨室豪绅，遵封建礼法，重保守传统，相率团结土著，捍地方，卫家业，与红军异趣；自成一系统，利用明太祖之雄厚军力，拥之建新朝，以保持千年来传统之秩序习惯与巨室豪绅之特殊利益：遂与出自明教红军之诸将，成地主与农民、儒生与武将相持之局，赞助明太祖以阴谋杀小明王，自为领袖。明太祖亦利用巨室豪绅之护持、儒术之粉饰，建帝王之业。自树势力，终于取宋而代之。第以其部曲多红军，为笼络宋主旧部、徐陈降将，为迎合民心，均不能放弃“明王出世”之说。建大明为国号，一以示其承小明王而起，一以宣示“明王”已出世，使后来者无所借口。儒生辈所乐于讨论者：则以“明”义为光明，分之则为日月，礼有祀“大明”、“朝日”、“夕月”之文；千余年来“大明”日月均列为正祀，无论列为郊祭或特祭，均为历朝所重视；且新朝自南方建国，与历史上之以北定南者异势；以阴阳五行之说，则南方为火，为祝融，北方属水，为玄冥；元建都于北平，起自更北之蒙古，以火克水，以明制暗，斯又汉以来儒生所津津喜道者：故亦力赞以明为国号。一从明教教义，一从儒家经说，并行不悖，人自以为如其所计度。凡此皆明人所讳言，明官书所不载，今据明初记载及太祖自述，以年分列太祖与红军之关系，以实吾说。《明史·太祖本纪》：

至正四年（公元1344）旱蝗大饥疫，太祖时年十七。

是太祖生于元天历元年（公元1328）也。先是至元三年（公元1337）棒胡起义于信阳，太祖时年十岁。次年周子旺起义于袁州，彭莹玉亡命淮西传教，太祖时年十一岁。《纪》又言：至正四年“入皇觉寺为僧，逾月游食合肥，……凡历光、固、汝、颍诸州，三年复还寺。”光、固、汝、颍诸州为红军杜遵道之根据地，亦即彭莹玉所曾布教之区域，太祖之接受明教教义，当为此三年内事。

至正八年（公元1348）太祖年二十一岁。

复还皇觉寺。《御制皇陵碑》：“一浮云乎三载，年方二十而强。时乃长淮盗起，民生攘攘。于是思亲之心昭著，日遥盼乎家邦。已而既归，乃复业于觉皇。”

至正十一年（公元 1351），太祖二十四岁。

五月刘福通、徐寿辉东西二系红军兵起。

至正十二年（公元 1352），太祖二十五岁。

二月定远人郭子兴与其党孙德崖等起兵濠州。子兴烧香聚众，称亳州节制元帅（《明史》卷一《太祖纪》，俞本《皇明纪事录》）。《御制皇陵碑》：

> 住方三载，而又雄者跳梁，起自汝、颍，次及凤阳之南厢。未几陷城，深高城隍，拒守不去，号令彰彰。友人寄书，云及趋降。既忧且惧，无可筹详。旁有觉者，将欲声扬。当此之际，逼迫而无已，试与知者相商。乃告之曰："果束手以待毙，亦奋臂而相戕。"知者为我画计，且默祷以阴相。如其言往卜去守之何详？神乃阴阴乎有警，其气郁郁乎洋洋，卜逃卜守则不吉，将就凶而不妨。

《皇朝本纪》：

> 天下兵乱，过寺，寺焚僧散。将晓，上归祝伽蓝，以珓卜吉凶。……时神意必从雄而后已，因是固守所居。未旬日友人以书从乱离中来，略言从雄大意，览毕即焚之。又旬日有人告旁有知书来者，意在觉其事，上心知之。复三日，斯人果至，与语观其辞色未见相，复礼待而归。复几旬日，又有来告，先欲觉知事者今云不忍，欲令他人来加害，乞幽察以从告。上深思之，以四境逼迫，讹言蜂起，乃决意从诸雄。（参看沈节甫《纪录汇编》本《御制纪梦》及《天潢玉牒》）

闰三月甲戌朔入濠州，《御制纪梦》："以壬辰闰三月初一日至城门，守者不由分诉，执而欲斩之，良久得释。"《御制皇陵碑》："即起趋降而附城，几被无知而创，少顷获释，身体安康，从愚朝暮，日日戎行。""子兴收为步卒，入伍既两月余为亲兵，终岁如之。"（《御制纪梦》）

至正十三年（公元 1353）太祖二十六岁。

以功升镇抚。（《明史》卷一《太祖纪》）

宋龙凤元年（元至正十五年，公元1355），太祖二十八岁。

三月郭子兴卒。时刘福通迎立韩山童子林儿于亳（号小明王），国号宋，建元龙凤。

檄授子兴子天叙为都元帅，子兴部将张天祐为右副元帅，太祖为左副元帅（同上，参《皇朝本纪》）。“乃用其年号以令军中。”（同上）

九月都元帅郭天叙右副元帅张天祐战死，太祖独任元帅府事。（《皇明纪事录》）

宋龙凤二年（元至正十六年，公元1356），太祖二十九岁。

三月亳都升太祖为枢密院同签，以帅府都事李士元为经历。寻升太祖为江南等处行中书省平章。以故元帅郭天叙弟天爵为右丞。经历李士元改名善长，为左右司郎中，以下诸将皆升元帅。（同上）

宋龙凤四年（元至正十八年，公元1358），太祖三十一岁。

“五月宋将刘福通破汴梁，迎（宋帝）韩林儿都之。”十二月太祖自将克婺州，改为宁越府。“辟范祖干、叶仪、许元等十三人，分直讲经史。”（《明史》卷一《太祖纪》）于宁越置中书分省，于省门建二旒大黄旗，上书：“山河奄有中华地，日月重开大宋天。”下揭二牌：“九天日月开黄道，宋国江山复宝图。”（《皇明纪事录》）

宋龙凤五年（元至正十九年，公元1359），太祖三十二岁。

五月升仪同三司江南等处行中书省左丞相（同上）。

八月元察罕帖木儿复汴梁，（刘）福通以林儿（宋帝）退保安丰（今安徽寿县）。（《明史》卷一《太祖纪》）

宋龙凤六年（元至正二十年，公元1360），太祖三十三岁。

三月戊子征刘基、宋濂、章溢、叶琛至。（同上）

宋龙凤七年（元至正二十一年，公元1361），太祖三十四岁。

正月封吴国公。(《皇明纪事录》)

宋龙凤九年(元至正二十三年,公元1363),太祖三十六岁。

二月张士诚将“吕珍破安丰,杀刘福通。三月辛丑,太祖自将救安丰,珍败走,以(宋帝)韩林儿归滁州”(《明史》卷一《太祖纪》)。

十四日制赠太祖曾祖父三代为司空司徒太尉等官。(钱谦益《国初群雄事略》引《龙凤事迹》)

宋龙凤十年(元至正二十四年,公元1364),太祖三十七岁。

宋帝在滁州。

春正月丙寅朔,李善良等率群臣劝进,……乃即吴王位,建百官。(《明史》卷一《太祖纪》)

初太祖以韩林儿称宋后,遥奉之。岁首中书省设御座行礼,(刘)基独不拜曰:“牧竖耳,奉之何为?”因见太祖陈天命所在。①

宋龙凤十一年(元至正二十五年,公元1365),太祖三十八岁。

宋帝在滁州。

冬十月戊戌,下令讨张士诚。(《明史》卷一《太祖纪》)

宋龙凤十二年(元至正二十六年,公元1366),太祖三十九岁。

宋帝在滁州。

五月二十一日,太祖以檄数张士诚罪状:

皇帝圣旨,吴王令旨:近睹有元之末,王居深宫,臣操威福,官以贿成,罪以情免,宪台举亲而劾仇,有司差贫而优富。庙堂不以为忧,方添冗官,又改钞法,役数千万民,湮塞黄河,死者枕藉于道,哀苦声闻于天。致使愚民,误中妖术,不解偈言之妄诞,误信弥勒之真有,冀其治世,以苏其苦,聚为烧香之党,根据汝颍,蔓延河洛。妖言既行,凶谋遂逞,焚荡城郭,杀戮士

① 《明史》卷一二八《刘基传》,高岱《鸿猷录》二《宋事始末》:“诸将议于中书省设御座奉韩林儿,刘基从后踢上所坐胡床曰:‘牧竖子耳!奉之何为?’密陈天命所在。上意悟。会陈友谅来入寇,遂议征讨,不果奉。”何乔远《名山藏·天因记》:“龙湾之捷(按陈友谅龙湾之败,事在至正二十年闰五月,时宋帝在安丰),诸将欲奉小明王为帝,刘基怒不许,陈天命所在。然高帝用其年纪如初。”

夫，荼毒生灵，无端万状。元以天下钱粮兵马大势而讨之，略无功效，愈见猖獗，终不能济世安民。是以有志之士，旁观熟虑，乘势而起，或假元氏为名，或托香军为号，或以孤军独立，皆欲自为。由是天下土崩瓦解。余本濠县之民，初列行伍，渐至提兵，灼见妖言不能成事，又度胡运难与立功，遂引兵度江。……龙凤十二年五月二十一日。（吴宽《平吴录》，祝允明《九朝野史》卷一）

十二月遣廖永忠沈宋帝小明王韩林儿于瓜步，宋亡。（朱权《通鉴博论》，钱谦益《太祖实录辨证》）

宋龙凤十三年（元至正二十七年，公元1367），太祖四十岁。大明洪武元年（元至正二十八年，公元1368），太祖四十一岁。

春正月乙亥，……（太祖）即皇帝位，定有天下之号曰明，建元洪武。（《明史》卷二《太祖纪》）

十、大明帝国与明教

太祖因明教建国，故以明为国号。然“明王出世”、“弥勒降生”均含有革命意义，明暗对立，互为消长，而终克于明。弥勒则有三十次入世之说。使此说此教仍继续流传，则后来者人人可自命为明王，为弥勒，取明而代之，如明太祖之于宋小明王。以此明太祖虽以红军小卒起事，自龙凤十二年以后即讳言其为红军支系。于讨张士诚檄中，且深斥弥勒之传说，以为妄诞，以为妖言，而于“明王出世”之说则不及只字。此盖受刘基、宋濂等反红军系儒生地主之劝说，隐去旧迹，为建新朝地步也。越一年而建国。洪武元年四月甲子幸汴梁，闰七月丁未还南京，因李善长之请，诏禁白莲社及明尊教。王世贞撰《李善长传》：

高帝幸汴还。……又请禁淫祀白莲社、明尊教、白云巫觋，扶鸾祷圣书符咒水邪术。诏可。（《名卿绩纪》卷三）

遂著于律。《明律》十一《礼》一：

凡师巫假降邪神，书符咒水，扶鸾祷圣，自号端公太保师婆，及妄称弥勒佛、白莲社、明尊教、白云宗等会，一应左道乱正之术，或隐藏图像，烧香集众，夜聚晓散，佯修善事，扇惑人民，为首者绞，为从者各杖一百，流三千里。

原注：“西方弥勒佛、远公白莲社、牟尼明尊教、释氏白云宗是四样。”

牟尼即摩尼，明尊教即明教也，说见前文。

时温州仍有大明教流行。熊鼎以洪武元年任浙江按察司佥事，分部台温（《明史》卷二八九《熊鼎传》）。以大明教名犯国号禁绝之，宋濂《故岐宁卫经历熊府君墓铭》：

洪武改元。……温有邪师曰大明教，造饰殿堂甚侈，民之无业者咸归之。君以其瞽俗眩世，且名犯国号，奏毁之，官没其产，而驱其众为农。（《芝园续集》卷四）

泉州晋江县华表山亦有明教徒所立之摩尼庵；因郁新杨隆请得不毁。何乔远《闽书》卷七《方域志》：

华表山山背之麓有草庵，元时物也，祀摩尼佛。摩尼佛名末摩尼光佛，苏邻国人，又一佛也，号具智大明使。……会昌中汰僧，明教在汰中。有呼禄法师者，来入福唐，授侣三山，游方泉郡，卒葬郡北山下。至道中，怀安士人李廷裕得佛像于京城卜肆，鬻以五十千钱，而瑞相遂传闽中。真宗朝，闽士人林世长取其经以进，授守福州文学。

皇朝太祖定天下，以三教范民，又嫌其教名上逼国号，摈其徒，毁其宫。户部尚书郁新、礼部尚书杨隆奏留之。①

温泉之明教均相继以“教名上逼国号”被禁断。温之明教自后

① 按《明史》卷一百十一《七卿年表》，太祖朝与郁新任户部尚书同时之礼部尚书为李原名、任亨泰、门克新、郑沂、陈迪、宋礼、李至刚等，无杨隆名。《明史》卷一百五十《郁新传》，“新，临淮人”，仕迹亦未尝履闽。

遂不见于记载。闽则易名为师氏法，亦式微矣。何氏又记：

今民间习其术者，行符咒，名师氏法，不甚显云。

政府对明教之压迫虽严，而明教徒仍数数起事。洪武永乐间陕西田九成自称后明皇帝，改元龙凤，帝号与年号均直承小明王。其党则称弥勒佛四天王等。《明成祖实录》卷六十五：

永乐七年（公元1409）七月戊戌，“妖贼王金刚奴伏诛。金刚奴陕西阶州人，自洪武初聚众作耗，称三元帅，往来劫掠，而于沔县西黑山天池平等处潜住，常以佛法惑众。后又与沔县贼首邵福等作耗。其党田九成者僭号后明皇帝，改元龙凤。高福兴称弥勒佛，金刚奴称四天王，前后攻破屯塞，杀死官军。会长兴侯耿秉文引兵剿捕，余党悉散。惟金刚奴与贼仇占儿等未获，仍逃聚黑山天池平，时出劫掠。至是潜还本州，为官军所擒，械送京师伏诛”。

永乐四年（公元1406）蕲州有白莲社之狱。《明成祖实录》卷四十五：

九月丙子，“湖广蕲州广济县妖僧守座聚男女立白莲社，毁形断指，假神扇惑。事觉，官捕诛之”。

田九成起事于西北，即红军入西北者之余党，至蕲州则彭莹玉、徐寿辉起事之地也。至永乐七年复有李法良之起事，《明成祖实录》卷六十六：

九月“辛未，诛叛贼李法良。法良江西人，行弥勒教，流入湘潭，聚众为乱”。

江西又宋代明教之重要传教区也。至十六年又有刘化自称弥勒佛。《明成祖实录》卷一百一十：

十六年五月辛亥，“顺天府昌平县民刘化以谋叛伏诛。化初名僧保，畏避从军，逃匿保定府新城县民家，衣道人服，自称弥勒佛下世，当主天下，演说《应劫五公》诸经，鼓诱愚民百四十余人，皆信从之。已而真定容城山西洪洞等县人民皆受戒约，遂相聚为乱。事闻，悉捕诛之。”

永乐以后，类似之暴动史不绝书，姑举其著者数事，如宣宗朝转轮王出世之狱。《明宣宗实录》卷六十一：

宣德五年（公元 1430）正月戊申，“山东文登县执妖僧明本、法钟等解京师。明本等皆栖霞县太平寺僧，以化缘至成山卫，依百户朱胜。因涂改旧领敕谕度牒，为妖言惑众，诈称转轮王出世，作伪诏记湧安年号，遣法钟持诣文登，诱惑愚民。县官执之以闻，而成山卫亦执胜等械至京，……付锦衣卫穷治之。”

英宗朝“七佛祖师”之暴动。《明英宗实录》卷十二：

宣德十年（公元 1435）十二月己亥，“妖贼张普祥伏诛。普祥真定卫军，以妖书惑众，潜居井陉县，自号七佛祖师，遣其党往河南山东山西直隶等处度人，约先取彰德城，以次攻夺诸城。其党李名显等百余人入磁州城，焚千户所，官军攻败之。普祥挈家属窜伏柏乡县，递运大使魏景原引官军至其党张林家土洞内获之，械送京师。上命廷臣鞫实诛之。”

宪宗朝贵州有“明王”之起事，托称为明玉珍后裔，《明史》记：

成化十一年（公元 1475），总兵官李震奏：乌罗苗人石全州妄称元末明氏子孙，僭称明王，纠众于执银等处作乱，邻洞多应之。因调官军往剿，石全州已就擒，而诸苗攻劫未已，命镇巡官设策抚捕，未几平。（《明史》卷三一六《贵州土司传·铜仁传》）

至嘉靖时李福达自称弥勒佛，与武定侯郭勋交通，至起大狱。（详《明史》、《明史纪事本末》、《世庙识余录》）天启二年（公元 1622）有山东白莲教徒王好贤、徐鸿儒之起事。（《明史》卷二五七《赵彦传》，《明史纪事本末》）溯其源流，又皆明教之余响也。

一九四〇年十二月二十五日于昆明东郊萝莎坡唐祠

（原载《清华学报》十三卷一期）

元代之钞法

一、元初之交钞

元承唐之飞钱、宋之交子会子，金之交钞，而立钞法。

初，太祖丁亥（公元1227）博州（今山东聊城）值兵火后，元帅左监军何实以丝数印置会子，权行一方，民获贸迁之利（《元史》卷一五〇《何实传》）。太宗八年丙申（公元1236）正月，有于元者，奏行交钞。中书令耶律楚材曰："金章宗时初行交钞，与钱通行。有司以出钞为利，收钞为讳，谓之老钞，至以万贯唯易一饼，民力困竭，国用匮乏，当为鉴戒。今印造交钞，宜不过万锭。"（同上书卷一四六《耶律楚材传》）因诏印造交钞行之。（同上书卷二《太宗纪》）其制史无明文可考。按太宗庚子岁（公元1240）"世祖居潜邸，以刘肃为邢州安抚使，肃兴铁冶及行楮币，公私赖焉。"（同上书卷一六〇《刘肃传》）邢州世祖分地也。史楫以壬寅年（公元1242）为真定兵马都总管。辛亥（公元1251）各道以楮币相贸易，不得出境，所司较固取息，二三岁辄一易，钞本日耗，商旅不通。真定庄圣皇太后分地也。楫请于太后，立银钞相权法，度低昂而为重轻，变涩滞而为通便，人以为便。（王恽《秋涧先生大全文集》卷五四《真定路兵马都总管史公神道碑铭》，《元史》卷一四七《史天倪传》。）宪宗岁癸丑（公元1253）世祖受京兆分地，立交钞提举司，印钞以佐经用（《元史》卷四《世祖纪》）。诸路所行交钞亦名诸路行用钞（《元文类·经世大典序录·赋典·钞法》），其制大体沿金交钞之制。其可知者，地方得自行印钞，一也；交钞有钞本，二也；各道钞行用限境内，三也；辛亥真定始立银钞相权法，四也；行用期限如宋之会子，三年为一界，五也；行钞有定额，六也。

二、中统交钞，元宝钞

世祖中统元年（公元1260）七月丙子，诏造中统元宝交钞（《元史》卷四《世祖纪》），亦名通行交钞。以丝为本，以革诸路行用钞法之弊也。（《经世大典序录·赋典·钞法》）自此制钞之权始专属于朝廷。其制每钱五十两易丝钞一千两。① 诸物之值，并从丝例（《元史》卷九三《食货志·钞法》）。是年十月，又印造诸路通行中统元宝钞，以银为本。“其文以十计者四，曰一十文，二十文，三十文，五十文；以百计者三，曰一百文，二百文，五百文；以贯计者二，曰一贯文，二贯文。每一贯同交钞一两，二贯同白银一两。又以文绫织为中统银货，其等有五：曰一两，二两，三两，五两，十两。每一两同白银一两。而银货盖未及行云。”（同上）

元宝钞以文贯为名，与钱相权，顾当时并不以钱为通货。② 说者因附会以阴阳谶纬之说，谓世祖以钱币问参预中书省事刘秉忠，秉忠曰：“钱用于阳，楮用于阴，华夏阳明之区，沙漠幽阴之域，今陛下龙兴朔漠，居临中夏，宜用楮币，使子孙世守之，若用钱，四海且将不靖。”遂绝不用钱。（陶宗仪《辍耕录》卷二）元末铸至正新钱，议者谓：“废钱而用钞，实祖宗之成宪，而于术数之说为有符。今为用钱，无乃稽之典宪，证之图谶，有相乖违者乎?”（王祎

① 《经世大典序录·赋典·钞法》，《元史·食货志·钞法》、《新元史·食货志·钞法》并同。疑均有误，说详后文《释锭》。

② 世祖以后历朝所铸钱，如世祖朝之大朝通宝钱，大朝通宝银钱，至元通宝钱，至元通宝蒙古新字钱。成宗之元贞通宝钱、银钱、折二钱、蒙古新字折二钱、大德通宝钱、折二钱、蒙古新字当三钱。仁宗之皇庆元宝钱、银钱、皇庆通宝钱、延祐元宝钱、延祐三年大昊天寺钱。英宗之至治元宝钱、至治通宝钱。泰定帝之泰定通宝钱、致和元宝钱。文宗之天历元宝钱、至顺元宝钱、至顺通宝钱。顺帝之元统元宝钱、至元通宝钱、至元戊寅香殿钱、普庆寺宝等钱。后二者盖以备布施佛寺之用，为菩萨供养钱，非民间通用之货币也。说详日人奥平昌洪《东亚泉志》十一。

《王忠文公集》卷一二《泉货议》）说虽不经，元人实深信之。然北魏契丹俱起朔漠，俱不用楮币也。权秉忠语意，或以元帝国横贯欧亚，版图广漠，铜钱笨重，运输弗便，钞币利于轻赍远涉，为统一帝国经济之利器，为使其言得行，故以阴阳之说文之欤？

中统钞之规模制度，多出于王文统。世祖立中书省以总内外百官之政，首擢文统为平章政事，委以更张庶务。立十路宣抚司，示以条格，欲差发办而民不扰，盐课不失常额，交钞无致阻滞，因定交钞法，不限年月，诸路通行，赋税并听收受。元之立国规模制度，世谓出于文统之功为多。（《元史》卷二〇六《王文统传》）佐之者有杨湜，中统元年辟为中书掾。“中书省初立，国用不足。湜论钞法，宜以榷货制国用，朝廷从之，因俾掌其条制”焉。（同上书卷一七〇《杨湜传》）

新钞行，旧行用银钞废不用。新钞以金银为本，本至乃降新钞。时真定金银已为庄圣皇太后起赴上京，真定无钞本，新钞不可得。旧行用银钞流布于外者八千余贯，以新钞行，旧钞之价顿亏，公私嚣然，不知措手。宣抚使刘肃建三策：一曰仍用旧钞；二曰新旧兼行；三曰以新钞如数易旧钞。布鲁海牙亦遣幕僚邢泽往谒平章王文统曰：“昔奉太后旨，金银悉送呈上京。真定南北要冲之地，居民商贾甚多。今旧钞既罢，新钞不降，何以为政？且以金银为本，岂若以民为本。又太后之取金帛，以赏推戴之功也。其为本也，不亦大乎！”中书从肃第三策，立降钞五千锭。民赖以便。（苏天爵《元朝名臣事略》卷一〇《尚书刘文献公墓碑》，《元史》卷一六〇《刘肃传》，卷一二五《布鲁海牙传》）

二年正月癸酉，中书省为发下中统元宝交钞榜省谕随路，其文曰：“省府钦依印造到中统元宝交钞，拟于随路宣抚司所辖诸路，不限年月，通行流转。应据酒税醋盐铁等课程，并不以是何诸科名差发内，并行收受。如有诸人赍元宝交钞，从便却行赴库倒换白银物货，即便依数支发，并不得停滞。每两止纳工墨钞三分外，别无克减添答钱数，照依下项拟定元宝交钞体例行用。如有沮坏钞法之人，依条究治施行。一、诸略通行中统元宝，街下买卖金银丝绢段疋斛斟一切诸物，每一贯同钞一两，每两贯同白银一两行用，永为定例，并无添减。一、各路元行旧钞并白帖子，止勒元发官司库官人等依数收倒，毋致亏损百姓，须管日近收倒尽绝，再不行使。”二月，时钞法初行，惟恐涩滞，公私不便，中书省官日与提举司官，及采众议，深为讲究利病所在。其法大约随路设立钞库，如发钞若干，随降银货，即同见银流转，据倒到课银，不以多寡，即装垛各库作本，使子母相权，准平物估，钞有多少，银本常不亏欠。至互易银钞，及以昏换新，除工墨出入正法外，并无增减。又中间关防库司，略无少弊，所纳酒醋税盐引等课程大小一切差发，一以元宝为则，其出纳者虽昏烂并令收受。十道宣抚司管限三日午前，将彼中钞法有无底滞，及物价低昂，与钞相碍，与民有损者，画时规措有法以制之。在都总库印到料钞，不以多寡，除支备随路库司关用外，一切经费，虽缓急不许动支借贷。其钱贯显印钞面，将来以钱钞互为表里。时周岁包银所入六万余锭，省议以为若印至百万锭，所获钞息，可尽免天下包差，盖以平准买易诸物，一岁民间毁废不赀，皆为官息也。钞法之利有七：艰得，一也；经费省，二也；银本尝足不动，三也；伪造者少，四也；视钞重于金银，五也；日实不虚，六也；百货价平，七也（王恽《中堂事记》卷上）。五月辛未，省议欲以元宝钞背用关防印志，既而议不便，但令比户粉壁严伪造之禁，从宣抚使杨果议也。（《中堂事记》卷中）

负责流通钞法之官司，在京则以户部主其事，户部尚书掌贡赋出纳之经，金币转通之法。中统三年三月命户部尚书刘肃专职钞法，平章政事赛音楞德齐兼领之。（《元史》卷五《世祖记》）其属有宝钞总库、印造宝钞库，有烧钞东西二库，分司贮藏印造及烧毁昏钞之责。（同上书卷八五《百官志》）计官吏俸给，内府供用，各王岁赐出支若干，天下日收税课若干，各银场窑冶日该课程若干，敛发有方，周流不弊。（《明宣宗实录》卷五）洪熙元年闰七月甲寅范济疏。印造支发，岁有经数。（《经世大典序录·赋典·钞法》）在外则有诸路宝钞提举司。中统三年以杨湜为诸路交钞都提举。（《元史》卷一七〇《杨湜传》）至元八年（公元1271）十一月，废司。（《元史》卷七《世祖纪》）九年五月立和林转运司，以小云失别为使，兼提举交钞使。十七年三月立畏吾儿境内交钞提举司。二十年三月立畏吾儿交钞库。二十四年八月置江南四省交钞提举司。十月立陕西宝钞提举司。（《元史》卷一四）又立平准行用库，库掌贸易金银，平准钞法，安定物价，使相依准，不至低昂。中统四年五月诏立燕京平准库，至元元年正月立诸路平准库，仍给钞一万二千锭为钞本。（同上书卷九三《食货志·钞法》）人民持钞可赴库兑取金银，亦可以金银易钞。凡钞之昏烂者，至元二年委官就交钞库以新钞倒换，一两除工墨钱三分，三年减为二分，二十二年复增如故。其贯伯分明，微有破损者并令行用，违者罪之。所倒之钞库官据日逐换数目，即便退印，每季各路就令纳课正官解赴省部焚毁，隶行省者就焚之。（同上）

大德二年（公元1298）户部定昏钞为二十五样。（《元典章》卷二〇户部六《昏钞》）泰定二年（公元1325）又定焚毁之所，皆以廉访司监临。隶行省者行省官同监。（《元史》卷九三《食货志·钞法》）其印钞局之临时设立于地方者，至元十三年（公元1276）闰三月，以伐宋供给江南军储，置宣慰司于济宁路，掌印造交钞。六月又置行户部于大名府，掌印造交钞，通江南贸易。次年七月并罢（同上书卷九《世祖纪》）。顺帝至正十八年（公元1358）二月，以陕西军旅事剧务殷，去京师道远，供费艰难，分户部宝钞库等官置局印造宝钞，仍令诸路拨降钞本，俾平准行用库倒易昏币，布于民间（同上书卷四五《顺帝纪》），皆非常制也。钞之流通遍全国，至元六年（公元1269）八月丙申，以沙肃州钞法未行，降诏谕之。（同上书卷六《世祖纪》）云南以俗用贝贝八，特许钞贝参用。至元十三年（公元1276）正月，云南行省赛典赤言："云南贸易与中州不同，钞法实所未谙，莫若以交会贝八子，公私通行，庶为民便。"从之。（同上书卷九《世祖纪》）大德九年（公元1305）十一月，以钞万锭给云南行省，令与贝参用。其贝非出本土者，同伪钞论（同上书卷二一《成宗纪》）。江南原行交子会子，至元十二年（公元1275）二月，议以中统钞易宋交会。十七年（公元1280）六月，江淮等处颁行钞法，废宋铜钱不用。（同上书卷二〇五《阿合

马传》，卷一一《世祖纪》）

元宝钞最低者为十文，民间交易不便。至元十二年二月又添造厘钞，其例有三：曰二文、三文、五文。十五年以厘钞不便于民，复命罢印。初钞印用木为板，十三年铸铜易之。（《元史》卷九三《食货志·钞法》）

钞之印发，岁有经数。其收也，有酒醋税盐铁门摊等课程。中统四年三月，诏诸路包银以钞输纳，其丝料入本色，非产丝之地亦听以钞输纳。凡当差户包银钞四两①，每十户输丝十四斤，漏籍老幼钞三两丝一斤。（同上书卷五《世祖纪》）十七年十一月，中书省臣议流通钞法，凡赏赐宜多给币帛，课程宜多收钞。制曰可。（同上书卷一一《世祖纪》）十九年十一月，中书左丞耶律铸言："前奉诏杀人者死，仍征烧埋银五十两，后止征钞二锭，其事太轻，宜征钞四锭。"从之。（同上书卷一二）元贞元年（公元1295）七月诏江南地税输钞。（同上书卷一八《成宗纪》）其出也，以为官吏军人俸饷，以为宗藩戚里赏赐，以为常平仓本（同上书卷一二《世祖纪》），以为驿站经费，以之买马，以之赈荒，以之和买，以之营造。举凡朝廷一切经费出入，无不以钞为准。至民间市井贸易亦一以钞。朝廷视钞重，立法周，民间以朝廷重之也，亦从而重之，故钞周遍帝国，北穷朔漠，西贯中亚，通流无阻。②

钞虽焉朝廷法定之货币，然前代旧钱及金银仍流通民间。中统三年七月，敕私市金银，应支钱物，止以钞为准。（同上书卷五《世祖纪》）至元二十年六月，申严私易金银之禁。二十一年十一月，定金银价，禁私自回易，官吏奉行不虔者罪之（同上书卷一二）。至元十四年四月，禁江南行用铜钱。十七年正月，诏括江淮铜及铜钱铜器。二十二年二月九日，诏天下拘收铜钱。（同上书卷一三《世祖纪》）凡此皆所以保障钞法之通行也。又定制伪造者斩，首告者赏银

① 《元史》卷五《世祖纪》。《元朝名臣事略》卷四《平章鲁国文贞公神道碑》："或请加包银江南，公曰：'包银出于河朔未平……至宪庙定制户率赋银四两，中统惟听如数入钞，实轻其旧之半。"

② 参看沙海昂注、冯承钧译：《马可·波罗行纪》第九十五章《大汗用树皮所造之纸币通行全国》。

五锭，仍给犯人家产，刊于钞面。至元十四年十一月，凡伪造宝钞，同情者并处死，分用者减死杖之，具为令。（《元史》卷一〇）同情谓“起意底，雕板底，印钞底，抄纸底，项科号底，家里安藏著印底，收买颜色物料底”（《元典章》卷二〇《户部六·伪钞》）。立法不可谓不重，然伪造者仍不为绝迹，刑狱滋蔓，累及无辜，则以大利所在，众争丽法以趋之也。

王文统以罪诛。中统三年回纥人阿合马以干敏登政府，掌财赋之任。阿合马死于至元十九年，言利讫秋毫，顾惟事搜括，为朝廷敛怨。文统所创制之钞法，甫二十年而遂大坏，贬值至十分之一，物重钞轻，大为时弊。究其所以，盖有四端：“自至元十三年以后，据各处平准库倒到金银，并元发下钞本，节次尽行起讫，自废银钞相权大法。此致虚，一也。钞法初立时，将印到钞料，止是发下随路库司换易烂钞，以新行用外，据一切差发课程内支使，故印造有数，俭而不溢，得权其轻重。令内外相制，以通流钱法为本，致钞常艰得；物必待钞而后行，故钞常重。继则印发无算，一切度支，虽千万定，一于新印料钞内支发，有出无入。其无本钞数，民间既多而易得，物因湧贵而难买。此致虚，二也。又总库行钱人等，物未收成，预先定买，惟恐或者先取，故视钞轻易添买。物重币轻，多此之由。此致虚，三也。又外路行用库库令库子人等，私下倒易，多取工墨，以图利息，故百姓昏钞到库，不得画时回换。民间必须行用，故昏者转昏，烂者愈烂。流传既难，遂分作等级，其买使物货等除去昏烂成数搭价，然后肯接。此致虚，四也。”（《秋涧集》卷九〇《便民三十五事·论钞法》）至元十九年丁亥，诏整治钞法。（《元史》卷一二《世祖纪》）中书省榜谕整治钞法条画：“一、钞库内倒换昏钞，每一两取要工墨三分，不得刁蹬多要工本。库官吏人等令人于街市暗递添搭工墨，转行倒换，一十两以下决杖五十七下，一十两之上决杖七十七下，一锭之上决杖一百七下，罢职。两相倒钞之人罪同，于犯人名下追钞五锭，给付捉事人充赏。专委管民官常切提调。如不用心提调，治罪施行。一、买卖金银付官库依价回易。如私下买卖，诸人告捉到官，金银价钞全行断没，于内一半付告捉人充赏，应捕人减半。一十两以下决杖五十七下，一十两以上决杖七十七下，一锭以上决杖一百七下，于犯人名下更追钞两，给付捉事人充赏。一、卖金银人自首告者免本罪，将金银官收给价，买主不首者价钞断没，更于犯人名下追钞一锭，与告人捉人充赏。买主自首者依上施行。一、金银匠人开铺打造开张生活之家，凭诸人将到金银打造，于上凿记匠人姓名，不许自用金银打造发卖。若已有成造器皿，赴平准库货卖。如违，诸人告捉到官，依私倒金银例断罪给赏。一、收倒钞当面于昏钞上就使讫毁封记，将昏钞每季解纳。如不使毁印者，决杖五十七下，罢职。一、钞库官吏侵盗金银宝钞出库，借贷移易做买卖，见奉圣旨条画断罪，委本处管民长官总管一月一次计点。如本处官吏通行作弊，与犯人同罪。一、钞库官吏将倒下金银不行附历，却添价倒出，更将本库倒下金银，捏合买金银人姓名用钞换出，却暗地添价转卖与人，许诸人捉拿得获，不计多寡处死，将价钞给付捉事人充赏。一、如诸人将金银到库，依殊色随即将倒，不得添减殊色，非理刁蹬。如违决杖五十七下，罢职。倒换金银价例：课银每定入库价钞一百二两五钱，出库价钞一百三两；白银每两入库价钞一两九钱五分，出库价钞二两；花银每两入库价钞二两，出库价钞二两五钱；赤金每两入库价钞一十四两八钱，出库价钞一十五两。”（《元典章》卷二〇《户部六·钞法》）盖纯以禁止金银买卖，使尽归官库，为重钞之术。法令虽严，而民间金银终不肯出，官库无本，钞乃愈轻而不可救。会有回纥人桑哥者，荐阿合马属官卢世荣有才术，“能救钞法，增课额，上可裕国，下不损民”。至元二十一年十一月以卢世荣为中书右丞，即日奉旨“中书整治钞法，遍行中外官吏，奉法不虔者加以罪”。乃下诏云：“金银系民间通行之物，自立平准库，禁百姓私相买卖；今后听民间从便交易。”明年，世荣奏：“自王文统诛后，钞法虚弊。为今之计，莫若依汉唐故事，括铜铸至元钱，及制绫券与钞参行。”因以所织绫券上之。又奏：“国家虽立平准，然无晓规运者，以致钞法虚弊，诸物踊贵。宜令各路立平准周急库，轻其月息，以贷贫民，如此则贷者众而本且不失。”其为政大要以兴贩市舶，立常平仓，制市易税，置规措所，厚收天下之利以实钞法。监察御史陈天祥上疏劾之，谓：世荣“始言能令钞法如旧，弊今愈甚”。“以钞虚闭回易库，致民间昏钞不可行”。丞相安童言：“世荣昔奏能不取于民，岁办钞三百万锭，令钞复实，诸物悉贱，民得休息，数月即有成效。今已四阅月，所行不符所言。”世荣竟以得罪伏诛。（《元史》卷二〇五《卢世荣传》）二十三年十二月，中书传旨议更钞用钱，吏部尚书刘宣献议曰：“原交钞所起，汉唐以来，皆未尝有。宋绍兴初，军饷不继，造此以诱商旅，为沿边籴买之计，比铜钱易于赍擎，民甚便之，稍有滞碍，即用见钱，尚存古人子母相权之意。日增月益，其法浸敝。自一界二界至十九界关子，计江左立国百五十年，是不及八年一更也。亡金行用会子，亦由此数变名同，如小十贯大十贯通天宝会之类，随行随坏。大元初年，法度未一，诸路各行交钞，或同见银，或同丝绢。中统建元，王文统执政，尽罢诸路交钞，印造中统元宝，以钱为准，每钞二贯倒白银一两，十五贯倒赤金一两。稍有壅滞，出银收钞，恐民疑惑，随路桩积元本金银，分文不动。当时支出无本宝钞未多，易为权治。诸老讲究扶持，日夜战兢，如捧破釜，惟恐失坠。行之十七八年，钞法无少低昂。后阿合马专政，不究公私利害，出纳多寡，每一支贴至十有余万锭者，又将随路平准库金银尽数起赴大都，以要功能，是以大失民信，钞法日虚。每岁支遣，又逾向者。所行皆无本之钞，以致物价腾踊，奚至十倍。拯救之法，不过住印贯钞，只印少钞，发去诸库，倒换昏烂，以便民间爪贴；验元起钞本金银发去，以安民心；严禁权豪官吏，冒名入库倒买。国用当度其所入，量其所出，如周岁差税课程可得百万锭者，其岁支可五七十万，多余旧钞，立便烧毁。如此行之，不出十年，纵不复旧，物价可减今日之半。欲求目前速效，未见良策。纵创新钞以权旧钞，只是改换名目，无金银作本称提，军国支用，不复抑损，三数年后亦如中统旧钞矣。宋金之弊，足为殷鉴。国朝废钱已久，一旦行之，功费不赀，非为远计。利民济物，其要自不妄用始。若欲济溪壑之用，非惟铸造不敷，抑亦不久自弊。”（同上书卷一六八《刘宣传》，魏源《元史新编》卷八七《食货志·钞法》）会桑哥当国，主行至元钞，宣言遂不用。

中统钞之印造专属朝廷，至元三年有贾胡恃制国用使阿合马，欲贸交钞本，私平准之利，以增岁课为辞。帝以问户部尚书马亨，对曰："交钞所以权万货者法使然也。法者主上之柄，今使一贾胡擅之，废法从私，将何以令天下。"事遂寝。(《元史》卷一六三《马亨传》) 二十三年，以朱清、张瑄并为海道运粮万户，赐钞印，听其自印交钞，其钞色比官造加黑，印朱加红。朱、张以是富倾天下云。(叶子奇《草木子》卷三)

三、至元通行宝钞

宋臣叶李降元后，入京献至元钞样。此样在宋时尝进呈，请以代关子，宋廷不能用，至是乃别改年号而复献之，世祖嘉纳。(《辍耕录》卷一九) 李又荐回纥人桑哥，谓能理财赋，行钞法。(《元史》卷一七三《叶李传》，卷一六《世祖纪》) 至元二十四年 (公元 1287) 闰二月乙丑，召麦术丁、杨居宽等与大学士阿鲁浑撒理及尚书左丞叶李、侍御史程文海、赵孟頫论钞法。复置尚书省，以桑哥为平章政事。(同上书卷一四《世祖纪》) 三月甲午，更造至元宝钞，尚书省以至元宝钞通行条画十四款颁行天下："一、至元宝钞一贯当中统宝钞五贯，新旧并行，公私通例。一、依中统之初，随路设立官库，买卖金银，平准钞法，私相买卖，并行禁断。每花银一两入库官价至元宝钞二贯，出库二贯五分，白银各依上买卖。课银一锭官价宝钞二锭，发卖宝钞一百二贯五百文。赤金每两价钞二十贯，出库二十贯五百文。今后若有私下买卖金银者，许诸人首告，金银价直没官，于内一半付告人充赏，仍于犯人名下征钞二锭一就给付。银一十两金一两以下决杖五十七下，银一十两金一两以上决杖七十七下，银五十两金一十两以上决杖九十七下。一、民间将昏钞赴平准库倒换至元宝钞者以一折五，其工墨依旧例每贯三分。客旅买卖欲图轻便，用中统宝钞倒换至元钞者以一折五，依数收换。各道宣慰司按察司总管府常切究禁治，毋致势要之家并库官人等自行结揽，多除工墨，沮坏钞法。违者痛断。库官违犯，断罪除名。一、民户包银愿纳中统宝钞者依旧止听收四贯，愿纳至元宝钞折收八百文，随处官并仰收受，毋得阻当。其余差税内有折收者依上施行。一、随处盐课每引见卖官价钞二十贯，今后卖引许用至元宝钞二贯，中统宝钞一十贯。买盐一引新旧中半依理收受，愿纳至元宝钞四贯者听。一、诸道茶醋酒税竹货丹粉锡碌诸色课程，如收至元宝钞以一当五，愿纳中统宝钞者并仰收受。一、系官并诸投下营运斡脱公私钱债，关借中统宝钞，若还至元宝钞以一折五，愿还中统宝钞者抵贯归还，出放斡脱钱债人员即便收受，毋得阻滞。一、随路平准库官收差办课人等，如遇收支交易，务要听从民便，不致迟滞。若有不依条画，乞取刁蹬，故行阻抑钞法者，取问事实，断罪除名。一、街市诸行铺户与贩客旅人等，如用中统宝钞买卖诸物，止依旧价发卖，无得疑惑，陡添价直。其随时诸物减价者听。富商大贾高抬物价取问是实，并行断罪。一、访闻民间缺少零钞，难为贴兑，今颁行至元宝钞自二贯至五文，凡十一等，便民行用。一、伪造通行宝钞者处死，首告者赏银五锭，仍给犯人家产。一、委各路总管并各处管民长官，上下半月计点平准钞库应有见在金银宝钞。若有移易借贷，私己买卖，营运利息，取问明白，申部呈省定罪。长官公出，次官承行。仰各道宣慰使司提刑按察司常切体察。如有看徇通同作弊，取问得实，与犯人一体治罪，不得因而骚扰，沮坏钞法。一、应质典田宅，并以宝钞为则，无得该写解粟丝绵等物，低昂钞法。如违断罪。一、随路提调官并不得赴平准库收买金银，及多将昏钞倒换料钞。违者治罪。一、条画颁行之后，仰行省宣慰司各路州府司县达鲁花赤管民长官，常切用心提调禁约，毋致违犯。若禁治不严，流转涩滞，亏损公私，其亲管司府县断罪解任，路府州官亦行究治。仍仰监察御史按察司常切究察，不严亦行治罪。”（《元典章》卷二〇《户部六·钞法》）其要在新者无冗，旧者无废，凡岁赐、周乏、饷军皆以中统钞为准。（《元史》卷一四《世祖纪》）钞分十一料：为二贯，一贯，五百文，三百文，二百文，一百文，五十文，三十文，二十文，一十文，五文（《辍耕录》卷二六）。新钞甫行，前信州三务提举杜璠言至元钞公私非便，平章政事桑哥怒曰："杜璠何人，敢沮吾钞法耶!"欲当以重罪。左丞马绍从容言曰："国家导人使言，言可采，用之；不可采，亦不之罪。今重罪之，岂不与诏书违戾乎!"璠得免。(《元史》卷一七三《马绍传》)参议王巨济尝言新钞不便，忤旨。(同上书卷二〇五《桑哥传》)诏集百官于刑部议法，众欲计至元钞二百贯赃满者死，赵孟頫曰："始造钞时以银为本，虚实相权。今二十余年间，轻重相去至数十倍，故改中统为至元，又二十年后，至元必复如中统，使民计钞抵法，疑于太重。古者以米绢民生所须，谓之二实；银钱于二物相权，谓之二虚。四者为直虽升降有时，终不大相远也。以绢计赃，最为适中。况钞乃宋时所创，施于边郡，金人袭而用之，皆出于不得已。乃欲以此断人死命，似不足深取也。"或以孟頫年少，初自南方来，讥国法不便，意颇不平，责孟頫曰："今朝廷行至元钞，故犯法者以是计赃论罪，汝以为非，岂欲沮格至元钞耶?"孟頫曰："法者人命所系，议有重轻，则人不得其死矣。孟頫奉诏与议，不敢不言。今中统钞虚，故改至元钞，谓至元钞终无虚时，岂有是理!"果不逾年而至元钞法涩滞不能行，诏遣尚书刘宣与孟頫驰驿至江南问行省丞相慢令之罪。(同上书卷一七二《赵孟頫传》)二十五年，世祖尝召平章政事桑哥谓曰："朕以叶李言更至元钞，所用者法，所贵者信，汝无以楮视之，其本不可失，汝宜识之。"(同上书卷二〇五《桑哥传》)毁中统钞板。五月乙未，桑哥言："中统钞行垂三十年，省官皆不知其数，今已更用至元钞，宜差官分道置局钩考中统钞本。"从之。二十六年六月增设大都倒钞库三。闰十月庚辰，桑哥言："初改至元钞，欲尽收中统钞，故令天下盐课以中统至元钞相半输官，今中统钞尚未可急敛，宜令税赋并输至元钞，商贩有中统料钞，听易至元钞以行，然后中统钞可尽。"从之。(同上书卷一五《世祖纪》)又以岁入恒不敷出，从桑哥言，诏增盐课引值中统钞三十贯者为一锭，茶税每引值五贯者为十贯，酒醋税课江南增额十万锭，内地五万锭。协济户十八万，自入籍至今，止输半赋，令改为全赋。桑哥又请节分地之臣额外赏赐。增岁入减岁出为固钞之计。（同上书卷二〇五《桑哥传》）二十七年九月敕河东山西道宣慰使阿里火者发大同钞本二十万锭籴米赈饥民。二十八年正月尚书省桑哥等以罪罢。四月丙戌，诏凡负斡脱银者，入还皆以钞为则。庚寅以钞法故，召叶李还京师。（同上书卷一六《世祖纪》）会桑哥败，事颇连及同列，扬州儒学正李淦劾李首荐桑哥，败坏国政，宜斩李以谢天下，不听。（同上书卷一七三《叶李传》，卷一六《世祖纪》）五月癸丑，罢大都烧钞库，仍旧制，各路昏钞令行省官监烧。七月丁巳，桑哥伏诛，叶李寻亦卒。（同上书卷一六《世祖纪》）二十九年十月中书右丞相完泽等言："一岁天下所入凡二百九十七万八千三百五锭，自春至今，凡出三百六十三万八千五百四十三锭，已逾入数六十六万二百三十八锭矣。"三十年二月甲辰中书省臣言："今岁给饷上都大都及甘州西京，经费浩繁，自今赏赐悉宜姑止。"从之。（同上书卷一七《世祖纪》）

至元三十一年（公元1294）正月世祖死，四月成宗即位。八月诏诸路交钞库所储银九十三万六千九百五十两，除存留十九万二千四百五十两为钞母，余悉运于京师。（同上书卷一八《成宗纪》）盖以初即大位，赐赉诸王，国库不足供用，故至动用钞本也。大德二年（公元1298）二月丙子，帝谕中书省臣曰："每岁天下金银钞币岁所入几何？诸王驸马赐与及一切营建所出几何？其会计以闻。"右丞相完泽言："岁入之数金一万九千两，银六万两（当作锭），钞三百六十万锭。然犹不足于用。又于至元钞本中借二十万锭。自今敢以节用为请。"帝嘉纳焉。（同上书卷一九《成宗纪》）三年正月壬辰，中书省臣言："比年公帑所费，动辄巨万，岁入之数，不支半岁，自余皆借及钞本。臣恐理财失宜，钞法亦坏。"帝嘉纳，仍谕宣徽使月赤察而等，自今一切赐与皆勿奏。四年五月癸未，左丞相答剌罕遣使来言："横费不节，府库渐虚。"诏自今诸位下事关钱谷者，毋辄入闻。（同上书卷二〇《成宗纪》）七年正月丙午，定诸改补钞罪例，为首者杖一百有七，从者减二等，再犯从者杖与首同，为首者流。（同上书卷二一《成宗纪》）改补谓以真钞一两改为二两，五钱改作一两，以真作伪，改钞实值也。(《元典章》卷二〇《户部六·钞法·挑钞挑补钞罪例》) 时钞法日坏，物愈重，钞愈轻，郑介夫因献议铸钱，与钞相权。其言曰："今国家造钞虽广，而散之民间甚少，民得之者亦甚难。无他，轻重失相权之宜也。夫天下之物，重者为母，轻者为子，前出者为母，后出者为子，若前后倒置，轻重失常，则法不可行矣。汉以铜钱而权皮币之重，皮币为母，铜钱为子。宋以铜钱而权交会之重，交会为母，铜钱为子。国初以中统钞五十两为一锭者，盖则乎银锭也。以银为母，中统为子。既而银已不行，所用者惟钞而已，遂至大钞为母，小钞为子。今以至元一贯准中统五贯，是以子胜母，以轻加重，以后逾前，非止于大坏极弊，亦非吉兆美谶也。今请造铜钱以翼钞法。国之所出者钞，民之所出者货，钞以巨万计，国不可以得民货，货以畸零计，民不可以得国钞，若使畸零之货可易铜钱，则巨万之钞自然流通，此国与民两便之计也。"(朱健《古今治平略》卷一《唐宋钱币》) 盖至元钞虽有十一料，然小钞费重量多，总库吝于出给，所在官库关到料钞，大钞甚多，小钞极少，又为权势之家及库官库子人等结揽私倒，小民无从得小钞，贸易不便，致使民间以物易物。权豪巨商，至私刻木牌、茶帖、酒牌、竹牌、面帖等杂行民间，与交钞相权，小民因之受害，钞法亦益以阻滞。至元三十一年下诏禁断，并令多降零钞。(《元典章》卷二〇《户部六·杂例·禁治茶帖酒牌》，姚燧《牧庵集》卷四《平章政事蒙古公神道碑》) 然法久弊生，民间仍以大钞为苦。郑介夫之建议以钱代零钞，因以通钞法，时虽不见用，至武宗朝遂据为改革之张本焉。

四、至大银钞

大德十一年（公元1307）正月成宗死，五月武宗即位。九月己丑，中书省臣言："帑藏空竭，常赋岁钞四百万锭，各省备用之外，入京师者二百八十万锭。当年所支止二百七十余万锭。自陛下即位以来，已支四百二十万锭，又应求而未支者一百万锭，臣等虑财用不给。”十一月丁卯阔儿伯牙里言更用银钞铜钱，命中书与枢密院御史台集贤翰林诸老臣集议以闻。十二月壬辰，中书省言：“今国用甚多、帑藏已乏，用及钞母，非宜。”至大元年（公元1308）二月乙未，中书省臣言：“陛下登极以来，锡赏诸王，恤军力，赈百姓，及殊恩泛赐，帑藏空竭，豫卖盐引。今和林甘肃大同隆兴两都军粮，诸所营缮，及一切供亿，合用钞八百二十余万锭。往者或遇匮急，奏支钞本。臣等固知钞法非轻，曷敢辄动，然计无所出，今乞权支钞本七百一十余万锭，以周急用，不急之费姑后之。”帝曰：“卿等言是，泛赐者不以何人，毋得蒙蔽奏请。”（《元史》卷二二《武宗纪》）二年秋七月乙未，乐实言钞法大坏，请更钞法，图新钞式以进。有姓江者画钞式，以为印钞库大使。八月癸酉立尚书省，以乐实为平章政事，更新庶政，变易钞法。九月庚辰，颁行至大银钞，诏曰：“昔我世祖皇帝既登大宝，始造中统交钞，以便民用，岁久法隳，亦既更张，印造至元宝钞，逮今又复二十三年，物重钞轻，不能无弊。乃循旧典，改造至大银钞，颁行天下。至大银钞一两准至元钞五贯，白银一两，赤金一钱。随路立平准行用库，买卖金银，倒换昏钞。或民间丝绵布帛赴库回易，依验时估给价。随处路府州县设立常平仓，以权物价，丰年收粜粟麦米谷，值青黄不接之时，比附时估，减价出粜，以遏沸涌。金银私相买卖，及海舶兴贩金银铜钱绵丝布帛下海者并禁之。平准行用库常平仓设官，皆于流官内铨注，以二年为满。中统交钞，诏书到日限一百日尽数赴库倒换，茶盐酒醋商税诸色课程，如收至大银钞以一当五。颁行至大银钞二两至一厘，定为一十三等，以便民用。”己亥尚书省臣言：“今国用需中统钞五百万锭，前者尝借支钞本至千六十万三千一百余锭。今乞罢中统钞，以至大银钞为母，至元钞为子，仍拨至元钞本百万锭，以给国用。”十月庚戌，以行铜钱法诏天下。[①] 十月戊寅，御史台臣言至大银钞始行，品目繁碎，民犹未悟，而又兼行铜钱，虑有相妨。又言民间拘铜器甚急，勿便。命与省臣议之。（同上书卷二三《武宗

① 诏文由姚燧草，见《元文类》卷九，其后至正行铜钱诏文语多袭此。

纪》）三年正月丙申，初行钱法，立资国院泉货监以领之，其钱曰至大通宝者，面文以楷书，一文准至大银钞一厘。曰大元通宝者，面文以蒙古新字书，一文准至大通宝一十文。历代铜钱悉依古例与至大钱通用，其当五当三折二并以旧数用之。（《元史·食货志·钞法》，奥平昌洪《东亚泉志》卷一一）二月丁卯，尚书省臣言："昔至元钞初行，即以中统钞本供亿，及销其板。今既行至大银钞，乞以至元钞输万亿库，毁其板，止以至大钞与铜钱相权通行为便。"从之。八月丙辰，复以行用铜钱诏谕中外。四年正月庚辰武宗死。（《元史》卷二三《武宗纪》）仁宗继位。壬午罢尚书省，以平章乐实等变乱旧章，流毒百姓，命宫参鞫。丙戌，乐实等伏诛。（同上书卷二四《仁宗纪》）四月丁卯，罢至大银钞铜钱，仍用中统至元钞，诏曰："我世祖皇帝参酌古今，立中统至元钞法，天下流行，公私蒙利，五十年于兹矣。比者尚书省不究利病，辄意变更，既创至大银钞，又铸大元至大铜钱。钞以倍数太多，轻重失宜，钱以鼓铸匆给，新旧恣用。曾未再期，其弊滋甚。爰咨廷议，允协舆言，皆愿变通，以复旧制。其罢资国院及各处泉货监提举司。应尚书省已发各处至大钞本，截日封贮。民间行使者赴行用库依例倒换。依旧印造中统钞与至元钞子母并行，凡官司出纳，一准中统钞数。新旧铜钱虽畸零使用，便于商民，然壅害钞法，深妨国计。其大元铜钱，诏到赴行用库依例倒换，历代旧钱，截日住罢不使。买卖铜器，听民自便。确禁金银，本以权衡钞法，条令虽设，其价益增，民实匆便。自今权宜开禁，听从买卖。其商舶收买下番者依例科断。"（同上，《元典章》卷二〇《户部六·钞法·住罢银钞铜钱使中统钞》）初议罢银钞铜钱，礼部尚书杨朵儿只曰："法有便否，不当视立法之人为废置，银钞固当废，铜钱与楮币相权而用之，昔之道也。国无弃宝，民无失利，钱未可遽废也。"言虽不尽用，时论是之。（《元史》卷一七九《杨朵儿只传》）十月壬辰诏收至大银钞（同上书卷二四《仁宗纪》），河南行省右丞王约度河南岁用钞七万锭，必致上供不给，乃下诸州凡至大至元钞相半，众以方诏命为言，约曰："吾岂不知，第岁终诸事不集，责亦匪轻。"丞相卜怜吉台赞之曰善，遣使白中书省，省臣大悦，遂遍行天下。(《元史》卷一七八《王约传》) 十一月辛丑，平章政事李孟奏："今每岁支钞六百余万锭，又土木营缮百余处，计用数百万锭，内降旨赏赐复用三百余万锭，北边军需又六七百万锭，今帑藏见贮止十一万余锭，若此安能周给！自今不急浮费，宜悉停罢。"帝纳其言，凡营缮悉罢之。十二月辛卯，遣官监视焚至大钞。(同上书卷二四《仁宗纪》) 皇庆元年（公元1312）二月壬午，置德安府行用库。二年二月丁亥，敕外任官应有公田而无者，皆以至元钞给之。(同上) 文宗天历元年（公元1328）十一月庚午，监察御史言："户部钞法，岁会其数，易故以新，期于流通，不出其数。迩者倒剌沙以上都经费不足，令有司刻板印钞。今事既定，宜急收毁。"从之。(同上书卷三二《文宗纪》) 二年二月甲寅，更铸钞板，仍毁其刓者（同上书卷三三）。至顺元年（公元1330）十一月辛丑，征河南行省民间自实田土粮税，不通舟楫之处，得以钞代输。(同上书卷三四) 二年十一月辛卯，诸盐课钞以十分之一折收银，银每锭五十两折钞二十五锭。(同上书卷三五《文宗纪》)

五、至正钞法

顺帝至正十年（公元1350）丞相脱脱用贾鲁议，谋改钞法。①四月己丑，左司都事武祺建议更钞法，其言曰："钞法自世祖时已行之后，除拨支料本倒易昏钞以布天下外，有合支名目，于宝钞总库料钞转拨，所以钞法疏通，民受其利。比年以来，失祖宗元行钞法本意，不与转拨，故民间流传者少，致伪钞滋多。"诏凡合支名目，于总库转支。十月乙未吏部尚书偰哲笃建言立交钞用钱，命中书省御史台集贤翰林两院之臣集议之。其法以楮币一贯文省权铜钱一千文，楮币为母，铜钱为子。集贤殿大学士兼国子祭酒吕思诚以为不

---

① 叶子奇：《草木子》卷三，权衡：《庚申外史》："至正十年，户部尚书薛世南武子春知脱脱有意于兴作庶事，建言谓至元钞法经久当变制，宜为中统交钞法，交钞贯文与铜钱子母相权并用。脱脱奏用其言，立宝泉提举司，铸至正通宝钱。"

可，曰："中统至元，自有母子，上料为母，下料为子，比之达达人乞养汉人为子，皆人类也，是终为汉人之子而已。岂有故纸为父，而以铜为过房儿子者乎！"一坐皆笑。思诚又曰："钱钞用法，以虚换实，其致一也。今历代钱及至正钱、中统钞及至元钞、交钞分为五项。若下民知之，藏其实而弃其虚，恐非国之利也。"偰哲笃、武祺又曰："至元钞多伪，故更之尔。"思诚曰："至元钞非伪，人为伪耳。交钞若出，亦有伪者矣。且至元钞犹故戚也，家之童稚皆识之矣。交钞，犹新戚也，虽不敢不亲，人未识也，其伪反滋多尔。况祖宗成宪，岂可轻改。"偰哲笃曰："祖宗法弊，亦可改矣。"思诚曰："汝辈更法，又欲上诬世皇，是汝又欲与世皇争高下也。且自世皇以来，诸帝皆谥曰孝，改其成宪，可谓孝乎！"偰哲笃曰："钱钞兼行何如？"思诚曰："钱钞兼行，轻重不伦，何者为母，何者为子？"偰哲笃忿曰："我等策既不可行，公有何策？"思诚曰："我有三字策，曰行不得，行不得。"思诚归卧不出。遂定更钞之议而奉之。十一月己巳，下诏云："朕闻帝王之治，因时制宜，损益之方，在乎通变。惟我世祖皇帝建元之初，颁行中统交钞，以钱为文，虽鼓铸之规未遑，而钱币兼行之意已具。厥后印造至元宝钞，以一当五，名曰子母相权，而钱实未用。历岁滋久，钞法偏虚，物价腾踊，奸伪日萌，民用匮乏。爰询廷臣，博采舆论，佥谓拯弊，必合更张。其以中统交钞一贯文省权铜钱一千文，准至元宝钞二贯，仍铸至正通宝钱，与历代铜钱并用，以实钞法。至元宝钞通行如故，子母相权，新旧相济，上副世祖立法之初意。"十一年置宝泉提举司，掌鼓铸至正通宝钱：小平钱，折二钱，当三钱、当五钱、当十钱凡五品。印造交钞，令民间通用。(《元史》卷四二《顺帝纪》，卷九七《食货志·钞法》，卷一八五《吕思诚传》；奥平昌洪《东亚泉志》卷一一)

至正新法行，议者多不以为长计。王祎云："顷岁以中统交钞重其贯陌，与至元宝钞相等并行，京师复铸至正新钱，使配异代旧钱，与二钞兼用。其意殆将合古而达今，而不知适以起天下人心之疑。夫中统本轻，至元本重，二钞并行，则民必取重而弃轻。钞乃虚文，钱乃实器，钱钞兼用，则民必舍虚而取实。故自变法以来，民间或争用中统，或纯用至元，好恶不常。以及近时，又皆绝不用二钞，而惟钱之是用。而又京师鼓铸寻废，所铸钱流布不甚广，于是民间所用者悉异代之旧钱矣。二钞者国家之所用，而民则以为弃物而弗之用，旧钱者国家未尝专以为用，而民争相宝爱而用之。是天下之民反操国家之柄，而国家之命已下制于民，泉货之弊，莫此时为甚矣。”（《王忠文公集》卷一二《泉货议》）时物价腾踊，价逾十倍。又值海内大乱，军储供给，赏赐犒劳，每日印造，不可数计，舟车装运，轴轳相接，交料之散满人间者，无处无之。昏软者不复行用。京师料钞十锭，易斗粟不可得。（《元史》卷九七《食货志·钞法》）壬辰癸巳间（公元1252—1253）钞法艰涩，乙未（公元1355）将绝于用，遂有观音钞、画钞、折腰钞、波钞、熝不烂之说：观音钞者描不成，画不就，如观音美貌也；画者如画也；折腰者折半用也；波者俗言急走，谓不乐受即走去也；熝不烂者如碎絮筋查也。（孔齐《至正直记》卷一）十六年三月辛巳，命中书平章政事帖里帖木儿、参知政事成遵等议钞法。（《元史》卷四四《顺帝纪》）时民间已绝不以钞交易（《至正直记》卷一），所在郡县皆以物货相贸易，公私所积之钞遂俱不行，人视之若弊楮，而国用由是遂乏矣。（《元史》卷九七《食货志·钞法》）十七年四月丙辰，京师立便民六库，倒易昏钞（同上书卷四五《顺帝纪》），库立而无有以昏钞来易者。又铸至正之宝大钱以权钞，背书权钞五分、权钞一钱、权钞一钱五分、权钞二钱五分、权钞五钱，凡五品。五分者为至元钞十文，一钱者二十文，一钱五分者三十文，二钱者四十文，二钱五分者五十文，五钱者一百文。而钱钞皆不行。（奥平昌洪《东亚泉志》卷一一）又罢宝泉提举司（权衡《庚申外交》）。民皆以变钞法咎丞相脱脱，为《醉太平小令》一阕云：“堂堂大元，奸佞擅权，开河变钞祸根源，惹红巾万千。官制滥，刑法重，黎民怨！人吃人，钞买钞，何曾见？贼做官，官作贼，混贤愚，哀哉可怜！”自京师以至江南，人人能道之。（《辍耕录》卷二三）

叶子奇论至正钞法云：“元世祖中统、至元间立钞法，行之四五十年。中统以费工本多，寻不印行。独至元钞通行，用以权百货轻重，民甚便之。至正间丞相脱脱当承平无事，入邪臣贾鲁之说，欲有所建立以求名于后世，别立至正交钞，料既窳恶易败，难以倒换，遂涩滞不行。及兵乱国用不足，多印钞以贾兵，钞贱物贵，无所于授，其法遂废。呜呼！盖尝考之，非其法之不善也，由后世变通不得其术也，元之钞法，即周、汉之质剂，唐之钱引，宋之交会，金之交钞。当共盛时皆用钞以权钱。及当衰败，钱货不足，止广造楮币以为费，楮币不足以权变百货，遂涩而不行，职此之由也。必也，欲定钞法，须使钱货为之本，如茶盐之有引，引至则茶盐立得。使钞法如此，乌有不行之患哉！当今变法，宜于府县各立钱库，贮钱若干，置钞准钱引之制，如张咏四川行交子之比，使富室主之，引至钱出，引出钱入，以钱为母，以引为子，子母相权，以制天下百货，出之于货轻之时，收之于货重之日，权衡轻重，与时宜之，未有不可行之理也。譬之池水所入之沟，與所出之沟相等，动荡流通而血脉常活也。借使所入之沟虽通，所出之沟既塞，则水死而不动，惟有涨漏浸淫而有滥觞之患矣。此其理也。当时不知，徒知严刑驱穷民以必行，所以刑愈严而钞愈不行，此元之所以卒无术而亡也。”（《草木子》卷三）

六、释锭

元代钞法，贯以外别有锭、两、分、文等单位，银之数多者亦为锭。

钞有中统元宝交钞、中统元宝钞、至元通行宝钞、至大银钞、至正中统交钞之别。

钞名	钞本	单位	与银之比例	与旧钞之比例
中统元宝交钞	丝	两、钱	两值银五分	
中统元宝钞	银	贯、文	贯值银五钱	
至元通行宝钞	银	贯、文	贯值银五钱	贯当中统钞五贯
至大银钞	银	两、钱	两值银一两	两准至元钞五贯
至正中统交钞	钱	贯、文	贯值钱千	贯准至元钞二贯

历朝钞之发行额可考者如下表，根据栏无说明者皆出《元史·

食货志》。

中	元	公元	钞名	锭数	根据
中统	元年	1260	中统	73 352	
	二年	1261	中统	39 139	
	三年	1262	中统	80 000	
	四年	1263	中统	74 000	
至元	元年	1264	中统	89 208	
	二年	1265	中统	116 208	
	三年	1266	中统	77 252	
	四年	1267	中统	109 488	
	五年	1268	中统	29 880	
	六年	1269	中统	22 896①	
	七年	1270	中统	96 768	
	八年	1271	中统	47 000	
	九年	1272	中统	86 256	
	十年	1273	中统	110 192	
	十一年	1274	中统	247 440	
	十二年	1275	中统	398 194	
	十三年	1276	中统	1 419 665	
	十四年	1277	中统	1 021 645	
	十五年	1278	中统	1 023 400	
	十六年	1279	中统	788 320	
	十七年	1280	中统	1 135 800	
	十八年	1281	中统	1 094 800	
	十九年	1282	中统	969 444	
	二十年	1283	中统	610 620	
	二十一年	1284	中统	629 904	
	二十二年	1285	中统	2 043 080	
	二十三年	1286	中统	2 181 600	
	二十四年	1287	中统	83 200	
			至元	1 001 017	
	二十五年	1288	至元	921 612	
	二十六年	1289	至元	1 780 093	
	二十七年	1290	至元	500 250	
	二十八年	1291	至元	500 000	
	二十九年	1292	至元	500 000	
	三十年	1293	至元	260 000	
	三十一年	1294	至元	193 706	

① 王恽:《玉堂嘉话》卷四:"至元六年行用元宝钞止七十余万锭，予时为御史，曾刷提举司文案，故知。"

中	元	公元	钞名	锭数	根据
元贞	元年	1295	至元	310 000	
	二年	1296	至元	400 000	
大德	元年	1297	至元	400 000	
	二年	1298	至元	299 910	
	三年	1299	至元	900 075	
	四年	1300	至元	600 000	
	五年	1301	至元	500 000	
	六年	1302	至元	2 000 000	
	七年	1303	至元	1 500 000	
	八年	1304	至元	500 000	
	九年	1305	至元	500 000	
	十年	1306	至元	1 000 000	
	十一年	1307	至元	1 000 000	
至大	元年	1308	至元	1 000 000	
	二年	1309	至元	1 000 000	
	三年	1310	至大	1 450 368	(《纪》作一百二十万锭)
	四年	1311	至元	2 150 000	
			中统	150 000	
皇庆	元年	1312	至元	2 222 336	
			中统	100 000	
	二年	1313	至元	2 000 000	
			中统	200 000	
延祐	元年	1314	至元	2 000 000	
			中统	100 000	
	二年	1315	至元	1 000 000	
			中统	100 000	
	三年	1316	至元	400 000	
			中统	100 000	
	四年	1317	至元	480 000	
			中统	100 000	
	五年	1318	至元	400 000	
			中统	100 000	
	六年	1319	至元	1 480 000	
			中统	100 000	
	七年	1320	至元	1 480 000	
			中统	100 000	
至治	元年	1321	至元	1 000 000	(《纪》作至元钞五千万贯、中统钞二百五十万贯)

中	元	公元	钞名	锭数	根据
			中统	50 000	
	二年	1322	至元	800 000	
			中统	50 000	
	三年	1323	至元	700 000	
			中统	50 000	
泰定	元年	1324	至元	600 000	
			中统	150 000	
	二年	1325	至元	400 000	
			中统	100 000	(《纪》、《志》同)
	三年	1326	至元	400 000	
			中统	100 000	
	四年	1327	至元	400 000	
			中统	100 000	
天历	元年	1328	至元	310 920	
			中统	30 500	
	二年	1329	至元	1 192 000	
			中统	40 000	
至顺	元年	1330	至元	450 000	
			中统	50 000	(《元史》卷三三《文宗纪》)
	二年	1331	至元	890 050	
			中统	5 000	(《元史》卷三五《文宗纪》)
	三年	1332	至元	996 000	
			中统	4 000	(《元史》卷三六《文宗纪》)
至元	四年	1338	至元	1 500 000	(《元史》卷三九《顺帝纪》)
	五年	1339	至元	1 200 000	(同上)
至正	元年	1341	至元	990 000	(《元史》卷四〇《顺帝纪》)
			中统	10 000	
	十二年	1352	至正	1 900 000	
			至元	100 000	(《元史》卷四二《顺帝纪》)
	十三年	1353	至正	1 900 000	
			至元	100 000	(《元史》卷四三《顺帝纪》)
	十五年	1355	至正	6 000 000	(《元史》卷四四《顺帝纪》)

除英宗一朝颁钞以贯计外（《食货志》亦纽合作锭），历朝皆以锭计。

《元史·食货志·钞法门》言交钞每银五十两易丝钞一千两，是银一两当丝钞二十两，丝钞一两为银五分。元宝钞则一贯同交钞一两，两贯同白银一两，贯为银五钱。二者显有矛盾。盖据上文则交钞一两为银五分，据下文则元宝钞一贯为银五钱，二者价格相去十倍也。如以元宝钞一贯同交钞一两，则交钞一两亦当值银五钱，是上文“每银五十两，易丝钞一千两”，应作“每银五十两，易丝钞一百两”，始合。然据《食货志·岁赐门》，世祖次子平远王阔阔出位，西平王奥鲁赤位，爱牙赤大王位，镇南王脱欢位，云南王忽哥赤位，五王岁赐银五十锭，折钞一千锭。银一锭为钞之二十倍，恰与钞法条合。据此则银一两合交钞二十两，下文之元宝钞一贯即不能为交钞一两，盖以元宝钞一贯值银五钱，而交钞一两则仅值银五分也。如以上文为是，则下文元宝钞一贯同交钞一两，应为元宝钞一贯同交钞十两之误。总之，《食货志》所记交钞元宝钞与银之比率，二者必有一误。

欲决此疑，请先释钞锭。

交钞之单位为两为钱。《食货志·额外课门》云：“历日总三百一十二万三千一百八十五本，计中统钞四万五千九百八十锭三十二两五钱”。“内大历二百二十万二千二百三本，每本钞一两，计四万四千四十四锭三两。小历九十一万五千七百二十五本，每本钞一钱，计一千八百三十一锭三十二两五钱。回回历五千二百五十七本，每本钞一两，计一百五锭七两。”“契本总三十万三千八百道，每道钞一两五钱，计中统钞九千一百一十四锭。”又《茶法门》：“茶引一百万张，每引十二两五钱，共为钞二十五万锭。”是锭为钞五十两。

元宝钞之单位为贯为文。《岁赐门》云：“世祖平江南，又各益以民户。时科差未定，每户折支中统钞五钱，至成宗复加至二贯。”此据字面言，上文中统钞五钱为交钞，下文二贯则为元宝钞。如据《钞法门》之比例，丝钞五钱为银二分五厘，元宝钞二贯则为银一两。由世祖至成宗十数年间之增加额为四十倍。今试就户钞之实例计之，如太祖叔答里真官人位江南户钞，至元十八年拨南丰州一万一千户，计钞四百四十锭。丝钞户五钱，万一千户为五千五百两，锭五十两，计为锭一百十。元宝钞户二贯，万一千户为二万二千贯，为锭四百四十。则一锭为五十贯。又如太祖弟搠只哈撒儿大王淄川王位江南户钞，至元十三年分拨信州路三万户，计钞一千二百锭。三万户为六万贯，以锭五十贯计，恰为一千二百锭。由上二例知钞锭为五十贯，知《岁赐门》所列户钞均为成宗时之中统元宝钞二贯。如以丝钞计之，则全部不合。再检《元史》卷一八《成宗纪》："中书省臣言：'陛下新即大位，……江南分土之赋，初止验其版籍，令户出钞五百文，今亦当有所加，然不宜增赋于民。请因五百文加至二贯，从今岁官给之'。从之。"据此则《岁赐门》之中统钞五钱，《纪》作钞五百文，一钱即一百文。又如《俸秩门》内外官俸数，太师府长史俸三十四贯六钱六分，以贯与钱合用。《元典章》卷二一《户部七·钱粮数目·以零就整》条，中统宝钞以贯为两，以十文为分。由此知《元史》记载钞数，两与贯常互用，所记中统钞若干两或贯，实通指交钞（丝钞）与元宝钞（银钞）而言。

交钞之两与元宝钞之贯互用，以事理言，必须一两与一贯之实值相等始可。今试以常时之物价探求两与贯之实值。太宗庚寅年（公元1230）始行盐法，每盐一引重四百斤，其价银一十两。世祖中统二年（公元1261）减银为七两。至元十三年（公元1276）既取宋，而江南之盐所入尤广，每引改为中统钞九贯。二十六年增为五十贯。两淮之盐，至元十三年每引三百斤，其价为中统钞八两。两浙之盐，至元十四年，每引分作两袋，每袋折中统钞九两。太宗时境土未广，产盐不多，盐至银十两一引。平宋后得江南盐而盐价下跌，引为中统钞九贯或九两，八贯。由此知第一，贯两实值应相等；第二，贯两之实值与银一两之实值相去亦不甚远。又如《酒醋课》，至元十年（公元1273）御史台言：酒户见纳课程，每石卖钞四两，内纳官课钞一两，葡萄酒每一千斤卖钞一百两，内纳官课六两。钞四两可买酒一石。（《新元史·食货志》）又如市籴，至元三年（公元1266）每石六钱，四年每石四钱五分。（王恽《乌台笔补》）京师赈粜之制，至元二十二年，发海运之粮，减其市值以赈粜。凡白米减钞五两，南粳米减钞三两，岁以为常。成宗元贞元年（公元1295）

发粮七万石粜之，白粳米每石中统钞一十五两，白米每石一十二两，糙米每石六两五钱。(《元史》卷九六《食货志·赈恤》) 大德七年 (公元 1303) 始加给内外官俸米，无米则按其时值给价，虽贵，每石不过二十两。上都大同隆兴甘肃等处素非产米之地，每石权给中统钞二十五两。(同上书《俸秩》) 约计成宗时米价石约二十两，则以钞值低落，较初制钞时贬值故也。

由上文所申述，已知者为钞每锭为五十两，或五十贯。两贯钱文互用。钞一两或一贯之购买力低于银一两。今再就当时之交钞与银之比例论之。至大四年 (公元 1311) 户部言："盐课价钱，中统至元年间每引一十四两，至元二十年每引二十两，已后递添。至元贞二年，一引至中统钞六十五两。此时中统钞一两可买盐四斤上下。至大二年尚书省奏准每盐一引改作至大银钞四两，该至元钞二十两，折中统钞一百两，较原价斗添三分之一。"按中统两贯同白银一两，一贯同交钞一两，则中统二年减为七两者，白银七两也，户部所云每引十四两者，交钞十四两也。(《元典章》卷二二《户部八》,《新元史·食货志·钞法》) 则白银一两为交钞二两甚明。再核以明人国史，洪熙元年 (公元 1425) 范济言："中统交钞以丝为本，银五十两易丝钞一百两。"(《明宣宗实录》卷六) 济生于至正初年 (公元 1342 年顷)，上距中统制钞约八十年。以二事互证，则银一两为交钞二两之说当可置信。

白银一两为交钞二两之说成立，《食货志·钞法门》之记载便可贯通而无牴牾。试据以改丝钞千两为百两，即可通读为交钞以银五十两易丝钞一百两，元宝钞一贯同交钞一两，二贯同白银一两，至元钞亦然。通有元一代三种通行之钞，均与银为二比一之比例，即银一两值钞二两或二贯，银一锭值钞二锭。于此又有一问题发生，《草木子》记至元钞凡十等："一十文为半钱，二十文为一钱，三十文为一钱半，五十文为二钱半，一百文为五钱，二百文为一贯，三百文为一贯五钱，五百文为二贯五钱，一贯为五两，二贯为十两，五个一贯为半锭，五个二贯为锭。"以十贯为锭，五贯为两，二十文为钱，不与上文所申述者恰相违戾乎？于此，有一答案，即元代行钞以中统钞为准，以物价承中统钞之旧故也。至元钞一贯当中统钞五贯，一锭当中统钞五锭，故其锭之计算两钱，亦准中统钞折而五之，所谓十文为半钱者，即中统钞五十文为五分也，十贯为锭者，即中统钞五十贯为锭也。至《元典章》记皇庆元年（公元1312）定在先一锭银折二十锭钞来，如今添五锭，每一锭银做中统钞二十五锭。延祐七年（公元1320）科征包银，每一户额纳包银二两，折至元钞一十贯。（《元典章》卷二一《户部七》）银一两折至元钞五贯，中统钞二十五贯，则以法坏贬值，不能维持初制；且此犹属政府定价；实际之贬值，当犹不止此也。

元钞锭之制仿于金之银锭，金制银每锭五十两，其值百贯（《金史》卷四八《食货志·钱币》，《古今治平略》卷三《唐宋钱币》）。元之银锭始铸于至元三年（公元1266），锭重五十两。时杨湜任诸路交钞都提举，上钞法便宜事，谓平准行用库白金出入有偷滥之弊，请以五十两铸为锭，文以元宝，用之便。（《元史》卷一七〇《杨湜传》）银锭之铸，盖从其所请也，其后有扬州元宝，乃至元十三年元兵平宋回，丞相伯颜号令搜检将士行李所得撒花银子，销铸作铤，重五十两，归朝献纳。次年复铸元宝重四十九两。十五年所铸者重四十八两。至辽阳元宝则至元二十三四年以征辽东所得银而铸者。（《辍耕录》卷三〇）据至元宝钞通行条画："课银一锭，宝钞二锭，发卖宝钞一百二贯五百文。"内二贯五百文为宝钞工费，是则银一锭为钞二锭，知当时通用之银锭为锭五十两者。至元钞一锭合银二十五两。至中统钞原值锭为银二十五两者，至至元钞发行时改以五锭合银一锭，表面为贬值五倍，实则据王恽所记，在至元钞发行以前，中统钞盖已十不值一，则实际上反而提高五倍也。由此可证《食货志·岁赐门》所记世祖五王岁赐银五十锭折钞一千锭者，当为至元钞发行以后之实际折合率。事实本不误。明修《元史》，即据此以述中统元宝交钞与银之折合率，入之《钞法门》中。（《元史》本《经世大典序录》，《大典》成于至顺二年［公元1331］。）以中统交钞发行后二十余年之贬值实值，引为初发行之实值，先后倒置，遂使读者寻绎不通，盖无足异矣。

后三百年，清孙承泽记元钞法，谓："元世祖造中统交钞，以银为率，名曰银钞，一贯文省准钱一千文，值银一两，故五十贯为一锭，盖是银五十两也。"（《春明梦余录》卷三八）至不辨丝钞与银钞之别。以交钞为银钞误一，以银钞一两值银一两误二，以钞锭一锭值银五十两误三。原孙氏之所以致误，盖以至正中统交钞与至大银钞，牵就以为世祖初制，初不知元钞制虽以贯为文，初未与钱相权，武宗、顺帝二朝虽曾铸钱，俱旋踵即废，与颁钞初制固不相涉也。

一九四三年三月

（原载 1946 年《中国社会经济史集刊》，第 7 卷第 2 期，原题名《元史·食货志·钞法》补）

记大明通行宝钞

元末钞以无本滥发而废不能用，转而用钱，而钱之弊亦日甚，官使一百文民用八十文，或六十文，或四十文，吴越各不同，湖州嘉兴每贯仍旧百文，平江五十四文，杭州二十文，法不归一，民不便用。又钱质薄劣，易于损坏。（孔齐《至正直记》卷一）钞钱俱不能用，遂一退而为古代之物物交易。

明太祖初起，即于应天置宝源局铸钱，制凡数变。时乏铜鼓铸，有司责民纳私铸钱，毁器皿输官，民颇苦之。而商贾沿元旧习，便用钞，亦苦于钱之不便转运。钱法既绌，于是又转而承元之钞法，以为元代用钞百四十年，其制可因也。顾仅承其制度之表面而忽其本根：元钞法之通以有金银或丝为钞本，各路无钞本者不降新钞；以印造有定额，量全国课程收入之金银及倒换昏钞数为额，俭而不溢，故钞尝重；以有放有收，丁赋课程皆收钞，钞之用同于金银；以随时可兑换，钞换金银，金银换钞，以昏钞可倒换新钞；以钞与金银并行，虚实相权。且各地行用库之颁发钞本也，以行用库原有金银为本，新钞备人民之购取，金银则备人民之换折，故出入均有备，钞之信用借以维持。其坏也以无钞本；以滥发；以发而不收；以不能兑换；以昏钞不能倒换新钞。明太祖及其谋议诸臣生于元代钞法沮坏之世，数典忘祖，以为钞法固如是耳，于是无本无额有出无入之不兑现钞乃复现于明代。行用库之钞本成为无本之钞，不数年而法坏。又为剜肉补疮之计，禁金银，禁铜钱，立户口食盐钞法、课程赃罚输钞法，赎罪法、商税法、钞关法等法令，欲以重钞，而钞终于无用。

洪武七年（公元1374）初置宝钞提举司，下设钞纸印钞二局，宝钞行用二库。（《明史》卷七二《职官志》）八年三月始诏中书省造大明宝钞，取桑穰为钞料，其制方高一尺，广六寸，质青色，外为龙文花栏，横题其额曰“大明通行宝钞”，其内上两旁复为篆文八字曰“大明宝钞，天下通行”。中图钱贯，十串为一贯，其下云“中书省奏准印造大明宝钞，与铜钱通行使用，伪造者斩，告捕者赏银二十五两，仍给犯人财产。”（《会典》中书省作户部，二十五两作二百五十两。见图。）若五百文则书钞文为五串，余如其制而递减之。其等凡六，曰一贯、曰五百文、四百文、三百文、二百文、一百文。每钞一贯准钱千文，银一两；四贯准黄金一两。十三年废中书省，乃以造钞属户部，而改宝钞文中书省为户部，与旧钞兼行。二十二年（公元1389）更造小钞，自十文至五十文。（《大明会典》卷三一《钞法》，《明史》卷八一《食货志·钱钞》）建文四年（公元1420）十一月，户部尚书夏原吉言：“宝钞提举司钞版岁久，篆文销乏，且皆洪武年号，明年改元永乐，宜并更之。”成祖曰：“板岁久当易则易，不必改洪武为永乐，盖朕所遵用皆太祖成宪，虽永用洪武可也。”（《明成祖实录》卷一四）自是终明世皆用洪武年号云。

宝钞颁发时，即诏禁民间不得以金银物货交易，违者治罪，告发者就以其物给赏，若有以金银易钞者听。凡商税课钱钞兼收，钱十之三，钞十之七，一百文以下则止用铜钱（《大明会典》卷三一《钞法》）。钞昏烂者许就各地行用库纳工墨值易新钞。寻罢在外行用库。洪武十三年五月户部言：“行用库收换昏钞之法，本以便民，然民多缘法为奸诈，每以堪用之钞，辄来易换者。自今钞虽破软而贯伯分明，非挑描剜补者，民间贸易及官收课程并听行使。果系贯伯昏烂，方许入库易换，工墨直则量收如旧。在京一季，在外半年送部，部官会同监察御史覆视，有伪妄欺弊者罪如律，仍追钞偿官。但在外行用库裁革已久，今宜复置。凡军民倒钞，令军分卫所，民分坊厢，轮日收换，乡民商旅各以户帖路引为验。”于是复置各地行用库。（《明太祖实录》卷一三一）七月罢宝钞提举司（同上书卷一三二）。十五年置户部宝钞广源库广惠库，入则广源掌之，出则广惠掌之。在外卫所军士月盐均给钞。各盐场给工本钞。（《明史》卷八一

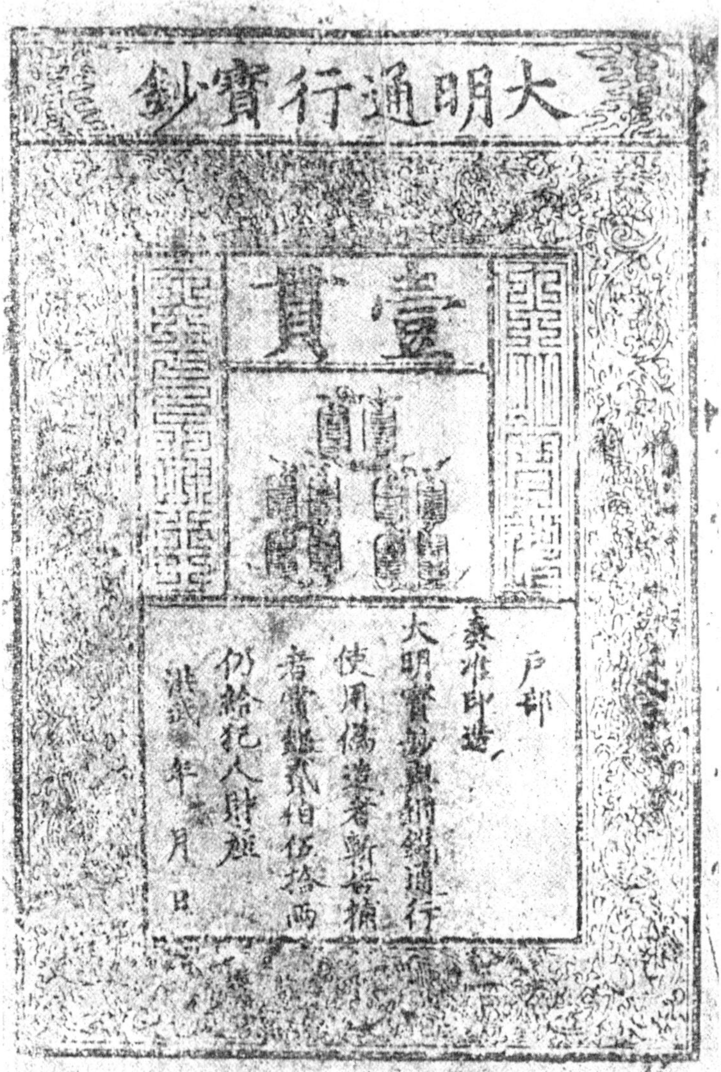

“壹贯”的“大明通行宝钞”

《食货志·钱钞》）十八年十二月命户部凡天下有司官禄米以钞代给之，每钞二贯五百文代米一石。（《明太祖实录》卷一七六）时钞值低落，二十三年十月太祖谕户部尚书赵勉曰："近闻两浙市民有以钞一贯折钱二百五十文者，此甚非便。尔等与工部议，凡两浙市肆之民，令其纳铜送京师铸钱，相兼行使，凡钞一贯准钱一千文，榜示天下知之。"（同上书卷二〇五）二十四年八月复命户部申明钞法。时民间凡钞昏烂者，商贾贸易率多高其值以折抑之，比于新钞增加至倍。又诸处税务河泊所每收商税课程，吏胥为奸利，皆取新钞，及至输库，辄易以昏烂者。由是钞法益滞不行，虽禁约屡申而弊害滋甚。太祖因谓户部臣曰："钞法之行，本以便民交易，虽或昏烂，然均为一贯，何得至于抑折不行，使民损赀失望。今当申明其禁，但字贯可验真伪，即通行无阻。且以钞之弊者，揭示于税务河泊所，令视之为法，有故阻者罪之。"（同上书卷二一一）二十五年设宝钞行用库于东市，凡三库，库给钞三万锭为钞本，倒收旧钞送内府。二十六年令：凡印造大明宝钞典历代铜钱相兼行使，每钞一贯准铜钱一千文。其宝钞提举司每岁于三月内兴工印造，十月内住工。其所造钞锭，本司具印信长单及关领勘合，将实进钞锭照数填写送内府库收贮，以备赏赐支用。其合用桑穰数目，本部每岁预为会计，行移浙江、山东、河南、北平及直隶、淮安等府出产去处，依例官给价钞收买。（《大明会典》卷三一《钞法》）二十七年八月诏禁用铜钱。时两浙之民重钱轻钞，多行折使，至有以钱百六十文折钞一贯者，福建、两广、江西诸处大率皆然。由是物价涌贵，而钞法益坏不行。于是令悉收其钱归官，依数换钞，敢有私自行使及埋藏毁弃铜钱者罪之。（《明太祖实录》卷二三四）并罢宝钞行用库（《大明会典》卷三一《钞法》）。三十年三月，以杭州诸郡商贾，不论货物贵贱，一以金银定价，由是钞法阻滞，公私病之，因禁民间无以金银交易。（《明太祖实录》卷二五一）时法繁禁严，奸民因造伪钞以牟利，数起大狱，勾容杨馒头伪钞事觉，捕获到官，自京师至勾容九十里间，所枭之尸相望云。（《大诰·伪钞》第四八）

成祖即位后，复严金银交易之禁：犯者准奸恶论；有能首捕者，以所交易金银充赏；其两相交易而一人自首者免坐，赏与首捕同（《明成祖实录》卷一八永乐元年四月丙寅条）。二年（公元1404）正月诏，自今有犯交易银两者，免死徙家兴州屯戍。（同上书卷二七）八月，都察院左都御使陈瑛言："比岁钞法不通，皆缘朝廷出钞太多，收敛无法，以致物重钞轻。今莫若暂行户口食盐之法，以天下通计，人民不下一千万户，官军不下二百万家，若是大口月食盐二斤，纳钞二贯，小口一斤，纳钞一贯，约以一户五口计，可收五千余万锭，行之数月，钞必可重。"户部会群臣会议，皆以为便。但大口令月食盐一斤，纳钞一贯，小口月食盐半斤，纳钞五百文，可以行久。从之。（同上书卷三三）五年（公元1407）于京城设官库，令民以金银倒换官钞，在外则于州县倒换。令各处税粮课程赃罚俱准折收钞，米每石三十贯，小麦豆每石二十五贯，大麦每石一十五贯，青稞荞麦每石一十贯，丝每斤四十贯，棉每斤二十五贯，大绢每匹五十贯，小绢每匹三十贯，小苎布每匹二十贯，大苎布每匹二十五贯，大棉布每匹三十贯，小棉布每匹二十五贯，金每两四百贯，银每两八十贯，茶每斤一贯，盐每大引一百贯，芦柴每束三贯，其有该载不尽之物，但照彼中时价折收。（《大明会典》卷三一《钞法》）准之洪武初颁钞时之物价，盖不啻贬值百倍矣。七年设北京宝钞提举司，十七年四月又申严交易金银之禁。（同上）十九年三殿灾，求直言，邹缉上疏言时政，谓"民间至伐桑枣以供薪，剥桑皮以为楮，加之官吏横征，日甚一日，如前岁买办颜料，本非土产，动科千百，民相率敛钞购之他所，大青一斤价至万六千贯。"（《明史》卷一六四《邹缉传》）二十年又令盐官许军民人等纳旧钞支盐，发南京抽分场积薪龙江提举司竹木鬻之军民收其钞，应天岁办芦柴征钞十之八。（同上书卷八一《食货志·钱钞》）九月成祖谕户部都察院臣曰："昔太祖时钞法流通，故物贱钞贵，交易甚便。今市井交易，惟用新钞，稍昏软辄不用，致物价腾踊，其榜谕之。如仍踵前弊，坐以大辟，家仍罚钞徙边。如有倚法强市人物，亦治罪不宥。"（《明成祖实录》卷一二四）先是成祖在北京，或奏南京钞法为豪民沮坏，遣邝埜廉视，众谓将起大狱，埜执一二市豪归奏曰："市人闻令震惧，钞法通矣。”事遂已。(《明史》卷一六七《邝埜传》) 然钞法实未尝通也。

仁宗监国，诏令笞杖定等输钞赎罪。(《明仁宗实录》永乐二十二年十月癸卯) 及即位，以钞不行，询户部尚书夏原吉，原吉言：“钞多则轻，少则重。民间钞不行，缘散多敛少，宜为法敛之。请市肆门摊诸税度量轻重加其课程。钞入官，官取昏软者悉毁之。自今官钞宜少出，民间得钞难，则自然重矣。”乃下令曰：“所增门摊课程，钞法通即复旧，金银布帛交易者亦暂禁止。”(《明史》卷八一《食货志·钱钞》) 永乐二十二年（公元1424）十月革两京户部行用库。(同上书卷八《仁宗纪》) 洪熙元年（公元1425）议改钞法，夏时力言其扰市肆，无裨国用。疏留中。钞果大沮，民多犯禁。议竟寝。(同上书卷一六一《夏时传》) 宣宗即位，兴州左屯卫军士范济年八十余矣，诣阙言：元因唐飞钱、宋会子交子之旧，“造中统交钞，以丝为本，银五十两，易丝钞一百两。后又造中统钞，一贯同交钞一两，二贯同白金一两。久而物重钞轻，公私俱弊。更造至元钞颁行天下，中统钞通行如故，率至元钞一贯当中统钞五贯，子母相权，官民通用，务在新者无冗，旧者无废。又令民间以昏钞赴平准库倒换，商贾欲图轻便，以中统钞五贯赴库换至元钞一贯。又其法日造万锭，计官吏俸给，内府供用，诸王岁赐出支若干，天下日收税课若干，各银场窑冶日该课程若干，计民间所存贮者万无百焉，以此愈久，新旧行之无厌，由计虑之得其宜也。自辛卯（公元1351）兵起，天下瓜分，藩镇各据疆土，农事尽废，而楮币无所施矣。……我国家混一天下，物阜民安，……太祖皇帝命大臣权天下财物之轻重，造大明通行宝钞，一贯准银一两，民欢趋之，华夷诸国，莫不奉行，迄今五十余年，其法少弊，亦由物重钞轻所致。……伏祈陛下断自宸衷，谋之勋旧，询之大臣，重造宝钞，一准洪武初制，务使新旧兼行。取元日所造之数而损益之，审国家之用而经度之。每季印造几何，内府供用几何，给赐几何，天下课税日收几何，官吏俸给几何，以此出入之数，每加较量，用之不奢，取之适宜，俾钞罕而物广，钞重而物轻，则钞法流通，永永无弊。

又其要在严伪造之条，凡伪造者必坐及亲邻里甲。又必开倒钞库，专收昏烂不堪行使之钞，辨其真伪，每贯取工墨五分，随解各干上司。又或一季或一月，在内都察院五府户部刑部委官，在外巡按监察御史三司官府县官，公同以不堪之钞烧毁，实为官民两便。”（《明宣宗实录》卷五，《明史》卷一六四《范济传》）时不能用，民卒轻钞。至宣德初（公元1426）米一石用钞五十贯，乃弛布帛米麦交易之禁。府县卫所仓粮积至十五年以上者盐粮悉收钞，秋粮亦折钞三分。（《明史》卷八一《食货志·钱钞》）又严钞法之禁，时行在户部奏："比者民间交易，惟用金银，钞滞不行，请严禁约。”因命行在都察院揭榜禁之，凡以金银交易及藏匿货物、高抬价值者，皆罚钞。（《明宣宗实录》卷一九）凡官员军民人等赦后赃罚亏欠，俱令纳钞，金每两八千贯，银二千贯，犯笞刑罪每二十赎钞一千贯。（同上书卷二二）三年六月诏停造新钞，已造完者悉收库不许放支，其在库旧钞委官选拣堪用者备赏赉，不堪者烧毁。立阻滞钞法罪，有不用钞一贯者，罚纳千贯，亲邻里老旗甲知情不首，依犯者一贯罚百贯。其关闭店铺潜自贸易及抬高物价之人，罚钞万贯。知情不首罚千贯。（同上书卷四三）十一月复申用银之禁，凡交易银一钱者，买者卖者皆罚钞一千贯，一两者罚钞一万贯，仍各追免罪钞一万贯（同上书卷四八）。四年正月行在户部以钞法不通，皆由客商积货不税，市肆鬻卖者沮挠所致，奏请依洪武中增税事例，凡顺天、应天、苏、松、镇江、淮安、常州、扬州、仪真、杭州、嘉兴、湖州、福州、建宁、武昌、荆州、南昌、吉安、临江、清江、广州、开封、济南、济宁、德州、临清、桂林、太原、平阳、蒲州、成都、重庆、泸州共三十三府州县，商贾所集之处，市镇店肆门摊税课增旧五倍，俟钞法通悉复旧。（同上书卷五〇）时巨富商民并权贵之家，率以昏烂之钞中盐，一人动计千引，及支盐发卖，专要金银，钞法由是愈滞。（同上书卷五五）六月立塌坊等项纳钞例：一、南北二京公侯驸马伯都督尚书侍郎都御史及内官内使与凡官员军民有蔬菜果园，不分官给私置，但种蔬果货卖者，量其地亩棵株，蔬地每亩月纳旧钞三百贯，果每十株岁纳钞一百贯。其塌坊车房店舍停塌客商货物者，每间月纳钞五百贯。一、驴骡车受雇装载物货，或出或入，每辆纳钞二百贯，委监察御史、锦衣卫、兵马司各一员于各城门外巡督监收。一、船只受雇装载，计其载料之多少，路之远近，自南京至淮安，淮安至徐州，徐州至济宁，济宁至临清，临清至通州，俱每一百料纳钞一百贯。其北京直抵南京，南京直抵北京者，每百料纳钞五百贯。委廉干御史及户部官于沿河人烟辏集处监收。(《明宣宗实录》卷五五）钞关之设自此始。六年二月以江西各府县征纳户口食盐钞，有司但依黄册所编丁口征收，有死亡无从征者，有老疾贫难及居深山穷谷无钞纳者，有将男女典雇易钞者，小民无所告诉。诏令有司开除亡故老疾及山谷之民，止令城中墟镇及商贾之家纳钞。(同上书卷七六）七年三月诏湖广、广西、浙江商税鱼课办纳银两者，自宣德七年为始，皆折收钞，每银一两纳钞一百贯。(同上书卷八八)

宣德十年（公元1435）正月，英宗即位大赦诏：各处诸色课程旧折收金银者，今后均照例收钞。(《明英宗实录》卷一）十二月广西梧州府知府李本奏："律载宝钞与铜钱相兼行使。今广西、广东交易用铜钱，即问违禁，民多不便。乞照律条，听其相兼行使。"从之。(同上书卷一二）正统元年，（公元1436）三月，少保兼户部尚书黄福言："宝钞本与铜钱兼使，洪武间银一两当钞三五贯，今银一两当钞千余贯，钞法之坏，莫甚于此。宜量出官银，差官于南北二京各司府州人烟辏集处，照彼时值倒换旧钞，年终解京，俟旧钞既少，然后量出新钞换银解京。"（同上书卷一五）时钞一贯仅值银一厘，较国初已贬值千倍，福议以银换钞，紧缩旧钞之流通额，提高钞之信用，实救时惟一良法，顾朝廷重于出银，竟不能用也。会副都御史周铨、江西巡抚赵新请于不通舟楫地方，田赋折收金银，户部尚书黄福、胡濙共主之，于是定制米麦一石折银二钱五分。南畿浙江、江西、湖广、福建、广东、广西米麦共四百余万石，折银百余万两入内承运库，谓之金花银，其后概行于天下。(《明史》卷七八《食货志·赋役》）遂减诸纳钞者，而以米银钱当钞。弛用银之禁，朝野率皆用银，其小者乃用钱，惟折官俸用钞。钞壅不行。(同上书卷八一《食货志·钱钞》）四年六月以民纳盐钞而盐课司十年五年无盐支给，诏减半收钞以苏民力。塌房及车辆亦减半征收。（《明英宗实录》卷五四）五年十一月刑部都察院大理寺议："洪武初年定律之时，钞贵物贱，所以枉法赃至一百二十贯者免绞充军。即今钞贱物贵，今后文职官吏人等受枉法赃比律该绞者，有禄人估钞八百贯之上，无禄人估钞一千二百贯之上，俱发北方边卫充军。其受赃不及前数者，照见行例发落。"从之。（《明英宗实录》卷七二）七年六月，诏灾伤处人民愿折钞者，每石折钞一百贯解京交纳。（同上书卷九三）八年七月敕免各城门军民人等驴驮柴米等物出入者钞贯（同上书卷一〇六）。十三年五月免在京菜户纳钞。仍戒今后有沮滞钞法者，令有司于所犯人每贯追一万贯入官，全家发戍边远。（同上书卷一六六）仍禁使铜钱。时钞既不行，而市廛仍以铜钱交易，每钞一贯折铜钱二文。因出榜禁约，令锦衣卫五城兵马司巡视，有以铜钱交易者，擒治其罪，十倍罚之。（同上）

景帝景泰三年（公元1452）六月，命在京文武官吏俸钞俱准时值给银，每五百贯给一两，以钞法不通，故欲少出以为贵之也（同上书卷二一七）。天顺中弛用钱之禁。宪宗令内外课程钱钞兼收，官俸军饷亦兼支钱钞。是时钞一贯不能值钱一文，而计钞征之民，则每贯征银二分五厘，民以大困。孝宗弘治元年（公元1488）京城税课司，顺天、山东、河南、户口食盐俱收钞，各钞关俱钱钞兼收。（《明史》卷八一《食货志·钱钞》）弘治六年各关钱钞折银，钱七文折银一分，钞一贯折银三厘。（《大明会典》卷三五《钞关》）自后率沿以为例，钞惟用于官府，以给俸饷，得者全无所用，民间亦视如废纸，盖名存实亡，徒以祖制仍存其名义而已。（陆容《菽园杂记》卷一〇，《明史》卷八一《食货志·钱钞》）计太祖时赐钞千贯则为银千两，金二百五十两，永乐中千贯犹作银十二两，金二两五钱。及弘治时赐钞千贯，仅银三两余矣。于是上议者，请"仿古三币之法，以银为上币，钞为中币，钱为下币，以中下二币为公私通用之具，而一准上币以权之焉。盖自国初以来有银禁，恐其或阏钞钱也。而钱之用不出于闽广。宣德以来，钱始行于西北。自天顺以来，钞之用益微，必欲如宝钞属镪之行，一贯准钱一千，银一两，复初制之旧，非用严刑不可也。然严刑亦非盛世所宜有。今日制用之法，莫若以银与钱钞相权而行，每银一分易钱十文，新钞每贯亦十文，四角完全未甚折者每贯五文，中折者三文，昏烂而有一贯字者一文，通诏天下，以为定制。而严立擅自加减之罪，虽物生有丰敛，货殖有贵贱，而银与钱钞交易之数一定而永不可易矣。”孝宗不听。正德中，以内库钞匮乏，无以给赐，复令天下钞关征解本色。（傅维鳞《明书》卷八一《食货志·钞法》）十年（公元1515）钱宁私遣使至浙鬻钞三万块，每块勒索银三两（钞一块千贯），已敛银二万四千两，有司征价，急于星火，输银之吏，络绎于途。时宁方贵幸用事，以废纸摊索民间现银，地方不敢抗。于是左布政使方良永上疏极论之曰：“四方盗甫息，疮痍未瘳，浙东西雨雹。宁厮养贱流，假义子名，跻公侯之列，赐予无算，纳贿不赀，乃敢攫取民财，戕邦本，有司奉行，急于诏旨，胥吏缘为奸，椎肤剥髓，民不堪命。镇守太监王堂、刘璟畏宁威，受役使。臣何敢爱一死，不以闻。乞陛下下宁诏狱，明正典刑，并治其党以谢百姓。”宁惧，留疏不下，谋遣校尉捕假势鬻钞者以自饰于帝，而请以钞直还之民，阴召还前所遣使。宁初欲散钞遍天下，先行之浙江、山东，山东为巡抚赵璜所格，而良永白发其奸，宁自是不敢鬻钞矣。（《明史》卷二〇一《方良永传》，《明臣奏议》卷一四《方良永劾朱宁书》）世宗嘉靖初，御史魏有本上言：“国初关税全征钞贯，嗣后改令钱钞兼收。迩年以来，钞法不通，钱法亦弊，而关税仍收钱钞，无益于国，有损于民。以收钞言之，每钞一张为一贯，每千张为一块，时价每块值银八钱，官价每块准银三两，是官以三两之银，反易八钱之钞，此则上损国用。以收钱言之，各处低钱盛行，好钱难得，官价银一钱，值好钱七十文，时价每银一钱，易好钱不过三十文，是小民费银二钱以上，充一钱之数，此则下损民财。每银约一万两内，五千收钞，该钞将二千块，计用大柜五百方。又五千两收钱，该钱四千串，用柜四百方。而水陆脚价进纳，犹难计议。”疏入，命钱钞留各地方，而内库用银，则钱钞皆不入矣。（《明书》卷八一《食货志·钞法》）嘉靖四年（公元1525）复令宣课分司收税，钞一贯折银三厘，钱七文折银一分。是时钞久不行，钱亦大壅，益专用银矣。（《明史》卷八一《食货志·钱钞》）天启时（公元1621至1627）给事中惠世扬复请造钞行用。（同上书卷八一《食货志·钱钞》）思宗崇祯八年四月，给事中何楷亦以为请（《崇祯长编》）。十六年六月召见桐城诸生蒋臣于中左门，臣言钞法申世扬说，其言曰："经费之条，银钱钞三分用之，纳钱银买钞者，以九钱七分为一金，民间不用以违法论。岁造三千万贯，一贯价一两，岁可得银三千万两，不出五年，天下之金钱尽归内帑矣。"给事中马嘉植疏争之，不听。擢臣为户部司务，侍郎王鳌永、尚书倪元璐力主之。条议有十便十妙之说：一、造之之费省；二、行之之途广；三、赍之也轻；四、藏之也简；五、无成色之好丑；六、无称兑之轻重；七、革银匠之奸偷；八、杜盗贼之窥伺；九、钱不用而用钞，其铜可铸军器；十、钞法大行，民间货买可不用银，银不用而专用钞，天下之银竟可尽实内帑。帝大喜，特设内宝钞局，即刻造钞，立发仪制司所藏乡会中式朱墨二卷，与直省优劣科岁试卷，为钞质之资本；押工部收领，限日搭厂，拨官选匠计工。如有阻其事者，法同十恶。辅臣蒋德璟言："百姓虽愚，谁肯以一金买一纸。"帝不听。昼夜督造，募商发卖，无一人应者。又因局官言，取桑穰二百万斤于畿辅、山东、河南、浙江，德璟力争，帝留其揭不下。工部查二祖时典故，造钞工料纸六皮四，皮者桦皮也，产于辽东。有纸无皮，无从起工。乃令工部召商，工部仍以库洗为辞。正拟议间，得"流寇"渡河息，事遂已。次年而北都墟，明社覆。（《明史》卷二五一《蒋德璟传》，计六奇《明季北略》卷一九《蒋臣奏行钞法、捣钱造钞》，花村看行侍者《谈往·捣钱造钞》）

与钞法有关者，除户口食盐钞关商税以外，较重要者尚有俸给及赎法二事。

明代官员俸给，按正从品级分别规定，自正一品岁俸米一千四十四石至从九品六十石有差。俸给有本色折色，本色给米，折色则有银布胡椒苏木之类。洪武十三年（公元1380）定内外文武官岁给禄米俸钞之制。（《明史》卷八二《食货志·俸饷》）永乐元年（公元1403）令在京文武官一品二品四分支米，六分支钞；三品四品米钞中半兼支；五品六品六分米，四分钞；七品八品八分米二分钞。每米一石折钞十贯。宣德八年定每俸米一石折钞十五贯；折俸布一匹折钞二百贯，嘉靖七年改定为折银三钱。如正一品岁该俸一千四十四石，内本色俸三百三十一石二斗，折色俸七百一十二石八斗。本色俸内除支米一十二石外，折银俸二百六十六石，折绢俸五十三石二斗，共该银二百四两八钱二分。折色俸内折布俸三百五十六石四斗，该银一十两六钱九分二厘，折钞俸三百五十六石四斗，该本色钞七千一百二十八贯。总计正一品官岁得俸给全额为米一十二石，银二百十五两五钱一分二厘，钞七千一百二十八贯。正七品官岁该俸九十石，内本色俸五十四石，折色俸三十六石。本色俸内除支米一十二石外，折银俸三十五石，折绢俸七石，共该银二十六两九钱五分。折色俸内折布俸一十八石，该银五钱四分，折钞俸一十八石，该本色钞三百六十贯。总计正七品官岁得俸给全额为米一十二石，银二十七两四钱九分，钞三百六十贯。在外文武官俸，洪武二十六年（公元1393）定每米一石折钞二贯五百文，宣德八年（公元1433）增为十五贯，正统六年（公元1441）又增为二十五贯（《大明会典》卷三九《俸给》），成化七年（公元1471）从户部尚书杨鼎请，以甲字库所积之棉布，以时估计之，阔白布一匹可准钞二百贯，请以布折米，仍视折钞例，每十贯一石。先是折俸钞米一石钞二十五贯，渐减至十贯，是时钞法不行，钞一贯值二三钱，是米一石仅值钱二三十文，至是又折以布，布一匹时估不过二三百钱，而折米二十石，则是米一石仅值十四五钱也。自古百官俸禄之薄，未有如此者，后遂为常例。（《明宪宗实录》成化七年十月丁丑条，《日知录》卷一二《俸禄》条引《明史》卷八二《食货志·俸饷》）

赎罪之法以纳钞为本。永乐十一年令死罪情轻者斩罪赎钞八千贯，绞罪及榜例死罪六千贯，流徒杖笞纳钞有差。宣德二年（公元1427）定笞杖罪囚每十赎钞二十贯，徒流罪名每徒一等折杖二十，三流并折杖一百四十，其所罚钞悉如笞杖所定。景泰元午（公元1450）增为二百贯，每十以二百贯递加，至笞五十为千贯；杖六十千八百贯，每十以三百贯递加，至杖百为三千贯。天顺五年（公元

1461）令罪囚纳钞，每笞十钞二百贯，余四笞递加百五十贯；至杖六十增为千四百五十贯，余杖各递加二百贯。弘治十四年（公元1501）定折收银钱之制，每杖百应钞二千二百五十贯，折银一两，每十以二百贯递减，至杖六十为银六钱；笞五十应减为钞八百贯，折银五钱，每十以百五十贯递减，至笞二十为银二钱，笞十为钞二百贯，折银一钱。正德二年（公元1507）定钱钞兼收之制，如杖一百应钞二千二百五十贯者，收钞千一百二十五贯，钱三百五十文。嘉靖七年（公元1528）更定凡收赎者每钞一贯折银一分二厘五毫，如笞一十赎钞六百文，则折银七厘五毫，以罪重轻递加折收赎。此有明一代赎罪钞法之大概也。然罪无一定，而钞法则日久日轻，赎罪钞数因亦随之递增，至弘治而钞竟不可用，遂开准钞折银之例，赎法步钞法之变而变，终则实纳银而犹存折钞之名，则以祖制不敢废也。(《明史》卷九三《刑法志·赎刑》)

元承金制，铸银五十两为一锭。元钞从银，故亦以五十贯或五十两为一锭，钞二锭值银一锭，钞二贯或二两值银一两（详《元代之钞法》六《释锭》）。明钞则以钱相权，钞一贯值钱千文，银一两，四贯为金一两。钱五贯或五千文为一锭。《明史·食货志》云，嘉靖三十二年（公元1553）铸洪武至正德九号钱，每号百万锭，嘉靖钱千万锭，一锭五千文。万历五年（公元1577）张居正疏言："工部题议制钱二万锭，该钱一万万文。"(《张文忠公集》奏疏八《请停止输钱内库供赏疏》）天启时户部尚书侯恂言："收钱每五千文为一锭。"(孙承泽《春明梦余录》卷三八）以明代后期之史实推之，则明初之钱锭亦必为五千文可决也。因之钞亦以五贯为一锭。王世贞曰："钞一锭为五贯，贯直白金一两。"(《弇山堂别集》卷一四）顾炎武记漳州府田赋亦云"钞五贯为一锭"，可证也。(《天下郡国利病书》卷九三）钞锭之上为块，每钞一张为一贯，每千张即千贯为一块，见嘉靖初御史魏有本《论钞法疏》，详前文。

一九四三年四月十九日于昆明瑞云巷三号

（原载《人文科学学报》二卷一期，1943年）

明初的学校

一

专制独裁的君主，用以维持和巩固统治权的法宝，是军队、法庭、监狱、特务和官僚机构，用武力镇压，用公文办事。

明太祖朱元璋原来是红军大帅郭子兴的亲兵，一步步升官，作到韩宋的丞相国公，龙凤十年（公元 1364，元顺帝至正二十四年）作吴王，四年后爬上宝座作明朝的开国皇帝。本来是靠武力起的家，化家为国后，有的是队伍，红军嫡系的，敌军收买过来的，投降的杂牌军，官民犯罪充军的，不够，再按户口抽壮丁，总数约摸有两百万，编制作卫（师）所（团），分驻全国各地，执行武装弹压警戒的任务。

明太祖明白，武力可用以夺取政权，却不能用以治国，而且，军官大多数不识字，也办不了公文。即使有识字的，也不能作高级执政官，武人当政，历史上的例子说明不是好办法。结论是要治国必需建立一个得心应手，御用的官僚机构，而官僚必得用文人。于是，问题来了。从朝廷到地方，从省府部院寺监到州县，各级官僚得十几万人，白手成家的明太祖，从哪儿去找这么些忠心的而又能干的文人？

当然，第一个想到的是元朝的旧官僚。除了在长期战争中被消灭了的一部分以外，剩下的会办事有才力的一批，早已来投效了；不肯来的，用威吓手段，说是“智谋之士”，“坚守不起，恐有后悔”，也不敢不来。（《明史》卷二八五《张以宁传》附《秦裕伯传》）其余有的是贪官污吏，有的人老朽昏庸，有的人怀念元朝的恩宠，北逃沙漠（《明史》卷一二四《扩廓帖木儿传》附《蔡子英传》），有的人厌恶、恐惧新朝，遁迹江湖，埋名市井（同上书卷二八五《杨维桢传》、《丁鹤年传》）。尽管新朝用尽了心机，软话硬拉，要凑齐这个大班子，人数还差得太远。

第二想到的是元朝的吏。元朝是以吏治国的。从元世祖以后，甚至执政大臣也用吏来充当，造成风气，中原一带，稍稍识字能办公文的，投身台阁作吏，显亲扬名。南方的士人既不能从科举出身，又不甘心作吏，境况日渐没落，不免对北方的吏发生妒忌嫌恨的感情。（余阙《青阳文集》卷四《杨君显民诗集序》）明太祖是南方人，当然不免怀有南方人共同的看法。他又深知法令愈繁冗，条格愈详备，一般人不会办，甚至不能懂，吏就愈方便作弊，舞文弄法，闹成吏治代替了官治，代替了君治，这是对皇家统治有严重损害的。（《明太祖实录》卷二六，卷一二六）而且，办公文的诀窍，程序格式条例，成为专业，不是父子，就是师徒世传，结成行帮，自成团体。行帮是可怕的，把治权交给行帮，起腐蚀作用，更可怕。以此，吏不但不能用，而且得用种种方法来防范、压制。在明代，吏不许作官，国子监生有罪罚充吏役，便是这个道理。

第三只好任用没有作过官的读书人。读书人当然想作官，可是有的人也有顾忌，顾忌的是失身份："海岱初云扰，荆蛮遂土崩，王公甘久辱，奴仆尽同升。"（贝琼《清江诗集》卷八《述怀·二十二韵寄钱思复》）和奴仆同升也许还不太重要，重要的是这个政权还不太巩固，对内未统一，北边蒙古还保有强大力量。有的人顾忌的是这个政权是淮帮，大官位都给淮人占完了："两河兵合尽红巾，岂有桃源可避秦？马上短衣多楚客，城中高髻半淮人。"（同上卷五《秋思》）有的人顾忌的是作了官一有不是，有杀头的，有戴斩罪办事的，有镣足办事的，有罚做苦工的，有抄家的，甚至还有抽筋剥皮的刑罚。朝官上朝，战战兢兢，下朝回家，这天侥幸平安，便阖家欢祝。（详作者《朱元璋传》）作官固然可以发财，可是，要拼着命，甚至带上阖家阖族的命，有一些人是要多多考虑的。明太祖要读书人出来作官，还是有人借故逃避，没办法，甚至立下"寰中士夫不为君用”，不肯作官就要杀头的条文，也可以看出明初官僚人才的缺乏，和需要的迫切了。

第四是任用地主作官，称为荐举。有富户、耆民、孝弟力田、税户人才（纳粮最多的大地主）等名目。有一出来便作尚书府尹、副都御史、布政使、参政、参议等大官的，最多的一次到过三千七百多人。（《明史》卷七一《选举志三》）可是，还不够用，而且，这些地主官僚的作风也不完全适合新朝的要求。

旧的人才不够用，只好想法培养新的了。明太祖用自己的训练方法，造成大量的新官僚。这个官僚养成所叫作国子监。

《明史·选举志》说：“学校有二，曰国学，曰府州县学。”

二

研究明代国子监的材料，除《明史·选举志》以外，关于南京国子监的，有黄佐的《南廱志》，北京国子监有《皇明太学志》。此外，《大明会典》卷七十八《学校门》也有简单的记载。

明初制度，参加科举的必须是学校的生员，学校生员作官则不一定经由科举。以此，学校是作官所必由的大路，政府和社会都极看重。可是，从明成祖以后，进士独占了作官的门路，监生出路日坏。从明景帝开生员纳粟纳马入监之例以后，国子监成为富豪子弟的京师旅邸，日渐废弛。从明武宗以后，非府州县学生也可以纳银入监，作个挂名学生，以依亲为名，根本不必入学，国子监到此完全失去初创的意义，只剩下一个招牌了。因之，研究明代学校和政治的关系，洪武一朝是最有代表性的时期。

国子监的前身是国子学。宋龙凤十一年（公元1365，元顺帝至正二十五年）以元故集庆路儒学改建。有博士、助教、学正、学录、典乐、典书、典膳等官。在建学的前一年，未有校址，先已任命了国子博士和国子助教，在内府大本堂教皇子和胄子（贵族大官子弟）。吴元年（公元1367）定国子学官制，祭酒正四品，司业正五品，博士正七品，典簿正八品，助教从八品，学正正九品，学录从九品，典膳省注。洪武四年（公元1371）中书省户部定文武官禄，祭酒二百七十石，司业一百八十石，博士八十石，典簿七十石，助教六十五石，学正六十石，学录五十石。十四年又更定官员品数，祭酒一人，从四品，司业二人，正六品，监丞二人，正八品，博士五人，助教十五人，典簿一人，俱从八品，学正十人，正九品，学录七人，典籍一人，俱从九品。掌馔二人，杂职。又改建国子学于鸡鸣山之南。十五年改国子学为国子监。二十四年，又改司业监丞各一人。（黄佐《南廱志》卷一《事纪》）从祭酒到掌馔都是朝廷命官，任免都出于吏部。

学校官在学的职务分工，据洪武十五年钦定的监规：祭酒是正官，衙门首长，专总理一应事务，要整饬威仪，严立规矩，表率属官，模范后进。属官赴堂禀议事务，质问经史，皆须拱立听受，不得即便坐列，正官亦不得要求虚誉，辄自起身，有紊礼制。祭酒和其他同僚，是长官和属僚的关系，就国子监说，是一监之长，勉强比附现代名词，相当于校长，但是，这个校长并无聘任教员之权，因为一切教员都是部派的。监丞品位虽低，却参领监事，凡教官怠于师训，生员有戾规矩，并课业不精，廪膳不洁，并从纠举。务要夙夜尽公，严行约束，毋得徇情，以致废弛。（同上书卷九《学规本末》）不但管学生规矩课业，还兼管教员教课成绩，办公处叫“绳愆厅”，器用除公案公椅以外，特备有行扑红凳二条，拨有直厅皂隶二名，“扑作教刑”。刑具是竹篦，皂隶是行刑人，红凳是让学生伏着挨打的。（同上书卷一六《器用》）照规定，监丞立集愆册一本，各堂生员敢有不遵学规，即便究治。初犯记录（记过），再犯决竹篦五下，三犯决竹篦十下，四犯发遣安置（开除、充军，罚充吏役）。（同上书卷九《学规本末》）监丞对学生，不但有处罚权，而且有执行刑罚之权，学校法庭刑场合而为一。当然，判决和执行都是片面的，学生绝对没有辩解申说和要求上诉的权利。这职位就管束学生而论，有点像现代的训导长。掌馔是管师生膳食的，膳夫由朝廷拨囚徒充役，洪武十五年六月敕谕监丞等：“囚徒膳夫，俱系死囚，若不听使令，三更五点不起，有误生员饮食，一两遍不听，打五十竹篦，三遍不听处斩。做贼的割了脚筋，若监丞典簿掌馔管束不严，打一百圆棍，如不死，仍发云南。有通了学里学外人偷了学里诸物者处斩，家下人发云南，钦此。”（《南廱志》卷一〇《谟训考》）这种刑法是超出当时的《大明律》之外的。典簿职掌文案，凡一应学务，并支销钱粮，季报课业文册等项，皆须明白稽考。又管出纳，又管教务，类似现代学校里的总务长和教务长。典籍是图书馆长。

祭酒同时也是教员，和博士助教学正学录等官，职专教诲，务在严立课程，用心讲解，以臻成效。如或怠惰，不能自立，以致生员有戾规矩者，举觉到官，各有责罚。（同上书卷九《学规本末》）换言之，教员如不能使生员循规蹈矩，所遭遇到的不是解聘，而是更严重的刑事处分。

学校的教职员全是官。学生呢？来源有两类，一类是官生，一类是民生。官生又分两等，一等是品官子弟，一等是土司子弟和海外学生（留学生）。官生是由皇帝指派分发的，出自特恩，民生由各地地方官保送。（同上书卷一五）官生入学的目的，是为了“皇子将有天下国家之责，功臣子弟将有职任之寄。”皇子在内府大本堂，功臣子弟入国学。教之之道，以正心为本，学的是如何统治的“实学”，不必像文士那样记诵辞章。（同上书卷一《事纪》）洪武十六年文渊阁大学士宋讷任国子监祭酒，明太祖特派太师韩国公李善长谏、礼部尚书任昂和谏院、翰林院等官到监，举行特别考试，考定教官生员高下，分别班次。又以公侯子弟在学读书，怕不服教员训诲，特派重臣曹国公李文忠兼领国子监事，将军作校长，扑罚违教的官生，整顿学风。（《明史》卷六九《选举志》）官生中有云南、四川等处土官子弟，日本琉球暹罗诸国学生，琉球学生来的最多。就洪武一朝官民生比例，据《南廱志》卷一五《储养考》：

洪武四年	官民生二千七百二十八名
十五年	五百七十七名
十六年	七百六十六名

十七年	九百八十名	
二十三年	九百六十九名	
二十四年	一千五百三十二名	官生四十五名 民生一千四百八十七名
二十五年	一千三百九名	官生十六名 民生一千二百九十三名
二十六年	八千一百二十四名	官生四名 民生八千一百二十名
二十七年	一千五百二十名	官生四名 民生一千五百一十六名
三十年	一千八百二十九名	官生三名 民生一千八百二十六名

国子学时代只有洪武四年的生员总数，据《大明礼令》："凡国学生员，一品到九品文武官子孙弟侄，年一十二岁以上者充补，以一百名为额。民间俊秀年一十五岁以上，能通《四书》大义，愿入国学者，中书省闻奏入学，以五十名为额。"（《皇明制书》）则在洪武四年以前，官生与民生的比例是二比一。官生是主体，民生不过陪衬而已。国子监时代，洪武十五年到二十三年，只举官民生总数，无法知道比例。从二十四年到三十年，有五个年度的在学人数记录，二十四年官生占总数三十四分之一，二十五年八十二分之一，二十六年二千零三十分之一，二十七年三百三十分之一，三十年六百十分之一。在这个记录中，值得指出的：第一，官生占监生总数比例极小；第二，官生就学比例逐年减少，从四十五名降为三名，第三，洪武二十六年监生员数突然激增，次年又突然减少；第四，官生中琉球生悦慈从洪武二十五年到三十年，留学至少有六年之久。（琉球生入南监，最后一次是嘉靖十七年，二十三年回去的［公元1538—1544］。《明史·选举志》作"成化正德时［公元1465—1521］琉球生犹有至者"，是错的。）

如上文所说，明太祖建立国子学的目的，是为了教育胄子（贵族官僚子弟），甚至在改组为国子监以后，还特派重臣勋戚李文忠兼领，管束官生。为什么从二十四年以后，官生数目反而年少一年，和民生的比例，从二比一到一比二千零三十，主体变为附庸，完全失去立学的用意呢？这道理说来也极为简单：公侯子弟成年的袭爵任官，不必入学，未成年的入学得经圣旨特派，纨绔少年，束发受经，不过虚应故事，爵位官职原来不靠书本词章。那么，除非皇帝特命，又何必入学。此其一。从洪武十三年胡惟庸党案发作后，功臣宿将，连年被杀，到洪武末年，除汤和、耿秉文、李景隆、徐辉祖几家以外，其余的差不多杀干净了。功臣本人被杀，子弟如何能入学？此其二。至于官僚子弟的入学令，限一百名的有效期限恐怕只是适用在洪武三年之前，以后实施极为严格，非奉特旨，不能入学，人数当然不可能太多。此其三。（《南廱志》卷一《事纪》，《明史·选举志》）而且，大官子弟自有荫官一途，用不着走国子监这条路，这样，国子监就自然而然衍变作专门训练民生作官的衙门了。

洪武二十六年监生人数突增的原因，是因为有新的政治任务，人手不够，特别扩大保送，说详下文。

三

民生的来源，分贡监、举监两类。国子监的学生通称监生。贡监出于岁贡，原来依据历史上的成规，地方官有贡“士”于朝廷的义务。洪武元年令民间俊秀能通文义者，充国子学生。二年立府州县学。四年正月，诏择府州县学生之俊秀通经者入国学，得二千七百二十八人。到十五年正月，礼部以州县所贡子弟，推选未至，奏令各按察司，于年二十以上，厚重端秀者，务拔其尤，岁贡一人入监，著为令。从这一命令，可以看出在此以前，保送监生是州县官的任务，此后则改归按察司选送。洪武四年以前，选士于民间，四年以后，选士于地方学校，州县学和国子监成为学制上的联系衔接衙门，民生在地方学校受初级训练，选拔到国子监受高级训练，国子监成为全国青年人才集中的场所。十六年又令礼部榜谕天下府州县学，自明年为始，岁贡生员各一人，正月至京师，从翰林院试经义、四书义各一道，判语一条，中式的（及格）入国子监，不中的原学教官罚停廪禄（扣薪水），生员罚为吏。则又把贡士之权改归地方学校教官，贡生在入监之前，得经翰林院主持的甄别试验。（《南廱志》卷一《事纪》；《明史·选举志》）

学生入监，主持选送的是府州县官、按察司官，本学教官。入学考试，主持考试的是翰林院官。入监后主持训育的是国子监官。受训完毕后，监生的出路，而且是惟一的出路，是替皇帝作官，“学而优则仕”。

贡监据洪武十五年十六年的法令，府州县学岁贡生员一人，是有一定名额的。这定额在洪武朝发生过两次例外，第一次在洪武二十五年四月，“初令天下府学岁贡二人，州学二岁贡三人，县学每岁贡一人入监，明年如常”。突然增加保送名额，照例岁贡生应于次年正月到京师，因为这法令，洪武二十六年的官民生总数就增加到八千一百二十四名。第二次在洪武三十年，这一年“本监以坐堂（在学）人少，诚恐诸司再取办事不敷，移文礼部，上令照二十五年例，于是入监遂众。”据上文记录，三十年度的官民生总数是一千八百二十九名，三十一年的名额，虽然没有记录，大概和二十六年度的相差不远。从后一例子的理由，可以明白这两次增加名额的原因，是因为朝廷诸司办事人员的迫切需要，说明了在学监生同时也是朝廷的办事人员。

举监是举人入监。洪武初年择年少举人入国子监读书。洪武十八年，又令会试下第举人送监卒业，是补习班或先修班的意思。

监生入学后，还得再经过一次编级考试，分堂（级）肄业。

国子监分六堂，六堂又分三等。初等生员通四书、未通经书的，人正义、崇志、广业三堂。修业期一年半以上。初等生修业期满，文理条畅的，升中等，入修道、诚心二堂，修业期一年半以上。中等生修业期满，经史兼通，文理都优的升高等，入率性堂。生员升入率性堂，依学规规定，根据勘合文簿（点名册）坐堂时日，满七百天才够资格。

司业二名，分为左右，各提调三堂。博士五员，分五经，于彝伦堂西设座教训六堂，依本经考课（《南廱志》卷九《学规本末》）。

功课内容，分《御制大诰》、《大明律令》、《四书》、《五经》、刘向《说苑》等书（后来又加上《御制为善阴骘》、《孝顺事实》、《五伦书》等书）。（《皇明太学志》卷七）最主要的是《大诰》。《大诰》是明太祖自己写的，有《续编》、《三编》、《大诰武臣》，一共四册，主要内容是列举他所杀的人的罪状，使人民知所警戒，和教人民守本分，纳田租，出夫役，替朝廷当差的训话。洪武十九年以《大诰》颁赐监生，二十四年三月，特命礼部官说："《大诰》颁行已久，今后科举岁贡人员，俱出题试之。"礼部行文国子监正官，严督诸生熟读讲解，以资录用，有不遵者，以违制论。（《南廱志》卷一《事纪》）违制是违抗圣旨的法律术语，这罪名是很大的。皇帝颁布的杀人罪状，列作学生的必修功课，而且，作为考试的科目，用法令强迫全国生员非熟读讲解不可，这道理是用不着什么解释的。其次，训练学生的目的是作官，《大明律令》必然是必读书。而且"载国家法制，参酌古今之宜，观之者亦可以远刑辟"。《四书》、《五经》是儒家的经典，洪武五年，明太祖面谕国子博士赵俶："尔等一以孔子所定经书诲诸生。"（同上书卷一《事纪》）孔子的思想是没有问题的，尊王正名，君君臣臣父父子子这一套，最合帝王的需要。可是，孟子就不同了，洪武三年，他开始读《孟子》，读到有几处对君上不客气的地方，大发脾气，对人说："这老头要是活到今天，非严办不可！"下令国子监撤去孔庙中孟子配享的神位，把孟子逐出孔庙。他认为这本书有反动的毒素，得经过严密的检查。洪武二十七年（公元1394）特别敕命组织一个"审查委员会"，执行检删任务的是当时的老儒刘三吾，把《尽心篇》的"民为贵，社稷次之，君为轻"；《梁惠王篇》"国人皆曰贤"，"国人皆曰可杀"一章；"时日曷丧，予及汝偕亡！"和《离娄篇》"桀纣之失天下也，失其民也，失其民者，失其心也"一章；《万章篇》"天与贤则与贤"一章；"天视自我民视，天听自我民听"；"君有大过则谏，反覆之而不听，则易位"；以及类似的"闻诛一夫纣矣，未闻弑君也"；"君之视臣如草芥，则臣视君如寇雠"：一共八十五条，以为这些话不合"名教"，全给删节掉了。只剩下一百七十几条，刻板颁行全国学校。这一部经过大手术切割的书，叫做《孟子节文》。所删掉的八十五条，“课士不以命题，科举不以取士”①。至于《说苑》，则因为“多载前言往行，善善恶恶，昭然于方册之间，深有劝戒”：是当作修身或公民课本被指定的。此外，也消极地禁止某些书不许诵读，如洪武六年面谕赵俶时所说：“若苏秦、张仪，繇战国尚诈，故得行其术，宜戒勿读。”由此可见，学校功课的项目，内容的去取，必读书和禁读书，学校教官是无权说话的，一切都由皇帝御定。（《南廱志》卷一《事纪》）有时高兴，连考试的题目也出，例如圣制策问十六道，试举一例，敕问文学之士，整个题目如下：

> 吁，时士之志，奚不我知，其由我不德而致然耶？抑士晦志而有此耶？呜呼艰哉！君子得不易，我知，人惟彼苍之昭鉴，必或福志之将期，然迩来云才者群然而至，及其用也，才志异途，空矣哉！（同上书卷一〇《谟训考圣制策问》）

日常功课，监规规定：一是写字。每日写仿一幅，每幅十六行，行十六字，不拘家格，或羲、献、智、永，欧、虞、颜、柳，点画撇捺，必须端楷有体，合格书法，本日写完，就于本班先生处呈改，以圈改字少为最。逐月通考，违者痛决（打）。二是背书。三日一次背书，每次须读《大诰》一百字，本经一百字，《四书》一百字，即平均每日背一百字。不但熟记文词，务要通晓义理。若背诵讲解全不通者，痛决十下。三是作文。每月务要作课六道：本经义二道，四书义二道，诏诰章表策论判语（公家文书）内科（选）二道。不许不及道数，仍要逐月作完送改，以凭类进。违者痛决。

升到率性堂的学生，采积分制。积分之法，孟月试本经义一道，仲月试论一道，诏诰章表内科一道，季月试经史策一道，判语二条。

---

①《明史》卷一三九《钱唐传》，卷五四《礼志四》，李之藻《頖宫礼乐疏》卷二，全祖望《鲒琦亭集》卷三五辨钱尚书争孟子事，北平图书馆藏洪武二十七年刊本《孟子节文·刘三吾孟子节文题辞》：“《孟子》一书，中间词气之间抑扬太过者八十五条。其余一百七十余条，悉颁之中外校官，俾读是书者知所本旨。自今八十五条之内，课士不以命题，科举不以取士，壹以圣贤中正之学为本。”

每试文理俱优与一分，理优文劣者半分，文理纰缪者无分。岁内积至八分者为及格，与出身（官职）。不及格仍坐堂肄业（留级）。试法一如科举之制，果有材学超越异常者，呈请皇帝特别加恩任官。（《南廱志》卷九《学规本末》）

四

国子监坐堂监生最多的时期，将近万人，校舍规模是相当宏大的，校址东至小教场，西至英灵坊，北至城坡土山，南至珍珠桥。左有龙舟山，右有鸡鸣山，北有玄武湖，南有珍珠河。“延袤十里，灯火相辉。”监内建筑，正堂一，支堂六，每堂一十五间，是师生讲习的地方。有馔堂二所，是会馔的地方。书楼十四间藏书。光哲堂十五间住琉球官生。号房（学生宿舍）约二千间。此外有射圃、仓库、酱醋房、水磨房、晒麦场、菜圃、养病房等建筑。规模最宏大的是供奉孔子和列代贤哲的文庙。（《南廱志》卷七、卷八《规制考》）

监生穿一定的服装，形式也是明太祖钦定的，用玉色绢布，宽袖皂缘，皂绦软巾，叫作襕衫。每年冬夏衣由朝廷颁赐。膳食公费，全校会馔。有家眷的特许带家眷入学，每月支食粮六斗。皇帝特赐，有时赐及学生的家长，例如洪武十二年赐诸生父母帛各四匹。或赐及妻子，如洪武二十七年，赐监生有家属的六百二十五人，每人钞五锭（这年官民生总数是一千五百二十人，有家眷的占百分之三十八）。三十年又赐监生夏布大小人五匹，家属每人二匹。（《南廱志》卷一《事纪》）

监生请假休学，只有在奔丧，完姻，父母年已七十必须侍养，或妻子死亡等情形下，才被准许。而且得由皇帝亲自准许。请假日期有严格规定，洪武十六年令监生入监三年，有父母者，照地远近，定限归省。其欲挈家成婚者亦如之，俱不许过限。父母丧照例丁忧。伯叔兄长丧而无子者，亦许立限奔丧。十八年令监生有父母年老无次丁者，许还原籍侍养，其妻死子幼者许送还乡，给与脚力，立限还监，违者罚之。二十二年，礼部奏准，监生毕姻般取，照省亲例入监三年者方许。三十年令监生省亲等事，量道路远近，定具在途往还日月：每日水路一百里，陆路六十里；直隶限四阅月，河南、山东、江西、浙江、湖广限六阅月，北平、两广、福建、山西、陕西限八阅月。其住家月日：省亲三阅月，毕姻两阅月，送幼子还乡一阅月，丁忧照官员例不计闰，俱二十七月。凡过限两月以上者，送问复监。同年有违限监生二百一十七人，祭酒比例拟奏，发充吏役。三十一年又有违限监生二百二十人，命吏部铨除远方典史以困役之。

不但监生请假休学，要得特许，连教员请假，也必得经过同样程序，如洪武十二年助教吴伯宗奏请省亲，明太祖特许给假四个月就是一个例子。

坐堂期间，管制极端严格，表面上历次增订的监规，总共五十六款，除关于教官部分以外，关于约束防闲监生的，如：

> 各堂生员，在学读书，务要明体适用，以须仕进。宜各遵承师训，循规蹈矩，凡出入起居，升堂会馔，毋得有犯学规。违者痛治。
>
> 各堂生员每日诵受书史，并须在师前立听讲解。其有疑问，必须跪听，毋得傲慢，有乖礼法。

绝对禁止学生对人对事的批评，和团结组织，甚至班与班之间也禁止来往：

> 今后诸生毋得到于别堂，往来相引，议论他人长短，因而交结为非。违者从绳愆厅纠察，严加治罪。
>
> 有等无志之徒，往往不行求师问道，专务结党恃顽，故言饮食污恶。切详此等之徒，果系何人之子？其所造饮食，千百人所用皆善，独尔以为不善，果君子欤？小人欤？是后必有此生事者，具实奏闻，令法司枷镣，禁锢终身，在学役使，以供生徒。

生员往来议论，就难免对学校设施，对政治良窳有意见，有结论，就难免不发生学潮，针对的办法是隔离和孤立。至于结党，发生组织力量，就无法管束和训导了，非严办不可。在太祖朝严刑重法，大量屠杀的恐怖空气中，监生不能也不敢提出原则性的反抗，只好从生活不满的方面来发泄，因之，故言饮食污恶，对饥饿的抗议就成为学潮的主题了。抗议饥饿的行动，如不是集体提出，学规另有专条："生员毋得擅入厨房，议论饮食美恶，及鞭挞膳夫。违者笞五十，发回原籍，亲身当差。"这和枷镣禁锢终身役使的处分，轻重相去是极大的。此外禁例，如不许穿常人衣服；有事先于本堂教官处禀之，毋得径行烦紊；凡遇出入，务要有出恭入敬牌；以及无病称病，出外游荡，会食喧哗，点问（名）不到，不许燕安怠惰，解衣脱巾，喧哗嬉笑。号房不许私借他人住坐，不许作秽，不许酣歌夜饮等二十七条，下文都是"违者痛决!"最最严重的一款是：

> 在学生员，当以孝弟忠信礼义廉耻为本，必先隆师亲友，养成忠厚之心，以为他日之用。敢有毁辱师长及生事告讦者，即系干名犯义，有伤风化，定将犯人杖一百，发云南地面充军。（《南廱志》卷九《学规本末》）

明太祖寄托培养官僚的全部责任于国子监，这一条款就是授权国子监教官，用刑法清除所有不服从不听调度的反抗分子。毁辱师长的含义是非常广泛的，无论是语言、行动、思想、文字上的不同意，以至批评，都可任意解释。被周纳的犯人是不能也不许可有辩解的机会的。至于生事告讦，更可随便运用，凡是不遵从学规的，不满意现状的，要求对某方面教学或生活有所改进的，都可以用生事告讦的罪状片面判决之，执行之。国子监第一任祭酒宋讷是这条学规的制定人，明初人说他办学极意严酷，以求符合明太祖的政策。在他的任内，监生走投无路，经常有人被强制饿死，（这也是有学规的依据的，洪武十五年第二次增订学规：师生如有病患，不能行履者，许令膳夫供送。若无病不行随众会食者，不与当日饮食。）以至自缢死。他连死尸也不肯放过，一定要当面验明，才许棺殓。（赵翼《廿二史札记》卷三一《明史立传多存大体条》引叶子奇《草木子》，按坊本《草木子》无此条）后来他的儿子宋复祖继任司业，也学他父亲"诫诸生守讷学规，违者罪至死"（《明史》卷一三七《宋讷传》）。学录金文徵反对宋讷的过分残暴，想法子救学生，向明太祖提出控诉说："祭酒办学太严，监生饿死了不少人。"太祖不理会，说是祭酒只管大纲，监生饿死，罪坐亲教之师，和祭酒无干。文徵又设法和同乡吏部尚书余熂商量，由吏部出文书令宋讷以年老退休（洪武十八年宋讷七十五岁，已经过了法令规定该致仕的年龄了）。不料宋讷在辞别皇帝时，说出并非真心要辞官，太祖大怒，追问缘因，立刻把余熂、金文徵和学录田子真、何操、学正陈潜夫都杀了，还把罪状出榜在国子监前面，也写在大诰里头。这次反迫害的学潮，在一场屠杀后被压平，从此再也没有人敢替饿死缢死的学生说话了。（《南廱志》卷一《事纪》，卷一〇《谟训考》，《明史·宋讷传》）

洪武二十七年第二次学潮又起，监生赵麟受不了虐待，出壁报提出抗议，学校以为是犯了毁辱师长罪。照学规是杖一百充军。为了杀一儆百，明太祖法外用刑，把赵麟杀了，并且在国子监前立一长竿，枭首示众。（这在明太祖的口头语，叫枭令，比处死重一等。）二十八年又颁行《赵麟诽谤册》和《警愚辅教》二录于国子监。三十年七月二十三日，又召集祭酒司业和本监教官，监生一千八百二十六员名，在奉天门当面训话。训词说：

> 恁学生每听着：先前那宋讷做祭酒呵，学规好生严肃，秀才每循规蹈矩，都肯向学，所以教出来的个个中用，朝廷好生得人。后来他善终了，以礼送他回乡安葬，沿路上著有司官祭他。
>
> 近年著那老秀才每做祭酒呵，他每都怀著异心，不肯教诲，把宋讷的学规都改坏了，所以生徒全不务学，用著他呵，好生坏事。
>
> 如今著那年纪小的秀才官人每来署学事，他定的学规，恁每当依著行。敢有抗拒不服，撒泼皮，违犯学规的，若祭酒来奏著恁呵，都不饶：全家发向武烟瘴地面去，或充军，或充吏，或做首领官。
>
> 今后学规严紧，若无籍之徒，敢有似前贴没头帖子，诽谤

> 师长的，许诸人出首，或绑缚将来，赏大银两个。若先前贴了票子，有知道的，或出首，或绑缚将来呵，也一般赏他大银两个。将那犯人凌迟了，枭令在监前，全家抄没，人口迁发烟瘴地面。钦此！（《南廱志》卷一〇《谟训考》）

这篇有名的训词，在中国教育史上是空前的。唯一可以比拟的，大概是北魏太平真君五年（公元444）禁止民间私立学校，违者“师身死，主人门诛”那道敕令吧。国子监前面的长竿，是专作枭令学生用的，一直到正德十四年（公元1519）明武宗南巡，这个顽皮年轻皇帝，学他祖宗的榜样，化装出来侦察，走过国子监前，看见这个怪竿子（那时代还没有挂旗子的礼俗），弄糊涂了，问明白说是挂学生子脑袋的。他说：“学校岂是刑场！”而且，“哪个学生又敢犯我的法令！”才叫人撤去。这竿子一共竖了一百二十六年。（同上书卷四《事纪》）

其实，并不是明武宗比他的祖宗更仁慈，而是一百多年来，进士科已经完全代替了国子监的地位，作官的不再从国子监出来，国子监已是破落的冷而又穷的衙门，会馔因为经费不够停止了，连房子倒塌了，朝廷也不肯修理，靠募捐才能补葺一下。它已失去了明初官僚养成所的地位，当然，也用不着这根刺目的不相称的竿子了。

国子监既然是为皇家制造官僚的工厂，用严刑峻法来捏塑官僚，那末，皇家对这工厂的技师，自有其划一的雇用标准。和监规的尺度一样，明初的国子监教官，是被严刑约束着，连一丝一毫自由的气氛也不许可有的。例如第一任国子学博士和祭酒许存仁，在明太祖幕府十年，是从龙旧臣，洪武元年被劾逮死狱中。表面上的罪名是私用学宫什器，娶妾饰床以象牙，非师臣体，实际上是因为明太祖刚即位作皇帝，存仁便告辞回家，犯了忌讳。司业刘丞直劝他：“主上方应天顺人，兴高采烈，你要回家，也该等待一会。”存仁没理会，果然因此致死。（《南廱志》卷一《事纪》，卷二一《刘丞直传》，《明史·宋讷传》，刘辰《国初事迹》）第二任祭酒梁贞也得罪放归田里。第三任魏观，后来在苏州知府任上被杀。第四任乐韶凤以不职病免。第五任李敬以罪免。第六任吴颙因为武官子弟怠学，宽纵不能制裁被斥免。国子监第一任祭酒是宋讷，屠杀生徒，最被恩礼，可是明太祖还不放心，经常派人伺察，有时还在暗中画他的相貌，一喜一怒，都有报告（《明史·宋讷传》）。第二任龚敩，得罪的罪状是有监生告假还家，没有报告皇帝，祭酒便准了假。明太祖大怒，以为“卖放”，“置于法”。第三任胡季安坐胡惟庸党案得罪。第四任杨淞，因为擅自分配学生宿舍，原来有廊房二十间，所住学生以罪被逐，留下空屋，明太祖令北城兵马司封钥，杨淞因为宿舍不够住，自作主张，准许学生住进去，结果是因此“掇祸”。（《南廱志》卷一《事纪》）最末一任张显宗就是奉天门训话里的年纪小的秀才官人，上任不久，明太祖便死了，算是侥幸没有意外。统计三十多年来的历任祭酒，只有以残酷著名的宋讷是善终在任上，死后的恩礼也特别隆重，可以说是例外，其他的不是得罪，便是被杀。

痛决，充军，罚充吏役，枷镣终身，饿死，自缢死，枭首示众，明初的国子监是学校，又是监狱，又是刑场。不止是学生，也包括教官在内，在受死刑所威胁的训练，造成绝对服从的、奴性的官僚。

五

明初的国子学、国子监，所负荷的制造和训练官僚的任务，据《南廱志》和《明史·选举志》所记：

> 洪武二年，择国子生试用之，巡行列郡，举其职者，竣事覆命，即擢行省左右参政，各道按察司佥事及知府等官。
>
> 五年四月，以国子生王铎摄监察御史，擢浙江布政司左参政。
>
> 六年九月，纂修日历，选善书者誊写，国子生陈益旸等与焉。令吏部选国子生之成材者，量材授主事、给事中、御史等官。
>
> 八年三月，命丞相往国子学，考校老成端正、学博经通者，分教天下，令郡县廪其生徒而立学焉。又命御史台精选以分教北方。于是选国子生林伯云等三百六十六人，给廪食赐衣服而

遣之。六月以国子生李扩等为监察御史。

九年三月，以武英堂纪事国子生黄义为湖广行省参政，赵信为考功监丞。九月，遣国子生往陕西祭平凉卫指挥秦虎。国子生奉命出使自此始。寻命国子生分行列郡，集事之未完者，如古行人之职，皆量道路远近，赐钞为费而遣之。

十年正月，国子生试用于列郡者，皆授县丞主簿，人赐夏衣一袭，宝钞三十贯。命中书省臣，凡有亲在者，量程给假归省，然后之官。十月，召国子生分教郡县者还京师，令吏部擢用。

十二年，上以国子生多未仕者，谓中书省臣曰："朕甚欲尊显诸生，虑其未悉朕意。且诸生入学之日久矣，其令归省其亲，赐其父母帛各四疋。有妻孥者携以来，月与粟钱，务得其欢心。"于是王文冏等一百三十四人皆告归，有司如诏赍之。

十四年八月，以国子生茹瑺为承敕郎。

十七年三月，令礼部颁行科举成式，凡三年大比，子午卯酉年乡试，辰戌丑未年会试，祭酒司业择国子生之性资敦厚，文行可称者应之。是年国子生升至率性堂者，入试文渊阁，擢杨文忠为首，除永福县丞。

十八年二月会试，此揭榜，国子生多在前列（会试黄子澄第一，殿试丁显、练子宁居首甲），上大喜。

十九年四月，吏部奏用监生十四人，皆为六品以下官。五月，上以天下郡县多吏弊民蠹，皆由杂流得为牧民官。乃命祭酒司业择监生千余人送吏部，除授知州知县等职。

二十年二月，鱼鳞图册成。先是上命户部核实天下土田，而苏松富民，畏避徭役，以田产诡寄亲邻佃仆，相习成风，奸弊百出。于是富者愈富，贫者愈贫。上闻之，遣国子生武淳等往，随税粮多寡，定为几区，每区设粮长四人，使集里甲耆民，躬履田亩以量度之。量其方圆，次其字号，悉书主名及尺丈四至，编类为册，绘状若鱼鳞然、故名。至是浙江、直隶、苏州等府县册成进呈，上喜，赐淳等钞锭有差。三月，监生古朴奏言，家贫愿仕，冀得禄以养母，上嘉之，除工部主事，迎养就京师。十二月，擢监生李庆署都察院右佥都御史。

二十一年三月，殿试，监生任亨泰廷对第一，召祭酒宋讷褒谕之。命撰进士题名记，立碑于监门。

二十二年二月，初令监生同御史王英、进士齐德照刷文卷。

二十四年三月，以监生许观会试殿试皆第一，召国子监官褒奖之。八月，初令监生往后湖清查黄册（全国户籍）。户部所贮天下黄册，俱送后湖收架，委监察御史二员、户科给事中一员、监生一千二百名，以旧册比对清查，如有户口田粮埋没差错等项，造册径奏。是年选监生有练达政体者，得方文等六百三十九人，命行御史事，稽核天下百司案牍。

二十五年七月，擢监生师逵、墨麟等为监察御史，夏原吉为户部主事。

二十六年十月，诏祭酒胡季安选监生年三十以上能文章者三百四十一人，命吏部除授教谕等官。以监生刘政、龙镡等六十四人为行省布政使、按察两使及参政参议副使、佥事等官。

二十七年八月，遣监生及人材分诣天下郡县，督吏民修治水利，给道里费而行。

二十九年四月，令吏部以次录用国子监生，毋使淹滞。六月初令监生年长者，分拨诸司，历练政事。凡历事监生，随本衙门司务，分勤谨平常才力不及奸顽等项引奏。勤谨者仍历事，阙官以次取用。平常再历，才力不及送监读书，奸顽充吏，（计南京五府六部等衙门历事监生二百十八名，户部等衙门写本监生二十八名，差拨内外衙门办事监生一百二十四名）称为拨历法。

三十年二月，擢监生卢祥为刑部郎中。

明代官制，都察院右佥都御史正四品，郎中正五品，主事正六品，监察御史正七品，给事中从七品。布政使从二品，参政从三品，参议从四品，按察使正三品，副使正四品，佥事正五品。知府正四品，知州从五品，知县正七品，县丞正八品，主簿正九品。教谕无品级。从洪武二年到三十一年这一时期监生任官的情形来看，第一，监生并没有一定的任官资序，最高的可以作到地方大吏从二品的布政使，最低的作正九品的县主簿，以至无品级的教谕。第二，监生也没有固定的任官性质，部院官、监察官、地方最高民政财政官、司法官，以至无所不管的亲民的府州县官和学校官，监生几乎无官不可作。第三，除作官以外，在学的监生，有奉命出使的，有奉命巡行列郡的，有稽核百司案牍的，有到地方督修水利的，有执行丈量纪录土地面积定粮的任务的，有清查黄册的，有写本的，有在各衙门办事的，有在各衙门历事的。第四，三十年来监生的任官，以洪武二年和二十六年为最高，十九年为最多。“故其时布列中外者，太学生最盛。”（《明史》卷六九《选举志》）大体说来，从国子学改为国子监以后，监生的出路已渐渐不如初年，从作官转到做事，朝廷利用大批监生作履亩定粮、督修水利、清查黄册等基层技术工作。至于为什么洪武二年和二十六年大量任用监生作高官呢？理由是第一，刚开国人才不够，只能以国子生出任高官。第二，洪武二十六年二月蓝玉被杀，牵连致死的文武官僚、地方大吏为数极多，多少衙门都缺正官，监生因之大走官运。至于为什么洪武十九年监生任官的竟有千余人之多呢？那是因为上一年闹郭桓贪污案，供词牵连到直省官吏因而系死者有几万人，下级官吏缺得太多的缘故。至于为什么在洪武十五年以后，监生作官的出路一天不如一天呢？那是因为从十五年以后，会试定期举行，每三年一次，进士在发榜后即刻任官，要作官的都从进士科出身，甚至监生也从进士科得官，国子监已不再是唯一的官僚养成所了。进士释褐授给事御史主事中书行人评事太常国子博士和府推官知州知县等官（《明史》卷七〇《选举志》），监生原来的出路为进士所夺，只好去做基层技术工作和到诸司去历事了。

六

明代地方学校的建立，始于洪武二年。明太祖以为元代学校之教，名存实亡，战争以来，人习于战斗，惟知干戈，莫识俎豆。他常说治国之要，教化为先，教化之道，学校为本。如今京师已有太学，而地方学校尚未兴办，面谕中书省臣令府州县都立学校，礼延师儒，教授生徒，讲论圣道。于是大设学校，府设教授，州设学正，县设教谕各一，训导府四州三县二，生员府学四十人，州三十人，县二十人。师生月廪米人六斗，地方官供给鱼肉。（《南廱志》卷一《事纪》，《明史》卷六九《选举志》）

入学生员享受免役特权，除本身外，还免其家差徭二丁（《大明会典》卷七八《学校》）。在学专治一经，以礼乐射御书数设科分教。

统治地方学校情形，完全和国子监一致。洪武十五年颁禁例十二条于全国学校，镌立卧碑，置于明伦堂之左，不遵者以违制论，禁例中最重要的有下列各条：

> 一，今后州县学生员，若有大事干于己家者，许父兄弟侄具状入官辩诉。若非大事，含情忍性，毋轻至于公门。
>
> 一，生员之家，父母贤智者少，愚痴者多，其父母欲行非为，则当再三恳告。

这两条，前一条不许生员交结地方官，后一条要使生员为皇家服务，在民间替朝廷清除"非为"。① 另一条：

> 一，军民一切利病，并不许生员建言。果有一切军民利病之事，许当该有司、在野贤才、有志壮士、质朴农夫、商贾技艺皆可言之，诸人毋得阻当。惟生员不许！

军民一切利病即政治问题，地方官、在野人士，甚至农工商人都可提出建议，任何人都有权讨论政治，惟独不许学生说话。并且在同一条文内，重复地说"不许生员建言"，"惟生员不许"，声色俱厉，呼之欲出。明太祖为什么单单剥夺了生员讨论政治的权利呢？因为他害怕群众，害怕组织，尤其害怕有群众基础有组织能力的知

① "非为"是明太祖的口头和文字上常用术语，含有特别内容，和他常用的"异为"、"他为"同义。

识分子。他认清这个力量，会得危害他的统治，因之，非加以高压，严厉禁止，不许有声音不可。至于其他人士，个别的发言，个别的建议，没有群众作后盾，不发生力量，他不但不禁止，反而形式上加以奖励，学学古代帝王求言的办法，倒使他可以得到好名誉。

知识青年对于现实政治不能说话，不许有声音，明太祖的统治就巩固了。可是，他没有想到代替说话的是农民的竹竿和锄头，朱家的政权，到后来还是被竹竿和锄头所倾覆。

地方学校之外，洪武八年又诏地方立社学（乡村小学），延师儒以教民间子弟。

府州县学和社学都以《御制大诰》和《律令》作主要必修科。(《大明会典》卷七八《学校》)

在官僚政治之下，地方学校只存形式，学生不在学，师儒不讲论。社学且成为官吏迫害剥削人民的手段，明太祖曾大发脾气，申斥地方官吏说：

> 好事难成。且如社学之设，本以导民为善，乐天之乐。奈何府州县官不才酷吏，害民无厌。社学一设，官吏以为营生。有愿读书者无钱不许入学，有三丁四丁不愿读书者受财卖放，纵其愚顽，不令读书。有父子二人，或农或商，本无读书之暇，却乃逼令入学，有钱者又纵之。无钱者虽不暇读书，亦不肯放，将此凑生员之数，欺诳朝廷。

他怕“逼坏良民不暇读书之家”只好住罢（停办）社学，不再“导民为善”了。(《御制大诰·社学第四十四》)

从国子监到社学，必读的书，必考的书，是明太祖所亲自写定的《大诰》(从文理不通、思想昏乱、词语鄙陋、语气狂暴、态度蛮横几点看来，确非儒生所能代笔)，想用以为治国平天下、统一思想的“圣经宝典”。他在书末指出：

> 朕出是诰，昭示祸福，一切官民诸色人等，户户有此一本，若犯笞杖徒流罪名，每减一等，无者每加一等。所在人民，熟观为戒。(《御制大诰·颁行大诰第七十四》)

又说：

> 朕出斯令，一曰大诰，一曰续编，斯上下之本，臣民之至宝，发布天下，务必户户有之。敢有不敬而不收者，非吾治化之民，迁居化外，永不令归，的的不虚示。（《大诰续编·颁行续诰第八十七》）

以帝王之威，用减刑用充军，利诱威胁，命令人民读他的“至宝”，命令学生熟读讲解他的至宝，可惜，人民是不识“宝”的，利诱不理，威胁无用。成化时（公元1465至1487）陆容记《大诰》的下落说：

> 国初惩元之弊，用重典以新天下，故令行禁止，若风草然。然有面从于一时而心违于身后者，如《大诰》，惟法司拟罪云有《大诰》减一等云尔，民间实未之见，况复有讲读者乎！（《菽园杂记》卷五）

明太祖有方法统治学校，屠杀学生，可是，他没办法办社学，也没办法使人民读他的《大诰》。有生死人之权，有富贵贫贱人之权，而终于无人读他藏他的“至宝”，不要说读，人民甚至连看都没有看见，这大概是专制独裁者应有的共有的悲哀吧！

一九四八年二月三日于清华园

（原载《清华学报》十五卷一期）

“社会贤达”钱牧斋

就钱牧斋对明初史料的贡献说，我是很推崇这个学者的。二十年前读他的《初学集》、《有学集》、《国初群雄事略》、《太祖实录辨证》诸书，觉得他的学力见解，实在比王弇州（世贞）、朱国桢高。同时也搜集了有关他个人的许多史料，如张汉儒控告他和瞿式耜的呈文、《牧斋遗事》、《虞山妖异志》、《阁讼记略》、《钱氏家变录》、《牧斋年谱》、《河东君殉家难事实》（以上均见《虞阳说苑甲编》）、《纪钱牧斋遗事》（《痛史》本）、《钱氏家变录》（《荆驼逸史》本）、瞿式耜《瞿忠宣公集》、文秉《烈皇小识》、计六奇《明季北略》，以及《明史·周延儒传》、《温体仁传》、《马士英传》、《瞿式耜传》有关他的记载，和张汉儒呈文的另一印本（刊《文艺杂志》八期）。因为《明史》里不收这个做清朝官的两朝领袖，《清史稿》列他在《文苑传》，极简略。当时就想替此人写点什么。记不得那时候因为什么耽误了，一晃荡便是二十年。

最近又把从前所看过的史料重读一遍，深感过去看法之错误。因为第一他的史学方面成就实在有限，他有机会在内阁读到《昭示奸党录》、《清教录》一类秘本，他有钱能花一千二百两银子买一部宋本《汉书》，以及收藏类似俞本《皇明纪事录》之类的秘笈，有绛云楼那样收藏精博的私人图书馆，从而做点考据工作，实在没有什么了不起；第二这个人的人品实在差得很，年轻时是浪子，中年是热中的政客，晚年是投满的汉奸，居乡时是土豪劣绅，在朝是贪官污吏，一生翻翻覆覆，没有立场，没有民族气节，除了想作官以外，从没有想到别的。他的一点儿成就、虚名、享受，全盘建立在对人民剥削的基础上，是一个道地的完全的小人、坏人。

可是，三百年前，他的名气真大，东林巨子，文坛领袖，斯文宗主，而且还是幕后政治的牵线人物。只是做官的日子短，在野的年代长，以他当时的声名而论，倒是个“社会贤达”也。

我正在研究历史上的士大夫官僚绅士地主这类人，钱牧斋恰好具备这些资格，而且还是“社会贤达”，因此把旧材料利用一下，写出这个人，并非毫无意义，而且也了却多年来的心愿，是为记。

一、定论

牧斋是有自知之明的，他明白自己的大节有亏，常时嘴里说的是一套，纸上写的是一套，做的是完全不同的另一套。师友们轰轰烈烈成为一代完人，只有他醉心于功名利禄，出卖了人格灵魂，出卖了民族国家，到头来变成“药渣”，“秋风起，团扇捐”，被新主人一脚踢开，活着对不起人民，死去也羞见当年师友，老年的情怀实实在在是凄楚的、寂寞的、幽怨的，百无聊赖，只好皈依空门，靠念经礼佛来排遣、忏悔。排遣往年的过错，忏悔一生的罪恶。有时候也不免自怨自艾一番，例如《有学集》卷一《次韵茂之戊子秋重晤有感之作》：

> 残生犹在讶经过，执手只应唤奈何！近日理头梳齿少，频年洗面泪痕多。神争六博其如我，天醉投壶且任他。叹息题诗垂句后，重将老眼向关河。

《再次茂之他字韵》：

> 覆杯池畔忍重过，欲哭其如泪尽何？故鬼视今真恨晚，余生较死不争多！陶轮世界宁关我？针孔光阴莫羡他！迟暮将离无别语，好将白发喻观河。

戊子是明永历二年，清顺治五年（公元1648），这年他六十七岁了，为了被控和明朝故老闹“反清”，被羁押在南京，案情严重。想想一辈子居高官，享大名，四年前已经六十四岁了，还不顾名节，首倡投降之议，花了一笔大本钱，满以为新朝一定大用，不料还是作礼部侍郎，二十年前早已作过的官。官小倒也罢了，还被奚落，被哂笑，实在受不了，只好告病回籍。如今又吃这官司，说是为明朝呢，说不上，为清朝呢，更说不上，于是见了人只好唤奈何了，要哭也没有眼泪了，活着比死也好不了多少了。顺治十八年（公元1661），他八十岁大寿，族弟钱君鸿要发起替他征集庆寿诗文，他苦口辞谢说：

> 少窃虚誉，长尘华贯，荣进败名，艰危苟免，无一事可及生人，无一言可书册府，濒死不死，偷生得生。绛县之吏，不记其年，杏坛之杖，久悬其胫。此天地间之不祥人，雄虺之所憖遗，鸺鹠之所接席者也。人亦有言，臣犹知之，而况于君乎？（《有学集》卷三九《与族弟君鸿论求免庆寿诗文书》）

这一段话每一个字都是真实的、确当的。他的一生定论“荣进败名，艰危苟免”，他一生的言行是“无一事可及生人，无一言可书册府”，明亡而“濒死不死”，降清而“偷生得生”，真是一个为人民所共弃的不祥人，该以杖扣其胫的老怪物。所谓人亦有言，如顺治三年（公元1646）在北京碰钉子谢病南归，有无名氏题诗虎丘石上《赠钱牧斋宗伯南归》：

> 入洛纷纷兴太浓，莼鲈此日又相逢；黑头已是羞江总，青史何曾用蔡邕？昔去幸宽沈白马，今归应悔卖卢龙，最怜攀折章台柳，撩乱秋风问阿侬。（此据《痛史》本。《虞阳说苑》本《牧斋遗事》首句作“入洛纷纭意太浓”，“黑头已是”作“黑头早已”，“用蔡邕”作“惜蔡邕”，末二句作“可怜折尽章台柳，日暮东风怨阿侬”。）

如《虞山行》：

> 一朝铁骑横江来，荧惑入斗天门开，群公蒲伏迎狼纛，元臣拜舞下鸾台。挂冠带笠薰风里，耳后生风色先喜，牛渚方蒙青盖尘，更向龙井钓龙子。名王前席拂朱缨，左拍宗伯右忻城，平吴利得逢双俊，投汉何曾有少卿。靡靡北道岁云暮，朔风吹出蚩尤雾，趋朝且脱尚书履，洛中那得司空座。回首先朝一梦

中，黄扉久闭沙堤空，终朝褫带嗟何及，挂弧归去及秋风。……吁嗟盛名古难成，子鱼佐命褚渊生，生前莫饮乌程酒，死来休见石头城！死生恩怨同蕉鹿，空向兴亡恨失足，诗卷终当覆酒杯，山邱何用嗟华屋。（节引自《痛史》本《纪钱牧斋遗事》）

"牛渚方蒙青盖尘"指福王被虏，"更向龙井钓龙子"指牧斋作书诱降在杭州的潞王。"左拍宗伯右忻城"指文班以牧斋为首，武班以忻城伯赵之龙为首迎降清军。"黄扉久闭沙堤空"，指北上后不得大用，失意而反。和这句相发明的，还有一首《虞山竹枝词》：

十载黄扉事渺茫，重瞻天阙望恩光，凤凰池上无人问，依旧当年老侍郎。

《牧斋遗事》记一故事，说一天牧斋去游虎丘，穿一件小领大袖的衣服，有人揖问："这衣服是什么式样？"牧斋窘了，只好说："小领遵时王之制，大袖乃不忘先朝。"这人连忙改容说："哦，您真是两朝领袖咧！失敬失敬。"

死后，他所迎降的清朝皇家对他的看法，乾隆三十四年（公元1769）六月上谕："钱谦益本一有才无行之人，在前明时身跻朊仕。及本朝定鼎之初，率先投顺，洊陟列卿，大节有亏，实不足齿于人类。朕从前序沈德潜所选《国朝诗别裁集》，曾明斥钱谦益等之非，黜其诗不录，实为千古纲常名教之大关。彼时未经见其全集，尚以为其诗自在，听之可也。今阅其所著《初学集》、《有学集》，荒诞悖谬，其中诋毁本朝之处，不一而足。夫钱谦益果终为明朝守死不变，即以笔墨腾谤，尚在情理之中。而伊既然本朝臣仆，岂得复以从前狂吠之语，列入集中，其意不过欲借此以掩其失节之羞，尤为可鄙可耻！钱谦益业已身死骨朽，姑免追究，但此等书籍悖理犯义，岂可听其流传，必当早为销毁。"于是二集成为禁书。第二年弘历又题《初学集》："平生谈节义，两姓事君王，进退都无据，文章那有光？真堪覆瓮酒，屡见咏香囊，末路逃禅去，原为孟八郎。"四十一年又诏："钱谦益反侧卑鄙，应入《国史贰臣传》，尤宜据事直书，以示传信。”四十三年二月又谕：“钱谦益素行不端，及明祚既移，率先归命。乃敢于诗文阴行诋毁，是为进退无据，非复人类。若与洪承畴等同列《贰臣传》，不示差等，又何以昭彰瘅？钱谦益应列入乙编，俾斧钺凛然，合于春秋之义焉。”（《清史列传·贰臣传》乙编）其实这些话是有些冤枉的。《初学集》是牧斋在前明的作品，刊行于崇祯十六年（癸未，公元1643），确是有好些骂清高宗先人的话。《有学集》是降清以后的结集，对清朝祖先便不敢“奴”长“奴”短了。以牧斋在明朝的作品来责备做清朝卿贰的钱谦益，当然不公道。不过，说他“进退失据，非复人类”，倒是定论。

牧斋对明朝失节，出卖祖国，出卖人民，“更一钱不值何须说！”在清朝呢，名列《贰臣传》，而且还是乙编，比洪承畴之类更下一等。活着含羞，死后受辱，这是投机分子应有的结局。

二、荣进败名

牧斋名谦益，字受之，晚年号蒙叟，亦自称东涧老人，江苏常熟人。生于明神宗万历十年，死于清圣祖康熙三年（公元1582—1664），年八十三岁。

牧斋一生的经历，十七岁（明神宗万历二十六年，公元1598）进学，二十五岁中举，二十九岁中探花，授翰林院编修，以父丧丁忧。三十九岁还朝。四十岁（熹宗天启元年，公元1621）做浙江主考，升右春坊中允。四十一岁以浙闱关节案告病回籍。四十三岁以谕德充经筵日讲官。四十四岁升詹事府少詹事，以东林党案削籍家居。四十七岁（思宗崇祯元年）补詹事府詹事，转礼部右侍郎兼翰林侍读学士，廷推枚卜，是候补宰相名单上的第二名，被温体仁攻讦革职，四十八岁后开始闲居。五十六岁被邑人张汉儒告讦为土豪恶绅，被逮北上下狱。五十七岁狱解南归。六十岁纳妾柳如是。六十四岁明福王立于南京，改元弘光，谦益官礼部尚书兼宫保，清兵进军江南，牧斋以文班首臣迎降，随例北行。六十五岁做清朝的内秘书院学士兼礼部侍郎，充《明史》副总裁。六月告病南归。六十七岁以黄毓祺案被逮到南京下狱。六十八岁狱解归里。八十三岁死。

牧斋二十岁左右在东南一带便有文名，和东林领袖顾宪成、允成兄弟交游。点探花以后，叶向高是前辈，孙承宗、王图是座主，高攀龙、左光斗、杨涟、周顺昌、姚希孟、黄道周、文震孟、鹿善继诸名流是僚友，瞿式耜是门生，程嘉燧、李流芳诸人是文酒之友，声气震动一世。到东林诸领袖先后被杀之后，"流俗相尊作党魁"，俨然是乡国重望了。张汉儒告讦案解后，"洛中之冠带，汝南之车骑，蜀郡之好事，鄠杜之诸生，闻声造门，希风枉驾，履舄交错，舟船填咽，邑屋阒其无人，空山为之成市"。成为斯文宗主，一代大师，青年人的泰山北斗，社会上第一号的贤达。六十四岁作了两朝领袖之后，声名骤落，做官不得意，做人不像人，"人亦有言"，成天过被哂笑辱骂的日子，再也不谈气节骨格，缩在文人的圈子里，写墓铭寿序弄钱，靦靦覥覥一直到死。

这个人的一生，用他自己的话来说最确当，"荣进败名"，一句话，不顾国家民族的利益，光想做大官，利禄熏心，坏了名节，毁了自己。

天巧星浪子钱谦益

牧斋前半生是东林中佼佼的人物，反东林的阉党阮大铖造《点将录》，献给魏忠贤，黑名单上的重要人物有天罡星托塔天王李三才，及时雨叶向高，天巧星浪子钱谦益，圣手书生文震孟，霹雳火惠世扬，鼓上蚤汪文言，大刀杨涟，智多星缪昌期等三十六人。地煞星神机军师顾大章，青面兽左光斗，金眼彪魏大中，旱地忽律游士任等共七十二人。崔呈秀开的另一黑名单《天鉴录》上也赫然有钱谦益的名字（计六奇《明季北略》卷二）。天启五年杨涟、左光斗诸人被魏忠贤杀害，牧斋也牵连被削籍回里。官虽作不成，名气反而更大，朝野都把他当作东林党魁，他也以此自许，如《初学集》卷六《十一月初六日召对文华殿旋奉严旨革职待罪感恩述事》二十首之一：

> 破帽青衫又一回，当筵舞袖任他猜，平生自分为人役，流俗相尊作党魁。

如《有学集》卷一六《范勋卿文集序》：

> 余庚戌通籍，出吾师耀州王文肃公（名图，阉党卢承钦所作《点将录》，和高攀龙并列的东林副帅，此外曹于汴汤兆京史记事魏大中等谓之先锋，丁元荐沈正宗李朴等谓之敢死军人，孙丕扬邹元标谓之土木魔神）之门。……余则继耀州之后，目为党魁，饮章录牒，逾冬逮系，受钩党之祸。……入甘陵之部，刊元祐之碑，除名削迹，终老而不相贷贳。

可是他一生的行径，却是道地的"浪子"，阉党虽然比他更灭绝人性，寡廉鲜耻，给他的这个绰号倒还中肯，恰如其人的品格身份。

浙闱关节

牧斋虽是东林党人，可是还没有进身就和宦官勾搭。万历三十八年殿试后自以为文名满天下，兼之又有内线，状元是拿稳了。发榜的前一晚，已经得到宫中小太监的密报，说是状元已成定局，司礼监太监和其他宫廷权要都派人送帖子来道喜，京中亲朋故旧络绎户外，牧斋喜极乐极。不料到天亮榜发，牧斋竟是第三名探花，状元是归安人韩敬，这一跟斗摔得真惨，两人从此结下仇。原来韩敬也有内线，早攀上宫中最有势力的大太监，发榜时拿韩敬换了牧斋。牧斋还以为他的老板只此一家，以致上了一回大当。（《虞阳说苑》本《牧斋遗事》）

韩敬作了官，牧斋不服气，使一点手段，在三年京察时，把韩敬革职。

韩敬是浙江人，是反对东林的浙党党人。丢官后恨极，也处心积虑图谋报复。党争和私人怨恨从此纠缠不清。

熹宗天启元年（公元1621），牧斋奉命作浙江主考官。韩敬和秀水沈德符计议，冒用牧斋的名义，出卖关节，很多人都上了当。名士钱千秋也被说动了，用两千两银子买“一朝平步上青天”的暗号，在每篇文章的结尾嵌入一字。榜发千秋果然考取了。韩敬、沈德符使的人分赃不均，把卖关节的事情嚷开了，韩敬也派人上北京大宣传一气，又联络礼科给事中顾其仁磨勘原卷，找出证据，具疏弹劾。事情闹大，刚好钱千秋已到北京准备会试，牧斋一问果然有真凭实据，急得无法，只好自己上疏检举。经刑部审讯的结果，假冒名义出卖关节的两人枷号发烟瘴充军，钱千秋革去举人充军，牧斋和房官确不知情，以失察罚俸三月，奉旨依拟。这个科场大案，因为牧斋脚力大，就此结束。（文秉《烈皇小识》卷二，《虞阳说苑》本《阁讼记略》，冯舒《虞山妖乱志》卷中）

枚卜之争

明代后期大学士（宰辅）的任用，由吏部尚书领衔，会合廷臣公推，开一张名单，由皇帝点用，叫作枚卜。

崇祯元年十一月，大学士刘鸿训罢，思宗诏廷臣举行会推枚卜大典。

牧斋是庚戌进士，在东林有重名，会推列名是没有问题的。惟一的劲敌是同官宜兴周延儒，延儒是万历四十一年的会元状元，名辈虽然较后，可是不久前曾和思宗谈过话，很投机，如也在会推单上列名，周的被点可能要比钱大。乌程温体仁官礼部尚书，虽然是万历二十六年进士，但是名低望轻，根本挨不上，倒不必顾虑。

周延儒事先布置，勾结外戚郑养性和东厂唐之征，势在必得。

牧斋方面，有门生户科给事中瞿式耜吏科都给事中章允儒在奔走，瞿式耜尤其出力，联络好廷臣，会推单上十一名，第一名成基命，第二名钱谦益，釜底抽薪，周延儒连提名的资格都被取消了，根本说不上圈定。

明思宗性格多疑，正在奇怪怎么会不列周延儒的时候，周延儒的反攻也正在展开，使人散布流言，街巷纷纷传说，这次会推全由钱谦益的党羽操纵，思宗也听见了。温体仁摸清楚情势，上《盖世神奸疏》，弹劾谦益浙闱旧案，说他是盖世神奸，不宜滥入枚卜。思宗召集双方在文华殿面讯，温体仁是有准备的，盛气质询，说话流利，牧斋正在打点做宰相的兴头上，斜刺里挨这一棍，摸不清情况，说不出话，官司便输定了。第二天有旨："钱谦益关节有据，受贿是实。今又滥入枚卜之列，有党可知。祖法凛在，朕不能私，着革了职，九卿科道从公依律会议具奏，不得徇私党比，以自取罪责。"后来钱千秋案虽然由原审人员一致坚持原来的判决，牧斋止于失察，不再深问。可是大学士是被搞掉了，不但作不了大学士，连原官也丢了。革职回籍听勘。

崇祯二年十二月周延儒久阁，三年六月温体仁入阁。两个死对头接连当权，牧斋一直闲了十六年，再也不得登朝，只好在乡间作"社会贤达"，干土豪劣绅武断乡曲的勾当。

这一次牧斋吃亏的原因：一内线未走好，二被温体仁一口咬定是结党把持，做皇帝的最怕最恨臣下结党，而牧斋恰是结党有据，硬挤周延儒。又吃亏在钱千秋的案子确是有关节。一跤摔倒，再也起不来了。（《明史》卷三〇八《周延儒传》、《温体仁传》，卷二八〇《瞿式耜传》，《烈皇小识》卷二，《阁讼记略》，《虞山妖乱志》中）

贪恶兽官

明代乡绅作恶于民间，是人民最感痛苦的一害。

崇祯十年（公元1637）常熟人张汉儒到北京告御状，告乡绅钱谦益、瞿式耜："不畏明论，不惧清议，吸人膏血，啖国正供，把持朝政，浊乱官评，生杀之权不操之朝廷而操之两奸，赋税之柄不操之朝廷而操之两奸，致令蹙额穷困之民欲控之府县，而府县之贤否，两奸且操之，何也？抚按皆其门生故旧也。欲控之司道，而司道之黜陟，两奸且操之，何也？满朝皆其私党羽翼也。以至被害者无门控诉，衔冤者无地申冤。"又告发他们："倚恃东林，把持党局，喜怒操人才进退之权，贿赂控江南生死之柄，伦常扫地，虐焰薰天。"开列罪款，一共是五十八款，如侵占地方钱粮，勒索地方大户，强占官地营造市房，霸占湖利强要渔船网户纳常例，私和人命，逼奸良人妻女，出卖生员，霸占盐利，通番走私，占夺故家宝玩财货，毒杀和殴杀平民，占夺田宅等等，计赃三四百万。例如：

> 一、恶钱谦益、瞿式耜每遇抚按提学司道知府推官知县要紧衙门结交，必先托心腹，推用其门生故旧，宣言考选可以力包，以致关说事情，动以千万，灵应如神，诈有不遂者无不立致之死，小民之冤无处申诉，富家之祸无地可容。
>
> 一、恶钱谦益、瞿式耜见本县有东西两湖华荡华汇（《文艺杂志》本作昆城湖华荡滩），关系民间水利，霸截立桩，上书“礼部右堂钱府”、“户科瞿衙”字样，渔船网户俱纳常例，佃田小民投献常规，每岁诈银七百余两，二十年来计共诈银一万四千余两，地方切齿，通县公愤。
>
> 一、恶钱谦益自卖举人钱千秋之后，手段愈辣，凡文宗处说进学者，每名必要银五百两，帮廪者每名银三百两，科举遗才者要银二百两，自家夸口三党之前曰，我的分上，如苏州阊门贝家的药，货真物精，比别人的明明贵些，只落得发去必有应验。
>
> 一、恶钱谦益乘媚阉党崔呈秀心爱顾大章家羊脂白玉汉杯，著名一棒雪，价值千金，谦益谋取到手，又造金壶二把，一齐馈送，求免追赃提问，通邑诽笑证。
>
> 一、恶钱谦益见刑部郎中赵元度两世科甲，好积古书文画，价值二万余金，后乘身故，罄抢四十八橱古书归家。

这个告发人张汉儒，牧斋自撰的《丁丑狱志》称为奸人，《明史》上也称为常熟奸民。在封建时代，以平民告发大官，其“奸”可知。不过根据冯舒的《海虞妖乱志》，所记牧斋的秽史确有几件是可以和“奸”民的控词互证的。冯舒是牧斋同县人，被这场官司卷入，闹得几乎不可开交，而且是牧斋这方面的人，牧斋和瞿式耜还为他分辩过。他的话应该有史料价值。他说：

> 钱尚书令（杀人犯）翁源德出三千金造塔（赎罪），源德事

> 既败，塔亦终不就。已而钱尚书必欲成之。凡邑中有公事拟罪者，必罚其赀助塔事，黠士敝民请乞不餍，亦具辞请修塔，不肖缙绅有所攘夺者，公以塔为名，而私实自利。即寿考令终者，亦或借端兴词，以造塔为诈局，邑中谓塔为大尸亲，颇称怨苦。钱尚书亦因是藉藉不理人口，谤亦由是起。

他详细记出牧斋曾由族人钱斗之手，敲诈族人钱裔肃：

> 裔肃诸弟又以宪副（钱岱）故妓人纳之尚书，裔肃不得已，亦献焉。凡什器之贵重者，钱斗辈指名索取，以为尚书欢。

张汉儒告发于下，大学士温体仁主持于上，地方大官如巡抚张国维是牧斋的门生，巡按御史路振飞是后辈，也掩饰不了，牧斋和瞿式耜被逮到京拘讯。

官司又眼见得要输了，牧斋自辩二疏，只辨得钱千秋一案，其他各款只咬定是温体仁主使，说他和张汉儒一鼻孔出气。背地里乞援于司礼监太监曹化淳，因为牧斋往年曾替曹化淳的上司司礼太监王安作过碑文，这门路就走通了。又用贿赂使抚宁侯朱国弼参奏温体仁欺君误国，内外夹攻，转退为进，要翻转这案子。

这时候锦衣卫指挥使是温体仁的人，照理温体仁这着棋是赢定了。不料他走错了一步，在思宗前告发钱谦益和曹化淳的勾结情形，得罪了曹化淳，情势立刻倒过来了，锦衣卫指挥使换了牧斋的朋友，东厂专找温体仁的错，张汉儒枷死，温体仁也接着罢相。第二年秋天牧斋和瞿式耜才出狱。

张汉儒控诉乡绅作恶，一到北京变了质，温体仁用作报复政敌的手段。温体仁得罪了曹化淳，官司又变了质，乡绅作恶的事一字不提，告发人成为"奸"民被处死。牧斋靠内监的庇佑，不但官司没有事，连劣绅恶绅的身份也连带去掉了。(《明史》卷二八〇《瞿式耜传》，冯舒《虞山妖乱志》，《虞阳说苑》本张汉儒《疏稿》，《文艺杂志》本《常熟县民张汉儒控钱谦益瞿式耜呈词》，《初学集》卷二五《丁丑狱志》，卷八七《微臣束身就系辅臣蜚语横加谨平心剖质

仰祈圣明洞鉴疏》）

三、艰危苟免

崇祯十七年三月明思宗自杀的消息传到南方，南京的文武臣僚乱成一团。吵的不是如何出兵，如何复仇，而是如何找一个皇帝，重建封建统治政权。

当时避难到南京附近的有两个亲王，一是潞王，一是福王。论族属亲疏行辈福王当立，论人品潞王有潞佛子的名气，好说话，容易驾驭。可是福王有问题，万历年间为了老福王闹的妖书梃击移宫三案，东林是反对老福王的，福王如立，很可能追怨三案，又引起新的党争，不得安稳。立潞王，不但政治上不会出岔子，还可立大功。牧斋先和潞王接了头，首倡立潞王之议，南京大臣兵部侍郎吕大器、右都御史张慎言、詹事姜曰广都赞成，雷缜祚、周镳也为潞王大作宣传。这些人有的是东林，有的是准东林，一句话，东林系的士大夫全支持潞王做皇帝。

反东林的阉党着了慌，尤其是阮大铖，出尽全力，和实力派庐凤督师马士英，操江诚意伯刘孔昭，总兵高杰、刘泽清、黄得功、刘良佐结合，高级军人全拥护福王，南京的议论还没有决定，马士英已经统军拥福王到南京了。文官们没办法，只好向福王劝进，在南京建立了小朝廷，维护这一小部分人的利益。

潞王和福王皇帝地位的争夺，也就是幕后人钱牧斋和阮大铖的斗争。钱牧斋输了，马士英入阁，东林领袖史可法外出督师，阮大铖起用，从兵部右侍郎进尚书兼右副都御史，巡阅江防，红得发紫。

大铖用事后，第一件事是起用阉党，第二件事是对东林报复。他好容易熬了十几年，受尽了“清流”的笑骂，今天才能出这口气，造出十八罗汉五十三参的名目，要把东林一网打尽。雷缜祚、周镳首先被杀，南京城中充满了恐怖空气，逃的逃，躲的躲，弄得人心惶惶。

牧斋一见福王登位，知道情形不妙，立刻转舵，一百八十度大转弯，上疏称颂马士英功德，士英乐了，援引牧斋作礼部尚书。一不做二不休，牧斋索性举荐阉党，还上疏替阮大铖呼冤，大铖由之起用。可是阮大铖还是不肯解憾，黑名单上仍旧有牧斋名字。牧斋无法，只好再求马士英保护，战战兢兢，幸免无事。（《明史》卷三〇八《马士英传》）

弘光元年五月，清军进军江南，牧斋率文班诸臣迎降。南京其他大员送清豫王的礼物动不动就值万两银子，牧斋要表示自己的廉洁，送的礼最薄，这份礼单照抄如下：

> 太子太保礼部尚书兼翰林院学士臣钱谦益百叩首谨启上贡
>
> 计：开鎏金壶一具　法琅银壶一具　蟠龙玉杯一进　宋制玉杯一进　天鹿犀杯一进　夔龙犀杯一进　葵花犀杯一进　芙蓉犀杯一进　法琅鼎杯一进　文玉鼎杯一进　法琅鹤杯一对　银镶鹤杯一对　宣德宫扇十柄　真金川扇十柄　弋阳金扇十柄　戈奇金扇十柄　百子宫扇十柄　真金杭扇十柄　真金苏扇四十柄银镶象箸十双
>
> 顺治二年五月二十六日太子太保礼部尚书兼翰林院学士臣钱谦益

据目见的人说，牧斋亲自捧帖入府，叩首阶下，向豫王陈说，豫王很高兴，接待得不错。(《说苑》本《牧斋遗事》)

不但第一个迎降，牧斋还派人到苏州大贴告示说："大兵东下，百万生灵，尽为齑粉，招谕之举，未知阖郡士民，以为是乎非乎？便乎不便乎？有智者能辨之矣。如果能尽忠殉节，不听招谕，亦非我之所能强也。聊以一片苦心与士民共白之而已。"又写信给常熟知县曹元芳劝降："主公蒙尘五日后，大兵始至，秋毫无犯，市不易肆。却恐有舟师入越，则吴中未免先受其锋。保境安民之举，不可以不早也。牺牲玉帛待于境上，以待强者而庇民焉，古之人行之矣。幸门下早决之。想督台自有主持。亡国之臣，求死不得，邑中怨家必攘臂而鱼肉之矣，恐亦非便计也，如何？"（《赵水部杂志》）在主俘国破的时候，他不但为敌作伥，招降父母之邦，还念念不忘他家乡那份产业，这封信活画出卖国贼那副嘴脸。

所说“求死不得”是鬼话，他自己曾告诉人，当时宠妾柳如是劝他殉国，他迟疑不肯，柳如是发急，以身作则，奋身自沉，被侍儿抱住。他何曾求过死？连小老婆劝他死也不肯，怎么会“不得”！（顾苓《河东君传》，案顾云美也是牧斋的友人，牧斋曾为撰《云阳草堂记》，见《有学集》卷二六）

牧斋降清后，一意要为清朝立功，时潞王寄居杭州，牧斋又寄书诱降，骗说只要归顺，就可保住爵土。浙江巡抚张秉贞得信，要挟潞王出降，潞王阖家被俘北上（《说苑》本《牧斋遗事》）。牧斋自以为大功既就，而且声名满天下，这次入阁该不成问题了，兴冲冲扬鞭北上，左等右等，等到顺治三年正月，才发表作礼部侍郎管秘书院事，充修《明史》副总裁，不禁大失所望。苦苦挨了半年，又被劾夺职回籍闲住，荣进了一辈子，状元巴不到，阁老爬不上，落得身败名裂，“昔去幸宽沈白马，今归应悔卖卢龙”！（《说苑》和《痛史》本《牧斋遗事》）

牧斋到底悔了没有呢？这头不着巴那头，清朝不要，再投明朝《顺治东华录》记：

> 五年四月辛卯，凤阳巡抚陈之龙奏：自金逆（声桓）之叛，沿海一带与舟山之寇，止隔一水。故密差中军各将稽察奸细，擒到伪总督黄毓祺，搜获铜铸伪关防一颗，反诗一本，供出江北富党薛继周等，江南王觉生、钱谦益、许念元等，见在密咨拿缉。得旨：黄毓祺着正法，其……钱谦益等马国柱严饬该管官访拿。

据《贰臣传乙编》，牧斋这次吃官司也是被人告密的，告密人叫盛名儒：

> 以钱谦益曾留黄毓祺宿其家，且许助资招兵。诏总督马国柱逮讯。谦益至江宁，诉辩：“此前供职内院，邀沐恩荣，图报不遑。况年已七十，奄奄余息，动履借人扶掖，岂有他念。”哀吁问官乞开脱。会首告谦益从逆之盛名儒逃匿不赴质，毓祺病

> 死狱中。乃以毓祺与谦益素不相识定谳。马国柱因疏言："谦益以内院大臣归老山林，子侄三人新列科目，荣幸已极，必不丧心负恩。"于是得释归。

这次狱事，一直到顺治六年春才告结束。同年七月十五日，同县瞿式耜的家人派家童到桂林去看永历帝的桂林留守牧斋的门生瞿式耜。牧斋脚踏两头船，带一封密信给他，九月十六日到达，这封密信被节引在式耜的《报中兴机会事疏》中（《瞿忠宣公集》卷五），牧斋指陈当前军事形势，列出全着要着急着。还报告清军将领动态，和可能反正的武装部队。式耜的案语说：

> 臣同邑旧礼臣钱谦益寄臣手书一通，累数百言，绝不道及寒温家常字句，惟有忠驱义感，溢于楮墨之间。盖谦益身在虏中，未尝须臾不念本朝，而规画形势，了如指掌，绰有成算。

有了这件文字，加上瞿留守的证明，万一明朝恢复天下，看在地下工作的份上，大学士的座位，这一回总该坐得上去了吧？

一年后，清军攻下桂林，瞿式耜不屈，慷慨赴义。清人修《明史》，大传的最后一位，便是牧斋早年的门生瞿式耜。这师生二人，在民族兴亡，国家存灭的严重关头，一个经不住考验，作了两朝领袖，名教罪人。一个通过考验，成了明朝的孤臣孽子，忠臣烈士。牧斋地下有知，怕也没面目见到这位高足吧！

一九四八年五月十三日于清华园

（原载 1948 年《中国建设》六卷五期）

后　　记

多年来喜欢读历史，随手扎录，类集了很多史料。读的书很杂，注意的问题也很多，一个专题的史料积累到可以提出问题了，再进一步有系统地读有关的书，发掘更多的史料。从一九三一年到一九四八年，边读边写，发表了几十篇札记式的论文。

三联书店建议把这些论文编集出版，认为也许可以供今天历史工作者的参考。这个本子选录了十一篇文章，按写作时间顺序编排，并曾对个别地方作了修改，书名就叫读史劄记。

最后两篇，《明初的学校》是在北平学生反饥饿反迫害的斗争中写的，《“社会贤达”钱牧斋》是针对旧政协所谓“社会贤达”代表王云五写的。里面有一些话，对今天的读者没有意义，但在当时也曾稍稍刺了一下敌人。应该特别提出，《明初的学校》这篇文章，有些人很不喜欢，说是不合传统，亡友朱自清先生不以为然，他说：“这样写法很新鲜，旧传统是可以也应该改变的。”经过他的力争，才能发表。

再重复一句，这本书只是若干专题史料的汇集，期待着读者的指正和批评。

一九五五年八月十八日于北京

两浙藏书家史略

说明：

《两浙藏书家史略》，人物传记，是 1932 年吴晗在清华大学读书时编撰的，原载 1932 年《清华周刊》第 37 卷 9、10 两期“文史专号”，署名辰伯。原书以姓氏（繁体）笔画为序，收入本文集中仅将繁体字转为简体，未改次序。

——编者注

序言

隋牛弘谓自古典籍兴废，仲尼之后，凡有五厄：大约谓秦火为一厄；王莽之乱为一厄；汉末为一厄；永嘉南渡为一厄；周师入郢为一厄。（《陆子渊别集·统论》）隋开皇之盛极矣，未几皆烬于广陵。唐开元之盛极矣，俄顷悉灰于安史；肃代二宗，洊加鸠集，黄巢之乱，复致荡然。宋代图史，一盛于庆历，再盛于宣和，而女真之祸成矣；三盛于淳熙，四盛于嘉定，而蒙古之师至矣。胡氏统计之为十厄，盖谓大业一也，天宝二也，广明三也，靖康四也，绍定五也。（《少室山房笔丛·经籍会通》一）

大抵政府收藏，多随政治局面之隆替而兴废，且其采掇，仅凭官司，无论精校丹黄，即鉴别真赝，品评得失，亦绝不可得。甚或深幽琼阁，徒饱蠹鱼，日蚀月消，终归湮灭。其不为学者所重也固宜。

自板刻兴而私人藏书乃盛，其中风流儒雅，代有闻人，宿史枕经，笃成绝学。甚或连楹充栋，富夸琳琅，部次标签，搜穷二酉，导源溯流，蔚成目录之学，其有裨于时代文化，乡邦征献，士夫学者之博古笃学者至大且巨。

胡少室（应麟）论藏书家有二等，谓："列架连窗，牙标锦轴，务为观美，触手如新，好事家类也。枕席经史，沉湎青箱，却扫闭关，蠹鱼岁月，赏鉴家类也。"而斥专收宋本者为雅尚，不得谓为藏书。（《经籍会通》四）洪北江（亮吉）广其意，别藏书为考订、校雠、收藏、赏鉴、掠贩诸家。谓："藏书家有数等，钱少詹大昕、戴吉士震为考订家；卢学士文弨、翁阁学方纲为校雠家；鄞县范氏天一阁、钱塘吴氏瓶花斋、昆山徐氏传是楼为收藏家；吴门黄主事丕烈、邬镇鲍处士廷博为赏鉴家；吴门书估钱景开、陶五柳，湖南书估施汉英，为掠贩家。"（《北江诗话》）叶焕彬（德辉）纠之，谓：

“考订校雠，是一是二，而可统名之著述家。若专以刻书为事，则当云校勘家。”（《书林清话》九）其见甚卓。

然其弊也在于自私，在于保管之不得当，在于一般民众之无识。有储书贻后而责以鬻及借人为不孝者，有深藏秘阁宁饱书虫靳不借阅者，或则一遭兵火，便归浩劫；或则子孙不肖，勿克负荷；或则覆瓮作薪，夷然不惜。用是藏书积世，便为美谈；守视得宜，都成佳话。究之千百年来其能积书笃学，绳绳继继者几于绝无仅有。

晚近欧风东渐，各城市渐有图书馆之设，采集古今载籍，付之公开阅览，其用意至美至善。且其建筑大多先事预防，尽力于火灾及潮湿致腐之设备。其规模组织率较私人为宏大，其管理编列率较私人为精密。两者相律，私人藏书在将来之必归淘汰也无疑。

仆少嗜书，顾力弱不能多得，每读诸先哲藏书行实，辄为之神往。年来流浪南北，虽碌碌一无所就，而箧底所蓄书则日增，前年读书燕大图书馆，左右逢源，屠门大嚼，辄惊喜逾望。暇中于考订撰作之余，日手录诸方志、史乘、诗文集、笔记、志状碑帖诸有关于藏书故实者，锱积寸累，比来积稿数盈尺。间嘱友人蒋山弱弟曦为缮录理董，以故浙产，先成两浙藏书家史略三卷，得三百九十九人。所录固未尽备，尚有待于来日之补苴也。以地计，得：

杭县	一〇五	海宁	三八	富阳	一
余杭	一	临安	一	于潜	一
新登	一	昌化	一	嘉兴	二一
嘉善	五	海盐	二二	崇德	三
平湖	一三	桐乡	九	吴兴	二四
长兴	三	德清	一	武康	二
孝丰	一	安吉	二	鄞县	二七
慈溪	五	镇海	二	象山	一
绍兴	二七	萧山	九	诸暨	二
余姚	九	上虞	五	新昌	三
临海	四	黄岩	三	温岭	一
衢县	三	龙游	三	常山	二

金华　三	兰溪　七	东阳　四
义乌　四	永康　一	浦江　六
永嘉　二	丽水　二	缙云　二
庆元　二	瑞安　三	平阳　二

杭县海宁、绍兴、鄞县、海盐、吴兴、嘉兴最多，余姚、桐乡、萧山、兰溪、嘉善、慈溪、平湖、浦江次之，他县又次之。以时代计，得：

晋　二人

南朝　梁　二人

南北宋　三三人

元　十五人

明　八十人

清　二百六十七人

恰随时代之进展而增加其数量，至胡元则以国祚较短，复不重文，故反呈退缩之象也。

凡所抄录初意尽举原文，继以篇幅太繁，尽弃去，仅录其有关藏书故实者。然仍累累十数万言，惧非周刊所许，因再弃去，剪裁得三数万言，排列悉依姓氏繁简，以便检阅，且得究其渊源授受之由。所录原书，具征卷帙，原文有关其人之性情、思想、学术、著作及其书斋藏书印文者亦间移录，以资参证。惟读书不多，临事又草率，荒谬舛陋，在所不免。然终于忙迫中编撰成帙，亦冀以稍资整理旧籍及有心乡邦文献者之一助，且以际此新陈交替之候，为过去藏书家留一鸿爪而已。倘得少闲，当统汇旧文，以时代编次，以赎前失。尚望海内方家有以正之、谅之。

一九三二，四月二十二日辰伯识

二画

丁申　原名壬，字竹舟，清钱塘人。少笃学，薄仕进，慨然以斯世为己任。咸丰十一年冬，太平军再陷省城，跳身免。拾文澜阁书于煨烬瓦砾中，得万余册。城复，权储府学。其后巡抚谭钟麟奏请重建文澜阁，申与弟丙出藏书缮补残阙藏尊经阁中，以复旧观。事闻，赏申四品顶戴，谕旨有嘉惠士林之褒。（《杭州府志》卷百四十三）

丁丙（1832—1899）　字嘉鱼，别字松生，晚号松存，清钱塘人。幼沉毅好学。咸丰十一年冬，省城再陷于太平军，跳身免，伏留拾文澜阁书庋郡庠尊经阁。光绪初，文澜阁成，挈还守藏吏钞补校订以还四部八万之书。巡抚谭钟麟疏陈其事，历邀褒奖。祖掌六公有八千卷楼，丙复益以二楼曰后八千卷楼，小八千卷楼，总名藏书之所曰嘉惠堂。收藏几二十万卷。光绪末叶，归安陆氏皕宋楼精本与守先阁所藏明刻本，日本以六万金并金石拓本捆载以去，是时端方（匋斋）督两江，闻丁氏书将散，愳其为平原之续，亟属缪筱珊至武林访之，尽辇之白下，开江南图书馆以惠学者。所刻书与自著书甚夥（《乐善录》、《善本书室藏书志》），丙卒后，其子立中刊行之。（《杭州府志》、《藏书纪事诗》）

丁杰（1738—1807）　字升衢，号小山，又号小疋，归安人。乾隆辛丑进士，官宁波府学教授。在都十年，聚书至数千卷，手写者十二三。为学长于校雠，得一书必审定句读，博稽他本同异，用小纸反覆细书，每竟一编，校签细字压黏倍其原书。（翁方纲《丁小疋传》、许宗彦《丁教授传》）

丁敬（1695—1765）　字敬身，号纯丁，自称龙泓山人，清杭州人。邻保皆野人，酿曲蘗自给，身厕佣贩，未尝自异。顾好金石之文，穷岩绝壁，披荆棘，剥苔藓，手自摹榻，证以志传，著《武林金石录》。分隶旨入古，而于篆尤笃嗜，啸堂集古、吾邱学古兼入其室。非性命之契，不能得其一字也。秦汉铜器，宋元名迹入手即辨。性耽群籍，家贫不能出重资购买，门摊市集，眼光所注，无留良焉。小楼三楹，届臣满室，丛残不复整理，皆异册也。（杭世骏《道古堂文集》卷三十三《隐君丁敬传》）

丁朴　字敦甫，清归安人。藏书之富，时推月河丁氏。朴以湖俗惑于风水多拘忌，因证古籍，力辨其非。著有《风水祛惑》。（《湖州府志》卷七十六）

丁立诚　字修甫，申子。光绪元年举人，官内阁中书。幼颖悟，家有藏书，目录之学如泻瓶水，而尤致力于诗。（《杭州府志》卷百四十三）

丁桂芳　字筠溪，晚号知白居士，清嘉善人。贡生。肆力于古，所居素园，有林泉之胜，构读书楼，图书碑版，积累充栋，著有《方谷诗钞》二十卷。（《嘉兴府志》卷五十五）

晗按：《两浙輶轩续录》二有“丁桂芬字云士，号筠渼，嘉善人，贡生。居城南素园，建读书楼，著《方谷诗钞》”。所载事迹全同，而名字互异。府志采摭当地文献，当不致误，疑《輶轩续录》传写之讹，或桂芳后更名桂芬也。

丁维时　字驭青，清嘉善人。诸生。《辑雅堂诗话》卷上：“驭青藏书万卷，丹黄不去手，颇似吴兔床陈仲鱼一辈人。书画篆刻亦绝工雅，惜不多见。”所著有《拙渔诗存》。

四画

孔休源（？—530）　字庆绪，南朝梁山阴人。官至金紫光禄大夫，谥贞子。休源风范强正，明练政体，常以天下为己任。聚书七千卷，手自校练，凡奏议弹文勒成十五卷。（《绍兴府志》卷四四）

文莹　僧，字道温，宋钱塘人。工诗，喜藏书，尤留心当世之务。收古今文章著述最多。自国初至熙宁间，得文集二百余家。著有《玉壶清话》。（《藏书纪事诗》卷六）

方九叙　字承天，明钱塘人。少慕于古，冀托不朽。长与海内诸名家唱和，甚有称。释褐除兵部主事，守山海关。明习边务，将卒惮服。葺仓贮谷，散种食于民，不征息。多购群书，勤为士子讲析。比行，群下泣送载路。官至承天太守。天性毅直，屡忤巨珰。罢归益讨故业，聚书至数万卷。所著有《方承天遗稿》。（《武林藏书录》卷中）

方成珪　字国宪，号雪斋，瑞安人。嘉庆戊辰进士，官宁波教授。成珪研精小学，勤于校雠，官奉所入，悉以购书，储藏数万卷，丹黄殆遍。尝谓古韵书之存者，莫善于集韵，因据宋本及近时段玉裁、严杰、汪远孙、陈庆镛校正曹刻之误，复以方言、说文、广雅、经典释文、《玉篇》、《广韵》诸书正宋椠及景祐元修之误，为《集韵考》五十卷。吴县吴钟骏及定海黄式三叙其书，推为深雅精博。又以晋干宝《易注》亡于北宋，因捃摭佚文，详为疏释，为《干氏易注疏证》二卷。又谓流俗字书承讹袭谬，惟元李元仲字鉴，述古准今，斟酌悉当，因详加考释，为《字鉴校注》五卷。其他著述有《韩集笺正》十卷，正宋廖莹中世彩堂本《韩愈集注》之误。著《瑶斋诗钞》。（《两浙輶轩续录》二五）

方国泰　字爻二，号警斋，清金华人。《旧雨录》："警斋诗宗汉魏，兼工乐府。好聚书，乾隆中毁于火，复弃产购之，今我楼藏书尚赢万卷。"著有《我楼诗稿》、《我楼乐府》。(《两浙辅轩续录》二十五)

毛奇龄(1623—1716)　尝记某说部云："毛西河夫人绝犷悍，西河藏宋元版书甚夥，摩挲不忍释手，夫人病焉，谓此老不恤米盐生计而般弄此花花绿绿者胡为也？一日西河出，竟付之一炬。"(况周仪《惠风簃二笔》卷一)

王羽　字仪之，钱塘人。洪武辛未进士，历官礼部仪制同郎中，升太常少卿。乞归，改余杭教授。为人端重简静，文章悉根义理。家富藏书，鉴别最精。(《武林藏书录》卷中)

王晫(1637—?)　初名棐，字丹麓，仁和人。诸生。性好博览，聚所藏经子史集数万卷于霞举堂纵观之。每读一书，必首尾贯穿始放去。其所论著，终始条贯斐然，成一家言。所著有《遂生集》十二卷、《今世说》八卷、《霞举堂集》三十五卷、杂著十种十卷、《墙东草堂词》，刻有《檀几丛书》五十卷。(《清史列传》七十)

王钛(1659—1684)　字声远，萧山人。性耽书，曾辑左、国以下，旁及子史与诸家集，未竟而卒。妻汪慨然谓"遗金满籯，曷若传一经以成父志！"乃命孤洪源陆续积书，遇有秘本即购之，合得数万卷。藏之一楼。从来东江书府极推范氏天一阁及山阴祁氏东书堂，而今皆散尽。惟萧山王氏书巍然独存。(《西河全集墓志铭》卷十三《孝子声远王君暨节妇汪孺人合葬墓志铭》)

王纲　字秦望，清海盐人。庠生。敦品力学，藏书数万卷，多手订校正。从游甚众。积脩脯增置祭产，与兄纯更迭唱和，娓娓不倦。著有《觐卿记》四卷，《秦望诗稿》若干卷。(《海盐县志》)

王涛　字一清，明缙云人。博学端行，家藏万卷，号墨庄，著有《愚泉集》。(《缙云县志》卷八)

王济　字伯雨，明乌程人。所居有长吟阁，宝岘楼，图史鼎彝，夺目充栋。所著有《宫词善说》、《今词归》、《古意》。(《浙江通志》

百七十九）

王元地　字坤为，号西朋，清海宁人。岁贡生。其学根柢经史，尤熟于诸子百家。家贫无力购书，手自缮录，不下五六百种，丹黄校勘，至耄年不倦。著有《说经连珠》、《读史随笔》各若干卷。又分韵裒辑《艺苑琼林》正续二编，共一百册。网罗宏富，人艳称焉。（《海宁州志稿·文苑传》）

王文禄　字世廉，明海盐人。少举乡荐，性嗜书，遇有异书辄倾囊购之。得必手校。缥缃万轴，贮一楼。俄失火，大呼曰："但力救书者赏，他不必也。"著有《藾草》、《邱陵学山》、《邑文献志》。（《嘉兴府志》卷五十七）

王永倓（1669—1749）　字友功，号帆川，绍兴人。弱冠补博士弟子员，官安阳县尉。家有藏书数万卷，闭门却扫，穷昼夜而综群籍之精蕴，发为文辞，雄丽典赡，时惊其座人，即邑中先达素号能文者，亦莫不以为后起之隽，莫君若也。顾久困场屋，南北凡十一试，屡荐而不售。遂襆负书，遨游燕晋楚粤江淮间，足迹几遍海内。所过山川都邑有迹可寻，登临倡和之所及者，悉于诗文发之。以自写其性情，无一毫抑郁之气。所著有《帆川文集》二卷，《诗集》八卷，《类集》二十卷，《纲目摘注》二卷，《杂录》十卷藏于家。（《生香书屋文集》卷一《王帆川家传》）

王甲荣（1850—1930）　字部畇，一字步云，号次逸，晚号冰镜老人，嘉兴人。光绪己丑举人，官广西富川县知县。庚子遭拳匪乱，京师破，走沧州，书籍三万余卷及手稿一箧尽毁于兵燹。所著有《傜侗僮苗述略》一卷、《古今医术最录》四卷、《二欣室文集》二卷、《二欣室诗集》八卷、《二欣室诗录》一卷、《二欣室楹联偶存》一卷。（以上为已写定者）《行政记略》二卷、《二欣室记事珠》一卷、《庚子京畿闻见录》二卷、《二欣室随笔》若干卷。（以上尚待厘正者）《二欣室骈文集》若干卷，《庚子前诗词稿》若干卷。（以上为已佚者）（《王甲荣年谱》）

王光经　字景济，永嘉人。万历丁未二甲进士第一，授礼部主事，册封淮府，转刑部郎，后迁广东岭南道副使，卒于官。平生无他玩好，止藏书万卷，手不废卷，常曰："士丈夫一日不读书，则性情疏散，义理荒错，致君将凭何术?" 时以为名言。(《温州府志》卷二十八)

王昌世　字昭甫，元初庆元人。于名理经制治道之体统，古今礼典之因革，殊闻异见，靡不究悉。蓄书万余卷，毁于火。露抄雪纂，至忘寝食，书以复完。(《浙江通志》百七十五)

王宗炎(1755—1826)　字以除，号縠塍，晚号晚闻居士，萧山人。乾隆庚子进士。縠塍学问淹博，性尤淡退，家有中人产，仅足温饱。既通籍，遂杜门不出，筑十万卷楼，以文史自娱。著有《晚闻居士遗集》九卷。(《两浙輶轩续录》十三)

王国陛　字德载，东阳人。康熙庚子举人。性肫笃纯孝，惧疏定省，一上公车不第，不复出。母卒作述哀诗七章以志感慕。父耄年寝息与俱，如影附形，一时传述。(《金华诗录》卷五十一) 性嗜书，收藏甚富。著有《学耨堂书目》、《学耨堂草》。(《东阳县志·经籍志》)

王逢圣　字子麟，明黄岩人。例贡生。官鸿胪寺序班。性嗜书史，牙签万轴。(《黄岩县志》十五)

王望霖　字济仓，号石友，清嘉庆时上虞人。由太学生入资授中书。少聪颖，博涉群书，尤好吟咏。性喜翰墨，工书法，间写兰竹有奇趣，藏书数万卷。善鉴名人墨迹，择尤精者钩摹镌石，号《天香楼藏帖》。年六十四卒。子振纲辑其遗稿四卷藏于家。(《上虞县志》卷十二)

王绍兰　字南陔，清萧山人。沈豫补今言："萧邑藏书之富，縠塍王经师家筑十万卷楼，陆氏寓赏楼，陈氏湖海楼。此外如王中丞南陔，汪吏部苏谭，俱大族，皆充栋盈车，不假南面百城。至雠校精工，分析真伪，汪王诸君皆精郑孔小学，非炫饰斯文，徒夸排比者可拟也。"

王朝志　字宁寰，明山阴人。诸生。幼颖异，日记数千言，老而靡倦。手录经史诸子百家书积十六笥，出其门者成名甚众。所著有《五经要论》、《敬斋心录》、《敬斋文集》十卷、《玉山集》十卷。

（《绍兴府志》卷五十三）

王德溥　字容大，号澹和，清钱塘诸生。事亲至孝，营幽窀十历寒暑，陆筱饮飞为画种松图以寄哀。先是其父钧字驭陶，耄年归里，辟养素园以娱老。树石池馆之胜，甲于里中。澹和喜聚书，又筑宝日轩为藏弆之所，秘册古椠，充牣其中。尝辑《北郭诗钞》，未成而卒。（《杭郡诗辑》）

王寿徵　原名斯恩，字虎生，清钱塘优贡。官广东从化知县。覃思四部之学，藏书尤多。其精本细书校勘，几遍卷内。字体秀劲。（《两浙輶轩续录》）

王应玘　字剡公，明鄞县人。性忠孝戆直。初为诸生，客同里张煌言军，署巢县知县七日。及煌言死，恸哭入山为僧。后师天童晢公，名元月，亦曰等月，字印千。本师殁，挪其衣钵归，筑室独居，中奉先人，旁列图史，日访求异书，纂录无暇晷。入夜一灯荧然，光射水际，弹琴弄笛，度一曲，舟过其下，疑若神仙，不知其甚于哭也。诗逼汉魏，书画绝工。士大夫兼金求之不与，每为村人取去，有入尽给宗人之贫乏者。又以朋友为性命，始难于合，合则终身不舍。卒年八十。（《鄞县志》四十）

五画

左岘 字襄南，一字我庵，浙江鄞县人。康熙九年进士，官至广东提学道。岘嗜经学，其宋元钞本自校者一百数十种，世传昆山徐氏通志堂所雕，皆岘架中物也。尝作《玉垒记》，谓威州与灌县皆有是山，《蜀都赋》所云者今威州之玉垒，乃湔水所出。《太平寰宇记》以为在茂汶间者也。若《唐书·地理志》在导江者，今灌县之玉垒，杜工部《赴青城寄杜回诗》所云“题书心乱者”是也。其考据精核类此。(《鄞县志》四十)

包柽芳 字子柳，明嘉兴人。喜书，闻有异本，即僻巷环堵，必徒步相访。得之，则分命左右传写，手自摘录，垂丙夜不休。客至，散帙纵横几案，几无所布席，而了不为异。(《玉剑尊闻》)

史守之 字子仁，宋鄞县人。以承事郎监平江府粮料院。从杨简、袁燮游，心非其叔弥远所为。主管绍兴府千秋鸿禧观，以朝奉大夫致仕。中年避势远嫌，退居月湖之松岛。著升闻以寓规谏，诏书累起之，力辞不出。杜门讲学，又学古文于楼钥。不与时谐，以道自任，弥远甚畏之。每有所为，辄戒其家弗使十二郎知。宁宗御书“碧沚”二字赐之。守之尝自署九六子，牙签最富。吴中旧书家有“旧学史氏”及“碧沚”印者皆其遗书也。(《鄞县志》三十)

石公弼 初名公辅，字国佐，宋会稽新昌人。元祐六年进士，官至兵部尚书。“越藏书有三家：曰左丞陆氏、尚书石氏、进士诸葛氏，而石氏当尚书无恙时，书无一不有。又尝纂集前古器为图记，亦无一不具。其后颇勿克守，而从子大理正邦圻①尽以金求得之，于是为博古堂。博古之所有众矣，其冥搜远取，抑终身不厌者，后

① 按陆游《渭南文集》、《石公墓志铭》作石邦哲。

复散出。而诸孙提辖文恩院继曾稍加访寻，间亦获焉。”（嘉泰《会稽志》卷十六）

石邦哲 字照明，宋会稽人。官福建参议。筑堂名博古，藏书二万卷。每抚其子继曾而叹曰：“吾是书以遗尔，无恨矣！”（陆游《石公墓志铭》）

按：嘉泰《会稽志》卷十六《藏书门》作“石邦圻”。

六画

全祖望（1705—1755） 字绍衣，号谢山，鄞县人。乾隆丙辰进士。性好聚书，弱冠时登范氏天一阁，谢氏天赐阁，陈氏云在楼，遇希有之书辄借钞阅。《鲒埼亭集·双韭山房藏书记》："予家自先侍郎公藏书大半抄之城西丰氏，其直永陵讲筵赐书亦多，所称阿育王山房藏本者也。侍郎身后归于宗人公之手，以其为长子也。先和州公仅得十之一，宗人子孙尽以遗书为故纸，权其斤两而卖之，无一存者。先宫詹平淡斋亦多书，诸孙各分而有之，遂难复集。和州春云轩之书，一传为应山公，再传为先曾王父兄弟，日积月累，几复阿育王山房之旧，而国难作，里第为营将所踞，见有巨库，以为货也，发视之皆书；大怒，付之一炬。先赠公授徒山中，稍稍以束脩之入购书。其力未能购者，或手抄之。先君偕仲父即以抄书作字课。已而予能举楮墨，先君亦课以抄书。吾乡诸世家遭乱，书签无不散亡。吾家以三世研田之力，复拥五万卷之储胥，其亦幸矣。双韭山房者亦先侍郎之别业，在大雷诸峰中，今已摧毁；而先赠公取以颜其斋者也。"所著有《鲒埼亭诗文集》。

江元祚 字邦玉，明钱塘人。隐居不仕，筑草堂于四溪之横山堂之上，为拥书搂，广储图史。啸傲其中，读书自得。崇祯十年夏五月嘉定马巽甫调元访之，为作《横山拥书楼记》云："自横山草堂盘曲而上，即堂为楼，楣题拥书，果睹万卷。或传前朝，或颁内府，髹榻再寻，棐几称是。左史右经，殆将连屋。发为文章，宜有此构。推窗远眺全碧，千峰若围，隐见树杪。邦玉因言吾年三十八即高揖博士，不愿备弟子员，将尽读楼中书以自乐。因略出先世所藏及生平所购，多余所未见古本。又出一时四方名人高士往来赠答诗篇及文章图画，竟日不能尽。后乃示余自所为文，俱有超然自得之妙。"

(《武林藏书录》卷中)

朱至　字屦伯，清海宁人。弱冠从奉莪仲鱼两陈子受经，习汉唐诸儒故训。多购异书，留意金石文字。歌诗乐府，骏伟踔厉，婉而多风，仿佛抱遗老人。著《壶口山人诗》、《庚庚石室近稿》。(《两浙輶轩续录》十四)

朱鉽　字君赏，清鄞县人。家世多储藏书，其所谓五岳轩者，图书法物甲于天下。吴中好事家簿目有云，是物藏甬上朱氏者不可屈指。君赏清俊闲雅，车骑甚都。尤喜按食经款客。遭丧乱，弃诸生，焚香灌花，萧然人外。其鉴别古玩，半面了然。尤具神眼，拟之前宋遗民，则固草窗一辈也。初避地于黄公林，寻访故居，遭大火尽丧其所有。怏怏失志，家亦中落。而一琴一砚，必无下品，一茗一粥，别有清思。历年八十，如一日也。(《两浙輶轩录》卷三)

朱澄　字子清，修伯子。咸丰时以道员需次江宁。好聚书，其先家藏甚富，又裒益之，精本充牣，有《结一庐书目》。庚寅病殁，遗书八十柜，闻尽归张幼樵副宪。(《藏书纪事诗》)

朱樟　字亦纯，号鹿田，又号慕樵，晚号灌畦叟，钱塘人，康熙己卯举人，擢部郎，出守泽州。少从毛西河游，颇为所赏。家有日及园，藏书甚富。征车所至，必载书以行。涉胜地，吊遗迹，务穷考索，而宣之于诗。归田后，徜徉湖山之胜，年八十卒。(《武林藏书录》卷下)

朱壬林（1780—1859）　原名霞，字礼卿，号小云，平湖人。嘉庆辛未进士，官至山西道监察御史。喜聚书，然非滥于搜罗。故积书至五楹，所录皆谨严有法。常慨湖州先达遗文散佚，与邑中名士如顾广誉、叶廉锷、贾敦艮、陆潢辈远绍旁搜，得文百余家，录五百余首，汇如一编，名曰《当湖文系》。邑经兵燹，什一千百赖以长存焉。所著有《小云庐诗稿删存》五卷、《晚学文稿》八卷、《当湖朋旧遗诗》十卷、《小万卷楼书目》三册。(《平湖县志》卷十六、二十三)

朱世杰　字秀岩，钱塘人。道光乙酉副贡，官湖北竹山和县。好聚书，劫后，钱塘丁氏得其残帙，皆善本。(《两浙輶轩续录》)

朱长庚　字与白，浙江诸暨人。万历己酉举人，官桃源令，调含山，以耿介忤当道罢归。隐居巢山之啸客堂，藏书甚富，类多手评。（《绍兴府志》卷五十三）

朱昌燕　字苓年，号衎庐，清海宁人。岁贡生，援例授训导。资性颖异，博览群籍，专精掌故。性嗜蓄书，所居朝经暮史昼子夜集之楼，庋藏甚富。光绪甲午丁未之际，掌教东山书院。尤喜奖掖后进，五百里内，高才生掇巍科而去者多出其门下。戊戌江宁李圭来牧海宁，聘修州志，与蒋学坚分任纂修之职。不二年蒇事，昌燕之力为多。没后书籍散佚。所著有《说文经字考姃证》、《十四经解诂》、《国朝汉学师承续记》、《国朝宋学渊源续记》、《国朝列女事略》、《国朝海昌文征》、《国朝海昌人物志》、《国朝骈体正宗续编》、《海昌朱氏文辑》、《再续疑年录》、《文甲乙集》、《椒花后舫诗集》、《拜竹龛词》、《我师录》、《楹联偶存》、《峡川朱氏收藏书目》。（《海宁州志稿·文苑传》，《典籍》十八）

朱兴悌（1729—1810）　字子恺，号西崖，清浦江人。岁贡。拥书万卷，无他嗜欲。年至八十，披吟不辍。诗歌力追古人。著撰大半毁于火，今存者有《易说春秋总论》、《三国志笔录》、《金华经籍志随笔》一卷。（《两浙辅轩续录》十二）

朱稻孙（1682—1760）　字稼翁，一字芋陂，晚号娱村，竹垞孙。晚年贫不能支，曝书亭藏书八万卷，渐致散佚。藏书印曰潜采堂、曰南书房旧讲官、曰梅会里朱氏、潜采堂藏书。有《六峰阁集》。（《鹤征后录》）

朱学勤　字修伯，仁和人。咸丰癸丑进士。由庶常改户部主事，入直军机章京，历官宗人府丞。生平学敏才瞻，好书尤笃。当驾幸木兰之后，怡邸散书之时，供职偶暇，日至厂肆搜获古籍，日增月盛，编为《结一庐书目》。其中宋元明椠以及精钞凡数百种。（《武林藏书录》卷下）（按：叶德辉《结一庐书目序》，谓朱氏藏书大多得之长洲顾氏艺海楼、仁和劳氏丹铅精舍。）

朱彝尊（1629—1709）　字锡鬯，号竹垞，又号驱芳，一号小长庐钓鱼师，秀水人。康熙己未举博学鸿词。《曝书亭著录》自序：

“先太傅赐书，乙酉兵后罕有存者。予年十七，从妇翁避地六迁，而安度先生九迁乃定居梅会里。家具率一艘，砚北萧然，无书可读。及游岭表归，阅豫章书肆，买得五箱，藏之满一椟，既而客永嘉，时方起明书之狱，凡涉及明季事者争相焚弃。比还，问囊所储书则并椟忘之矣。其后留江都者一年，始稍稍收集。遇故人项氏子称万卷楼残帙，畀以二十金购之。时曹侍郎洁躬、徐尚书原一皆就余传抄，予所好愈笃。凡束脩之入，悉以买书。及通籍，借抄于史馆者有之，借抄于宛平孙氏、无锡秦氏、昆山徐氏、晋江黄氏、钱塘龚氏者有之。主乡试而南还里门，合计先后所得约三万卷。先人之手泽或有存焉者。归田之后，续收四万余卷，又上海李君赠二千五百卷。于是拥书八万卷，足以豪矣。顾其间有借失者，有窃去者，有残阙者，昔之所有，俄而忘之。其存者皆予观其大略者也。予子昆田亦能读之，杼柚之屡空，庖爨之不给，而哦诵之声，恒彻于户外，蠹字之鱼，衔姜之鼠，漫画之鸟，不足喻其癖也。盖将以娱吾老焉。……池南有亭曰曝书，既曝而藏诸，因著于录。录凡八卷，分八门焉：曰经，曰艺，曰史，曰志，曰子，曰集，曰类，曰说。”（《曝书亭集》三十五）藏书印有梅会里朱氏、潜采堂藏书、七品官耳，及我生之年岁在屠维大荒落月在橘庄十四日癸酉时朱文方印、秀水朱彝尊锡鬯氏朱文方印。（《藏书纪事诗》）

七画

余钰　字式如，明西安人。天资卓荦。藏书万卷，皆丹黄数过。终日下帷，不与外事。古文诗歌，沉郁华瞻。辑有《纯师集》。（《浙江通志》百八十一）

何恪　字茂恭，宋义乌人。绍兴三十年进士，官徽州录事参军。性好古，藏书至万卷。博览而工于文，陈亮尝称其奇壮精致，反覆开阖而卒能自阐其意。著有《南湖集》二十卷。（应廷育辑《金华先民传》七）

何元锡（1766—1829）　字梦华，钱塘人。精于簿录之学，家多旧书善本，嗜古成癖。精审金石，尝于曲阜访求汉碑，搜幽索险，务获乃已。著《秋神阁诗钞》。（《两浙輶轩续录》二四）

何汝尹（1566—1636）　《毛西河全集·墓志铭》卷三《台州教授何公墓志铭》："字克言，又字太衡，萧山人。由贡生授台州教授。……端性丰颊，善读书，以经术自命。少受知于提学使苏君，以文鸣于时。生平重然诺，好推予，排解导地，当世称长者。子之裕、之祥与予友，之裕读书如其父，家藏书数万卷，而自幼食贫，曰公所贻如是。"

何乔遇　字人徒，明龙游人。博览洽闻。家甚贫，衣食恒不给。藏书数千卷，无不贯综涉猎。（《龙游县志》卷十八）

吾衍（？—1311）　字子行，元杭州人。意气简傲，不为公侯屈色。尝自比于郭忠恕。居生花坊一小楼，楼上图书四壁，坐对竟日无倦容。生徒从衍游者常数十百人。宋濂为之撰传。按《妮古录》宛邱赵期颐以书名世，得之吾衍者为多。衍所著书有《尚书要略》、《听元造化集九歌谱》、《十二月乐辞谱》、《重正卦气》、《楚史祷杌》、《晋文春秋》、《通书援神契》、《说文续解》、《石鼓咀楚文音释》。闲

中编《竹素山房诗》、《闲居录》、《周秦刻石释音》、《学古编》。（《武林藏书录》卷中）

吾点　字子与，清海盐人。乾隆甲寅举人。藏书万余卷，皆手自丹黄。自言十三经、《史》、《汉》皆熟读，《晋书》以下则惟翻阅数过而已。所注《杜樊川诗文集》，考订极精。晚筑舍于泊橹山西，抚松种菊，绝迹城市，人罕识其面。（《海盐县志》卷十七）

吕坤　号北野，明杭州人。《武林藏书录》卷中："吕园在塘栖镇北。吕都事北野与弟鸿胪寺丞水山（按水山名需）别墅也。积石累山，规模宏敞。其藏书之所曰'樾馆'，王伯穀篆额；曰'喜声馆'，陈眉公题额；曰'绵庆楼'，文衡山书额；曰'一本堂'，周天球书额。当时宾客之盛，第宅之侈，甲于杭郡。何东甫《塘栖志略》称栖镇藏书之富，推吕氏北野、卓氏入斋，可想见当时之盛矣。"

吕抚　字安世。清新昌人。性至孝，母丧哀毁骨立，庐墓三年。幼读父书，痛自刻励。年十五，补弟子员。喜藏书，与兄析产，不受广厦腴田，独检集遗书以去。又自购益之，筑逸亭藏其中。恣意翻阅，遂精于天文、舆地、兵法、性理、皇极之学。勤于著述，适海宁查氏狱起，因毁板焉。传有《三才图》、《四大图》、《廿四史通俗演义》。乾隆元年举孝廉方正。（《新昌县志》卷十二）

吕留良（1629—1683）　原名光轮，字庄生，号用晦，又号晚村，清石门人。全祖望《小山堂祁氏遗书记》："吾闻澹生堂书之初出也，其启争端多矣。初南雷黄公讲学于石门，其时用晦父子俱北面执经。已而以三千金求购澹生堂书，南雷亦以束脩之入参焉。交易既毕，用晦之使者中途窃南雷所取卫湜《礼记集说》、王称《东都事略》以去，则用晦所授意也。"

吴昂　字德翼，号南溪，明海盐人。弘治十八年进士，令宜城，官至布政使，廉介自持，教民耕织。有官庄志亩税为民患，昂调停其法，宜城民感而祀之。积书万卷，遍读之。尤好周礼，以后儒乱经，参订诸说附己见为书，凡四易稿而成。（《海盐县志》十五）

吴城　字敦复，号瓯亭，盐生，焯子。承其先业，储藏所未备者搜求校勘数十年，丹黄不去手。（《武林藏书录》卷下）

吴琉　字汝秀，号甘泉，明正德间长兴人。少孤，颖绝伦。不习举子业。素与伯氏共炊，饶于资。逮析箸，尽剖膏腴与伯兄，仅取其瘠者，独请父藏书数屋，建环山楼于董坞先墓侧，键户二十年不下，博通典籍。尤精皇极经世之学，名动公卿，著述甚富。年七十三卒。(《长兴县志》卷二十)

吴焯　字尺凫，号绣谷，清钱塘人。家有绣谷亭，植朱藤一本，岁月既久，花时柔条四垂如璎珞，故以自号。喜聚书，凡宋雕元刻与旧家善本，若饥渴之于饮食，求必获而后已。故瓶花斋藏书之名称于天下。所著《薰习录》，则记所藏秘册也。著有《药圆诗稿》。(《杭郡诗辑》)

吴煦　字晓帆，咸丰时杭州人。读申韩家言，才猷敏练，倚马可待。家有清来堂，广储书籍，埽劫灰之薪火，萃四部之菁华。如朱文公手注《论语》中之颜渊一卷，尤为镇屋之宝。有《清来堂书目》四卷，不下五千种。(《武林藏书录》卷下)

吴模　字求履，清初钱塘人。副使源之子，性至孝，割股救亲。为诸生有名，中年谢去，隐居铁冶岭，名小小园，聚书数万卷，啸咏其中。著《前史实用》、《五伦奉持》、《四书五经解》、《大易图书解》、《历代史评》、《一代文评》、《宝田堂集》。(《国朝杭郡诗三辑》卷二)

吴骞（1733—1813）　字槎客，海宁诸生。生负异禀，过目成诵。笃嗜典籍，遇善本辄倾囊购之。校勘精审，所得不下五万卷，筑拜经楼藏之。尝得宋本《咸淳临安志》九十一卷、《乾道志》三卷、《淳祐志》六卷，刻一印曰“临安志百卷人家”。夙共陈鳣讲训诂之学，所为诗文词旨浑厚，气韵萧远。晚益深造，不屑为流俗之作，著《拜经楼诗集》。(《两浙辅轩续录》、《海昌备志》)

吴之振（1640—1717）　字孟举，清初石门人。以贡授中书。黄宗羲《天一阁藏书记》：“甲辰馆语溪，携李高氏以书求售二千余，大略皆抄本也。余劝吴孟举收之。余在语溪三年，阅之殆遍。此书固他乡寒故也。”《曝书杂记》记其藏书处曰“黄叶村庄”。著有《黄叶村庄诗文集》。

吴之淳　字醇和，号鲈乡，诸生。寿旸子。亦能守遗籍，校读不倦。海昌百年来藏书，若前步桥许氏之惇叙楼，今遗籍荡然；胡陈村胡氏华鄂堂所藏仅有存者；独拜经楼完好无恙，贤子孙善守之效也。（《海昌备志》）

吴之桢　字青城，孝丰人。康熙间岁贡。砥砺廉隅，胸无城府。少笃学，攻经史，藏书数千卷，悉手自校雠，乡里推为耆宿。（《孝丰县志》卷七）

吴之器　字赐如，号神岳，义乌人。崇祯壬午举人。家有抱瓮园，藏书十余楹，之器坐卧其间，流览诵记，盥洗俱废。著有《婺书》。（《金华征献略》卷十二）

吴太冲　字默寘，继志子。崇祯辛未进士。选翰林庶吉士，授检讨。继志固多藏书，至太冲鼎贵，则家益有赐书，轴带帙签至与山阴祁氏海虞钱氏埒。（《武林藏书录》卷中）

吴五凤　字稚威，号竹巢，清安吉人。乾隆五十二年进士，官隆安知县。告归，居鄣吴山村中，闭户著述。多藏书。德清陈斌、仁和宋咸常时过访焉。（《湖州志》卷七十六）

吴文晖　字翼万，海盐人。乾隆丁卯举人。笃学敦行，积书数万卷。以经术教授，远近宗仰，称大师。澉水百余年来，人文散佚，文晖悉力搜采，文献赖以有征。著有《灯庵诗抄》四卷、《澉浦诗话》二卷、《补萝书屋日记》一卷、《灯庵藏书跋尾》一卷。（《海盐县志》卷十七）

吴允嘉　字志上，又字石仓，清钱塘人。性孝友，雅好吟咏。为文原本六经，旁通史、汉，而章法顿挫，刻意规抚苏、欧。于经世之学尤所殚心。生平爱藏书，丹铅点勘，晨书暝写，凡山经地志、墓碣家乘，下逮百家小说丛残之书，搜讨不遗余力。晚年嗜好尤笃。有《四古堂文钞》、《石甑山房诗集》、《石仓诗稿》、《石仓笺奏》、《武林文献志》藏于家。《碧溪诗话》云："石仓先生为湖墅耆宿，嗜学好古，积数十年苦心。殁后藏书散落人间，予在汪氏振绮堂见其手抄书可数百册，楷法醇古，毫无俗焰，望而知为有道之士。其他散处于书贾求售者更不知凡几。尝辑《武林耆旧集》，自汉迄明，其

稿在吴鸥亭处，予借录一过，编定为二十卷。又尝手辑《钱塘县志补》，皆魏志者所未备者。”（《武林藏书录》卷下）

吴玉墀　字兰陵，号小谷，又号二雨，焯子，乾隆庚寅举人。由太平教谕，历官贵阳府长寨同知。乾隆间诏征遗书，玉墀进经部《陆氏易解》等九十余种，史部《四明它山水利便览》等二十余种，子部《东宫备览》等三十余种，《李遐叔文集》、《风雅逸篇》、《石洞遗芳》三种，《蒙御题说文篆韵谱》、吕祖谦《历代制度详说》二种，并赐《佩文韵府》。著有《味乳亭集》。（《武林藏书录》卷下）

吴任臣　字志伊，一字尔器，初字鸿征，号托园，仁和诸生。康熙己未荐试博学鸿词，列二等，授检讨。好读奇书，家贫教授里中，会兵乱，江南大姓皆窜匿，里中少年载其书入市，以一钱易一帙，托园罄脩脯以为市，于是吴中书悉归之。并昼夜读之，久益淹博。所著有《周礼大义》、《礼通》、《山海经广注》、《字汇补》、《春秋正朔考辨》。又取唐季诸霸国事为《十国春秋》一百四十卷，尤称详核。按《十国春秋》自订凡例云：“五代迄今六七百年，世代久远，正史故多遗失；而欧史载十国事，尤缺略。是编所采古今书籍无虑数百余种，若《册府元龟》、《太平御览》等书，愚辄荟萃成书，都为一部。倘臆说杜撰，率尔无征，实所未敢。”托园先生当兵燹之余，留心经籍，生平著作等身，观其引征之多，即可见其收藏之富矣。（《武林藏书录》卷下）

吴兆禧　字锡侯，清初海盐人。年二十能文章，买书万余卷，与姚士粦翻阅，矻矻丙夜不休。早卒，著《笔记》一卷。（《嘉兴府志》卷五十七《姚士粦传》）

吴春照　字子撰，号迟卿，海宁人。诸生。春照作文萧疏淡荡，如其为人。既不得志于场屋，遂纵酒自娱，酒后清言，时见名理。暇则寄情绘事，旁及操琴，布算揲蓍之学。兼通岐黄，尤深于小学。精校雠，家藏数千卷，丹黄几遍。钱塘汪氏重刊《咸淳临安志》，延春照为校勘，并校《史记》、《汉书》，惜未竟其业，以豪饮得噎疾卒。（《两浙輶轩续录》卷四）

晗按：《曝书杂记》：“吴春煦字子撰，兔床先生之侄。擩染家学，雠校极精审。其兄醒园昂驹亦好古籍。”警石在海宁有年，记载当亦不致有误。但查《海宁州志稿·典籍志》著录有吴春照无春煦其人。未悉孰是，待考。

吴为金　字象青（按《雪桥诗话》为金字篆青）城子。尝从王曾祥游，攻苦不怠，能自力于文章。善诗词。储书数十万卷。所交游赠答皆当世名士。（《两浙辅轩录》卷三十五）

吴农祥（1632—1708）　字庆百，号星叟，一号大涤山农，太冲子。康熙十八年举博学鸿词。少异敏，一览成诵。家富藏书，构宝名楼于别业之梧园贮之。与弟农复登楼而去其梯，不闻世上语，尽发所藏书读之。学益博。与吴任臣齐名，武林呼为“二吴”。农祥为文条贯，骈散文诗赋小词俱工，尤精于易。与毛奇龄友善，然质疑辩难不肯苟同。所著有《萧台集》二百四十卷、《梧园杂著》二十卷、《流铅集》四十卷、《诗馀》二十四卷，又《啸台读史》、《绿窗读史》、《钱邑志林》、《唐诗辨疑》若干卷。（方婺如《吴征君传》、《清史列传》）

吴寿旸　字虞臣，骞子。骞以宋椠《东坡先生集》授，因自号苏阁。取拜经楼书有题跋者手录成帙为《题跋记》。（《海昌备志》）

吴继志　字惺阳，明钱塘人。官云南越州卫经历。好聚书，且勤掌录，秘阁之抄逾万卷。（《武林藏书录》卷中）

吴煸文　字朴存，清山阴人。世居州山。藏书十余万卷，建一楼贮之。著有《朴亭诗集》。（嘉庆《山阴县志》）

宋震　字道亭，明兰溪人。为人倜傥负奇，芥视一第甚。既屡试不售，中弃去。摄古衣冠，筑别墅曰“雪溪堂”，聚书万轴，卧其中，经史子集环向恣读之。间发为诗歌盈帙。（《少室山房全集》九一《先宜人状》）

宋濂（1310—1381）　字景濂，谥文宪，明浦江人。澹生堂藏书约：“胜国兵火之后，宋文宪公读书青萝山中，便已藏书万卷。”

《风希堂诗集》卷四《风希堂图后歌》注：“宋潜溪自金华徙居浦邑，所居曰青萝山房，与义门郑氏邻。藏书最富，余尝至其地，平冈蔓草，片瓦无存，盖自公西徙，宅已全毁矣。”

《风希堂文集》卷二《宋文宪公全集》序：“窃惟太史公好游，足迹遍天下，故其为文跌荡有奇气。唯公不然，始自潜溪徙浦江，得郑氏藏书八万卷。居青萝山中，日讲明而切究之。征召迭至，不出也。暨明兴，以文章翊国运，亦不过往返金陵，千里而近。然观太史公之善游者，曾不稍异也。太史公䌷金匮石室之藏，终身好学深思之力，以成《史记》。公被命修《元史》，八月书成。洎重修《顺帝纪》，亦六日竣事，虽间有指摘，而体大思精，二百十卷与太史之百三十卷亦无稍异也。”

宋大樽 字左彝，号茗香，仁和人。乾隆丁酉举人，官国子监助教。王宗炎《尔雅新义》序：“宋山阴陆氏《尔雅新义》为世所罕觏，吾邑陆君芝荣、陈君培得、仁和宋助教大樽手校本，审定镂版。”马定枬《赠茗香助教诗》云：“辛苦风尘两载余，摊书尽日对窗虚。棠梨晷影分明在，遥忆先生国子庐。”严元照书《云烟过眼录》后：“自武林归，经唐栖里访宋茗香，观所藏书，中有丁泓龙先生手抄《云烟过眼录》一册。”著有《学古集》、《牧牛村舍外集》。(《武林藏书录》卷下)

宋咸熙 字德恢，号小茗，仁和人。大樽子，嘉庆丁卯举人，官桐乡教谕。小茗先生家学渊源，藏书甚富。《思茗斋集·借书诗序》：“藏书家每得秘册，不轻示人，传之子孙未尽能守；或守而鼠伤虫蚀，往往残缺，无怪古本日就湮没也。先君子藏书甚富，生时借抄不吝。熙遵先志，愿借于人。有博雅好古者竟持赠之，作此以示同志。”诗云：“金石之物亦易澌，况兹柔翰历多年？能抄副本亟流播，劫火来时庶不湮。翳予老病子犹痴，过眼云烟看几时？浊酒一瓻何用报，先公泉下亦怡怡。”小茗承遗训，绍家传，守流通古书之约，其有功于载籍者大矣。尝辑注《夏小正》剧精核，《耐冷谭诗话》亦传布艺林；秉铎桐乡时，辑有《桐溪诗述》，搜采甚博。著《思茗斋集》。(《武林藏书录》卷下)

杜煦（1780—1850） 字春晖，号尺庄，山阴人。廪贡生。平生以名教自任，一言一动，皆可经法。焚香静居，丹黄万卷，虽疾病弗休。其著述长于文，而自嗛于笔。诗词早工，后亦薄之，集若

干卷藏于家。卒年七十有一。（《续碑传集》七八宗稷辰撰《杜征君墓志铭》）

《藏书纪事诗》六："山阴藏书家有杜煦尺斋杜春生禾子昆弟。汉建初六年大吉买山记其所搜得，即名其藏书之所曰大吉楼。"

杜丙杰　字吉甫，号菊生，尺庄之弟，嗜学早殁。著有《会稽掇英集拾遗》二十卷、《劄记》一卷、《知圣教斋书目提要》八卷、《荆花轩诗抄》，兵燹后均散佚。（《两浙𬨎轩续录》二四）

杜春生　字禾子，煦弟。喜抄书，家有知圣教斋，藏善本之所也。尝与兄煦撰《越中金石志》十卷，其所收善本钤有"杜氏知圣教斋"藏书印。（《丁氏藏书志》）

李光（1077—1159）　字泰发，自号读易老人，宋上虞人。崇宁五年进士，官至参知政事，谥庄简。《挥麈录》："叶少蕴书逾十万卷，丁卯年俱荡一燎，李泰发家旧有万余卷，亦以是岁火，岂厄会自有时邪？"《至正直记》："予至上虞，闻庄简公光无书不读，蓄书数万卷。子孙不肖，且粗率鄙俗，不能保守，散于乡里之豪民家矣。读其家训，不觉为之痛心也。"卒年八十三。

李诚　清黄岩人，生平喜蓄书，撰《敦说楼书目》一册。家藏之书，著于目录，分经史子集四卷，惟经史二部有评语，余仅记其目。案敦说楼书近已散鬻他人，闻初鬻时每本书仅钱十文，购者稍多，增至三十文，甚有稿本购去，反嫌字迹模糊，覆瓿糊壁，付火者所在多有。（《台州经籍志》）

李孟传（1126—1219）　字文授，光子。少讲学有声，而天资爽迈，无纤毫世俗之气。性嗜书，至老不厌。藏书万卷，悉置左右，翻阅紬绎，周而复始。每得异书，手自校勘，竟其编乃止。多识典故及前辈出处，中朝旧事，历历能道本末，有如目睹。所著有《磐溪诗文稿》五十卷、《宏词类稿》十卷、《记善记异》各五卷。（《宝庆续会稽志》卷五《李光传》）

沈约（441—513）　字休文，梁武康人。官至左光禄大夫侍中少傅，卒谥隐。少孤贫，笃志好学，昼夜不倦。母恐其以劳成疾，常遣减油灭火，而昼之所读夜辄诵之，遂博通群籍。好坟籍，聚书至二万卷，京师莫比。著有《晋书》百十卷、《宋书》百卷、《宋文章志》三十卷、《齐纪》二十卷、《高祖纪》十四卷、《迩言》十卷、《谥例》十卷、文集百卷。(《湖州府志·人物传》列传三)

沈思 字持正，一字东老，宋熙宁时归安东林人。家颇藏书，喜宾客。东林当钱塘往来之冲，故士大夫与游客胜士闻其好事，必过之，思亦应接不倦。尝有布裘青巾者自称回山人，风神超迈，与之饮终日不醉，薄暮取食余石榴皮书诗一绝壁间，有："白酒酿来原好客，黄金散尽为收书"句，其风雅可想而知矣。(《避暑录话》)

沈衡 字南冈，清嘉善人。国子生。博览经史，藏书甚富，类皆质物购之，家因中落。工书，兼习岐黄，尤精鉴古。游幕淮扬间，颇有声誉。既归，家居不与外事。治人疾多奇验，至老犹徒步往，仍不索酬。性诚笃，廉介自持，乡里咸称长者。卒年七十一。(《嘉善县志》卷二三)

沈廷芳（1702—1772） 字畹叔，一字萩林，号椒园，清仁和人。由兵部侍郎杨汝穀荐举，除庶吉士，官至河南按察使。家有隐拙斋，藏书甚富。后以崎岖患难，藏书星散。有仁和沈廷芳字畹叔一字椒园、古柱下史、古杭忠清里沈氏隐拙斋藏书印、购此书甚不易遗子孙弗轻弃等印。著《隐拙斋集》。(《武林藏书录》卷下)

沈启原 字道卿，秀水人。明嘉靖己未进士，官至山东副使。饶于资，慷慨好施，家居不入城市。尝手一编，咿唔室内，至丙夜。虽医药卜筮之书，无不探讨，人称博物君子。（万历《秀水县志》）好聚书，有《存石草堂书目》十卷。(《嘉兴府志·经籍志》)

沈复灿 字霞西，清山阴人。有鸣野山房藏书，(《丁氏藏书志》)道光间书散出，精本半归杨鼎。(仰视千七百二十九《鹤斋丛书序》)

沈嗣选 字仁举，号果庵，明秀水人。生平破产聚书，牙签万轴，日吟咏其中。尝谓自昭明而后，代各有选，而南宋缺焉。乃穷搜博览，辑《南宋文选》百卷，帙繁未梓。所著有《俭娱堂集》、《尚书论语传》（康熙《秀水县志·儒林传》）及《法宋楼书目》四卷。(《嘉兴府志·经籍志》)

沈德寿 字药庵，慈溪人。《抱经楼书目记》："余弱冠时好古人书画及历朝诸家尺牍，遇有所获，必详其姓氏，识其真赝，采拾二十年来属目者以数千计，所蓄既夥，非敢自诩珍藏，盖以存前人之真迹，贻后人之鉴信也。至甲申春，余赴湖州，谒观察陆存斋，引余登楼，悉发其所藏之书，并劝余置书。余本性喜于此，益觉怦怦。寻归里，偏搜书肆，兼采旧藏书家，遇有不成卷帙及亡其版者，出资精钞。迄今十有六年，不遑他事，而惟书是求。余盖有深意焉。间尝稽吾族家谱，梁时休文公聚书二万卷，是时啧啧咸称盛举。自易代以来，荡然无存。余欲踵其盛，必如欧阳公曰：'凡物好之而有余力，则无不致也。'余仅温饱，不能巨资购书，则惟自奉俭约，不为无益之费，出遇异书，倾囊必购，人皆迂而笑之。余以为夙好在此，愿薄富贵而厚于书。近来搜罗将遍，古本罕见，而弆厨计三万五千余卷。爰著《抱经楼书目记》六十四卷，仿《皕宋楼藏书志》例，略表吾志，以示后人。愿吾子孙继继绳绳，相承弗替，是予所厚望也。"

沈德鸿（？—1802）　字磐谷，号秋渚，秀水人。增广生。少嗜读书，操觚为文辄工。家居孝友。工诗，尤好藏书，得三万余卷，构介石楼贮之。法书名画佳砚充牣其中。（《碑传集》卷末上秦瀛撰《沈君德鸿墓表》）

沈阆崑　字肖岩，晚号东山外史，清归安贡生，官上虞训导。性喜藏书，得异本必手自校正，跋而藏之。所积旧钞，萃其精者数千卷，丹黄灿然，至今得者宝之。有东山外史沈阆崑印、肖岩藏书之章、东山外史、肖岩沈氏珍藏书画诸印。（《丁氏藏书志》）

沈维镜　字西野，明平湖人。诸生。父垣守惠州卒，扶榇归，赙遗概不受。鬻产积书十余栋，手自评骘，暮年辞贡不往。著有《霏玉漫吟》、《史汉钞》。（《平湖县志》卷一八）

沈节甫　字以安，号锦宇，乌程人。明嘉靖己未进士，官至工部侍郎。《玩易楼藏书目录》自序："余性迂拙，无他嗜好，独甚爱书。每遇货书者，惟恐不余售，且去惟恐其不复来也。顾力不足，不能多致，又不能得善本，往往取其直之廉者而已。即有残阙，必手自订补，以成完帙。"（《湖录》，《吴兴藏书录》）

沈懋孝 字幼真，号晴峰，平湖人。明隆庆戊辰进士，授编修，迁南司业，寻以南京中式王少方系故相张居正戚，中蜚语谪两淮运判，投牒不赴，退居淇林之上，授徒讲学。晚岁产益落，庭户萧然，拥书万卷，日丹黄其间，寒暑不辍，故博洽近代无比。所著有《滴露轩藏稿》一卷、《洛诵编》二卷、《石林蒉草》二卷、《四余编》二卷、《贲园草》四卷、《水云绪编》三卷、《淇林雅咏》十卷。(《平湖县志》卷一五)

汪沆 字西颢，号槐塘，钱塘人，诸生。乾隆丙辰举博学鸿词，额溢报罢。少与王曾祥、杭世骏、符之恒、张熷称松里五子。大学士史贻直欲荐举经学，以母老辞。务为有用之学，自农田水利、边防军政、古今沿革、方俗利病，靡不条贯。屡为大府招致，遇事直言，咸感其诚。分修《浙江通志》及《西湖志》。所著《盘西纪游集》、《沽上题襟集》、《津门杂事诗》、《青囊解惑》、《槐塘文稿》，俱已行世。《论语集注剩义》、《湛华轩杂录》、《全闽采风录》、《蒙古氏族略》、《汪氏文献录》、《新安纪程》、《识小录》、《泉亭琐事》、《说疟》及《小眠斋读书日札》等书俱未梓行。《日札》凡四卷，古今书五百余种，每一书叙其撰人姓氏并序跋，略著书之大义，间参己论。观其读书之博，著述之富，则其藏书之多可得而知矣。(《武林藏书录》卷下)

汪森（1653—1726） 字晋贤，桐乡人。原安徽休宁籍，官广西桂林府通判，调太平，迁知河南郑州事，会丁母忧未赴官。少工韵语，与嘉兴周篔、沈进相切劘，复与黄宗义、朱鹤龄、朱彝尊、潘耒诸大师商榷，艺业益进。乃营碧巢书屋，以当吟窝，筑华及堂以宴宾客，建裘抒楼以藏典籍，海内名士舟车接于远道，诗名藉甚。尝以粤西舆图考据难资，因博采历代诗文轶事记录成帙。归田后复借朱彝尊家藏书荟萃订补，为《粤西诗载》二十四卷，附词一卷；《文载》七十五卷；《丛语》三十卷。卒年七十四。(《清史列传》)其藏书印曰休阳汪氏裘抒楼藏书印。(《皕宋楼藏书志》)

汪震 字晓仙，清仁和人。博雅有素，藏书数万卷。好金石文字，汉砖魏瓦，灿然棐几。书法晋唐，画仿苏米。著《桐香馆诗

存》。(《两浙輶轩续录》三五)

汪宪（1721—1771）　字千波，钱塘人。乾隆十年进士，官至刑部主事，迁员外郎。宪博雅好古，于经尤长于易。常谓学易期于寡过，欲过之寡，惟在知悔，悔存而凶吝渐消，可日趋于吉。因以存悔颜其斋。性好蓄书，丹铅多善本。求售虽浮其值，不与校。家有静寄东轩，具花木水石之胜。朱文藻常介严可均见宪，宪即馆之东轩，偕同志数人，日夕讨论经史疑义。又悉发所藏秘籍，相与校雠。常以徐锴《说文系传》四十卷，世罕传本，好事者秘相传写，鱼鲁滋多，或至不可句读。宪所得虽属宋影钞本，然已讹不胜乙。因参今本《说文》，旁考所引诸书，证其同异，著《说文系传考异》四卷。又属朱文藻采诸家评论系传之辞，及锴兄弟轶事为附录二卷。其书缕析旧文，彻首彻末，论者谓其有功小学。他著有《易说存悔》二卷、《振绮堂稿》，又《苔谱》六卷。宪卒后值四库馆开，购求遗书，宪子慎选善本经进，恩赐佩文韵府，并择其精醇者御制题咏，仍俾珍藏，以为好古之劝云。(《清史列传》七十二)

汪诚　字孔皆，号十村，璐子。乾隆甲寅举人。官刑部江西司主事。笃志缥湘，无他嗜好。以先世未著书目，尽发所藏编分四部，详考撰人姓名，并注明得自何本，阅岁而成。凡书三千三百余部，计六万五千卷有奇，虽在病中犹手自缮录。(《武林藏书录》卷下)

汪璐（1746—1813）　字仲连，号春园，宪次子。家富藏书，择所藏秘籍录为题识四卷。著有《松声池馆诗存》四卷。(《武林藏书录》卷下)

汪文柏　字季青，号柯亭，附贡生，文桂弟。官东城兵马司正指挥，改行人司行人，学问渊博，不亚两兄。海内名流，皆相结纳。别筑古香楼收藏法书名画，暇则焚香啜茗，摩挲不厌。诗文之外，善画墨兰，雅秀绝俗。宦京三年，乞身归，与两兄优游林下。卒年六十七。(《桐乡县志》卷一五)藏书印有“屐砚斋藏书印”、“休宁汪季青家藏书籍”。(《拜经楼藏书题跋记》)

汪文桂　初名文桢，字周士，号鸥亭，清桐乡人。由府学贡生考授内阁中书，与弟晋贤森季青文柏并负时名，世称汪氏三子。自幼嗜学，与两弟昕夕勖励。弱冠失怙后，以养母不就铨选。家故有华及堂，在桐邑城中，复筑裘杼楼，聚书万卷，校勘不辍。（《桐乡县志》十五）

汪曰桂　字一枝，号一之，清仁和人，贡生。《道古堂集》卷十九《欣托斋藏书记》：“汪子一之，性无他嗜，壹意于群籍。补其遗脱，正其讹谬，储蓄既多，鉴别尤审。余年才舞勺，即具此癖，谓古集皆手定，人不一集，集不一名。东坡七集，栾城四集，山谷内外集，明人妄行改窜，第曰东坡、栾城、山谷集而已。朱子集多至三百余卷，明人编定止四十卷。李纲《梁溪集》多至百三十余卷，《建炎进退志》及《时政记》附焉，闽中改刻题曰《李忠定集》，亦止四十卷。前后互易，古人之面目失矣。宋刻两汉书板缩而行密，字画活脱，注有落遗，可以补入，此真所谓宋字也，汪文盛犹得其遗意。元大德板幅广而行疏，钟人杰、陈明卿辈稍缩小之，今人错呼为宋字，拘板不灵，而纸墨之神气薄矣。甚至《说文》而儳入五音韵谱，《通典》而儳入宋人议论，《夷坚志》而儳入唐人事迹，与元书迥不相谋。明人之妄如此！今之挟书以求售者，动称宋刻，不知即宋亦有优有劣，有太学本，有漕司本，有临安陈解元书棚本，有建安麻沙本，而坊本则尤不可更仆以数。青云梯锦绣段皆成于临场之学究，而刻于射利之贾竖，皆坊刻也。不谓之宋刻不可也。五十年以前，曾与吴绣谷、赵勿药两君断切究之，自矜以为独得之秘。一之即能登吾堂而哜吾胾，可不谓之夙有神解乎？欣托斋有山林之胜，一之读书其中，即藏书于其中，积卷至二十万有奇，可谓富矣。”

汪汝瑮　字坤伯，号涤原，宪子。家富藏书，乾隆三十七年诏求遗书，以秘籍经进，御题《曲洧旧闻书苑菁华》二种，赐《佩文韵府》一部，文绮二端。有《北窗吟稿》。（《杭郡诗辑》）

汪如藻　字念孙，孟鋗子。乾隆乙未进士。先世裘杼楼藏书甚富，四库馆开，献家藏书百三十七种。（《嘉兴府志》）

汪孟鋗（1721—1770）　字康古，号厚石，弟仲鈖，字丰玉，号桐石，晋贤之孙。乾隆庚午同举于乡。家故饶，至此中落，又不事生产，遂贫。而先世裘杼楼万卷藏书故在，搜讨其间，锐意攻诗

词。(《桐乡县志》)

汪师韩（1707—?）　字抒怀，号韩门，又号上湖，钱塘人。雍正癸丑进士，官编修。掌教莲花书院。尝请方制府拨银委买书籍，约四百函，经史大书咸备。录书目四册，分存备考。其《上湖文编》中《敬竹轩记》云："舍弟自浮山归，相与启尘箧，检故籍，则其为鼠啮梅黦者十之三四，而况于姻戚之零落，时事之变更耶。于是悬签插架，暇辄雒诵于其中，而并题曰'敬竹轩'。"所著有《观象居易传笺》、《诗四家故训》、《春秋三传注解补正》、《孝经约义》、《语孟疏注辨异》、《文选理学权舆》、《孙文志疑》、《平方南雅》、《清晖小志》、《韩门缀学》、《诗学纂闻》、《坦桥脞说》、《谈书录》等书。(《武林藏书录》卷下)

汪曾学　字子义，同治时杭州人。其曹倦圃抄本《江月松风集》题识中云："辛酉冬杭城复陷，吾家藏书数十万卷大半化为劫灰。此册亦缺其半，因系前明旧抄本，姑存之。"（国学图书馆第四年刊《馆藏善本书题跋辑录》）

汪远孙（1794—1836）　字久也，号小米。诚子。嘉庆丙午举人。溺苦于学，尽发先世藏书读之。购别业于水磨头，曰"借闲小筑"，因自号"借闲漫士"。家有四世藏书，振绮堂目甲于浙右。藏书分经史子集四部，部各有子目，而所考证其书之佳否真伪及得书之缘起自注于上方甚详，且秩然有条理。所著有《诗考补遗》、《国语考异发正古注》、《汉书地理志校勘记》、《借闲生词》。卒年仅四十有三。(《杭郡诗辑》，《陈奂师友渊源记》，陈用光《振绮堂书目序》)

汪辉祖（1730—1807）　字焕曾，号龙庄，萧山人。乾隆乙未进士，官湖南宁远知县。县杂傜俗，积逋而多讼。龙庄用书告民，剀切诚至，民读之惭且感，相戒无负好官，不逾月而输赋足额。治事廉平，律之所穷，通以经术。他邑有讼，闻移龙庄鞠之，则喜。以足疾自劾免。归而闭户，积书数万卷，不问外事。暇则手书一编，丹黄铅椠，躬自校雠，以撰述课子孙。嘉庆元年诏举孝廉方正，邑人以龙庄应，龙庄辞。为文质而有法，诗寄兴深远，尤邃于史，留意名姓之学。读书贵通大义，凡所论述，期实有济于用。所著有

《元史本证》五十卷、《读史掌录》十二卷、《史姓韵编》六十四卷、《九史同姓名略》七十二卷、《二十四史同姓名录》一百六十卷、《二十四史希姓录》四卷、《辽金元三史同名录》四十卷、《学治臆说》四卷、《佐治药言》二卷、《龙庄四六稿》二卷、《纪年草》一卷、《独吟草》一卷、《题衫集》三卷、《辛辛草》四卷、《岫云初笔》二卷、《楚中杂咏》四卷、《汪氏追远录》八卷、《越女表征录》七卷、《善俗书》一卷、《庸训》六卷、《病榻梦痕录》三卷。又有《诊愁符词章》二卷，《身见录家传》及序录皆不存目。其书寇乱后唯《史姓韵编》、《学治佐治》二书及《病榻梦痕录》有重刻本。《元史本证》有广雅书局校刊本，余稿传本极少。(《两浙輶轩录续录》十一)

汪继壕　清萧山人。家有环碧山房，藏书颇富。(《丁氏藏书志》)

八画

卓天寅 初名大丙，字火传，号亮庵，仁和人。顺治十一年副贡。有传经堂、月波楼、杜若舟，藏书数万卷。四方士至，皆馆谷读书其中。领袖风雅，诗宗盛唐，身名满天下。（《杭州府志》卷百四十五）

卓尔康（1570—1641） 字去病，号农山，明仁和人，寄籍德清。万历壬子举人。官祥符教谕，历升工部屯田司员外，罢归。空囊壁立，日拥万卷，进麦糜一盂而已。诸经皆有解义，著成《春秋辨义》四十卷。（《德清县志·人物传》）

周春（1729—1815） 字芚兮，号松霭，晚号黍谷居士，莲弟。乾隆甲戌进士，官岑溪知县。潜心著述，所居著书斋，终岁不拂除，凝尘满室，插架环列，起卧其中者三十余年。四部七略，靡不浏览，尝得陶诗宋刻与宋刻礼书并储一室，颜曰礼陶斋。其书秘不示人，后去礼书改颜其室曰宝陶斋。陶诗售出，复颜其室曰梦陶斋。卒年八十六。有《松霭遗书》行世。有周春松霭、海宁周氏家藏、著书斋、松声山房、子孙世昌、自谓是羲皇上人、内乐村农等印。（《海昌备志》，《黄丕烈跋汤注陶诗》，《楹书隅录》）

周勉 字中峡，清海盐人。诸生。见古书辄购得之，储藏甚富。著有《求志堂集》、《毅庵笔记》。（《嘉兴府志》卷五十七）

周莲 字予同，号玉井，海宁人。乾隆癸酉举人。官中书。家多藏书，偕其弟春自为师友，皆以博学名。有《玉井山樵诗钞》。（《杭郡诗辑》）

周二学 字药坡，清仁和人。诸生。后金虞受文法，与丁敬、厉鹗、汪沆、黄琛相契，酬唱甚多。书学文徵明，尤精赏鉴。藏书称富，择其佳者撰《一角编》二卷、《一粒粟赏》、《延素心录》各一

卷。(光绪《杭州府志》)

周金振 原名秉铨，字典三，号濂谷，清海宁人。早饩于庠，好藏书，遇善本不惜重价购之 。曰："此吾所以贻后人也。"(《海宁州志稿》卷二十九)

周明辅 字孟醇，海宁人。明季诸生。潜心经术，藏书万卷。尝得高元礼所选《唐诗正声》善本重刊之。子文爚编次《香梦楼藏书目》序曰："林宗五千卷，茂先三十乘，灿烂如列宿，磊落若联珠，学者称之尚矣。先君子怀才抱德，落落不事家人生产。而性嗜奇好古，集遗采逸，日不暇给。自先秦以降迄于皇明，提纲挈要之书，大略完备。经营校雠，讨论阐绎，四十年如一日。每佳时令节，良朋萃止，则焚膏命酒，订将绝之微言，振方靡之丽藻，博观远览，索异问奇。或风雨连绵，闭门无侣，即呼不肖兄弟列侍于侧，壶觞徐引，缃策杂陈，探秘笈于云阁，校奇蕴于石仓，乐此忘疲，无间寒暑。纵宠辱多惊，风波悉幻，均不入吾怀而夺此百城之贵也。忆壬午坐香梦楼指四壁图书，语不肖兄弟曰：'秫田数顷，茅屋数椽，吾不须更为汝衣食计，所虑目不识丁，胸无泾渭，为士君子所弃，幸汝等资非下人，宁负汝父，弗负此璘璘千帙也。……'爰同两弟，设榻小楼，志力相勖，游息自娱，门分类聚，中秘何须借观，缄贮箧收，洛市不烦假阅，则皆先君子赐也。或者曰贮书贵有得耳，玉函金简何足云。是则诚然，然伦次无章，字句讹谬，蠹蚀纷纭，糊涂满纸，亦足使人望而弃之。且此牙签锦轴，什袭珍藏，俱先君一生精神所在，不肖向忍废，亦何敢废。谨录经史子集若干卷，方术传记释道诸书又若干卷，为《香梦楼藏书目》序，因志其概。"(《海宁州志稿·典籍五》)

周徐彩 字粹存，会稽人。康熙庚子举人。本姓徐，祖某为周所自出，因承周祀。性至孝，键户读书，分半日治经，半日治史，旁及百家，无不淹贯。家藏多善本，毛太史奇龄、朱太史彝尊见其文叹曰："唐宋以后一人也!"郡守俞卿聘续修府志。所著有《识大录》、《识小录》、《稽山文选》、《北征纪略》、《恒言原始》、《越州先贤赞》、《理学渊源录》、《越谚》、《文章碎金》若干卷。(《绍兴府志》

卷五十四）

周启明　字昭回，宋金陵人，占籍处州。四举进士皆第一。仁宗即位，除试助教。迁秘书郎，改太常丞。启明笃学，藏书数千卷，多手自传写。有古律诗赋笺启杂文千六百余篇。（《浙江通志》百九十五）

杭世骏（1696—1773）　字大宗，号堇浦，一号秦亭老民，仁和人。雍正甲辰进士，由浙江总督程元章荐举，授编修。于学无所不贯，所藏书拥榻积几，不下十万卷；枕籍其中，目睇手纂，几忘晷夕。间过友人馆舍，得异文秘册，即端坐默识其要。著有《续礼记集说》、《金史补》、《史汉北齐书疏证》、《续方言》、《词科掌录》、《榕城诗话》、《道古堂诗文集》。（《鹤征后录》，王瞿《道古堂集序》）

林千之　字能一，宋平阳人。官翰林院编修。明敏博洽，工文词，为汪万里所知。家藏图书法帖甚富，览裁精密，有《云根痴庵集》。（《温州府志》卷二十）

祁承㸁　字尔光，号夷度，自号旷翁，山阴人。明万历甲戌进士，历官江西右参政。治旷园于梅里，有澹生堂，其藏书之库也。有旷亭，则游息之所也。有东书堂，其读书之所也。夷度精于汲古，其所抄书，世人多未见。校勘精核，纸墨洁净。其藏书印曰山阴祁氏藏书之章、曰子孙永珍、曰旷翁手识；又有藏书铭一印，其文曰："澹生堂中储经籍，主人手校无朝夕，读之欣然忘饮食，典衣市书恒不给，后人但念阿翁癖，子孙益之守弗失"。又撰《澹生堂藏书约》以示子孙。分子目四，曰读书训、曰聚书训、曰购书训、曰鉴书训，刻入知不足斋丛书。著有《牧津澹生堂集》。（《藏书纪事诗》卷三）

《静志居诗话》："参政藏书，将乱，其家悉载至云门山寺，惟遗元明来传奇多至八百余部，而叶儿乐府不与焉。予犹及见之。其手录群书目八册，今存古林曹氏寺中，所储已尽流转于姚江御儿乡矣。"

祁彪佳（1602—1645）　字幼文，承㸁子。明天启壬戌进士，累官右佥都御史，谥忠敏。亦喜聚书，尝以朱红小榻数十张顿放缥碧诸函牙签如玉，风过有声铿然。其所聚则不若其父之精。忠敏殉难，江南尘起几二十年，旷园之盛，自此衰歇。今且陵夷殆尽，书卷无一存者，并池榭皆为灌莽矣。（《明诗综小传》，全祖望《旷亭记》）

邵懿辰（1810—1861）　字位西，清仁和人。初以中书直军机处，历官刑部员外郎。咸丰己未，太平军陷杭州，殉难死。居京师时，购书甚富，案头置简明目录一部，所见宋元旧刻本抄本手记于各书之下，撰成《四库简明目录注》二十卷。他著《尚书通义》、《孝经通义》、《忱行录》各若干卷（《桥西杂记》）及《位西所见书目》二十卷。（《八千卷楼书目》）

金华　字宗实，明初鄞县人。日坐斗室，寄情经史，手点书万余卷。（《浙江通志》百九十二）

金檀　字星轺，清桐乡人。诸生。好聚书，遇善本虽重价不吝。或假归手钞，积数十年，收藏之富甲于一邑。自订《文瑞楼书目》十二卷，又校刊贝清江、程巽隐诗文集笺注、《高青邱诗文集》梓行于世，皆系精椠。孙可埰字心山，工文嗜酒，而晚善画，后病且死，书籍售出。其藏书印有文瑞楼、结社溪山两印。（《光绪桐乡县志》，《士礼居藏书题跋记》）

金镳　字霈苍，清崇德人。庠生。笃学工诗，性情高洁，不与俗客交语。尝名所居之楼曰留云，聚书数千卷，终日瀹茗焚香，与古人相对。手选唐诗二十卷，作者名下各系小传一篇。又摘取古人名章俊语，汇为一篇名曰《自怡小品》，共八卷。所著《留云诗稿》，格律风格逼近大历十子。（《石门县志》八）

金士芳　字价人，号南湖，别字菊园。清山阴人。诸生。工于文诗，其父杏村先生眈吟咏，藏书之富，甲于乡里。菊园世其家学，沉酣于经籍中。（《两浙輶轩录》卷二十七）

金嗣献　字剑民，号谔轩，又号鹤仙，温岭人。留心乡邦文献。有鸿远楼，藏书颇多。金氏《台州书目自序》云："先祖芾斋先生于桑梓文献，搜罗尤富。岁庚寅居舍不戒于火，所藏篇简尽葬劫灰。

先父阆生先生常语献曰：‘汝祖留心乡邦故籍，不遗余力，今皆被毁，收复之任吾于汝有厚望焉。汝其勉旃！’献敬识于心不敢忘。失怙以来，羁绊人事，未遑及此。追思提命，十有五年于兹，咎已莫逭。况今日新学渐兴，旧学不绝如缕，恐百十年后欲求前此十一之存而更不可得，献之罪不益重耶！爰谨遵先志或购或抄，虽残篇断简，亦不惜兑以重金。间有从农家败簏中检出，易以布帛米粟者，东云一鳞，西云一爪，计得四百余部。因思一卷一册得之非易，凡著作者之履历，序跋者之姓名，旁及卷册数目版刻存否，一一笔之于书。庶后之好古者，知先哲之虹光剑气，尚在天壤间也。然较之吾祖昔日之藏，尚不及十之七八。”

金德舆　字鹤年，号云庄，又号鄂严，檀从孙。官刑部主事。善书，精鉴藏。杨蟠《文瑞楼书目》序：“金明经星轺《文瑞楼书目》，抄自明经从孙鄂严比部，为桐华馆订正之本。比部博雅好古，可继明经之流风。”钱仪吉《跋方兰坻墨笋卷》：“方处士时馆金比部鄂严华及堂，今四十年矣。处士真笔日甚少，即华及之图书彝鼎亦皆烟云四散。”有《桐华馆诗钞》。（《昭代名人小传》）

九画

姚瑚 字古香，清钱塘人。与鲍廷博友善，藏书多秘籍。尝于乱帙中得古逸民先生集，好事者争相传录。卒年三十余。（《皕宋楼藏书志》）

姚浣 字公涤，明秀水人。以荫入太学。常从虞山钱谦益、娄东张溥游。三试不第，遂隐居。有书四十椟，部分类聚。尤务广搜制艺，自洪永以至启祯，手订先正二百名家，惜今不传，散逸。（康熙《秀水县志·儒林传》）

姚翼 字翔卿，号孺参，明归安人。官广济知县。告归，傍南城构楼数楹，贮图书万卷。晚年自号海屋子。有《玩画斋藏书目录》。（《湖录》，《吴兴藏书录》）

姚士粦 字叔祥，海明盐人，庠生。与胡震亨同学，以博奥相尚。搜罗秦汉以来遗文，撰秘册汇函跋尾，各为考据，具有原委。南祭酒冯梦祯校刻南北诸史，多出其手。知县樊维诚聘修邑志，多所考订。年八十余卒。（《海盐县志·文苑传》）

姚廷瓒 字述缃，号懒迂，清平湖人。性豪迈工诗。常构别墅于所居西偏，积书万卷，莳花灌竹，邀湖中诸名士结诗酒社。著有《懒迂小稿》、《鹅水偶吟》、《耄学集》、《尘瓿草》、《吟艳诸篇》、《铁樵词》。（《平湖县志》卷十七）

姚绍科 字伯道，明长兴人。嗜古善诗，与盛明七子倡和。常构白云斋临云阁贮汉唐以来敦彝图史书绘于其中，三吴名士，携以赏鉴者舳舻相衔。（《长兴县志》卷二十）

姚际恒（1647—?） 字立方，号首源，清仁和人。诸生。姚之骃好古堂书目序称，予世父首源先生束发受书，已能沉酣故籍，乃一生坎壈，兀兀穷年，惟手一编枯坐。先世既有藏书，乃复搜之市肆，布诸巾籍，久之而插架者与腹笥俱富矣。暇时录于簿籍，小子写为副墨云。末附收藏宋元版书目凡数十种。著有《好古堂书目》四卷、《九经通论》一百六十三卷；又著《庸言录》若干卷，杂论经史理学诸子，末附《古今伪书考》，持论极严。

姚慰祖　字公蓼，鄞元子。父子皆好藏书，刻晋石厂丛书，仅成《吴兴藏书录》、《经籍跋文》、《郑氏学录》、《古今伪书考》四种。晋石厂者，其父在蜀得晋杨宗石阙题字携以东归，颜其藏书之室也。（《藏书纪事诗》卷三）

姚觐元　字彦侍，归安人。清道光举人。官至广东布政使。好聚书，所刻《咫进斋丛书》，有功艺林甚巨。著有《大叠山房诗草》。（《藏书纪事诗》卷三）

帅骧　字玉树，人称力林先生。清昌化人。诸生。笃学好古，家多藏书，晨抄瞑写，点勘丹铅，不遗余力。（《杭州府志》卷一百四十五）

查慎行（1650—1727）　字悔余，别署初白，原名嗣琏，字夏重，别署查田，海宁人。康熙癸未进士，改翰林院庶吉士，授编修。家有得树楼，藏书甚富。有"得树楼藏书"、"南房史官"、"海宁查慎行字夏重又曰悔余"三印。著有《得树楼杂钞》、《敬业堂集》等书。（《藏书纪事诗》卷四）

洪楩　字子美，钟孙。荫詹事府主簿，承先世之遗，缥缃积益。余事校刊，既精且多。迄今流传者如《路史》，见于《天禄琳琅》，称其校印颇佳，深于嗜古。文选见于《平津馆鉴赏记》，田叔禾序称其得宋本重刊，校雠精致，逾于他刻，且文雅有足称者。（《武林藏书录》卷中）

洪钟　字宣之，钱塘人。明成化乙未进士，历官刑、工二部尚书，卒谥襄惠。生平好积书，其命子作有："汝父慕清白，遗无金满籯。望汝成大贤，惟教以一经。经书宜博学，无惮历艰辛。才以博而坚，业由勤而精"之句。（《武林藏书录》卷中）

洪咨夔　字舜俞，号平斋，谥忠文，浙江于潜人。宋嘉泰二年进士，调饶州教授，时相恶人以科目自致，报罢。遂从崔与之师蜀，

得书数千卷，藏于天目山之宝福寺。(《西天目祖山志》卷三)

同书卷四："闻复阁藏书一万三千卷，宋洪忠文公咨夔藏于宝福院者。"所著有《两汉诏令》三十卷、《揽抄》一百卷、《春秋说》三卷、《外内制及赋诗文》三十二卷、《奏议》三卷。

洪颐煊（1765—?） 字旌贤。临海人。嘉庆辛酉拔贡，官广东新兴知县。解组归，聚书四万卷，碑帖千余种，又钩摹家藏历代名人墨迹，刊《倦舫法帖》八册，因自号"倦舫老人"。所著《礼经宫室答问》二卷、《孔子三朝记》七卷、《读书丛录》二十四卷、《平津馆读碑记》八卷、《续》四卷、《孝经郑注补证》一卷、《尚书洪范五行纪论》五卷、《经典集林》三十二卷、《诸史考异》十八卷、《汉志水道疏证》五卷、《郑康成年谱》一卷、《台州札记》十二卷、《校正竹书纪年》二卷、《校正穆天子传》七卷、《管子义证》八卷、《筠轩文钞》八卷、《筠轩诗钞》四卷、《倦舫书目》九卷、《倦舫丛书》十二册。咸丰辛酉赭寇窜台，其已梓书版及金石书画悉付灰烬，惟《倦舫法帖》尚存，然已残阙不完矣。藏印有容甫藏、子子孙孙永为宝、子孙宝之、小筠书印、小筠金石、小筠平生珍赏、子孙世守、洪氏小停云山馆珍藏金石书画碑帖砖瓦之印信、鬻及借人为不孝、宁静以致远、承先遗后、临海洪氏兰雪轩藏书、兰雪轩、倦舫、子孙保之、小筠考藏金石文字、玉兰仙馆诸印。(《两浙𬨎轩续录》，《台州经籍志》)

胡芳 字秀实，元初平阳人。其学长于春秋，魁乡荐，会试下第不复出。积书数万卷自娱，晚荐入史馆，授教谕。年八十余，读书不辍。(《温州府志》卷二十)

胡珽（1822—1861） 字心耘，树声子。太常寺博士。侨居吴下，好收宋元旧本，手自校勘。有得即记，与叶廷琯为赏奇析疑之交。庚申冬避乱沪城，辛酉四月殁于旅舍，年四十。所著有《石林燕语集辨》、《懒真子录集证》二书，皆未刻，搜采详赡，可传之作也。其所排印《琳琅秘室丛书》四集三十种，宋于庭、徐山民为之序，世甚珍重。(叶廷琯《吹网录》)

胡桢 明初钱塘人。官刑部尚书。殁之日，家无余资，惟藏书

数千卷。（《钱塘县志》卷十九）

胡祯　字用良，明新昌人。甘贫力学，尚志慕古，结草亭于宅外，聚古今图籍，终日吟诵其中，不慕仕进。所著有《草亭辨愚》等书。（《新昌县志》卷十一）

胡荣　字希华，自号谷溪渔者，私谥曰文庄先生，明龙游人。从金华汪公若讲学，得其旨归。当道交荐不起。居家孝友，名动乡里。搜猎百家，旁通九艺，乐潜味道，超然独立。拥书万卷，反覆披寻，不知人世南面百城之贵也。著有《谷溪渔唱集》，年七十卒。（《龙游县志》卷十八）

胡介祉　字循斋，号茨村，清山阴人，宛平籍，少保兆龙子。由荫生历官河南按察使。好藏书。校书甚勤，著《随园诗集》。（《两浙輶轩录》）其藏印有胡茨村印、（《铁琴铜剑楼书目》）、燕越胡茨村藏书印。（《楹书隅录》）

胡文焕　字德甫，号全庵，一号抱琴居士，清仁和人。尝于万历天启间构文会堂，藏书设肆，流通古籍，刊《格致丛书》至三四百种，名人贤达，多为序跋。自著《琴谱》六卷。（《武林藏书录》卷中）

胡启龙　字羽嘉，又字掌纶，号云峰，乾隆时海宁人。职贡生。家饶于资，藏书甚富。构云峰别墅于胡仁村，颇擅林泉之胜。与诸名流觞咏，殆无虚日。工举业，刊羽嘉时文行世。长子珠及孙尔荥能世其家学。他所著有《爱莲书屋诗文集》、《华鄂堂集古诗》一卷。（《海宁州志稿·典籍》十一）

胡彭述　字信甫，明海盐人。好藏书，其《好古堂书目》序中云："予家世为塾师，自诚斋府君迄仰崖府君凡四世，虽隐显不同，而其雅好均类于张华，以故藏书几至万卷，亦云盛矣。兹惧卷目烦多，易以散逸，敬分四类，曰经史子集而贮之好古堂中，冀时一展玩之以开此心茅塞，期无负祖父相传之意，然而未易能也。"（《海盐县志·孝义传》）

胡凤丹（？—1890）　初字枫江，后字月樵，别号桃溪渔隐，永康人。缉《雅堂诗话》卷下："月樵于乡邦先辈遗书，表章最力。

昔之婺学，渐即湮沉，倘有人焉，为之发明义蕴，主持名教，往哲流风，可以复振。阅君丛刻，弥用跂望，君既殁，余挽以联云：'藏书十万卷，下笔数千言。小试金纶，便从汉水投簪，遗绩待编循史传。使浙及三年，见君才一面，相逢老病剧，忆婺州分襶，濒行录赠郡人诗。'盖深惜之也。"

家传略："公以知府留鄂司厘局，裁革陋规。管崇文书局，权粮道，雪毛守戎以民欠被诬之冤，豁免地丁，民沾实惠。归田后筑十万卷楼，啸咏其中。搜采先贤著述，为《金华丛书》，编小志，刊诗录，并辑续录。有《闻见录》、《乡贡录》待梓。"（《两浙辅轩续录》四十一）

胡惠墉 《皕宋楼藏书志》："《丽泽论说集录》十卷，有'当湖小重山馆胡氏篴江珍藏朱文长'印，胡氏名惠墉，平湖人，道光中藏书家也。"莫氏宋元本《经眼录》《毛诗要义》有钱天树跋云："魏鹤山《九经要义》，《四库全书》载《周易》、《仪礼》尚是全帙，《尚书》、《春秋》，皆非完本。扬州阮氏得尚书三卷，即四库所阙之卷。又《礼记》三十一卷，首阙曲礼上下二卷，其余四经竟无从谘访矣。壬辰仲春篴江婿不惜重值购得宋椠《毛诗要义》，首尾完整，触手如新，乃曹栋亭旧藏，真希世之珍也。郡城刘氏藏有宋椠《礼记》，阙首二卷，即阮氏所阙之帙，当访求之。从此易诗书二礼五经皆成完书，真大快事也！篴江席丰履厚，而不以他好萦心，惟古人秘笈，搜访不遗余力，是可尚已。"

晗按：据陆、莫二氏所志胡惠墉字篴江，钱天树婿，记载甚确。第查《续当湖外志》，则胡名惠孚，字荻江，他所载事迹均同，未知孰是，或胡曾更名也，并录于后：

《续当湖外志》卷六："迩来我湖藏书之富，邑中推陈氏简香斋，朱氏三万卷楼，东乡推棣雨徐氏，绍德堂全公亭，项氏乐闲居最富，而精者莫如胡氏小重山馆。咸丰时尚存四十九椟，且抄本十居六七，多秘本。主人荻江上舍惠孚，系钱梦庐先生天树之婿。先生精赏鉴，喜古书金石，上舍之书得于外舅者居多。整顿卷帙者施益三汝昌，馆于胡多年。主人欲检一书，抽取即是，亦人所难能者。遭乱后，各藏家书俱荡为烟云矣。"有《小重山馆书目》六册。（《平湖县志·经籍志》）

刘声木《苌楚斋随笔》卷八："上海郁氏藏书颇负盛名，而罕有知其藏书之所本者。大概郁氏之书得于胡□□，胡又得之于其舅平湖钱梦庐上舍天树，钱系监生，收藏旧书金石书画甚富，为浙西一路风雅主盟。中落后，其所珍秘大抵为其婿胡□□所得，由胡转入上海郁氏。同一藏书，今人知胡□□、钱天树几无一人。"

胡尔荥 字豫波，号蕉窗，又号廉石，清海宁人。启龙孙，监生。蕉窗饶于资，聚书十万卷，旁及书画钟鼎之属，筑爱莲西堂储之。唱酬之乐，有月泉吟社之风。晚虽家落，遇名流墨妙，仍不惜典衣购之。至力所不能者，则笔之于册，仿《云烟过眼录》之例，名之曰破铁网。有《蕉窗剩稿》二卷、《经义考校勘记》二卷、《华鄂堂藏书目》四卷。(《国朝杭郡诗三辑》三十二，《海宁州志稿·典籍十五》)

胡震亨 字孝辕，海盐人。万历丁酉浙榜举人。官固城教谕，升德州知州。州吏持牍来迎，震亨批牍尾以诗，有云："自爱小窗吟好句，不随五马渡江来。"谢病不赴，著书自娱。震亨才高学博，于书无所不读，尤好究心治术。藏书万卷，日夕搜讨，凡秘册僻本，旧典佚事，遗误鲁鱼，漫漶不可句读者，无不补掇扬榷，称博物君子。所著《唐诗统签》、《海盐图经》、《续文选》、《靖康咨鉴录》，凡海虞毛氏书，多震亨所编定。(《海盐县志》十五)

胡树声 字震之，又字雨棠，清仁和人，原籍休宁。喜藏书，所购多宋元旧本，不吝值。或更手自缮录，积至千百卷。颜其居曰："琳琅秘室。"(《吕晋昭胡文学传》)

胡应麟 字元瑞，更字明瑞，自号石羊生，兰溪人。明万历丙子举人。性嗜古书籍，"义乌虞守愚侍郎藏书万卷……应麟贱值得之。"(人海记)"少从其父僖官京师，僖故宦薄，而元瑞以嗜书故，有所购访，时时乞月俸，不给则脱妇簪珥而酬之；又不给，则解衣以继之。元瑞之橐无所不罄，而独其载书，陆则惠子，水则宋生，盖十余岁而尽毁其家以为书，录其余资以治屋而藏焉。屋凡二楹，上固而下隆其址，使避湿，而四敞之可就日。为庋二十又四，高皆丽栋，尺度若一。所藏之书，经史子集四万二千三百八十四卷。"(王世贞《二酉山房记》)有《二酉山房书目》。

纪云倬　字象贤，号蔷国，清南浔人。淳厚方古，家多藏书。年七十余，犹手不释卷。(《南浔志》卷二十一)

范钦　字尧卿，一字安卿，鄞县人。明嘉靖壬辰进士。累官兵部右侍郎。全祖望《天一阁藏书记》："天一阁肇始于明嘉靖间，而阁中之书不自嘉靖始。固城西丰氏万卷楼旧物也。丰道生晚得心疾，潦倒于书淫墨癖之中，丧失其家殆尽，而楼上之书凡宋椠与写本为门生辈窃去者几十之六，其后又遭大火，所存无几。范侍郎钦素好购书，先时尝从道生抄书，且求其作《藏书记》。以其幸存之余，归于是阁。又稍从弇州互抄以增益之。虽未曾复丰氏之旧，然亦雄视浙东焉。"

范蔚　晋钱塘人。关内侯。家世好学，有书七千余卷。(《浙江通志》百七五《范平传》)

范大澈　字子宣，又字子静，明鄞县人。读书好古，年二十六，从仲父钦游京师，题诗双塔寺壁，学士袁炜一见奇之，延为塾师。居三年，补国子生。大学士徐阶引掌记室，多倚办。于是大澈名日益盛。时国家方盛 ，使节所临，极海内外。大澈年三十七使琉球，四十二使辽东，……凡七奉玺书，进秩二品。生平酷嗜抄书，每见人有写本未传，必苦借之。长安邸中所养书佣多至二三十人。尤爱法书名画，唐宋以来名迹及异国人所作，怪雅异集。家藏榻本甚多，初本，肥本，原本，赝本，硬黄纸，枣木板，银锭纹，过眼即辨秋毫。又以行天下远，所至得秦汉以来印章至四五千，择善纸造朱自为印谱。有从古专门名家所未窥见者。年六十七致仕，筑室西郊，翻经阅史，品画评书者垂二十年。初仲父钦归里，起天一阁，藏书极盛。大澈数从借观，钦不时应，大澈拂然，益遍搜海内异书秘本，不惜重值购之，充其家。凡得一种知为天一阁所未有，辄具酒茗迎钦至其家，以所得书置几上，钦取阅之，默然而去。其嗜奇相尚若此。(《鄞县志》三六)

范光文　字潞公，鄞县人，钦曾孙。顺治六年进士，授礼部主事，迁吏部文选司，以劲直不合于大僚，罢官归。其家天一阁藏书甲于浙东，光文复购所未备，增储之。黄宗羲至甬上，光文导之登

阁读所未见书，一时称为不愧世家风流云。（《鄞县志》四一）

范希仁 字文若，清海盐人。性质古，不事举业。工于赋咏。一市楼书数千卷，尽出手录。卒年七十三，无嗣，著述散佚不传。（《嘉兴府志》卷五七）

范懋柱 字汉衡，清乾隆间鄞县人，正辂曾孙，从益孙，诸生。以先世藏书进御，录入四库，诏赐《图书集成》万卷，当时荣之。（《鄞县志》卷四一）

茅坤（1512—1601） 字顺甫，号鹿门，归安人。明嘉靖戊戌进士。《吴兴藏书录·茅坤白华楼书目》下引《湖录》云："鹿门茅先生藏书甲海内，练市新构书楼凡数十间，至于充栋不能容。其孙大将军止生编为九学十部目，自序云：'九学者，一曰经学，二曰史学，三曰文学，四曰说学，五曰小学，六曰兵学，七曰类学，八曰数学，九曰外学。十部者，即九学之部而加以世学，世学不可以示来世。然时王之制，吾先人以兹名于世，吾敢忽诸。'其后携至白门，遭国变散去。著有《白华楼稿》、《玉芝山房稿》，年九十卒。"

计光炘 字曦伯，号二田，清秀水人。张鉴《秀水计氏泽存楼藏书记》："秀水计氏二田介王征士研农以所受尊甫慕云先生藏书来请为记，二田承余绪非一世，筑泽存楼，缩衣节食，引而弗替。凡得自书贾书船以及长塘鲍氏借抄者，总经史子集为卷六万二千有奇。……"

郁礼 字佩宣，号潜亭，清钱塘人。诸生。家有东啸之轩，轩额为董香光书。庭前双桂犹明万历间所植，交柯接叶，清荫满檐，藏书充牣，绿映牙签。潜亭又增益所未备，颇成巨观。时小山堂赵氏藏书虽散，残帙尚多异本，悉力购之。排比校理，晨夕不休。所居骆驼桥与厉征君樊榭山房近，不一里，传录其秘册尤多。征君没后，其家出《辽史拾遗》手稿，潜亭购之。中缺五十叶，百求不得，一日至青云街见拾字僧肩废纸两巨簏，检视之，皆厉氏所弃，征君平日掌录《辽史拾遗》在焉，亟市以归，棼如乱丝，一一为之整理，闭户两月，缀辑成编，适符所缺。振绮堂汪氏后为雕行，洵潜亭之功也。（《武林藏书录》卷下）

十画

唐仁寿（1829—1876） 字端甫，号镜香，清海宁人。诸生。负异禀，家饶于财，购书累数万卷，多秘笈珍本。益肆钻研，尤究心六书音韵之学。雠校经史文字疏讹舛漏，毛发差失皆辨之。咸丰八年太平军躏浙中，藏书荡然。曾国藩招致金陵书局，生平所为书皆未就，独有诗若干卷藏于家。（《杭州府志》卷百四十六）

唐尧臣 《湖录》："尧臣武康人，为开建尹。有别业为万竹山房，构楼五间，藏书万卷。书上有印曰'借书不孝'。自抄书目以贻子孙。中叶式微，悉付于火。有《万卷楼书目》。"

孙琮 字执升，号寒巢，清初嘉善人。诸生。早自高隐，所居山晓阁，乔木参云，皆数百年物。藏书万卷，手不停披，每评选一书出，人争购之。晚岁放迹名山，笠屐所经，悉发于题咏。著有《山晓阁诗文集》。（《嘉善县志》卷二十四）

孙衣言（1814—1894） 字劭闻，号琴西，晚号遁叟，瑞安人。道光庚戌进士。《逊学斋文续钞》卷三《玉海楼藏书记》："予家自先大父资政府君，隐君种学，好聚图籍，儿时见先世所藏多前朝善本，丹黄殆遍，经乱无复存者。予初官翰林，稍益购书，以禄薄不能尽如所欲。同治戊辰，复为监司金陵，寇乱之余，故家遗书往往散出。而海东舶来，且有中土所未见者。次儿贻让，亦颇知好书，乃令恣意购求，十余年间致书约八九万卷，虽视深宁所见，未能十之四五，然颇自谓富矣。旧居褊隘，苦不能容，今年春为次儿卜筑河上，乃于金带桥北，别建大楼，南北相向，各五楹，专为藏书读书之所，尽徙旧藏庋之楼上。而以所刊《永嘉丛书》四千余版，列置楼下，以便摹印。因取深宁叟所以名书者以名斯楼，手书榜以表之。我子孙中如有得天隽敏而加之以好学，能读终一书，而知其可好，则可以尽读他书，能尽读他书，则岂惟我楼所藏，虽深宁所未见皆可以遍览而悉通也。异时词章之美，著述之富，庶几亦如深宁，斯不谓之可宝也乎。复取古人读书之法，及就今日藏书之意，具为条约，揭之堂壁。乡里后生，有读书之才，读书之志，而能无谬我约，皆可以就我庐，读我书，天下之宝，我固不欲为一家之储也。”著有《逊学斋诗文钞》。

孙仰曾　字虚白，号景高，宗濂子。岁贡生。仰曾胚胎家学，赓续绪余，宋椠元雕，充牣几架。鼎彝碑版，罗列文厨。梁山舟学士王梦楼太守相与题评考跋。乾隆癸巳应诏进书数百种，内乾道《临安志》三卷，仰邀御题，并赐《佩文韵府》全部，士林荣之。书目四卷，经乱失去。(《武林藏书录》卷下)

孙宗濂　字栗忱，号隐谷，仁和人。乾隆甲子举人。一试春官，即息辙乡里。构堂曰寿松，藏书数万卷，以枕葄为乐。(《武林藏书录》卷下)

徐锴（916—974）　字楚金，会稽人。与兄铉号二徐，酷嗜读书，隆寒烈暑未尝少辍。后主尝得周载《齐职仪》，江东初无此书，人无知者，以访锴，一一条答无所遗忘，其博记如此！既久处集贤，朱黄不去手。少精小学，故所雠书尤审。江南藏书之盛，为天下冠，锴力居多。(陆游《南唐书》)

徐三英　字桐侯，清海盐人。性恬淡，喜收图籍披览自娱。校刊四子书，点画无丝毫讹，世称善本。(《海盐县志·孝义传》)

徐介寿　字孟龄，兰溪人，与参子。崇祯间以贡任祁县知县。善古文。家故多书，筑百城别墅藏之约五万余卷。有《百城楼书目》。(《兰溪县志》卷五)

《百城楼藏书目·自序》略云：“大父宦迹半天下，无他嗜好，惟有书淫。至抚闽候代，止以图书自随。乃稽天暴涨，数万卷俱沉。赋归倒官橐购书，稍得粗备。大父既逝，居守者窃取过半，所存尚三千三百余册，今俱乌有。先君以书生专力，不吝重资，又交游声气之广，时以一编相授，历三十余年，典籍之富甲于浙东。去城北五六里，筑百城别墅，吟咏其中。亡何入燕请恤，迁书经鼎斋，命寿守之，时丙寅秋也。父子分试南北，每每致异书，至除夕父子计书之所入，岁增若干卷，角多少以为乐。如是七载。壬申大火，化为飞尘。先君郁成痞疾，至次年竟不起。呜呼痛哉！是册自丙寅才四万卷，至壬申约数倍之，全目亦焚玄。”（《金华诗录》三十一《陆瑞家》）

徐幼文 明吴兴人。《湖录》高启记云：“蜀山书舍者友人徐君肄业之所也。幼文尝自吴以书抵余曰：‘吾山在城东若干里，吾屋在山若干，吾屋书在屋若干，山虽小而甚美，屋虽朴而粗完，书虽不多而足以侈阅，凡事物之理，与夫群圣贤修己治人之要，实皆不出乎此。’”著有《蜀山藏书目》。

徐洪理 字仲玉，号蛰庵，常山人。明崇祯间补弟子员，不仕隐居。授徒立训，严而有法。葺漱石山房，多藏书，研精弗辍。有《前朝历科会元墨选》、《三衢人物考》、《蛰庵诗集》藏于家。（《常山县志》卷八《隐逸》）

徐时栋 字定宇，一字同叔，学者称柳泉先生，鄞县人。道光二十六年举人，两上春官即不复试，以输饷授内阁中书。故居曰烟屿楼，藏书六万卷，尽发而读之。自夜彻晓，丹黄不去手。覃思精诣，直造古人，其论经最取先秦之说，以经解经，旁及诸子，引为疏证。无汉宋门户之习。考辨凿凿，可息聚讼。其论史独推史迁，班范以下则条举而纠之，多前人所未发。留心文献，刻四明宋元六志，考异订讹，允称善本。为宋儒袁燮请从祀，创一郡未有之事，事实册出其手，大学士倭仁见而韪之，议上果得俞旨。它所传著凡三十余种，两遭兵火，散佚殆尽。构宅城西，摒挡之暇，复忆录，然不能什四五矣。文章宏深，诗亦浩落自喜，后进高材生，咸出其门。四方知名之士以事来鄞者类以所学相质问，各得其意而去。同治七年开鄞志局，廷时栋主其事，发凡起例，总持大纲，编辑讨论，则属诸同事任之。次年移局其家，益发藏书及借阅同里卢氏、杭州丁氏书，搜采繁富，至千数百种。仿国史馆列传之例，注所征引，排比成文。以是费日力十二年，时栋已属疾，犹强起论志事。临殁，执其友董沛手，郑重相委，语不及私，卒年六十。（《鄞县志》四四）

徐与参　字原性，浙江兰溪人。博学多闻，工书法，天启中以贡入太学，载所论著入两都，动至兼两。所收法书名画尊彝金石遗文甚众。或题识磨灭，皆能别其时代，为浙东好事之尤。其储书跨连阁十余皆满，多善本，本有副，异同是正，或终岁不出户限。其好以岁笃，或言某书有异本，辗转设法重购，必得乃止。岁壬申遗火不戒，焚其藏书玩好且尽。自是悒然，癸酉元夕与客饮，饮竟暴卒。（《金华诗录》四十《徐应享婺书》）

徐应秋　字君义，西安人。万历丙辰进士，官仪部郎。有书癖，充栋之藏，渔猎殆尽，著书甚富。其已行世者《谈荟》、《雪艇尘余》、《古文藻海》、《古文奇艳》、《骈字凭霄》等集。（《浙江通志》百八十一）

徐鸿鳌　字冰倩，号啸秋，清海宁人。诸生。家富藏书，校订精审。尤工韵语，有《洛涘堂诗钞》。避寇至越中，虽颠沛流离，犹日事吟咏不辍。（《海宁州志稿》卷二十九）

祝以豳　字耳刘，海宁人。明万历丙戌进士，官至工部左侍郎。《人海记》："藏书之厄如吾乡祝侍郎耳刘之万古楼，武原骆侍郎骎曾，非流散则灰烬。"

祝庚辉　原名懋曾，字双林，号静山，清仁和人。诸生。绩学敦气谊，有经济才。藏书最富，吟诵不辍。（《两浙輶轩录》卷三十七）

袁枚（1716—1797）　字子才，号简斋，钱塘人。乾隆丙辰举博学鸿词，己未进士，改庶吉士，官江宁知县。幼即嗜书，得之苦无力。通籍后，以俸易书，积至四十万卷。筑小仓山房所好轩贮之。乾隆癸巳诏求遗书，将所藏书传抄稍稀者皆献大府，或假宾朋，散去十之六七。（《小仓山房文集·所好轩记》，《散书记》，刘声木《苌楚斋三笔》）

袁桷（1267—1327）　字伯长，元庆元人。为丽泽书院山长，以荐改翰林国史院检阅官，累迁侍讲学士，卒谥文清。《至正直记》："袁伯长学士承祖父之业，广蓄书卷，国朝以来甲于浙东。伯长没后，子孙不肖，仆干窃去，转卖他人，或为婢妾所毁者过半。"所著《易说》、《春秋说》，世久无传本，《清容居士集》及《延祐四明志》尚存。

袁忠彻（1377—1459）　字公达，一字静思，鄞县人。官尚宝少卿致仕。好学，博涉多闻，陈敬宗《符台外集序》称：忠彻退朝之暇，日与缙绅文士磨砻讽咏，故其收藏亦富。（陆心源《蜀大字残本汉书跋》）有“尚宝少卿袁氏忠彻印”及“董氏静思静引颜氏家训六十五楷字长木记”、（《莫氏经眼录》）“忠彻南昌袁氏家藏珍玩”、“子孙永保”、“袁申儒印”、“忠彻瞻衮堂朱记”、“袁氏父子列卿”、“忠孝世家”、“袁氏忠彻朱记”。（《式古堂书画考》）

郎瑛　字仁宝，明仁和人。生有异质，少长博综艺文，肆意探讨。素有疾，澹于进取。有爱之者曰；“如后时何?”瑛曰：“吾已委身载籍矣，尚复与少年竞笔札耶!”督学潮阳盛公惜其才学，欲推挽之，卒谢不出。家所藏经籍书史文章杂家言甚盛，日危坐讽读其中。揽要咀华，刺瑕指类，辨同异得失，著书凡数种。四方见其书无不愿交托者。所著有《萃忠录》二卷、《书史究钺》六十卷、《七修类稿》五十五卷。（《武林藏书录》卷中）

马瀛　字二槎，清海宁人。监生。陈仲鱼征君向山阁藏书大半归二槎。其《吟香仙馆书目》，多世所未见之本。有宋本《后汉书》、《晋书》，固以汉晋名其斋。《晋书》天籁阁故物，有王弇州手抄补缺之卷，洵书林环宝也。（《国朝杭郡诗》三辑三十二）藏书印有二槎秘笈、马氏吟春仙馆收藏印。（《持静斋书目》）

马玉堂　字笏斋，海盐人。道光辛巳副贡。性耽书籍，闻人有善本必辗转购录，庋藏秘册甚多。杜门雠校。后遭兵乱，书籍散失。著有《读书敏求续纪》、《十国春秋补传》，余多不传。（《海盐县志·文苑传》）藏书印有玉堂、笏斋、汉唐斋、（《莫氏宋元本经眼录》）扶风隐书生白文方印及古盐马氏朱文印。（《皕宋楼藏书志》）

马宣教　以行称万十一，明海宁人。以煮海致富，与黄冈贾氏并以赀甲一郡。起楼聚书万卷，延徐一夔、贝琼诸名儒教其子弟。（《海宁州志稿》卷三十一）

马思赞　字寒中，号衎斋，又号南楼，又字仲安，一号渔邨，清海宁人。监生。工诗绩学，诸子百家无不研贯。家有道古楼红药山房，藏书多宋元精椠及金石秘玩绢素真迹，充牣其中，不减倪氏清秘阁。藏书印有玉音孝友著于家庭信谊隆于乡党、古盐官州马思赞之印、华山马仲安藏善本印、古盐官州马氏南楼书籍印、古盐官州马素郇书画印、海昌马思赞印、中安一号渔邨图记（《丁氏藏书志》）。所著有《衎斋印谱》、《历代钟鼎款识》、《扶风琬琰录》、《道古楼藏书目》、《道古楼历代书画录》、《唐诗闲》、《苏诗注释》、《剡源文钞》、《简庭小碎诗》、《红药山房诗》、《寒中诗集》。（《海宁州志稿·典籍十》）

高濂　字深甫，号瑞南，明仁和人。著《雅尚斋诗草》，颇得自然之趣。尝筑山满楼于跨虹桥，收藏古今书籍，其印记曰妙赏楼藏书、曰高氏鉴定宋刻版书、曰武林高深父妙赏楼藏书。又有五岳真形印，每册首皆用之。著《尊生八笺》十九卷，第六笺曰“燕闲清赏，皆赏鉴清玩之事”。其论藏书云：“藏书以资博洽，为丈夫子生平第一事，其中有二说焉：家素者无资以蓄书，家丰者性不喜见书，故古人因贫日就书肆、邻家读书者有之；求其富而好学则未多见也。即有富而好书，不乐读诵，务得善本，绫绮装饰，置之华斋，以具观美。尘积盈寸，经年不识主人一面，何益哉。噫！能如是，犹胜不喜见者矣。藏书者无问册帙美恶，意惟欲搜奇索隐，得见古人一言一论之秘，以广心胸。未识未闻，至于梦寐嗜好，远近访求，自经书子史百家九流诗文传记稗野杂著二氏经典，靡不兼收。故尝耽书，每见新异之典，不论价之贵贱，以必得为期。其好亦专矣。故积书充栋，类聚门分，时乎开函摊兀，俾长日更深，沉潜玩索，恍对圣贤，面谈千古，悦心快目，何乐可胜。古云开卷有益，岂欺我哉。不学无术，深可耻也。又如宋元刻书，雕镂不苟，校阅不讹，书写肥细有则，印刷清朗，况多奇书未经后人重刻，惜不多见。佛氏医家二类更富，然医方一字差误，其害非轻。故以宋刻为善。海内名家评书次第为价之重轻，以《坟典》、《六经》、《骚》、《国》、《史记》、《汉书》、《文选》为最，以诗集百家次之，文集、道释二书又其次也。宋人之书纸坚刻软，字画如写，格用单边，间多讳字，用墨稀薄，虽著水湿燥无湮迹，开卷一种书香自生异味。元刻仿宋单边，字画不分粗细，较宋边条阔多一线，纸松刻硬，用墨秽浊，中无讳字，开卷无臭味。有种官券残纸背印更恶。宋版书刻以活衬竹纸为佳，而蚕茧纸鹄白纸藤纸固美，而存遗不广。若糊背宋书则不佳矣。余见宋刻大版《汉书》，不惟内纸坚白，每本用澄心堂纸数幅为副，今归吴中，真不可得。又若宋版书在元印或元补欠缺，时人执为宋刻，元版遗至国初，或国初补欠，人亦执为元刻，然而以元补宋，其去宋近未易辨，以国初补元内有单边双边之异，且字刻迥然别矣，何必辨论。若国初慎独斋刻书似亦精美，近日作假宋版，神妙莫测。将新刻模宋版书特抄微黄厚实竹纸，或用川中茧纸，或用糊褙方帘绵纸，或用孩儿白鹿纸，筒卷用槌细细槌过，名之曰刮，以墨浸去臭味印成，或将新刻板中残缺一二要处，或湿霉三五张破碎重补，或改刻开卷一二卷文年号，或帖过今人注刻名字，留空另刻小印，将宋人姓氏扣填两头角处。或妆摩损，用砂石磨去一角，或作一二缺痕，以燎火燎去纸尾，仍用草烟熏黄，俨状古人残伤旧迹。或置蛀米柜中，令虫蚀作透漏蛀孔，或以铁线烧红，随书本子委曲成眼，一二转折，种种与新不同，用纸装衬，绫锦套壳，入手重实，光腻可观，初非今书仿佛，以惑售者。或作伙囤令人先声指为故家某姓所遗，百计瞽人，莫可窥测。多混名家。收藏者当具真眼辨证。”读其藏书之论，可想其藏书之富。按天禄琳琅收其所藏《太学新编》，排韵字类，纯庙冠以宸题，钤以御宝，载其收藏印记曰古杭瑞南深甫藏书记。又明版《汉书》有高氏家藏书画印，瑞南二印。流传三百余年存硕果，不啻宝玉大弓视之矣。又按黄荛圃《玄珠密语跋》中有古杭高氏藏书印：“高瑞南明中叶藏书家。何梦华有宋刊《朱氏验方》，余旧藏宋本《外台秘要》亦有其图记。”（《武林藏书录》卷中）

高承埏（1602—1647）　字寓公，嘉兴人。明崇祯庚辰进士，曾知迁安、宝坻、泾三县，弘光初量移工部虞衡司主事。（钱谦益《嘉兴高氏家传》）好聚书，多至数万卷，寝处其中，校勘不倦。时复卒卷掩抑曰：“先人有知，魂魄犹应倦此也。”（朱辰应《高工部传》）其藏书之处曰稽古堂。《嘉兴府志·丛谈中》云：“高氏稽古堂藏书八十椟，与项氏万卷楼争富。”

十一画

张雨（1277—1348） 字伯雨，号贞居，元钱塘人。寄迹黄冠，少从其师王寿衍入京师，以诗见赏于闲闲宗师，送之翰林，集贤袁伯长、虞伯生、揭曼硕诸公和之，由是名大起。晚居三茅观修玄史，历纪道家高士。自序曰："老子玄足者也，是集不与焉，尊之也。"作黄蔑楼，储古图史。作水轩于浴鹄湾，营墓于灵石坞，售系腰作梁名玉钩桥。桥南数十步作藏书石室，自勒铭而吴睿隶古。所著《出世集》三卷、《碧岩玄会录》三卷、《寻山志》十五卷、《贞居集》七卷。元季红巾寇杭而诸书散佚。（《武林藏书录》卷中）

张柯 字晋樵，一字东谷，清海盐人。官杭州训导。张氏为浙西望族，其先罗浮先生以给谏起家，城南乌夜村有涉园，其别业也。晋樵与朱笠亭、陆太冲辈日坐啸其中，图书彝鼎望而知为故家物，著《攓云楼诗稿》。（《两浙輶轩录》）藏书印有涉园主人鉴藏、古盐张氏小白珍藏、古盐涉园张氏守白斋珍藏书画之章。（《楹书隅录》）

张瑞 宋鄞县人。两经荐辟，以母老力辞。筑甬洲书庄，聚书万卷，与子孙讲习其中。（《鄞县志》三十一《张文英传》）

张雯（1293—1356） 字子昭，元杭州人。少嗜学。时宋社已屋三十稔矣，故老遗黎尤有存者，子昭从其人问宋遗事，得其什一。喜游钱塘，山川城邑，徘徊踯躅，感叹不已。兼通声律。家临市衢，构楼蓄书，自经传子史下逮稗官百家，无不备。日翻阅研究，藏书印有子昭印、张子昭印。著《继潜录》、《书画补遗》、《墨记》。至正十六年卒，年六十四。（《武林藏书录》卷中）

张模 字仲实，杭州人。官两浙都转盐运使知事。幼而警敏，甫冠而学业大成。是时宋社既墟，而典章文物犹存。咸淳间士摇于举业，椟独锐意复古学，于经阐明奥旨，承先世之遗，图书富有。曾与邓善之分一室居，相与读书其中，如此者十年。著《学古斋稿》、《格物编》。(《武林藏书录》卷中)

张枢（1292—1348）　字子长，元东阳人。父观光，娶于金华潘氏，潘氏故多书，插架数万卷。枢就外家读书，遂居金华。尝为《春秋三传归一义》三十卷、刊定《三国志》六十五卷，又别撰《汉书》本纪附以魏吴、《续后汉书》七十三卷。三国之臣有能致节于其君者，旧史或讳不书，或书而失实，或仅见于异代之史，皆为更定，而于《汉书》则备载，以明正统。或一事数说，必参订归一，是非疑似抑扬予夺，咸有论著，系于各篇之末，名曰《训志》。此外又有《宋季逸事》若干卷、《林下窃议》一卷、《张曲江年谱》一卷、《敝帚编》若干卷。(《金华征献录》卷十一)

张涛　字铁庵，清海宁人。性酷嗜典籍，虽日处阛阓，市声喧聒，处之怡然。小楼顿书万卷，人定后篝灯披读，辄达旦忘倦。文章超迈，雅近眉山，论史诸篇，尤有卓识。诗不屑规唐摹宋，而卓然自成一家。所著有《补读楼诗》六卷、文一卷、杂著一卷。(《海宁州志稿》卷三十二)

张一韶　字尚成，明浦江人。由邑弟子员入成均。癖嗜书，罄产访购，积至数万卷。自刑法、钱赋、礼乐，旁及方舆、氏族、星历、医卜，无不精究。慨然以著作自负，聚四方知名士与之辨论大义，复纵游三辅、两都、岱宗、阙里、匡庐、九嶷、彭蠡、洞庭、岭外，尽交楚、蜀、闽、粤诸名士，自是文益雄迈。作诗不专尚音韵，以议论为主。常曰儒者多拾残瀋，据成败以论古人，使生趣尽脱。乃作咏史诗三百篇，援引驳据，率自成一家言。又以世之为诗，不辨时代升降，多循声踵谬，体格既讹，韵律全失，乃著《历代诗草辨体》、《乐府考题》。时建酋跳梁，插套诸虏，往往生戎心，乃著《九边图考》。郡司李阮元声数相从论古作者优劣，乃为辑选《金华文征》、《诗征》。晚岁善病，坐卧一榻中，然不废吟咏。乃有《病余集》，统所著曰《贻燕堂集》，共三十卷。熹庙中开史局，诏纂修两朝实录，或以其名荐，以病不果赴。迨病革且死，口不及男女事，

惟以手定《金元史》未竟业为恨。（《光绪浦江县志稿·文苑传》）

张之鼐　字仲谋，号超微，清杭州人。博览群书，长于诗文。隐居横潭别墅，诗文唱和，韵林中无不知横潭张半盦也。喜著述，日居卧痴楼半庵斋，拥万卷。手辑《栖里景物略》十二卷、《神仙通纪》百卷、《横潭草堂词》若干卷。（《唐栖志》卷十二）

张作楠　字沂之，号丹邨，金华人。嘉庆戊辰进士，官徐州知府。丹邨禀异质，敦内行，理阐程朱，学探河洛。著有《四书同异》十二卷、《乡党小笺》一卷、《证文》一卷、《翠微山房文集》十六卷、《数学》三十八卷、《书目》五卷。笔录《识小录》、《愈愚录》、《东郭乡谈》等若干卷。（《金华诗续录》）

张廷济（1768—1838）　字叔未，嘉兴人。嘉庆三年举人。屡踬礼闱，遂结庐高隐，以图书金石自娱，自商周至近代凡金石书画刻削髹饰之属，无不搜聚，构清仪阁藏之。（《清史列传》）藏书印有清仪阁张叔未廷济印。（宋元旧本《书经眼录》）著有《桂馨堂集》。

张宗松　字青在，一字楚良，又字蝬庐，清海盐人。国学生。性耽吟咏，与马维翰、朱炎友善。少时村居诗有："隔水一牛横笛去，盘云双鸽带铃来"之句。海宁杨性夫给谏一见赏之，妻以女。家藏书籍甚富，凡图书鼎彝之属，鉴别最精。著有《寒坪诗钞》。（《两浙輶轩录》，《海盐县志》）

张定闰　字啸夫，道光时平湖人。附贡。童年毕读十三经，常集竹林诗社，与光子侍讲金镛都转炳堃辈晨夕唱和，为士林佳话。性喜书，积卷累万，观名人书画，立辨真赝，有钱天树风。著《望云楼焚余草》。（《两浙輶轩续录》三三）

张培源　字江亭，号莼香，清平湖人，监生。深得家学，好书，购宋元精刻积数千卷，藏一楼，寝食其中。体虽羸，吟咏不辍。年二十六年卒。著有《吟香诗集》四卷。（《平湖县志》卷十七）

张敬谓　字佩言，号南园，清钱塘人。南园少力学，婴疾不能试有司，年三十余即卒。家在定乡，辟园宅南曰南园，水木花石，轩廊亭榭之胜称于一时。行药索句，间为小画，逍遥其中以自娱。陆云九明经称其诗纯任自然，机趣横溢，他人冥搜默索所不到者乃以平易出之。不名一家，正复自成一家，盖确论也。园中别构精舍，藏书万余卷，常曰："病躯负庋架物，吾子孙必有能读者。"太平军之乱，园毁书烬矣。有《等闲集》。(《国朝杭郡诗三辑》二十八)

张凤翔（？—1777）　字方海，初名秉岳，上虞人。邑庠生。生而聪慧，为文有奇气。家有藏书多善本。有《方海诗集》行于世。(《上虞县志》卷十二)

张寿荣　字菊龄，清镇海人。同治九年举人。《花雨楼丛书自序》："余承先人业，遗书二万卷，庋阁于花雨楼中，时复有所购置，而口诵，而手披，而点勘，丹黄之不辍，亦庶几好书而聚书矣。虽不敢自谓知书，而于抱经氏所黜为勿录者，循例推广，一再察详，慎之又慎，并有以别白其间。惟念兵燹之余，古籍煨烬，锓椠半虚，因出数种付㰋劂，寻又以旧本流传，有经删削而非完善者；有沿讹袭谬未为諟正，诒误来学者；有卷帙侈广，行箧挈携致多未便者。于三者而为筹其善，酌其宜，用是一律缮写，鱼虎精雠，复谋诸手民，续次授梓，俾公同好。积册成编，爰署以为《花雨楼丛抄》。阅者得不讪为不知书者之所为，所幸多矣。而余之好书聚书之衷，又庸有几乎哉。"

张燕昌（1738—1814）　字芑堂，号文鱼，又号金粟山人，海盐人。乾隆丁酉优贡生，嘉庆丙辰荐举孝廉方正。性爱古，所见古书甚多，与长塘鲍禄饮相友善。卒年七十七。有《金石契》五卷、《三吴古砖录》。(张廷济《桂馨堂集·感逝诗》，《士礼居藏书题跋记》，《府志·经籍志》)

张载华　字佩兼，清海盐人。藏书万卷，遇有善本手自抄录。刻有《初白庵诗评》。(《海盐县志》卷十七)藏书印有张载华印、芷斋图籍《铁琴铜剑楼图目》、古盐张氏松下图书、张氏研古楼藏书诸印。(《持静斋书目》)

凌昱　字敬舆，钱塘人。明景泰庚午举人。祖云翰所蓄前代典籍甚富，敬舆收藏无遗，于所居作堂贮之，颜曰"尊德"。(《武林藏书录》卷中)

曹辛　字姜侯，清余姚人。弱冠补邑博士弟子员，不好举业，检书得算法统宗，玩索有得。又从邑中倪氏、泗门谢氏假数理书数种，朝夕研究，稍稍窥九章门径。后又睹谈天一书，潜心数年。遂能推步。会宁波宗太守源翰开六斋课士，聘黄孝廉炳垕长天文算学斋。辛既受知，乃师事焉，学益进。先后为学使所识。丙戌瞿学使鸿玑并赏其文，岁科试俱第一，饩于庠。屡应乡试不售，以明经终。好收古书，自群经诸子迄泰西天算家言，不下千种。自序《蕉雨书屋书目》云："余嗜书成癖，贫不能多得，所能购惟恐失之。"其治算学无师承，至愤悱时，辄夜以继日。暑夕置两瓮案下，插脚翁中以避虿。常语子弟云："所费膏火，尽油数百斤矣。"其苦心孤诣如此。(《余姚六仓志》卷三十四)

曹盅　字囦明，宋镇海人。年十二能作举子业。未冠已博综经史百家之言，天文地理与夫天下形势兵家之学，靡不通贯。常聚万卷，多手自雠校，积学老而不衰。自号牧庵居士，嘉泰二年卒，年六十八。(《剡源乡志》卷八)

曹溶（1613—1685）　字洁躬，又字秋岳，号倦圃，秀水人。崇祯丁丑进士，仕至御史，入清历户部侍郎，出为广东布政使，左迁山西阳和道。(《鹤征前录》)晚年自号钼菜翁，筑室范蠡湖，颜曰"倦圃"。(《携李诗系》)好收宋元人文集，其《静惕堂书目》所载宋集，自《柳开河东集》以下凡一百八十家，元集自耶律楚材《湛然集》以下凡一百十五家。(《池上偶谈》)其藏印曰两河使者、曰白学先生、曰钼菜园；又有槜李圆印、秀州葫芦印。尝辑《续献征录》六十卷、《五十辅臣传》五卷。著《静惕堂书目》、《静惕堂诗文集》三十卷。(《式古堂画考》)

曹言纯　字种水，一号古香，清秀水人。自弱冠后专心辞章之学，家苦无书，借人书籍，节取其精华，蝇头细书，三十余年无虑千百册。李贻德赠之诗有："少时森森挺玉笋，藏镪半为买书尽"之句。其藏书处曰"五千卷室"。(《曝书杂记》)

梁绍壬（？—1792）　字晋竹，号应来，钱塘人。道光辛巳举人。家有两般秋雨庵藏书。(《丁氏藏书志》)

章金　字益斋，清秀水人。《曝书杂记》：“益斋年逾古稀，抄书不辍。二十年前常抄乐书全部，影宋精绝，共计一千二百余叶，以旧宋本更假东津亭马氏所藏宋本校正，阅二年而成。自陆丈瓠尊下世，吾乡劬书者章君为鲁灵光矣。”

章得一　字德茂，元归安人。十岁能文，比长不乐仕进，程钜夫荐之不起。尝积书万卷，学者远近毕至。有《悠然先生集》。（《归安县志》卷三十六）

庄仲芳（1780—1857）　字芝阶，秀水人。嘉庆庚午举人，官中书舍人。性淡于荣利，爱西湖山水，晚岁归居甪里街，筑映雪楼，藏书五万余卷。《映雪楼藏书目考》自跋：“余生平所嗜惟书与花，而书尤甚。积五十年得书几五万卷，合经史子集区为十卷，注为三编。内编有醇无疵，外篇有醇疵参半，附编多伪书或浅陋疵类者，各著撰人名氏爵贯，略及行事并著书之意。他日书即云散，留此一目，亦足以见余精神所寄矣。”常论总集自《文选》以后，唐北宋元明选家均有成书，惟南宋与金阙如。乡前辈沈嗣选果堂著有《南宋文鉴》，又复仅存门目，乃裒集成之，名曰《文范》。又辑《金文雅》、《碧血录》、《古文练要》，均称收罗宏富。（《嘉兴府志》卷五十二，八十）

莫潍　字潍山，清钱塘人。诸生。精算学，其藏书处曰“翠云书坞”，所列各书虽无甚秘籍，然亦楚楚可观。著《耳食录》八卷。（《武林藏书录》卷下）

许棐　字忱父，号梅屋，宋海盐人。隐居秦溪，筑小庄于溪北，储书数千卷，丹黄不休。《梅屋书目自序》云：“余贫喜书，旧积千余卷，今倍之，未足也。肆有新刊知无不市，人有奇编见无不录。故环室皆书也。”著有《梅屋稿》、《献丑集》、《樵谈》、《春融小缀》。（《嘉兴府志·隐逸传》）

许焞　字醇夫，又字纯也，号慕迂。海盐人。雍正癸卯进士，官编修，即乞归。闭户读书，肆力于诗古文辞。已而与张莘皋、陈古民辈讲论道学，一言一动皆准先民矩矱。自其祖汝霖（字时庵，官至礼部尚书）以来藏书甚富，而焞尤笃嗜，搜拾遗文，故所藏宋元末刻之集多至百十种。常汇辑汉唐以下迄于清代之诗文各五十卷，卷百叶名曰《文海》、《诗海》，手自丹黄而甲乙之。所著有《慕迁斋诗文集》、《学稼轩诗文集》十卷、《学稼轩书目》三册。（《海宁州志稿·典籍十》）

许克勤 字澡身，号勉甫，清海宁人。廪贡生。生平不苟言笑，重然诺。读书寒暑无间。先是李侍郎文田主试江南，提倡实学，若苏州正证，江阴南菁，上海求志、格致各书院，肄业皆知名之士，克勤与试，得一席。膏奖岁入千金，悉购书籍。手自雠校，丹黄满目，于舆地之学，图绘尤工。著《周易日记》、《经义杂识》、《论语古注集笺补正》、《十三经古注》、《方舆韵考》、《方言校》若干卷。（《海宁州志稿》卷二十九）

许宗彦（1768—1818） 字积卿，又字周生，德清人。嘉庆己未进士，授兵部车驾司主事。寡嗜好，惟喜购异书，不惜重价，藏弆满楼，于书无所不读。实事求是，旁及道经释典名物象数，必殚其奥而后已。（蔡之定《许君周生家传》）有《鉴止水斋书目》一册。（《持静斋书目》）

许勉焕 字陶初，海宁人。父惟楷构一可堂于室西遍，广蓄典籍。勉焕复扩充之，邑中号藏书家。尝取古今医学葬经编排手纂，成《名医类案》一百二十卷、《平详纂要》十卷。（《海宁州志稿·孝友传》）

许惟楷 字端平，号宜斋，清海宁人。质鲁体羸，顾以坚毅求道，苦心孤诣，为文一空雾障。康熙己酉丙戌联捷成进士。兄惟枫殁，力肩抚孤，遂息意仕进，闭门矻矻，手不释卷。蓄书一可堂中，丹黄无虚帙。晚年文益简奥，史断百篇，不随人毁誉。诗亦畦径自辟。卒年七十八。（《海宁州志稿·文苑传》）

郭协寅 号石斋，清临海人。诸生。嗜好古学，于乡先生遗集搜求尤力，手录储八砖书库，不下数百种。耳目所及，别成《台州述闻》，遗闻佚事，网罗殆尽。当时台州藏书家，首推洪氏、宋氏，二家所无，则求之石斋。尝构灵溪山馆，邀诸名士题咏，积成卷轴，惜嗣君晓村茂材元晖先石斋卒，等身著作，化为云烟，并八砖书库书目亦不可问。叶书搜得其《临海续志》、《金石稿》一稿，门人许达夫茂材得其《三台书画志》四卷。其藏印有八砖书屋、小桥流水即沧州、维桑与梓必恭敬止、別出新意成家、临海郭家藏书、石斋手抄、石斋经眼、石斋过眼、石斋藏、勖吾郭公、专聚三台一辈书等印。(《台州经籍志》)

晗按：《两浙輶轩续录》卷三十二："徐正廉字奏池号石斋，浙江临海人。《益庵笔记》：'石斋藏书处初名茹古阁，后改名八砖书库'。"里贯别号藏书斋名俱与郭协寅同，不应巧合若是，疑《两浙輶轩续录》以徐亦字石斋，误引《益庵笔记》所述八砖书库属之也。俟考。

陶及申 字式南，清会稽人。好濂洛关闽之学，家故多藏书，及申足不出户，雠勘涂乙。工古诗文，与俞忠孙等齐名。所著有《四书博征》一百廿卷、《纪元本末》十八卷、《筠厂诗文集》十卷、《文原删订》、《立言删订》、《外志补余字学类正》若干卷。(《绍兴府志》卷五十三)

陈思 宋临安人。陈伯玉《实刻丛编序》："都人陈思卖书于都市，士之好古博雅搜遗猎忘以足其所藏，与夫故家之沦坠不振，出其所藏以求售者，往往交于其肆。且售且卖，久之所阅滋多，望之则能别其真赝。"曾汇刻群贤小集，自洪迈以下六十四家，流传甚罕。所著有《宝刻丛编》，尤为渊博。又有《书苑精华》十二卷、《海棠谱》二卷行世。

陈起 字宗之，宋杭州人。于睦亲坊开书肆，自称陈道人。能诗，凡江湖诗人皆与之善。尝刊《江湖集》以售，后以集中语有敖器之言，论列劈《江湖集》版，坐流配。生平印书凡于书之疑处率以己意改令谐顺。(《瀛奎律髓》，《戴表元题孙过庭书谱后》)

陈春 字东为，清萧山人。家有湖海楼，藏书甚富。与汪苏潭交厚，苏潭家富图籍而搜访不倦，每得善本辄举以相示。春父冲虚七十生朝，苏潭持手校列子张注为寿，春梓印以博亲欢。又谋之苏潭择考证经史有稗实用者次第写版，刻《湖海楼丛书》。(《湖海楼丛书自序》)

陈唐　字云川，自号青芝山人，清嘉善人。绝意仕进。专心古学。工诗文，家有经籍已遍读，复购万卷朝夕披览。尤喜学易，邃心诠注。好佳山水，移家邓尉，屋数楹，梅百树。数年复归，闲居奉母，怡然自得。著有《青芝山人集》。（《嘉善县志》二十五）

陈撰　字楞山，号玉几，鄞县人。国子监生，乾隆元年征举博学鸿词，通政使赵之垣闻其名荐于朝，辞不赴。性孤洁不肯因人以热。家有玉几山房，蓄书最富。精鉴赏，撰有逸材，书画绝摹仿，每一纸落，人间珍若拱璧。其游江淮间，穷愁寡合，故说诗多凄断之音云。（《鄞县志》四十三）

陈谧　字康公，鄞县人。宋嘉祐八年进士。元丰七年知华亭县，民事佛有羡余率尽以施浮屠，先圣庙则湫隘卑陋，谧始议兴学，会以事罢去。世喜藏书，谧之亡，舒亶作挽章，有曰："尘埃满匣空鸣剑，风雨归舟只载书。"孙曦，字元和，号雪窗，绍兴八年进士。知休宁县。有《藏书记》，以告其后勿坠素业。（《鄞县志》二六）

陈谟　字福谦，号竹川，清新昌人。幼善病，肆力于学，年五十始举正榜，所著仅《通鉴长编补遗》七卷，已梓。他则蝇头细书，散见于家藏者几数万卷，无一定本，后当以何义门先生读书记目之。（《新昌县志》卷十二）

陈鉴　字镜三，同治间鄞县人。敦尚名节，见朋友有过，苦口规之。购书数万卷，以古学为家教。年四十六卒。（《鄞县志》四十四）

陈鳣（1753—1817）　字仲鱼，号简庄，海宁人。嘉庆纪元以郡廪举生孝廉方正，旋中戊午举人。少承庭诰，精说文之学。兼宗北海郑氏，于《论语注》、《孝经注》、《六艺论》皆采辑遗文，并据本传参以诸书排次事实为年纪，嘉定钱大昕谓为灿然有条，咸可征信。性好藏书，遇宋元椠本必以善价购之，与吴门黄丕烈、同邑吴骞互相抄传。晚营果园于紫微山麓中，构向山阁，藏书十万卷，次第校勘，每册钤小印二：一曰得此书费辛苦，后之人其鉴我，一为小像。他著有《诗人考》一卷、《石经说》六卷、《埤仓拾存》一卷、

《经籍跋文》一卷、《声类拾存》一卷、《郑君年纪》一卷、《续唐书》七十卷、《恒言广证》六卷、《缀文》六卷、《对策》六卷、《诗集》十卷、《新阪土风》一卷、《简庄疏记》十四卷，及《两汉金石记》、《松砚斋随笔》若干卷。(《海宁州志稿·儒林传》)

陈世佶 字士常，海宁人。康熙癸巳举人。藏书万卷，丹黄殆遍，得善本必手录一过。著《种书田稿》一卷，又辑杜诗、注经说若干卷。(《海宁州志稿》卷二十九)

陈世隆 字彦高，元钱塘人。钱大昕《艺圃搜奇跋》："……钱塘陈世隆彦高，天台徐一夔大章避兵携李相善。彦高箧中携秘书数十种，检有副本悉以赠大章。大章汇而编之，世无刊本。"辑有《宋诗拾遗》二十三卷。

陈自舜（1634—1711） 字小同，一字同亮，别号尧山，清鄞县人。诸生。为人强毅方严，于名教所在，持之甚笃。皓首穷经，牛毛茧丝不遗余力，而于字学尤精，凡《字汇》、《正字通》、《古今韵略》诸书，有一字未经搜入者悉为补辑。喜购书，其云在楼所藏为天一阁范氏之亚。卒年七十八。(《鄞县志》四一郑梁撰《陈尧山墓志铭》)

陈邦彦（1678—1752） 字世南，号匏庐，海宁人。康熙癸未进士，由翰林历官至礼部侍郎。书法酷似董文敏。性耽群籍，收藏颇富，康熙四十六年尝奉敕编《历朝题画诗类》一百二十卷，他所著有《宋史补遗》、《谥法考》、《春晖堂书目》、《读书志》、《乌衣香牒》四卷、《春驹小谱》二卷、《全唐文》、《墨庐小稿》一卷；《春晖堂集》、《海神庙上梁词》诸书。(《海宁州志稿·典籍八》)

陈廷献 号草窗，清平湖人。性嗜书，购藏三万余卷。子露亭（名树德）、孙春潭孝廉（名曰烈）增而广之，积至五万余卷。(《当湖外志》)有《简香斋书目》四册。(《平湖县志·经籍志》)

陈振孙 字伯玉，号直斋，宋安吉人。尝分教鄞学，宰南城，倅莆田。端平三年知泰州，除浙东提举。嘉熙元年改知嘉兴府，淳祐四年官国子司业。官终侍郎 。仕莆时传录夹漈郑氏、方氏、林氏、吴氏旧书至五万一千一百八十余卷，就所藏仿《读书志》撰

《书录解题》二十二卷，极其精详，为后来学者考证之所必资。（《养新录》，《齐东野语》）

陈贻范　字伯模，临海人。宋治平四年进士，历宗正丞，通判处州，民怀其德，有“道不拾遗剑、月照处州城”之谣。尝捐食田以输郡学，于是有司及士民好义者相继增给，士赖以养。好藏书，所著有《庆善楼家藏书目》二卷、《庆善集》若干卷。（《临海县志》）

王玮《万卷楼记略》曰：“临海陈氏有藏书之楼曰万卷楼。陈氏世儒家，五季时自金华来居县西之松里，族大以蕃，衣冠相继。至宋少卿府君始即所居作楼藏书，逮其后大着府君新之，入国朝大德间大著之季刚中侍制又新作之，而聚书益多。”（《台州经籍志》）

陈敬璋（1764—1813）　字奉莪，号半圭，海宁人。郡庠生。日可写万字，见异书辄手抄，后毁于火，晚岁犹插架层叠也。（《海宁州志稿》卷二十九）

陈敬简　字汝霖，号可斋，又号吟窝，清海盐人。由监生官盐课大使，喜聚书，卢抱经为作藏书记，撰《枕经楼藏书目》四卷。（《海宁州志稿·典籍十二》）

陈圣洛　字二川，清西安人。诸生。人品高洁，与季弟圣泽、族弟一夔同负诗名，二川尤杰出，与游皆当世名士。家藏图史甚富，终日坐拥，不问外事。著《桐炭集》、《候虫集》。（《两浙輶轩续录》一〇）

陈熙晋　原名津，字析木，清义乌人。官至宜昌知府。熙晋邃于学，积书数万卷，订疑纠谬，务穷竟原委，取裁精审。常谓杜预解左氏有三蔽，刘光伯规之，而书久佚，惟正义引百七十三事，孔颖达皆以为非，乃刺取经史百家及近儒著述，以明刘义。其杜非而刘是者申之；杜是而刘非者释之；杜刘两说义俱未妥，则证诸群言，断以己意，成《春秋规过考信》九卷。又谓《隋经籍志》载光伯左氏《述义》四十卷不及《规过》，据孔颖达序称习杜义而攻杜氏，疑《规过》即在《述义》中。《旧唐书·经籍志》载《述义》三十七卷，较《隋志》少三卷，而多《规过》三卷，此其证也。《正义》于规杜百七十三事外，又得百四十三事，盖皆《述义》之文。其异杜者三十事，驳正甚少。殆唐初奉敕删定，著为令典，党同伐异，势会使然。乃参稽得失援据群言，成《春秋述义拾遗》八卷。他著有《古文孝经述义疏证》五卷、《帝王世纪》二卷、《贵州风土记》三十三卷、《黔中水道记》四卷、《宋大夫集笺注》三卷、《骆临海集笺注》十卷、《日损斋笔记考证》一卷、《文集》八卷、《征帆集》四卷。(《清史稿·儒林传二》)

陆宰 字元钧，宋山阴人。越藏书家曰左丞陆氏、尚书石氏、进士诸葛氏。中兴秘府始建，首命绍兴府录朝请大夫直秘阁陆宰家所藏书来，凡万三千卷有奇。著有《春秋后传补遗》。(《嘉泰会稽志》卷十六)

陆烜 字子章，一字梅谷，又号巢云子，清平湖人。沈文恪公主敷文讲席，抚军属其采录遗书，引烜为助，校勘甚精。刊《奇晋斋丛书》，收藏甚富。其随笔云："凡治定书必用雌黄，其色久而不渝。余尝见李献吉评杜诗，钱牧翁手批元遗山集皆手泽如新。修补古书浆糊中必入白芨，则岁久不脱。近购得宋余靖《武溪集》、赵璘《因话录》、施彦执《北窗炙輠》，皆汲古阁物。装订极精致而于破损接尾处皆脱，盖不用白芨之故，亦藏书家所当知也。"侍儿沈采虹屏亦嗜书，尝题跋书端，当时称为藏书家韵事。有梅谷掌书画史沈书虹屏印记。(《两浙𬨎轩录》,《梅谷随笔》,《东湖丛记》)

陆游（1125—1210） 字务观，号放翁，宰子。越中藏书家有三：曰左丞陆氏、尚书石氏、进士诸葛氏。陆氏即游家也。游尝宦西川，出峡不载一物，尽买蜀书以归。其编目益巨。三家图籍尝更废迁，而至今最盛者惟陆氏。(《嘉泰会稽志》卷十六)

《渭南文集·书巢记》："陆子既老且病犹不置读书，名其室曰书巢。"《雨后极凉料简箧中旧书有感诗》："笠泽老翁病苏醒，欣然起理西斋书。十年灯前手自校，行间颠倒黄与朱。区区朴学老自信，要与万卷归林庐。"自署笠泽翁、笠泽渔隐、九曲老樵龟堂病叟可斋。

陆宝 字敬身，一字青霞，学者称为中条先生，清初鄞县人。《鲒埼亭集》十四《中条陆先生墓表》："先生藏书最富，多善本。吾乡之以藏书名者天一阁范氏，次之四香居陈氏，又其次则先生南轩之书也。三十年来亦四散，予从飘零之后摭拾之，尚得其宋椠开庆、宝庆四明二志及《草庐春秋纂言》，皆世间所绝无也。”著有《霜镜辟尘》、《悟香》等集。

陆子遹　放翁子。放翁跋子遹所藏《国史补》：“子遹喜蓄书，至辍衣食不少吝也。吾世其有兴者乎。”（《渭南文集》）

陆心源（1834—1894）　字刚父，号存斋，清临安人。李宗莲《皕宋楼藏书志序》：“先生博闻缀学，偶见异书，顷囊必购，备兵南韶，丁封翁艰，归装有书百椟，乃复近抄远访，维日孳孳。……十余年来，凡得书十五万卷，而坊刻不与焉。其宋元刊及名人手抄手校者储之皕宋楼中，若守先阁则皆明以后刊及寻常抄帙，案《四库书目》编序而以近人著述之善者附著之。念自来藏书未能垂远，今年——光绪壬午春奏记大府，以守先阁所储归之于公。而以皕宋楼宝藏旧刻精抄为世所罕见者辑其源委，仿贵与马氏、竹垞朱氏、月霄张氏例成《藏书志》一百二十卷。”他著有《仪顾堂集》，刊《十万卷楼丛书》。心源既没，其后人以之售于日本人岩崎某，载归贮之静嘉文库。日本所藏吾国书，曩缺史部集部，及得此始告完成云。

陆芝荣　字香圃，清萧山人。有寓赏楼藏书。抄影善本之富，为一邑冠。不惜工资，四方书贾，云集辐辏。插架初印元明版本极多。（《沈豫补今言》）有三间草堂、香圃所藏、忠宣第三十七世孙诸印。（《皕宋楼藏书志》）

陆瑞家　字信卿，明兰溪人。退居读书，慕古好学，藏弆甚富。建楼贮之，曰万书楼。婺州藏书，独盛于兰溪，胡应麟有二酉山房，徐介寿有百城楼，瑞家盖一时角立者也。自著《契谪稿》。（《金华诗录》三十一）

陆尔绳　字绳兮，号渌饮，清仁和人。附贡。渌饮家仓基里，有清华堂，藏书甚富，时集名流，觞咏其间。庚申之变，避居海宁半载，返杭遂饿殉围城之中。（《两浙輶轩续录》四十二）

十二画

景辉　字伊仲，清余姚人。好聚书，建东白楼，积书至数万卷。尤长于诗，世比之商山四皓。著有《惩羹录》、《兰心编》、《海村风俗记》、《东白楼文集》。殁后毁于火，诗集二十四卷藏张敷荣家。(《余姚六仓志》卷三十二)

温日鉴　字霁华，号铁花，清南浔人。监生。好蓄书，并嗜金石文字。精舆地之学，于南北朝疆宇分合、郡县侨置考索尤详。(《南浔县志》卷二十)

汤绍祖　字公孟，明海盐人。七岁通古文词，长而耽读，闻有异书必百计购求，以故藏帙独富。好骈丽之文，尝取梁末及李唐之可继萧选者为《续文选》三十二卷。著有《清远堂文稿》。(《浙江通志》百七十九)

劳格(1820—1864)　字季言，经元子。平居读书时，每置空册于案，遇有疑义辄笔之。暇时翻阅诸书，互相考证，必至精密而后已。藏书之所曰丹铅精舍，校书之印曰实事求是、多闻阙疑。叶廷琯《浦西寓舍杂咏诗》云："真读书人贼亦钦，签尘不使讲帷侵，黄巾知避康成里，汉季儒风又见今。"注云："仁和劳季言家塘栖，累代富藏书，季言尤以博洽名。贼酋至其门，戒其徒谓此读书人家，毋惊之。入室取架上卷帙观之，曰：'闻此家多藏秘籍，何此皆非善本，殆移匿他所耶?'徘徊良久，不动一物而去。贼亦知书，异哉！迄今不四十年，遗籍流落尘寰，书目亦散佚不传 。书之不毁于寇，此中岂有数也。"著有《读书杂识》十二卷、《唐郎官石柱题名考》二十四卷、《唐御史台精舍题名考》三卷。(《武林藏书录》卷下)

劳权　字巽卿，经元子。精于校雠之学，所校有《元和姓纂》、

《大唐郊祀录》、《北堂书钞》、《蔡中郎集》、《文苑英华》及唐宋各家文集。皆丹黄齐下，密行细书，均有补遗附录，引证博而且精，世称善本。兼工词曲，唐宋元明间卷藏皆旧本。（《武林藏书录》卷下）

劳经元 字笙士，清杭州人。学于武进臧镛堂之门。性嗜收书，恣意流览。熟谙唐代典制，著有《唐折冲府考》。（《武林藏书录》卷下）

程廷献 字书城，号拥岩，清枫泾人。弱不好弄，辑古佚书《帝王世纪》、《三辅决录》凡十余种。旧居瓶麓藏书甚富，得旧抄《北堂书钞》，与明世所传海虞陈氏校补，大异。复感发辑《苍颉字林》尤备。（《张鉴枫溪程君祔葬墓记》）

童佩 字子鸣，明龙游人。世为书贾，受业于归有光，独以诗文游公卿间。《少室山房笔丛·经籍会通四》："龙丘童子鸣家藏书二万五千卷，余常得其目，颇多秘帙，而猥杂亦十三四；至诸大类书，则尽缺焉。盖当时未有雕本，而钞帙故非韦布所办，亦且不易遇也。"有《童子鸣集》六卷。

童钰（1721—1782） 字二如，（易顺鼎慕庐皋杂刻□□字二树，自号铁生）绍兴人。少弃举业，专攻诗古文。性豪侠，不事家人生产。与同郡刘文蔚、姚翼天、姚大源、刘鸣玉、茅逸、陈芝图结社连吟，称越中七子。生平与袁枚未尝相见，而极为倾倒。好聚书，典衣鬻婢易之，无少惜，所藏几逾万卷。又好金石书画，馆谷所入，用以恤戚敝，有余则悉以购焉。河南巡抚阿思哈聘修省志，凡三十六县，分疏总校，条例谨严，人多称之。卒后，袁枚为编其诗为十二卷。（《清史列传》七十一《商盘传》）

童铨 字佛庵，清仁和人。诸生。《武林藏书录》卷下："铨家北郭，贫无余资。雅性爱古，市集门摊，时时搜访，所得颇有善本。惜身后斥卖殆尽，闻其所藏前辈小像，多至数十人，不知今归何处。年七十余，赋诗而逝，有'亡魂愿化庄周蝶，只恋书香不恋花'句，惜佚其全什矣。"

钮石溪 明会稽人。黄宗羲《天一阁藏书记》："古今书籍之厄不可胜计，以余所见言之，越中藏书之家钮石溪世学楼，其著也。

余见其小说目录亦数百种，商氏之稗海皆从彼借刻。崇祯庚午间其书初散，余仅从故书铺得十余部而已。”藏书印有钮氏世学楼图籍印。(《天禄琳琅》)

项元汴（1525—1590） 字子京，号墨林子，又号香岩居士、退密斋主人，明嘉兴人。以善治生产富。能鉴别古人书画，所居天籁阁，坐质库估价，海内珍异十九多归之。每得名迹以印钤之，累累满幅。乙酉岁大兵至嘉禾，项氏累世之藏尽为千夫长汪六水所掠，荡然无遗。子京题跋皆署撄宁庵，其藏印曰寄敖、曰退密、曰墨林山人、曰世济美堂、曰传家永宝、曰神游心赏、曰古槜李狂儒墨林山房史籍印。天禄琳琅明刻《春秋经传集解》、《六臣文选》皆有世美堂古狂二印，疑亦项氏物也。(《藏书纪事诗》卷三)

项传霖（1798—1858） 字叔雨，号几山，清瑞安人。道光壬午举人，官富阳教谕。十上春官，不知家人生产。每归，则多购古书，与兄雁湖辨证校阅。自始学至疾革，未尝一日去书。博通经史，旁涉天官历算阴阳风角诸杂家之说，然亦谦退不著书。(孙衣言撰墓志言其撰笔记十一卷。)藏古籍数万卷，悉加丹铅。所书断章残稿，皆端楷不苟。教人读书，必遵元儒程氏《日程》，无求速化。生平不轻臧否人物，即对付村农野叟，亦无倦容。卒年六十一。(《续碑传集》八十二方宗诚撰《项雁湖几山两先生墓表》)

项笃寿 字子长，秀水人。明嘉靖壬戌进士，官广东参议。性好藏书，见秘册辄令小胥传抄，储之舍北万卷楼。其藏印曰圣师、曰师孔，谓项橐也；曰马生角，笃字离合体也；曰浙西世家、曰少溪主人、曰兰石主人、曰万卷堂藏书记。又有桃花村里人家、杏花春雨江南两印。(《藏书纪事诗》卷三)

冯文昌 字研祥，清嘉兴人。诸生。寓于杭，尝得右军《快雪时晴》真迹，因筑快雪堂于西湖之孤山，收藏甚富。有宋刊《金石录》十卷，极宝爱之，手跋其后，又为刻印文曰金石录十卷人家。长笺短札，帖尾书头每每用之。有冯文昌印、字研祥冯氏三余堂收藏、冯子玄家藏印、平安馆印、冯氏图书、冯印文昌、文字之祥、君家其昌、快雪堂图书诸印。(《武林藏书录》卷下)

冯集梧　字轩圃，号鹭亭，桐乡人。乾隆辛丑进士，授编修。家多藏书，精校勘。尝刻《元丰九域志》、《杜樊川诗注》、《惠定宇后汉书补注》。著有《贮云居稿》。（《嘉兴府志》，《蒲褐山房诗话》）

黄杓　字星桥，号玉绳，钟孙。性嗜书画，尤喜究其源委。家故多先世所藏书，因为详著其姓氏，尚论其流派，为《画载》二卷。（《武林藏书录》卷下）

黄楼　字时高，号云山，明兰溪人。家丰于资，好读书，品题古今人物，构书楼于宅旁望云山，储书数万卷。揆常稔田数百亩，专充子孙教养资。年八十七卒。（《金华征献略》卷十四）

黄沄　字潆江，号学痴，钟子。性嗜书，手抄秘籍多至百种。其自述云："秉志以刚，负气以直。教子一经，交友三益。非曰能诗，但解涂抹。遗之子孙，幸存吾拙。"可以概其平生矣。著有《未筛稿》。（《武林藏书录》卷下）

黄钟　字朗亭，号铁庵，清仁和人。例贡生，历官刑部郎中。性好聚书，终日雠校，如对古人。其藏书处曰雅趣轩。著有《春华阁诗抄》。（《武林藏书录》卷下）

黄汝厅　字素庵，清浦江人。幼好学，弱冠补弟子员，旋食饩。乡闱屡荐不售，以明经终。家素丰，购书数万卷，日事丹黄，寒暑不辍。喜弹琴咏诗，又工书，得名家意。著有《素庵诗抄》二卷。（《光绪浦江县志稿·文苑传》）

黄宗羲（1610—1695）　字太冲，海内称梨洲先生，余姚人，忠端公尊素长子。愤科举之学，思所以变之。既尽发家藏书读之，不足则抄之同里世学楼钮氏、澹生堂祁氏，南中则千顷斋黄氏，吴中则绛云楼钱氏。穷年搜讨，游屐所至，遍历通衢委巷，搜鬻故书，薄暮一童肩负而返。乘夜丹铅，次日复出，率以为常。晚年益好聚书，所抄自鄞之天一阁范氏、歙之丛桂堂郑氏、禾中倦圃曹氏，最后则吴之传是楼徐氏。然尝语学者曰："当以书明心，无玩物丧志也。"（全祖望撰《神道碑》）

黄肇震　字伯器，澄量子。踵父购书，复增万余卷。（《余姚县志》）

黄澄量 字式筌，号石泉，清余姚人。诸生。师事孙磬诸重光，笃志力学，于书无所不窥。慕远祖宋时号五桂者昆季五人并著清望，遂以五桂名楼。聚书五万余卷，邑知名士诸开泉、胡芹、史梦蛟、吕迪辈交器重之。著有《姚江书画传》、《西明耆旧传》、《五桂楼书目》。(《余姚县志·阮元黄氏五桂楼藏书目序》)

黄锡蕃 字椒升，清海盐人。精鉴赏，工八分。少饶于资，购求金石文字，日事参考。家落，以布政司都事需次福建，上游器重之，署上杭县典史，辞疾归。日坐小楼，从事丹铅。好古之士，咸就质焉。(《海盐县志·文苑传》)藏书印有醉经堂印。(《持静斋书目》)

十三画

杨鼎　字铭禹，号器之，清山阴人。喜藏书，其检藏书有感云："辛勤十七载，书卷四万余。积之颇不易，爱惜愈璠玙。旁观多窃笑，此翁何太迂？其臞类山泽，自称味道腴。饭熟不遑食，发乱不暇梳。非矜插架多，汲古须修绠。由博而返约，寻源得要领。寡过愧未能，鉴古稍自省。虽有豚犬儿，何由望脱颖。竭力营田畴，恐亦成画饼。不若从吾好，疏水乐清静。"（《两浙辅轩续录补遗》五）其书多得自沈氏，"道光己酉吾乡沈氏鸣野藏书初散，精本半归杨器之。"（《仰视千七百二十九鹤斋丛书序》）

杨文荪（1782—1852）　字秀实，号芸士，海宁人。道光丁亥岁贡，与存之陆卿两昆有三凤之目。性好聚藏，藏书处曰稽瑞楼。所选《国朝古文汇钞》，世称精审。有《述郑斋集》。（《杭郡诗三辑》，《丁氏藏书志》）

杨守知（1669—1730）　字次也，号致轩，海宁人。生平嗜古，承祖父之绪，聚书万卷。工诗，康熙庚辰成进士。善治河，曾权河南河道事。（《海宁州志稿》卷二十九）

杨维桢（1296—1370）　字廉夫，山阴人。少时日记书数千言，父为筑室铁崖山中，绕楼植梅百株，聚书数万卷，去其梯，俾诵读楼上者五年，因自号铁崖。元泰定四年成进士，元亡不仕。洪武三年卒，年七十五。（《明史》卷一百八十五本传）

叶自合　字永和，清兰溪人。少读书不治举子业，从乡先辈章无逸有成游。工诗及书，凡婺中先贤遗集，莫不抄录。自言古人抄书之多，无过庄蓼堂，予可不逊，因自号蓼庵。有《虚舟载笔诗集》。（《金华征献略》卷十二）

万斯同（1638—1802）　字季野，学者称石园先生，门人私谥贞文，浙江鄞县人。少从黄梨洲游，与闻蕺山刘氏之学。专意古学，博通诸史，尤熟于明代掌故。康熙戊午举博学鸿词，力辞免。明年修明史，徐元文延之至京师，以布衣参史局。《明史稿》五百卷，先生手定也。其后乾隆中刊定《明史》，皆以史稿为本，而加以增损焉。季野于前史体例，贯穿精热，指陈得失，洞中肯綮，刘知幾、郑樵不能及也。马班史皆有表，而《后汉》、《三国》以下无之，刘知幾谓无关得失，先生则曰："史之有表，所以通纪传之穷，有其人已入纪传而表之者，有未入而牵连以表之者，表立而后纪传之文可省。读史不读表，非深于史者也。"所著《补历代史表》六十卷，又《纪元汇考》四卷、《宋季忠义录》十六卷、《南宋六陵遗事》一卷、《庚申君遗事》一卷、《河源考》二卷、《河渠考》十二卷、《儒林宗派》八卷、《石经考》二卷、《石鼓文考》二卷、《群书疑辨》十二卷、《书学汇编》二十二卷、《周正汇考》八卷、《历代宰辅汇考》八卷、《石园诗文集》二十卷，而《明史稿》及《读礼通考》刻为书。先生在京师携书十数万卷，及卒，旁无亲属，编修钱名世以弟子为丧主，兼取其书去。时论薄之。(《国朝先正事略》卷三十二)

葛朝（1780—1828）　字易初，一字東士，自号惕夫，又号醉仙，慈溪人。嘉庆二十一年举人，官户部郎中。聚书数万卷，多善本。为文规八家，而恶骈体，时艺亦落落抒所见，曰："奈何俳语代圣言?"故自试郡县，至四试礼部，无一艺排偶者。所为诗古文曰迎旭楼未定稿，与秋鸿馆制艺同藏于家。(《烟屿楼文集》二十三《户部郎中慈溪葛君墓碑》)

葛金烺　字景亮，号毓山，平湖人。光绪癸未进士，官刑部郎中。少有才名，博通经史，藏书数万卷，樽酒之外，日手一编。所著有《传朴堂诗文稿》、《竹樊词》、《鸥舫书画录》若干卷。(《两浙輶轩续录》五〇)

葛嗣濚（1862—1890）　字弢甫，号云威，平湖人。光绪乙酉拔贡，丙戌朝考一等，用七品小京官供职农部。戊子举京兆试，举主亟赏之，称其行文绝类归熙甫，名满日下。嗣濚生而颖慧，八岁能诗，家藏书綦富，居常流览不释手。治小学，通畴人术。尤殚心

金石，书学率更，后法六朝，得其神髓。诗不多作，著有《弢华馆诗稿》。卒年二十九。（严以盛《梦影庵遗稿》卷一《葛弢甫传》）

葛继常　字奕祺，号泮南，清海宁人，世居郭溪。早补诸生，有声庠序。好聚书，尤留心乡邦文献，遇前贤著述未曾刊印者，必手自抄录，几近百册。复详加考订，以跋其后。世所传石莒山房本是也。又工篆刻，善山水，尤精堪舆之术。（《海宁州志稿》卷二十九）

董沛（1828—1895）　字孟如，号觉轩，鄞县人。光绪丁丑进士，官建昌知县。生具异禀，精爽过人，七岁能诗，十一岁学古文，汎滥四部，遍读家藏书，复求之同县烟屿楼徐氏、抱经楼卢氏、天一阁范氏。继至杭州，借文澜阁书阅之。学极淹贯，与徐柳泉先生为忘年交。柳泉先生就私第开志局，甫就绪而卒，属沛终其事。书出，咸称殚洽。乙酉以疾解绶归，令家人辟园地，筑屋三楹，颜曰六一山房。聚书五万卷，坐卧其中，观察吴公聘主崇实书院，太守胡公、钱公先后聘主辨志书院，课史学，究心甄别，所识拔者皆一时名宿，士论翕然归之。于前贤著作，尤所留意，全谢山先生七校《水经注》原本，为有力者窃据，乃搜求底稿，重加校勘，谋于观察无锡薛公付梓，复为完璧。辛卯，辑四明嘉道后诗，凡九百余人上之，以局于卷帙，所采仅四百余人。因复辑国初至今，别为四朝诗以益前后《輶轩录》所未备。甲午冬月将开雕，会病作不果。他所著甚富，已刻者《明州系年录》七卷、《两浙令长考》三卷、《甲丁乡试同年录》三卷、《甬上宋元诗略》十六卷、《若吴平赘言》八卷、《汝东判语》六卷、《南屏赘语》八卷、《晦暗斋笔语》六卷，皆官私文檄为当时所传抄者。未刻者《韩诗笺》六卷、《周官职方解》十二卷、《唐书方镇表考证》二十卷、《竹书纪年拾遗》六卷、《西江靖寇录》六卷、《甬上明诗略》二十四卷、《甬上诗话》十六卷、《董氏家传》四卷。又今《平准书》、今《礼书》、今《献遗闻》，皆未定卷数。若《鄞县志》七十五卷、《慈溪县志》五十六卷，则所主修之书也。《江西通志》百八十五卷，所协修之书也。诗已刻曰《六一山房诗集》，正续凡二十卷。文未刻，曰《正谊堂文集》，凡二十四卷，

外集十卷。卒年六十有八。(《续碑传集》卷八一《董绍祺撰董府君行状》)

董思 字湛思，号兼山，又号悬圃，原名灵预，字潜虬，南浔人。康熙壬子岁贡，考授教谕，以葬亲亟归。藏书数万卷，无不披览，虽破产购之不恤也。选明代古文，历十余载始定，名曰文传，未问世卒。其从父说为撰小传曰："文章知名之士，则唯谓湛思文人。而一时蓄天官、河渠、礼乐、平准诸学者，谓湛思长经济。然湛思独敦内行，实得事亲之微。"其称之如此！有《兼山堂集》、《过轩诗钞》、《耦耕诗草》。(《浔溪诗征》六)

董璁 字谓瑄，一字讷夫，乌程人。诸生。雍正甲寅荐博学鸿词。沉静嗜学，家富藏书。尝游外王父曹秋岳先生之门，倦圃所藏人间不经见书，谓瑄独之窥，故学有原本。著《南江诗文集》。(《两浙輶轩录》)

董蠡舟 字铸范，清乌程人。志古不慕荣利，于书靡不窥，而犹病其藏家之少，阅市之浅，颜其所居之楼曰梦好。棐几竹榻，百城面南，以寄其深爱笃嗜之思。撰有书目若干卷。(《张鉴梦好楼记》)

虞桃 字卓人，清缙云人。诸生，性简淡不喜习举业。家多藏书，昕夕耽玩，寒暑不辍。善岐黄，疗治却金，全活无算。(《缙云县志》卷八)

虞守愚 号东崖，义乌人。明嘉靖癸未进士，官副都御史，巡抚江西，迁刑部侍郎。年八十七卒。著《东崖文集》、《虔台拙稿》。(《金华征献略》卷九)

《人海记》："虞守愚侍郎藏书万卷，后归兰溪胡元瑞。"

虞淳贞 字僧孺，淳熙弟。终身不娶，结庐灵隐寺侧，曰猿狖居，役使仅一老仆。又建八角团瓢，于每角藏书，上有楼可眺远。陈文述猿狖居诗云："何处青山猿狖居，鹫峰深处有吾庐。但余萧仆空林静，并少梅妻夜月虚。钟梵一楼堪眺远，团瓢四面好藏书。汉陂兄弟真无忝，极目回峰树影疏。"(《武林藏书录》卷中)

虞淳熙 字长孺，钱塘人。万历癸未进士，授兵部职方主事，迁主客员外员，补稽勋郎，以耿介见嫉，削职归。隐回峰，别业曰读书林，力不能购异书，与弟闭门抄书，昼夜不止。有武库行秘书之目，著《德园先生集》。（《武林藏书录》卷中）

詹绍治　字廷飏，号卧庵，清常山人。岁贡。性嗜学，工词赋。家多藏书，甲乙丹黄，年逾八旬，犹手不释卷。著有《南湖草》、《薰弦集》。（《两浙輶轩续录》十二）

十四画

翟灏　字大川，号晴江，杭州人。乾隆甲申进士，官金华府教授。其居室榜曰书巢，山经地志、稗史说部、佛乘道诰靡不储庋。既渔猎之又弗炙之，自记曰："斋之东有轩三楹，周列庋阅，储书检阅，余不暇收拾，横斜累叠，有似乎鹊之巢。因自命曰书巢。"所著有《四书考异》、《尔雅补郭》、《湖山便览》、《艮山杂志》、《通俗编》、《无不宜斋诗集》。(《武林藏书录》卷下)

翟瀚　字莼江，灏弟。生平喜抄书，所收多善本。(《丁氏藏书志》)

褚陶　字季雅，晋钱塘人。官九真太守，转中尉。弱不好弄，清闲淡默，以坟典自娱。年十三作鸥鸟、水碓二赋，见者奇之。尝谓所亲，圣贤备在黄卷中，舍此何求。按陈颐《道怀褚季雅先生诗》有"西京典籍同刘向，南国藏书匹范平"之句。《晋书》本传称其以坟典自娱，足征收藏之富矣。(《武林藏书录》卷中)

褚成亮　字叔寅，余姚人。光绪丁丑贡士。弱不好弄，独劬于学。节缩衣食资，购善本书数千卷，手自校勘。虽宪离琐尾中不废吟咏。著《校经堂遗集》。(《两浙輶轩续录》五)

赵昱（1689—1747）　原名殿昂，字功千，号谷林，仁和人。贡生，乾隆丙辰荐试博学鸿词。家有春草园，池馆之胜，甲于一郡。有小山堂藏书数万卷，山荫祁氏澹生堂所储大半归之，闻他人有秘本精抄，则神飞色动，必多方致之乃已，故贮藏之富，校勘之勤，与同时绣谷亭相匹。乃俯仰未及百年，而绦绳秘笈，化若云烟，可慨也矣。(《杭郡诗辑》)著有《爱日堂集》。(《鹤征后录》)

赵信　字辰垣，号意林，仁和人。监生。与兄功千齐名，称二林。好聚书，一如其兄。二林兄弟聚书，得之江南储藏家多矣，独

于祁氏诸本，则别贮而弆之。有《秀砚斋吟稿》。（《鹤征后录小山堂祁氏遗书记》）

赵箕　字素门，号辑宁，清钱塘人。家有古欢书屋及星凤阁藏书。著《闽游杂诗》一卷。（《丁氏藏书志》）

赵魏　字晋斋，清仁和人。恩贡生。书法精妙，尤精篆隶，时誉隆起，而魏谦不自是。考据金石文字具别特识。其《竹崦盦金石目》，搜采博精，允推大家。藏书亦富，有《竹崦盦传钞书目》一卷。（《光绪杭州府志》，《观古堂汇刻书目》）

钱泳《履园丛话·耆旧门》："晋斋家贫无以为食，尝手抄秘书数千百卷以之换米，困苦终身。"

赵一清　字诚夫，谷林子。能昌其家学，好聚书，甚于其父。每一闻异书，辄神色飞动，不致之不止。其所蓄书连茵接屋，凡书贾自苕上至，闻小山堂来取书，相戒无得留书过夕，恐如齐文襄之待祖珽也。撰有《小山堂书目》二卷。（全祖望《小山堂藏书记》）

赵之谦　字益甫，又字㧑叔，自号悲盦，一号思悲翁，清会稽人。属试春官不第，以江西一县令终。家藏秘册甚富，先后付梓，成《仰视千七百二十九鹤斋丛书》四集三十一种。未刻者尚夥。著有《补寰宇访碑录》。（《藏书纪事诗》卷七）

十五画

刘桐 字舜辉，一字疏雨，清乌程人。贡生。雄于财而多家累，年未三十即弃举业，远游楚，归则谈杭州谷林堂赵氏暨扬州玲珑山馆马氏之耽书好客，不禁心神向往。乾隆壬子、癸丑间即以藏书自任。湖州固多贾客，织里一乡居者皆以佣书为业，出则扁舟孤棹，举凡平江远近数百里之间，简籍不胫而走。又值卢氏抱经堂、吴氏瓶花斋雠校精本散出四方，于是疏雨所收之书已达十余万卷。癸亥病殁，其家不能收拾，子幼为人荧惑，举所藏之富，畀之他人。杨秋室题其身前访书图云："自古图书厄，多经劫火亡，未闻豪贾夺，举作债家偿。"洵实事也。著有《楚游草》、《楚游续草》、《听雨轩稿》、《眠琴山馆藏书目》。(《两浙輶轩录》，张鉴《眠琴山馆藏书目序》)

刘毅 字健甫，山阴人。明万历己丑会试第六，官至广西布政使。藏书颇富，人有以典故叩者，必曰此某集某卷，无讹也。所著有《宝纶堂遗稿》八卷。(《绍兴府志》卷四十九)

楼郁 字子文，鄞县人。宋皇祐五年进士，治平初调庐江主簿，未几摄参军事。丁母忧，服除，强起以仕。郁曰："禄不逮亲矣，非吾志也。"遂致仕。郁志操高厉，尚友古人。自六经至百家传记，无所不读。其讲解去取，必当于道德之意。发为辞章，贯穿浃洽，务极于理。好书不倦，家藏仅万卷，而手抄者居半。人咸以西湖先生称之。(全祖望《湖语》注)(《鄞县志》卷二六)

楼钥(1137—1213) 字大防，一字启伯，自号攻媿主人，鄞县人。隆兴元年试南宫策偶犯讳，知贡举洪遵奏，有旨置末等之首。以启谢诸公，胡铨大称之曰："此翰林材也!"调温州教授。范物以躬，学者日益归心。后官至资政殿大学士，提举万寿观。钥资禀高明，风仪峻整，琐务不经于心。惟酷嗜书，潜心经学，旁贯史传，以及诸子百家。识古奇文字，中原师友传授，悉穷其渊奥。经训小学，精据可传信，文备众体，非如他人窘侠僻溺，以一长名家。善大字，高宗时太学成，钥奉敕书匾。性乐易，最能诱掖后进，不掩人之善。聚书逾万卷，皆手校雠，号善本。客有愿传录者，辄欣然启帙以授。真德秀掌内制，钥所引荐。德秀尝曰："闻公清言竟日，或极论达旦，退而书绅，不为涂人之归，皆公教也。"嘉定六年卒，年七十七，赠少师，谥宣献。（《鄞县志》二六）

楼上层 字更一，号平江，又号蓬莱侍史，浦江人。乾隆五十四年拔贡。少负奇气，初登卢永章之门，赋梅花不胜，退就弟子列，永章亦深器之。稍长，辄薄制举业。博考经史子集，专治诗古文，奇崛奥衍，笔力崭绝。乾隆乙酉，督学朱亟赏其才拔萃，褎然首选。阮中丞辑《两浙辅轩录》，金华阖郡悉资采访。初，阮视学两浙，属上层重修郡书。未几，阮回任事，中寝。上层生平酷嗜古书奇字，每下笔，辄引星辰排山岳别开境界，俯视古今生涩如樊宗师，瑰异如李长吉。至其借奖后进，过誉成癖。著有《金华耆旧补》、《古东阳郡书》、《古文诗集》及《读书楼书目》二卷。（《东阳县志·文苑传》、《经籍志》）

潘佩芳（1766—1787） 清钱塘人，海盐朱某室。少工诗，沈文悫公所选《唐诗别裁》，悉能背诵。喜藏书，资不足，恒典钗偿之。善画兰，因署其斋曰画兰室，著《画兰室诗稿》。（《两浙辅轩续录》五三）

潘曾纮 字昭度，乌程人。明万历丙辰进士，官至巡抚。有意汲古，广储缥缃。视学中州，罗致更富。鼎革时遭劫，土兵至以书于溪中叠桥为渡，以搬运什物。书之受厄至此！有《后林潘氏书目》，今已不存。（《吴兴藏书录》）

潘景宪 字叔度，宋金华人。楼钥《跋春秋繁露》："繁露行世者皆不合《崇文总目》及欧阳文忠公八十二篇之数。余老矣，就欲得一善本。闻婺潘同年景宪多收异书，属其子弟访之，始得此本。果有八十二篇，前所未见。"

蒋玄（1298—1344）　字子晦，别字若晦，学者私谥贞节先生，东阳人。八龄就师读书，终日据案端坐，未尝旁顾，其师奇之。时许文懿公谦以道德为学者师，玄从而受其说。识悟过人，辨析精确，内函外饬，日超月异，先辈皆自谓不及。家饶于资产，脱去华靡习，聚书万卷，致力其中。著《四书笺惑》、《大学章句纂要》、《四书述义通》若干卷、《治平首策》二卷、《学则》二十卷、《韵原》六十卷。（《宋学士全集》二《东阳贞节处士蒋府君墓铭》）

蒋炯　字葆存，号蒋村，清仁和人，廪贡，官湖北广济知县。葆存居杉墩，近太仆山，其地山环水转，长松古桧，梅花竹箭，弥望无际。其中澄湖曲沚，掩映烟岚，蒋氏聚族于斯。饶粳稻鱼虾菱橘之利，屋数十椽，聚书万卷。覃研铅椠，物外翛然。诗则如程卫尉屯西宫，斥堠森严，甲仗雄整。又如兵交骂阵，瞋目揎袖，备极勇敢。文学三苏，长于议论。与黄太然李光甫等结社联吟，王述庵司寇为之订定，名曰《同岑诗选》。著有《蒋村草堂稿》。（《国朝杭郡诗三辑》二十九）

蒋楷　一名三益，字文隅，号梦花，清海宁人。监生。生而敏悟，好吟咏，兼善倚声。有《来青阁诗词》二卷。尤嗜古，得唐颜鲁公清远道士诗、宋苏文忠圆觉经两真迹，俱勒石。尝刻秀水朱彝尊南车草及徵堂和章，俱《曝书亭集》中所未见。此外经籍之善本，图画之精品收藏甚夥。远近称赏鉴家，必首屈一指焉。（《海宁州志稿》卷二十九《文苑》）

蒋叡（　—1860）　原名维培，字寄嵚，号季乡，清南浔人。附贡生。性端谨不苟言笑，潜心经史，晨夕讲肄校订，问难不惮再三，丹黄未尝少息。与其兄维基，共聚书各有万卷。多精抄旧刻，闻人有秘册，必宛转借录，储藏日富。所著有《唐藩镇考》、《水经注碑目考》、《求是斋杂著》等，并毁于兵燹。藏书亦大半煨烬。（《南浔志》卷二十一）

蒋之翘　字楚穉，秀水人。家贫好藏书，明末避盗村居，收罗名人遗集数十种，选有《有甲申前后集》。又尝重纂《晋书校注》、昌黎、河东集。（《嘉兴府志》）辑《檇李诗乘》四十卷。晚年无子，

书籍散佚无余。诗乘亦亡，可叹也。（《静志居诗话》）

蒋光焴　字寅昉，光照弟。亦好藏书，图籍至数十万卷。遭乱出走海上，溯江以至于楚，转徙江汉之间，所至必以其藏书自随。有敬斋杂著诗、小说一卷。（《海宁州志稿·典籍十八》）

蒋光煦（1813—1860）　字日甫，一字爱笥，号生沐，自号放庵居士，海宁人。诸生。少时豪饮好客，凡音律、博弈、杂艺无不为之。继乃专意收藏金石书画，积古籍十万卷。所刻有《群玉堂英光堂残帖》、《别下斋丛书》、《涉闻梓旧》、《瓯香馆集》。著《东湖丛记》、《花事草堂诗稿》。（《两浙輶轩续录》三四）

蒋汝藻　号乐庵，清南浔人。《观堂集林》卷二十二《乐庵写书图序》："乐庵富收藏，精赏鉴，其藏书之所，曰密韵楼者，余尝过而觉焉。其美富远出严氏芳茉堂上，汲与吸古、述古抗衡矣。既又观其手影《魏鹤山大全集》一百十卷，则又张目哆唇，舌挢而不得下。盖海内藏书家如东庵者，屈指计之，尚可得四五，至于手模宋本至百余卷之多，非独今所难能，抑亦古所未有者也。……是乐庵写书，率在俶扰鞅掌之中，然首尾百余万言，无一笔苟简，绵历二年，卒溃于成。夫以世之苟且而惨促也如彼，君之精勤而整暇也如此，设以晦庵居士处此，未识能为东庵之所为否也？"

蒋维基　字厚轩，号蛰安居士，清南浔人。工书画。少好聚书，与其弟维培藏书数万卷，多精本。其于乡先辈著作，搜罗尤夥。有藏书印曰蒋胡子。（《南浔志》卷二十一）

蒋学坚　字子贞，清海宁人。累代藏书，有《平仲图书目》。尝与许仁杰合辑《峡川诗续钞》。（《蟫林辑传》）

邓蔚斋　清象山人。好聚书，至千百余万卷。壬辛之乱，群书遭惨劫。有《晚翠轩书目》。（陈汉章《缀学堂初稿》）

郑性（1665—1743）　字义门，号南溪，清慈谿人。寒村子。黄太冲先生藏书遭大水，卷轴尽坏，身后一火，失去大半。南溪理而出之。其散乱者复整，其破损者复完，得三万卷。并郑氏自子平先生以来家藏亦及其半，乃于所居之旁，筑二老阁以贮之。（全祖望《二老阁藏书记》）

郑竺 字弗人，号晚桥，清慈谿人。诸生。自其先世濮州公以来，七叶皆有传集。迄寒村先生尤以诗文为一代巨手。家有二老阁，藏书甚富。晚桥耳濡目染，迥非凡近。又所居饶园池之胜，名花奇石，位置楚楚，时招友朋觞吟其中。(《两浙輶轩录》卷三十三)

郑鉴（？—1350） 字景明，元浦江人。资牲端悫，不事表暴，遇人一本于诚。早师方凤，读书务明体要。精于诗，夷淡渊永。部使者荐其文行，授衢州路江山县教谕，不就。居田里间，泊如也。生平无他嗜好，惟聚书数千卷，蓄古法书、名画、历代金石刻甚富。筑别业，莳花种树，引宾朋相羊其间。行酒赌诗，竟日乃罢。善行草，遇人求书，当微醉时，欣然命笔，题署大字，人以为酷类张温夫。有《正斋文集》五卷藏于家。(《光绪浦江县志稿·隐逸传》)

郑若冲 字季真，自号梦溪，宋鄞县人。少失怙恃，育于伯父章。方总角，已奇之。稍长力学，耻与举子语。与同里汪大猷、陈居仁、楼钥相善，后三人既贵显，未尝一造其门。自置书塾，聚书数千卷，延师训子，虽卧病不废书。尝书壁自警云："一日不以古今浇胸次，览镜则面目可憎。"卒年七十九。(《鄞县志》二七)

郑雍穀 字新泉，清余姚人。工分隶，兼精篆刻。凡岣嵝崖刻、汲郡冢书、孔壁藏经以及钟鼎盘鉴之铭辞渊奥而体奇崛者，靡不搜罗掇拾，悉心参究，付之铁笔。阅十年成《印谱》四卷，一时名人题词成帙。夙有砚癖，一夕梦食破砚，因自号曰食砚狂生。偶得古玉印，文曰砚虹，遂名其斋曰砚虹莽，著《砚虹莽藏砚录》。尤习岐黄术，自号壶隐。喜购书，累累印砚外，丛书插架，有好古之称。(《余姚六仓志》卷四十二)

十六画

卢址 字青厓，清乾隆间鄞县人。诸生。博览嗜古，尤喜聚书，建抱经楼藏书数万，几出天一阁上。邑令钱维乔纂县志，多采择焉。址又以志乘未能编及，日搜录鄞之文献，都为一集。晚年病目，令人诵读于侧而已听之。工诗能词，质实不失家数。（《鄞县志》四十三）

卢镐 字配京，号月船，鄞县人。乾隆十八年举人，谒选授平阳学教谕。《雪桥诗话》三集卷八："月船居士卢镐尝从谢山游，每岁假藏书抄本至数百册以归，尽读之。楼中藏地志几六百种，同治间修鄞志以补选举人物传颇多。董觉斋诗：'劫后犹存书万册，浙东遗籍此楼孤。秦宫幸脱阿房火，粤海如还合浦珠。'盖尝为杨氏所得，仍还楼主也。近世其子孙不能守，仍复散入人间矣。"

卢文弨（1717—1795） 字召弓，号矶渔，又号檠斋，晚号弓父，抱经其堂颜也，人称曰抱经先生。乾隆壬申进士，历官翰林院侍讲学士。生平精于校雠，荟萃诸书校勘记曰《群书拾补》。钱大昕为之序云："抱经先生精研经训，自通籍以至归田，铅椠未尝一日去手。奉廪修脯之余，悉以购书。遇有秘抄精校之本，辄宛转借录。家藏图籍数万卷，手自校勘，精审无误，自宋次道、刘原父诸公，皆莫能及也。"（《武林藏书录》卷下）

诸来聘 字九征，初名学圣，明末余姚人。诸生。好学嗜古，居邑之第十堡，构昌古斋，藏书万卷。与符如龙、诸如锦、周肇修诸奇士结社，互相砥砺，名动四方。著有《精思楼诗集》。（《余姚六仓志》卷三十一）

诸葛行仁 宋会稽人，越中藏书有三家，曰左丞陆氏、尚书石氏、进士诸葛氏。绍兴五年六月，布衣诸葛行仁进所藏书八千五百

四十六卷，赏以官。后以其书入四明，子孙尤能保之。（《嘉泰会稽志》卷十六）

晗按：行仁事迹无考，据《会稽续志》六政和八年榜有诸葛行敏，宣和六年榜有诸葛行言昆弟，则此布衣行仁，或即其族人也。

钱穌　字昷仲，居九里松，建杰阁，藏书甚富。东坡榜之曰钱氏书藏。（《武林纪事》）

钱天树　字子嘉，号梦庐，道光时平湖人。《匏庐诗话》卷下："平湖钱梦庐上舍（天树）子夜歌云：'笑指灯前花，开成合欢树；更下一重帷，生怕天光曙。'极似唐人。梦庐精鉴别，收藏书画各数万卷，几与曝书亭、天籁阁相埒。诗其余事也。"著有《是耶楼诗稿》。

钱任钧　字少衡，号星钤，仁和人。嘉庆丁卯举人，宫三河知县。星钤性情豪爽，读书颖悟过人。方伯某耳星钤名，欲罗致门下，授意婉讽不应。某怒，将因事弹劾，晋谒时盱衡厉色，语辄龃龉，星钤以手版投地曰："我之功名以三篇文字换得来，又何足惜！"生平兀傲盖如此。晚年宦囊萧然，惟积书万卷而已。有《金涂塔斋诗稿》。（《国朝郡诗三辑》二十七）

钱泰吉（1791—1863）　字辅宜，自号警石，海盐人。《甘泉乡人稿·藏书述》："余六经粗毕，先大夫曰我有书数千卷在吴桥县王氏，当取以畀尔。追先大夫丧归，过吴桥县之连儿窝以书来归，遂携以南。签排甲乙，先宜人顾而喜曰，儿好书，可以毕父兄之志矣。惜吾家耆英堂数万卷尽属他姓，否则恣所流览也。岁丁卯世父得语溪吴氏黄叶村庄藏书，尽举以赐。三十年来遇善本非力所不能购，必购藏焉。今虽不及储藏家十分之一，而学舍中一堂二内，所以充栋者皆书也。"《冷斋勘书图记》："丁亥泰吉始为海宁州训导，先世遗书万余卷，尽携之学舍中。取仇山村'官冷身闲可读书'之句以名其斋。"《两浙辅轩续录》濮阳涝甘泉师冷斋勘书图遗照子密世兄属题有"旧德富收藏，图书浩盈充。琳琅二万卷，择精雠校工"之句。著有《甘泉乡人稿》、《学职禾人考》、《海昌备志》、《曝书杂记》。

钱惟演　字希圣，谥文僖。宋咸平中献其所为文，拜太仆少卿，官至枢密使。惟演少富贵，能志于学。有文章，与杨亿、刘子义齐名。尝曰学士备顾问，不可不该博。故其家聚书侔于秘府。又多藏古书画，在馆阁与修《册府元龟》，凡千篇，诏杨亿分为之。所著有《典懿集》、《枢庭拥旄前后集》、《伊川汉上集》、《金坡遗事录》、《飞白书叙录》、《逢辰录》、《奉藩书事》。（《武林藏书录》中）

钱仪吉（1783—1850）　字蔼人，号新梧，又号衎石，嘉兴人。嘉庆戊辰进士，官刑科给事中。遇事无徇庇，人惮其丰采。因公镌级，绝意仕进。主讲粤东学海堂、河南大梁书院，治经讲求故训。著《经典证文》、《说文雅厌》。流览乙部，以章武遍安，暨大业末造，典礼阙如，撰《三国晋南北朝会要》。病通志堂经解采摭未备，搜罗宋元来说经家汇经苑一编，皋比数十寒暑。有仙蝶斋藏书所，自谓吾之长技，但可针炙文字耳。著《刻楮集》四卷、《旅逸小稿》二卷。（《两浙輶轩续录》二五）

骆象贤　字则民，明诸暨人。笃行好学，于书无所不窥。为文直述事情，不求华致。当斟酌六礼之要，表帅乡俗，乡人化之。为园于枫溪之上，图书满屋。至老玩读不辍。所著有《羊枣集》、《笃终易览》、《溪园遗稿》、《归全集》等书。（《绍兴府志》卷五十三）

十七画

应伯震（1217—1291） 字长卿，元鄞县人。早悟，长从西轩黄先生受诗，深得本旨。眼空流辈，试辄黜，不自沮，所业益力。筑花崖书院，藏书五千卷，延良师教子侄。家有来青馆、濂爱轩、卷勺亭、抱瓮圃，游息藏修，各适其所。有佳趣，写之于诗。手抄及十四帙，曰我死而敛，当以袝。性直气盛，不能佞人，晚逢百罹，隐约自全。卒年七十五。（《鄞县志》三十一）

濮阳涝 字彝斋，清海宁人。诸生。富藏书，雠校精确，与同邑唐端甫仁寿为钱警石学博入室弟子。学诗于应笠湖明经，火尽薪传，渊源有自。（《两浙辅轩续录》四四）

薛高 字宁仲，宋永嘉人。任连城簿，弃官而隐。读书作文，至老不休。家有读书楼，郡守楼钥为之记。陈谦赠诗有“万卷编抄高似屋，一门师友重如山”之句。（《温州府志》卷二十《隐逸传》）

谢铎（1445—1510） 字鸣治，号方石，谥文肃，黄岩人。明天顺甲申进士，入翰林院为庶吉士，授编修。《朝阳阁书目自序》：“成化戊子冬我先人既作贞则堂以祗奉先大母之训则，特于其东辟藏书之阁曰朝阳阁。盖念先祖孝子府君之遗书无几，而深有俟吾子孙于无穷也。越十有三年庚子先人弃诸孤，铎归自官，遂以中秘暨四方所得书置阁中。阁中遗书独《尚书》、《西汉书》、韩柳李杜集各一部，皆残缺不完。忆儿时尚及见先曾祖德一府君在庐州效杜子美七家歌诗皆墨稿，而今不可得矣。昔人谓积书以遗子孙，子孙未必能读。铎固未能读者而并其书失之，岂不重可惜乎。乃以所存与今书类藏之，盖自列圣训诰六经子史以及汉唐宋诸名家之作具在已，无虑数千百矣。”所著有《桃溪集》、《续真西山读书记》、《伊洛渊源续录》、《伊洛遗音》、《四子释言》、《元史元末宰辅沿革》、《国朝名臣事略》、《尊乡录》、《赤城新志后集》、《诗集》、《论谏录》、《祭礼仪注》、《缌山集》、《朝阳阁书目》。（《黄岩县志》，《台州经籍志》）

钟麟 原名宝田，字琳图，清长兴人。道光己酉拔贡，咸丰辛酉顺天副贡。少有神童之目，家富藏书，左图右史，日供讨索，学益淹通。经则深于尔雅，史则熟于南北朝，丹黄劄记，积成卷帙。以元史芜杂重沓，拟汇正之。尤精小学，谓许氏说文为通经之嚆矢。尝著《十三经正字考》，惜未卒业。（《长兴县志》）

十八画

韩文绮 字蔚林，号三桥，仁和人。乾隆丙午解元，癸丑捷南宫，历官右副都御史。以病请退，悠然林下。好藏书，筑玉雨堂以储之。(《武林藏书录》卷下)

韩泰华 字小亭，文绮孙。由兵部郎历官陕西粮储道。公余搜访金石，忘其为风尘中吏也。又访求元宋名家之文，搜罗十余年，得百数十家，半系传抄本，或四库所无而元刊尚在者，为《元文选》，以十家为一集。道光庚戌首集既成，即毁于燹，仅存目录。著有《金石录》、《无事为福斋笔谈》。(《武林藏书录》卷下)

韩维镛 字配贲，号铜上，又号铜士，平湖人。嘉庆甲戌进士，授湖北谷城知县。生平博学好古，精于赏鉴，家有金鼊山房，金石书画收藏甚富，人比之项氏天籁阁云。年七十卒。著有《金鼊山房诗稿》四卷。《士礼居题跋记》："舆地广记宋本第十八卷'改曰建雄军'以上全缺。竹坨藏本归乍浦韩配基，壬戌春余计偕北行，配基亦以辛酉选拔朝考入都，把晤京邸。许以前十八卷前写寄，后余被黜南还，配基亦未得高等，彼此音问不通，至今不能补全，可慨也!"又云"韩应京兆试，中丁卯科举人，在京邸求售，余托五柳主人为余出百二十金购之。"又云"贾人从乍浦韩氏得书数百种，盛称中多旧本，有施谔《临安志》、归简庄《同人赋诗纪事》。"

晗按：韩配贲疑即《士礼居题跋记》所记之配基，《平湖县志·选举表》载配贲为嘉庆辛酉拔贡，丁卯举人，与配基籍氏科第全同，或《题跋记》校刊之失也。

韩广业 字子有，一字桃平，明时人。其先本卢龙籍，随父宦游，父殁，尽挟其小琅环书屋所储书数万卷渡江而南。奇陈元映诗文，渡曹娥江访之，遇于逆旅，遂偕之虞家焉。明季多声气之学，复几诸社唱和率数千百人，广业所交如纪伯业、谭佐羽皆枯槁寂寞之士。常慨函史名山藏诸书未详备，推广搜益自成一书，多至五百余卷。诗力追唐音，大历以后束庋不观。所著诗文集多散佚。（《上虞县志》卷十七）

戴光曾　字松门，清嘉兴人。贡生，官至河工同知。有省心斋藏书。（《丁氏藏书志》）

戴勖屏　字保容，又字子芗，号旭东，光绪时临海人。精卜筮，于乡先辈著作极力搜辑。蝇头楷书，无日或释。喜蓄书，撰《慎余书屋目》一卷，载家藏各书凡一千六百余部，分二十三类。每书仅记书名册数，不载撰人。（《台州经籍志》）

戴殿江（1735—1819）　戴殿泗《风希堂文集》卷四《伯兄履斋先生行述》："字襟三，号履斋，浙江浦江人。增广生。幼从张泰卿学十余年，继交陈雪崖、周盘洲，晚与朱西崖先生尤相契焉。岁庚寅泗与二兄（殿海）游杭，得先祖《九灵山房遗集》于古歙鲍氏，急以信告于兄，兄大喜，急谋梓之。越壬辰竣工，则与泗条列遗事，作《年谱》一卷，并刻《齐息园师水道提纲》，皆是一年事也。泗辈游杭，资斧本不多，以兄不吝，人遂以为余于财者。岁壬辰桐乡汪氏有书五万余卷，索价千金，以告于兄。兄急命售之，资之有无弗计也。于是藏书之富，甲于浙东六郡，而山水之知见始开明矣。所著有《履斋文集》十卷、《永思轩文钞》八卷。"

瞿世瑛　字良玉，号颍山，清钱塘人。家虽素封，迹若寒素。手抄罕见古书，以为日课。积数十年，几得千册。金石书画，靡不考索。张叔未、徐问籧、汪驺卿常主其家，校刊《东莱博议》、《帝王经世图谱》、《阳春白雪》，世称善本。筑清吟阁以储书籍。曾编目录，计名人抄本七百九十二种，批校抄本四百七十五种，影宋元抄本三十种，皆秘笈异本。而此外之古今版印之籍，不啻汗牛充栋矣。惜失于庚申之乱。有《清吟阁诗一抄》。（《杭郡诗三辑》，《武林藏书录》）

丰坊　字存礼，后更名道生，字人翁，别号南禺外史，鄞县人。嘉靖二年进士，官礼部主事。性嗜研墨，家有万卷楼，藏书数万卷。负郭田千余亩，尽鬻以购法书名帖，心摹手追，夜以继日。著有

《易辨》、《古书世学》、《鲁诗世学》、《春秋世学》、《诗说》等书。（《鄞县志》三十六）

魏一愚　自号青门处士，至正间杭州人。醇懿靓深，恒惧外挠，闭置一室中如处女然，虽重客不得面；周亲谒请，或一见即退。平日危坐，阅所蓄书万卷，默味其旨。其言行可为人劝者，疏以示诸子。凡积为若干页。殁后三月而红巾冠杭，处士之庐与堞舍同毁。（《武林藏书录》卷中）

十九画

罗梅　字声甫，清富阳人。诸生。能文善书，工印刻，精鉴别。家蓄古书画图籍金石碑版甚富。梅尝登楼摩抚。楼临市，当岁除，人语哗甚，梅若不闻也。初师高秋水，后师武进张皋文，从读吴山，通汉郑氏、许氏、孔氏学。手抄书数十种。（《富阳县志》十九）

罗以智　字镜泉，新登人。道光乙酉拔贡，官镇海教谕。工诗古文，尤爱《离骚》，尝取骚注自王叔师而下二十余家披阅之，谓其大半多臆说空言，愈解愈凿，而骚之本义愈晦，识者以为名言。生平天性淡定，无仕进意，晚益耽于经学。家富藏书，至以智尤孜孜罗集，闻有异本必借录之；丹黄握管，日夕忘疲，首题尾跋，备溯源委。于乡邦掌故，爬梳益力，吉祥宝藏书目不下数千百种。庚申之劫，避居海昌而殁。书被劫，半售甬东，犹有存者，而书目已不可问矣。著《赵清献年谱》、《文庙从祀贤儒考》、《新门散记》、《经史质疑》、《金石取见录》、《宋诗纪事补》、《诗苑雅谈》、《说文偁经证》、《怡养斋诗集》。（《新登县志》卷十五，《武林藏书录》卷下）

谭学镕　字范金，清丽水人。诸生。少颖敏工诗，游学杭州归，益励学，购书数万卷，假观不吝。（《处州府志》卷二十）

关注　字子东，自号香岩居士，景仁子。绍兴五年进士，官至大学博士。景仁多藏书，注承其家学，益增其所未备。尝教授湖州，与胡瑗之孙涤裒瑗遗书，得易解、中庸义，藏之学官。又录瑗言行为一帙，意在美风俗，新人材。有《关博士集》二十卷行世。（《武林藏书录》卷中）

关槐　字柱生，号云岩，又号晋轩，杭州人，乾隆庚子进士。入翰林后，由阁学擢礼部右侍郎。少得赵氏小山堂天文遗书，筹算笔算奇门遁甲凡三百余种，因留心勾股之学。咸丰初其书次第散出，宋椠元雕颇多异册，并有内廷陈设退出之籍，白纸朱丝庄书精订，非寻常所有。丁申曾得其零编残简数百种，旋亦失于辛酉之劫。(《武林藏书录》卷下)

关景仁　字彦长，钱塘人。宋嘉祐四年进士，嗜学好古，藏书甚富。(《武林藏书录》卷中)

二十画

严沆（1617—1678）　字子餐，号颢亭，余杭人。顺治十二年进士，历官户部侍郎。能诗善画，尝为稽留山作《留山堂图》，五越月始成。筑别业曰皋园，中有清较楼，藏书万卷。又有丁公池，宋先贤故址也。后诸子分居省城，康熙中同日被火，图书遗集，遂无孑遗。著有《奏疏》十二卷、《北行日录》二卷、《皋园诗文集》四卷。(《两浙辅轩录》)

严澍　字伯藩，桐乡人。贡生。《桐溪诗述》："伯藩负大志，以读书交友为务。尤喜急人之急。藏书数万卷，搜讨古今，娓娓忘倦。"著《榅语山房集》。(《两浙辅轩续录》三四)

严元照　字修能，号九能，自号晦庵居士，清归安人。诸生。元照治经史务实学，尝受知于大兴朱珪、仪征阮元，江以南乡先生有学者，闻其名咸折辈行引以为友。住石冢村，创芳椒堂，聚书数万卷，多宋元椠版。晚年移居德清，键户肆力于诗古文辞，读书处名柯家山馆，宾朋唱和无虚日。诗词皆卓卓可传，有《柯家山馆诗钞》。(《两浙辅轩续录》三)

严可均　字景文，号铁桥，乌程人。嘉庆庚申进士。精于考据之学。弱冠即出游，足迹半天下，南至岭海，北出塞垣。历受同邑姚文田、阳湖孙星衍校书之聘。道光二年赴建德教谕任，迨归老而著书不辍。早年著《唐石经校文》、《说文校义》，刻以行世。又校辑经佚注佚子书等数十种，就中《孝经》郑注最完善。四十余年来所撰辑等身者，再合经史子集为《四录堂类集》千二百余卷。最后辑《上古三代秦汉三国六朝全文》，多至三千余家，皆从搜罗残剩得来，一手校雠，不假众力。购藏书至二万余卷。尝谓宋版书不能得，校宋本以供撰述足矣。遗书未刻者多诗文集，曰《铁桥漫稿》。(《湖州府志·人物传·文学三》)

二十二画

龚佳育（1622—1685）　初名佳允，字祖锡，晚又字介岑，明仁和人。官光禄寺卿。性喜聚书，江宁学宫明德堂北，旧有藏书板残阙，佳育选诸生磨勘，补成完书数百卷，又雕钦颁四书讲义以行。其为政持论，利未可遽兴，当先祛其弊。故所至有异绩……而与人乐易，恂恂长者。一意当官，遏请属，锄豪强，嫉贪沓，人罕得以私干。然雅好延礼名士，幸舍常满。聚书至万余卷。（《碑传集》四王士祯、姜宸英撰《光禄寺卿介岑龚公墓碑阴》）

龚翔麟（1658—1733）　字天石，号蘅圃，佳育子。康熙辛酉副贡，历官御史。立朝有直声，未几罢归。居横河沈氏之庾园，园以玉玲珑得名，宋花石纲物也。筑玉玲珑阁以储书，更刻唐陆淳《春秋集传纂例》、《春秋微旨》、《春秋集传辨疑》、元赵汸《春秋集传补注》、明朱睦㮮《授经图》，为《玉玲珑阁丛书》。晚年移家张驼园，自号田居。有《田居诗稿》、《玉玲珑阁词》。（《武林藏书录》卷下）

江苏藏书家小史

说明：

《江苏藏书家小史》，人物传记，1933 年吴晗在清华大学读书时编撰，收录藏书家五百多人，序言一篇。原载 1933 年《图书馆学季刊》第 8 卷第 1 期，署名吴春晗。原书以姓氏（繁体）笔画为序，收入本文集中仅将繁体转为简体，未改次序。

——编者注

序言

大抵一地人文之消长盛衰，盈虚机绪，必以其地经济情形之隆诎为升沉枢纽。而以前辈导絮，流风辉映，后生争鸣，蔚成大观，为之点缀曼衍焉。以苏省之藏书家而论，则常熟、金陵、维扬、吴县四地始终为历代重心，其间间或互为隆替；大抵常熟富庶，金陵、吴县繁饶，且为政治重心，维扬则为鹾贾所集，为乾隆之际东南经济中心也。

中国印刷术与纸之发明，虽导源极早，然以工力繁重，巨编大册，往往非力弱者所能弆置，自来殿阁藏书，又深闷宫门，宁饱蠹鱼，禁不借阅。民间则舍敕令所定之五经四书外，几无他书足供翻诵。惟一般士大夫凭借稍厚，每于升平之际，肆意蓄书，往往积至数十万册，奇文秘乘，有为内府所无者。以是，中国历来内府藏书虽富而为帝王及蠹鱼所专有，公家藏书则复寥落无闻，惟士夫藏书风气，则千数年来，愈接愈盛。智识之源泉虽被独持于士夫阶级，而其精雠密勘，著意丹黄，秘册借抄，奇书互赏，往往能保存旧籍，是正舛讹，发潜德，表幽光，其有功于社会文化者亦至巨。

藏书之风气盛，读书之风气亦因之而兴，好学敏求之士往往跋跡千里，登门借读，或则辗转请托，迻录副本，甚或节衣缩食，恣意置书，每有室如悬磬而弆书充栋者；亦有毕生以抄诵秘籍为事，蔚成藏家者。版本既多，校雠之学因盛，绩学方闻之士多能扫去鱼豕，一意补残正缺，古书因之可读，而自来所不能通释之典籍，亦因之而复显于人间，甚或比勘异文，发现前人误失，造成学术上之疑古求真风气。藏家之有力者复举以付剞劂，辑为丛书，公之天下。数百年来踵接武继，化秘笈为亿万千身，其嘉惠来学者至多。

渐而此风被及商贩，刊上豪门，广中洋贾，间亦挥霍多金，购藏典籍，开馆延宾，属以校刊。其用意虽为附庸风雅，自跻士林，然其保存传布之功，固不可没也。

继而公家亦闻风兴起，广延学士大夫，设局刊书，与私家事业并行不悖。各地书贾亦竞翻旧籍，刊印新书，由是学者皆得人手一编，潜心考索。藏书之家，插架亦因之愈富，学者苟能探源溯流，钩微掘隐，勒藏家故实为一书，则千数百年来文化之消长，学术之升沉，社会生活之变动，地方经济之盈亏，固不难一一如示诸掌也。

年来读书旧京，得恣览公私家所藏典籍，颇留意于藏书家故实。去岁主编《清华周刊·文史》专号，于忙遽中辑成《两浙藏书家史略》三卷附行刊尾，就正海内学人，今年春复承袁守和先生之嘱，更理旧所札记，辑为《江苏藏书家小史》一书，统凡得五百人，参引正史地志、诗文专集、小说野记、碑铭之属凡数十百种，三易稿而就。所引原书，具列卷册，间有漏落，则以尔时札记偶遗也。所恨生晚，未获与当世藏家游，仅凭所见书，为之辑订剪裁，容有疏略误入。补苴订定，请俟来日。倘蒙海内学者有以督责教正之，使为完书，则幸甚。

一九三三年五月五日辰伯识于清华园四院

二画

丁玺 字伯符，江浦人。万历四年贡生。官训导。笃志力学，藏书万卷。著有《希山吟》。(《金陵通传》二一《丁遂传》)

丁雄飞 字菡生，玺孙。耆古乐书，积书数万卷。每出必担簏囊载图史以归。居乌龙潭心太平庵，立古欢社，与黄虞稷互相考订。其《古欢社约序》云："予生有书癖，初识之无，便裁寸楮，装小帙，闻保姆谚语或瞽女歌词，挽人书之，藏襟袖间。九岁就外传，师每日令作破，予总录一册，时秋葵正茂，私识曰丁先生葵窗所艺。王父见而大笑。十三岁随先君子宦温陵，固文薮也，虽闭署中，先君子日搜典籍，得肆披阅，灯烬鸡鸣，率以为常。凡手录者虽未等身，然已盈箸。十九岁自温陵反，积有金数铤，一至虎林虎邱，见书肆栉比，典册山积，五内震动，大叫欲狂，尽倾所积以易之。授室后，内子有同癖，结褵未十日，遂出奁中藏四笏畀予，向书隐斋得数抱而返。自后簪珥衿裙，或市或质，销于买书写书二事，内子欣然也。予是时积书二万卷 。先君子西去，遗书二十厨，取而汇焉。八十二部得厨四十，藏心太平庵中。庵凡三楹，二楹为书所，据中一楹，置长几胡床，列丹黄，具香茗……"撰述甚富，著有《尊儒帖》、《先圣灵异录》、《蒲团庵生意》、《霜舲日札》、《江湄旧话》、《琴鹤乡媵史》、《祀社通考》、《燧人遗意》、《需郊欸日录》、《绘瘼小言》、《舆史诗删》、《小喜酣半吟》、《珠泉志》、《乌龙潭志》、《青凉山志》、《湖熟志》、《兰书》、《蕉史》、《樱桃荟》、《蟹谱》、《古今贤妾传》、《古今义仆传》、《矜情录》、《旦气宗旨》、《佩笔游》、《雪谭夜集》、《鸥园借记》、《二泉志》、《心太平庵行行册》、《倦眉居士月策》，计九十八种。又《读书馋笔》五十卷。所积书有《古今书目》十卷。(《金陵通传》二一《丁遂传》)

四画

尹祖洛　字小莘，清松江人。诸生。少孤好学，聚书二万卷，手自校雠。又与同人创义塾全节堂于郡城。卒年六十八。（《松江府续志》二十四）

毛晋　字子晋，原名凤苞，字子九，常熟人。诸生。好古博览，构汲古阁目耕楼，藏书数万卷。延名士校勘，开雕十三经、十七史、古今百家及从未梓印诸书。天下之购善本者必望走隐湖毛氏。所用纸岁从江西特造之，厚者曰毛边，薄者曰毛太，至今犹延用其名不绝。推官雷某赠诗曰："行野渔樵皆谢赈，入门僮仆尽抄书。"所著有《和古今人诗》、《野外诗题跋》、《虞乡杂记》、《隐湖小志》、《海虞古今文苑》、《毛诗名物考》、《宋词选》、《明诗纪事》，共数百卷。其所藏旧本宋本元本以椭圆印别之，又以甲字印钤于首。其余藏印用姓名及汲古字以十数。别有曰子孙永宝、曰子孙世昌、曰在在处处有神物护持、曰开卷一乐、曰笔砚精良人生一乐，曰竝谿、曰弦歌草堂 、曰仲雍故国人家、曰汲古得修绠。（《常昭合志稿》卷三二）

毛扆　字斧季，晋子。耽校雠，有海虞毛扆手校及西河汲古后人、叔郑后裔诸朱记者皆是也。兼精小学，何义门辈皆推重之。（《常昭合志稿》卷三二）

尤袤　字延之。绍兴十八年进士。尝取孙绰《遂初赋》以自号。光宗书匾赐之。有《遂初小稿》六十卷、《内外制》三十卷。谥文简。（《宋史》本传）

绍兴十八年同年小录，第三十七名尤袤字延之，小名盘郎，小字季常。本贯常州无锡县开化乡白石里。

《直斋书录解题》："《遂初堂书目》一卷，锡山尤氏尚书袤延之，淳熙名臣，藏书至多，法书尤富，尝烬于火，今其存无几矣。”

陈景云《绛云楼书目》注：遂初堂匾额，宋宁宗御书也。堂在无锡九龙山下。

毛幵《遂初堂书目序》：“延之始自青衿，追夫白首，嗜好既笃，网罗斯备。日增月益，昼诵夜思，重之不以借人，新若未尝触手。耳目所及，有虞监之亲抄，子孙不忘，多杜侯之手校，表层楼而俪富，托名山而共久，不已盛乎。”

孔文昇 字退之，元溧阳人，孔子五十四世孙。父宗善为建康路教授，文昇为建康书掾，因家邑山。子克齐字行素，一字静斋，赘于沈氏，宪司荐授黄冈书院山长，召为国史编修，撰《至正直记》四卷。（《开有益斋读书志》）

《至正直记》：“吾家自先人寓溧阳，分沈氏居之半以为别业，多蓄书卷，平昔爱护尤谨，虽子孙未尝轻易检阅，必告于先人，得所请乃可置于外馆。晚年子弟分职任于他所，惟婢辈几人在侍。予一日自外家归省，见一婢执选诗演半卷，又国初名公柬牍数幅，皆剪裁之余者。急叩其故，但云某婢已将几卷褙鞋帮，某婢已将几卷覆酱瓿。予奔告先人，先人曰吾老矣，不暇及此，尔等居外，幼者又不晓事，婢妮无知，宜有此哉。不觉叹恨，亦无之如何矣。”

文彭 字寿承，号三桥，明长洲人，征明子。善书，以贡授秀水训导，擢南京国子助教，卒年七十六。（王世贞《吴中往哲传》）其藏书印曰渔阳子、曰清白堂。（《藏书纪事诗》二）

文嘉 字休承，号文水，明长洲人。征明子。画得待诏一体，以贡授乌程训导，擢和州学正，乞归。卒年八十三。（王世贞《吴中往哲传》）有《严氏书画记》。其藏书印曰归来堂、曰文水衜人、曰肇锡余以嘉名。（《藏书纪事诗》二）

文元发 字子悱，明长洲人，彭子。官卫辉同知。（《鸥陂渔话》）其藏书印曰三楚精神。（《藏书纪事诗》二）

文伯仁 字德承，号五峰，又号葆生摄山老农，明长洲人。徵明侄。（《式古堂书画考》）其藏书印曰元珠室、曰五峰山人，或曰五峰樵客、曰双玉兰堂。（《藏书纪事诗》二）

文从鼎　字定之，明长洲人。嘉孙。万历甲午举人。其藏书处曰愿贤堂，曰心远阁，曰惜阴斋。（《藏书纪事诗》二）

文徵明　初名璧，以字行，更字徵仲，别号衡山。明长洲人。幼不慧，稍长颖异挺发，学文于吴宽，学书于李应桢，学画于沈周，又与祝枝山、唐寅、徐桢卿辈相切劘，名日益著。正德末巡抚李充嗣荐授翰林院待诏，乞休归，四方乞诗文书画者接踵于道，文笔遍天下。嘉靖三十八年卒，年九十。（《明史》卷二八七）

待诏藏书引首皆用"江左"二字长方印，或用竹坞印，或用停云圆印。其余藏印曰玉兰堂，曰辛夷馆，曰翠竹斋，曰梅华屋，曰梅溪精舍，曰玉磬山房，又有烟条馆一印，见天禄琳琅明刻《文选》，又有悟言室一印，惟庚寅吾以降一印临池用之，藏书不常见也。（《藏书纪事诗》二）

文震孟　字文起，号湘南，明长洲人。元发子。天启二年殿试第一，授修撰，历官东阁大学士，谥文肃。（《明史》二五一）其藏书印曰石经堂，曰两月平章。（《藏书纪事诗》二）

王昶　字德甫，号述庵，一字兰泉，又字琴德。青浦人。乾隆甲戌进士，官刑部侍郎。（《汉学师承记》）尝有一印云："二万卷，书可贵；一千通，金石备。购且藏，剧劳勩。愿后人，勤讲肄。敷文章，明义理。习典故，兼游艺。时整齐，勿废置。如不材，敢卖弃；是非人，犬豕类。屏出族，加鞭箠。述庵传识。"（《东湖丛记》）

王云　字时望，明吴江人。好古力学，早岁能诗，与沈石田、周白川友。居家孝友，所积书数千卷，皆评阅数过，丹黄相覆。学者称葵南先生。嘉靖中卒，年七十六。（《松陵文献》卷十）

王堃　字翼清，清江阴人。道光壬辰举人，任崇明高淳教谕。藏书三万余卷，一一手加丹黄。（《艺风堂文续集》二《王生吉臣家传》）

王鏊　字济之。明吴人。成化乙未进士第三，授编修，累官至大学士。卒赠太傅，谥文恪。（《明史》八一）

天禄琳琅《玉台新咏》，密行细字，清朗照人。明王鏊藏本。有济之印，又有御题文学侍从印，御书"渭北春天树，江东日暮云；

何时一樽酒，重与细论文”二十字印。又明刻六子全书有吴趋椭圆印、三槐之裔大宗伯章方印。又有王济之图书、三槐堂印、震泽世家印、颜乐堂印诸朱记。(《藏书纪事诗》二)

王宠 字履吉，号雅宜，吴县人。少学于蔡羽，居林屋者三年，既而读书石湖，由诸生贡入国子。(《明史》二八七《文徵明传》)于书无所不窥，手写经书皆一再过。嘉靖癸巳年四十卒。(文徵明《甫田集》三一《王履吉墓志铭》)滂喜斋藏宋刻《云斋广录》有王履吉印、铁砚斋二朱记。

王藻 字载扬，平望人。好为诗。初业贩米。尝题桃源图，编修沈汝本见之，极口延誉，遂游京师。乾隆元年荐举博学鸿词，罢归。好蓄宋板书。(《苏州府志·人物传》)

王世贞 字元美，号凤洲，太仓人。生有异禀，书过目终身不忘。年二十二举嘉靖二十六年进士，授刑部主事。官至南京刑部尚书，移疾归，万历十八年卒于家，年六十五。(吴晗《王世贞年谱》)有小酉馆，在弇州园凉风堂后，凡三万卷，二典不与，构藏经阁贮焉。尔雅楼庋宋刻书，(《少室山房笔丛·经籍会通》四)所藏有宋本两汉书，为世贞九友斋中第一宝。后归天禄琳琅。(《天禄琳琅·汉书宋刻本跋》)其藏书每以贞元二字印钤之，又别以伯雅、仲雅、季雅三印。(《东湖丛记》)

王世懋 字敬美，号麟洲，太仓人，世贞弟。嘉靖三十八年进士。太常少卿。万历十六年卒。(《王世贞年谱》)所藏多宋梓，(《少室山房笔丛·经籍会通》)四有墙东居士印。

王昌纪 字永侯，康熙时上海人。诸生。圻孙。孝友纯诚，缵言励行。圻博综群籍，而昌纪复手辑藏书万余卷，蝇头细书，至老不衰。抚梅莳竹，以训其子。申酉以后，足迹未尝一入城市也。所著有《谈史抡珠》十卷、《阅古抡珠》十二卷、《类海》一百卷、《增补甲子会记》一卷、《易经大全注疏合参》二十卷、《诗经大全注疏合参》三十卷，俱藏于家。年八十六卒。(《松江府志》五六)

王如椿 字问庭，号北堂，清山阳人。性冲淡，有雅致。与人交不轻言，言必平实可法。家多藏书暨前贤墨迹碑版字帖。精心考定，得之者珍如拱璧。(《山阳县志》一〇)

王孝咏　字慧音，清吴县人。喜藏书，《天禄琳琅续编》、《通鉴纪事本末》宋板元印有王印孝咏、慧音两朱记。著有《岭西杂记》。

王延喆　字子贞，鏊长子。《池北偶谈》："明尚宝少卿王延喆，文恪少子也。其母张氏，寿宁侯鹤龄之妹，昭圣皇后同产。延喆少以椒房入宫中。性豪侈，一日有持宋椠《史记》求鬻者，索价三百金。延喆绐其人曰：'姑留此，一月后可来取直。'乃鸠工就宋本摹刻，甫一月而毕。其人如期至，绐之曰：'以原书还汝。'其人不辨真赝持去。既而复来曰：'此亦宋椠而纸差不如吾书，岂误也?'延喆大笑，告以故，因取新雕本数十部散置堂上示之曰：'君意在获三百金耳，今如数予君，且为君书幻千万亿化身矣。'其人大喜过望。今所传有震泽王氏摹刻印即此本也。"

钱泰吉《王刻史记跋》："文恪后人有居海昌者，假其家谱观之。延喆字子贞为文恪长子，以荫入官，由中书舍人擢太常寺右寺副，出为兖州府推官，谢病归。子有壬为尚宝寺丞，赠如其官，故王氏称子贞为尚宝公。今观跋尾述文恪语谓吴中刻《左传》，郢中刻《国语》，闽中刻《汉书》，而《史记》尚未板行，延喆因取旧藏宋刊，重加校雠，翻刻于家塾。则宋本为文恪旧藏。又言工始于嘉靖乙酉腊月，迄丁亥之三月，则亦非一月而成。子贞早岁豪放，世传其逸事，渔洋遂笔之于书，如谓延喆为尚宝少卿，文恪少子，亦考之未审也。"

王迺昭　明常熟人。善书法，喜抄书，金孝章赠之诗云："虞山有客王髯叟，历落嵚奇世无偶。孤踪暂寄童子师，所急初非为升斗。平生苦爱属奇书，见辄相夸得某某。丛函巨轴姑舍诸，小品遗编时在口。闲来袖钱向书肆，目涉手探凝立久……童叟苦心能爱画，鉴别收藏尤不苟……寓楼朝暮总看山，挂画摊书增二友……"（《春草闲房集·赠乐饥翁一首》）

王者辅　字惺斋，清金陵人。官知府，以罪遣戍吉林。王贞仪《书先大父惺斋公读书记后》云："吉林捐馆后，藏书七十五柜，德卿（贞仪字）护持而涉猎焉。"（《开有益斋读书志》五）

王时敏　字烟客，明太仓人。文肃公锡爵之孙，衡之子，以门荫官玺丞。工诗，善楷隶山水。（《明画录》）吴伟业和王大常《西田杂兴韵》，其六云："萧斋散帙知耽癖，高座谈经早解围。"

《天禄琳琅续编》，《内经素问》有娄东扫花庵鉴赏、王时敏印、烟客氏朱记。

《平津馆鉴藏书籍记》，《通典》详节有王时敏鉴赏书画记印。

王家枚 字吉臣，号寅孙，清江阴人。堃孙。光绪甲午举人。嗜书成癖，以馆谷之资尽置书籍，见异编必重值购归。所著有《国朝汉学师承记续编》一卷、《重思斋诗文集》六卷。光绪丁未卒，年四十二。(《艺风堂文续集》二《王生吉臣家传》)

王闻远 字声宏，号莲泾，又号灌稼邨翁，苏州人。富藏书，有《孝慈堂书目》传世。(《藏书纪事诗》四)

王鸣韶 字鹗起，自号鹤溪子，清嘉定人。生平喜抄书，所收多善本。(《潜研堂集》四八《鹤溪子墓志铭》)

王僧儒 南朝梁丹徒人。官至尚书左丞兼御史中丞。年五岁，初读孝经，问授者此书何所述？曰论忠孝二事。僧儒曰："若尔，愿常读之。"七岁能读十万言。及长笃爱坟籍，聚书至万余卷，多异本，与沈约任昉家书埒。少笃志精力，于书无所不睹。其文丽逸多用新事，人所未见者。普通二年卒。(《丹徒县志》二五)

王应奎 字东溆，清常熟人。顾士荣《柳南随笔序》："吾友王君东溆，隐居于李墓塘之滨，距县治四十里。百年地僻，柴门书掩，虽近市廛，如处岩壑。吴门沈确士先生题其草堂曰柳南，取君家右丞诗句也。堂中积书万轴，经史百家略具。君以四几周身，堆书及肩，而埋头其中，缅岁耽耽，不知户外。搜讨既富，溢力著述。诗歌古文，既已取次成帙，多于束笋矣，而以其绪余成随笔六卷。……"

王谦吉 字万服，清江阴人。生性纯孝而好蓄书，筑环山楼藏书万卷。名流过访无虚日。(《江阴县志》一八)

王锡祺 字寿萱，清清河诸生。世居山阳。性明敏，喜度曲，尤淫于书。工诗古文词，试辄冠其曹。尝编山经地志为《舆地丛钞》，都百十万言。又采前人未刊遗书著为《小方壶斋丛书》。自铸铅版印行之，一时纸贵。家故素封，有园林之胜，谭诗说剑无虚日，垂帘合坐，图籍纵横，丹黄不去手，见者比之玉山草堂。以是倾其

资，客游落魄以死。（《山阳县志》一〇）

王献臣　字敬止，明吴县人。以锦衣卫籍举弘治六年进士，授行人，擢御史，巡大同边。尝令部卒导从游山，为东厂缉事者所发，谪上杭丞，再谪广东驿丞。武宗立，迁永嘉知县。量移高州通判，致仕。（《苏州府志》八〇）

《平津馆鉴藏书籍记》，《经籍考》有吴门王献臣家藏书印、诗礼传家、王氏图书子子孙孙永宝之、虞性堂书画记四朱印。

五画

甘福　字德基，号梦六，清江宁人。国栋子。生而嗜乐慕古，蓄书极富。后人谈收藏者犹称甘氏津逮楼焉。著有《保彝斋日记》、《钟秀录》及《津逮楼书目》十八卷。（《续江宁府志·孝友传》）

甘熙　字实庵，清江宁人。福子。道光十九年进士。以知县签分广西。二十七年选户部广西司，兼云南司主稿。熙博学强记，勤事纂述。与同里金鼇、朱绪曾善。同搜辑乡邦文献，证析异同。为文详赡典雅，切中事理，而于一方利病尤所究心。洎官辇毂，获交当代名德，自朝章政典，民俗沿革，嘉言微行，随所睹记，录成巨帙曰《日下杂录》。尤嗜金石，辑三代秦汉以下彝器珉石题咏之作，为书四十八卷。著有《忠义孝弟祠传赞》、《白下琐言》、《灵谷寺志》，及《寿石轩诗文集》八卷。（《江宁府志》卷十四之八）

《开有益斋读书志》卷三《灵谷寺志序》："实庵家有藏书数万卷，金石鼎彝充牣璀璨。"

甘国栋　字遴士，清江宁人。家有津逮楼，积书至十余万卷。（《续纂江宁府志·人物传》）

史鉴　字明古，明吴江人。于书无所不读，而尤熟于史。家居水竹幽茂，亭馆相通。客至，陈三代秦汉器物及唐宋以来书画，相与鉴赏。好着古衣冠，曳履挥麈，望之以为列仙之俦也。居西村，人称西村先生，有《西村集》。（《藏书纪事诗》二）

《平津馆鉴藏书籍记》，元本《南史》有史鉴之章、子孙保之、西史村人三印。

史元楷　字幼芳，清宜兴人，卜居南郊，旁临清池，老树皆合抱，前后集梅桃梧桂数本，名之曰澹园，中藏法书图画及古书数千卷。著诗《古文词》一帙。（《宜兴县旧志》八）

史兆斗　字辰伯，鉴之后，徙居长洲。博雅多藏书。康熙初卒，年八十余。汪苕文曰：此翁死，吴中文献绝矣。（《池北偶谈》）

辰伯少受学于刘凤王穉登。为诸生不得意，即弃去。喜蓄书，所购率皆秘本。或手自缮录，积至数千百卷。斋居萧然，惟事雠校。或偶有所得，辄作小行楷，疏注其旁。（《尧峰文钞》三四《史兆斗传》）

史臣纪　字载之，明吴县人，号鹿甲居士，与黄淳父友，多藏书。（《藏书纪事诗》二）

田茂遇　字楫公，号鬚渊，青浦人，顺治丁酉举人。授山东新城知县，不赴。荐试鸿博。归筑水西草堂，藏书万卷，日事觞咏。所著有《高言集》、《清平词》、《燕台文钞》、《水西草堂集》。（《耆献类征》四二六王廷诏撰《田茂遇传》）

司马泰　字鲁瞻，一字西虹，晚号龙广山人，江宁人。嘉靖癸未进士，官至济南知府。致仕归，筑园名曰怀洛。藏书极富。编次《文献汇编》一百卷、《续百川学海》三十卷、《广说郛》八十卷、《古今汇说》六十卷、《再续百川学海》八十卷。书多秘册，有《东坡论语解》四卷，与罗太守凤、吴参议汝嘉、焦太史澹园俱号充栋。有《南都英华》、《南都野记》、《风雅会编》、《护龙河北杂言》、《荫白堂稿》四十卷、《杂识录》、《西虹视履百录》、《知次录》、《山居百咏》、《龙广山人小令》诸集。（《金陵诗征》一九）

六画

伊侃　字士刚，明长洲人，正统初擢甲科，给事禁中。伊氏自沐阳徙吴中，岁久遂为著姓。其居城西之通波坊，家多藏书，多延接郡中儒流。(《吴宽家藏集》卷四十二《伊氏重修族谱序》)

安国　字民泰，明无锡人。富几敌国。居胶山。因山治圃，植丛桂于后冈，延袤二里余，因自号桂坡。好古书画彝鼎，购异书。(《无锡金匮县志》二五）尝刊《初学记》，板心上标“安桂坡刊”，每卷标题之下，又称锡山安国校刊。(《天禄琳琅》）安国所刊书又有《熊朋来集》、《吴中水利书》。(《藏书纪事诗》三）

安璿　字孟公，无锡人。坐卧罨画楼，藏书万卷。(《无锡金匮县志》卷二十二）

朱奂　字文游，清吴县人。与惠栋为莫逆交。(《士礼居藏书题跋记·经典释文》）家有滋兰堂，藏书甲吴中。(《吴门补乘》）常熟钱遵王、毛子晋、席玉照、陆敕先、冯定远、曹彬侯各家书散出，文游视装订签题根脚上字，便晓属某家某人之物。(《顾广圻题清河书画舫》）

朱之赤　字卧庵，清吴县人。学问渊雅，通天文术数，多藏书。(《藏书纪事诗》四）

朱士端　字铨甫，毓楷子，清宝应人。姚元燮《赠朱铨甫同年》有“大江南北推名士，家世青箱万卷藏”(《春雨楼丛书题辞》）之句。所著有《疆识编》四卷、《续编》一卷、《说文校定本》十五卷、《宜禄堂收藏金石记》六卷、《补编》一卷、《吉金药石山房文集》一卷、《吉金药石山房诗集》二卷。

朱之玑　字怀堂，清宝应人。《春雨楼丛书》朱士端撰《枣花书屋诗集跋》：“先曾祖蚤岁困场屋，考授州同知，绝意仕进。乃纵游山水，晚岁辑容斋，聚书万卷。作诗数百首，分游览、赠答、感伤、闲适四门，颜曰枣花书屋诗集。”

朱大韶　字象元，号文石，华亭人。嘉靖二十六年进士，选庶常，授检讨。以亲老，改南雍司业。未几，解任归，筑精舍，构文园，以友朋文酒为事。晨起登阁，手丹黄校勘异书数叶，始就栉盥。（《松江府志》五三）性好藏书，尤爱宋时镂版。访得吴门故家有宋椠袁宏《后汉纪》系陆放翁、刘须溪、谢叠山三先生手评，饰以古锦玉签，遂以一美婢易之，盖非此不能得也。婢临行题诗于壁曰：“无端割爱出深闺，犹胜前人换马时；他日相逢莫惆怅，春风吹尽道傍枝！”象元见诗惋惜，未几捐馆。（《逊志堂杂抄》）有《横经阁收藏书籍记》。

朱存理　字性甫，明长洲人。不业仕进，闻人有奇书，辄从以求，以必得为志。或手自缮录，动盈筐箧，群经诸史下逮稗官小说无所不有。尤精楷法，手录前辈诗文，积百余家。他所纂集有《经子钩元》、《吴郡献征录》、《名物寓言》、《铁网珊瑚》、《野航漫录》、《鹤岑随笔》，总数百卷。正德癸酉卒。（文徵明《甫田集》二九《朱性甫先生墓志铭》）

性甫从杜琼先生游，有异书，手自缮录，既老不厌。而坐贫无以自资，其书旋亦散去，每抚之叹息。（《列朝诗传》丙）祝希哲赠之诗云：“书抄满箧皆亲手，诗草随身半在舟。”（《静志居诗话》）

朱长文　字伯元，吴县人。年十九，擢嘉祐四年乙科进士，吏部限年未即用。既冠，授秘书省校书郎。丁父忧，家居凡二十年。筑室郡治西遍，故吴越钱氏金谷园，知州章岵表曰乐圃，乡人遂称为乐圃先生。元祐中起本州教授，州有两教授，以长文故也。长文资禀忠朴，虽在布衣，慨然有用世志。暨出仕，以田畴委诸弟，惟藏书二万卷，书仿颜鲁公。所集周穆王以来金石遗文名人笔迹，作《墨池阅古二编》藏于家。（《苏州府志》七七）

朱良育　字叔英，明吴县人。正德中贡生。有《草堂诗集》十卷。（《苏州府志·选举类》）多藏书，有吴郡西崦、朱赤荣书画印，叔荣、西崦、吴郡朱赤英西崦草堂各朱记。（《藏书纪事诗》二）

朱承爵　字子儋，号舜城漫士，又号左庵，明江阴人。文徵仲

称其为文古雅有思致。（《无声诗史》）其藏书处曰存余堂，曰行素斋，曰集瑞斋。（《天禄琳琅》）

朱尧民　名凯，明长洲人。不业仕进，又不随俗为廛井小人之业。日惟挟册呻吟，求昔人理言遗事而识之。素高资，悉费以资所好，不恤也。正德壬申卒。（《甫田集·朱性甫先生墓志铭》）

朱毓楷　字幼则，清宝应人。凡八试金陵，不遇。乃从汪容甫以古学相砥砺，典衣买书，积至万卷。著有《读书解义》一卷。乾隆己卯生，嘉庆己巳卒。（《春雨楼丛书》《吉金药石山房文集·先府君传略》）

朱庆昌　字星六，清宝山人。国学生。嗜藏书。詹事钱大昕以小万卷楼颜其斋。尝辑先正格言为《茹古集》，未竟卒，年六十八。（《宝山县志》卷十）

朱绪曾　字述之，上元人。道光二年举人。一目十行，无书不览。所居秦淮水榭，藏书十数万卷，丹黄斠画皆精审。官浙水时又获抄文澜阁本，故所藏弆宋元秘笈，多外间所罕见者。（甘元焕《读书续志跋》）累官秀水孝丰知县，有循声。（陆心源《开有益斋读书志跋》）咸丰癸丑太平军陷江宁，慨收藏之灰烬，因就旅次所存，日夕阅览，缀其大旨，笔于别简，其假自友朋者亦为题记，成《开有益斋读书志》六卷、《金石文字记》一卷。（刘寿曾《跋》）其书仿《郡斋读书志》之例而精核过之。（陆心源《跋》）咸丰十年，太平军破杭州，客死山阴。（张文虎《舒艺室诗存》五《感逝诗注》）

朱遵度　遵度本青州书生，好藏书，隐居不仕。保大中卜筑金陵。著《鸿渐学记》一千卷、《群书丽藻》一千卷、《漆经》数卷。（《焦氏笔乘》，《金陵旧事》）

《藏书纪事诗》一，昌炽案，《书录解题》《群书丽藻》，崔遵度编。焦氏崔作朱，未详。

朱继昕　李果《墨庄记》：朱君愚溪比部员外莘园，公之六子，博雅好古，居郡城之南，新治小轩于其堂之后，藏书颇多，遂取宋人刘式事以墨庄名之，而揭岳忠武王书墨庄二字，重摹勒石。

又《朱刑部传》：君讳成家，字宣之，又字莘园。其先新安人。

祖台日家于吴。父启亮字立庵。君卒年五十七。子八人：绪、继昭、继晖、继晟、勋、继玮、继暄、继暖。

江正　《挥麈后录》：樊若水夜钓采石。世多知之。宋咸《笑谈录》云，李煜有国日，樊若水与江氏子共谋，江年少而黠，时李主重佛法，即削发投法眼禅师为弟子，随入禁苑，因遂得幸。法眼示寂，代其主持建康清凉寺，号曰小长老，眷渥无间。凡国中虚实尽得之。先令若水走阙下，献下江南之策，江为内应。其后李主既俘，各命以官。江后累典名州，家于安陆，子孙亦无闻。

郑毅夫为《江氏书目记》，载文集中云，旧藏江氏书数百卷，缺落不甚完。予凡三归安陆，大为搜访，残帙遗编，往往得之，闾巷间无遗矣，仅获五百十卷，通旧藏凡千一百卷。江氏遗书具此矣。

江氏名正，字元叔，江南人。尝为越州刺史，越有钱氏时书，正借本誊写，遂并其本有之。及破江南，又得其逸书，兼吴越所得，殆数万卷。老为安陆刺史，遂家焉。尽辇其书，筑室贮之。正既殁，子孙不能守，悉散落于民间，火燔水溺，鼠虫啮弃，并奴仆盗去，市人裂之以藉物，有张氏者所购最多，其贫乃用以为爨，凡一箧书为一炊饭，江氏书至此穷矣。然予家之所有，幸而仅存者，盖自吾祖田曹始蓄之，至予三世矣。于予则固能保有之，于其后，则非予所知也。故记盛衰之迹，俾子孙知其所自，则庶乎或有能保之者矣。

书多用由拳纸，方册如笏头，青缣为标，字体工拙不一。《史记》、《晋书》或为行书，笔墨尤劲。其末用越州观察使印，亦有江氏所题。余在杭州，命善书者补其缺，未具也。

《明清案》，马令《南唐书》及龙衮《江南野史》云："北朝闻李后主崇奉释氏，阴选少年有经业口辩者往化之，谓之一佛出世，号为小长老，朝夕与论循环果报。后主因是襟怀纵脱，兵机守御之谋，恍然而施，及王师围城，后主乃鸩杀之。观宋郑所记，则知李氏国破之际，所鸩者非真，又以计免而归本朝，遂饕岳牧之任也。"

江立　字玉屏，号云溪，旧居杭州，移籍仪征。有宋板《金石录》，因题其斋曰金石录十卷人家。著《小齐云山馆诗抄》。（《淮海英灵集》）

江标　字建霞，号师鄦，又自署笘誃，元和人。光绪己丑进士。官编修，视学楚南，未报命，以病卒，年未四十。童时读书外家，舅氏华蘧秋先生名翼纶，家富藏弆，耳濡目染，遂精鉴别。其嗜书出于天性，真知笃好，宋元刻本旧抄旧校源流真赝，了如指掌。奉使三湘，不名一钱，归装惟有辑刊《灵鹣阁丛书》五集五十六种而已。(《碑传集补》九叶昌炽《江标建霞事实》)

江藩　字子屏，号郑堂，甘泉人，藏善本书甚多，乾隆乙亥丙子间频遭丧荒，以之易米，书仓一空。(江藩《石研斋书目序》)吴嵩梁为之诗云："藏书八万卷，读书三十年。躬耕无一亩，卖文无一钱。吾侪抱书死亦得，忍令儒林少颜色。高堂况有垂白亲，负米穷途感晨夕。元抄宋椠连签厨，全家不饱惟自娱。一朝割爱换升斗，十年感旧增欷歔。"(《香苏山馆集》)

江声　字飞涛，号白沙，清常熟人。性嗜书，得秘本辄手抄，校勘精确。曾从萧姓，故有萧江声读书记及飞涛白沙诸朱记。诗文之外尤以画竹篆刻，有名邑中。顾文渊极称之。著有《匏叶斋稿》。(《常昭合志稿》卷三十二《藏书家》)

江惟清　字仲濂，武进人。万历间举明经，不仕。孙慎行、钱一本讲学书院，必推惟清首座。家藏书至万卷。嗜名画法书，终日临摹不辍。其文笔人咸宝之。年八十五卒。(《武进阳湖县志》二三)

江德量　字成嘉，号秋史，清仪征人。清乾隆庚子进士，授编修，历官御史。博雅好古，富于鉴藏金石书画，多蓄精本。(《晚晴簃诗汇》卷一〇二)

七画

冷士嵋　字又嵋，号秋江，丹徒人。明诸生。冷氏自文江公荐入南雍，著《周易集解》、《性理宗辨》诸书，著声太学。藏书三万余卷。至又嵋古诗宗汉魏，近体祖初盛，孤行介立，屏居江浒，故人多莫知又嵋，又嵋亦诚不欲使人易知者。著《江冷阁诗文抄》。（《江苏诗征》一一六）

余萧客　字仲林，别字古农，人称盲先生，清吴县人。年十五通九经。闻有异书，必假抄录。同邑朱奂藏书甲吴中。馆之滋兰堂，因得博览。手一编终夜不寝，遂患目。构一室，无窗户，上穴一方，以通天光。设修几，书册鳞次，潜心研究。为《古经解钩沉》。（《吴门补乘》）

何金　字兰芳，清丹徒人。少颖悟，才数岁能读等身书；制举义援笔立就。年十六丁父艰，哀毁骨立，日就羸弱，遂绝意进取，为诗歌自娱。藏书数万卷，手自编校，穷日不倦。与同里杨棨、柳荣宗友善，每有疑义，互相质证，著述甚富。（《丹徒县志》）

何钫　字子宣，常熟人。嘉靖乙卯举人，知温州之平阳县，升南京锦衣卫经历，淮王左长史。（钱谦益《故淮府左长史何公墓志铭》）

《铁琴铜剑楼书目》：《三朝北盟会编》邵恩多跋曰，季沧苇家抄本，每叶有何子宣骑缝印者最古。

何云　字士龙，明常熟人。祖錞好藏书，多善本。云服习家教，自少即能为古文。钱谦益爱其才，延致家塾。谦益被讦下狱，云草索相从，世以比郭亮王咸焉。又从瞿式耜至闽粤，流离艰苦，历十五载乃归。（《海虞诗苑》卷三）

何焯　字屺瞻，号茶仙，学者称义门先生，长洲人。康熙癸未进士。笃志于学，读书茧丝牛毛，必审必核。吴下多书贾，从之访购宋元旧椠及故家抄本，细雠正之，一卷或积数十过，丹黄稠叠。(《鲒埼亭集》十七《长洲何公墓志铭》) 家有赉研斋，"蓄书数万卷，其校定两汉书、三国志最有名"(《沈彤何先生行状》) 题跋或署承筐书塾，或署语古小斋，又自号憩闲老人。用小方章，其立曰髯。康熙六十一年卒。(《藏书纪事诗》四)

何镗　字子瑞。明常熟人。太学生。好聚古书，得即校抄，朱黄不去手。与兄钫及从子允泓大成并以藏书著闻。(《常昭合志稿》三二) 镗尝拟元人书《何逊集》一卷，笔墨精妙，字字有法。(《皕宋楼藏书志·何水部集》)

何大成　字君立，晚自称慈公，明常熟人。喜藏书，闻寒山赵氏藏有宋椠本《玉台新咏》，未肯假人，尝于冬日偕冯己苍昆仲舣舟支硎山下，于朔风飞雪中，挟纸笔、袖炊饼入山，迳造其庐，乃许出书传录，堕指呵冻，穷四书夜之力，抄副本以归。其藏书有何慈公娱野园珍藏书籍印。崇祯癸未卒，无子，遗书散为云烟。(《藏书纪事诗》三)

何允泓　字季穆，钫季子。多藏书，秦兰徵元芳《经舅氏何季穆先生故居诗》："邺侯架在虫生网，内史池空雨结苔。"

何良俊　字元朗，华亭人。少笃学，二十年不下楼。以岁贡生入国学，授南京翰林院孔目。赵贞吉、王维桢相继掌院事，与相得甚欢。良俊居久之，慨然叹曰："吾有清森阁在海上，藏书四万卷，名画百签，古法帖彝鼎数十种，弃此不居，而仆仆牛马走乎?"遂移疾归。海上中倭，复居金陵者数年，更买宅居吴阊。年七十始返故里。(《明史》二八七《文徵明传》) 有《何氏语林》、《四友斋丛说》行于世。

吴岫　字方山，号濠南居士。明嘉靖时吴县人。有尘外轩，聚书逾万卷。有《姑山吴氏书目》一卷。(《藏书纪事诗》三)

吴铨　字蓉斋，清长洲人。随父侨居上海，复迁居苏州。雍正中为吉安守。归田后居渎川遂初园，读书其中，架上万卷，皆秘笈也。以故生新安潢源，因题其藏书处曰璜川书屋。(吴志忠《璜川吴

氏经学丛书缘起》）

吴宽　字原博，号匏庵，明长洲人。成化八年会试廷试皆第一。官至礼部尚书，卒赠太子太保，谥文定。（《明史》卷一百八十四）《静志居诗话》："是时吴中藏书家多以秘册相尚，若朱性甫、吴原博、阎秀卿、都玄敬辈皆手自抄录。匏庵遗书流传者悉公手录，以私印记之，前辈风流，不可及也。"其手抄诸卷帙，自署吏都东厢书者，皆晚年笔。（《翁方纲题吴沉诗抄合卷后》）抄本用红印格。（《藏书纪要》）公手书者精采奕奕，笔法绝似苏长公。其藏印曰古太史氏，曰延州来季子后，曰双井村人。（《藏书纪事诗》二）有《丛书堂书目》一卷。（《苏州府志·艺文类》）

吴翻　字扶九，明吴江人。貌魁硕，善谈论。光负才名，喜结客。复社初起，翻与同郡张溥、杨廷枢等实为领袖。国变后，绝意进取，杜门著述。为诗文多直抒胸臆，不尚鞶藻。所藏明人文集，至三千七百家，手自编辑。顺治乙未卒，年四十六。著有《升恒堂集》。（《松陵文献》九）

吴中秀　字端所，明末华亭人。工岐黄，喜蓄书，贮藏至万卷，筑天香阁藏之。乙酉城破，死之，年八十余。（《华亭县志》十五）

吴元恭　吴县人。嘉靖三十四年举人。喜藏书，有太素馆为蓄书之处。尝仿宋刻《尔雅经注》三卷行世。（《藏书纪事诗》三）

吴元润　字兰汀，一字泽均，号谢堂，长洲人。铨孙。官卫辉知县。（《听秋声馆词话》）所藏书有吴元润印、泽均长洲吴谢堂氏香雨斋珍藏书画记印、谢堂香雨斋吴氏珍藏图书诸朱记。（《平津馆鉴藏书籍记》）

吴用仪　字拙庵，长洲人。铨子。承父旧藏，复益购数万卷，多宋元善本，遂与江浙诸名士留连觞咏，座无俗客。既而诸子争析产，出藏书而货之，并售其园。（《蒲褐山房诗话》）

吴成佐　字嬾庵，铨子。先世遗书散佚，成佐重自搜罗，书楼三楹，环列四周，有《乐意轩书目》四卷。（吴志忠《璜川吴氏经学丛书缘起》）

吴自新　字伯恒，号韫庵，江宁人。明隆庆戊辰进士，官至南京刑部侍郎。晚好易，宦邸构洗心轩，家有玩易窝。又造万卷楼以藏书，尤敦孝友，里中羡其家法。好汲引名流，所荐贤士大夫遍天下焉。(《上江两县志》卷二十二)

吴汝谦 字素庵，清常熟人。喜购书，留心经世术，尤熟邑中水利，康邑侯基田屡谘访焉。(《常昭合志稿》卷三十二《藏书家》)

吴兆骞 字汉槎，吴江人。顺治丁酉举人。傲岸自负，尝顾同辈述袁淑语曰："江东无我，卿当独秀!"被累戍宁古塔，虽遭放废，其嗜好如故。出关时以牛车载书万卷，在塞外日与羁臣逐客饮酒赋诗，曾结七子诗会，分题角韵，月凡三集。著有《秋笳集》。(《江苏诗征》十二)

吴志忠 字有堂，号妙道人，长洲人。成佐孙。家富藏书，又与同郡黄荛圃、顾涧薲交游，故长于目录校勘之学。(陈奂《师友渊源记》)

吴卓信 字顼儒，常熟人。诸生。少孤，尽鬻遗产，购书数万卷，坐卧其中。尝一至关中，尽拓汉唐金石以归。性简亢，遇达官贵人罕交一语。至争辩事理，则气涌面发赤，不伸其说不止。著有《汉诗余论》、《仪礼剳记》、《释亲广义》二十五卷、《汉三辅考》二十四卷，俱未刻。又有《汉书地理志补注》二十卷、《三国补志》六卷、《补表》六卷，欲刻未果。手定文稿共十六卷，今所刻者仅《澹成居文抄》四卷，附《补礼经传》约一卷而已。道光三年卒，年六十九。(《常昭合志稿》三〇)

吴泰来 字企晋，号竹屿，长洲人。乾隆庚辰进士。二十七年迎銮献赋，召试以内阁中书用。泰来意致萧闲，才情明秀。有别墅在木渎，曰遂初园。其中藏书数万卷，多宋元善本。日与江浙名流为文酒之会，作诗一本渔洋，吴中数十年来自沈德潜外，无能分手抗行者(《苏州府志》)有《净名轩集》。

吴翌凤 字伊仲，号枚庵。清长洲人。诸生。工诗，家甚贫，以馆谷自给。尝手抄秘书至数十百卷无倦色。晚年家居，仿《渔洋感旧集》之例，选生平交游之诗曰《怀旧集》十八卷。又《印须集》十八卷、《吴梅邨诗集笺注》二十卷。(《履园丛话·耆旧》)

吴蔚光 字悊甫，号竹桥，一号湖田外史。昭文人。乾隆庚子进士，官礼部主事。旋引疾归。终日居一楼，留心著述，二十年如一日。夙治古文，兼长骈体，而于诗词尤推作手。爱书籍及法书名画，藏书以万卷计。尝得王元章梅花长卷，因以梅花一卷名楼。所著有《诗文集》。（《常昭合志稿》二七）

杜琼 字用嘉，宋吴县人。从陈继先生学，博综古今，自号鹿冠道人。晚而徙家东园，得朱长文乐圃家焉，学者称东原先生。戴鹿皮冠，持方竹杖，出游朋旧，逍遥移日，怡怡如也。卒年七十八，门人赵同鲁私谥曰渊孝先生。国初南原俞氏、笠泽虞氏、庐山陈氏书籍金石之富，甲于海内，景天以后，俊民秀才，汲古收藏，杜东原其尤也。（《列传诗传》乙集）

杜元芳 字玉泉，元上海人。官德清主簿。晚隐杜村，构翡翠碧云楼，庋书万卷。（《上海县志》一八）

宋定国 字宾王，号蔚如，娄县人。起家市井，性嗜奇书，无力购置，则百方丐抄。惟以搜罗遗佚，访求放失为事。（《东湖丛记》）其藏书之富，校书之精，真读书人不过。（《士礼居藏书题跋记·吴都文粹》）

宋家桢 字艾诏，华亭人。顺治八年以贡授通判，未仕卒。善属文，闻有异书，不惮手抄口诵，积书充栋，允为爱素好古之士。有《鸠庵集》、《修吉堂草》。（《松江诗征》五）

宋懋澄 字幼清，明华亭人。万历间郡中藏书之富者王洪州圻、施石屏大经、宋幼清懋澄、俞仲济汝楫，四家为最，幼清尤多秘本及名人手抄。（《松江府志》五五）

李衡 宋江都人。官秘阁修撰。致仕，居昆山，聚书万卷，号乐庵。（《宋史》卷三九〇）

李鉴 字明古。何义门弟子。好藏书，顾涧蘋、黄荛圃屡称之。《士礼居题跋记》所载《博雅》、《中吴纪闻》、《李校书集》，皆其家书也。（《藏书纪事诗》二）

李心怡 字昆和，号竹田，清上海人。监生。颖异嗜学，藏书万卷，题所居曰味经楼。年十五应京兆试，历南北闱不售。初为副宪窦东皋高弟，后为学使刘石庵所激赏，梓其诗入试草中。著作甚富，为友人携去失之，仅存《草岩诗草》一帙。(《松江诗征》五三)

李可教　字受甫，明松江人。年十二能属文，十八补诸生。其先世储书万余卷，遭倭寇悉散佚。可教多方访购，风抄雪写，得还十五六，校雠点勘，丹黄烂然。(《松江府志》)

李兆洛　字申耆，晚号养一老人。本姓王，养于李，遂冒姓李。武进人。嘉庆乙丑进士，改翰林院庶吉士，道光二十年卒，年七十三。《续碑传集》卷七三包世臣撰《李凤台传》："予以嘉庆庚申识于白门，壬戌过访，主其家七阅月，遍检其所藏书，卷逾五万，皆手加丹铅，校羡脱正错牾，矢口举十三经辞无遗失。上自汉唐，下及近世诸儒说，条别得失不检本。尤嗜舆地学，购备各省通志，较亘千余年来水利之书，证以正史，刊定顾祖禹《读史方舆纪要》之与原史不符者。"

李芝绶　字诚庵，原名蔚宗，字申兰，号裘杆漫叟。昭文人。道光己亥举人。一再赴礼部试，同游多海内名士。居乡又与罟里瞿氏善，遂精于鉴别古籍。所藏日益富。汇编为《静补斋书目》。光绪癸巳卒。(《常昭合志稿》卷三十二)

李延昰　初名彦，贞字我生，一字期叔，后改今名，字辰山，号寒村，上海人。少负逸才，以经世自命。善谈论，熟于旧家典故及诸琐碎事。不得志，乃隐于医。受业于季父中梓士材，有延之治疾者，数百里必往视，疾愈不责报，或酬以金，即买书，积至四五十柜。年七十，疾革，适秀水朱彝尊至，乃出所著《南吴旧话录》暨《放鹇亭诗古文集》属之，并以所购书二千五百卷畀焉。其余平居玩好一瓢一笠一琴一砚悉分赠朋友，越二日卒。刊有《药品化义》、《医学口诀》、《脉诀汇辨》、《痘疹全书》行世。(《平湖县志》一八)

李炳宗　字仲彪，芝绶弟。庠生。工骈体文，兼精医理。邑中校雠家以黄氏廷鉴、常熟王氏振声为最，然皆以撰著之暇，余力及之。芝绶兄弟尤为专门之学焉。(《常昭合志稿》卷三十二《藏书家》)

李筠嘉　字修林，号笱香，清上海人。候选光禄寺典簿。藏书

至四千七百种，论议胪注至三十九万言。精于校勘。有《李氏藏书志》。（龚自珍《定盦续集》卷三《上海李氏藏书志序》）

李鸣阳 字筠斋，清高淳人。邑庠生。性聪颖，自幼嗜书，购买不惜重资。闭户诵读，手不停披。穷经论史，诸子百家无不博览。邑中推为博学。（《高淳县志》卷十八）

李应昇 字仲达，江阴人，如一侄，万历四十四年进士，福建道监察御史。以劾魏忠贤削籍。李实劾周起元疏入应昇名，逮下诏狱，酷掠毙之。崇祯时赠太仆卿，福王时追谥忠毅。有《落落斋集》。（《明史》卷二四五）所藏书有江阴赤岸李氏落落斋藏书记方印。（《天禄琳琅》《大戴礼记》）

李钟庆 字即卿，清上海人。工诗，于书理深有悟入，所藏书画多佳本。（《上海县续志》卷三十）

李鹗翀 字如一，后以字行，字贯之。江阴人。家世力耕，给公上，其余悉以购书。搜闳本，访逸典，藏弆刓编樛翰，老而食贫，指其藏书曰："富犹郑矣！"其读书也阙必补，讹必正，同异必雠勘，病不辍业，衰不息劳，仿宋晁氏、尤氏书目，自为诠次，发凡起例井如也。崇祯庚午卒，年七十四。（钱谦益《有学集》三十二《李贯之先生墓志铭》）有《得月楼书目》。

沈周 字启南，号石田，明长洲人。精于诵肄，自坟典邱索以及杂家言，无所不窥。尝以重值购古书一部，陈之斋阁。一日客至，见而谤视之，问书所从得，先生曰客何问也？客曰："公幸无诧，吾书也，失之久矣。不意乃今见之。"先生曰："有验乎？"曰某卷某叶某尝书记某事，或者犹存乎？先生发而视之，果验。即归之，终不言售者姓名，亦不谯何售者。（《无声诗史》）年八十三，以正德四年卒。（《明史》卷二百九十八）

《式古堂书画考》，石田有竹石居图卷，周鼎题诗云："头白话今雨，汗青藏古书。"吴珵元玉和云："有田皆种石，无屋不藏书。"

沈恕 字绮云，松江人。慈弟，亦喜藏书。王芑孙《题沈绮云恕柳波消夏图》："深柳一湾书半槛。乍回诗梦小萝山。"又："料检新收并旧刊，笔山楼作沈楼看，迻思遍借藏书读，壬癸签分甲乙观。"

沈慈 字十峰，清松江人。家有古倪园，收藏甚富。《持静斋书目》：《欧阳文忠集》有沈慈十峰曾在云间啸园沈氏诸印。“所刻宋本鱼元机集、明本薛涛诗、宋抄杨太后宫词，名《三妇人集》”。（《前尘梦影录》）

沈嵩 字骏堂，清川沙人。好学能诗，旁通医理堪舆。藏书甚富，不下万卷，皆手自校阅。著有《铼秋堂诗稿》、《剑南诗刻识误》，藏于家。（《川沙厅志》卷十）

沈大成 号沃田，华亭人。笃志经学，博闻强识，读书昼夜不辍。自经史外，旁通天文地理六书九章算学，覃精研思，粹然成一家之言。以诗古文名江左。藏书万卷，手自校雠，镌本伪阙，字体从俗，必标识而补正之。蝇头蚕子，条系件属，非目力精细者，不能辨其点画也。其校定《十三经注疏》、《史记》、《前后汉书》、《南北史》、《五代史》、杜氏《通典》、《文献通考》、《昭明文选》、《说文》、《玉篇》、《广韵》、顾氏《音学五书》、梅氏《历算丛书》，尤为一生精力所萃。著有《学福斋文集》二十卷，《诗集》三十八卷，著而未成者《读经随笔》也。生于康熙庚辰，殁于乾隆辛卯。（《耆献类征》四二〇汪大经撰《沈大成行传》）

沈绍宾 字廷作，清金山人。贡生，官青阳训导。性喜游览，江浙名胜，攀跻几遍。当其得意，纵笔千言，时有春潮秋瀑之称。藏书五万卷，手自评阅，著有《月滟山房稿》。（《金山县志》二四）

沈云鸿 字维时，明长洲人。周子。好古书画，往往倾橐购之，缥囊缃帙，烂然充室。又喜积书，雠勘勤剧，曰后人视非货财，必不易散，万一能读，则吾所遗厚矣。先石田而卒。（《眉公笔记》）

沈景春 元平江人。《皕宋楼藏书志》，《啸堂集古录》干文传跋：“景春沈君居乐圃坊，与余同游可邨贺先生之门。平生寡嗜欲，惟酷好收书。有别业在阊门西，去城仅数里，景春昔尝居之。人有挟书求售至，必劳来之，饮食之，酬之善价，于是奇书多归沈氏，《集古录》其一也。昔人有以千金市马者得骏骨予五百金，逾年而千里马至者三，景春嗜书何以异哉。元统后元十一月。”

沈与文 字辨之，号姑余山人，明嘉靖时吴县人。有野竹斋，

藏书甚富。（《士礼居藏书题跋记跋·跋邵氏闻见录》）

沈懋悳　字虞扬，号翠岭，清吴县周庄镇人。候选布政司使经历。好藏书籍，尤多刊刻遗书，如张氏潮、杨氏复吉所辑《昭代丛书》，迮氏鹤寿所校王氏《鸣盛蛾术编》，吴氏翌凤《国朝文征》，朱氏琦《古文汇抄》几千卷。卒年七十七。（《周庄镇志》四）

汪士侃　字写阮，嘉庆十四年进士，知双流县，入资为工部员外郎。性耽读书，研究经术。改官时以俸钱买书数千卷，寝馈不离。尤精于氏族之学，邑中著姓，均能道其所从出，有其子孙所不能知者。（《无锡金匮县志》二二）

汪士钟　字阆源，长洲人。蓄志收书，以家藏四部书为寻常习见之本，必广搜宋元旧刻以及四库未采者，（黄丕烈《郡斋读书志序》）尽得黄荛圃、周香岩、袁绶阶、顾抱冲四家书。（潘祖荫《艺芸书舍宋元本书目跋》）取宋本元本别编其目，各成一册。（顾广圻《艺芸书舍书目序》）摹刻宋本《孝经义疏》、《仪礼单疏》、《刘氏诗说》、《郡斋读书志》诸书，雠对精审，举世珍若球璧，（《苏州府志》卷八三）艺芸书舍之藏书遂为海内冠。其藏书后归菰里瞿氏、致堂杨氏。（《藏书纪事诗》六）

汪士铎　字振庵，号梅村，江宁人，道光时举人。博极群书，家藏旧籍几三万卷。所著有《南北史补志》、《水经注释文》、《水经注图》、《汉志志疑》诸书。（《碑传集补》六十《萧穆江宁二烈传》）

汪喜荀　初名喜孙，字孟慈，清江都人。中子。中晚年得子，虑为俗学所囿，自次藏书数万卷畀之。（刘逢禄《问礼堂授经图记》）喜孙惇至勤学，所藏书有江都汪氏问礼堂收藏印、汪大喜孙、喜孙秘笈、喜孙校本诸朱记。（《楹书隅录》）孙衣言短歌赠汪孟慈员外："藏书十万卷，不能疗朝饥。仕宦二十年，妻孥犹饷糜。日种梅花夜读史，世间贤者宁有此？汪侯汪侯勿复愁，荣华富贵流东水！"

沙元炳　字健庵，号砌翁，如皋人。光绪甲午进士，改庶吉士，授编修。健庵通籍后，以二亲年高归养。留意乡邦文献，尝搜集先哲遗书多至百余家。家藏旧籍金石书画甚富。各加题识，有题跋文二卷。晚年究心内典，殁后门生项本源录其诗文，得二十卷。（《晚

晴簃诗汇》一七八）

邢参　字丽文，明吴郡人。量孙。教授乡里，以著述自娱。（《列朝诗传》丙集）

《读书敏求记》：《韵语阳秋》二十卷，丹阳葛立方撰。朱性甫借得此书宋椠本，邢丽文命工摹写二部，举其一赠性甫。

常熟瞿氏藏《太元集注》宋抄本，有葑溪邢参题字。（《藏书纪事诗》二）

邢量　字用理，明吴郡人。敝屋三间，青苔满壁，室中惟左右古书，薪水躬自秉执。（黄省曾《贫士传》）

用理隐居葑门，以医卜自给。折铛败席，肃然如野僧。其学无所不通。室中卧榻之外皆藏书，手自校定。（《姑苏志》）

阮元　字伯元，号云台，仪征人，乾隆五十四年进士。官至体仁阁大学士。卒谥文达。（《先正事略》卷二一）家居扬州旧城文楼巷，即隋曹宪故里，李崇贤所由传文选学者也。因构文选楼于家庙旁以藏书；（阮元《南宋淳熙贵池尤本文选序》）其藏印曰癸巳、曰节性斋、曰文选楼、曰石墨书楼、曰雷塘盦主、曰亮功锡祜、曰隋文选楼之印、曰泰华双碑之馆、曰家住扬州文选楼隋曹宪故里、曰扬州阮伯元氏藏书处、曰琅嬛仙馆藏金石处、曰积古斋藏研处、曰谱研斋著书处、曰揅经室。又有阙里阮孔经楼孔子七十三代长孙女诸印，则元继配衍圣公女孔夫人也。夫人著有《唐宋旧经楼稿》，世号经楼夫人。（《藏书纪事诗》五）

贝墉　字既勤，吴县人。袁廷梼婿。好藏书，家有千墨盦，著录甚富。以嗜古不事生产贫其家。《持静斋书目》：《续疑年录》四卷，贝氏友汉居抄本，有硐香居士平江贝氏文苑诸印。（《藏书纪事诗》五）

狄惺垣　字子奇，清道光时溧阳人。惺垣学术株守汉儒，不容一语之出入，不免失之拘执。然事必核实，语无朦胧，亦其生平所诵法者然也。所蓄书数千卷，皆讲汉学者精善之本，病中尽括而转售他人。所著有《四书质疑》、《战国地名考》各若干卷，《周易质疑》二卷、《春秋左传质疑》十二卷。（张宗泰《鲁岩交游记》）

八画

周鲁　字东山，清奉贤人。国子生居乡喜读书。构静观楼，藏书甚富。书法似周晚山。晚得兰亭十八跋及米襄阳真迹二种，钩摹入石，嵌置壁间。兼工篆刻，有《静观楼印言》二卷。（《松江府志·人物志》十一）

周煇　字昭礼，宋淮海人。绍熙间居钱塘清波门之南，嗜学工文，隐居不仕。当世名公卿，多折节下之，而简亢自高，未尝报谢，藏书万卷，父子自相师友。撰《清波杂志》十二卷。（《两浙名贤录》）

《清波杂志》：借书一瓻，还书一瓻，后误为痴，殊失忠厚气象。煇手抄书前后遗失亦多，未免往来于怀，因读唐子西庚失茶具说，释然不复芥蒂。其说曰："吾家失茶具，戒妇勿求，妇曰：'何也?'吾曰：'彼窃者必其所好也，得其所好则宝之，惧其失而秘之，惧其坏而安置之，是物得所托矣。复何求哉！'"

又云，聚而必散，物理之常，父兄藏书，惟恐子弟不读，读无所成，犹胜腐烂篋笥。陈亚少卿藏书千卷，名画一千余轴，晚年复得华亭双鹤及怪石异花，作诗戒其后曰："满室图书杂典坟，华亭仙客岱云根，他年若不和花卖，便是吾家好子孙。"亚死，悉归他姓。

周士彬　字介文，号爱莲，清浦人。康熙丙戌副贡生。介文究心宋贤语录，期于实践。藏书极富。乾隆三十六年诏求天下遗书，子忠圻以秘本数十种进，上嘉之，赐《佩文韵府》，又书御制诗赐之。其孙厚堉因作来雨楼敬藏，时以为荣。著有《山舟诗抄》。（《江苏诗征》八二）

周天球　字公瑕，明太仓人。年十六随父徙吴。从文徵明游，善大小篆古隶行楷，一时丰碑大碣，皆出其手。（《列朝诗传》丁集中）喜藏书。

周永泰　字丰来，晚号八峰，清华亭人。性嗜书史，藏书甚富。有二酉洞寻乐斋，缥囊缃帙，插架灿然。精书法，垂老犹挥洒不辍。(《江苏诗征》八三)

周杏芳　字乾一，号霭林，清常熟人。殚心经史，遇秘抄旧本，必手自缮录。著有《左传分国》、《礼记辑注》。(《常昭合志稿》卷三十二《藏书家》)

周良金　明武进人。嘉靖三十年岁贡，光禄寺署丞。(《武阳合志》)藏书甚富，其书有毗陵周氏九松迂叟藏书记、周良金印诸朱记。

周厚堉　字仲育，清娄县人。诸生。家干山下。高才淹雅，工诗。其先世与赵松雪诸名人交，富藏书，乾隆中开四库全书馆，进书数百种，赐《佩文韵府》、御制石刻，又御笔题诗于其所进《两汉博闻》上，因取诗中来雨字名其书楼，王昶为之记。(《松江府志》卷二十五)

周荣起　字研农，清江阴人。喜抄旧籍。常熟毛子晋刻校古书，多得其刊正。(《居易录梧溪集条》)

周锡瓒　字仲涟，号漪塘，又号香岩居士。清吴县人。喜藏书，与黄荛圃有同嗜，踪迹甚密。荛圃每购一书，必往借所藏秘本证之。嘉庆己卯卒，年八十余。(《士礼居藏书题跋记》)

周谢奮　号研六居士，仲涟子。家富藏书，谢奮好之弥笃。丹黄校勘，无间寒暑。家且中落，宋元椠本及精抄秘本，渐为豪者饵去，而余籍尚夥。所纂《群书缀述》一百四十卷，荟萃诸家论跋，诸藏家一大掌录也。(刘禧延《研六斋笔记跋》)

季振宜　字诜兮，号沧苇，泰兴人。顺治丁亥进士，授兰溪令，历刑户两曹，擢御史。黄丕烈《季沧苇书目序》："沧苇书目载宋元板刻以至抄本几于无漏略。余阅述古堂藏书目序有云，举家藏宋刻之重复者折阅售之泰兴季氏。是季氏书半出钱氏，而古书面目较钱氏所记更详。"所藏书有吾道在沧州及柱下史诸朱记。

季锡畴　字耘松，清太仓州人。敦品励行，为文谨守先正，出入震川尧峰之间。晚年馆虞山瞿氏，馆中多善本书，得之于黄氏士礼居者为多。锡畴悉跋尾，遂成《藏书志》若干卷。(张星鉴《怀旧

记》）校书盈千种，异同舛误，靡不悉心考证。咸丰十年避寇李墅，抑郁以终。遗书千卷烬于火。（《常昭合志稿》四〇）

屈轶 字侃庭，清常熟人。廪贡生，署南汇训导，改兵马司副指挥。家藏书盈二万卷。工古文辞，尤习掌故。以发微阐幽为己任，采邑中遗闻轶事，撰《文安耆献》一编，著有《享帚山房集》。（《常昭合志稿》三〇）

林文琏 字圣与，号得斋，甘泉人。监生。善属文，弱冠通五经大义，不求仕进，锐意于诗古文，尤精史学。好欧阳永叔文，以为聱牙佶屈、诡奇隐僻，非文学家所重，故所为文安雅和适，诗则汪洋浑灏，取法少陵，能默诵全集。积书十橱，如通鉴、十七史皆手自丹墨，绩学之勤，莫与比也。卒于乾隆二十六年，年八十四。尝选王维、孟浩然、高适、岑参之诗为四家诗抄，著《史畸闲览》、《笔得斋诗文集》。（《江苏诗征》八七）

邵宝 字国贤，别字泉斋，亦曰二泉，明无锡人。成化二十年进士，官至户部侍郎兼左佥都御史，卒赠太子少保，谥文庄。第有容春精舍，庋藏书万卷于其中。（《无锡金匮县志》二一）

精舍在无锡城东南隅冉泾之上，为宝七世祖元处士容春旧居，匾曰容春精舍。未几，又别建于西门之口，匾曰二泉精舍。中堂三间，仍榜曰容春，前堂五间，中为厨二十，庋古今书籍万余卷，匾曰泉斋。（邵宝《勿药集后》，《乔司马精舍状》）

邵恩多 字朗仙，清常熟人。博学嗜古，与张金吾、陈揆善。喜抄罕见之书。所藏书有小安乐窝及姓名诸朱记。（《常昭合志稿》卷三十二《藏书家》）

邵广宪 字吉甫，清昭文人。先世多藏书，广宪潜心研读，更搜访江浙旧家，秘籍益博。尤谙本朝掌故，著《苏松田赋考》、《一角山楼诗》、《古文集》、《续集》。（《常昭合志稿》卷三十二《藏书家》）

邱迥 字迩求，清山阳人。廪贡生，所居桐园，积书甚富。尝游王士祯、朱彝尊之门。学术深邃，尤长于诗，而深自矜慎，未尝苟作。（《淮安府志》卷二十九《邱俊孙传》）

邱集 字子成，明嘉定人。精三礼，家贫或日不重炊，而读书不辍。晚依妻族周氏，居太仓双凤里。万历癸卯卒，年八十。学者称寒谷先生。（《嘉定县志》卷十九）喜蓄书，其藏书有嘉定邱家颐桂堂邱集印。

金玉　字其相，清宜兴人。屡试不第，屏迹湖滨。蓄书数千卷，人之移舟相访者与论古书疑义，出家酿饮之，辄留连数日去。（《宜兴县志》卷三）

金侃　字亦陶，吴县人。俊明子。工书画，能诗。杜门抄书，校雠精审。宋元人名集秘本，插架甚富。（《苏州府志》卷八十二）有金侃仲子老迂等藏印。

金元功　太仓人。富藏书。《持静斋书目》：《艾轩集》有金元功藏书记、金氏南楼书籍二印。

金俊明　字孝章，初从父冒姓朱，名衮，后复姓更今名，吴县人。善书。平居缮录经籍秘本，以迄交游文稿，凡数百种，无不装潢成帙，（汪琬《金孝章墓志铭》）构春草闲房以贮之。（乾隆《苏州府志》卷八十二）年七十四卒，门人私谥贞孝先生。（《静志居诗话》）有春草闲房手定印，有商孙子芳草王孙孝章、殷孝章诸印。

金鼐廷　字瘦仙，清金山人。附贡生。工诗。善八分书，尤嗜金石，鉴藏真赝，皆援据典籍为证。藏书甚富，仿黄虞稷《千顷堂书目》例，录书目四卷。（《松江府志》卷二十五）

孟守约　明苏州人。藏书于楼，匾曰玉辉。孙楼为诗赠之。（《百川集》）

九画

俞弁 字子容，号守约道人，长洲人。喜藏书，抄书尤夥。与柳佥友。其读书处曰紫芝堂。（《藏书纪事诗》二）

俞琰 字玉吾，家洞庭之西山。宝祐间，阮菊存、马性斋、王都中，皆白首北面，称为石硐先生。子仲温字子玉，元时为平江路医学录。孙贞木初名桢，以字行，号立庵。又称洞庭外史，修身砥行，绩学能文。洪武中仕乐昌、都昌二县丞以终。（《七十二峰足征集》）

陆心源《元椠周易集说跋》上经后跋曰，嗣男仲温命儿桢缮写，谨锓梓于读易楼。象传后跋略同，惟改为命儿桢植，玉吾无子，以仲温为嗣，桢植为玉吾孙，皆有书名，濡染家学，手书上板，故能精美如此也。

《楹书隅录》：宋本诚斋易传朱叔英跋称出俞石硐家。石硐生平邃于易学，所著《周易集说》诸书，皆覃精研思，积数十年而始成。此本或即其手迹耶！俞生宋宝祐初，入元征授温州学录，不赴。隐居吴之南园，老屋数椽，古书金石，充牣其中。传四世皆读书修行，号南园俞氏云。

《天禄琳琅续编》：童溪王先生易传，有石硐书隐、俞贞木、立庵图书三印。

俞榕 字范伦，号学禅，嘉定人。县学生。乾隆乙酉南巡召试，范伦以诗画献，蒙恩奖赏，谕入内庭供奉。所居有园亭池馆之娱，树石竹林之美。承祖父余荫，藏书万卷，鼎彝罗列。暇则临杭宋元人画以自娱乐，画毕辄系之诗。四方之走求其画，日填积于门，以获其寸楮尺镰为快。所著有《赐绮楼集》若干卷。（《耆献类征》四三六冯金伯撰《俞榕传》）

姚咨 字舜咨，号皇山樗老，一号潜坤子，亦号皇象山人，无锡人。嘉藏书，值善本，手自缮写，古雅可爱。其所抄书叶心有茶梦斋抄四字。（《铁琴铜剑楼书目·马令南唐书》）其藏书印曰茶梦庵、曰茶梦散人、曰茶梦主人、曰潜坤子。著有《潜坤集》。

姚舆 字英三，一字益斋，清苏州人。贡生。少英敏，博览典籍，喜藏书，屡困省试。以家贫幕游，籍入北闱，卒于天津。（《苏州府志》）

胡邦献 字仲琛，号南金，如皋人。弱冠补博士弟子员，试辄高等。为文冲澹雅健，振式浮靡。顺治甲午选拔入京师，名公巨卿一见皆以国士目之。与同年缪歌起、徐健庵等齐名。文出有洛阳纸贵之称。廷试考授知县，以丁艰归里，得疾不出。结屋于城南，藏书万卷，忘年自娱，所著有《绛岩居集》、《燕游草》行世。（《如皋县志》一七）

施大经 字天卿，号石屏，明上海人。万历十三年举人，仕至惠州通判。藏书之富，为郡中最。殁后，子沛然复购益之。其书目四册，高五寸许。石屏有收藏印章曰施氏获阁藏书、古人以借鬻为不孝，手泽犹存，子孙其永宝之。（《上海县志》一七）

范楫 字施宇，清常熟人。博学能诗，善真草书。不应试，手录古书甚多。富于著述，有《廿一史括要》二十一编、《编次理学》四卷、《常熟志略》五卷、《枕流集诗文稿》若干卷。（《常昭合志稿》卷三十二《藏书家》）

范大谟 字禹思，清如皋人。嗜学，藏书数十乘，昕夕吟讽。取天运、地舆、帝统、礼乐、名物，一切见于载籍者，博究精研，采华撷实，征事属文，阅三十寒暑，十易稿，成《萌塍赏文》百三十卷。由明经选金坛学博，设立课程，提倡古学，三载告休归里，年七十九卒。（《直隶通州志》卷十五）

范必英 字秀实，吴县人。康熙己未举博学鸿词，授检讨，纂修明史。谢病归。储书万卷，日诵读其间，凡古今经世大典及诗文源流高下，历历能指数。诗文古词，绮丽雅驯。（《江南通志》一六五）

《先正事略》卷三十九："必英字秋涛，号伏庵，自号杜圻山人。长洲人。顺治乙酉举人，召试授检讨。分纂明史毕，即谢病归。居乡廉静，足不履公府。筑万卷楼，藏书二十四椟，皆手自校订，好汲引后进，著录者百余人。”

郁文博 字文博，明上海人。景泰五年进士，湖广副使，致仕归。居万卷楼，年七十有九，丹铅校核不去手。注，《前志遗事》载，文博家居，校刊陶九成《说郛》一百二十卷，自赋诗云：“白头林下一耆儒，终岁楼间校《说郛》，目力心思俱竭尽，不知有益后人无。”其风趣如此。（《上海县志》一八）

郁松年 字万枝，号泰峰，清上海人。道光二十五年恩贡生。好读书，购藏数十万卷，手自校雠。以元明旧本世不多见，刊《宜稼堂丛书》。（《上海县志》卷二十一）

茅元辂 字翊衢，号三峰，丹徒人。乾隆戊申举人，授朝林院待诏。幼聪颖，善读书，与其兄元铭互相砥砺。家多藏书，独居则翻阅，撷其精华。又好游，往往放迹山水间，兴尽乃返。年八十余卒。易箦时自挽一联云：“何事尚关心，最难抛，满架图书一庭花木。而今方撒手，好去寻，未游山水，先逝亲朋。”其胸次可知矣。著有《香草堂诗集》。（《丹徒县志》）

冒念祖 字聿修，号思堂，清如皋人。超旷拔俗，不喜帖括。家多藏书，日翻阅不倦。兴到赋诗，多名句。有《倩石山房诗稿》行世。（《如皋县志》）

柳佥 字大中，号安愚，别号味茶居士，明吴人。生当武宗之世。所校水经，以宋椠手抄改正错简，如《颍水篇》、《渠水篇》、《瀍水篇》，皆有大功。（全祖望《鲒埼亭集外编》三二《水经校本跋》）摹写宋本唐人诗数十种，后归述古书库。（《读书敏求记》）其读书处曰清远楼。

席鉴 字玉照，号茱萸山人，清常熟人。藏书极富，所刻古今书籍，版心均有扫叶山房字。所藏书有墨妙笔精希世之珍、虞山席鉴玉照氏、酿花草堂、萸山珍本、湘北宝箴、玉照读书敏逊斋诸印。（《藏书纪事诗》四）

十画

夏庭芝　字伯和，元松江人。学津讨原刻《封氏闻见记》后有元人跋云：“予素有藏书之癖，凡亲友见借者，暇日多手抄之，此书乃十五年前所抄者。至正丙申岁，不幸遭时艰难，烽火四起，煨烬之余，尚存残书数百卷。今僻居深村，赖以自适，亦不负爱书之癖矣。至正辛丑上元日重观于泗北疑梦轩，云间夏庭芝伯和父谨志。”

倪瓒　字元镇，无锡人。家雄于资，工诗善书画。所居有阁曰清閟，幽回绝尘，藏书数千卷，手自勘定。古鼎法书、名琴奇画罗列左右，自号云林居士。(《明史》卷二百九十八)

瓒号荆蛮民，又号净名居士，朱阳馆主、萧闲仙卿、云林子、曲全叟、幻霞子、如幻居士、沧浪漫士、奚玄朗、玄映，又号倪迂，初名珽。(《式古堂书画考》)

清閟阁在县东南梅里乡之祇陀里，旁列碧梧奇石，非杨维桢、张雨诸人不得至焉。(《无锡县志》)

浦起龙　字二田，雍正八年进士，官苏州府教授。起龙居邑之南硐，肆力于古，于书靡不窥。丹黄甲乙，积数十年。从学者质问经史，辄举某书某卷某页以告，检之无不合。其为文学唐人诸杂家，所著有《读杜心解》。(《无锡金匮县志》二十二）所藏多宋本书，后人不知，尽皆散失。(《士礼居藏书题跋记·普济方》)

唐寅　字子畏，一字伯虎，明吴县人。举弘治十一年乡试第一。晚皈心佛乘，自号六如。筑室桃花坞，与客日般饮其中，年五十四而卒。(《明史》卷二百八十六《徐祯卿传》、《苏州府志》卷八〇)

文徵明《饮子畏小楼诗》：“君家在皋桥，暄阗井市区。何以掩市声，充楼古今书。左陈四五册，右倾三两壶。”寅读书每夜尽一卷，用朱黄识其旁，卷尽辄写山水人禽竹木，其端或书小诗，或括前意为一二语。或记日月。（《梅花草堂笔谈》）有南京解元唐寅印记、唐伯虎印、梦墨亭、唐居士印、梦墨亭六如居士印、学圃堂珍藏书籍诸印记。（《藏书纪事诗》二）

唐诗　字子言，号石东居士，明无锡人。与姚咨友，亦喜抄书。著有《石东山房稿》。（《明诗综小传》）

唐宇昭　字孔明，明武进人。顺之孙，家富藏书。毛斧季尝闻其有《宋椠赵孟奎分类唐诗》一百卷，辗转借之而未得。（《拜经楼藏书题跋记》卷五）

唐顺之　字应德，号荆川，武进人。洽贯群籍，年三十二举嘉靖八年进士。改庶吉士，调兵部主事。尽取古今载籍，剖裂补缀，区分部居，为左右文武儒稗六编行于世。以御倭擢右佥都御史，代李遂为凤阳巡抚。三十九年卒，崇祯中追谥襄文。（《明史》卷二〇五）喜藏书，吴伟业《汲古阁歌》："嘉隆以后藏书家，天下毗陵与琅玡，整齐旧闻汲放失，后来好事知谁及！"

徐炯　字章仲，乾学之子。有传是楼藏书。有徐炯收藏秘笈、徐炯收藏书画、徐章仲所读书、徐仲子别号自疆诸朱记。（《天禄琳琅续编》）

徐源　字仲山，明长洲人，成化乙未进士。当官莅政未尝一日去书不观。文章博雅，书有米家父子风。（《王文恪公集》三〇《通议大夫都察院右副都御史徐公墓志》）卜筑于瓜泾之上，因地为号，别别椒园道人。李东阳（《瓜泾集序》）《吹网录》："避暑录话，瓜泾徐氏荷叶装旧抄本，与禾中项氏藏仲醇手抄本互有详略。"

徐宽　字时介，清宜兴人。国子监生。幼即奇慧工文，长益喜读书，严寒盛暑，手一编不辍。夜有所疑，不能待旦，篝灯辨明之然后已。家藏书数厨，评点殆尽。手录古书，几倍于藏。虽家计中落不顾也。（《宜兴县旧志》卷八）

徐澄　字季止。源弟。弘治元年科贡，官江西南昌府经历。少有文行。《吴宽家藏集》卷三十二《望洋书屋记》："徐君季止，乡校士之良者。家夹浦之南，瓜泾之上，而松江陈湖，皆在其睫目间。盖将聚书数千卷，筑室而藏之，因题曰望洋书屋。"

徐霖　字子仁，自号九峰道人，人或呼为髯仙，明松江人。(《列朝诗传》丙集）在金陵筑快园，极游观声伎之乐。武宗南巡，臧贤荐入行宫应制词曲，扈从还京，授官固辞。(尤侗《咏明史乐府》）金陵收藏家，徐霖髯仙著于时，后多散佚。(《开有益斋读书志》）有宋椠本《隶释》甚精妙，后归毛青城载还蜀中。(《读书敏求记》）

徐缙　字子容，明吴县人。弘治乙丑进士，历官吏部左侍郎，谥文敏。(《明诗综小传》）

《士礼居藏书题跋记》：《书苑菁华》二十卷，徐元佐跋，谓其先文敏公所遗。文敏王文恪之婿，西洞庭人。

《天禄琳琅》：《文选》王世贞跋云："此本缮刻极精，纸用证心堂，墨用奚氏，往见于同年朱太史家，云得之徐太宰。"又张凤翼跋云："予尝见于徐文敏嗣君架上，云是文敏所钟爱，以贻其后之人者。纸墨精好，神采焕发，且有赵文敏手识，则知此书尝入松雪斋中。夫前后相去二百年，去一文敏，复归一文敏，岂有夙缘耶！"

徐元文　字公肃，号立斋，昆山人。顺治己亥进士第一，累官户部尚书。丁内艰归，己未二月服未除禫，特召监修明史，学士充监修，非故事也。秋赴阙自陈，且辞新命，不允。因疏请购遗书，征遗献，举堪纂修者七人，部议不允，上特从之。时未有学士缺，上特改内阁学士项景襄为兵部侍郎而用元文。……元文以置局五年书尚未就，乃取各儒臣所著纪传，手自排纂，通怀商榷，丹黄常至夜分。遂缮写纪传若干卷进呈。元文内行修洁，苞苴问遗之使，无及门者。遇家人严整，退食之暇，匡坐读书而已。积书万卷，皆手自校雠，卷帙率精好。所为诗文有汉魏风致，集若干卷藏于家。生崇祯七年，卒于康熙三十年。(《碑传集》卷十二《文华殿大学士户部尚书掌翰林院事徐公神道碑》）所藏书有《含经堂书目》。

徐江普　字舜琴，清宜兴人。少好学，工诗文，喜藏书，书贾至辄尽舫鬻之。游储在陆门，与梅隐画山为文友，与水榭蒋平川、黄隆吉为诗友。康熙四十四年登贤书，铨注内阁中书，改注知县，皆未赴。著有《籁阁诗存稿》。(《宜兴县旧志》八）

徐秉义　字彦和，号果亭，昆山人。康熙十二年以进士第三人登第。官至内阁学士兼礼部侍郎。秉义通籍后以兄弟并在华省，深怀谦退。杜门却扫，购求古书，或借稿本抄录。（《苏州府志》卷九十五）有《培林堂书目》。

徐乾学　字原一，号健庵，昆山人。康熙庚戌进士第三人及第，官刑部尚书。家有传是楼，藏书甲天下。（《苏州府志》九十五）黄宗羲《传是楼藏书记》："丧乱之后，藏书之家多不能守。异日之尘封未触，数百年之沈于瑶台牛箧者一时俱出。于是南北大家之藏书尽归先生，先生之门生故吏遍于天下，随其所至，莫不网罗堕简，搜罗缇帙，而先生为之海若。""筑楼于所居之后，凡七楹，斲木为厨，贮书若干万卷，部居类汇，各以其次，素缥缃帙，启钥烂然。与其子登楼而诏之曰：'吾何以传汝曹哉！'因指书而欣然笑曰：'所传者惟是矣。'遂名其楼为传是。"（汪琬《传是楼记》）有《传是楼宋元本书目》。

徐渭仁　字文台，一字紫珊，清上海人。有春晖堂藏书，多古刻。（《丁氏藏书志》）

徐达左　字良夫，一字良辅，号松云道人，明苏州人。受易于鄱阳邵宏道，又受书于天台董仁仲。隐居光福山中。洪武初，乡人施仁守建宁，请为其学训导，卒于学官。（《苏州府志》七九）

《吴宽题东坡遗张平阳诗真迹》："旧藏光福徐良夫家，良夫所藏高编大册甚富，今不存矣。"

《皕宋一廛赋》：觌温国于徐庐，针传家之膏肓。注，《司马公文集》八十卷，每半叶十二行，每行廿字。有朱书一行云，洪武丁巳秋八月收，钤以小方章一，文云徐达左印；又大方章一，文云松云道人徐良夫藏书。

徐与岗　字子威，清初时人。诸生。置书数千卷，闭门雠校，旁行侧注，朱黄烂然，以文学称。（《昆新两县续修合志》三一）

孙江　字岷自，胤伽孙。喜校抄，尝仿玉台例，录唐诗艳丽者为《缘情集》。其自为诗亦类是。晚好岐黄书，所著有《牢山》、《花源》、《问庚》诸集。（《常昭合志稿》卷三十二《藏书家孙楼传》）

孙侃　字冠古，号亦陶，清上海人。贡生。博学能书，精鉴古，搜罗甚富。（《上海县续志》）

孙育　字思和，明丹阳人。收藏书画最富。严嵩得其画二册，重题秘藏之，见直庐稿。(《好古堂书画记》)

《楹书隅录》：宋本《史记》，广汉张杅守桐川时用蜀小字本重雕。有孙育私印、曲阿孙育、南徐孙育、思和印章、孙思和图籍、篆京山孙育、七峰道人、开皇山下人家、碧山草堂、北固山第一峰诸印。

孙淇　字宝洲，号竹乡，清常熟人。善诗，喜蓄书。(《藏书纪事诗》四)

孙桢　字仲墙，号石云，明丹阳人。收藏书画古物最富，考据甚精。(《好古堂书画记》)

孙潜　字潜夫，号菥园，又字节生，亦曰知节君。与叶树莲善，亦喜藏书。手抄手校之本，世多流传者。有其姓名及二酉珍藏诸朱记。(《常昭合志稿》卷三十二《藏书家》)

孙楼　字子虚，号百川。嘉靖丙午举人，铨补湖州推官。尝摄郡篆，捕论巨盗，一郡帖服。然非其所好。会李攀龙、王世贞相继为浙臬副，知其才，雅相引重。而同列挟进士资，多目摄之。改调汉中，遂致仕归。有书逾万卷，手自校雠，多秘本。构藏书之所，比弇州万卷楼，名曰丌册庋。每讌集雅谐，四座尽倾。或以滑稽寓之文章。所著有《百川集》及《吴音奇字》四卷。(《常昭合志稿》卷三十二《藏书家》)

按《百川集》有《博雅堂藏书目序》。

孙藩　字孝维，明常熟人。藏书甚富。所藏书有虞山孙藩夔王氏之印、虞山孙藩仲孝维考藏图书朱文方印、虞山孙氏慈封堂丙舍图书朱文长印、孙仲孝维收藏印诸印。(《藏书纪事诗》三)

孙七政　字齐之。明常熟人。七岁能诗。与王世贞、汪道昆诸人游，才名籍甚。所居西爽楼清晖馆蓄古彝鼎书画，客至觞咏其中。著《松韵堂集》行世。(《苏州府志》卷九十九《孙艾传》)

孙文川　字澂之，一字伯澂，清上元人。少敏悟，耆读书，尤工诗赋。为诸生试辄冠其曹。滁州王煜、吴县冯桂芬先后主惜阴书舍讲席，皆激赏之。李鸿章、曾国藩、沈葆桢屡荐其才可大用，卒以母老不出。治官书毕，必归省视。暇则招集宾朋，以考证金石自娱。《金陵通传》其藏书颇达观，不似世人斤斤珍吝。有藏书刻印，每钤之卷首，其文云："宝翰垂千秋，人无百年寿，展玩聊自娱，岂计收藏久？我闻唐杜暹，撰铭书卷首，鬻借为不孝，惟属后人守。又闻赵吴兴，作诗题卷后，但禁他室买，戒以弃勿取。二公诚爱书，而我意则否，子孙为凤麟，嗜古意必厚，我爱彼更珍，搜采成丛薮，何待我贻留，彼自能寻剖。子孙若豚犬，压架已孤负，摧烧或化薪，弃置更覆瓿。尤物遭轻亵，贻者执其咎。不如付赏音，什袭重瑶玖，品题增光辉，益令传不朽。由来天下宝，不妨天下有，但祝得所归，勿落俗士手。"（《读雪斋遗诗》）又有上元孙氏文川藏书印。

孙克宏　字允执，明华亭人。以荫官汉阳知府，忤高拱罢归。筑室北俞堂以老。（《松江府志》）工诗，居东郭草堂，列名迹于秋琳阁，椠薄觞咏，客至如归。（《明画录》）时朱象元广蓄宋板，抄本尤夥，捐馆之后，散落人间，克宏收得之。（《偃曝余谈》）

孙孝若　明常熟人，朝肃子。官高州同知。家富藏书。（《藏书纪事诗》三）

孙胤伽　字唐卿，一字伏生，号生洲居士，楼孙。好异书，手自缮写，更于丌册庋增碎金断壁之秘。所藏书有孙唐卿氏诸朱印。著有《艳色斋集》、《玉台外史》、《谈觚》等书。（《常昭合志稿》卷三十二《藏书家孙楼传》）

《读书敏求记》："葛洪《神仙传》十卷，袁陶斋藏书，后归秦四麟，流传至允伽居士春云楼，三君皆好古硕儒，所藏率多旧抄本，故其书正定可传。"

孙星衍　字渊如，号伯渊，阳湖人。乾隆丁未进士，授编修，散馆改主事，官至山东督粮道。勤于著述，性好聚书，闻人家藏有善本，借抄无虚日。金石文字拓本、古鼎彝书画靡不考其源委。有《孙氏家藏书目》内编四卷、外编三卷，（阮元《揅经室二集》卷三《山东粮道孙君传》）《廉石居藏书记》一卷，《平津馆监藏书籍记》三卷、续编一卷、补遗一卷。其藏印曰东方廉使、曰东鲁观察使者、曰孙忠愍侯祠堂藏书。

孙从添 字庆增，号石芝，常熟人，诸生。善医，用药出于人表，妇孺皆呼为孙怪。有书癖，家虽贫而所藏逾万卷。自撰藏书记，分为八则，言之甚详且备。盖真知笃好者。其读书室曰上善堂，所藏书有其名字朱记，别用一印曰得者宝之。著有《活人精论》、《石芝遗话》(《常昭合志稿》卷三十二）及《上善堂书目》。

孙朝肃 字功父，明常熟人。七政孙。万历丙辰进士，官广东布政使。多藏书。(《藏书纪事诗》三)

孙朝让 字光甫，明常熟人。朝肃弟，崇祯辛未进士，江西布政使，未赴而明亡，时年未五十。优游林泉，年九十而终。(《苏州府志》卷九九)《铁琴铜剑楼书目》:《陆士衡集》，旧藏大石山房孙氏，有朝让孙光父朱记。

孙道明 字明叔，元华亭人。居泗泾。博学好古，藏书万卷，遇秘本辄手自抄录。筑映雪斋，延接四方名士校阅藏书为乐。又造一舟曰水光山色，徜徉南浦，自号停云子。尝与陶宗仪共泛，宗仪制词，道明即倚洞箫吹之，与櫂歌相答，极鸥波缥缈之思。(《苏州府志》五〇)

孙道明家于泗泾，乃一市井人也。在胜国时，日惟以抄书为乐。其手抄书数千卷，今尚有流传者，好事者以重价购之。(《四友参丛说》) 晚岁写书题跋，皆有岁月，见于诸家书目。(《藏书纪事诗》二)

孙道静 字景瞻，明丹阳人。《皕宋楼藏书志》:“湖北提举盐茶司新刊《前汉书》一百二十卷有题字云，正德二年三月吉旦装，景瞻。”又一跋云:“余见宋板汉史不下五六部，未有若此之全□者，子孙其永保之。正德二年三月丹阳孙道静重装。”卷中有飞云阁圆印、景瞻方印。

秦汴 字思宋，号次山，明无锡人，端敏公金仲子。藏书甚富。(《天禄琳琅》)

秦柱 字汝立，无锡人，汴子。万历五年贡生。其藏书处曰绣石书堂。(《铁琴铜剑楼书目》)

秦四麟 字景旸，号季公，明万历间常熟人。善填词曲，精解音律。尝以中秋登金陵长板桥，歌大石调念奴娇竟，四五夕莫有敢发声者。夙喜藏书，从人得秘本，多用行书好字，篝灯校勘，老而不倦。所藏书有秦氏四麟之印、又玄斋收藏图书记诸朱印。题跋称秦西岩，抄本板心有元览中枢四字。（《常昭合志稿》卷三十二《藏书家》）

秦保寅　字乐天，自号石漆山农，清无锡人。工诗。昆山叶方蔼序其诗，称乐天为人落落穆穆，与之相处，尘意俱尽。其诗质而实绮，癯而实腴云。（《无锡金匮县志》二二）家本富饶，藏书万卷。与严绳孙、蒋遵路辈结诗社，为诸子之冠。优游山水，以终其身。（《常州词录》三）

秦恩复　字近光，一字敦夫，又字澹生，（《先正事略》）江都人。乾隆五十二年进士。读书好古，所居玉笥仙馆蓄书万卷，丹黄不去手。尤精校刊，延顾千里于家，共相商榷。手校刊陶弘《景鬼谷子注》、卢重元《列子注》及《隶韵》诸书，时号秦板。阮元抚浙时，聘主诂经精舍。性喜填词，每拈一调，参考诸体，必求尽善，无一曼声懈字。著有《享帚词》三卷、《石研斋集》。（《清史列传》卷七十二《鲍廷博传》）有《石研斋书目》二卷。卒八十四。

秦鼎云　字汾祥，无锡人。乾隆四十二年拔贡生，官如皋教谕。好古博览，藏书甚富，鼎彝书画靡不精审。又喜谈兵。著有《慎战慎守编》、《见闻随笔录》。（《无锡金匮县志》）

秦蕙田　字树峰，晚号味经，清无锡人。乾隆丙辰进士，历官刑部尚书，谥文恭。有味经书屋藏书。（《丁氏藏书志》）

袁易　字通甫，元平江人。曾大父琎筑室长洲之蛟龙浦。易不乐仕进，所居西偏为堂曰静春，左江右湖，禽鱼飞泳于烟波莽苍间。堂中有书万卷，悉易所校定。客至辄敛卷与纵饮剧谈，留连竟夕。（黄溍《黄学士文集》卷三十三《袁通甫墓志铭》）

《四库提要》：《静春堂集》四卷，元袁易撰。易居吴淞具区之间，筑堂曰静春，聚书万卷，或棹舟载笔床茶灶古器，游于江湖。赵孟頫尝为画卧雪图，称易与龚璛、郭麟孙为吴中三君子。

袁褧　字尚之，明吴县人。县学生。晚耕谢湖之上，自号谢湖。

(《苏州府志》八十)累试不利，一意汲古，家有石磐斋，蔡九逵为之记(《列朝诗传》丁集中)所刻有《六臣本文选》、《世说新语》、《四十家小说》、《后四十家小说》、《广四十家小说》诸书。

袁翼 字飞卿，吴县人。十岁能为文，稍长益事博综。奇文秘苑，日讨寻不厌，闻有异书，辄奔走求之。饼金悬购，至解衣为质，勿惜也。正德丙子举于乡。以母病不赴公车。晚益肮脏，深藏不出，读书树艺，自娱而已。辟小圃，艺菊数百本，尝曰："吾于世万事可捐，惟积书艺菊，不能忘情。"(《姑苏名贤小纪》卷下)

袁廷梼 字寿阶，一字又恺，清吴县人。家枫江，有小园，饶水石之胜。又得先世所藏五砚，为楼弆之，蓄书万卷，皆宋元槧刻及金石碑版法书名画之属。又得徐健庵留植洞庭山之红蕙种之，名其室曰红蕙山房。生平于书无所不读，尤精于小学。(《先正事略》卷三十六《余古农先生事略》)

袁嘉裔 字启人，清雍正间东台人。性耽吟好学。晚构望云楼，蓄古书以教子，四方知名之士咸造焉。著有《望云楼集》、《老竹诗抄》。(《东台县志》二十七)

翁栻 字犹张，吴县人。少从金侃游。酷嗜藏书。玉峰徐司寇，苏城顾惟岳、陆其清两家宋元抄本皆乞借抄。字画端楷，题识岁月于后。作诗八卷曰《钓采吟》。(《七十二峰足征集》)

翁澍 字季霖，清洞庭东山人。博学知名，家多藏书。能诗文，喜结纳，所交率当世贤士大夫，与下堡金侃交最善，延至家塾，晨夕相对商榷古今。(《苏州府志》)

翁长森 字铁梅，江都人。诸生。官云和知县。云和土瘠民贫，久失教养。于是购地为农事试验场，导农种棉，建课农别墅，刊印农业汇要，颁布四乡。又造津寄藏书楼，置书万卷，俾诸生得以借读焉。铁梅少劬于学，储书极富。尤留意乡邦掌故，旁搜博采，辑为《金陵丛书》，遭乱力不能刊，同里蒋生苏龛有同志，举以畀之，今已裒然成帙矣。民国三年卒。年五十有八。(《碑传集补》二六陈作霖撰《翁明府传》)

翁广平 字海琛，平望人。府学生。性喜异书，手自抄录不倦。

道光元年举孝廉方正。卒年八十二。（《苏州府志·人物传》）撰《吾妻镜补》三十卷、《金石集录》、《续松陵文献》各若干卷、《听莺居文抄》三十卷。（姚鼐《听莺居文抄序》）

高培 字稑原，号西畴，为隐湖毛氏婿。凡汲古阁所藏秘本，假得之即抄写，精好令人不敢触手，盖深擅楷法也。又善画芦雁。（《常昭合志稿》卷三十二《藏书家》）

马曰琯 字秋玉，号嶰谷，祁门人。祖承运始家于扬。与弟曰璐合四方名硕结社韩江，人比之汉上题襟、玉山雅集。著《沙河逸老集》十卷。年六十八卒。（杭大宗《道古堂集》卷四三《马秋玉墓志铭》）家有丛书楼，迸叠十万余卷。与全祖望友善，互属借抄，得有异书，必出相示，抄购穷年，不以为疲。（《鲒埼亭集外编》十七《丛书楼记》）

马曰璐 字佩兮，号半槎，扬州人。曰琯弟。家有小玲珑山馆，储书之富，著于东南。与兄嶰谷并擅清才，沉酣深造，不仅充渔猎之资。樊榭堇、浦谢山诸人咸主其家，竹西觞咏之盛，于斯为最。著有《南斋集》。（《鹤征后录》四）

十一画

强琳　字尧甫，清溧阳人，性纯而介，志专而敏，好深湛之思。藏书逾万卷，皆经史古书，无杂说参其间。又有算数历律之书数百卷。(强汝询《求益斋全集》文集卷七三《叔公尧甫公家传》)

强溱　榜名瑗，字沛厓，溧阳人。嘉庆庚午举人，官宁国教谕。于书无所不究，期于有用，而深嫉俗儒之浮伪。著有《易象肤解》十卷、《榆窗随笔》四卷、《操觚漫录》四卷、《南事隽》十二卷、《东坡事迹类考》六卷、《杜诗集评》二十七卷。

强汝询《求益斋全集》文集卷四《佩雅堂书目总序》："先君子生平无他好，惟好读书，自少至老，未尝一日暂废。游宦南北，所至辄买书。及当迁去，不能尽携，寄藏他氏，往往散失。所入稍赢辄复增购，未尝问家人生产业。晚岁所藏尚有二万五千余卷，汝询兄弟所得，又五千余卷，虽不可谓备，而儒家当读之书，亦大略具焉。追维先君子之意，固欲子孙世守是书，砥砺学问，多见多闻，免于孤陋。汝询不肖，年逾三十，学问无成，不足仰副先志。然尤思保守遗籍，不至失堕。且先君子所收之书，多手自校评，手泽所存，尤不敢不谨。因编定目序，各以类次，虽不暇一一论其得失，然亦颇述所闻，为之序 。"

张丑　原名谦德，字叙益，后改今名，字青父，号米庵，昆山人。应文子。好法书名画，搜讨古今，上自秦汉，下及当代，为《清河书画舫》十二卷，又录所藏为《清河书画表》一卷。于万历乙丑得米芾宝章待访录墨迹，因名其书室曰宝米轩。(《四库总目》子部艺术类二《青毡杂志》)

张位　字艮思，号青芝，吴县人。有异才，志趣高远，官直隶新乐令。就明韩襄毅公故园，葺为青芝山堂，治薄田种秫，暇则抄

宋元人小集，所蓄书甚富。（李果青《芝山堂饮酒记》）

张弨　字力臣，清山阳人。诸生。父致中，家故贫，而所藏鼎盉碑版文甚富。精小学，辨体审音，厘正讹误，为学者所宗仰。弨通经博古，世其家学，专心六书，尤嗜金石文字。与顾炎武善，取鬻产之值为刊《广韵》及《音学五书》，手加校雠。炎武序云："予纂辑此书三十余年，刊削数四，又得力臣为考说文，采玉篇，仿字样，酌时宜而手书之，二子叶箕、叶贞分书小字，鸠工淮上，不远数千里，累书往复，必归于是。"又与潘来书："著述家最不利以未定之书传之于人，近日力臣来札，五书改正一二百处。"又尝叹曰："笃信好古，专精六书，吾不如张力臣。"五书板存淮上，李光地以五百金购去。晚岁遍游五岳，皆为之图。书画皆名家，后嗣衰微，其符山堂藏书，多归何焯云。（《淮安府志》二十九）

张翊　字惟忠，上元人。明弘治甲子举人，官大理评事。父晟倜傥有风谊，思大其家，谓儒者经济学问在诗书，乃多购书藏之。惟忠知父志，力学修业，非定省及父召，足不越户限。尝从陈宗之受尚书。其学淹贯历代史事及洪永以来朝章国故，旁及天文地理星卜草木之书，无不涉猎。一日往别墅，有自城中来者曰某坊火。惟忠曰吾里也，恐毁吾万卷，急驰马归，马羸多蹶，遂得疾，以是秋卒，年二十七。著有《元名臣言行录》四卷、《临奠录》，又有《临鉴录》，其书不传。（《金陵诗征》一七）

张雯　字子昭，元吴县人。通音律，喜古乐府歌曲。家临市衢，构楼蓄书，自经传子史，下逮稗官百家，无不备。日翻阅研究，惟不喜人言科第得失、巧宦善富，故贫窭终其身。至正十六年卒，年六十四。（《苏州府志》七十八，郑元祐《张子昭墓志》）

张隽　字文通，一字非仲，一名僧愿，吴江人。楼居积书甚富。手录者千余卷，拥列左右。南浔庄廷铣聘修明史，为作有明理学诸儒传，其稿别行，名《与斯集》。史案未发，逃于僧舍，年已七十，后与潘柽章、吴炎诸人同被诛于杭州。著有《西庐诗草》四卷。（陆心源《明钞春秋纂言跋》）

张綖　字世文，高邮人。明正德八年进士，官武昌通判。罢归，

隐于南湖，自号南湖居士。构草堂数楹，贮书数千卷，昼夜诵读，目为之眚，犹令人诵而默听之。(《扬州府志》五一)

张寰　字允清，明吴县人。正德辛巳进士，官通政使参议。致仕归，惟以图史自娱。人望之萧然有神仙之气。(《苏州府志》)

《天禄琳琅续编》汉隽有石川张氏崇古楼收藏印。《式古堂书画考·解禊期临兰亭序》有张寰跋，用张氏允清石川世居朱记。《铁琴铜剑楼书目·雪楼集》卷首有石川张氏崇古楼珍藏印。

张塈　字子厚，宋常州人。登进士甲科，调青溪主簿。不之官，闭户读书四十年，手校数万卷，无一字舛。元祐大臣荐起教授颍州，辞不就。孙觉、胡宗愈、范祖禹交章言曰，塈且死草莱，后世必以为朝廷失士。苏轼言之尤切。诏拜秘书省校书郎，竟不出。崇宁四年卒，赐谥曰正素先生。(《宋史·隐逸传》)

张燮　字子和，常熟人。乾隆五十八年进士，官刑部员外郎。燮内行纯备，嫡母钱性严，奉养惟谨。自奉俭约，惟积书至数万卷。(《常昭合志稿》卷二十七)其藏书处曰小琅嬛福地。有虞山张氏、琴川张氏、清河伯子、萝藦亭长、张氏图籍诸藏印。(《藏书纪事诗》五)著有《味经书屋集》。年五十六卒于官。

张允垂　字柳泉，娄县人。嘉庆辛酉拔贡，官至杭州知府。性嗜书，购藏三万余卷。著有《海棠吟馆诗文集》。年六十四卒。(《娄县续志》卷十七)

张仁济　字敬堂，号讷斋，清昭文人。诸生。好读书，年逾七旬不倦。家有照旷阁，藏书万卷，多宋元旧刻。著有《讷斋存稿》。(《常昭合志稿》三二)

张安保　字怀之，号石樵，一号叔雅，晚更号潜翁。清仪征人。年十九补弟子员，文名噪一时。受知于学使汤文端公金钊。应省试屡不售，遂弃举子业，潜心圣贤之学。博稽载籍而不泛滥于辞章，以驰骋功利。惟嗜金石，工篆刻，精八分书，求者踵相接。购书万余卷，皆手校勘，有所得必手录之。所著有《味真阁诗钞》十二卷、文抄四卷、骈体文一卷、《清晖堂诗话》四卷。唯诗抄行世，余并火毁。所存仅《晚翠轩诗钞》、《味真阁诗钞》共若干卷。卒于同治甲

子，年六十有三。（《石樵先生遗集》吴昆田撰《通奉石樵先生墓表》）

张光基　字南友，号静谷，仁济子。诸生。笃学敦行，辑《礼记》诸儒论说，习礼家称之。性亦嗜书，照旷阁藏书遂日益富。著有《心萱遗诗》。（《常昭合志稿》卷三十二《张仁济传》）

张邦基　张邦基《墨庄漫录序》："仆性喜藏书，随所寓榜曰墨庄。"

《四库提要》：《墨庄漫录》十卷，宋张邦基撰。邦基字子贤，高邮人。仕履未详。自称宣和癸卯在吴中见朱勔采石，又称绍兴十八年见赵不弃除侍郎，则南北宋间人也。

张金吾　字慎旃，别字月霄，光基子。诸生。汇收群籍，合之旧藏，得八万余卷。辟诒经堂、诗史阁、求旧书庄以藏之。从季父海鹏校刊群书，考据精当。尝以列朝文苑惟金源氏多散失，搜集十二年乃成《金文最》百廿卷。又采宋元来经说八十余种，手定《诒经堂续经解》一千四百三十六卷，以补《通志堂经解》之缺。又撰《爱日精庐藏书志》四十卷。其别著有《释冕》、《释弁》、《释龟》、《广释名》、《五经博士考》、《十七史引经考》、《白虎通注》，总二百余卷，皆贯穿详核。（《常昭合志稿》卷三十二《张仁济传》）

张定球　字伯温，燮子。诸生。由国史馆誊录选兴国场盐课大使，会缺裁，授长芦石牌场大使。芦商狡谲，力为振饬，灶丁刁健互讦，剖决公允。司禺筴者十六年，囊无余资。平生文史自娱，多蓄古金石及唐宋以来别集善本，每以顾裕愍善过格自省。卒年七十三。（《常昭合志稿》卷二十七《张燮传》）

张承露　字煦涵，海鹏孙。廪生。慷慨好义，濡染家学，旁及籀隶、分隶以至国书，无不谙习，锐意进取。而连不得志。肄业成均，殁于京邸。（《常昭合志稿》卷三十二《藏书家·张仁济传》）

张若筠　字竹邻，丹徒人。好学，于书无所不窥。闻有异书，辄重价购之，或手自迻誊，矻矻不少休。同县蒋宗海藏书三万余卷，多善本。君所藏逾二万卷，而法书名画吉金贞石之文，别为卷轴，不在此限。京口士大夫收藏之富，推此二家。性简重，寡言笑，不妄交。晚年益屏人事，扫一室，日坐卧其中，子弟童仆，非呼召不至前。沉潜研索，神凝气寂，过之者以为无人也。与兄坤、弟堂相友爱。家有园亭竹木之胜，兄弟并能诗善饮，精鉴赏，暇日具壶觞，召朋旧，留连倡和，互出所藏元明人书画，品题甲乙以为乐。嘉庆三年卒，年六十四。有《竹林山馆诗集》若干卷。又选京口耆旧诗为《蒙拾集》四卷。（《耆献类征》卷四四〇刘台拱撰《张若筠家传》）

张思孝 字南陔，长洲人。诸生。有《白华堂诗》。吴翌凤《绛云楼书目跋》："此册为张子白华所藏；余尝借阅，张子疑予藏匿不返，索还甚急，几至面赤。张子博雅多闻，独于书斤斤护惜，古人所谓读书种子习气未除。然即此知张子能谨守勿替者矣。"

张拱端 字孟恭，山西太原人，居吴。游必就士。横经籍史，好学深思。（钱谦益《初学集》三二《张孟恭江南草序》）富藏书，与冯已苍、叶石君友。（《藏书纪事诗》四）

张振宗 字小我，清金山人。善鉴古，收藏书画甚富。所居曰小万卷楼。尝与钱熙载、张振凡建大观书院。（《松江府续志》）

张海鹏 字若云，一字子瑜，仁济子。诸生。治经之暇，以欹劂为己任。《毛氏津逮秘书》十五集，版久漫漶，取而汰益之，刊为二十集，名曰《学津讨源》。又以《太平御览》为类书冠，得影宋抄本，详加覆勘重刻之。又择四部中有关实学而传本将绝者，梓《墨海金壶》七百余卷。又刻明人及时贤撰述为《借月山房丛钞》十六集。又辑《金帚编》。尝谓藏书不如读书，读书不如刻书；读书益己，刻书益人。卒年六十二。（《常昭合志稿》卷三十二《藏书家·张仁济传》）

张绍仁 字学安，号讱庵，一号巽翁，清长洲人。喜藏书，校书心到眼到手到，在朋友中无出其右。其藏书处曰绿筠庐、曰执经堂、曰读异斋。（《士礼居藏书题跋记》）

张敦仁 字古余，泽州阳城人，乾隆四十三年进士。藏书最富，其官扬州知府时，于郡廨东编葺六一堂，奉欧阳公像而储图籍其中，设小史掌之。（彭兆荪《扬州郡斋杂诗》）后侨居秣陵中正街，筑与

古楼，顾广圻为之记。所藏书有张敦仁读过文章、太守阳城张氏省训堂经籍记诸朱记。（《藏书纪事诗》五）

张斯沅 字端仪，乾隆时清河人。斯沅承家学，藏书万卷，键户不出，与张时霖同以力学闻。嘉庆十六年河圮，斯沅遗书荡焉。（《清河县志》二一）

张德荣 字充之，号伊蒿，长洲人。家贫力学，好古书，手抄数百卷藏于家。（顾承《吴门耆旧记》）

张徵斋 何绍基《金陵杂述诗》："贞白烧丹有旧邱，张郎觞咏剧风流。三间柏木厅犹在，可惜藏书转角楼！"自注："陶谷主人张徵斋藏书甚富，今余柏木厅址。"

张蓉镜 字芙川，昭文人。燮孙。娶姚氏名婉真，号芙初女史，亦精鉴别。其夫妇藏书印曰双芙阁、曰芙川鉴定、曰曾藏张蓉镜家、曰芙川张蓉镜心赏、曰虞山张蓉镜鉴藏、曰虞山张蓉镜鉴定宋刻善本、曰小琅嬛福地、曰小琅嬛清秘张氏收藏、曰在处有神物护持。又曰一种心勤是读书，则芙初女史印也。（《藏书纪事诗》五）

张应文 字茂实，号彝斋，明昆山人。监生。屡试不第，乃一意以古器书画自娱。博综古今，与王世贞相善。自嘉定徙居长洲，其藏书处曰清秘藏，王穉登序，谓取倪瓒清秘阁意也。（《四库总目》一二三〇《青毡杂志》）

张树本 字子慎，清昭文人。诸生。性好读书，尤精校勘。尝得元大德刊本《白虎》、《风俗》二通，命仲子琪缩写巾箱本，行款字数及漫漶残阙字画悉仿之，诸序之行草书手自临抚，观者几无以辨。喜吟诗，著有《蟠庵诗稿》。（《常昭合志稿》卷三十二《藏书家》）

张应时 号虚谷，清华亭人。诸生。尝刊陆清献《遗书》及明刘忠《介人谱》、黄忠端《吾师录》。晚刊书《书三味楼丛书》数百种。道光四年卒。（《华亭县志》卷十六《张士正传》）

张丰玉 初名承焕，字子谦，清昭文人。廪贡生。官海州训导。幼勤读，好蓄古书，积数万卷。工诗，尤精词，不拘一格，妙造自然。目盲后，犹日课一首不辍。所著《词律补遗》、《说文通假录》

皆散佚；《瓶花庐诗词钞》四卷藏于家。(《常昭合志稿》卷二七《张敦培传》)

梅春 字健男，一字寿柟，号小庾，华亭人。嘉庆十二年举人。幼嗜学，长洲王芑孙来官教谕，授以文章原本，益自奋。聚书数万卷，手自点勘，日夜披诵。(《华亭县志》)

梅益徵 字复斋，清上海人。家富藏书，遇有善本手自雠校，积数十年，成《得一阁藏书志》四十二卷，皆手写稿本，惜后人不善收藏，蠹蚀强半。自称所藏有宋椠本及名人手抄之书，不知今尚存焉否也。姑志于此备考，且不没其生平劬书之功。(《上海县续志》三〇)

曹炎 字彬侯，常熟人。常熟嗜手抄者陆敕先、冯定远为极盛，至彬侯殿之。(顾广圻《清河书画舫题后》)所藏书有鹤溪主人、笠泽曹炎之印，彬侯诸图记。(《拜经楼藏书题跋记·武林旧事抄本》)

曹炳曾 字为章，号巢南，清上海人。诸生。工诗，有《放言居诗集》。是亦楼藏书颇富。(《丁氏藏书志》)

曹培廉 字敬三，炳曾子。少有文名，补诸生。因父厌家事，遂弃举业。勤色养，拓五亩园，聚书万卷。招胜流觞咏，以娱亲志。(《上海县志》)

曹锡黼 字诞文，号菽圃，清上海人。任太常所牧，裁缺改补员外员。藏书甚富，晨夕披览，博而赅。著《碧鲜斋诗抄》、《无町词余》。(《上海县志》卷二一)

盛时泰 字仲交，号云浦，金陵人。才气横溢，善画水墨竹石。家有小轩，文徵仲题曰苍润，杨升庵为之记。(《列朝诗传》丙集)多藏书，前后副叶上必有字，或记书所从来，或记他事，往往盈幅。皆有钤印。(《香祖笔记》)

章甫 字端叔，宋吴县人。熙宁三年进士。崇宁初，除都官郎中。陛对，抗言元祐臣僚削秩投荒者皆缘国事，非为身谋，稍稍内徙，道路交庆。今复刻名党籍，禁锢子孙，恐非陛下本意。上虽优容，卒与时论不合，致仕归吴。起知泰州，寻请辞以归。甫寡嗜欲，惟藏书万卷，校雠精密。(《苏州府志》七七)

章塄　字秋水，清江阴人。幼嗜学，喜诗古文词，工书善画，旁及铁笔音律，罔不精妙。藏书五万余卷，颜其斋曰五万卷藏书之室。日寝馈其中，惟不喜制举文。著有《秋水芙蕖》、《吟馆诗文》诸集。（《江阴续志》）

庄肃　字恭叔，号蓼塘，居青龙镇。仕宋为秘书院小史，宋亡，弃官归。性嗜书，聚至八万卷，手抄经史子集，下至稗官小说，靡所不具。其书目以甲乙分十门。元至正间修宋、金、辽三史，诏求遗书，于其家得五百卷。（《上海县志》一八）

《辍耕录》："蓼塘既殁，子孙不知保惜。至正六年诏求遗书，有以书献者予一官。江南藏书多者只三家，庄其一也。继命危学士素特来选取，其家恐兵遁图谶干禁，悉付祝融。其孙群玉收拾烬余，悉载入京。"

莫云卿　名是龙，以字行，更字廷韩，号秋水，明华亭人。工古文词，书画亦陵轹古今，一时名流，无敢抗席。（《上海县志·游寓传》）得外家常熟杨梦羽藏书，（《偃曝馀谈》）储之城南精舍。有莫云卿赏识印、云间莫氏城南精舍藏书、思元亭、碧山樵、虚舟子、玉关山人诸印。

许心扆　字丹臣，明末长洲人。喜聚书，其岳叶九来也，故藏书具有渊源。（《士礼居题跋记》）

许元溥　字孟宏，明长洲人。父自昌中书舍人，以笃行称。构梅花墅，聚书连屋。元溥生而沉静，日出其书遍观之，于经艺罔不淹通。喜购书，自号千卷生。崇祯庚午举于乡。（《苏州府志》卷八七）与黄宗羲、刘伯宗约为抄书社。（《梨洲思旧录》）

许玉瑑　初名赓飏，字起上，号鹤巢，吴县人。同治甲子举人，历官刑部郎中。老屋三楹，拥书数万卷。座右置盆花，列酒器，吟啸其间，虽仕亦隐。立品端介，书学鲁公，骈文倚声，无不入妙。即以诗论，气格高古，蕴寄深微。哭弟千二百言及忌日自述诸作，至性真情，流露言表。有《诗契斋诗钞》。（《晚晴簃诗汇》卷百六十二）

许仲堪　字美尊，别字眉岑，清无锡人。诸生。家有藏书万余卷，日事研究。发为诗文，涉笔而就。所著有《种学楼诗》、《放翁诗注》、《宋诗寸锦》、《本朝咏物诗》、《螺蛤集》、《读书分类随录》、《印史会要》、《雕虫馆印谱杂谱》四卷。(《江苏诗征》一〇〇)

许庭坚　字次谷，无锡人。嘉庆四年恩贡。父卓然藏书万卷。庭坚枕葄其中。诗文缒幽凿险，迥异恒蹊，工山水，秀逸天成。著有《忍古斋诗文集》。(《无锡金匮县志》卷二十二)

陶湘　字衡川，号秋水，又号楚渔，清金陵人。肆力经训，得馆谷，少给蔬食，即以市书，庋藏之富，甲于金陵。又好汉唐以来碑版法物及宋元人手迹，皆能辨其真赝。与程廷祚齐名，有南陶北程之目。乾隆三十六年乡试，考官彭元瑞搜得其卷，惊曰此宿学也，乃取以殿榜，而湘年已老，一试礼部未售，遂不出。买阮氏石巢园居之，改名冰雪窝，老树清池，颇饶古趣。(《金陵通传》)

郭延泽　字德润，徐州人。南唐试秘书院正字，乾德中四迁著作佐郎，转殿中丞，知建州。淳化二年，太宗闻延泽泊右赞善大夫董元亨皆好学，博通典籍，诏宰相召问经史大义，皆条对称旨。命为史馆检讨，历国子周易博士。咸平中求休退，授虞部员外郎，致仕。居濠州城南，有小园自娱。聚图籍万余卷，手自刊校。景德初卒。(《徐州府志》卷二十二下之上)

陈揆　字子准，常熟人，诸生。购古籍手自校勘，凡邑人著述及他文集之有关常邑者，自唐及今搜罗殆遍，庋诸破山寺之救虎阁。辑《琴川志注》、《续志》，世无传，别撰十卷。又辑《虞邑遗文录》十卷，补集五卷。尝以郦氏《水经注》详北略南，著《六朝水道疏》，钩稽精密。唐刘赓《稽瑞》一卷，向来藏书未经著录，揆得之，因以名其楼。(孙原湘《天真阁集》)无子，殁后书亦尽散。潘祖荫为刊其《稽瑞楼书目》行世。(潘祖荫《稽瑞楼书目序》)

陈杰　字汉臣，元靖江人。体貌奇伟，读书不守章句。通史学，工诗歌，建万卷楼藏古今书，积帙至于充栋。(《靖江县志》一四)

陈察　字原习，明常熟人。弘治十五年进士。官佥都御史，巡抚南赣，乞休归。(《苏州府志》九九)

《铁琴铜剑楼书目》：《道乡集》卷首有巨印，其文曰苏州常熟虞山精舍至乐楼主人河南道御史陈察原习之印。

陈墫　字仲遵，号苇汀，清长洲人。工山水，用笔幽秀似赵千里。（潘曾莹《墨缘小录》）嗜古书，其藏书处曰西畇草堂。（《士礼居题跋记·珩璜新论跋》）

陈本礼　字嘉惠，号素村，清江苏人。监生。素村居关南通化里，今名笊篱湾，筑瓠室，藏书数十万卷，秘本尤多。世以比范氏天一阁、毛氏汲古阁、马氏玲珑山馆、阮氏文选楼云。著《瓠室诗抄》。（《江苏诗征》二八）

陈作霖　字雨生，号伯雨。尝筑可园娱亲，学者称可园先生。江宁人，光绪元年举人。三上礼部不第，归益事撰述，著书数百卷。其最关乡邦文献者曰《金陵通纪》十六卷、《通传》四十九卷、《先正言行录》四卷、《元宁乡土志》六卷、《运渎志》一卷、《凤农志》四卷等，补逸表微，为前人所未备。余所著曰《文存》十六卷、《诗存》二十八卷、《词存》四卷、《可园备忘录》四卷、《藏书跋尾》五卷、《养和轩随笔》二卷。卒年八十四。（《碑传集补》五十三陈三立《江宁陈先生墓志铭》）

陈季模　郑元祐《藏书楼记》："维扬陈君季模，家马驼沙之上，沙当扬子江之心，而百川之水悉汇焉。既久，于是至其子天凤，字舜仪，生有异禀，自髫龀以至于冠，惟礼义是说，惟图籍是耽。君爱其子之嗜学也，于是以其家旧藏书合新购而得之者凡五万余卷，筑楼于居之东，而藏书于楼之上，楼之前凿池以潴水，其后万竹森立，都水庸田使白野泰公为篆三大字以揭之，乞予为之记。"

陈逢衡　字穆堂，清江都人，本礼子。扬州藏书之家，向推马氏玲珑山馆，藏书八万余卷。其有与马氏匹敌者，惟陈氏瓠室最知名于时。瓠室者，逢衡别业也。逢衡富有藏书，精于是正，尝以五色笔叙其端委，庄书简端，朗如眉列，江浙书贾，获一秘籍，必先造其庐，不惜千百缗购之。所著已刊者有《竹书纪年集证》、《逸周书补注》、《穆天子传注》、《山海经纂说》数十百卷。卒年七十一。（《碑传集补》四十八金长福《陈徵君传》）

陈道复　初名淳，后以字行，更字复甫，别号白阳山人。少从文徵明游。所栖曰五湖田舍。(《苏州府志》八十六)多藏书。

陈煌图　字鸿文，后更名鸿。崇祯壬午中副车，授翰林院典籍，归隐西湖北山草堂。工篆隶，著《隶释篆韵》六卷、《诗集》十卷、《从年随笔》六卷、《印可》四卷。嗜旧本书，遇秘本，影写手抄，至老不倦。所藏书有海虞陈氏永宝图书及名字诸朱印。(《常昭合志稿》卷三十二《藏书家》)其传录本版心有鸾啸斋藏本五字。(《铁琴铜剑楼书目·鹿门集》)

陈嘉绶　字彭年，清金山人。好学不倦，藏书甚富，其岳父陆清献名其堂曰万卷。(《金山县志》卷二十四《李铉传》)

陈肇镛　字子俶，武阳人。道光十七年举人，官河南中牟知县。嗜金石图籍，所藏甚富，时称鉴赏家。(《武阳志余》卷十)

陈继儒　字仲醇，号眉公，松江华亭人。为诸生，与董其昌齐名。年甫二十九，取儒衣冠焚之，隐居昆山之阳。后筑室东佘山，杜门著述。年八十二卒。(《明史》卷二九八)颇藏异册，喜抄校旧籍。以得颜鲁公书朱巨川告身，因名其所居曰宝颜堂。又有顽仙庐、来仪堂、婉娈草堂。其所藏书画，尝用一印，曰一腐儒。(《藏书纪事诗》三)

陆友　字友仁，亦字宅之，元平江人。徐显稗传载友仁生市廛阛阓间，父以市布为业，独能异其所好，攻苦于学，博极群物，自号研北生。著《研史》、《墨史》、《印史》、《杞菊轩稿》、《研北杂志》。黄缙为撰《陆氏藏书目录序》。(《藏书纪事诗》二)

陆完　字全卿，号水邨，明长洲人。成化二十三年进士，官至吏部尚书。(《明史》卷一八七)天禄琳琅宋刻《史记》有水邨陆氏珍玩朱记，《隆平集》有水邨校藏朱记；《诸臣奏议》有水邨陆氏珍藏朱记。

陆伸　字安甫，太仓州人，明正德三年进士。伸纵览群籍，日以修学著书为事。自先积书数万卷，每书必疏其略于下方，间有考证，亦随笔之。寻有匿名奏草指斥刘瑾，被诬卒于狱，士类哀之。(《壬癸志稿》卷二)

陆岳　清太仓州人。诸生。家素封，尽出以购籍，故收藏独富。

沈德潜未第时，尝至娄中与岳谈文艺。（《壬癸志稿》五卷《陆寅亮传》）

陆容　字文量，明太仓州人。成化丙戌进士，浙江右参政，有式斋集。（《明诗综小传》）容与张亨父陆鼎仪齐名，号娄东三凤。其藏书之富，见闻之洽，非亨父鼎仪所能及也。（《静志居诗话》）有《式斋藏书目录》。（《千顷堂书目·簿录类》）

祝允明《怀星堂集·甘泉陆氏藏书目序》："故浙江参政式斋陆先生文量以雅德硕学，伟才高识，立言于宪孝两朝。平生蓄书甚富。既殁，其子乡贡进士安甫汇列其目并己所得者通系者，凡为经史子集合若干卷。"

陆深　字子渊，号俨山，明上海人。弘治十八年进士，历官詹事。卒赠礼部右侍郎，谥文裕。文章有名于时。（《上海县志》卷十八）《式古堂书画考》载其《江东藏书目录序》云："余家学时喜收书，然覼覼屑屑，不能举群有也。壮游两都见载籍，然限于力，不能举群聚也。间有残本不售者往往廉取之。故余之书多断缺，少者或手自补，多者幸他日之偶完而未可知也。正德戊辰夏六月寓安福里，宿疴新起，命童出曝既，乃次第于寓楼，数年之积，与一时长老朋旧所遗历历在目，顾而乐焉。余四方人也，又虑放失，是故录而存之，各系所得，傥后益焉将以类续入。是月六日史官江东陆深识。"

《藤阴杂记》：绿雨楼陆文裕旧邸，在正阳、宣武二门之间。东曰素轩，北曰澹堂，中为书窟。

陆筠　字瓠尊，清吴江人，后寄居秀水。所藏书皆校勘精审，得一善本，丹黄不倦。殁后所藏尽散。（《曝书杂记》陆芸香《曝书目跋》）

陆漻　字其清，吴县人。所居听云室，鉴藏图籍甚富。曹溶、何焯、朱彝尊、顾维岳常往借抄。（翁方纲《跋朱性甫珊瑚木难手稿》）有《佳趣堂书目》，卷首有置书年份：自康熙十四年至雍正八年。有自序。（《持静斋书目》）

陆澄　字彦渊，谥靖子，吴县人。宋泰始初为尚书殿中郎，兼左丞。少好学，博览无所不知。行坐眠食，手不释卷。齐隆昌元年

卒。(《苏州府志》七十五)

同书卷七五《张率传》:“……时陆少元家有父澄书万余卷，率与少元善，遂尽读其书。”

陆时化　字润之，号听松，太仓人。嗜法书名画，精鉴别，聚书万卷，购善本而手校雠之。乾隆四十四年卒，年六十一。(王昶《春融堂集》五八《国子监生陆君润之墓志铭》)其藏书处曰翠华轩，(《前尘梦影录》)所藏书有陆润之、啸云轩润之所藏、陆时化印，听松老人诸朱记。(《铁琴铜剑楼书目》)

陆师道　字子传，号元洲，寻更曰五湖。长洲人。明嘉靖戊戌进士，工部都水司主事，改礼部仪制。请告归，益肆力于学，手抄典籍，先后积数千百卷，丹铅俨然，小楷精绝。林下逾二十年，起补南仪部，召为缮部郎中，擢尚宝少卿，告归。卒年六十四。(《无声诗史》)

陆贻典　字敕先，号觌庵，常熟人。诸生。博学工诗。其论诗谓法与情不可缺一。工书法。尤长汉隶。笃于友谊，冯钝吟、孙岷自之遗稿皆其所编辑付梓。贻典殁，所著诗亦赖友人张文镔之子道锿付梓于蠹蚀之余，人谓食报不远也。藏书多善本，与冯已苍、叶石君有无通假，勤于迻录，尤精校雠，所藏有其名字朱印。著有《元要斋渐子》诸集。(《常昭合志稿》卷三十二《藏书家》)

鱼翼　字振南，一字天池，自号乌目山樵，雍正时人。性嗜书，所居临街小楼名曰闲止，收藏古今名迹甚夥。俗子请观，拔梯不令上。所藏多善本，少时及见石谷子鹤诸画家，兼好画，著有《海虞画苑略》若干卷。所藏书有其名字及闲止楼珍藏印。(《常昭合志稿》卷三十二《藏书家》)

鱼元傅　字虞岩，昭文人，翼子。亦嗜书，尤好金石文字。穷岩绝壁，手自摹榻，证以志传。秦汉铜器、宋元名迹，立辨真赝。熟于里中掌故，邑志缺佚及违异者，搜讨古籍及名贤碑版订误拾遗，人推旧献焉。坐卧小楼，自言鱼氏居此十四世矣。所藏书有其父子姓名及闲止楼珍藏、鱼东川藏书朱印。(《常昭合志稿》三十二《鱼翼传》)

屠苏　字元饮，原名钟，字伯洪，吴人。祖疏村先生精岐黄，好古，藏书最富。苏耽诵古书，由周秦迄近代，藏庋多善本，手校精确，味根得腴。绌于治生，得镪辄易名书佳绘，吉金乐石。善鉴赏图籍书画，某年著，某家藏，款识真赝，觇缕不失累黍。咸丰三年卒，年五十。（《碑传集补》五十张元培《屠君元饮小传》）

都穆　字元敬，明吴县人。弘治己未进士，官太仆少卿。尝奉使至秦中，访其山川形势故宫遗壤，作《西使记》。搜访金石遗文，作《金薤琳琅》。归老之日，斋居萧然，日事探讨。或至乏食，辄笑曰，天壤间当不令都生饿死。吴门有娶妇者，夜风雨大至，灭烛，遍乞火无应者。杂然曰，南濠都少卿家有读书灯在，叩其门，果得火。其老而好学如此。（《列朝诗传》丙集）时杨祝都唐，每得一异书，则争相夸尚以为乐，故其所传皆卓然名世。（《文嘉何水部集跋》）边贡尝赠以诗云："才高怜晚达，十载尚为郎。书买黄金尽，愁生白发长。夏曹分武库，秋殿别文昌。木脱霜皋冷，何人共采芳。"（《边华泉集》）

十二画

彭年 字孔嘉，明吴县人。性颖异，嗜读书。诗宗盛唐，旁及香山、郢州。精法书，宗颜欧。以贫死。（《列朝诗传》丁集中）自号隆池山樵，其藏书处曰寒绿堂、曰云光阁。（《藏书纪事诗》二）

彭桐桥 清吴江人。幕游于外，见善本书必典衣倾囊购之。所行幕俸，尽以置书，历三十余年，积书数万册，乃筑此静坐斋以藏之。翁广平与之善，尝数至其斋，或检某书，或检某故事，桐桥令其诸子曰，在某架某部第几册第几卷，不差毫发。盖桐桥之书皆亲自校订，丹黄并下，故能熟记若此！有《此静坐斋书目》四册。（翁广平《听莺居文钞·此静坐斋书目序》）

彭启丰 字翰文，号芝庭，吴县人。雍正三年殿试第一，官至兵部尚书。先是乞养归，为娱奉太夫人故，篑山濬池，莳花竹，极园林之胜，拥万卷啸哦其间，虽大耋聪强不衰。乾隆四十九年卒，年八十四。（《湖海文传》五十袁枚《兵部尚书彭公神道碑》）

惠栋 字定宇，号松厓，长洲人，周惕孙。自幼笃志向学，家多藏书，日夜讲诵。雅爱典籍，得一善本，倾囊勿惜。或借读手抄，校勘精审，于古书之真伪，了然若辨黑白。（钱大昕《潜研堂集》三九《惠先生栋传》）所藏书有惠栋定宇红豆山房所收善本诸印。（《持静斋书目·乾象变异录》）

惠士奇 字天牧，一字仲孺，世居吴县东渚村，周惕子。康熙四十八年进士。晚年自号半农居士，乡人因其斋名称红豆先生。以古学世其家。自少笃志经术，及官翰林，公暇日手一编，孜孜矻矻，无须臾间。晚年学益精粹。（《碑传集》四十六杨超曾《惠公墓志铭》）

惠周惕 原名恕，字元龙，号研溪，吴县人。康熙辛未进士，密云知县。所居曰红豆书屋，自号红豆主人。（《鹤征前录》三）有《惠氏百岁堂书目》三卷。

程勋 字懋哉，清吴江人。早补诸生。诗文法柳之州，简峭有法。藏书数千卷，多宋元旧本。尤喜金石碑刻，购至二千余卷。著有《懋斋未定稿》。（《江震人物续志》卷十）

程世铨 字叔平，号念鞠，别号鞠莪。清长洲人。喜蓄书，与顾广圻同门相得。（《藏书纪事诗》六）

程晋芳 初名廷镆，字鱼门，一字蕺园。祖居新安，治盐于淮，因家焉。乾隆初，两淮殷富，程氏尤豪侈，多蓄声色狗马。鱼门独好儒，罄其资购书五万卷，招致方闻缀学之士与共讨论。癸未南巡，召试第一，赐中书舍人、辛卯举进士。未几开四库馆，任纂修，授翰林院编修，卒年六十七。（袁枚《小仓山房文集》二六《翰林院编修程君墓志铭》）有《桂宧书目》若干卷。

程维岳 字爰庐，金山人，原籍嘉善。乾隆四十五年进士，由内阁中书历官山东道御史、军机处行走，颇为大学士阿桂所知，充万寿盛典馆提调兼方略馆总纂。《南巡盛典》、《盛京通志》、辽金元史、萨拉尔台湾巴勒布等纪略皆与编纂。事嗣母钱、本生母张以孝闻。丁本生母忧归，不复出。购书二万卷，日渔猎其间，所著有《淞笠斋诗墨》等书。（《金山县志》卷二十一）

华夏 字中父，明嘉靖时人。藏书极富，多宋元善本。藏书处名真赏斋，丰道生为作赋，历叙源流。（《藏书纪事诗》三）

华珵 字汝德，明无锡人。以贡授大官署丞。善鉴别古奇器、法书名画，筑尚古斋，实诸玩好其中。又多聚书，所制活版甚精密，每得秘书，不数日而印本出矣。（《无锡金匮县志》卷二十五）

华坚 明无锡人。《天禄琳琅》：《白氏长庆集》每卷末有锡山兰云堂华坚活字铜版印记。（《藏书纪事诗》七）

华燧 字文辉，明无锡人。少于经史多涉猎，中岁好校阅同异，辄为辨证，手录成帙。遇老儒先生，即持以质焉。既而为铜字版以继之，曰，吾能会而通之矣。乃名其所曰会通馆，人遂以会通称；或丈之，或君之，或伯仲之，皆曰会通焉。有田若干顷，后以多劬

书故，家少落，漠如也。三子埙、奎、壁。（邵宝通《会君传》）

华湛恩 字孟超，清道光时人。诸生。官太和教谕。藏书数万卷。熟于邑中掌故，著《锡金志外》一书。（《无锡金匮县志》二十二）

贺裳 字黄公，明丹阳人。有《少贱斋集》。（《载酒园诗话》）《天禄琳琅》，《诗缉》，明赵府刊本，有贺黄公藏书印。

贺铸 贺方回名铸，卫州人。自言唐谏议大夫知章后，故号鉴湖遗老。长七尺，须眉耸拔，面铁色。博学强记，工语言，深婉丽密如次组绣，尤长于度曲。家藏书万余卷，手自校雠，无一字脱误。所与终始交厚者惟信安程俱致道。（叶石林《贺铸传》）

贺方回本山阴人，徙姑苏之醋坊桥。有小筑在盘门之南十余里，地名横塘。方回往来其间。（《中吴纪闻》）

方回貌奇丑，俗谓之贺鬼头。喜校书，朱黄未尝去手。潘邠老赠方回诗云："诗束牛腰藏旧稿，书讹马尾辨新雠。"有二子曰房、曰廪，于文房从方，廪从回，盖寓父字于二子名也。（《老学庵笔记》）

方回居吴下升平桥及横塘别墅，藏书万余卷。（《太平清话》）

又云：镜湖本庆胡也。避汉安帝父清河王讳，改为镜湖。故贺方回自号庆湖居士。

企鸿轩在升平桥，贺铸所居，其亲题书籍云升平地。（《苏州府志》）

高宗渡江，书籍散失。绍兴初，有言贺方回子孙鬻故书于道者，上命有司市之。（《建炎以来朝野杂记》）

《野客丛谈》，仆得毗陵贺方回家所藏缮写《嵇康集》十卷。

天禄琳琅藏《吕氏春秋》有镜湖遗老识语云："此本得于东牟王氏，四明使君于元丰初奉诏修书于资善堂，尝取太清楼藏本为之校定。元祐壬申，余喜得此书。校雠始就，为一客挟去，后三年见归，因募笔工录之。"

冯武 字窦伯，别号简缘。家世多书籍，喜校缮，书有上党大冯、孱守居士、长乐、己苍、空居阁、癸巳人诸朱印者，武从父舒也。有定远、二痴诸朱印者，武从父班也。有彦渊、知十读书记诸朱印者，武父知十也。武所藏则有海虞冯氏、简缘冯氏藏本诸朱印。隐湖毛氏刊书多经武校定。兼工书，陈瑚赠以诗有“鹅群书帖双钩圣，牛角巾箱万卷滛”之句。著有《书法正传》二卷、《遥掷稿》十卷。（《常昭合志稿》三十二《藏书家》）

冯班　字定远，明常熟人，舒弟。为人傥荡悠忽，动不谐俗。胸有所得，辄曼声长吟，行市井间。里中指目为痴，怡然安之，遂自署曰二痴。著有《钝吟杂录》。（《海虞诗苑》四）与其兄舒并以藏书著称于时。

冯舒　字己苍，号默庵，别号癸巳人，一号讱道人，又号孱守居士，明常熟人。复京子。与弟定远有二冯之目。为人悻悻负气，触忤县令，会撰《怀旧集》成，遂坐以讪谤曲杀之，士林痛惜焉。（《海虞诗苑》二）富藏书，多异本。

冯晋昌　字树卿，娄县人。拔贡生，授桃源教谕。性坦易，嗜学，爱聚书。工为唐人律赋。（《松江续志》卷二十四）

冯复京　字嗣宗，明常熟人。藏书万卷，多精本。（宋元本《经眼录·盐铁论冯武跋》）

黄琳　字美之，号蕴真，明长洲人。《式古堂书画考》：米元晖《五洲图》有江表黄琳、黄美之、黄氏淮东书院图籍朱记。

黄煜　又名熙，字郁文，晚号陶然，清上海人。少即颖悟异常儿，稍长，喜读书，入里塾，以塾中书为不足观，则益购古书读之。久之积书多，乃厘其善本，别撰目录而自序之。所著有《陶然诗集》二卷、《金阊杂咏》一卷。（陆锡熊《宝奎堂集》卷九《陶然黄君家传》）

黄标　字良玉，明川沙人。藏书甚富，必手自校阅。陆文裕深之甥也，深临文有疑义，必属标考核。与人谈经济，凿凿可行。辑《古今说海》一百四十二卷，选《陆文裕集》一百卷。著有《书学异同》二十二卷、《县志稿》十卷，俱毁于倭。惟《戊子》、《庚子》两稿尚存。（《川沙厅志》卷十）

黄之隽　字石牧，号唐堂，初名兆森，字若木，华亭人。康熙六十年进士。倜傥自喜，初罢官归，囊无余资，惟嗜蓄书，著目者二万余卷。其为学排陆王而尊程朱，纵览浩博，才华富瞻，下笔不能自休。撰述甚富，有《唐堂集》五十卷，又补遗二卷，续集八卷。尝集句为《香屑集》十八卷。乾隆十三年卒。(《清史列传》)《雪桥诗话余集》三《黄石牧中允后书目序》云："岁丁未之十月罢官归，囊箧无所蓄，独蓄书倍前。遂并前所储，合为目录，经史子集之正大者共二万有余卷，余杂细者八百八十余册，不计卷附焉。曩梦中得句云：'产业略添书数种'者是矣。而惜乎老矣！"江南通志开馆金陵，实主裁断，王中安为《题拥书万卷图》云："一区宅寄水云间，万卷书随杖履还，但有青箱映华发，便令黄浦似匡山。乌皮几上春风满，秋树根边落照闲。回首东堂悬典册，至今手笔忆杨班。"谓其雍正初以撰文称旨也。

黄丕烈　字绍武，号荛圃，或题荛夫，亦曰老荛，一署复翁，亦曰复初氏，亦曰复见心翁，又号廿止醒人；五十后号知非子，晚年又自号抱守主人、秋清逸叟，吴县人。乾隆戊申举人。喜藏书，购得宋刻百余种，学士顾莼颜其室曰百宋一廛，顾千里为之赋。(《苏州存志》卷八十三）其读书于板本后先，篇第多寡，音训异同，字画增损，及其授受源流，翻摹本末，下至行幅疏密广狭，装缀之精粗敝好，莫不心营目识，条分缕析，积晦明风雨之勤，夺男女饮食之欲，以沉冥其中。尤嗜宋本，尝自号佞宋主人。(王芑孙《黄荛圃陶陶室记》）乾嘉以来藏书家，当以丕烈为一大宗。其藏书之印曰百宋一廛、曰读未见书斋、曰陶陶室。其藏词典之所曰学山海居，又间有署红椒山馆学耕堂者。刊《士礼居丛书》，为学者所重。有《士礼居藏书题跋记》六卷、《续录》二卷。(《藏书纪事诗》五)

黄存恕　字勿之，清常熟人。如珽子。八岁能诗，词旨清隽。所著《二川诗草》，王鸣盛选入《苔岑集》。年二十九卒。所藏书有名字朱印。(《常昭合志稿》三十二《藏书家·黄如珽传》)

黄如珽　字楚惟，清常熟人。与金坛蒋衡称莫逆，衡尝写十三经于广陵，校谬正讹，如珽之力居多。好古书，所藏有其名字朱印。著《无尽藏集》。(《常昭合志稿》三十二《藏书家》)

黄廷鉴　字琴六，常熟人。少游赵同翮、王庭筠之门，精考证。

研摩群籍，手校者百数十种。馆照旷阁、爱日精庐，两家多藏书，校雠错脱，实事求是。尤练于邑中掌故，撰《琴川三志补记》、《续记》。（《常昭新志》《季锡畴第六弦溪文钞序》）

黄居中　字明立，号海鹤，晋江人，寓居金陵。万历十三年举人，官上海教谕。构千顷堂藏书。著有《千顷堂集》、《文庙礼乐志》、《文征》、《论世录》。（《金陵通传》二十一《丁遂》）

黄省曾　字勉之，吴县人。举嘉靖辛卯乡试，从王守仁、湛若水游，又学诗于李梦阳。所著有《五岳山人集》。（《明史》卷二八七《文徵明传》）弱冠与其兄鲁曾散金购书，覃精艺苑。（《列朝诗传》丙集）王鏊称其好蓄异书，为之训释，多得原旨。（《申鉴录序》）

黄姬水　字淳父，吴县人，省曾子。有文名，学书于祝允明。（《明史》二八七《文徵明传》）富藏书，《式古堂书画考》，赵文敏书画册黄姬水跋：题丙寅上日定灵子黄姬水，有姬水、黄孟二朱记。《天禄琳琅》，明版《追昔游诗集》有黄印姬水、积山二朱记。

黄溶源　号次香，川沙高行镇人。诸生。藏书素富，才华渊博，工诗，极清隽。著《延秋馆诗稿》。（《川沙厅志》）

黄虞稷　字俞邰，一字楮园，明金陵人。本晋江籍，以父居中官南京国子监，遂家焉。居中锐意藏书，老而弥笃，自为举子以迄学官，修脯所入，衣食所余，未尝不以市书。藏书千顷斋中，约六万余卷。虞稷又裒聚而附益之，不下数千卷。（钱谦益《有学集》卷二十六《黄氏千顷斋藏书记》）黄宗羲次族侄俞邰见赠诗："秣陵焦氏外，千顷聚书多。石户栖千秘，宗人许再过。从来耽怪牒，岂以易鸣珂？况说今加富，应知有鬼诃。"有《千顷堂书目》。

黄鲁曾　字德之，吴县人。正德丙子举人。严嵩闻其名，欲招致之，不能得也。父授产千金，悉以置书。（《列朝诗传》丁集上）

黄翼圣　字子羽，明太仓人。崇祯中以诸生应聘，起家蜀新都知县，升安吉州知州。致政归，削迹息心，筑莲蕊楼，自号莲蕊居士。性好古铜磁器及宋雕古书，搜访把玩，如美人好友。己亥卒，年六十四。（钱谦益《有学集》卷三十一《黄子羽墓志铭》，卷二十六《莲蕊楼记》）有有明黄翼收藏圜朱记。

焦竑 字弱侯，号澹园，明上元人。万历己丑进士第一，授翰林修撰，谪福宁州同知。追谥文宪。有《澹园集》。(《明诗综小传》)藏书两楼，五楹俱满，一一皆经校雠探讨。(《澹生堂藏书训》) 有澹园焦氏珍藏、子子孙孙永保、抱瓮轩、竹浪斋品、弱侯、漪南生诸藏印。有《焦氏藏书目》二卷。

十三画

褚人穫 字学稼，长洲人。太学生。慷慨好施与。嗜学述古，尤熟史略。购得异书，矻矻手抄数十百种。著有《读史随笔》、《退佳琐录》等书。(《长洲县志》)

杨棨 字羡门，号蝶庵，丹徒人。道光乙酉选贡。天资颖悟，博贯古今，经史子集，靡不研究。手选群书以等身计。善谈名理，尤善征考。凡文献之逸于野者必搜访录志。为诗文词，清雅拔俗。咸丰癸丑避兵如皋，侨居中拥书数十箧，披诵无虚日。所著有《京口山水志》十八卷、《蝶庵赋抄》二卷、《诗钞》四卷，俱梓行。其选定诸籍，或籍于家，或借刻他氏云。年七十五卒。(《丹徒县志》三十二)

杨仪 字梦羽，号五川，明常熟人。嘉靖丙戌进士，授工部主事，转礼兵二部郎中。辞官归后，日以读书著述为事。有《高坡异纂》、《南宫集》。耽嗜古书，其书室曰七桧山房。别构万卷楼，多聚宋元旧本及法书名画鼎彝古器，江左推为博雅。然性高亢，恃才傲睨，为时所嫉。与钱籍不协，籍家奴为盗事发，当道以问仪，仪不为隐，钱家人遂诬仪子杀人，困辱至毙。仪亦愤恨寻卒。外孙莫是龙白其冤于巡按，捕籍子宣，死狱中，而仪之书遂尽归松江莫氏矣。其所藏有杨梦羽氏、华阴世家、杨仪梦羽收藏图书诸朱印。(《常昭合志稿》三十二《藏书家》)

杨循吉 字君谦，明吴县人。成化二十年进士，授礼部主事。善病，好读书，每得意，手足蹿掉不自禁，用是得颠主事名。(《明史·文苑传》)致仕年方三十有一。居家好蓄书，闻某所有异本，必购求缮写。结庐支硎山下，课读经史，以松枝为筹，不精熟不止，多至千卷。卒年八十九，其诗文为《松筹堂集》。(《列朝诗传》丙集)家本素封，以购书故，晚岁赤贫。所藏书十余万卷，纂其异闻为《奚囊手镜》。(《澹生堂藏书训略》)既老，散书与亲故，云“令荡子爨妇，无复著手，亦一道也”(《人海记》)。其题书橱诗：“吾家本市人，南濠居百年。自我始为士，家无一简编。辛勤二十载，购求心颇专。小者虽未备，大者亦略全。经史及子集，一一义贯穿。当怒读则喜，当病读则痊。恃此用为命，纵横堆满前。当时作书者，非圣亦大贤。岂待开卷看，抚弄亦欣然。奈何家人愚，心惟财货先。堕地不肯拾，断烂无与怜。朋友有读者，悉当相奉捐。胜付不肖子，持去将鬻钱。”又抄书诗云：“沈疾已在躬，嗜书犹不废。每闻有奇籍，多方必罗致。手录兼贸人，恒辍衣食费。往来绕案行，点画劳指视。成编亦艰难，把玩自珍贵。家人怪我癖，既宦安用是？自知身有病，不作长久计。偏好固莫捐，聊以从我意。”是时吴中藏书家，多以秘册相尚，若朱性甫、吴原博、阎秀卿、都元敬辈皆手自抄录，今尚有流传者。实君谦倡之也。(《静志居诗话》)所居号雁荡村舍，藏书处名卧读斋，有雁村居士印。(《藏书纪事诗》二)

杨复吉 字列欧，吴江人。乾隆三十七年进士，归班需次，时年未及壮。好聚书籍，古文说部，流览殆遍。嘉定王光禄鸣盛主讲笠泽书院，与辨论古今，深推服之。著《辽史拾遗补》五卷、《梦兰琐笔》等书。(《江震人物续志》卷四)

虞堪 字克用，一字胜伯，宋丞相允文诸孙，后家长洲，隐居行义。家藏书甚富，多手自编辑。雅重先世手泽，闻有雍公遗文，千里外必购得之。(《姑苏志》)

克用为云南府学教授，卒于官。子镛教授里中。孙淔始去儒。淔之子权家益贫，斥卖先世故物，以供衣食。权死时，胜伯遗文及所藏词翰无虑数箧，妻子以鱼罾裹置屋梁，久之，并其罾亡矣。征文献者为三叹焉。(《列朝诗传》甲前集)

《皕宋楼藏书志》：《何水部集》三卷，文嘉跋云：“后有虞茂题一诗，而用虞戡之印，戡字胜伯，茂或其别名也。”

又《鼓枻稿》一卷，元虞戡叔胜撰。昌炽案，胜伯一字叔胜，倪云林有次韵叔胜先生诗。亦号青城山樵，杨廉夫邓羽诗序云：“至正庚寅，予游钱塘，过四壁山中，与青城山樵遇，出示古剑，其先

世雍国所遗。即指戬也。”（《藏书纪事诗》二）

虞子贤　元末人。世居支塘。家藏书史及古今法书名画甲于三吴。又得朱子城南杂咏真迹，构堂贮之，颜曰城南佳趣。昆山秦约为之记。宋文宪濂谓子贤博雅好古，绝出流俗之上。（《常昭合志稿》三十二《藏书家》）

葛钦　明江都人。嗜古书，构楼五楹，藏书数千卷。（《江都县志》二十三）

葛涧　字子东，明江都人，钦子。藏书至万部。博学有名理，尝撰明人物编，起洪武迄嘉靖，人为列传甚悉。从湛若水游，有名于时。（《扬州府志》卷五十一）

葛鼐　字端调，昆山人。太常卿锡璠子。崇祯三年举人。锡璠有八子，皆好学，藏书卷以万计。鼐上有三兄，幼相师友。尝与兄靖调暑夜共帐，苦蚊，话史事达旦，误者罚驱蚊，锡璠闻而心喜，乃尽畀诸子藏书，而鼐益购所未备书，所藏达三万卷。有触即书，出所尝评骘自左、国、史、汉迄唐宋八家外，复辑二十二家，海内号称葛板。（《巳山先生集》卷九《明孝廉葛端调三世墓表》）

葛天民　字圣逸，一字春台，清江都人。精易象，通医学。慨然矢心济世。博采名山宿老诸遗编，聚书万卷。审思切究，折衷以归划一，纂订至百易其稿。撰《医易》廿卷、《内经类疏》附《难经金匮要略杂病》四十卷、《伤寒集注》十卷、《针灸图》四卷、《本草提要》四卷。年八十二，以无病终。（《江都县志》卷二十七）

葛香士　清道光时苏州人。居林屋山，凿壁为架，以藏古书。中有天圣李季所编《朝象通鉴》等八种，皆写本，世上绝无仅有者。（《铁桥漫稿》卷八《书葛香士林屋藏书图后》）有《包山葛氏瀓波皓月楼藏书目》，张鉴为撰记。

叶奕　字林宗，吴县人。好学，多藏书。（《七十二峰足征集》）搜访不遗余力，每见案头一帙，必假归，躬自缮写，篝灯命笔，夜分不休。与钱曾互录秘册，虽昏夜叩门，两家童子，闻声知之。（《读书敏求记》）

叶盛　字与中，明昆山人。正统十三年进士，官至吏部左侍郎，

成化十年卒，谥文庄。(《明史》卷一七七)

昆山叶文庄公盛宅在东城桥西。公生平嗜书，手自雠录，至数万卷。尝欲作堂以藏之，取卫风淇澳学问自修之义，名曰菉竹。至公之元孙恭焕，堂乃克成，王世贞为记。恭焕又于宅东作茧园，其孙工部国华拓园增葺，尝掘地得泉，味甘色白，因自号白泉云。(《乾隆苏州府志》)

钱大昕《潜研堂集》五《江雨轩集跋》："文庄藏书之富甲于海内。服官数十年，未尝一日辍书。虽持节边徼，必携抄胥自随。每抄一书成，辄用官印，识于简端。其风流好事如此。"

《铁琴铜剑楼书目》：《论语》一卷，文庄藏书。张栋记云："文庄殁后百十有余年，而其图书府扃钥未疏。"此帙有镇抚燕云关防、巡抚宣府关防印。

文庄储藏之目，为卷止二万余，然奇秘者多亚于册府。二百年子姓蕃衍，瓜分豆剖，难以复聚。今披菉竹堂目，商盘泗鼎，要非近代物，惜不可得而睹矣。(《静志居诗话》)

叶廷甲 字保堂，清江阴人。沉酣典籍，博闻强记。藏书至五万卷，筑静观楼庋之。暇即兀兀披阅，其名臣遗老著述未传者，为梓行之。年七十外，遍历江浙名胜，闻四明范氏天一阁储书甲天下，逾钱塘往访，遍阅所藏庋而还。卒年七十九。著书凡十数种。(《江阴县志》卷十七)

叶昌炽 字鞠常，晚号缘裻庐主人，长洲人。光绪己丑进士，官侍讲。校勘学冠当代，瞿氏《铁琴铜剑楼书目》、蒋氏《铁华馆丛书》、潘氏《功顺堂丛书》均其所审定。又隐括历代藏书源委为《藏书纪事诗》七卷，示学者读书津逮。论列古今石刻，发凡起例，创通大义，成《语石》十卷。其奉命督甘肃学政时，校士之暇，兼访古迹，为《邠州石室录》三卷。民国六年卒，年六十九。(《碑传集补》九曹元弼《叶侍讲墓志铭》)其读书处曰奇觚庼。(《藏书纪事诗》七)

叶奕苞 字九来，一号二泉。清昆山人，文庄公盛裔孙。所居下学斋，蓄书甚富。有下学斋图书记一印。(《藏书纪事诗》二)

叶恭焕 字伯寅，号括苍山人。明昆山人，盛元孙。嘉靖丙午

举人。家有菉竹堂，藏书甲当代。（《苏州府志》）

叶梦得　字少蕴，宋吴县人。绍圣四年进士，高宗朝除尚书右丞、江东安抚使，知建康府行宫留守。居吴兴弁山，自号石林居士。（《宋史》）

马端临《经籍考》引叶氏《过庭录》曰："公卿藏书家，惟宋宣献择之甚精，止二万许卷，而校雠精密。吾家旧所藏，仅与宋氏等，而宋氏好书人所未见者吾不能尽得也。自六经诸史与诸子之善者通有三千余卷，读之固不可限以数，以二十年计之，日读一卷，亦可以再周。其余一读足矣。惟六经不可以一日去手，吾自登科后，每以五月后天气渐暑，不能泛及他书，即日专诵六经一卷，至中秋时毕，谓之夏课。守之甚坚，宣和后始稍废，岁亦必一周也。"

《避暑录话》："余家旧藏三万余卷，丧乱以来，所亡几半。山居狭隘，余地置书无几，雨漏鼠啮，日复蠹败。今岁出曝之，两旬才毕。其间往往多余手抄，览之如隔世事。因日取所喜观者数十卷，命门生等从旁读之，不觉至日昃。"

靖康俶扰，中秘秘藏与士大夫家者悉为乌有。南渡后惟叶少蕴少年贵盛，平生好收书，逾十万卷，寘之霅川弁山，建书楼以处之，极为华焕。丁卯年其宅与书俱荡一炬。（《挥麈录》）

《直斋书录解题》："《石林集》一百卷，叶梦得撰。其居在弁山下，奇石森列，藏书数万卷。既殁，守者不谨，屋与书俱烬于火。"

叶树廉　一名万，字石君，吴县人。性嗜书，世居洞庭山中。尝游虞山，乐其山水，因家焉。所至必聚书，常捐衣食之需以购书，多至数千卷。会鼎革兵燹，尽亡其资财，独身走还洞庭。其乡人相与劳苦，石君顰蹙曰，资财无足言，独惜我书耳！乡人皆笑之。已，复居虞山，益购书，倍多于前。石君所好书与世异，每遇宋元抄本，虽零缺单卷，必重购之，世所常行者勿贵也。其所得书条别部居，精辨真赝，手识其所由来，识者皆以为当。年六十七，卒于家。（徐乾学《憺园集》三四《叶石君传》）其藏书题跋多题南阳瞉道人，或题南阳道瞉。其印曰朴学斋、曰归来草堂、曰金庭玉柱人家。（《藏书纪事诗》四）

十四画

赵均 字灵均，明吴县人。家有小宛堂，藏书甚富。身后书尽散。（钱谦益《初学集》五十五《赵灵均墓志铭》）

赵琳 字君善，宋昆山人。嘉泰中进士，官常州教授。后以朝散大夫直宝章阁致仕。题其居曰顿庵，自号如舟。清修寡欲，室无媵妾，惟藏书万卷。（《苏州府志》卷九一）

赵钰 字有能，号讷斋。清新阳人。附贡生，以能文名。性风雅，爱收藏，嘉湖书贾，骈集其门，见善本辄购，不惜重金。卒年七十一。著有《退省录》若干卷。（《新阳赵氏清芬录讷斋公述略》）

赵元考 字彦若。《后山谈丛》：澄心堂，南唐烈祖节度金陵之燕居也。赵内翰彦若家有《澄心堂书目》，才三千余卷。有建业文房印，后有主者皆牙校也。

又云，《建业文房书目》三千余卷，有金陵图书院印。

又云，赵元考用寒食面、腊月雪水为黏，则不蠹。南唐煮黏用黄丹，王文献公以皂荚末置书叶间，然不如也。

赵元益 字静涵，新阳人，青来曾孙。年二十补士弟子员。太平军克苏常，避寓沪上。时苏城旧家避寇荡口镇者鳞次栉比，故凡珍异之物，如黄荛圃士礼居、汪阆源艺芸精舍所藏宋元板本及名人抄校本咸集于市。元益素好书舍，不惜典质以购之，辇致沪寓，厘次卷帙，分别部居，悉心校读，每至夜分不休。同治己巳，就江南制造局之聘，入翻译馆，与西士林乐知、傅兰雅辈译述西学，以馆俸所入，先后刊布各书，大半皆黄汪二家旧藏本，凡十有五六种，朱子韩昌黎集考异十卷及乡先辈龚安节《野古集》三卷，其尤著者。光绪戊子成举人，明年会试报罢，随薛福成出使英法，差旋，不乐仕进，复入馆译书。壬寅卒，年六十三。（《新阳赵氏清芬录》）

赵宗建　字次侯，清常熟人。家有旧山楼，藏书甚富。稍旧之册，不以示人。（《藏书纪事诗》七）

赵青来　字宸望，号朖庑，清新阳人。博综经史，务为根柢之学。晚年于舍旁增拓三楹，额曰高斋，购书万卷实之。卒年六十四。（《新阳赵氏清芬录》）

赵能静　清常熟人。邓邦述《群碧楼善本书录旧叙》："余年二十二始就外傅于虞山，外舅赵能静先筑天放楼，藏书数万卷，得读未见之籍。"

赵宧光　字凡夫，明吴县人。与妻陆卿子偕隐寒山，构小宛堂，藏书其中。（《苏州府志》一一一）

赵琦美　字文度，明常熟人，文毅公用贤子。天性颖发，博学强记。以父荫历官刑部郎中。生平损衣削食，假书缮写，朱黄雠校，欲见诸实用。得善本，往往用贤序而琦美刊之。其题跋自署清常道人。其藏书之室曰脉望馆。官太仆丞时，尝解马出关，周览博访，上书条奏方略，随例报闻，遂以使事归里。著有《洪武圣政记》、《伪吴杂记》、《容台小草脉望馆书目》。（《常昭合志稿》三十二《藏书家》）殁后，其书尽归钱谦益家。（《读书敏求记》）

十五画

谈朴升 字尧阶，一字旦泉，号榆村。以岁贡选扬州训导。晚乃潜心经学。有用拙斋小西山房，藏书其富。著有《周易图象通解》。(《金陵通传》卷三十四)

刘昌 字钦谟，明吴县人。正统九年乡试第一，明年会试第二，历官广东左参政。(乾隆《苏州府志》) 博学多闻，所蓄书与昆山叶文庄公等。(吴宽《匏翁家藏集》卷五十一《跋刘参政与杨君谦手简》)

刘凤 字子威，长洲人。嘉靖甲戌进士，官至河南按察佥事。有《澹思》、《太霞》二集。(《明诗综小传》) 超绝有奇质。家多藏书，学勤博记，安世之箧，不足称焉。(魏学礼《刘子威文集序》) 其藏书处曰厞载阁、曰清举楼、曰枞庑。(《刘子威文集》)

刘敉 阮元《揅经室集》二集卷二《扬州文楼巷墨庄考》："扬州文楼巷墨庄者，宋刘敉、武贤、滁三世之所居也。刘式者李唐新喻人，生五子。其第四子立德，立德生敉，敉生武贤，武贤生滁，滁生靖之、清之。

式字叔度，开宝中随李氏入宋，官工部员外郎，判三司磨勘司，赠太保礼部尚书。妻陈夫人既寡，以遗书教诸子曰，先大夫秉行清洁，有书数千卷以遗后，是墨庄也，安事陇亩，诸子怠于学者则为之不食。由是诸子皆以学为郎官，孙廿五人，世称墨庄夫人。此宋初墨庄之在江西者也。

立德官秘书监，赠太尉。敉官太中大夫，历守淮扬池睦温，始迁居于扬州文楼巷。武贤官承议郎，知盱眙县，生滁于全椒。滁字全因，两监潭州南岳庙，以通直郎致仕。武贤殁，妻李氏当建炎时识扬州将乱，与滁避地江西，故兵戈不能害之。滁妻赵氏，贤而文，夫妇手写经以课子，靖之子和官赣州教授，清之子澄判鄂州，与朱子罗愿相友善。滁请吴说、徐兢各以所善楷篆书墨庄字，此墨庄之在北宋及南宋初，而罗愿鄂州集所谓太中以来居扬州文楼巷者也。”

刘台拱 字端临，宝应人。乾隆三十五年举人，官丹徒训导。时四库馆开，台拱在都与朱筠程、晋芳、戴震、邵晋涵、任大椿、王念孙等游，稽经考古，旦夕讨论。台拱齿最少，每发一义，诸人莫不折服。嘉庆十年卒，年五十五。生平无他嗜好，唯聚书数万卷及金石文字，日夕冥搜，而不务著述。卒后稿多零落，仅辑成《论语骈枝》一卷、《仪礼传注》一卷、《经传小记》三卷、《荀子补注》一卷、《汉学拾遗》一卷，及《方言补校》、《淮南子补校》、《国语补校》诸书。(《清史列传》六十八)

刘履芬 字彦清，生于云间，故号泖生。以同知直隶充苏州书局提调。光绪五年，署嘉定县事。性嗜书，遇善本必倾囊购之；其不能者，手自抄录，日课数十纸，终日伏案矻矻，未尝释卷。殁后书亦尽出。(叶裕仁《刘泖生莎厅课经第二图后序》)

潘允端 字仲履，明上海人。嘉靖四十一年进士，以四川右布政移疾归。好蓄书，有天然图画楼收藏书籍印、云间潘氏仲履父图书印诸朱记。(《藏书纪事诗》三)

潘介祉 字叔润，吴县人。有渊古楼藏书 。所藏书有其名字朱记。(《丁氏藏书志》)

潘祖荫 字伯寅，小字曰东镛，吴县人。咸丰壬子进士，官至工部尚书。光绪十六年卒，年六十一，谥文勤。(《闵尔昌碑传集补》四李慈铭《潘文勤公墓志铭》)所藏图书金石之富，甲于吴下。其藏书印曰八求精舍、曰龙威洞天、曰分廛百宋迻架千元。癸未奉讳归吴，延叶昌炽馆于滂喜斋，尽窥帐秘。每读一书，辄为解题，成《滂喜斋读书记》二卷。(《藏书纪事诗》六)

潘际云 字人龙，号春洲，清溧阳人。官霍山知县。博通经史，长于考据，尤善诗古文辞。著有《学海》百卷、《西夏备史》、《溧阳志》、《藏芸阁书目》、《春洲札记》、《清芬堂文集》、《清芬堂古今体诗》正续集。(《溧阳县续志》卷九)

蒋乂 字德源，唐宜兴人。官兵部郎中。性锐敏，过目不忘。

博综群籍，有史才。时集贤殿书籍淆舛，乂助其父集贤殿学士蒋明整理，料次逾年，各以部分，得阅善本书二万卷。乂束发志学，老而不倦，虽甚寒暑不释卷，故能通晓百家，尤明前代沿革。家藏书至万五千卷。所著有《大唐宰辅录》七十卷、《建中实录》、《凌烟功臣》、《秦府十八学士》、《史臣》等传四十卷。(《宜兴县旧志》卷八)

蒋松 字春山，华亭人。诸生。藏书甚富。能文章。(《松江续志》卷二十四)

蒋杲 字子遵，号篁亭，清长洲人。康熙癸未进士，历吏部郎中，出知廉州府，家有贮书楼，何焯尝授经焉。(《藏书纪事诗》四)

蒋侯 字元康，清常熟人。博学工诗，好异书，从人借抄，至老不休。著有《诗学金汤》二卷、《彝门诗钞》、《补过斋杂著》一卷、《杂说》十二卷、续集二卷、《墨志》、《砚谱》各一卷。(《常昭合志稿》卷三十二《藏书家》)

蒋升瀛 字步蟾，一字惠堂，又号采若，吴淞人。自幼砺志读书，有声庠序。辟镜古斋，藏书多宋椠本。郡守苏氏重刊《魏公谭训》，称寿松堂蒋氏宋本校刊者，即其所藏也。(《宋元旧本书经眼录·四书集注宋本》)

蒋宗海 字春岩，号春农，晚号归求老人，丹徒人。乾隆壬申进士，官内阁中书。工诗，能篆刻，又善丹青。精鉴别，“有与商古籍者，则屈指数唐镌宋椠某书某板阙某处，某家鉴藏某帖，如贯珠，如数家珍，问者各得其意以去，而春农杂以谐谑，初若不经意也。”(翁方纲《复初斋文集》四《蒋春农文集序》)藏书三万余卷，多善本。(《耆献类征》卷四四〇刘台拱撰《张若筠家传》)

蒋重光 字子宣，号辛斋，长洲人。藏书甚富，乾隆三十八诏开四库馆，征四方书，时重光已殁，子曾莹检其所审定秘书百种进御，敕赐《佩文韵府》一部。(《苏州府志》卷八十九)

蒋凤藻 字香生，吴县人。以资郎官福宁知府。雅好觚翰，嗜书成癖。在闽纳交周季贶，尽传其目录之学。闽垣未经兵燹，前明徐兴公、谢在杭，及带经堂陈氏遗书，流落人间者，凤藻留心搜访，多归插架。季贶罣误遣戍，凤藻资以三千金，季贶尽以所藏精本归之。遂蔚成大国。旧抄本《北堂书钞》，孙渊如、严铁桥两先生所手校，凤藻筑书抄阁以储之。延叶昌炽刊铁花馆仿宋本六种及《心矩斋丛书》。（《藏书纪事诗》六）

蒋继轼　字蜀瞻，号西圃，清江都人。康熙癸巳进士，官编修，著《韵绿堂集》。江藩云："吾乡西圃太史藏书万卷，秘笈琳琅，甲于天下。"（《江苏诗征》卷一一四）

郑彤书　字伟士，清江宁人。由举人考取太常博士，俸满得同知分发浙江，借补嘉兴通判。生平坦易无城府。好藏书，购至五万卷，终日展玩，时人谓之吏隐。（《金陵通传》卷四十《叶声扬传》）

郑德懋　字应云，清昭文张墅人。诸生。博学强记，雪抄露纂，至老弥笃。居城东新巷，拥书万卷，晚自称悔道人。无子，年八十六卒。遗书散佚殆尽。（《常昭合志稿》卷三十二《藏书家》）

郑观光　字我生，明上元人。万历三十四年举人。选芜湖训导。力学敦行，为多士式。归后草屋数楹，不改其旧，而缥缃充栋焉。（《金陵通传》卷二十一《丁遂传》）

十六画

卫湜　字正叔，宋吴郡人。宝庆二年官武进令时，表上所撰《礼记集说》一百六十卷于朝，得擢直秘阁。后终于朝散大夫，直宝谟阁，知袁州。(《四库提要》)

叶适《栎斋藏书记》：余友卫君湜清整而裕，淡泊而详。酷嗜书，山聚林列，起栎斋以藏之。夫其地有江湖旷逸之思，囿有花石奇诡之观，居有台馆温凉之适，皆略不道，而独以藏书言者，志在于学而不求安也。

钱沅　字楚殷，清常熟人，曾子。《铁琴铜剑楼书目》："宋嫠本尚书十三卷，吾邑钱楚殷藏本。卷首钤一圆印云，传家一卷帝王书，其珍重如此!"

钱曾　字遵王，号贯花道人，常熟人，裔肃子。《述古堂藏书目自序》："余二十年来食不重味，衣不完采，摒当家资，悉藏典籍中，如虫之负版，鼠之搬姜，甲乙部居，粗有条理……生平所嗜，宋椠本为最。"其藏书处曰述古堂、曰也是园、曰莪匪楼。

钱穀　字叔宝，吴县人。少孤贫，游文徵明门下，日取架上书读之，以其余功点染水墨，得沈氏之法。葺悬磬室，读书其中。闻有异书，虽病必强起匍匐请观，手自抄写，几于充栋，穷日夜校勘，至老不衰。(《列朝诗传》丁集中)其藏书印文云："百计寻书志亦迂，爱护不异随侯珠。有假不返遭神诛，子孙不宝真其愚。"(《爱日精庐藏书志》昼上《人集》)又有十友斋、中吴钱氏收藏印。(《藏书纪事诗》三)

钱允治　字功甫，初名府，明吴县人，穀子。有《少室山人集》。(《明诗综小传》)老屋三间，藏书充栋，白昼检书，必秉烛缘梯上下。所藏多人间罕见之本。(《读书敏求记》)殁无子，其遗书皆

散去。(《苏州府志》卷八十《钱彀传》)

钱同爱　字孔周，别号野亭，明长洲人。性喜蓄书，每饼金悬购，所积甚富。诸经子史之外，山经地志、稗官小说无所不有，而亦无所不窥。家本温厚，室庐靓深，嘉木秀野，足以游适。肆陈图籍，时时招集奇胜满座中，酒壶列前，棋局旁临，握槊呼卢，凭陵翔掷，含醺赋诗，邈然高寄，不知古人何如也。生成化乙未，卒嘉靖己酉，年七十五。(文徵明《甫田集》卷三十三《钱孔周墓志铭》)

钱孔周喜蓄书，遇有所得，随手札记，积数巨帙，文先生极重之，写赠碧梧高士图。眉公笔记。

钱邦治　字孺安，明丹徒人。诸生。以古人为师，日课史一卷，举乡饮介宾。年八十四卒。遗书数十椟，皆手自丹黄。(《丹徒县志》三十二《钱应娄传》)

钱近仁　长洲人。先世居昆山。父母早丧，贫不能自存，寄食攻皮家，遂习其业。少长，与塾中儿游，渐能识字。工作外，读书日夜不辍。苦无书，乃遍历书肆及古寺院为之佣不取值，因得借观群书，积四五十年，凡经史子集九流百家，流览几遍。尤致力于《孝经》、《论语》，人称之为补履先生。性朴讷，不妄取一钱。所居老屋半间，贮书万卷，无几榻锅釜之属。彭绍升、王元亮过之，叹为沈士麟一流人物。乾隆壬子春，饥饿不能出户，诸生王丙迎至家，卧病百余日而卒。无子。郡士大夫谋葬于虎丘西麓，巡抚汪志伊题其碣曰钱处士墓。(《苏州府志》卷八十九)

钱孙保　字求赤，常熟人，谦贞子。能读父书，校雠精审，日读书，夜必记于卷尾曰某日读若干页，某日越某日竟，其勤如此。藏书处曰怀古堂。有钱求赤读书记、彭城匪庵诸印。(《藏书纪事诗》四)

钱培名　常熟人，熙经子。官县丞。熙祚刻《守山阁丛书》，世称善本，培名又搜辑放佚以补其阙，为《小万卷楼丛书》，工未竣而洪杨乱作，仅刻成十七种，其中如《越绝书》、《申鉴》、《中论》、《陆士衡集》，均附札记，校勘颇精。(《藏书纪事诗》四)

钱陆灿　字尔弢，号湘灵，一号圆沙，常熟人。顺治丁酉乡试第二。晚居南山北麓，老屋三间，丛书两板，临街诵读，声出金石。（《海虞诗苑》一）其手校之书，每押以“明经别驾书经解元临渊三十四彭祖九十七世”一印，又曰陆终彭祖后人。（《东湖丛记》）其藏书处曰东圃书堂、曰调运斋。（《铁琴铜剑楼书目》）

钱熙祚 字雪枝，一字锡之，松江金山人，熙辅弟。叙选通判。好表章古今秘籍。尝辑刊《守山阁丛书》及《指海珠丛别录》、《素问》、《灵枢》凡数百种。阮元序其书，谓于人谓之有功，于己谓之有福。后以谒选，病殁京邸。（《松江府续志》卷二十四）

钱熙经 字心传，金山人。候选训导。多藏秘帙，从弟锡之辑守山阁丛书，时假校录。（张文虎《舒艺室杂著》乙下《候选训导钱君殡志》）

钱熙辅 字鼎卿，金山人。好沉默渊览。晚岁尝居郡垣谷阳门外别业，聚书益多，姚春木为取韩退之语颜之曰勤有书堂。（张文虎《孟彪覆瓿集·勤有书堂剩稿序》）妇翁吴省兰辑刊《艺海珠尘》至八集而止，熙辅续辑壬癸二集以竟其业。（《松江府续志》卷二十四）

钱熙载 字啸楼，金山人。好藏书。（《松江府续志》卷二十四）

钱裔肃 字嗣美，常熟人。万历乙卯举人。好聚书，书贾多挟策潜往。顺治丙戌卒，年五十八。（钱谦益《有学集》卷三一《族孙嗣美墓志铭》）

钱兴祖 字孝修，号幔亭，常熟人。久馆京师，晚历边徼，年逾五十以客死。（《海虞诗苑》十）其藏书之所曰在兹阁。

钱谦贞 字履之，常熟人。早谢举子业，辟怀古堂以奉母。帘户静深，书签错列。年五十余，遭世乱，坎壈不得志卒。（《列朝诗传》丁集下）《爱日精庐藏书志》：《李群玉集》、《唐风集》皆有钱履之读书记，版心有竹深堂三字。

钱谦益 字受之，号牧斋，一号蒙叟，又号东涧，又号峨眉老衲、石渠旧史常熟人。明万历进士，官至礼部侍郎，入清授礼部右侍郎。早岁科名，交游满天下，尽得刘子威、钱功父、杨五川、赵汝师四家书；更不惜重资购古本，书贾奔赴捆载无虚日，用是所积充牣，几埒内府。中年构拂水山房，凿壁为架，庋其中。晚岁居红豆山庄，出所藏书，重加缮治，区分类聚，栖绛云楼上，大椟七十有三，顾之自喜曰："我晚而贫，书则可云富矣！"甫十余日，其幼女中夜与乳媪嬉。楼上，翦烛灺落纸堆中，遂燧。谦益楼下惊起，焰已张天不及救，仓皇出走，俄顷楼与书俱尽。（曹溶《绛云楼书目题词》）自谓："甲申之乱，古今书史图籍一大劫也。吾家庚寅之火，江左书史图籍一小劫也。"（《天禄琳琅·宋本汉书跋》）

鲍桂生　字小山，清山阳人。道光己酉举人，署贵州按察使，改山西，补雁平道。才华卓绝，下笔千言。嗜书，建藏书楼，购求图籍凡数万卷。（《山阳县志》卷十）

十七画

缪荃孙　字炎之，一字筱珊，晚号艺风，江阴人。光绪丙子进士。殚心著述，暇即日涉海王村书肆，搜访异本，典衣购取。知交通假，抄校考订，日益博通。乙未主江宁钟山书院，课士之暇，一意刻书，日事校勘。金陵为东南都会，故家藏庋，时时散出苏沪密迩，估客奔辏，所收旧籍金石书画乃益富。寻办江南图书馆事，时江浙藏书家常熟瞿氏、归安陆氏、钱塘丁氏，号为鼎足，陆氏书为日本购去，而丁氏亦中落，时论颇惧蹈陆氏覆辙，流落外邦；急赴浙与议，以七万金购善本书室所藏，益之捐购之本，至今海内各省图书馆美富以江南为冠。宣统二年，任京师图书馆正监督，时图书馆犹未建，以城北积水潭广化寺为储书之所，分类清理书籍，内阁大库检出元明旧帙，其中宋本尤为元师平宋时由临安秘阁所收，一鳞片甲有自来藏书家所未睹者，集刻为《宋元本留真谱》，牒文、牌子、序跋述源流者均著之，加考一篇。又编《本馆善本书目》八卷、《各省志书目》四卷。辛亥易祚，卜居沪上，杜门不出，惟以书籍遣日。甲寅清史馆开，赵尔巽延任总纂，撰《儒林》、《文苑》、《孝友》、《隐逸》及《土司》、《明遗臣》诸传。酷嗜金石，所编收藏目录凡一万一千八百余种，藏本之富，为前此金石家所未有。自编《藏书记》，欿然谓限于力，仅可与阳湖孙氏五松园相颉颃。续记及再续记较初编数且过之。所校刻古书，详溯源委，剖析异同，具载于序跋。己未十一月卒于上海，年七十六。其著述已刻者《艺风堂文集》八卷、《续集》八卷、《辛壬稿》三卷、《乙丁稿》五卷、《金石目》十八卷、《读书记》四卷、《藏书记》八卷、《续藏书记》八卷、《辽文存》六卷、《续国朝碑传集》八十六卷，《常州词录》二十一卷，孔北海、魏文靖、韩致尧、李忠毅年谱各一卷。未刻者诗存四卷、词一卷、尺牍二卷、《金石分地录》二十四卷、《再续藏书记》不分卷、《碑传集补遗》十四卷、《秦淮广纪》十二卷、代端陶斋撰《壬寅消夏录》若干卷。所编刻丛书《云自在龕丛书》五集共十九种、《对雨楼丛书》五卷、《藕香零拾》三十八种、《烟画东堂小品》十二种。身后未十年，藏书已散。（《碑传集补》卷九夏孙桐《缪艺风先生行状》）

韩崇　字履卿，号南阳学子，清元和人。家有宝铁斋、宝鼎山房，金石图书充牣，储藏秘本甚多。有南阳学子韩崇校读等印。（《碑传集补》卷五叶昌炽《郘亭汪公墓志铭》，《丁氏藏书志》）

薛玉堂　字又洲，清无锡人。乾隆六十年进士，历官庆阳知府。以疾归，载书数千卷，闭关却扫，足迹不入城市。年七十九卒。（《无锡金匮县志》卷二十二）

十八画

戴淙　榜姓刘，字稼梅，清常熟人。康熙辛酉举人。少负才名，家有白醉楼，图书彝鼎充牣错列，四方名士过者辄盘桓不忍去。诗以晚唐为宗，见赏于吴梅村。尝北游燕赵，南涉楚粤。卒以客死。著《过云集》、《白醉楼集》。(《常昭合志稿》卷三十)

魏永吉　字羽父，清江都人。家贫嗜学，不屑于举子业。日于书肆搜括古人遗籍，得其断简残编亦不忍舍去，无钱则解衣质以归，积之成全书者充栋。其搜择经史、诸子、说部手录者凡十尺有奇。四方征文献者咸取资焉。著有《留补集经解》十二卷、《白鹤山房诗古文钞》二十卷。(《江都县志》卷二十三)

颜铸　字懋明，嘉定人。增生。居西门外，与弟镄并工诗。家藏书数千卷，兄弟自相师友。(《嘉定县志》卷十中)

阎起山　字秀卿，苏州人。喜积书，见书必力购。家惟一童，日走从友人家借所未读书，手抄口吟，穷日夜不休。所获学俸，尽费为书资。家甚贫，或时不能炊，至质衣以食。而玩其书不忍弃，竟以积劳得羸疾，正德丁卯卒，年二十四。(文徵明《甫田集》二九《阎起山墓志铭》)

归有光　字熙甫，号震川，明昆山人。嘉靖四十四年进士，授长兴知县。隆庆四年，大学士高拱、赵贞吉引为南京太仆丞。(《明史》卷二八七)妻王氏，其家故有世美堂，以逋官物鬻于人，有光赎得之。王夫人以有光好书，故家有零落篇牍辄令里媪访求，遂置书无虑数千卷。(《震川集·世美堂后记》)王夫人藏书有朱文方印曰世美堂印，又有长方朱文印曰魏国文正公二十二代女，及世美堂琅琊王氏珍玩、一往情深诸朱记。(《藏书纪事诗》三)

瞿镛　字子雍，清常熟人。岁贡生。居菰里村，父绍基好购书，收藏多宋元善本。镛承先志益肆力搜讨。常邑自绛云、汲古以至爱日、稽瑞，二百余年间储藏家代不乏人。镛所著《铁琴铜剑楼书目》，既博且精，足为后劲。（《苏州府志》卷一百〇二）

瞿中溶　字苌生，号木夫，清嘉定人。诸生。官河南布政司理问。博览群书，尤深于金石之学，收藏甚富。以末秩官湘中，搜访石刻，足迹遍于穷乡。海内之嗜金石者多与之交，驰书商析，几无虚日。（《晚晴簃诗汇》卷百十五）

瞿绍基　字荫棠，常熟人。以明经选授广文，一试职即归隐。读书乐道，广购四部，旁搜金石，历十年，积书十万卷，昕夕穷览。尝绘检书图以寓志。时城中稽瑞、爱日两家竞事储藏，先后废散。绍基复遴其宋元善本为世珍者拔十之五，增置插架，自是恬裕斋藏书遂甲吴中。（黄廷鉴《恬裕斋藏书记》）

瞿秉渊　字敬之，清常熟人，镛子。咸丰庚申之乱，与弟秉濬（字性之）载家藏书东西奔避，寇退始载书回里。尝属叶昌炽为补辑《铁琴铜剑楼书目》，与谈晁、陈之学，相得甚欢。（《藏书纪事诗》六）

十九画

庞泓 字复初，号玉泉，清常熟人。诸生。好聚书，构步云楼，插架逾万卷，日夜诵读。得善本，必手自校勘。并收唐宋碑帖，辑《步云楼书目》。工诗文，有《辑翠山房稿》。所藏书有海虞庞氏收藏图书朱记。意主供读，不以市名，故子孙分守之，而世鲜知者。(《常昭合志稿》卷三十二《藏书家》)

庞清标 字柏轩，清常熟人。父泓多藏书，清标复益数千卷，传至文恪，遭粤寇，乃尽散。(《常昭合志稿》三二《庞泓传》)

罗凤 字汝文，一字印冈，号简翁，明上元人。水军右卫籍。弘治丙辰进士，官南道御史，出守兖州府，改镇远，复改石阡知府。致仕归，开延休堂以宴客，建芳澜阁以储书。博雅好古，所蓄法书及名画金石遗刻数千余种。工诗，老笔尤劲。著有《延休堂漫录》五十卷(《金陵诗征》卷十六)、《金陵罗氏书目》四卷。(《千顷堂书目》)

罗震亨 字雨田，清江宁人。嗜古好学，始从宝应成榕游，究心义理之学。复学古文于同里汪士铎、江夏张裕钊，得其义法。每日黎明即起，三更始寝，寒暑无间。稍释卷如有所失。卒年三十五。著有《读经正录》、《服膺录》、《正蒙课例录》、《篑进录》、《五子要例》、《闺门必读》、《有不为斋诗文集》、《奥书堂书目》。(《续金陵诗征》卷首)

谭应明 字公亮，常熟人。伉爽傲物。好购书，多抄本。客至郑重出示。(钱谦益《有学集》卷四六《跋真诰》)

谭应徵 字公度，常熟人。生长纨绔而喜蓄书。(《有学集》四六《跋真诰》)所藏书有谭应徵印、公度臣徵诸朱记。

二十画

严蔚　字豹文，吴江人。其二酉斋中所藏多旧籍。（《丁氏藏书志》）

严观　字述斋，一字子进，清江宁人。嗜学。父长明筑归求草堂，藏书二万卷，观丹黄几满。著《江宁金石记》。（《清史稿·文苑二·严长明传》）

严长明　字冬友，一字道甫，清江宁人。乾隆二十七年南巡，以诸生献赋，召试，赐举人。授内阁中书，直军机处。乞病归，筑室三楹，曰归求草堂，藏书二万卷，金石文字三千卷。日吟哦其中。著书凡二十种，乾隆五十二年卒，年五十七。（《先正事略》卷四十二）

苏颂　字子容，宋南安人，徙居丹徒。庆历二年进士，官至右仆射兼中书门下侍郎，累爵赵郡公。（《四库提要》）建中靖国元年卒，年八十二。（《宋史》本传）

《嘉定镇江志》：苏丞相颂家藏书万卷，秘阁所传者居多。颂自维扬拜中太一宫使归乡里，是时叶梦得为丹徒尉，颇许其假借传写。梦得每对士大夫言亲炙之幸。

吕祖谦《入越记》：苏仁仲子容丞相孙。出旧书数种，《管子》后子容手书纸尾云，惟苏氏世宦学以儒，何以遗后，其惟此书，非学何立？非书何习？终以不倦，圣贤可及。

苏渊　字眉声，一字或斋，嘉定人。顺治壬辰登会试副榜，选砀山教谕。晚由湄浦徙南城涛阁，植松畜鹤，拥书万卷。吟诵不辍，尤深于易学。康熙癸丑预修县志。卒年七十余。（《嘉定县志》卷十九）

二十一画

顾沅　字湘舟，清吴县人。所居辟彊园，收藏旧籍及金石文字甲于三吴。（钱泰吉《可读书斋诗集》）所藏书有古吴武陵叔子湘舟珍藏印、武陵怀古书屋收藏、顾沅湘舟氏诸印。（《持静斋书目》）杨钟羲谓："顾湘舟艺海楼藏书不及四库六百余种，而四库未收者二千余种，亦吴下嗜古之巨擘也。"（《雪桥诗话》三集十一）庚申之劫，其所藏尽为丰顺丁雨生捆载以去。《持静斋书目》所著录，多其家书也。（《藏书纪事诗》六）

顾苓　字芸美，长洲人。潜心篆隶，凡金石碑版及鼎彝款识虫鱼科斗之书，皆能诵之。（《苏州府志》卷八十八）居虎邱塔影园，颜其居曰云阳草堂。所藏抄书有塔影园客朱记。（《藏书纪事诗》四）

顾宸　字修远，无锡人。崇祯十二年举人。操文场选柄数十年。每辟彊园新本出，一悬书林，不胫而遍海内。好藏书，插架充栋，后厄于火。尝注杜诗，补辑宋文三十卷，皆《东莱文鉴》所未及。为诗文以丰蔚典瞻称。（《无锡金匮县志》卷二十二）

顾琨　字孝柔，明常熟人。喜藏书。所著《寸交集》，皆言情之作。（《海虞诗苑》卷二）《铁琴铜剑楼书目》：《李文公集》卷首有顾孝柔怀烟阁读书记朱印。

顾湄　字伊人，太仓人。得宋刻苏长公所书陶渊明集，因颜其读书处曰陶庐，钱谦益为之记。（《读书敏求记·陶渊明集》）

顾楗　字肇声，长洲人。官盐山令，改浦城。叶昌炽在海宁查翼甫处见旧抄《翠寒集》，每叶栏外有善耕顾氏文房六字，前有《顾肇声读书记》。（《藏书纪事诗》四）

顾璪　字英玉，明吴县人。璘从弟。历官河南副使。罢归，囊橐萧然，无以给昕夕。临街一小楼，匾曰寒松，训蒙童数人以自给。

尝绝粮，璘馈以斗粟，不受。霍韬为南宗伯，以废寺田百亩资之，坚拒不纳。（《列朝诗传》丙）出宦日所得书，货以给日用，躬叠册门左，颜无怍色。（《爱日精庐藏书志》）

顾磐 字子安，明通州人。正德癸酉举人。藏书万卷。诗文有气骨，尚体裁。（《江南通志》卷百六十六）

顾璘 字华玉，明吴县人。弘治丙辰进士，官至南京刑部尚书。（《明史·文苑传》）所著有《浮湘集》四卷、《山中集》四卷、《凭几集》五卷、《续集》二卷、《息园存稿》诗十四卷、文九卷、《缓恸集》一卷、（《四库提要》）《顾尚书书目》六卷。（《千顷堂书目·簿录类》）

顾辫 字开林，号河渎渔人，长洲人。性好书，甚于饥渴饮食。其有裨于身心家国天下之务，足备一代之文献者，耳目所及，辄展转穷搜之，必购得为快。或书裒重及未板行而隐秘者，求之益力。得之则狂喜，神色飞动。或力有所不能得，则自手抄写，穷日夜可尽百十纸。夜尝不寐，寐亦只尽数刻，而张灯披衣，往往达旦。手不释卷，不停抄，自以为愉快极，虽老至不知也。凡抄阅校雠，精审不讹一字。稍涉疑义则尽记之，举其辞间晰乃已。（彭士望《长洲旧文学顾君生圹志》）

顾之逵 字抱冲，元和人。廪贡生。好读书，其藏书处曰小读书堆。嘉庆丁巳卒，年四十五。瞿中溶挽之诗云："嗟嗟顾君好读书，百万牙签皆玉轴。宋刊元印与明抄，插架堆床娱心目。一握书论一斛珠，购来手自三薰沐。黄金散尽为收书，秘本时时出老屋。"……著有《一瓻录》。（《藏书纪事诗》五）

顾士荣 字文宁，梅里人。工诗，与王应奎同订《海虞诗苑》。其《曝书有感诗》云："破损感年深，校阅怜毫秃。不惜倾囊购，不辞胼手录。夸人未全负，堆床尚连屋。世缘已渐忘，爱此犹骨肉。"其癖好可想！所藏有臣荣之印诸朱记。（《常昭合志稿》三二《藏书家》）

顾仁效 明长洲人。结庐阳山之下，弃去举子业，独好吟咏，兼工绘事。坐对阳山，拄颊搜句，日不厌；或起作人物，悠然自得，人无知者。（王鏊《王文恪集》十七《阳山草堂记》）所藏书有静学文房之印（《天禄琳琅》）、有长洲顾仁效水东馆考藏图籍私印。（《楹书隅录》）

顾天埈 字升伯，明昆山人。万历壬辰进士，授编修，掌记注，管理制敕，从容敏辨。以左谕德致仕。天埈敏秀通理，读书都于无味外得想。初与王肯堂为沈博绝丽之文，力务独诣。谢归后，门馆清寂，丹黄卷籍至万余。歌咏自得，味道以老。（《江南通志》卷一六五）

顾元庆 字大有，学者称大石先生，明长洲人。兄弟多纤啬治产，元庆独以书史自娱。自经史以至丛说多所纂述。所居顾家青山在大石山左麓，山中有胜迹八，自为之记，名其堂曰夷白，藏书万卷。择其善本刻之，署曰阳山顾氏文房。（《苏州府志》卷八十六）

顾秉源 字润斋，南汇人。监生。少有神童目，长益探讨经史。购藏书万卷，人拟之小琅嬛。（《松江府续志》卷二四）

顾若霖 字雨时，号不淄道人，吴县人。喜蓄异书，手自雠勘。（《士礼居藏书题跋记》）博学多闻，搜访法书名画、宋刊书籍，藏古之名，闻于吴郡。子自名，字明善，号复庵，能继其业。（陆恭《越州石氏帖跋》）有武陵怀古书屋收藏印记、顾若霖印、雨时乐幽居士各印。（《楹书隅录旧抄本说文韵补》）

顾贞观 字远平，清无锡人。康熙十一年举人，官内阁中书。美风仪，才调清丽，文兼众体。能诗，尤工乐府，少与吴兆骞齐名。晚岁移疾归，构积书岩，坐拥万卷。临殁时，自选诗一卷授门人杜诏，不满四十篇。其嗜古淡不自足如此！所作弹指词声传海外，与陈维崧、朱彝尊称词家三绝云。他著有《纑塘积书岩》等集。（《清史列传》卷七十《吴兆骞传》）

顾起经 字长济，更字光纬，号罗浮外史，明无锡人。以国子生谒选，授广东盐课副提举。藏书甚富。（《无锡金匮县志》卷二十二）

顾从义 字汝和，明上海人，从礼弟。善书能诗，嘉靖庚戌诏选端行善书，从义名第五，授中书舍人。隆庆初擢大理评事。家居构玉泓馆，手摹宋本淳化帖。有《研山山人诗稿》行世。（《松江府志》卷五十二）《铁琴铜剑楼书目》：《春秋胡传》有顾从义朱印。

顾从德 字汝修，明上海人，从礼弟。严元照书《春秋张氏集

传》后，每册有顾汝修印。(《藏书纪事诗》三)

顾从礼　字汝由，明上海人。工书。夏言入阁，值世宗狩承天，以从礼荐，历官光录寺少卿。(《松江府志》五十二)《天禄琳琅》：新刊《唐柳先生文集》，顾从义藏，有武陵郡图书记长印，又有子先之印。

顾阶升　字步岩，长洲人。家故素封，独无所慕，惟以图籍法书名画自娱。乐书斋之内，缥缃插架者万余卷。遇一编实能挹其精华，并识其刊刻抄录收藏所自。年五十一卒。(《何堂顾步岩传》)

顾梦川　字禹祥，明昆山人，侍郎潜之子。性磊落，好读书。父遗书万卷，梦川取大白置两楹间，客至则浃之，抽架上书相与扬攉古今，考订误谬，焚膏继晷不少倦。晚栖心元理，寄兴淡泊以终。(《江南通志》一六五)

顾嗣立　字侠君，清长洲人。康熙壬辰进士。博观书画，旁搜碑碣，辑《元诗选》四集。家有秀野堂，藏书甚富。(《曝书亭集》六六《秀野堂记》)有侠君图记、闾丘小圃、秀野草堂、顾氏藏书印诸朱记。

顾道隆　明长洲人。有名于时。藏书万余卷。与祝允明、文徵明父子为文字交。(《有学集》三二《顾君升墓志铭》)

顾德育　字克承，号可求，明吴县人。家贫好学，手录几数千卷。(《苏州府志》卷八七《顾祖辰》)其藏书处曰安雅堂。(《式古堂书画考》)

顾德辉　字仲瑛，元昆山人。家世素封，轻财结客，豪宕自喜。年三十，始折节读书，购古书、名画、鼎彝、秘玩，筑别业于茜泾西，曰玉山佳处，四方文学士河东张翥、会稽杨维桢、天台柯九思、永嘉李孝光、方外士张雨、于彦、成琦、元璞辈，咸主其家。园亭池榭之胜，图史之富，并冠绝一时。自号金粟道人，洪武二年卒。(《明史》卷二八五)

顾广圻　字千里，号涧蘋，又号思适居士，元和人。喜校书，皆有依据，绝无凿空。其持论谓凡天下书皆当以不校校之。(《百宋一廛赋注》)论古书舛谬处，细若毛发，棼如乱丝，一经剖析，砉然心开而目明。道光十九年卒，年七十。（李兆洛《养一斋集》卷十一《顾君墓志铭》）其藏书处曰思适斋，藏书记曰一云散人，又有陈黄门侍郎三十五代孙一印。

顾应昌 字殿舍，号桐井，又号五痴，长洲人，阶升子。《士礼居藏书题跋记·白氏文集跋》："东城顾五痴家藏书甚富。知余好之笃，虽一鳞片甲，亦自侈为奇宝。因出破书一束指示余曰：'此绛云余烬也。'余开卷知是宋刻白氏文集，述古堂中物也。卷中烧痕尚在，通册又似经水泾。天下奇书何其厄于水火之甚耶!"

顾锡祉 字景繁，号竹楼，清昆山人。国学生。性素磊落，雅喜名人书画。不惜善价购之。家有库书楼，藏弆充栋。并储其先祖亭林所辑书籍，尤多抄本未刊遗著。（《昆新两县续修合志》卷三十二）

二十二画

龚时焕　字德明，明昆山人。砥行安贫，好读书，搜访遗帙，手抄口诵，室隘不暇筐簏，则架薄板为复壁贮之。摘刺朱黄，编无余素。有从之问难者，原委颠末如数甲乙。（《昆新两县续修合志》卷廿六）